Włodzimierz Borodziej

Geschichte Polens im 20. Jahrhundert

Europäische Geschichte
im 20. Jahrhundert

herausgegeben von
Ulrich Herbert

Włodzimierz Borodziej

Geschichte POLENS im 20. Jahrhundert

Verlag C.H.Beck

Mit 9 Karten von Peter Palm, Berlin

Umschlagbild: Bruno Barbey/Magnum Photos/Agentur Focus
Umschlaggestaltung: www.kunst-oder-reklame.de
Satz: Fotosatz Reinhard Amann, Aichstetten
Druck und Bindung: Druckerei C.H.Beck, Nördlingen
Gedruckt auf säurefreiem, alterungsbeständigem Papier
(hergestellt aus chlorfrei gebleichtem Zellstoff)
Printed in Germany
ISBN 978 3 406 60648 9 (broschierte Ausgabe)
ISBN 978 3 406 60647 2 (gebundene Ausgabe)

www.beck.de

Inhalt

VIERTER TEIL

1945–2004

Anhang

Vorwort

Europa ist unsere Gegenwart, aber unsere Geschichte bleibt im Nationalen verwurzelt. Das hat seinen guten Grund, denn persönliche Erfahrungen und gesellschaftliche Traditionen, politische Optionen, kulturelle Orientierung und Alltagsvertrautheit beziehen sich in allen europäischen Ländern, wenn auch in unterschiedlicher Intensität, nach wie vor zuerst auf das Land, aus dem man kommt und in dem man lebt.

Aber offenkundig reicht der nationale Rahmen nicht aus, um die Geschichte des 20. Jahrhunderts zu verstehen, denn wichtige Entwicklungen erweisen sich schon beim zweiten Hinsehen nicht als national spezifische, sondern als gesamteuropäische Phänomene. Wie soll man regionenübergreifende historische Erscheinungen – vom Imperialismus bis zur Europäischen Union, von den großen Diktaturen bis zur Ausbreitung des europäischen Modells der sozialen Demokratie, von den Klassenkonflikten der 1920er bis zur Jugendrebellion der 1960er Jahre und von den Auswirkungen der Weltwirtschaftskrise bis zum Wirtschaftswunder der 1950er und zum Ölpreisschock der 1970er Jahre – in den Kategorien des Nationalstaats erklären können, wo es sich doch offenkundig eher um gemeinsame Grundprozesse und deren Varianten handelt?

Und doch dominiert in Europa nach wie vor eine Sichtweise, die den Nationalstaat als den vermeintlich natürlichen Aggregatzustand der historischen Entwicklung begreift und sich darum bemüht, nationale Differenzierungen und Sonderwege, Kontingenz und Divergenz als primäre, Konvergenz und Vereinheitlichungen hingegen eher als nachgeordnete Prozesse zu begreifen.

Europa im 20. Jahrhundert hingegen a priori als Einheit zu betrachten und seine Geschichte auch so zu erzählen, ist nicht weniger problematisch. Denn dies transponierte die Vision einer gemeinsamen europäischen Gesellschaft gewissermaßen nach rückwärts, als sei der Nationalstaat lediglich eine Verirrung der vergangenen 150 Jahre gegenüber einer ansonsten im Wesentlichen gemeineuropäischen Erfahrung gewesen. Das vernachlässigte nicht allein die national so extrem unterschiedlichen Entwicklungen, wenn man nur an Jahre wie 1917, 1933 oder 1989 denkt. Es negierte auch die daraus erwachsenen Erfahrungsdifferenzen, die sich nicht nur nach den

Kategorien Klasse und Geschlecht, sondern im 20. Jahrhundert in ganz besonderer Weise nach Nationalität und ethnischer Zugehörigkeit ordnen. Tatsächlich sind das 19. und das 20. Jahrhundert in Europa ohne die nationalstaatliche Perspektive nicht entzifferbar.

Um diesem Dilemma zu entkommen, versucht die Reihe «Europäische Geschichte im 20. Jahrhundert» einen anderen Weg: Die Geschichten der europäischen Staaten und Gesellschaften werden je für sich erzählt, aber zugleich im Kontext der europäischen Entwicklung und der globalen Verflechtungen. Um das zu verstärken, haben sich Herausgeber und Autoren auf eine gemeinsame Struktur geeinigt, die allen Bänden in stärkerer oder schwächerer Ausprägung zugrunde liegt: Die politischen, wirtschaftlichen, sozialen und kulturellen Entwicklungen werden in klassischer, diachroner Manier erzählt. An einigen, in allen Bänden etwa gleichen Zeitpunkten werden aber Querschnitte eingefügt, die es ermöglichen, Zustand und Zustände in der jeweiligen Gesellschaft synchron darzustellen und dadurch dem Vergleich mit anderen Ländern zu öffnen. Das betrifft die Zeiträume um 1900, Mitte der zwanziger Jahre, im Zweiten Weltkrieg, Mitte der sechziger Jahre und nach 1990. Abweichungen von diesem Raster ergeben sich aus spezifischen Besonderheiten in den einzelnen Ländern.

Auf diese Weise sollen im Konzert der Bände dieser Reihe Differenzen und Ähnlichkeiten, Konvergenzen und Alternativen erkennbar und die Nationalgeschichten aus ihrer Selbstbezogenheit gelöst werden, ohne die Eigendynamik und die spezifischen Traditionen der einzelnen Länder zu vernachlässigen. Bei dem Versuch, nationale Geschichte und europäische Perspektive zu verbinden, wird vielen Lesern das eine oder das andere zu kurz kommen, wie überhaupt das Unterfangen, eine Nationalgeschichte im 20. Jahrhundert in einem Band zu erzählen, einen gewissen Mut erfordert. Aber nur in dieser relativ gedrängten Form ist es möglich, diachrone Entwicklungen zu schildern und Linien durch das Jahrhundert zu zeichnen, die bei erheblich umfangreicheren Bänden angesichts der Vielzahl der Themen und Aspekte nicht erkennbar würden.

Wenn wir vom 20. Jahrhundert sprechen, so in einer spezifischen Weise. Es hat sich vielfach eingebürgert, den Ersten Weltkrieg als Wasserscheide zwischen den Jahrhunderten zu betrachten. Das hat Vorteile, weil dadurch die nachwirkenden Traditionen des «langen» 19. Jahrhunderts besser in Augenschein genommen werden können. Um die Geschichte des 20. Jahrhunderts zu erzählen, ist es aber nötig, die tiefgreifende Veränderungsdynamik der Jahrzehnte zwischen 1890 und 1914 zu berücksichtigen, die jahrzehntelang nachgewirkt hat und in kürzester Zeit eine solche Wucht entfaltete, dass alle europäischen Gesellschaften davon ergriffen und gezwungen wurden, auf diese Herausforderungen zu reagieren. So wird, wer den Aufstieg der Weltanschauungsdiktaturen und die beiden Weltkriege, den Holocaust und die Dekolonialisierung darzustellen und zu erklären hat, vor den Ersten Weltkrieg zurückgehen und die beiden Jahrzehnte vorher betrachten müssen, um die Durchsetzung des modernen Industriekapitalismus, der immer mächtiger werdenden Staatsapparate und den Aufstieg der großen radikalen politischen Massenbewegungen zu verfolgen, die im Laufe des Jahrhunderts eine so zerstörerische Wirkung entfalteten. Daher wird in diesen Bänden die Geschichte des «langen 20. Jahrhunderts» erzählt, die von den 1890er Jahren bis etwa 2000 reicht – wobei der Ausgangspunkt klarer ist als das Ende.

Schließlich hat Autoren und Herausgeber die Frage bewegt, wie man die so verschiedenen beiden Hälften des Jahrhunderts miteinander auf eine Weise verbinden kann, dass die Zusammenhänge zwischen beiden erkennbar werden, ohne den tiefen Einschnitt von 1945 zu relativieren. Hier sind die Unterschiede zwischen den einzelnen Gesellschaften unübersehbar. Aber zugleich lässt sich doch angesichts der vielfältigen politischen Entwürfe und radikalen Alternativen über Jahrzehnte hinweg das Bemühen der Zeitgenossen erkennen, gesellschaftliche Ordnungssysteme zu finden, die den Herausforderungen der modernen Industriegesellschaft angemessen sind. Das hat zu monströsen Gebilden und schrecklichen Opfern geführt.

Aber man kann doch auch erkennen, dass auf viele Herausforderungen, die sich in den beiden Jahrzehnten vor dem Ersten Weltkrieg so scharf herausgebildet hatten, in den Jahrzehnten nach dem Zweiten Weltkrieg allmählich Antworten gefunden wurden, die sich bewährten und vermehrt auf Zustimmung stießen. Das betraf sowohl die Ausprägung der politischen Ordnung im Innern wie zwischen den europäischen Staaten, das Verhältnis von wirtschaftlicher Dynamik und sozialer Gerechtigkeit oder den Umgang mit der modernen Massenkultur. Dabei wurden die westeuropäischen Gesellschaften nach den 1960er Jahren einander immer ähnlicher, und zwar in Bezug auf das politische System, die soziale Ordnung, die kulturellen Wertorientierungen ebenso wie hinsichtlich der Wirtschaftsordnung und des Alltagslebens. Solche Tendenzen gab es in Ansätzen in den ostmitteleuropäischen Ländern auch schon während der kommunistischen Herrschaft, und nach 1990 begannen sie sich rasch durchzusetzen. Mit diesen Tendenzen der Konvergenz und Homogenisierung der gesellschaftlichen Ordnungen in Europa, deren Bedeutung in historischer Perspektive deutlicher zu erkennen ist als zeitgenössisch, wuchs aber vielfach auch das Bedürfnis nach Differenz und nach Orientierung an der nationalen Geschichte.

Zugleich aber wurde nach der «goldenen Ära» der 1950er und 1960er Jahre die Brüchigkeit des industriellen Fundaments dieser Gesellschaften sichtbar, und neue Herausforderungen kündigten sich an, die unsere Gegenwart und vermutlich in noch stärkerem Maße unsere Zukunft bestimmen: das Ende der traditionellen Massenfertigungsindustrien, die ökologischen Krisen, die Ausprägung und Folgen der weltweiten Massenmigration, die neuen weltweiten ideologischen Konflikte nach dem Ende des Kalten Krieges, die zunehmende Bedeutung supranationaler Zusammenschlüsse und die globale Vernetzung wirtschaftlichen Handelns.

Soweit man es von heute erkennen kann, werden die Jahre 2000 oder 2001 keine markanten historischen Zäsuren bilden. Aber es wird doch sichtbar, dass im letzten Fünftel des 20. Jahrhunderts etwas zu Ende ging, was 100 Jahre zuvor begonnen hatte, und etwas Neues einsetzte, das wir bislang weder definieren noch historisieren können.

Ulrich Herbert

Einleitung

Die polnische Geschichte im 20. Jahrhundert ist nicht exotischer als die Geschichte anderer Länder. Die oft anzutreffende Überzeugung, sie sei außergewöhnlich schwierig verlaufen und besonders schwer zu verstehen, wird schnell fragwürdig, wenn man sie einem internationalen Vergleich aussetzt. Viele der heute existierenden europäischen Nationalstaaten waren zu Beginn des 20. Jahrhunderts nicht vorhanden. Die polnische «Exotik», verglichen etwa mit Irland, Finnland oder Tschechien, liegt darin, dass Letztere zu Beginn des Jahrhunderts einen fremden Herrscher hatten und nicht drei; und dass die Polen die zahlenmäßig größte unter den staatenlosen Nationen waren. Ferner blickte die polnische Gesellschaft um 1900 nicht nur auf ein Jahrhundert der Teilung zurück, sondern zugleich auf eine imperiale Vergangenheit. Und drittens – hier wechseln wir von den Tatsachen in den Bereich der Vorstellungen – galt Polen als besonders rückständig; ein überdimensionales Ruritanien gewissermaßen. Alles andere – Ungleichzeitigkeit und innere Zerrissenheit, regionale Gegensätze und stetige Konfrontation zwischen vormoderner Gesellschaft und Erfindungen des 20. Jahrhunderts – finden wir etwa in Italien oder Spanien in ähnlicher Weise.

Drei Motive haben den Verfasser immer wieder frappiert. Erstens, die großen Unterschiede zwischen den polnischen Staaten von 1918, 1945 und 1989. Andere Nationen mussten sich im 20. Jahrhundert ebenfalls mehrfach neu erfinden, Deutschland dürfte dabei der Rekordhalter sein. Polen ist also abermals keine Ausnahme. Die Rekonstruktion der jeweiligen Vorstellungswelten und Gestaltungsmöglichkeiten bleibt dennoch eine der größten Herausforderungen für den Autor einer Geschichte des Landes im 20. Jahrhundert. Das zweite Motiv ist die Verbindung zwischen nationaler und sozialer Frage, die bei den größten Revolutionen – 1905 und 1980 –, aber auch bei den drei Staatsgründungen, eine komplexe, teilweise bis heute umstrittene Gemengelage ergibt. Drittens seien die Wege und Umwege der Moderne im langen 20. Jahrhundert genannt, die auf den gesamteuropäischen Kontext dieser Geschichte hinweisen. Hier stehen die fremdgesteuerte Beschleunigung um 1900 gegen die ebenso autarke wie relativ statische Zwischenkriegszeit, der rapide Wiederaufbau und die gewaltige staatssozialistische Modernisierung nach 1945 gegen die Stagnation zwischen etwa 1975 und 1989. Manchmal schien dieses Auf und Ab, die Spannung zwischen Gaspedal und Bremse, während des Schreibens zum Grundmotiv werden zu wollen. Eine vergleichende Perspektive auf das übrige Ostmittel-, Südost- und Südeuropa (im Hinblick auf den letzten Abschnitt: auch Westeuropa) belehrte den Autor immer wieder eines Besseren.

Am schwierigsten erwies sich die Arbeit am Schlusskapitel. Der Verfasser, aufgewachsen in der Volksrepublik Polen und politisch sozialisiert in der Ära der Solidarność (1980–1989), versuchte konsequent, diesen Teil nicht aus der Perspektive eines aktiven Teilnehmers der Transformation zu verfassen. Je näher er aber an die Gegenwart rückte, desto schwieriger wurde es. Da der Beitritt Polens zur Europäischen Union einen historischen Wendepunkt darstellt, bricht die Erzählung an diesem Punkt ab – was selbstverständlich nicht heißen soll, dass auch die Geschichte Polens mit dem 1. Mai 2004 ihr Ende erreicht hätte.

Einen Einblick in die Trends und Ereignisse der folgenden Jahre ermöglichen die kenntnisreichen, durchgehend 2008 verfassten Beiträge im «Länderbericht Polen» des Deutschen Polen-Instituts in Darmstadt.[1] Für das Schlusskapitel wie für das gesamte Buch gilt, dass die Fachliteratur bis etwa Sommer 2008, d. h. bis zum Zeitpunkt der Fertigstellung der ersten Fassung des Manuskripts berücksichtigt wurde.

Einige Abschnitte des Rohentwurfs habe ich mit Jenaer Studenten in einem gemeinsamen Seminar mit Joachim von Puttkamer im Sommersemester 2005 diskutiert. Den ganzen Text gelesen und mit zahlreichen Anmerkungen wie Ratschlägen versehen haben Ulricht Herbert (dessen Hinweisen der Text die meisten Veränderungen verdankt) und Jerzy Kochanowski, den größten Teil der vorliegenden Fassung auch Joachim von Puttkamer. Einzelne Kapitel oder Abschnitte haben Michael G. Müller, Małgorzata und Krzysztof Ruchniewicz, Philipp Ther und Jolanta Żyndul kommentiert. Daniel Logemann hat den Text formatiert und um seine Nachfragen bereichert. Sebastian Ullrich hat ihm die vorliegende Form gegeben.

Allen sei an dieser Stelle Dank ausgesprochen für die klugen Hinweise und die Zeit, die sie diesem Manuskript und dessen Verfasser geopfert haben. Gewidmet ist das Buch Anna Białobrzeska und Nora Borodziej, ohne deren gütige Nonchalance der Ehemann und Vater viel mehr Stress gehabt hätte.

Warschau, September 2008/März 2010

ERSTER TEIL

1890–1918

1. Polen um 1900

«Wo liegt Polen?», diese Frage war gegen Ende des 19. Jahrhunderts alles andere als einfach zu beantworten. «Die Grenzen Polens, jene Plätze, wo es endet, wo es an andere Gebiete grenzt – wer kann sie heute fehlerlos aufzeigen?», fragte etwas später die junge Schriftstellerin Maria Dąbrowska. «Unsere Grenzen – die haben wir doch fast vergessen! Wenn wir ‹Polen, Polen …› sagen, wissen wir nicht einmal, was für ein Gebiet wir meinen, wo es endet, wie weit es reicht. […] Die Grenzen der *Rzeczpospolita Polska* sind vor über hundert Jahren in drei fremde Staaten hineingesickert, von ihnen aufgesogen und gefressen worden. Unsere Feinde haben alles getan, um deren Spuren zu verwischen.»[1] Dąbrowska wollte in dem hier zitierten Büchlein vor allem den jungen und weniger gebildeten Lesern einen Überblick über die wichtigsten Daten der Gegenwart Polens verschaffen; dies schien ihr angesichts der weit verbreiteten Unwissenheit bitter nötig.

Die alte «Republik» (*Rzeczpospolita, Res publica*) war mit den Teilungen Polens der Jahre 1772, 1793 und 1795 von der europäischen Landkarte getilgt worden. Der Wiener Kongress teilte die ehemals polnischen Gebiete 1815 neu auf. Russland erhielt mehr als vier Fünftel, Österreich rund ein Zehntel, Preußen acht Prozent (vgl. Karte I). Die Provinzen des Großfürstentums Litauen im Nordosten und Osten fielen wie die südöstlichen Teile des alten Königreichs an Moskau. In der Folgezeit wurden sie von den Polen als die «weggenommenen Gebiete» (*ziemie zabrane*) bezeichnet, worunter eine riesige, von der Ostsseeküste bis zu den zentralukrainischen Gouvernements reichende Landmenge verstanden wurde.[2]

Die zentralpolnischen Teile wurden im Königreich Polen vereinigt, das durch Personalunion mit dem Zarenreich verbunden war, völkerrechtlich aber keinen Bestandteil des russischen Imperiums bildete und in den ersten 15 Jahren nach dem Wiener Kongress tatsächlich über eine weitgehende Autonomie verfügte. Südpolen blieb als nominelles Königreich Galizien und Lodomerien ebenso bei der Habsburgermonarchie wie das Herzogtum Schlesien (der südöstliche Zipfel des historischen Schlesien, der bereits vor den Teilungen nicht mehr zu Polen gehört hatte). Die auf dem

Wiener Kongress gebildete Krakauer Republik wurde 1846 ebenfalls der Monarchie einverleibt. Innerhalb des preußischen Teilungsgebiets entstanden das Großherzogtum Posen, das anfänglich einen autonomen Status genoss, sowie die Provinz Westpreußen. Das Ermland war in Ostpreußen aufgegangen.

Im Verlauf des 19. Jahrhunderts kam es – vor allem infolge der Aufstände von 1830/31, 1846, 1848 und 1863 – zu mehreren Veränderungen, die jedoch die Grenzen zwischen den Imperien der Teilungsmächte nicht tangierten. Die Autonomie des Königreichs wurde bereits 1831 auf einen Restzustand reduziert, der mit Geist und Buchstaben der Bestimmungen des Wiener Kongresses kaum etwas gemeinsam hatte. Als gleichwertige – und im deutschen Sprachraum bald dominierende – Bezeichnung für das ehemalige Königreich setzte sich langsam der umgangssprachliche Begriff Kongresspolen durch. 1874 starb der letzte russische Statthalter im Königreich. Seine Nachfolger, deren Sitz das Warschauer Königsschloss blieb, führten nur noch den Titel eines Generalgouverneurs. Zwei Jahre später wurde die letzte Behörde aufgelöst, die an die faktisch längst erloschene Autonomie erinnerte; die Russifizierung war bereits seit der Niederlage des Aufstands von 1863 in vollem Gange. Der besondere Status des Großherzogtums Posen innerhalb Preußens wurde ab 1830 systematisch ausgehöhlt und dann gänzlich abgeschafft. Nach der Gründung des Deutschen Reiches begann eine Germanisierungspolitik, die über Kulturkampf, Schul-, Sprachen- und Bodenstreit zu einer hoffnungslosen Verhärtung der Fronten zwischen den «Preußen polnischer Zunge» und dem Staat führte. In umgekehrter Richtung entwickelte sich das Verhältnis zwischen der habsburgischen Teilungsmacht und deren polnischen Untertanen: Der Höhepunkt der Auseinandersetzungen war in den 1850er Jahren überschritten, zwischen 1867 und 1873 kam es zu einem – gesetzlich nicht verankerten – Ausgleich zwischen Wien und der polnischen Aristokratie, der nun faktisch die Selbstverwaltung Galiziens anvertraut wurde. Die rasche Polonisierung von Verwaltung, Schul- und Hochschulwesen machte das Kronland zu einem «polnischen Piemont». In diesem Schlagwort fand die Hoffnung auf eine künftige, von Galizien ausgehende Einigung Polens ihren Ausdruck. Der Unterschied zu Italien bestand darin, dass die galizischen Eliten ihre Loyalität gerade gegenüber einem Habsburger zu einem Grundsatz politischen Denkens und Handelns erhoben. Und Franz Joseph hatte den Polen zwar die Macht über Galizien faktisch übertragen, dachte jedoch weder in den 1860er Jahren noch später daran, die «polnische Frage» neu aufzurollen.

Die Frage, wo Polen um 1900 lag, war aber nicht nur wegen der Teilung des Landes schwer zu beantworten. Im Zeitalter des Nationalismus waren auf dem Gebiet der Alten Republik neue Nationen entstanden – vor allem Ukrainer und Litauer, im Nordosten die Letten; nur im Fall der Belarussen konnten selbst aufmerksame Beobachter bei der dortigen Bauernschaft nicht einmal Ansätze zu einer Nationsbildung feststellen. Die Juden blieben ein Sonderfall, aber auch sie erlangten infolge der Emanzipation eine Bedeutung, die noch wenige Generationen vorher unvorstellbar war. Abgesehen von Letzteren erhoben alle anderen Nationen Ansprüche auf Gebiete, die vor 1772 zur Adelsrepublik gehört hatten – ganz abgesehen von den Teilungsmächten, denen das ehemalige Polen rechtlich und faktisch gehörte.

Darüber hinaus waren im Zeitalter von Modernisierung und Industrialisierung überall – obwohl äußerst ungleichmäßig verteilt – neue Schichten und Zentren entstanden. Die enormen Unterschiede in der wirtschaftlichen Entwicklung zeigten nachdrücklich, wie sehr sich die einzelnen Landesteile voneinander entfernt hatten. Die Angaben über Urbanisierung oder Schulbildung weisen in dieselbe Richtung, wobei sie keineswegs der Chronologie der Fabrikgründungen folgen mussten. Vor diesem Hintergrund gewann die Frage «Was ist Polen?» eine Bedeutung, die nur vom Unvermögen übertroffen wurde, die Wirkung der zentrifugalen ökonomischen und sozialen Prozesse auf die – von den Außenministerien der Großmächte längst archivierte – «polnische Frage» präzise zu erfassen. Und schließlich stellte sich den zeitgenössischen Politikern, Publizisten und Wissenschaftlern vor 1914 noch eine Kardinalfrage: Wenn Europa ohne Polen so große Fortschritte machen konnte, wie dies in den letzten Jahrzehnten der Fall gewesen war – wie konnte man dann darauf bestehen, dass der mittlerweile mehr oder weniger vergessene Staat ebenfalls einen Platz auf der europäischen Landkarte verdiene?

Die viergeteilte Gesellschaft: Differenzen und Gemeinsamkeiten

Es sind die zahlreichen und oft fundamentalen Unterschiede, die in den Lebenswelten der Menschen in den altpolnischen Gebieten zu Beginn des 20. Jahrhunderts am stärksten auffallen. Selbst das Klima war unterschiedlich. Der südöstliche Teil (das Gouvernement Podolien, aber auch Ostgalizien) war vom Schwarzen Meer beeinflusst, Kurland und Westpreußen dagegen von der Ostsee. Auch zivilisatorisch gehörten die ehemaligen Bestandteile der Adelsrepublik zu unterschiedlichen Welten. Die Bevölkerungsdichte in den Westprovinzen des Zarenreiches lag um 1910 (ohne die südwestlichen Gouvernements in der Ukraine) mit 42 Personen pro km^2 weit unter den mittel- oder ostmitteleuropäischen Durchschnittswerten (Deutschland 120, Ungarn 65). Kongresspolen und Galizien mit einer Dichte von ca. 100 Personen pro km² schlossen an die damaligen Standards zumindest in diesem Bereich an, das Herzogtum Schlesien mit knapp 200 Personen pro km² gehörte nicht nur hinsichtlich der Bevölkerungsdichte zu den am besten entwickelten Teilen Ostmitteleuropas.[3] Seit der Mitte des 19. Jahrhunderts hatte sich die Gesamtzahl der Bewohner der drei Teilungsgebiete und Oberschlesiens auf 26 Millionen verdoppelt, im Osten waren die Ergebnisse der demographischen Revolution noch eindrucksvoller.

Im 19. Jahrhundert veränderten sich nicht nur die Bevölkerungszahlen, sondern auch die soziale Struktur grundlegend. Der besitzlose Adel hatte überall seine Privilegien verloren. Stellte er vor den Teilungen sieben bis acht Prozent der gesamten Bevölkerung, waren inzwischen viele zu Bauern deklassiert worden oder in die Stadt abgewandert. Ende des Jahrhunderts gehörten nicht mehr als ein Prozent der Bevölkerung der noch immer privilegierten Schicht an, im Westen sogar weniger.[4] An der Spitze der sozialen Hierarchie befand sich weiterhin die Aristokratie, gefolgt von den Gutsbesitzern (*ziemiaństwo*), aber auch innerhalb dieser Schicht war es zu gewaltigen Veränderungen gekommen. 1912 stellten reiche Juden in Galizien mehr als ein Fünftel der Eigentümer der Tafelgüter (Großgrundbesitzer). Unter den Gutsbesitzern in Posen war die Hälfte adeliger Herkunft, jeder Fünfte stammte aus dem Bauerntum, in Westpreußen stellten Adelige nur noch ein Drittel der dortigen «Junker».

Vor allem in den Städten hatte sich die sogenannte Intelligenz herausgebildet. Dieser etwas diffuse Begriff umfasste in einer engeren, nichtsdestoweniger weit verbreiteten Auslegung die «geistigen Führer», die «Aristokratie des Geistes», noch anders ausgedrückt: die Vordenker und moralischen Vorbilder der Nation. Sozialgeschichtlich aber waren Bildung und Arbeitsweise entscheidend. Zur Intelligenz gehörten demnach nicht nur – und zahlenmäßig nicht einmal vor allem – die Sinnstifter, sondern Menschen, die in der Regel zumindest die Mittelschule (optimalerweise mit Abitur) absolviert haben und mit «geistiger Arbeit» ihren Lebensunterhalt verdienten: insbesondere Angestellte und Beamte im öffentlichen Dienst wie in der Wirtschaft, Lehrer, daneben Freiberufler (u. a. Ärzte und Anwälte), die Geistlichkeit und schließlich die sogenannten kreativen Professionen – Künstler, Journalisten, Schriftsteller –, die der ersten Interpretation zufolge als «Intelligenz» schlechthin gelten. Sie alle entstammten, je nach Berufszweig und Region, verschiedenen Schichten der Gesellschaft. Prägend wirkten die deklassierten Adeligen, daneben rekrutierte sich die Intelligenz aus dem Kleinbürgertum und der Bauernschaft (besonders innerhalb der

Geistlichkeit und in Preußen). In Kongresspolen zählte man zu dieser meinungsbildenden Schicht vor dem Weltkrieg zwei Prozent der Bevölkerung, in Galizien etwas weniger, in Preußen dürfte der Anteil noch geringer gewesen sein. Überproportional stark war sie in den Großstädten vertreten (in Lemberg und Krakau bis zu einem Sechstel der Einwohner), in den «Weggenommenen Gebieten» konzentrierte sich die Schicht ebenfalls in den Städten und in den Gutswirtschaften.

Die wachsende Zahl ihrer Mitglieder und die zunehmend bedeutsame Rolle der Intelligenz eröffneten der seit Jahrzehnten diskutierten Frauenemanzipation neue Perspektiven. Von rechtlicher und tatsächlicher Gleichberechtigung konnte noch lange keine Rede sein, die aktivsten und energischsten Frauen erstritten sich jedoch nach und nach das Recht auf höhere Bildung. Seit den 1870er Jahren studierten sie im Ausland, vor allem in der Schweiz. In Warschau eröffnete sich in der folgenden Dekade die Möglichkeit, illegal eine Art Hochschule zu besuchen: In den 20 Jahren zwischen 1885 und 1905 hörten insgesamt etwa 5000 junge Damen Vorlesungen an der inoffiziellen «Fliegenden Universität» *(Uniwersytet Latający)*. Hier begann u. a. der Bildungsweg der künftigen Nobelpreisträgerin Marie Skłodowska-Curie.[5] Allmählich, gegen Ende der 1890er Jahre öffneten sich die galizischen und anderen cisleithanischen Universitäten für Frauen. 1905 stellten sie mehr als elf Prozent der Studenten an der Jagiellonen-Universität in Krakau, und ihr Anteil stieg von Jahr zu Jahr. An der Philosophischen und an der Medizinischen Fakultät in Krakau wurden bis 1918 die ersten hundert Doktortitel an Frauen verliehen, in Lemberg waren es bis Beginn des Weltkriegs 80.[6] Gleichberechtigung und Emanzipation galten aber noch lange als verdächtige und gleichermaßen ausgefallene Forderungen der Linken; im preußischen Teilungsgebiet spielten sie nicht einmal diese Rolle.

Die zweite Schicht, die ebenso wie die Intelligenz kurz zuvor entstanden war und sich zahlenmäßig aus dem Stadtbild nicht mehr wegdenken ließ, war die Arbeiterschaft, die um 1914 auf etwa eine Million Menschen geschätzt wurde. Vielerorts blieben Arbeitnehmer in modernen Großbetrieben zunächst einmal eine Minderheit gegenüber Handwerkern, Tagelöhnern und Landarbeitern – wenige Großstädte und Oberschlesien wären hier als Ausnahmen zu nennen –, aber tendenziell wurden sie von Jahr zu Jahr mehr. Selbst in Galizien entwickelte sich eine Arbeiterklasse, wenngleich weitgehend auf Lemberg, Krakau und das Erdölbecken beschränkt. Die Folgen waren, wie überall in Europa, revolutionär – bisherige Selbstverständlichkeiten wurden infrage gestellt, neue Lebensformen, Organisationen und Ideologien entstanden. Neben der Landwirtschaft führte die körperliche Arbeit in der Stadt massenhaft Frauen in die Produktion bzw. Erwerbstätigkeit. In der Tabak- und Textilindustrie lag ihr Anteil an den Beschäftigten zwischen 70 Prozent und 90 Prozent. Sie erhielten die niedrigsten Löhne. Die höchsten wurden in den klassischen «männlichen» Industrien wie Bergbau, Metall- und Maschinenindustrie gezahlt. Männlichen und weiblichen Arbeitern gemein war der Kampf um eine Senkung der Arbeitszeit (in Russland wurde sie erst 1897 gesetzlich auf 11,5 Stunden festgelegt), Unfall-, Sozial- und Krankenversicherung. Das Bismarck'sche Vorbild griff auf Galizien und Kongresspolen mit einer Verspätung von etwa zehn Jahren über und hatte sich um 1900 keineswegs flächendeckend durchgesetzt. Das beste Beispiel dafür bot Lodz mit seinen noch immer frühkapitalistischen Arbeitsbedingungen; im Erdölzentrum Boryslav in Galizien dürften, trotz entsprechender Vorschriften, keineswegs menschenwürdigere Bedingungen geherrscht haben.

Industrialisierung ging einher mit Urbanisierung. Zwischen 1880 und 1910 verdoppelte sich die Bevölkerung Warschaus – dem nach Petersburg und Moskau mittlerweile drittgrößten Zentrum des russischen Imperiums, zugleich der mit Abstand größten jüdischen Stadt in Europa – von über 380 000 auf über 780 000, die Bevölkerung von Wilna von 90 000 auf über 180 000. Die Zahl der Einwohner von Krakau stieg noch stärker, von über 65 000 auf über 150 000. Lodz wuchs weit mehr, von 100 000 (1878) auf über 500 000 Bewohner 1913. Im europäischen Vergleich aber blieben die größten Städte außer Warschau klein. Lemberg, die Hauptstadt Galiziens,[7] hatte zwar 1910 fast doppelt so viele Einwohner wie 30 Jahre vorher (206 000) und wurde damit nach Wien und Prag zur drittgrößten Stadt Cisleithaniens, war aber trotzdem um die Hälfte kleiner als etwa Breslau mit über einer halben Million Einwohner. Lemberg erinnerte in seiner Größenordnung eher an das provinzielle Danzig (170 000), das wiederum mehr Einwohner hatte als die informelle Hauptstadt des preußischen Teilungsgebiets Posen (unter 160 000), das in der Statistik der größten deutschen Städte erst auf dem 22. Platz auftauchte.

Die Städte waren viel bestaunte Schauplätze der sich rasch ausbreitenden neuen Zivilisation, die manchmal inmitten von mittelalterlichen Relikten entstand: Gas und Elektrizität, Stahlbeton und Kanalisation. In der alten Hauptstadt Krakau gab es 1895 nur acht öffentliche Brunnen, die sauberes Trinkwasser anboten; die übrigen 66 erfüllten diesen Standard nicht, waren aber oft die einzig zugängliche Quelle von Wasser. Kanalisation gab es außer in dem auch in dieser Hinsicht führenden Preußen nur in einem Teil der Städte. In Warschau waren 1910 über 87 Prozent der Gebäude an diese angeschlossen, in Krakau zwei Jahre früher 94 Prozent.

Auf der anderen Seite verfügte das «polnische Manchester» Lodz über keine Wasserleitungen und Kanalisation und galt als sprichwörtlich schmutzigste polnische Großstadt. Hier starben Anfang des 20. Jahrhunderts fast 400 Personen von 100 000 jährlich an Tuberkulose (in Warschau weniger als 250, in Berlin weniger als 200). Fast zehn Prozent der Erkrankten überlebten die Pocken nicht, die knapp 100 Kilometer weiter westlich, in Deutschland nur noch eine marginale Gefahr darstellten (0,7 Prozent der Todesfälle). Genau im selben Jahr gab die Stadt Lodz nur drei Prozent ihres Budgets für kommunale Hygiene aus, während der entsprechende Prozentsatz für Warschau bei elf und für Krakau bei 17 lag.

Die Folgen waren für jeden Bewohner riech- und spürbar. «Für die allermeisten seiner Menschen war Lodz eine rußgeschwärzte, nach Rauch, Pferdemist und Kloaken stinkende Stadt, die weder eine zentrale Wasserversorgung noch eine Kanalisation besaß und die Abwässer über beidseitig der Fahrbahnen befindliche offene Rinnstöcke, die auch polnisch ‹rynsztok› hießen, in offene, stinkende Abwasserbäche, die Łódka und die Jasień, entsorgte. Winters gehörte Geschicklichkeit dazu, Wasser in Eimern aus den hohen Schwengelbrunnen, den ‹Plumpen› zu holen, die, schichtweise immer wieder mit Asche bestreut, rundum hoch vereist waren. Sie lagen dicht neben den über Monate nicht geleerten, pestilenzialisch stinkenden Abortgruben voller Schmeißfliegen und Müllkästen, die schnell überquollen, wo zu jeder Tageszeit Ratten und alles nur denkbare Ungeziefer beobachtet werden konnte, sowie den ‹Spülkästen›, in denen die festen Bestandteile der Abwässer zurückgehalten wurden. Quer durch die Höfe flossen sie offen, auf diese Weise ‹geklärt›, in die Straßenrinnstöcke. Alles war stinkig, eklig und unhygienisch, häufig Ursache mannigfacher Erkrankungen.»[8]

Abgesehen von dem Sonderfall Lodz lassen sich die meisten Unterschiede zwischen den Städten entlang der Ost-West-Achse ordnen. Im preußischen Teilungsgebiet stellten Ziegelbauten unmittelbar vor dem Krieg 90 Prozent der Gebäude dar, in den Städten Kongresspolens (ohne Warschau) waren es weniger als die Hälfte, entlang der Grenze zum Zarenreich 17 Prozent. Abgesehen von Preußen beschränkten sich Modernisierung und Fortschritt im Wesentlichen auf die größeren Städte, die von der Industrialisierung profitierten und mit ihr wuchsen. Die meisten Kleinstädte in Ost- und Zentralpolen, ein großer Teil dominiert von Juden, blieben davon unberührt; hier gab es keine Kumulation des Kapitals, das in Bauten, Straßen und Kanalisation investiert werden konnte.

Nicht weniger krass waren die Unterschiede zwischen den ländlichen Regionen. Die großen Hungersnöte gehörten um die Jahrhundertwende bereits der Vergangenheit an, dennoch zehrte der berüchtigte *przednówek* (die Monate vor der Erntezeit) weiterhin an der Gesundheit der Dorfbewohner in Galizien wie im Osten. Für den Kalorienhaushalt der bäuerlichen Familien war die Kartoffel von lebenswichtiger Bedeutung, allerdings unterschied sich der Ertrag stark: In Kongresspolen wurden um 1910 etwa 700 Kilo Kartoffeln pro Kopf geerntet, in Galizien 580, in Preußen über 1,6 Tonnen.[9] Die Ausweitung des Kartoffelanbaus hatte allerdings eine – vor allem für die Landbevölkerung – katastrophale Nebenfolge: die Verbilligung und den daraus resultierenden Boom der Wodkaproduktion. Nur Preußen, wo sich Bier durchsetzte (Anfang des Jahrhunderts wurden in Westpreußen 55 Liter pro Person getrunken, in Kongresspolen elf Liter), entzog sich dem massenhaften Schnapskonsum, der im Osten und in Galizien – trotz stellenweise energischer Gegenaktionen der Kirche – verheerende Folgen zeitigte. Der wochenlang betrunkene Bauer wurde zu einem Symbol der Rückständigkeit überhaupt. 1901 überwies Galizien, dessen Bevölkerung etwa 15 Prozent der Bürger der österreichisch-ungarischen Monarchie stellte, dem Fiskus über 30 Prozent der gesamten Alkoholsteuer, die unter habsburgischer Herrschaft eingezogen wurde.

Ähnliche Unterschiede bestanden beim Fleischkonsum: in Kongresspolen um die Jahrhundertwende etwa 21 Kilo jährlich pro Kopf, in Galizien 16, in Preußen etwa 35 Kilo (Stadt und Land). Nicht ganz so deutlich waren die Differenzen im Verbrauch von Zucker, aber nur in Preußen erreichte er mit 19 Kilo jährlich etwa 90 Prozent des Reichsdurchschnitts.

Dass die Bauern im Osten des Deutschen Reiches für den Markt produzierten, während in Galizien und in den russischen Landesteilen die Subsistenzwirtschaft dominierte, zeigte sich auch in dem Aussehen der Höfe. Wohnten in Preußen 71 Prozent der Landbevölkerung in gemauerten Häusern, waren es in Westgalizien fünf Prozent, in Ostgalizien gar nur 1,4 Prozent. In den westlichen Gouvernements des Zarenreichs sah es eher noch schlechter aus. All diese Unterschiede summierten sich zu einer riesigen Diskrepanz zwischen den geschätzten Einkommen in den einzelnen Landesteilen: Das jährliche Pro-Kopf-Einkommen im preußischen Teilungsgebiet lag demnach bei 113 US-Dollar (im gesamtdeutschen Durchschnitt 143), in Galizien bei 38 (in Wien und Oberösterreich 124), im Königreich bei 63 und in den nordwestlichen Gouvernements des ehemaligen Litauen bei 21 (Durchschnittswert für den europäischen Teil Russlands 33 US-Dollar).

Gemeinsam scheint den Bewohnern des viergeteilten Gebiets nur die hohe Geburtenrate gewesen zu sein, die deutlich langsamer als in anderen Ländern zurückging. Sie lag zu Beginn des 20. Jahrhunderts (1908–1913) nur knapp unter vier Prozent und damit im mitteleuropäischen Vergleich auf Platz eins, ähnlich wie das Bevölkerungswachstum. Dieses betrug zwischen 1,4 Prozent (Galizien) und rund 1,8 Prozent (Preußen und Kongresspolen). Zum Vergleich: In Deutschland lag dieser Wert bei 1,3 Prozent, in den böhmischen Ländern bei 0,8 Prozent, in der Slowakei und Ungarn zwischen 1,1 und 1,2 Prozent. In allen Gebieten reduzierte sich – allerdings erst in den letzten Jahrzehnten vor 1914 – die Säuglingssterblichkeit. Im preußischen Teilungsgebiet lag sie in der Dekade vor der Jahrhundertwende zwischen etwa 240 Todesfällen auf 1000 Geburten in Westpreußen und 220 in Posen, fiel vor 1914 auf 200 in Westpreußen und knapp 170 in Posen. In Galizien war der Rückgang genauso deutlich (von über 230 auf weniger als 200), ebenso wie in Warschau (von nahezu 300 – allerdings 1882 – auf über 180 um 1910). Der zweite Grund für das hohe Bevölkerungswachstum war die steigende Lebensdauer. Überall lebten die Menschen nun länger. Während noch um die Jahrhundertmitte die durchschnittliche Lebenserwartung bei 27 Jahren lag, stieg sie vor dem Krieg im preußischen Teilungsgebiet auf knapp 48 Jahre (geringfügig weniger als der deutsche Durchschnitt von 49 Jahren), in Galizien auf fast 40 (bei einem Durchschnitt von ca. 42 Jahren für die gesamte Habsburgermonarchie), in den Ostgebieten auf 35 Jahre (Ende des Jahrhunderts; der Durchschnitt für das europäische Russland lag bei 32 Jahren); ein Pole in Russland lebte also um ein Drittel kürzer als sein Landsmann in Preußen.

Noch krasser sah das Missverhältnis zwischen Ost und West bei dem wichtigsten Verkehrsmittel der Moderne, der Eisenbahn aus (vgl. Karte II). Ohne auf die Entstehungsgeschichte einzugehen, sei nur erwähnt, dass 1913 auf einen Einwohner des Königreichs 25 Meter Bahnschienen entfielen, auf den Galizier doppelt so viele, auf den Bewohner des preußischen Teilungsgebiets 150 Meter. Ähnlich verhielt es sich mit anderen Verkehrsverbindungen. Im preußischen Teilungsgebiet gab es einen Kilometer Straße pro vier km^2 (im benachbarten Oberschlesien sogar pro 2,3 km^2), in Galizien pro fünf km^2, in Kongresspolen pro 14 km^2, im Gouvernement Wilna pro 25 km^2. Die elektrische Straßenbahn setzte sich hingegen in den Städten ohne ähnlich auffällige Ost-West-Diskrepanzen durch – in Lemberg fuhr sie seit 1894, in Elbing ein und in Bromberg zwei Jahre später, in Lodz und Oberschlesien seit 1898, in Krakau seit 1901, in Warschau erst 1908. Das Auto blieb rarer Luxus und gerade deswegen ein gutes Indiz für die kluftartigen Unterschiede in der Verteilung des Vermögens: 1913 waren in Warschau 300 Automobile angemeldet, in Krakau 113, in Lodz 44, im Gouvernement Grodno mit seinen zwei Millionen Einwohnern ganze 17. Ähnlich wie die Massenartikel Kartoffel, Eisenbahn oder Seife stieß übrigens auch der luxuriöse Vorbote der Moderne auf heftigen Widerstand: Als der Galizische Automobilklub 1909 eine erste große Rallye mit veranstaltete (an der u. a. Ferdinand Porsche, Ettore Bugatti, Prinz Heinrich von Preußen und Wilhelm Opel teilnahmen), wurden die Teilnehmer von den Einheimischen massiv am Fahren gehindert, so dass sie in einer Eingabe an den Lemberger Statthalter forderten, das Steinewerfen gegen die Fahrzeuge zu unterbinden.

Dieselbe Erfahrung hätten sie zu dieser Zeit ebenso gut in anderen Teilen Europas machen können, nur fügten sich in «Halb-Asien»[10] Vorurteil und Realität nahtlos zu einem Ganzen. «Galizien» fungierte in der von österreichischen Beamten, Reisenden und Schriftstellern seit der ersten Teilung Polens 1772 kreierten und vermittelten Vision als Symbol «des Ostens»: rückständig und dreckig, unverständlich und chaotisch, verkörperte das österreichische Teilungsgebiet in der Sicht der deutschsprachigen Publizisten geradezu idealtypisch den Gegensatz zwischen Abendland und Orient.[11]

Diese Betrachtungsweise galt merkwürdigerweise nicht für Kongresspolen, wohl weil dort mit Warschau und Lodz die größten Industriezentren auf der Strecke von Berlin nach Moskau zu finden waren. Aus anderen Gründen galt sie ebenso wenig für die «Weggenommenen Gebiete» – vermutlich weil diese den auswärtigen Beobachtern in der Regel unbekannt blieben. Hier hätten ihre Phantasien und Projektionen bessere Nahrung gefunden. Östlich von Kongresspolen blieb der Informationsfluss eine lokale Angelegenheit, Zeitungen spärlich und Postämter eine auf die Städte begrenzte Rarität. Hingegen bediente in Zentralpolen ein Postamt vor dem Krieg 19 000 Personen, in Galizien nur noch 5400, in Preußen 4000. Gerade in dem viel geschmähten Galizien überbot die damalige Post hinsichtlich Zuverlässigkeit und Geschwindigkeit ihre um hundert Jahren spätere Nachfolgerin in der Dritten Republik (von Volkspolen ganz zu schweigen) bei weitem. Ein Brief aus Wien nach Galizien brauchte einen, höchstens zwei Tage.

Die Verbreitung der Massenmedien war stark vom Ost-West-Gefälle gezeichnet. In der Industriemetropole Warschau (wo 80 Prozent aller Presseorgane Kongresspolens ihre Redaktion hatten) und in der galizischen Hauptstadt Lemberg (60 Prozent des galizischen Zeitungsmarktes) erreichten Zeitungen und Wochenblätter maximale Auflagen von 20 bis 25 000 Exemplaren (sie sollten erst nach 1905 beachtlich steigen), während das führende katholische Blatt in Posen auf 90 000 Käufer kam und die provinzielle, vor allem in Westpreußen gelesene *Gazeta Grudziąska* aus Graudenz vor dem Krieg fast 130 000 Exemplare druckte.

Viele dieser Diskrepanzen zwischen den einzelnen Landesteilen waren Folge der enormen Unterschiede in der Industrialisierung, der damit verbundenen Rationalisierung und Vermögensschöpfung. In Kongresspolen lebten 1897 – dem Jahr der ersten landesweiten Volkszählung im Zarenreich – von der Land- und Forstwirtschaft 58 Prozent der Bevölkerung, von Industrie und Handwerk über 16 Prozent, von Handel und Transport fast neun Prozent, von anderen Berufen über 16 Prozent. Zur gleichen Zeit ernährte die Land- und Forstwirtschaft etwa drei Viertel der Einwohner der Gouvernements Wilna und Wolhynien. In Galizien lebten 1900 von der Land- und Forstwirtschaft sogar mehr als drei Viertel der Menschen, von Industrie und Handwerk nur acht Prozent, von Handel und Transport fast neun Prozent, von anderen Berufen über neun Prozent der Bevölkerung. In Westpreußen und Posen lagen diese Anteile 1895 bei fast 58 Prozent in Land- und Forstwirtschaft, über 21 Prozent in Industrie und Handwerk, bei Handel und Transport bei über sieben Prozent, bei den «anderen Berufen» über 13 Prozent. Im kleinen österreichischen Schlesien sahen die entsprechenden Zahlenreihen ähnlich wie im preußischen Oberschlesien sehr viel moderner aus (im österreichischen Teil hatten 1900 fast 45 Prozent der Beschäftigten Industrie und Handwerk als Unterhaltsquelle, im deutschen 42 Prozent).

Man sollte bei diesen Angaben beachten, dass die Bürokratien der drei Teilungsmächte verschiedene Muster zur Erfassung der wirtschaftlichen und sozialen Realität verwendeten. Die einzelnen Erhebungen fanden nicht im selben Jahr statt, unter «Handel» wurden sowohl moderne Dienstleistungsunternehmen als auch Hunderttausende meist jüdischer Detailhändler subsumiert. Einiges in den oben zitierten Reihen geht zudem auf Schätzungen zurück. Dennoch: das staatsrechtlich nicht existente Polen wies vor 1914 die unterschiedlichsten Facetten selbst im Bereich vermeintlich klar definierbarer Strukturen auf. Die Diskrepanzen in anderen Kategorien wie nationale Identität oder religiöses Bekenntnis, Mobilität oder Alphabetisierung waren nicht geringer. Wie unterschiedlich die Entwicklungspfade verlaufen konnten, wird deutlich, wenn wir die vier Teilgebiete einzeln betrachten.

Die «Weggenommenen Gebiete»

Der Wiener Kongress hatte sich nur mit der Neuaufteilung der zentralpolnischen Gebiete befasst, d. h. mit der Grenzziehung innerhalb jenes Raumes, der etwa zwischen der heutigen polnischen Ostgrenze und der Westgrenze der Republik von 1772 liegt. Dies bedeutete, dass die europäischen Großmächte das Schicksal jener Provinzen, die den Hauptteil der russischen Gewinne im Teilungsgeschäft ausgemacht hatten, dem Zarenreich überließen und die Entscheidungen von 1815 nur den kleineren Teil der ehemaligen Adelsrepublik betrafen. Von den 725 000 km² waren 464 000 im Zuge der Teilungen direkt dem Zarenreich einverleibt worden. 1815 wurde darüber hinaus auf 127. 000 km² Zentralpolens das Königreich Polen gegründet, fast 79 000 km² kamen nun an Österreich, über 66 000 km² an Preußen.

Die so genannten Weggenommenen Gebiete (aus Petersburger Sicht: die westrussischen Provinzen) machten also rund 60 Prozent der gesamten, 1815 neu geteilten Konkursmasse der Adelsrepublik aus. Die neun Gouvernements reichten von der Ostseeküste südlich von Riga bis nahe an die damalige russisch-osmanische, später russisch-rumänische Grenze in der Ukraine.

Neben Polen wohnten dort Letten und Litauer im Norden, Belarussen (die sich aber kaum als solche bezeichneten) im mittleren Abschnitt, Ukrainer (damals von den Polen Ruthenen, von den Russen Kleinrussen genannt) im Süden. In den meisten dieser Gebiete gab es Juden (die große Mehrheit der jüdischen Untertanen der Romanows durfte nur in diesem sogenannten Ansiedlungsrayon leben), in einigen Deutsche, hier und da auch andere Siedlungen, wie etwa tschechische in Wolhynien. Religiös dominierten die Orthodoxen, besonders stark im mittleren und südlichen Abschnitt. Die Katholiken stellten nur in den nordwestlichen Gouvernements Wilna und Kowno (1897 mit jeweils 59 Prozent und 76 Prozent) die Mehrheit, in Grodno und in Witebsk (mit je 24 Prozent) eine beachtliche Minderheit. In einigen ukrainischen und belarussischen Provinzen stand der mosaische Glaube zahlenmäßig an zweiter Stelle, in den Städten bildeten Juden oft die Mehrheit.

Überall wohnten auch Polen, nur betrug ihr Anteil regional – außer in den nordwestlichen, «litauischen» Gouvernements – kaum mehr als fünf Prozent der Bevölkerung. 1897 reichte es nach offiziellen Angaben, die gerade in diesem Fall ziemlich weit unter den tatsächlichen Verhältnissen gelegen haben dürften, gerade für acht bis zehn Prozent in den Gouvernements Grodno, Wilna und Kowno. In Wolhynien machten Polen über sechs Prozent der Bevölkerung aus. In den östlichsten Teilen bewegten sich die entsprechenden Zahlen um die drei Prozent, im Süden zwischen zwei und drei Prozent. Überall bildeten die Polen die Oberschicht, vor allem Gutsbesitzer und Angestellte, oft einen beachtlichen Teil der Intelligenz, viel seltener waren sie als Bauern tätig. Diese auch 1897 sichtbare Dominanz war eine Folge der Sozialstruktur der alten Republik, wo der Adel durchgehend polonisiert war und sich als einzige Schicht (auch) in nationalen Kategorien definierte. Für die Untertanen waren die Zugehörigkeit zum Bauerntum bzw. das religiöse Bekenntnis die wichtigsten Merkmale der Identität. Die polnischen Gutsbesitzer hatten trotz zahlreicher Konflikte mit den russischen Behörden, vor allem im Umfeld der Aufstände von 1830/31 und 1863, ihre ökonomische und soziale Stellung behaupten können. In den litauischen Provinzen verfügten sie aller Diskriminierung zum Trotz noch immer über deutlich mehr als die Hälfte des Großgrundbesitzes, in Belarussland und in der Ukraine zwischen der Hälfte und einem Drittel. Die Konflikte und die stellenweise rigorose Russifizierungspolitik gerade gegenüber den besitzenden Schichten sollten nicht verdecken, dass sich die Polen im Osten mit dem Staat jahrzehntelang arrangierten. Insbesondere bei der Abwehr sozialer Unruhen gab es weitgehende Gemeinsamkeiten und speziell in den letzten Jahrzehnten des Zarenreiches brachte diese Gefahr Behörden und Großgrundbesitzer immer wieder zusammen.[12]

Trotz aller Querelen mit den Behörden, trotz ihrer kulturellen und konfessionellen Sonderstellung und des daraus resultierenden offenen Misstrauens von Seiten Petersburgs, vertrauten die Gutsbesitzer vor und nach 1905 auf den russischen Staat. Welche Dimensionen die daraus abgeleitete Loyalität erreichte, zeigte die Beteiligung von 60 polnisch-litauischen Gutsbesitzern und Honoratioren an der Enthüllung des Denkmals für Katharina II. in Wilna 1904 – jener Zarin, die maßgeblich an der Zerstörung der Adelsrepublik beteiligt gewesen war. Die Empörung in den anderen Teilungsgebieten schlug hohe Wellen. In der folgenden Kontroverse verteidigten sich die durchweg adeligen Teilnehmer der Feier mit dem Argument, dass sie keine Wahl hätten, als den polnischen Besitzstand in den Ostgebieten durch demonstrative Loyalität gegenüber dem Staat zu schützen. Dennoch hatten sie sich mit ihrer Huldigung Katharinas II. diskreditiert: Auf der Linken wie auf der neuen Rechten zog man bereits vorher die Verbindungslinie zwischen den ausgleichssüchtigen Gutsbesitzern und der tendenziell anationalen, nur auf ihren eigenen Vorteil bedachten Aristokratie.[13]

Andererseits kollidierte das generationenübergreifende Arrangement mit Russland paradoxerweise nicht mit dem positiven Verhältnis zu einem imaginären, um 1900 schwerer denn je vorstellbaren, polnischen Staat: Dass nach einem – ebenso schwer vorstellbaren – Zusammenbruch des Zarenreichs Podolien oder Minsk wieder polnisch werden würden, war für die Polen im Osten vor dem Ersten Weltkrieg wahrscheinlich genauso selbstverständlich wie hundert Jahre zuvor. Wohin könnten die «Weggenommenen Gebiete» sonst gehören, wenn die imperiale Großmacht durch ein Wunder eliminiert worden wäre? Die Vorstellung eines selbständigen Litauen mutete um 1900 wohl ebenso irreal an wie das Bild einer ukrainischen Republik.

Die Polen in den eigentlichen Teilungsbieten dachten da nicht anders.[14]

In den letzten Jahrzehnten des 19. Jahrhunderts wurde der Begriff der *Kresy* populär, einer räumlich offenen, dünn besiedelten Grenzregion im Osten. Es waren vor allem die «schöne» Literatur dieser Zeit, aber auch die Publizistik und Reportage, die Sammler von Antiquitäten, Erzählungen und Anekdoten, die zur Entstehung dieser weit verbreiteten Vorstellung beitrugen. Ihr zufolge erfüllte das Polentum im grenzenlosen und von den Kulturzentren der Nation entfernten Osten für das Abendland – wie schon im 16./17. Jahrhundert während der Kriege gegen Tataren und Osmanen – die Funktion eines Bollwerks. Die Polen als eine auserwählte Nation repräsentierten hier die westliche Kultur im ewigen Ringen mit der östlich-despotischen Barbarei, die Bewahrung des materiellen Besitzstandes wurde somit zu einer ethischen Verpflichtung von europäischer Bedeutung.[15]

Das Sendungsbewusstsein korrespondierte mit der Überzeugung von der Unmöglichkeit nichtrussischer bzw. nichtpolnischer Staatenbildungen in den *Kresy*. Diese hatte wiederum ihren rationalen Kern in der verspäteten Nationsbildung der ostslawischen und baltischen «Bauernvölker», in dem weit verbreiteten Bekenntnis zum vormodernen «Hiesigen», das unter den Bauern in Wolhynien oder in Belarus weiterhin stärker als nationale Identitäten verbreitet war. Die polnischen Großgrundbesitzer, die mit starken regionalen Schwankungen um 1900 etwa die Hälfte der großen Güter führten, fühlten sich in ihrem Selbstverständnis als eine politische Nation in den «Weggenommenen Gebieten» kaum gefährdet.

Die im Rückblick zum Paradies im Osten verklärten Gebiete waren indessen sehr unterschiedlich entwickelt. Moderne Landwirtschaft konzentrierte sich in den Gouvernements Kiew und Podolien, wo die «Zuckermacher» (*cukroroby* – so die verächtliche Bezeichnung für die ökonomisch erfolgreichen Großgrundbesitzer im Südosten) in Technologien investiert und den Ausbau der Verkehrsinfrastruktur geschickt genutzt hatten. 60 polnische Familien waren Eigentümer etwa der Hälfte der ukrainischen Zuckerfabriken. Die im ehemals polnischen, «rechtsufrigen» (d. h. westlich des Dnjepr gelegenen) Teil der Ukraine angesiedelte Zuckerindustrie hatte wiederum einen fast 70-prozentigen Anteil an der rapide steigenden gesamtrussischen Produktion. Auch in der traditionellen Landwirtschaft schufen sie ähnlich wie andere Besitzer der großen Güter in der Ukraine weiträumige Inseln agrarischer Modernität mit Zehntausenden von Arbeitsplätzen. Auf ihre Landsleute in Zentralpolen schauten sie eher herablassend, das Verhältnis zu Russland stellte längst kein akutes Problem mehr dar. Der Entstehung von sozialen und nationalen Spannungen wurde vor 1905 kaum Beachtung geschenkt.[16] Jarosław Iwaszkiewicz, einer der wichtigsten polnischen Schriftsteller im 20. Jahrhundert, setzte dieser 1917 untergegangenen Welt mit dem Roman «Ruhm und Ehre» (*Sława i chwała*) ein bis heute lesenswertes Denkmal.[17]

Alles andere als spektakulär entwickelte sich hingegen jener Teil der «Weggenommenen Gebiete», der vom heutigen Nordwesten der Ukraine über Belarus nach Litauen reicht. Von Ausnahmen wie der Holzindustrie abgesehen, hatte hier kein Take-off stattgefunden. 80 bis 90 Prozent der Bevölkerung lebte weiterhin von der Agrarwirtschaft, ähnlich hoch lag auf dem Land der Anteil der Analphabeten. Die Bauern benutzten noch immer landwirtschaftliche Geräte aus Holz. Erst langsam wurden sie in Polesien, Wolhynien und weiter im Osten durch Werkzeuge mit Eisenteilen ersetzt. Entsprechend blieben die landwirtschaftlichen Techniken zurück: Im Osten war der Fruchtwechsel unbekannt, stattdessen wurden die Felder nach mittelalterlicher Methode abgebrannt. Medizinische Versorgung war so gut wie nicht vorhanden. Während in Galizien ein Arzt auf mehr als 5000 Einwohner entfiel (in Krakau bereits 20 Jahre früher einer auf 400) und sein Kollege in Kongresspolen etwa 6000 potentielle Patienten hatte, kam in den «litauischen» Gouvernements ein Mediziner (die große Mehrheit waren Feldscher) auf 100 000 Personen.

Wenngleich die Revolution von 1905 hier weniger spektakulär als in anderen Teilen des Zarenreichs verlaufen sollte, wirkte sie auf nachdenkliche Beobachter existentiell bedrohlich: Der in Grodno lebenden Grande Dame der polnischen Literatur, Eliza Orzeszkowa, schien es im Sommer 1906, als befinde man sich keineswegs «am Ende, sondern am Beginn eines schrecklichen Gewitters; besonders aus der Agrarfrage können gefährliche, ja gar tödliche Donnerschläge auf unsere Nationalität und Zivilisation niedergehen. Entweder werden die Forderungen der bäuerlichen Massen erfüllt, oder sie zetteln einen blutigen und feurigen Aufruhr an. Im ersten Fall wird unsere Nation geköpft, ihr Körper verliert den Kopf mit Hirn und dem Bündel der sensibelsten Nerven, im zweiten findet sie sich in einer Hochflut von Blut und Feuer wieder [...].» Die Angst vor «blutigen Flüssen» plagte sie auch später, ihr Vorgefühl des nahenden Endes[18] teilten aber nur wenige Standesgenossen im Osten. Endgültig zusammenbrechen sollte der Glaube der polnischen Oberschicht an den gutmütigen und sprichwörtlich geduldigen Charakter der «hiesigen» Bevölkerung erst 1917/1918.

Nach 1918 wurde nur der kleinere Teil (Wilna, Grodno, Wolhynien, Westteil von Minsk) der neun westrussischen Provinzen, die insgesamt etwa 1,5-mal so groß waren wie das heutige Polen, zum Bestandteil der Republik Polen.

Kongresspolen

Obwohl die zentralpolnischen Gebiete schon seit Jahrzehnten offiziell «Weichselland» (russ. *Privislinskij kraj*; im Deutschen setzte sich Russisch-Polen durch) hießen, hielt sich der Name «Königreich» (*Królestwo*) bzw. «Kongresspolen» (*Kongresówka*) in der Umgangssprache. Darin kam sowohl die Tradition als auch der – aus polnischer Sicht – geographisch zentrale Charakter dieser Provinzen zum Ausdruck. Unter den drei «eigentlichen» Teilungsgebieten war es der mit Abstand bevölkerungsreichste (1897: fast 9,5 Millionen Menschen). Hier lag das historische Zentrum, und die Entwicklung Warschaus in den letzten Jahrzehnten des 19. Jahrhunderts sicherte ihm diesen Platz auch unter modernen Vorzeichen.

Im Königreich dominierten 1897 die weitgehend polnischsprachigen Katholiken (ca. drei Viertel der Bevölkerung). Die Juden stellten etwa 15 Prozent der Einwohner und wohnten zu über 80 Prozent in Städten sowie in Kleinstädten. In Warschau und Lodz machten sie vor dem Krieg rund ein Drittel der Bevölkerung aus (in Lublin etwa die Hälfte[19]). In den beiden östlichen Gouvernements Lublin und Siedlce stellten die unter Zwang vom griechisch-katholischen zum griechisch-orthodoxen Glauben konvertierten Ukrainer ein Sechstel bis ein Fünftel der Bevölkerung dar. Die Evangelischen bildeten nur im westlichen Gouvernement Petrikau, auf dessen Gebiet Lodz lag, mit über zehn Prozent eine größere Gruppe. In Lodz blieben über 90 Prozent der Evangelischen deutsch, anderswo, wie in Warschau, assimilierten sie sich mehrheitlich dem Polentum.

Im Unterschied zu Preußen versuchte Russland nicht, das Land durch Binnenkolonisation zu russifizieren. Noch 1913 lag der Anteil der Russen an der Bevölkerung (ohne Militär[20]) bei etwas mehr als einem Prozent; es handelte sich hauptsächlich um Beamte. Herrschaft beschränkte sich hier auf Steuerung und Kontrolle von oben. Die Träger des Systems wurden privilegiert durch Gehalts- und Sozialzuschüsse, die aus dem an sich wenig beliebten «Weichselland» ein «Beamtenkalifornien» machten.[21] In der staatlichen und kommunalen Verwaltung übernahmen «Russen» (dazu zählten alle aus dem Zarenreich nach Polen Versetzten, d. h. etwa Georgier oder Ukrainer) infolge der Entpolonisierungspolitik vor allem die höheren und höchsten Posten. 1897 bestand die Verwaltung zu 57 Prozent aus römisch-katholischen (d. h. hauptsächlich polnischen) Beamten und zu 37 Prozent aus griechisch-orthodoxen («Russen»).[22] Besucher an der Weichsel empfanden die sprichwörtlich korrupte Administration als ungewöhnlich bzw. uneuropäisch. Die große Mehrheit der Bewohner hatte jedoch längst gelernt, mit dieser im Grunde wohl berechenbaren Praxis der Amtsführung umzugehen.

Petersburg blieb konsequent in der Sprachenfrage. Russisch war Schul- und Amtssprache. An der Kaiserlichen Universität Warschau – der einzigen im «Weichselland» – lehrten vor allem russische Professoren, obwohl die Polen vor der Revolution von 1905 zwei Drittel der Studenten stellten. Trotz der Bemühungen um die Durchsetzung der Staatssprache zeigte die Bevölkerungszählung von 1897, dass jeder dritte schriftkundige Bewohner Kongresspolens kein Russisch verstand. Auch dies war ein Zeichen des Scheiterns der Russifizierungspolitik, von der die neuere Forschung behauptet, dass sie wegen ihrer Inkonsequenz und dem Mangel an menschlichen wie kulturellen Ressourcen eigentlich kaum betrieben wurde: Das Zarenreich habe es bis 1917 nicht vermocht, die Mehrheit seiner russischen Untertanen an die Zivilisation heranzuführen, und konnte daher nicht einmal davon träumen, Polen oder Finnen zu russifizieren. Übrig geblieben seien Diskriminierung und Verbote,[23] die mit der preußischen Germanisierungspolitik außer Absicht und bitterem Nachgeschmack bei den davon Betroffenen wenig gemeinsam hatten.

Seit 1851 gab es keine Zollgrenze zwischen Kongresspolen und Russland mehr, der nun gesamtrussische Markt wurde hingegen durch Außenzölle von Importen abgeschirmt. Bis 1910 hatte der dadurch entstandene Investitions- und Exportboom bereits deutliche Folgen gezeitigt – in Warschau, Lodz sowie im Dombrowaer Kohlebecken an der Grenze zu Oberschlesien, das ebenso wie Lodz im Gouvernement Petrikau lag. Der inselhafte Charakter der Industrialisierung zeigte sich u. a. darin, dass 90 Prozent der Produktion des «Weichsellandes» auf jenen sieben Prozent seiner Fläche angesiedelt waren, wo die Gouvernements Warschau und Petrikau lagen. Ein weiteres Merkmal war die Spezialisierung auf Textil- und Lebensmittelindustrie sowie auf Bergbau und Hüttenwesen. Die modernsten Zweige – Optik oder Elektrotechnik – gab es ebenso wenig wie etwa eine Automobilproduktion; die Anfänge der chemischen Industrie konzentrierten sich in Lodz. Das ausländische Kapital, hauptsächlich deutscher und französischer Herkunft, engagierte sich vor allem in den moderneren Bereichen und in den größeren Betrieben, spielte hier aber mit einer Beteiligung von 20 Prozent eine weitaus geringere Rolle als etwa in Galizien. Über 80 Prozent der Exporte gingen in das Zarenreich; die Industrie Kongresspolens profitierte wie keine andere von dem riesigen Absatzmarkt der Teilungsmacht, zumal sie auch bei Staatsaufträgen dank geschicktem Lobbying überdurchschnittlich gut abschnitt. Bei den Unternehmern spielten die Polen eine bescheidene Rolle: In Lodz, ironisch-bissig bis apokalyptisch als «Gelobtes Land» der Jahrhundertwende apostrophiert,[24] stellten sie um die Jahrhundertwende mit ganzen 19 Personen drei Prozent der Großbourgeoisie. An der Spitze befanden sich deutsche Unternehmer (über 51 Prozent), dicht gefolgt von Juden (mehr als 43 Prozent).[25]

Dominierend blieb die Landwirtschaft. Der Anteil der großen Güter an der agrarischen Nutzfläche fiel langsam (bis 1910 auf 38 Prozent), ein Großteil der Bauern produzierte aber weiterhin für den Eigenbedarf. Deutlich besser sah es nur im westlichen Teil Kongresspolens aus. Je näher man der Ostgrenze kam, desto mehr erinnerten die Verhältnisse an die «Weggenommenen Gebiete». Der Druck der rapide wachsenden Bevölkerungszahlen wurde nur partiell durch die industrialisierten Inseln ausgeglichen, die Überbevölkerung wurde zu einem immer intensiver diskutierten Thema.

Sowohl auf dem Land als auch in der Stadt war unter den spezifischen Bedingungen Kongresspolens die soziale Frage national aufgeladen. Die entstehende sozialrevolutionäre Linke machte die fremde Staatsgewalt verantwortlich für die Rückständigkeit, für die Ausbeutung der Arbeiterschaft und für die Stagnation außerhalb der Großstädte. Einen umgekehrten Weg gingen die Konservativen, unter deren Führern sich viele Träger der großen Namen der polnischen Geschichte befanden, die sich weiterhin für die selbstverständliche Elite der Nation hielten. Sie strebten seit langem einen polnisch-russischen Ausgleich an. Das Vorbild der Habsburgermonarchie war dabei ebenso offensichtlich wie unerreichbar. Und dennoch überraschte es letztlich alle, welch enge Grenzen der Ausgleichsidee von Seiten Petersburgs gesetzt waren. Im Vorfeld des aufwändig inszenierten Besuchs von Nikolaus II. in Warschau 1897 hatte der Zar einige hohe Beamte, die als Vertreter der gewaltsamen Russifizierung galten, aus Warschau abberufen. Nun wurde ihm eine Spende der dankbaren Bewohner in Höhe von einer Million Rubel überreicht. Der Gast widmete sie zum Gründungskapital der Technischen Universität um, die als Polytechnisches Institut Warschau Nikolaus' II. tatsächlich bereits im nächsten Jahr ihren Betrieb aufnahm. Unterrichtssprache war auch hier Russisch, trotzdem stellten polnische Studenten bald die große Mehrheit der Hörer. Der Zar bewilligte anlässlich seines Besuchs ebenfalls die Aufstellung eines Denkmals des Nationaldichters Adam Mickiewicz an einer der zentralen Warschauer Straßen. Ähnlich wie die Feiern während der kaiserlichen Visite musste die Enthüllung des Denkmals (das ebenfalls durch Spenden finanziert wurde) Ende 1898 auf Wunsch der Behörden ohne eine Ansprache auf Polnisch auskommen; die Feier verkam zu einem bloß provinziellen Ereignis,[26] die weiter reichenden Hoffnungen der Konservativen wurden enttäuscht.[27]

Die konservative Loyalität gegenüber dem Zaren wurde zur selben Zeit nicht nur von der entstehenden sozialistischen Bewegung infrage gestellt.

1891 demonstrierten Warschauer Jugendliche aus Anlass des 100. Jahrestags der Verfassung vom 3. Mai – dies war die erste öffentliche polnische Manifestation seit dem Scheitern des Januaraufstands 1863. Im nächsten Jahr wurde zur Erinnerung an die zweite Teilung Polens die «Nationaltrauer» ausgerufen, die durchaus bewusst an die antirussischen Demonstrationen der frühen 1860er Jahre anknüpfte. 1894 begingen abermals Schüler und Jugendliche ebenso feierlich wie illegal den 100. Jahrestag des Kościuszko-Aufstands. Hinter der erstgenannten Veranstaltung stand der elitäre Jugendkreis *Zet*, die letztere hatte die ebenso konspirative Nationalliga (*Liga Narodowa*) organisiert. Viele junge Menschen gehörten gleichzeitig beiden Geheimzirkeln an, die 1894 von der Polizei zerschlagen wurden.[28] Der frisch gebackene Doktor der Biologie Roman Dmowski entging 1891 der Verhaftung, hielt sich längere Zeit in Paris auf, wurde nach der Rückkehr inhaftiert und zu fünf Jahren Verbannung aus dem russischen Teilungsgebiet verurteilt; er floh nach Lemberg. In einer anonym veröffentlichten Broschüre verteidigte er von hier aus die illegalen Umtriebe, die zwar eine vorübergehende Schwächung der Geheimzirkel herbeigeführt, viele normalerweise passive Menschen jedoch wach gerüttelt und mit einbezogen hätten. Dmowski sprach sich für das Prinzip des aktiven, zugleich gewaltlosen Widerstands aus als einer bewussten Herausforderung gegenüber den nur scheinbar dominierenden und auf jeden Fall erfolglosen Konservativen. Nur über die permanente Mobilisierung immer breiterer Bevölkerungsschichten, so der junge Querdenker, könnten sich die Polen dem Druck der Besatzungsmacht erfolgreich entgegenstellen.[29]

Als Herausforderung empfanden die kongresspolnischen Intellektuellen zunehmend auch die «jüdische Frage». Nach dem erfolgreichen Attentat auf Alexander II. 1881 war es im Zarenreich zu Massenpogromen sowie zur Verabschiedung neuer judenfeindlicher Gesetze gekommen. Diese wirkten sich in den folgenden Jahren in einer ebenso massenhaften Auswanderung der sogenannten Litwaken (d. h. russischsprechender Juden aus den westlichen Provinzen des Zarenreiches, die oft mit den litauischen Gouvernements gleichgesetzt wurden) nach Kongresspolen aus. Darauf reagierten die Meinungsführer der polnischen Juden mit jener Ablehnung, die – angesichts ähnlicher Herausforderungen – für die eingesessenen Juden in Berlin, Wien oder Budapest charakteristisch war.[30] Die «Litwaken» machten bald geschätzt ein Sechstel der polnischen Juden aus, erwiesen sich aber entgegen den Befürchtungen keineswegs als Belastung für die Sozialfürsorge der Gemeinde; auch als lebendige Symbole hoffnungsloser Rückständigkeit konnten sie mitnichten dienen. Im Lichte neuerer Forschung dürfte es als erwiesen gelten, dass sie ihre Kenntnisse und Kontakte mit der alten Heimat geschäftlich zu nutzen wussten und so zu den aktivsten Betreibern des lebenswichtigen Exports kongresspolnischer Waren ins Imperium wurden.[31]

Die polnischen Ängste vor «russischen Juden» als Mittlern und Instrumenten staatlich oktroyierter Russifizierung vermischten sich mit dem Neid auf den ökonomischen Erfolg der fremden, aber auch der «eigenen» Juden: Anders als in Preußen und sehr viel stärker als in Galizien hatten die jüdischen Unternehmer des Königreichs von der Industrialisierung profitiert, unter den reichsten Bürgern des «Weichsellandes» waren um 1900 viele Juden oder Geschäftsleute jüdischer Herkunft. Der entstehende moderne Antisemitismus vereinte sich mit dem alten christlichen Antijudaismus. «Die Juden» nutzten die Chancen der Moderne besser und schneller, blieben somit als angeblich verschworene Gemeinschaft eine Parallelgesellschaft, fremd, geheimnisvoll und unzugänglich. «Die jüdische Vertreibung aus den russischen Gouvernements spülte zu uns eine neue Welle von Kapitalisten, deren Geld ein Anwendungsfeld in der Industrie fand», warnten die Zeitungen. «Wir Polen begannen zaghaft, beinahe zu spät, uns als Industrielle zu betätigen, und bis heute entscheidet die wahrhaft polnische Industrie lediglich in Bruchteilen die Gesamtwirtschaft und ist in der kapitalistischen Welt die allerschwächste. Unsere Industrie ist gegenüber höher entwickelter daher eine Missgeburt, für welche man auf der gesamten Welt vergeblich nach einem Vergleich suchen würde. Sie wuchs auf polnischer Erde heran und der polnische Arbeiter gab ihr seine Arbeit und seinen Schweiß, aber das Kapital und die Führung sind – beinahe allesamt – Ausländer. Der polnische Arbeiter arbeitet nicht für seine Erde, sondern er pflegt entfernte Länder ... am Gelben Meer, in den Steppen Mittelasiens usw.»[32]

Zum Konflikt um den Besitz der modernen Produktionsmittel, d. h. aus nationaler Sicht, um das Antlitz des Kapitalismus schlechthin, kam ein zusätzlicher, entsprechend neuer Gegensatz, in den die ebenso wie die Industrie expandierende Schicht der Intelligenz involviert war. Da die jüdischen und polnischen Akademiker vom öffentlichen Dienst bzw. dem Aufstieg innerhalb desselben weitgehend ausgeschlossen blieben, zeichnete sich auf dem Arbeitsmarkt für besser Gebildete ein Verteilungskampf um die freien Berufe ab, wo wiederum die jüdischen Ärzte, Journalisten oder Anwälte erfolgreich waren; der Interessenkonflikt zwischen zwei weitgehend säkularisierten Gruppen der aufsteigenden Intelligenz war unübersehbar. Und auf dem Land wie auf dem Marktplatz hatte sich auch in dieser Hinsicht wenig geändert. Der jüdische Händler blieb des Bauern meistgehasster Zeitgenosse und der jüdische Schankwirt (jeder zweite in Kongresspolen und

90 Prozent der Schankwirte in den «Weggenommenen Gebieten» waren mosaischen Glaubens[33]) vermeintliche Ursache der bäuerlichen Unfähigkeit, Arbeit in Wohlstand zu übersetzen.

Über all den – manchmal dramatischen, manchmal dramatisierten – Problemen der inselhaften Industrialisierung im «Weichselland» hing der Schatten eines wachsenden und katastrophalen Bildungsrückstands. Im Unterschied zum Deutschen Reich und der Habsburgermonarchie kannten Kongresspolen bzw. das zaristische Russland zu Beginn des 20. Jahrhunderts keine allgemeine Schulpflicht. Mehr noch: die Zahl der öffentlichen Schulen fiel gerade im letzten Viertel des Jahrhunderts deutlich (1873 kam eine Schule auf 2000 Einwohner, 1899 auf 2800, 1904 auf 3100). Um 1900 besuchten geschätzt 15 bis 18 Prozent der Kinder eine Schule. Erst die Explosion des privaten Bildungswesens nach der Revolution von 1905 führte zu einer rapiden Verbesserung (1908 kam eine Schule auf 2500 Menschen, 1914 auf 1800).[34]

Das Königreich war zu Beginn des Jahrhunderts von zahlreichen strukturellen Problemen und Konflikten gezeichnet, die wachen Köpfen zu denken gaben. Bis zum Ausbruch des russisch-japanischen Krieges schienen aber die vielfältigen Spannungen keineswegs bedrohlicher als in den letzten Jahrzehnten des 19. Jahrhunderts. Seit der Niederlage des Januaraufstands waren 40 friedliche Jahre vergangen, in denen eine ganze Generation von polnischen Untertanen der russischen Krone aufgewachsen war. Die meisten von ihnen waren wohl loyale Mitglieder der imperialen Gemeinschaft, trotz all der Nachteile und Besonderheiten.[35]

Galizien

Das nordöstliche Kronland der Habsburgermonarchie blieb auch in den letzten Jahren vor dem Krieg von der ungelösten Agrarfrage geprägt. Der Konflikt zwischen dem Dorf und dem Gutshof um die Nutzung von Wäldern und Wiesen zog sich über Jahrzehnte, von 1848 bis Anfang der 1880er Jahre hin. Die politisch dominierenden Gutsbesitzer, repräsentiert durch die Konservativen, verdrängten bäuerliche Vertreter jahrelang – bis 1889 – aus dem Landtag. Der ursprünglich ökonomisch-soziale Konflikt verlor damit nicht an Sprengkraft. Mehr noch, er gewann in den Jahrzehnten vor 1900 eine nationalpolitische Dimension, die langsam auch in den Alltag auf dem Land einzog.[36]

In Galizien lebten Polen, Ukrainer und Juden.[37] Während wenig Zweifel daran bestand, dass die Juden etwas mehr als zehn Prozent der Gesamtbevölkerung ausmachten, stellte das zahlenmäßige Verhältnis von Polen und Ukrainern auch zur Zeit der alle zehn Jahre durchgeführten Bevölkerungszählungen ein heiß umstrittenes Politikum dar. Die Zählung von 1900 ergab eine polnischsprechende Bevölkerung von etwa 55 Prozent der Gesamtzahl und eine ruthenische von 42 Prozent. Die römisch-katholischen, hauptsächlich polnischsprechenden Menschen stellten fast 46 Prozent, die griechisch-katholischen (unierten), hauptsächlich ruthenischsprechenden über 42 Prozent, die Einwohner mosaischen Glaubens etwa elf Prozent. Da die Angabe des Jiddischen als Umgangsprache in den cisleithanischen Erhebungen nicht möglich war, entschieden sich die meisten Juden für Polnisch als die ihnen nächste – de facto in der Regel zweite – Sprache; daher der Hauptunterschied zwischen der sprachlichen und der konfessionellen Statistik. Der Streit zwischen Publizisten und Politikern um die Doppeldeutigkeit der amtlichen Erhebungen betraf aber auch einen anderen wichtigen Punkt. Die Polen behaupteten, dass ein Teil der Unierten durchaus dem Polentum zuzurechnen sei, während die Ukrainer darauf pochten, dass Hunderttausende der Römisch-Katholischen zu ihrer Nation gehören würden. Für beide Argumentationen gab es gute Gründe, der wichtigste, beide Seiten beunruhigende Umstand lag darin, dass weder die katholischen, polnischsprechenden Bauern (die sogenannten Masuren) noch ihre unierten, ukrainischsprechenden Nachbarn (die sogenannten Ruthenen) um 1900 unbedingt einer Nation zuzurechnen waren. «Pole» blieb für den römisch-katholischen wie für den griechisch-katholischen Bauern eine soziale Kategorie, die mindestens bis Mitte des 19. Jahrhunderts vom Gutsherrn und seinem Hof verkörpert wurde.

Zweitens waren beide Sprachen eng verwandt und lange Zeit war es gang und gäbe, dass die Katholiken in einer unierten Parochie (deren Netz sehr viel dichter war als das der römisch-katholischen Pfarreien) beteten und ihre Kinder taufen ließen. Mischehen gehörten zum Alltag, und selbst in der fast vollständig polonisierten und durchweg römisch-katholischen Aristokratie kamen konfessionelle und nationale Spaltungen vor: Der berühmteste griechisch-katholische Erzbischof von Lemberg Andrej Šeptyc'kyj, der sein Amt 1900 antrat und bis 1944 die ostgalizische Öffentlichkeit wie kaum ein anderer Geistlicher prägen sollte, war der Enkel eines bekannten polnischen Schriftstellers. Sein Bruder, ein österreichischer Berufsoffizier, wurde 1918 polnischer General und 1919 Generalstabschef der entstehenden polnischen Armee.

Im überwiegend römisch-katholischen Westen dominierte das Polnische mit 96 Prozent, im überwiegend unierten Osten das Ukrainische mit 59 Prozent. In beiden Fällen wirkten die Angaben der Juden wie bereits erwähnt zu Gunsten der Polen, da nur ein geringer Anteil in den Fragebogen das Ruthenische bzw. das Deutsche als Umgangssprache eintrug, über

90 Prozent hingegen Polnisch. In Wirklichkeit dürften kaum mehr als zehn Prozent der galizischen Juden sich als Polen mosaischen Glaubens gefühlt haben. Ähnlich wie in Kongresspolen griff die Assimilation am stärksten in den Großstädten und in gebildeten Schichten um sich; ähnlich wie im Königreich gehörten Intellektuelle, Künstler, Politiker, Freiberufler und Unternehmer jüdischer Herkunft zu den sichtbarsten, allerdings keineswegs repräsentativen Beispielen eines allmählichen Aufgehens des Judentums im Polentum. In Galizien waren 1910 30 Prozent der Ärzte Juden und 58 Prozent der Anwälte; bei den Referendaren für eine Anwaltslizenz in Krakau lag der entsprechende Wert gar bei 64 Prozent.[38] Der Bildungsdrang der galizischen Juden war sprichwörtlich: An den beiden galizischen Universitäten Krakau und Lemberg stieg die Zahl der jüdischen Studenten sehr viel schneller als jener der polnischen und ebenso deutlich stärker als im übrigen Cisleithanien.[39] Im Schtetl sah es ganz anders aus, und dort wohnte weiterhin die große Mehrheit der Juden. Wahrgenommen von polnischen und ukrainischen Bauern wurde aber nicht das hinlänglich bekannte Elend der Nachbarn, sondern die Funktion eines Teils der Juden als ausbeuterische Vermittler – Händler, Geldverleiher und Schankwirte.[40]

Nicht nur war Galizien um 1900 agrarisch geprägt; die Landwirtschaft bildete mit einem Anteil von 80 Prozent Kleinhöfen (bis fünf Hektar) und nur einem Prozent Wirtschaften mit einer Größe von über 20 Hektar (1902) einen wahren Alptraum für Ökonomen, die schon seit Jahrzehnten auf einen allmählichen Abfall des habsburgischen Kronlandes gegenüber dem einst rückständigen Kongresspolen hinwiesen. Preußen schien Welten entfernt, obwohl es in Wirklichkeit Nachbar war. Dennoch beobachtete man in der galizischen Landwirtschaft gerade in den letzten Jahren vor dem Krieg Fortschritte, die auf der einen Seite mit der von großen Gütern initiierten Modernisierung des Anbaus zu tun hatten, auf der anderen Seite mit der Selbstorganisation der Bauern zusammenhingen. Über 300 000 Landwirte schlossen sich den Selbsthilfekassen an, hier und da arbeiteten sie erfolgreich in Genossenschaften zusammen.

Die Symptome eines – um Jahrzehnte verspäteten – Aufbruchs waren auch im industriellen Bereich nachweisbar: Zwischen 1902 und 1910 stieg die Zahl der Arbeiter in Industrie, Bergbau und Bauwirtschaft um etwa 60 Prozent. Im westlichsten Teil des Landes wurden acht Prozent der cisleithanischen Kohle abgebaut, im Osten boomte die Erdölförderung. Boryslav und Drohobytč, wo sich die Erdölförderung innerhalb der ersten Dekade des 20. Jahrhunderts versiebenfachte, lieferten fünf Prozent des Erdöls in der gesamten Welt. Niemand konnte sich vorstellen, dass diese Quelle potentiellen Reichtums innerhalb von wenigen Jahren, noch vor Ausbruch des Weltkriegs, versiegen würde.[41]

Während der Ölboom hauptsächlich von ausländischem Kapital finanziert wurde, war die Entwicklung des Schulwesens der weitgehenden Autonomie Galiziens zu verdanken. Auch hier gab es in den ersten Jahrzehnten nach dem informellen Ausgleich mit Wien einen wachsenden Rückstand aufzuholen. Anfang der 1870er Jahre wurden nur vier Prozent des Landeshaushalts für Bildung, Kultur und Wissenschaft ausgegeben, hingegen 1910 über 43 Prozent. Die Bildungsrevolution machte sich vor allem auf dem bisher extrem benachteiligten Land bemerkbar, der Anteil der Bauernsöhne unter den Studenten der Krakauer Universität stieg um ein Fünffaches. Im selben Zeitraum versechsfachte sich die Zahl der Schüler, daneben existierten fast 2500 polnische Lesehallen, die Zahl der ukrainischen war noch höher. Trotzdem lag der Anteil der Analphabeten bei Kriegsausbruch um 40 Prozent. Besser sah es im Hochschulbereich aus: Außer den Universitäten in Krakau und Lemberg gab es mehrere Fachhochschulen und eine Akademie der Künste mit insgesamt etwa 10 000 Studenten (darunter mehr als zehn Prozent bäuerlicher Herkunft). Der Anteil der Studierenden an der Gesamtbevölkerung überstieg – ähnlich wie bei den Gymnasialschülern – den cisleithanischen Durchschnitt.

Die teils optimistisch stimmenden Zahlen sollten jedoch nicht darüber hinwegtäuschen, dass die ersten Keime der Modernisierung alles andere als gleich verteilt waren. Unmittelbar vor dem Krieg stellten die Ukrainer zwar ein Viertel der Studenten der Universität Lemberg (die Juden ein Drittel), aber unter den 408 Hochschulprofessoren Galiziens waren nur zehn Ukrainer. In den Wiener Ministerien arbeiteten 304 Polen und 24 Ukrainer, 96 polnischen Gymnasien standen nur sechs ukrainische gegenüber (ein polnisches Gymnasium entfiel somit auf 42 000 potentielle Schüler, ein ukrainisches auf 520 000). Als Antwort auf diese Diskriminierung organisierten sich die Ukrainer nach dem Vorbild der preußischen Polen in Kooperativen, genossenschaftlichen Banken und anderen wirtschaftlichen Verbänden, in Lesegruppen und wissenschaftlichen Vereinen.[42] Verkörpert wurden diese Emanzipationsbestrebungen nicht so sehr von Politikern, sondern von einem Intellektuellen: Mychajlo Hruševs'kyj, der seit 1894 den ersten ukrainischsprachigen Lehrstuhl (für Allgemeine und Osteuropäische Geschichte) an der Universität Lemberg leitete und in dieser Stellung einen unübersehbaren Beitrag zur Geburt der modernen ukrainischen Nation leistete.[43]

Die verspätete und inselhafte Modernisierung Galiziens setzte dank staatlicher Investitionen und gesellschaftlicher Selbstorganisation in der Regel vor und unabhängig von der Industrialisierung ein.[44] Um die Jahrhundertwende schien sie, trotz all ihrer Schwächen, zumindest für Teile der Gesellschaft die Perspektive von Wohlstand und Partizipation zu eröffnen. Unterdessen hatte die Ungleichheit der Chancen den ursprünglich sozialen Gegensatz zwischen «masurischer» und «ruthenischer» Landbevölkerung einerseits und dem Großgrundbesitz andererseits verschärft und in einen nationalen, polnisch-ukrainischen Konflikt verwandelt. Es brodelte vor allem an den Hochschulen; 1908 wurde der Statthalter Galiziens Graf Andrzej Potocki von einem ukrainischen Studenten ermordet. Mehrere «Ausgleiche» wurden noch im 19. Jahrhundert ausgehandelt, keiner hielt lange. Der aussichtsreichste – das galizische Wahlgesetz von 1914, das nationale Kurien einführte und damit den Ukrainern eine konstante Vertretung im Landtag sicherte – trat wegen des Kriegsausbruchs nicht mehr in Kraft.

Die seit dem Ausgleich mit Wien regierenden Konservativen sahen sich – auch ungeachtet des polnisch-ukrainischen Konflikts – um 1900 von mehreren Seiten bedrängt. Ihre Macht beruhte bislang auf mehreren informellen Monopolen: «In ihren Händen befand sich das [Lemberger] Statthalteramt, der Landesausschuss [das Exekutivorgan der galizischen Selbstverwaltung], der Landtag und der Polenclub [im Wiener Reichsrat], die Kirche, die Hochschulen, die Mehrheit der Gesellschaften und Banken», schließlich die wichtigsten Presseorgane.[45] Ferner entschieden sie über die Besetzung der Stellen in der galizischen und in der Wiener (sofern Polen als Kandidaten in Betracht kamen) Verwaltung, sie stellten den galizischen Landesminister in der Regierung – all dies mit Unterstützung Wiens und des kurialen Wahlrechts, das im Fall des cisleithanischen Parlaments 1907 abgeschafft wurde, im Fall des Lemberger Landtags, wie in anderen Kronländern, bis zum Ende der Monarchie fortbestand.

Angesichts der fortschreitenden Demokratisierung der Habsburgermonarchie ließen sich nur die Monopole in der staatlichen und in der Selbstverwaltungsbürokratie aufrechterhalten. In Wien ging der Einfluss der galizischen Konservativen nach dem spektakulären Scheitern des Kabinetts unter Kazimierz Badeni (1895–1897)[46] deutlich zurück, ebenso wie die Bedeutung des bislang sprichwörtlich disziplinierten Polenklubs, der im Zeichen der Lähmung des Reichsrats seinen bisherigen Stellenwert in der Wiener Politik einbüßte. Zugleich verlor der Klub sein Monopol auf die Vertretung polnischer Belange: Nach der Einführung der V. Wahlkurie gelang es dem radikalen Flügel der Bauernbewegung und den Sozialisten in den Wahlen von 1897 – trotz brutaler Drangsalierung durch Verwaltung und Polizei («Galizische Wahlen» waren schon seit Jahren ein geflügeltes Wort) –, zwölf Abgeordnete in den Reichsrat zu bringen.[47] Es geschah nun zum ersten Mal, dass eine Gruppe von Polen sich dem kollektiven Zwang entzog und nicht in den Klub eintrat. Ganz im Gegenteil wurden die Radikalen und Linken zu den prominentesten Gegnern der mittlerweile ohnehin geschwächten «polnischen» Regierung Badeni und damit des ganzen konservativen Systems.

Neben Ukrainern, Bauern und Sozialisten erwuchs den Konservativen in Galizien noch ein vierter ernstzunehmender Gegner, diesmal auf der Rechten: die Nationaldemokratie. Sie gewann vor allem in Ostgalizien an Boden, wo die Erfolglosigkeit der konservativen, gemäßigt antiukrainischen Politik mit jedem Jahr offensichtlicher wurde. Dmowski, seit 1895 im Lemberger Exil als Herausgeber der Allpolnischen Rundschau *(Przegląd Wszechpolski)* erfolg- und einflussreich, hatte für die antiquierten Ziele und Methoden der galizischen Konservativen nur Spott übrig.

Diese kämpften tatsächlich an allen Fronten. Im Juni 1898 waren in einem westgalizischen Kreis Nachwahlen zum Wiener Reichsrat angesetzt. Bereits im Vorjahr waren aus Galizien sechs Anhänger des charismatischen Pfarrers Stanisław Stojałowski zu Mandatsträgern geworden. Stojałowski selbst war mit dem Kirchenbann belegt und hatte mehrere Verhaftungen und Gefängnisaufenthalte hinter sich. Er war zugleich überzeugter Radikaldemokrat und glühender Katholik, Sozialist und Antisemit, griff die Machthaber und den Klerus an, aber mindestens ebenso heftig die Juden, in denen er mehr als nur willige Werkzeuge der Unterdrückung von katholischen Bauern durch den Adel sah.

Ähnlich wie in Kongresspolen waren in Galizien der jüdische Schankwirt, Steuerpächter und Geldverleiher seit jeher des Bauern Feind. Mitte Juni 1898 kam es in einem Marktflecken zu einem antijüdischen Tumult. Die Gendarmerie griff sofort ein und erschoss zwölf Teilnehmer – Bauern aus der Umgebung. Die Unruhen breiteten sich bald, nicht zuletzt wegen der offensichtlichen Brutalität der Staatsmacht, auf sechs ländliche Kreise aus, worauf der Statthalter den Ausnahmezustand über 32 Kreise verhängte.[48] Nun nutzten die Behörden die Gunst der teils selbstgeschaffenen Gelegenheit: Die massiven polizeilichen Maßnahmen (Verhaftungen, Auflösung von Vereinigungen, Suspendierung von Zeitungstiteln, Hausdurchsuchungen etc.) richteten sich vor allem gegen die Sozialisten, erst an zweiter Stelle gegen die Antisemiten. Im Reichsrat liefen die Sozialisten unter ihrem aufgehenden Stern, dem «schönen Ignaz» Daszyński, gegen den Ausnahmezustand Sturm und ernteten in den meisten Fraktionen Zuspruch.[49] Unter diesem Druck musste die Statthalterei ihre Verfügung zurückziehen, was in einigen Kreisen mehrere Monate in Anspruch nahm.

Mehr als diese seltsame Mischung von Gewalt, politischer Blindheit und antisozialistischem Reflex hatten die Konservativen als Antwort auf die

Herausforderungen nicht zu bieten. Der Aufstieg neuer gesellschaftlicher Kräfte und politischer Parteien war in Galizien zu Beginn des 20. Jahrhunderts nur noch eine Frage der Zeit.

Preußen

Das preußische Teilungsgebiet bestand aus Posen, Westpreußen und dem Ermland (Ostpreußen). Da das Ermland eine in jeder Hinsicht periphere Provinz bildete, die erst 1945 in den polnischen Staat zurückkehrte, beschränkt sich die folgende Zusammenfassung auf das 1815 gebildete Großherzogtum Posen (fast 29 000 km² mit 2,1 Millionen Einwohnern 1911) und die Provinz Westpreußen (mehr als 25 000 km² mit 1,7 Millionen Einwohnern).

Beide Provinzen waren von der Industrialisierung nur indirekt und punktuell erfasst worden. Es gab eine Massenabwanderung in die Industriezentren (ursprünglich nach Amerika, nach 1900 vor allem in das Ruhrgebiet), die stärker als in anderen Teilungsgebieten nicht nur die demographische Struktur, sondern auch die Stimmung prägte: Der deutschen Öffentlichkeit galt die «Ostflucht» als ein unkontrollierbares Phänomen, das den Besitzstand der deutschen Staatsnation im Grenzraum gefährdete. Dennoch blieben im Osten überregional bedeutende Industrieprojekte aus, nur in Westpreußen (Elbing und Danzig) entstanden größere Betriebe der Metallindustrie. Ansonsten dominierten kleine und mittlere Unternehmen, ein Großteil mit der Verarbeitung landwirtschaftlicher Produkte verbunden.

Nach der Auswanderung der Juden, die bereits vor 1900 im Großen und Ganzen abgeschlossen war (sie stellten nur noch ein Prozent der Bevölkerung und waren vollständig an das Deutschtum akkulturiert),[50] dominierten im preußischen Teilungsgebiet Katholiken und Protestanten. 1910 belief sich der Bevölkerungsanteil der Katholiken auf mehr als zwei Drittel in Posen, in Westpreußen waren sie den Protestanten zahlenmäßig nur geringfügig überlegen.

Die populäre Gleichsetzung von Nationalität und Religion (Pole gleich Katholik, Deutscher gleich Protestant) stimmte nicht ganz, sollte aber dennoch nicht als Klischee abgetan werden: In der Regel waren die Polen tatsächlich katholisch, während unter den Deutschen Katholiken eine Minderheit blieben (in Posen war um 1900 über ein Sechstel der Deutschsprachigen katholisch, in Westpreußen ein Viertel). Von drei Bewohnern in den Städten waren zwei Deutsche und einer Pole. Auf dem Land stellten die Polen 58 Prozent der Bevölkerung, die Deutschen 42 Prozent, wobei es zwischen beiden Provinzen und zwischen den einzelnen Kreisen bedeutende Abweichungen von den Gesamtzahlen gab. So waren in der größten Stadt Westpreußens – Danzig – nur etwa zehn Prozent der Bewohner Polen, in Posen hingegen 60 Prozent.

Der preußische Staat betrieb seit Jahrzehnten eine Germanisierungspolitik, getragen von der Hoffnung, zumindest die polnischsprachigen Bauern zu loyalen Preußen umzuerziehen. Ihren ersten Höhepunkt erreichten diese Bestrebungen mit dem Kulturkampf der 1870er Jahre. Von nun an prägte die Germanisierung in wellenförmigen Bewegungen immer wieder Geisteswelt und Alltag in Posen und Westpreußen. Sie machte in den kommenden Jahrzehnten aus den polnischen Staatsbürgern des Deutschen Reiches eine besondere Gruppierung, die sich vor allem durch eine hoch entwickelte, national definierte Solidarität auszeichnete. Wie Rudolf Jaworski zeigt, reichte sie bis in das alltägliche Einkaufsverhalten, bezog die christlichen Feiertage mit ein und reproduzierte in allen Schichten und Altersgruppen die Trennung zwischen Deutschen und Polen, die zumeist als Konflikt zwischen Protestanten und Katholiken wahrgenommen wurde. Im ökonomischen Bereich, in dem sich die Segregation der nebeneinander lebenden Teilgesellschaften im Alltag manifestierte, versuchten beide Seiten, ihre Landsleute auf das Schlagwort «Jeder zu den Seinen» zu verpflichten: Der Deutsche sollte nur in deutschen Geschäften deutsche Waren kaufen, der Pole polnische Produkte in polnischen Läden. Sie sollten ebenfalls die Feiern der jeweils anderen Nationalität meiden und sich im gesellschaftlichen Umgang auf ihre «eigenen» Vereine zurückziehen. Polnische Kinder sollten keinen Osterhasen bekommen, weil er einen «rein deutschen, uns völlig fremden Brauch» repräsentiere. Die Adressbücher von Firmen und Läden wurden national getrennt auf den Markt gebracht. Die Herausgeber warnten ihre Landsleute davor, nicht versehentlich bei Unternehmen einzukaufen, deren Schilder die wahre Nationalität des Besitzers verschleierten. Der Unterschied in den Gestaltungsmöglichkeiten beider Seiten zeigte sich auch hier: Die deutschen Herausgeber stellten ihre Listen deutscher Geschäftsinhaber mit Hilfe der Polizeibehörden zusammen, die Polen dagegen mit Hilfe von Presse und Verbänden.[51]

Seit 1886 war die Preußische Ansiedlungskommission tätig, die mit Hilfe gewaltiger staatlicher Zuschüsse (bis 1914 etwa eine Milliarde Reichsmark) Boden in polnischem Besitz auf- und an deutsche Siedler weiterverkaufen sollte. Die Aktion blieb erfolglos, polnische Parzellierungsbanken siedelten mehr Landsleute auf neu geschaffenen Bauernstellen an als die Kommission. Der polnische Grundbesitz in Posen wie in Westpreußen litt letztlich kaum. 1894 reagierten die Behörden mit der Gründung des Ostmarkenvereins, der als eine von Berlin aus unterstützte Organisation «zur Förderung des Deutschtums in den Ostmarken» die Germanisierung koordinieren und beschleunigen sollte. Einen wichtigen Bestandteil dieses Programms bildete ebenso ein neues Regierungsviertel in Posen, wo zwischen 1904 und 1910 eine Reihe von großen neoromanischen bis neobarocken Staatsgebäuden errichtet wurde. Im Mittelpunkt befand sich das neue Kaiserschloss als Wahrzeichen der urdeutschen «Ostmark».[52]

1904 kam zum deutsch-polnischen Kampf ein eher humoristisches Element hinzu, das aber von beiden Seiten todernst behandelt wurde: der Wagen des Bauern Drzymała. Das sogenannte Feuerstättengesetz von 1904, das polnische Neuansiedlungen verhindern sollte, machte es polnischen Bauern schwer bis unmöglich, Wohnhäuser auf neu erworbenen Grundstücken zu errichten. Michał Drzymała bezog, sehr zum Ärger der Behörden, einen Zirkuswagen, bei dem eine Baugenehmigung nicht erforderlich war. Er wurde damit zu einem Symbol des polnischen Widerstands und zum Medienstar. Der Literaturnobelpreisträger von 1905, Henryk Sienkiewicz, sowie mehrere andere Intellektuelle und Politiker intervenierten zu seinen Gunsten. 1908 beschloss schließlich die preußische Regierung das – auch innerhalb der Hochbürokratie und unter den Junkern umstrittene – Enteignungsgesetz, das zwar in nur vier Fällen zur Anwendung kam, dennoch den Eindruck der ständigen Bedrohung des polnischen Besitzes im Reich noch einmal steigerte.

Vor diesem Hintergrund mag es nicht verwundern, dass der soziale Konflikt zwischen Besitzenden und Arbeitnehmern stets im Schatten der nationalen deutsch-polnischen Auseinandersetzung blieb und letztlich durch diese neutralisiert wurde. Folglich formierten sich kaum moderne politische Parteien. Die Nationaldemokraten, die hier erst um 1900 Fuß fassten, arbeiteten lieber innerhalb der bestehenden Netzwerke und unterwanderten sie allmählich. Die seit 1893 existierende Polnische Sozialistische Partei des preußischen Teilungsgebiets (*Polska Partia Socjalistyczna zaboru pruskiego,* PPSzp) blieb stets im Schatten der SPD und spielte im gesamtpolnischen Geschehen so gut wie keine Rolle; eine dezidiert bäuerliche Partei wurde nicht einmal gegründet. Die Bauern, selbst die Landarbeiter, arbeiteten mit den Grundbesitzern zusammen, auf dem Land wie in der Stadt agierten katholische Priester, die in beiden Fällen auf jenes dichte Netz von polnischen Vereinen, Genossenschaften, Verlagen, Gesellschaften, Sparkassen und Bildungszirkeln zurückgreifen konnten, das im Zuge des später so benannten «längsten Krieges in Europa» zwischen preußisch-deutschem Staat und polnischen Untertanen entstanden war.[53] Die Polen hatten die Instrumente übernommen, die ihnen von dem deutschen Nachbarn vorgeführt worden waren. Die Folge war nicht nur die erfolgreiche Behauptung des eigenen Besitzstandes, sondern ebenso ein polnischer «Sonderweg», der nicht nur im wirtschaftlichen, vielmehr auch im mentalen Bereich die Polen in Preußen ihren Landsleuten östlich der Reichsgrenze immer stärker entfremdete. Die Vereinsmeierei erlangte Dimensionen, die in Kongresspolen und Galizien schlicht unbekannt waren.[54] Das Elend, der Schmutz und die berüchtigte Improvisationskunst der Russisch-Polen und Galizier vermochten in Posen wiederum nur noch Kopfschütteln hervorzurufen. Umgekehrt stießen die sprichwörtliche Sparsamkeit, der Sinn für das Praktische, die Anerkennung des Staates als wichtigsten Gestalter des gesellschaftlichen Lebens, wie sie von den Polen in Preußen verinnerlicht worden waren, bei ihren Landsleuten auf der anderen Seite der Grenze auf ähnliches Erstaunen. Nach 1918 sollte die Integration des wirtschaftlich mit Abstand am höchsten entwickelten Teilungsgebiets, in dem Recht und Sekundärtugenden keine Floskeln waren, binnennational die meisten und wohl heftigsten Konflikte generieren.[55]

Die Konservativen verloren auch hier an Einfluss, allerdings langsamer und ohne gewaltsame Konflikte. Den wichtigsten Einschnitt bildete ihre Zusammenarbeit mit dem Reichskanzler Leo Graf von Caprivi zwischen 1890 und 1894, als sich der Berliner Polenklub – ebenso wie im Wiener Reichsrat waren die polnischen Mitglieder des Berliner Parlaments in einer eigenen Fraktion vereint – der Reichstagsmehrheit näherte und im Gegenzug auf eine Liberalisierung der Polenpolitik hoffte.[56] Die Ära Caprivi blieb eine Ausnahme und änderte letztlich nichts an der Überzeugung, dass es die Polen in Preußen mit einem boshaften und zutiefst polenfeindlichen Staat zu tun hatten.

Wojciech Wrzesiński, dem wir die umfangreichste Anthologie polnischer Ansichten über Deutschland und Preußen verdanken, fand für die Zeit der Jahrhundertwende kaum noch positive Stimmen über das Kaiserreich. Andererseits dienten deutscher nationaler Egoismus, Herrschsucht und Rücksichtslosigkeit als Vorbild für die polnische Nationalbewegung. Die Prussifizierung Deutschlands, so die polnische Publizistik, mache selbst eine polnisch-russische Verständigung eher wahrscheinlich als einen polnisch-deutschen Ausgleich. Dabei hatten die Feuilletonisten keine Zweifel, dass das Kaiserreich seinen Aufstieg zu einer veritablen Großmacht vor allem der Effizienz des Staates und der Produktivität der Wirtschaft zu verdanken hatte. Mit dieser Diskrepanz zwischen Leistungsfähigkeit und fehlender moralischer Fundierung kamen auch die klarsichtigsten Beobachter nur schwer zurecht. Der Vordenker der polnischen Rationalisten Aleksander Świętochowski notierte 1899 etwas ratlos: «Es ist erstaunlich, in welchem Maß eine Nation gleichzeitig klug und dumm, zivilisiert und barbarisch sein kann.»

Ähnlich erging es seinem Glaubensgenossen, dem Schriftsteller Bolesław Prus, der gleichermaßen die deutsch-preußischen Sekundärtugenden bewunderte, wie er die unheilvolle Kraft Bismarcks verabscheute, der «den Deutschen die Philosophen und Dichter, ihre eigene Freiheit und fremdes Unrecht verdeckt» habe. Der galizische Konservative Stanisław Tarnowski schrieb ebenso resigniert, die Welt müsse angesichts der deutschen Erfolge begreifen lernen, dass Modernität keineswegs unbedingt zu einem höheren Grad an Gerechtigkeit führe; der Fortschritt der Zivilisation bedeute nicht zwangsläufig einen Zuwachs an Moral und Sitte.[57]

Das kleinste Teilungsgebiet hatte als einziges die Erfahrung einer flächendeckenden Modernisierung – allerdings als landwirtschaftlich geprägte Region – gemacht. Auch Rechtsstaatlichkeit wurde hier wesentlich ernster genommen als in Galizien, von Kongresspolen ganz zu schweigen. Trotz aller Bedrängnis hatten die Polen in Preußen weit weniger Gründe als ihre Landsleute, an der eigenen Durchsetzungskraft zu zweifeln. Der Grundsatz des nationalen Zusammenhalts schien eine überlegene Antwort auf die neuen sozialen Fragen und radikalen Lösungsvorschläge zu bieten.

Der Polenklub im Reichstag verlor im Gegensatz zum Klub im Wiener Reichsrat keine Abgeordneten. Im Gegenteil: Als 1903 mit Wojciech Korfanty erstmals ein polnischer Abgeordneter aus Oberschlesien gewählt wurde, der das Bündnis des Klubs mit dem Zentrum frontal angegriffen hatte, trat er trotz heftiger Zerwürfnisse in der Wahlkampagne nahezu selbstverständlich dem Berliner Polenklub der Posener und westpreußischen Mandatsträger bei.

Emigration

Die aus Sicht der künftigen polnischen Nationalgeschichte am wenigsten bedeutende, wenngleich keineswegs folgenlose Antwort auf die rapide wachsende Bevölkerungszahl und die Armut war die Auswanderung. Sie setzte im letzten Viertel des 19. Jahrhunderts ein – unabhängig von der anhaltenden saisonalen Arbeitsmigration, die alljährlich Hunderttausende von Landarbeitern aus Kongresspolen und Galizien vor allem auf die ostdeutschen Güter führte. Der kleinere Teil der Auswanderer, der aus dem preußischen Teilungsgebiet stammte, suchte Arbeit in den Industriezentren des Reiches. Die Zahl der Polen in Berlin soll vor dem Krieg etwa 80 000 betragen haben, im Ruhrgebiet 300 000 bis 400 000,[58] darüber hinaus verdiente eine ähnliche Menge an Landarbeitern (vor allem aus Zentralpolen) im Sommer ihr Geld in der preußischen Landwirtschaft. Nur die «Ruhrpolen» waren in polnischen und «masurischen» Organisationen zusammengefasst, hatten ihre eigenen sozialen

Vereine und Zeitungen. In einigen Kreisen waren sie mit einem Anteil von zehn Prozent und mehr unübersehbar, in Gelsenkirchen-Land und in Herne machten sie 1905 14 Prozent der Bevölkerung aus, in Recklinghausen mehr als ein Fünftel.[59]

Etwa die Hälfte der etwa 1,2 Millionen Emigranten aus Preußen ging nach Übersee, vor allem in die USA; um 1900 brach diese Welle jedoch ab. Das Ziel Amerika dominierte hingegen klar unter den mehr als einer Million Auswanderern aus Galizien, die größtenteils erst in den letzten 15 Jahren vor dem Krieg die lange Reise wagten. Besonders auffällig war der Anteil der galizischen Juden, die 80 Prozent aller jüdischen Zuwanderer in die Vereinigten Staaten gebildet haben sollen; hingegen kam in Wien nur jeder vierte Jude aus Galizien.[60] Die Mehrheit der Galizier ging in die USA, unter den Auswanderern nach Kanada waren die galizischen Ukrainer stärker vertreten als die Polen. Auch die Emigration aus Kongresspolen konzentrierte sich auf Amerika und dauerte bis 1914 an. Von den etwa 1,3 bis 1,4 Millionen Menschen gingen etwa drei Viertel in die USA, ca. 13 Prozent nach Lateinamerika, vor allem nach Brasilien.

Insgesamt verließen mehr als 3,5 Millionen Menschen die drei Teilungsgebiete, der Anteil der Polen an dieser Massenwanderung wird auf zwei Drittel geschätzt. Die Mehrheit verließ damit die polnische Geschichte. Vor allem in den USA, in Pittsburgh und Chicago (im 20. Jahrhundert oft als größte oder nach Warschau zweitgrößte polnische Stadt apostrophiert), regional auch in Brasilien, erinnerten sich die Emigranten zwar an ihre Wurzeln, bauten eigene Verbände auf, nationale Klubs, Zeitungen und Pfarreien; die Stimmen der Auslandspolen (*Polonia*) spielten bei den US-amerikanischen Wahlen im 20. Jahrhundert eine gewisse Rolle. Ein großer Teil assimilierte sich jedoch früher oder später in der neuen Umgebung, so dass nur noch der Name (wenn er nicht geändert wurde, was oft genug vorkam) die Herkunft anzeigte. Ihre Wirkung entfaltete die Emigration vor dem Großen Krieg insbesondere im ökonomischen Bereich. Die Auswanderer schickten in der Regel jahrelang Geld «nach Hause», das für die Familie einen lebenswichtigen Haushaltsposten bildete. Aus den USA sollen vor dem Krieg jährlich etwa 20 Millionen Dollar nach Galizien und nach Kongresspolen geflossen sein.

Eine zahlenmäßig unbekannte Minderheit, möglicherweise ein Drittel, entschied sich nach Jahren für die Rückkehr in die alte Heimat. Besonders in Galizien fiel diese Gruppe ebenso durch ihren relativen Wohlstand auf (der sich u. a. im Bau moderner Höfe und Wohnhäuser ausdrückte) wie durch einen völlig anderen Erfahrungshorizont. Ihr Einfluss auf die Emanzipation der Nachbarn ist in den Quellen zahlreich überliefert, entsprechend die Konflikte zwischen den Vorboten der Moderne und der Tradition der Dorfgemeinschaft.[61]

Ein Sonderkapitel stellte die Emigration in die neuen Industriezentren des Zarenreiches dar. Während die Auswanderung in das Ruhrgebiet und in die USA vor allem die ärmsten Landbewohner betraf und sie dort bestenfalls als Fabrikarbeiter neue Existenzen gründeten, zogen Polen nach St. Petersburg oder in den Kaukasus, um dort nicht nur als Arbeiter, sondern auch als Ingenieure, Techniker, Angestellte in der Privatwirtschaft und im öffentlichen Dienst (oft genug als Beamte[62] und Offiziere), seltener als Unternehmer Karriere und Geld zu machen. In Petersburg war die «polnische Kolonie» mit geschätzt 70 000 Personen ein wichtiger Bestandteil des kulturellen und professionellen Stadtbildes, ebenso in Kiew, wo die Polen 1909 ein Siebentel der Stadtbewohner ausmachten. Zahlenmäßig kleinere, aber sozial und ökonomisch eher überdurchschnittlich gut situierte Gruppen von Polen fand man auch in anderen Großstädten, nahezu überall, wo die Industrialisierung das Antlitz des alten Russland gravierend veränderte.

Um 1900 war nicht abzusehen, dass die oft steilen polnischen Karrieren in Russland innerhalb von 20 Jahren alle beendet sein würden. Etwa 600 000 Menschen wanderten nach der Revolution von 1917 zurück; übrig blieb die Erinnerung an das Zarenreich als das Land der unbegrenzten Möglichkeiten, mit dem das bolschewistische Russland auch in dieser Hinsicht nichts gemein hatte.

Vier Gesellschaften und eine Nation

Die polnischen Untertanen der Habsburger, Hohenzollern und Romanows erlebten im 19. Jahrhundert dieselben Zivilisationsprozesse wie die übrigen Bürger des jeweiligen Imperiums. Die Polen studierten mit Vorliebe an den einzigen polnischen Universitäten in Krakau und Lemberg – wo die Professoren allerdings weiterhin vom Wiener Kaiser ernannt wurden –, aber auch in Dorpat, Göttingen, Wien oder Paris. Sie lasen polnische Zeitungen – doch ohne Kenntnis dessen, was die großen Blätter der imperialen Hauptstädte auf Deutsch oder Russisch veröffentlichten, galt man nur als halbgebildeter Mensch. Die Glühbirne und die elektrische Straßenbahn, Kanalisation und Telefon lernten sie zu derselben Zeit wie ihre Nachbarn kennen: Die Polen entwickelten sich als Gesellschaft nicht im eigenen Rhythmus, sondern im Takt des jeweiligen Imperiums. Die Grenzen zwischen den Teilungsmächten verhinderten zwar die grenzüberschreitenden Kontakte nicht, machten sie jedoch umständlich und führten zur wachsenden, von den Zeitgenossen immer wieder bemerkten Entfremdung, die sich nicht zuletzt in gegenseitiger Verständnislosigkeit manifestierte.[63] Wie tief die Unterschiede, wie selbstverständlich der Stolz auf die eigene Teilungsmacht geworden war, zeigte sich etwa darin, dass die Polen in Preußen die Deutschen selbstverständlich für die besten Soldaten hielten, dass die Warschauer Krakau als ödes, klerikales Provinznest empfanden,[64] hingegen die Kakanier nicht weit von dem an sich deutsch-österreichischen Vorurteil entfernt waren, wonach Russisch-Polen irgendwie doch zu Asien gehörte. All diese Animositäten, Denkgewohnheiten und Stereotypen hatte es bereits früher gegeben; nur dürften sie nie so stark gewesen sein wie gegen Ende des langen 19. Jahrhunderts.

Dass eine moderne polnische Nation trotz dieser ökonomischen, rechtlichen, politischen, zivilisatorischen Teilung entstehen konnte, hat mehrere Gründe. Einer ist das einende Band der römisch-katholischen Kirche. Für die staatlich geteilte Gemeinschaft der polnischen Gläubigen blieb sie die einzige grenzenübergreifende, traditionsreiche polnischsprachige Institution. Aus Sicht Wiens war sie Bestandteil der – trotz der Nachwirkungen des Josephinismus – faktisch privilegierten Staatskirche. Von St. Petersburg aus gesehen, war der Katholizismus ein Fremdkörper im Slawentum, die Institution selbst eine Bastion des verdächtigen bis verhassten Polentums, darüber hinaus mit ihrem östlichen, griechisch-katholischen Zweig Konkurrent im Kampf um die Seelen der «Kleinrussen», d. h. der Ukrainer. Innerhalb des Deutschen Reiches galt die Kirche ebenfalls als Träger des Polentums. Zugleich war sie Teil des größeren innerdeutschen Problems der katholischen «Reichsfeinde».

In Galizien genoss die Kirche als staatsnahe, jedoch autonome Institution einen Sonderstatus. Der langjährige Erzbischof von Krakau (1879–1894), Albin Dunajewski, galt als moralische Autorität, nicht zuletzt wegen seiner Vergangenheit als junger Rebell gegen den Absolutismus,[65] von der er sich freilich als Geistlicher längst distanziert hatte. Unweit von dessen erzbischöflichem Palast verbrachte seine letzten Jahre ein anderer Erzbischof, Zygmunt Feliński von Warschau. Dieser war bis zu seiner Ernennung 1862 nicht Verschwörer, sondern Loyalist gewesen; gerade deswegen war er am Vorabend des Januaraufstands in die Warschauer Metropole berufen worden. Als er jedoch 1863 in einem Brief an den Zaren den Aufstand seiner Landsleute verteidigte, wurde er für 20 Jahre in die Verbannung geschickt. Dem Erzbischof von Posen und Gnesen Mieczysław Ledóchowski bescherten die preußischen Behörden hingegen im Zuge des Kulturkampfes «nur» zwei Jahre Gefängnis, nach denen er in den Vatikan übersiedelte.

Die Biographien der drei Erzbischöfe belegten um 1890 exemplarisch die Glaubwürdigkeit und Autorität der römisch-katholischen Kirche. Sie selbst wurde in Zeiten der gewaltsamen Unterdrückung des Polentums verfolgt, bot aber jederzeit den Gläubigen – auch und vor allem aus den untersten Schichten – eine Identifikationsmöglichkeit, die Glauben, Sprache und Kultur zur Gleichsetzung von Pole mit Katholik verdichtete. Der Pfarrer verkörperte vor Ort, in den Augen der Gemeinde, diese Tradition und den mit ihr verbundenen Freiraum. Der soeben erwähnte Warschauer Erzbischof Feliński, selbst ein hoch gebildeter Mann, widmete in seinen Memoiren dem Personal der Kirche im geteilten Polen einen längeren Absatz. Er ordnete es nach drei Kategorien. Am wenigsten interessierten ihn die Karrieremacher, die sich der weltlichen Obrigkeit andienten. Über die nächste Gruppe, die «patriotischen Priester» urteilte er unverhohlen skeptisch: «Geistliche eines glühenden wie edlen Herzens, freilich nicht genug vom Geist der Kirche geformt, deren Aufgabe nicht in der Gewinnung der Nation für die Kirche bestand, sondern darin, über den Katholizismus das Vaterland auferstehen zu lassen». Am interessantesten schien ihm das «niedrigere geistliche Proletariat», der einfache Pfarrer. Diesen «geistlichen Handarbeiter» charakterisierte er in mehreren nachdenklichen Zeilen: Er stamme aus einfachen Verhältnissen, oft genug aus einer Bauernfamilie. Er sei nicht unbedingt hoch gebildet – eher das Gegenteil –, dafür fromm und gehorsam, treu gegenüber dem Heiligen Stuhl, finde sich in dem Milieu seiner Kindheit sofort zurecht. «Dieser mächtigen Phalanx der schlichten Männer verdankt unsere Nation, dass sie wahrhaft katholisch geblieben ist», urteilte Feliński aus der Rückschau, denn der «plumpe Geist» verfüge nur über «einfache und wenige Argumente, die aber ebenso aus einem tiefen Glauben stammen wie aus einem gesunden Volksverstand; daher überzeugen sie die Massen». Wenn z. B. «Schismatiker» (d. h. russisch-orthodoxe Priester) behaupteten, der östliche Glaube sei älter als der westliche und damit eine Konversion zur russischen Kirche naheliegend, antwortete dieser «schlichte Mann», noch früher seien die Orthodoxen Heiden gewesen; wollten sie wirklich zu ihren Ursprüngen zurückkehren? Und wenn ein Beamter im Dienste des Zaren die Bauern zu überzeugen versuchte, Katholizismus oder Orthodoxie sei doch einerlei, antwortete ihm der ländliche Priester im Osten: «Wenn es euch egal ist, dann lasst uns bei unserem Glauben bleiben; uns ist es nämlich nicht egal.» Gegen solch schlichte Argumente anzukommen, sei schwer, schloss der Erzbischof mit sichtlicher Genugtuung.[66] Hinzugefügt sei, dass einem intelligenten und ehrgeizigen «geistlichen Handarbeiter» durchaus die Chance geboten wurde, das Milieu seiner Kindheit bzw. das «niedrigere geistliche Proletariat» zu verlassen: Die Mehrheit der galizischen Bischöfe um 1900, darunter der Erzbischof von Lemberg, stammte aus bäuerlichen Familien.

Eine «Schlichtheit des Glaubens» verlangt Ikonen. In Polen war es der

Marienkult, der während des 19. Jahrhunderts alle anderen Motive dominierte; die Mutter Gottes wurde als Königin von Polen verehrt. Zum berühmtesten, die Gläubigen aus allen Teilungsgebieten anziehenden Wallfahrtsort wurde das Kloster auf dem Lichten Berg (*Jasna Góra*) im zentralpolnischen Tschenstochau, bekannt war ebenso die Wilnaer Madonna. Zahlreiche kleinere Wallfahrtsorte mit Marienbildern wurden ebenfalls Ziel der Pilger. Die besondere Form der polnischen Frömmigkeit schien Ende des 19. Jahrhunderts auf dem Land weitgehend unangreifbar. Anders sah es mit den Arbeitern in den Städten aus, wo sozialistische und sonstige laizistische Strömungen eine Konkurrenz zu bilden begannen. Das eigentliche Problem stellte aber nicht die Masse der Einwanderer dar, die in den Fabriken Arbeit fanden, sondern die Intelligenz. Die römisch-katholische Kirche zog Grenzen innerhalb der Gemeinschaft, in deren Namen sie auftrat. Die von ihr getragene Abwehr gegenüber «fremden», von außen kommenden Ideen, der Kampf gegen neue Sitten und innovatives Wissen, insgesamt: die Ablehnung der Moderne, positionierte einen großen Teil der Intellektuellen, die dem Vorbild «des Westens» folgen wollten, außerhalb der religiös definierten Nationalgemeinschaft.

1896 kam es zu einem Skandal in der traditionsreichen Warschauer Gesellschaft für Wohltätigkeit, der bald weite Kreise zog. Seit 1892 fanden sich in der Verwaltung ihrer gebührenfreien Leseräume mehr und mehr junge Männer und Frauen ein, die aus den geheimen und halblegalen Bildungszirkeln Warschaus neue Ideen – und Buchtitel – mitbrachten. Gefördert wurden nun die Naturwissenschaften und das gänzlich neue Fach der Soziologie, moderne Belletristik polnischer und französischer Feder, antiklerikale und sonst aus katholischer Sicht unliebsame Zeitschriften.

Der Vorsitzende der Gesellschaft, Fürst Michał Radziwiłł, beauftragte im März 1896 einen Warschauer Pfarrer mit einer Inspektion des unlängst gekauften Buchbestandes, die angesichts der Beschaffungspolitik der jungen Linken nur katastrophal ausfallen konnte. Der Fürst verlangte eine Säuberung der Kataloge. Katholische Blätter unterstützen ihn: Unter den angeprangerten Titeln fanden sich die Übersetzungen von Alexandre Dumas und Eugène Sue, Émile Zola, Honoré de Balzac und Victor Hugo. Der liberale Teil der Presse reagierte prompt. Nach monatelangen Debatten musste Radziwiłł im Januar 1898 zurücktreten. Zwei Monate später ordnete der russische Generalgouverneur eine Untersuchung der Buchbestände an. Die katholischen Blätter veröffentlichten Namenslisten der Verantwortlichen für den Import fremder, westlicher, umstürzlerischer Schriften, was nicht nur unter den Liberalen als Denunziation angeprangert wurde. Radziwiłł ging indessen noch weiter: Er schrieb an den Generalgouverneur. Am 23. Dezember 1899 wurden mehrere Mitarbeiter der Verwaltung der Leseräume verhaftet. Die Ermittlung bestätigte den Vorwurf staatsfeindlicher Umtriebe nicht, die Inhaftierten kamen nach einigen Monaten frei. In der Zwischenzeit waren die Leseräume in ihrer bisherigen Gestalt aufgelöst worden.

Der Kirche außerhalb von Warschau, dem «geistlichen Handwerker» auf dem Land, wird die monatelange Aufregung nur bedingt Schaden zugefügt haben. Dennoch, als Zeichen eines wachsenden Gegensatzes zwischen liberalen und konservativen Eliten, die um die aufkommenden Schichten der Gesellschaft – in diesem Fall um die mittellosen Leser einer Großstadt – warben, prägte der Skandal um die Leseräume der Warschauer Gesellschaft für Wohltätigkeit die kommenden Auseinandersetzungen vor.[67]

Ein weiteres einendes Band war die Kultur, vor allem Literatur und Malerei. Nach dem Höhenflug der Romantik in der ersten Hälfte erlebte sie im letzten Jahrzehnt des alten Jahrhunderts eine neue Blütezeit. Trotz Zensur entstand sie nun – hauptsächlich – nicht mehr im Exil, sondern im Land selbst, vor allem in Kongresspolen. Prus beschrieb in seinem Roman «Die Puppe» (*Lalka*) 1890[68] den Wandel Warschaus und seiner Eliten im Zeichen des Kapitalismus. Der junge Stefan Żeromski variierte mehrmals das Thema der jungen Generation in Zeiten des wirtschaftlichen Aufbruchs und politischen Stillstands. In den 1890er Jahren begann ebenfalls die Karriere des «jungpolnischen» und bald viel gelesenen Exzentrikers Stanisław Przybyszewski. Es war jedoch das Krakauer Künstlergenie Stanisław Wyspiański, das um 1900 mit seinen Dramen die Ideen- und Gefühlswelt des jüngeren Publikums füllte. Auch vor ihm graute es den bisherigen Koryphäen; die Premiere seines Stückes «Hochzeit» (*Wesele*) 1901,[69] in dem er die gesamte Krakauer bzw. galizische Elite als verträumte, schlechterenfalls verlogene, sicherlich wirklichkeitsferne Möchtegern-Führer der Nation angriff, geriet zu einem Skandal. Der bereits erwähnte Graf Tarnowski – als junger Mann Aufständischer und schillernder Querdenker, mittlerweile ehemaliger Abgeordneter in Wien und Lemberg, zweifacher Rektor Magnificus der Jagiellonen-Universität und Vorsitzender der Krakauer Akademie der Wissenschaften – verließ demonstrativ das Theater. Seine grundsätzliche Ablehnung der Moderne stellte unter seinen Standesgenossen alles andere als eine Ausnahmehaltung dar, denn den neuen Strömungen in Kunst, Philosophie, Ästhetik und Wissenschaft hatten die Konservativen nur noch ein zunehmend skurril wirkendes Nein entgegenzusetzen. Der Jugend boten sie damit genau dort am wenigsten, wo sie sich bislang am stärksten gefühlt hatten: in der Welt der Ideen.

Tarnowski schätzte unter den neuen Stars der polnischen Literatur vermutlich nur einen – und nicht zufällig sollte gerade Henryk Sienkiewicz die Vorstellungswelt seiner Leser am nachhaltigsten formen. Er schrieb schnell und schön. Seine gewaltigen Bilder der ritterlichen und zugleich republikanischen Traditionen der alten Republik und ihrer Träger – des selbstbewussten Adels – trugen erheblich sowohl zum erwähnten Mythos der polnischen Sendung im Osten als auch zur Überzeugung von der Überlegenheit der eigenen, historisch gewachsenen Mentalität und Staatsform bei.

Sienkiewicz ist zu Recht als erstklassiger Verfasser zweitklassiger Literatur bezeichnet worden. Nach sozialkritischen Reportagen zu Beginn seiner Karriere schrieb er in seiner Blütezeit in den 1880er Jahren eine ganze Reihe von spannenden historischen Romanen, von denen einige bis heute zum Kanon der «schönen», wenngleich nicht unbedingt gehobenen, Literatur gehören. Das Schema ist immer dasselbe: Die schöne Frau, welcher der edle Ritter zu Beginn der Erzählung begegnet und die auch gleich verloren geht, sucht er während des ganzen Romans; seine Treue, Tapferkeit und Klugheit werden immer wieder auf die Probe gestellt. Die Feinde sind die anderen – Kosaken, Schweden oder Osmanen, d.h. gleichermaßen Todfeinde der Adelsrepublik des 17. Jahrhunderts wie Erzfeinde des römischen Katholizismus bzw. Christentums.

Zwischen 1897 und 1900 veröffentlichte Sienkiewicz in vier Zeitungen gleichzeitig (sie erschienen in Warschau, Lemberg und Posen – auch dies ein Beitrag zur identitätsstiftenden Rolle der Literatur über die Grenzen hinweg) in Fortsetzungen seinen Roman «Kreuzritter» (*Krzyżacy*).[70] Im Fall der mittelalterlichen Deutschordensritter waren es die niederträchtigen und abstoßenden Deutschen, die mit allen nur erdenklichen Mitteln das Paar – und die Polen als Nation – an ihrem Glück zu hindern versuchten.

Dass es einen deutschen «Drang nach Osten» gebe, der seit dem Mittelalter eine essentielle Gefahr für den polnischen Staat, zeitgenössisch für die polnische Nation darstellte – davon waren die Polen gegen Ende des 19. Jahrhunderts wohl ähnlich überzeugt wie die Deutschen von der These, dass Ost- und Landflucht die Ostmarken des Reiches tödlich bedrohen. Mit den «Kreuzrittern» illustrierte Sienkiewicz publikumswirksam das historische Konfliktmuster und bot darin – ganz ähnlich wie Gustav Freytag einige Jahrzehnte zuvor im Fall der Deutschen – eine Folie eigener moralischer Überlegenheit. Bis Ende des 20. Jahrhunderts sollte der Roman zur Pflichtlektüre in polnischen Schulen gehören.

Der Sienkiewicz der Historienmalerei hieß Jan Matejko. Sein Vater war Lehrer und katholischer Tscheche, seine Mutter entstammte einer angesehenen deutsch-polnischen Familie aus Krakau und war protestantisch. In dieser Familie wuchs die künftige Symbolfigur des polnischen Patriotismus auf. Matejko, nur wenige Jahre älter als Sienkiewicz, begann ebenfalls als Kritiker: Seine ersten Bilder in den 1860er Jahren porträtierten dramatische, durchgehend umstrittene Episoden aus Polens Vergangenheit. Das bekannteste war *Stańczyk* (1862), das einen legendären Hofnarren aus dem frühen 16. Jahrhundert in den Mittelpunkt stellte, der auch in späteren Bildern immer wieder als zeitgenössisch verkannter Skeptiker und kritischer Kommentator des Geschehens auftauchen sollte. Der Name wurde in den folgenden Jahren zur freiwillig gewählten Chiffre für einige konservative Querdenker, unter denen Graf Tarnowski eine führende Rolle spielte. Matejko erfuhr in den 1870ern und 1880ern denselben Wandel wie der Graf. Seine in großformatige Bilder gegossenen Deutungen der polnischen und polnisch-litauischen Geschichte zeigten die ruhmreichen Höhepunkte, etwa einen triumphierenden polnischen König vor dem russischen Pskov (um 1580; Bild von 1872), die Schlacht bei Tannenberg (1410; Bild von 1878), die Huldigung des letzten Hochmeisters des deutschen Ordens und ersten Herzogs von Preußen Albrecht von Hohenzollern gegenüber der polnischen Krone (1525; das Bild ist 1882 entstanden) und Johann Sobieski vor Wien (1683; gemalt zum 200. Jubiläum der Schlacht). Alle diese Werke prägten die Vorstellung von ehrenvoller Vergangenheit und darüber hinaus die Ideenwelt der Zeitgenossen und Nachkommen. Die Vergangenheit Polens von der Taufe 966 bis zu den Teilungen, vor allem aber die Zeit des polnisch-litauischen Großreichs hatte ihre zeitgemäßen Ikonen bekommen.[71] Das Krakauer Begräbnis Matejkos im November 1893 wurde zu einer Art Staatstrauertag.

Die Schüler und Epigonen erreichten seinen Rang nicht; das bekannteste Mitglied seines Ateliers, der Allroundkünstler und Provokateur Wyspiański, ging ganz andere Wege. Dennoch trumpfte die Historienmalerei unmittelbar nach dem Tod des Großmeisters noch einmal auf, und zwar während der galizischen Landesausstellung in Lemberg 1894. Auf 50 Hektar Fläche südlich des Stadtzentrums entstanden 129 Ausstellungspavillons, die teils von Privatunternehmern – vor allem Aristokraten und Industriellen – teils von öffentlichen Institutionen errichtet und ausgestattet wurden. Es gab viel Folklore und Industrie, moderne Architektur und traditionelles Handwerk, Kunst und Landwirtschaft. Zum Ausstellungsgelände führte die erste elektrische Straßenbahn weit und breit, ebenso war das erste Fußballspiel zu sehen. An der Eröffnung im Juni 1894 nahm der Bruder Franz Josephs teil, der Kaiser selbst kam mit mehreren Ministern im September. Das *Neue Wiener Journal* titelte gleich nach der Eröffnung «Von Halb-Asien nach Europa» und bescheinigte dem nordöstlichen Kronland, es habe «seine Reifeprüfung als Culturland bestanden [...] Das schlimme Wort von ‹Halb-Asien› wird fortab keine Berechtigung finden. Halb-Asien ist zu Europa avancirt.»[72]

Die Ausstellung zählte innerhalb von vier Monaten 1,15 Millionen Besucher (fast das Zehnfache der Einwohnerzahl Lembergs) und wurde somit zu einem grenzübergreifenden Großereignis, das zugleich ein aufwändig inszeniertes Panorama polnischer Kultur bot und den Nachweis der gleichberechtigten Teilnahme Galiziens an der Zivilisation der Moderne führte.[73] Mit dem Begriff «Panorama» assoziierten die Besucher jedoch weniger die Breite der ausgestellten Kunst- und Gewerbearten, sondern ein eigens für die Ausstellung konstruiertes Gebäude, das nach der Schließung derselben genau ein halbes Jahrhundert lang in Betrieb bleiben sollte: das «Panorama von Racławice». Bei Racławice hatte während des Kościuszko-Aufstandes 1794 ein Angriff polnischer Bauerneinheiten eine Schlacht gegen die Russen entschieden. Nicht nur war dies der vorletzte Sieg der Polen gegen die Russen im langen 19. Jahrhundert. Vor allem wurde er von Plebejern erkämpft, die damit – nach Überzeugung vieler Intellektueller – endlich, definitiv und zukunftsweisend ihren Platz im nationalen Widerstand gegen die Fremdherrschaft eingenommen hatten.

Das 19. Jahrhundert hatte für einen solchen Optimismus wenig Anlass gegeben; das kommende sollte auch in dieser Hinsicht besser werden. Deshalb malten Jan Styka und Wojciech Kossak zum 100. Jahrestag der Schlacht für die Lemberger Ausstellung ein riesiges Bild. Es war fast 115 Meter lang, 15 Meter hoch und beeindruckte die Besucher der eigens dafür erbauten Rotunde auf dem Ausstellungsgelände zutiefst. Allem Anschein nach erfüllte es seine Aufgabe: Für die aufkommende galizische Bauernbewegung wurde es – ähnlich wie der ganze Kościuszko-Aufstand mit seinem Versprechen sozialer Gerechtigkeit für die Landbevölkerung – zu einem Ort nationaler Sinnstiftung und Erziehung.[74] Das «Panorama von Racławice» bestätigte ferner – in einer von Wien ungewollten Deutlichkeit[75] – den besonderen Platz Galiziens als Keimzelle des Wiedervereinigungsgedankens der Polen, zudem den Rang von Kunst und Malerei für die geteilte Nation.

Aber auch der Erfolg der galizischen Landesausstellung gab keine Antwort auf die Grundherausforderung der Jahrhundertwende: Wie sollte nun das seit 100 Jahren staatlich nicht existente Polen, eingeklemmt zwischen Deutschland und Russland, das kommende – und das hieß unter Umständen: ein weiteres – Jahrhundert ohne eigenen Staat überleben? Diese Frage stellte sich den Zeitgenossen um 1900 mit der gleichen Intensität wie jene, wo denn eigentlich Polen im Wirbel der zentrifugalen Kräfte der Moderne noch zu finden sei.

2. Von der Revolution über den Weltkrieg zur Staatsgründung (1900–1918)

Die vielen religiösen, ethnischen wie sozialen Gemengelagen und Konflikte wurden durch die Modernisierung mit ihren neuen Organisations- und Artikulationsmöglichkeiten zusätzlich aufgeladen und potenziert. Urbanisierung, Rationalisierung und Industrialisierung, begleitet von Alphabetisierung und Identitätswandel eröffneten in den letzten Jahrzehnten des 19. Jahrhunderts neue Fronten. Die Antworten der politischen Klasse des viergeteilten Landes auf diese Herausforderungen fielen naturgemäß unterschiedlich aus. Abgesehen von sektoralen Ansätzen, wie sie etwa die Bauernpartei in Galizien für ihre spezifische Klientel entwickelt hatte, setzten sich zwei politische Strömungen durch, die insbesondere die Jugend anzogen: die Sozialisten und die Nationaldemokraten.

Beide sind vor dem Hintergrund des scheiternden Konservatismus zu sehen. Die Konservativen hatten ab Mitte der 1860er Jahre in verschiedenen Formen einen Grundgedanken variiert: Die nationale Frage sei auf unbekannte Zukunft vertagt, die wachsenden sozialen Probleme ließen sich nur in Kooperation mit der jeweiligen Teilungsmacht lösen. Da die «polnische Frage» in der europäischen Politik keine Rolle mehr spiele, hingegen die sozialrevolutionären Umtriebe überall die bestehende Ordnung infrage stellten, könnten die besitzenden Schichten als Vertreter von Vernunft und Mäßigung die Interessen der Polen nur dann wahren, wenn sie sich «ihrem» Kaiserreich gegenüber als ausgesprochene Loyalisten profilierten. Das Vorbild war Galizien, wo nach dem Berliner Kongress 1878 die Idee einer «dreifachen Loyalität» entstand – einer Loyalität, die mehr oder minder gegenüber allen drei kaiserlichen Höfen gepflegt werden sollte.

Die Übertragung der galizischen Verhältnisse auf Ost und West erwies sich als ein – nicht nur von der Linken, sondern vor allem von der aufkommenden modernen Rechten – scharf kritisierter Missgriff. In St. Petersburg sah man in den dreißig Jahren vor der Revolution 1905 keinen Grund, mit einflussreichen Honoratioren zu verhandeln, an denen die wirtschaftliche und soziale Entwicklung ohnehin großteils vorbeiging und die überdies die Wiederherstellung der Autonomie Kongresspolens verlangten. In den westrussischen Gouvernements war die Befürchtung einer politischen Dominanz des ökonomisch gefestigten polnischen Großgrundbesitzes derart stark, dass hier nicht einmal die Selbstverwaltungsorgane *(zemstva)* zugelassen wurden, die seit den 1860er Jahren zu einem Kristallisationspunkt der russischen adelsliberalen Bewegung wurden. In Preußen wiederum richtete sich die Germanisierungspolitik eindeutig – anfangs fast ausschließlich – gegen den polnischen Großgrundbesitz; die polnischen Abgeordneten im Reichstag arbeiteten bis in die 1890er Jahre hinein eng mit der oppositionellen Zentrumspartei zusammen. Darüber hinaus war aber der 1848 gegründete Polenklub zu klein, um – im Unterschied zu seinem Namensvetter im Wiener Reichsrat – parlamentarische Mehrheiten ändern zu können.

Um 1900 waren die Konservativen überall gescheitert: Die politische Ergebnislosigkeit des kaiserlichen Besuchs in Warschau 1897 kompromittierte die Adeligen in Kongresspolen ähnlich wie der Skandal um das Denkmal für Katharina II. sieben Jahre später ihre Standesgenossen in den «Weggenommenen Gebieten». In Preußen zeigte die Caprivi-Ära ähnliche Wirkung, in Galizien war mit dem Sturz Badenis 1897 der Höhepunkt konservativer Vormachtstellung ebenfalls überschritten.

Es waren aber nicht nur die innenpolitischen Niederlagen der wohlgeborenen Honoratioren, die den neuen geistigen Strömungen und Eliten einen wachsenden Einfluss bescherten. Das Prinzip der «dreifachen Loyalität» wurde oft genug mit dem Schutz begründet, den das jeweilige Kaiserreich gegen die latente feindliche Bedrohung durch das andere bot. In Russisch-Polen ging es um die Verteidigung der Slawen gegen das Gespenst des «Drangs nach Osten», moderner formuliert: gegen das offensive, liberal-protestantische Deutschtum; in Preußen und Österreich sollten Hohenzollern und Habsburger vor dem barbarischen, zivilisatorisch unterlegenen und notorisch polenfeindlichen Russland Schutz bieten. All diese auf Bewahrung abzielenden Argumentationsmuster gründeten sich vor der Jahrhundertwende darauf, dass das russische Ressentiment gegen die Deutschen parallel zur Slawenfeindlichkeit in Berlin und Wien aufblühte und die internationale Konstellation eine Verschärfung erfuhr, wie sie seit 1878 unbekannt war. Die polnischen Konservativen waren aber im Unterschied zu den neuen Kräften weder imstande noch willens, aus der wachsenden Spannung originelle Schlüsse zu ziehen. Indessen baute die neue Linke gerade auf der Hoffnung des Zusammenbruchs der alten Welt ihre Identität auf. Und auch die neue Rechte zeigte sich durchaus bereit, über die Konsequenzen eines künftigen Konflikts zwischen den Teilungsmächten laut nachzudenken.

Die Linke

Die radikalste Antwort auf den Modernisierungsdruck im geteilten Land formulierten die Sozialrevolutionäre. Wie überall gingen auch in Polen die Sozialisten davon aus, dass die Missstände der Industriegesellschaft durch eine völlig neue Verteilung der Lasten und Pflichten bis hin zur Verstaatlichung der Produktionsmittel zu lösen seien. Als Zwischenziel strebten sie die Anerkennung des Arbeiters als Menschen an, der zur Teilhabe an bürgerlichen Freiheiten berechtigt sei; ein Mindestmaß an sozialer Sicherheit gehöre sich ebenfalls. Die Einführung von Versicherungen, Kontrolle der Arbeitsbedingungen und Reduzierung der Arbeitszeit auf acht Stunden täglich («8 Stunden Arbeit, 8 Stunden Erholung, 8 Stunden Schlaf») waren die gemeinsamen kurz- und mittelfristigen Ziele der verschiedenen Arbeiterparteien.

So gesehen war die polnische Arbeiterbewegung von Beginn an ein Teil der europäischen. Darüber hinaus bildeten die galizischen Sozialisten eine einflussreiche Strömung innerhalb des Austromarxismus und fanden über die prominenten deutschösterreichischen Genossen einen leichten Zugang zu den gesamteuropäischen Diskussionen. Im Fall der kongresspolnischen Linken hatte aber der Sozialismus in ebenso deutlichem Maße seinen Bezugspunkt in Russland. Hierher stammte, sowohl in der Nachahmung als auch in der kritischen Auseinandersetzung mit der russischen Linken, sein spezifisches Profil. Die jungen Polen aus Kongresspolen und den «Weggenommenen Gebieten» studierten an denselben Universitäten wie ihre russischen Altersgenossen, gehörten oft denselben illegalen Zirkeln an, stießen auf dieselben Schuldigen der Missstände, wurden von denselben Gendarmen verhaftet und von denselben Richtern verurteilt. Der Unterschied lag darin, dass die Polen ein unabhängiges sozialistisches Polen wollten, während die Russen die künftige polnische Revolution als Bestandteil der gesamtrussischen betrachteten.

Nicht zuletzt deshalb war die Herausbildung einer polnischen sozialrevolutionären Partei so schwierig. Nach mehreren gescheiterten Versuchen der Parteibildung, die von der russischen Polizei zerschlagen wurden und mit Prozessen und dem Tod der ersten Helden der Arbeiterbewegung endeten, konstituierte sich 1892 in Paris die «Polnische Sozialistische Partei» (*Polska Partia Socjalistyczna*, PPS), die das Ziel einer unabhängigen polnischen Republik anvisierte.[1] Diese sollte in Zusammenarbeit mit anderen «unterjochten Völkern» des Zarenreiches errichtet werden, wenn möglich in Allianz mit einem neuen, demokratisch verfassten Russland. In der Praxis überwog jedoch deutlich die Option für die «unterjochten Völker», die von der russischen sozialistischen Bewegung bis auf Ausnahmen kaum akzeptiert wurde und zum ersten Bruch innerhalb der polnischen führte. Das Pariser Programm stieß auf den Widerstand einiger sozialistischer Intellektueller, die die Unabhängigkeit für ein nachrangiges Thema hielten und den gemeinsamen Kampf des russischen und polnischen Proletariats in den

Vordergrund stellten. Die 1870 in Zamość geborene und in Kongresspolen aufgewachsene Rosa Luxemburg, später führender Kopf der Linken und zugleich Polenexpertin der SPD, hatte schon in ihrer Dissertation den Grundsatz vertreten, dass die Wiederherstellung Polens einen Rückschritt für die Internationale bedeuten würde, da ein solcher Staat wirtschaftlich nicht lebensfähig wäre und eine massive Verschlechterung der Lebensbedingungen der Arbeiterschaft nach sich ziehen müsste.

Bald kam darüber hinaus in den Diskussionen der Linken das Argument auf, dass die Idee der Unabhängigkeit reaktionären Charakter habe und letztlich die Spaltung der Arbeiterklasse im Kampf gegen die besitzende Klasse bewirke. 1880 soll einer der führenden polnischen Sozialisten, der 25-jährige Sohn eines Gutsbesitzers im Osten, bei einer Versammlung in Genf die Losung verkündet haben: «Weg mit dem Patriotismus und der Reaktion! Es lebe die Internationale und die sozialistische Revolution!»[2] Kazimierz Dłuski, dem diese konsequente Leugnung des Nationalen zugeschrieben wird, sollte lange Abbitte leisten: Allmählich zog sich der brillante Polemiker aus der Politik zurück, wurde Arzt und gründete um die Jahrhundertwende, nach vielen Jahren im Exil, ein vorbildliches, auf die Bekämpfung von Tuberkulose ausgerichtetes Sanatorium im galizischen Zakopane. 1919 gehörte er dann zur Führung der polnischen Delegation bei den Friedensverhandlungen in Versailles.

Im Ergebnis der harten, stellenweise gehässigen Diskussionen innerhalb der sozialistischen Bewegung gründeten die auf die russische Revolution setzenden Linken die «Sozialdemokratie des Königreichs Polen» (*Socjaldemokracja Królestwa Polskiego,* SDKP). Zwar wurde die SDKP innerhalb weniger Jahre durch Verhaftungen zerschlagen, 1900 kam es jedoch zur Neugründung, an der Sozialisten aus Litauen beteiligt waren (*Socjaldemokracja Królestwa Polskiego i Litwy,* SDKPiL). In dieser linksradikalen Partei, die eng mit der russischen Sozialdemokratie zusammenarbeitete und die Unabhängigkeit Polens ablehnte, machte der aus einer litauischen Gutsbesitzerfamilie stammende Feliks Dzierżyński (Jahrgang 1877) bald Karriere. Damit hatte sich in Polen eine Spaltung vollzogen, die die meisten sozialistischen Parteien in Europa erst infolge des Ersten Weltkriegs erfassen sollte. Es überrascht kaum, dass der Grund dieser Spaltung nicht das Verhältnis zu Demokratie und Revolution war, sondern die nationale Frage.

Diese beschäftigte – wenngleich unter anderen Voraussetzungen – auch die übrigen polnischen Sozialisten. In Galizien und im österreichischen Schlesien entstand neben der Polnischen Sozialdemokratie (*Polska Partia Socjaldemokratyczna Galicji i Śląska,* PPSD) eine separate ukrainische Partei[3] und später eine jüdische. In Preußen gab es einen permanenten Kleinkrieg zwischen der mächtigen SPD und der zwerghaften polnischen Schwesterpartei.

Sowohl PPS als auch SDKPiL hatten unter den Arbeitern Kongresspolens eine relativ starke Anhängerschaft. Hier stellte erst ab 1905 der «Nationale Arbeiterbund» der Nationaldemokraten (*Narodowy Związek Robotniczy*, NZR) eine Konkurrenz dar, während der jüdische Bund eher ein Verbündeter mit eigenem Einzugsbereich blieb und die deutsche Arbeiterschaft in Lodz ebenfalls mit der polnischen Linken sympathisierte. Auf dem Land konnte sich nur die PPS einigermaßen profilieren, die SDKPiL fand keinen Zugang zu den Bauern. Die Sprecher der entstehenden Bauernbewegung in Galizien forderten politische Rechte, höhere Preise für Agrarprodukte und mehr Boden, ab 1903 die Aufteilung des Großgrundbesitzes. Die Bauern in Kongresspolen waren angesichts des repressiven Regimes weit weniger aktiv und radikal. Einige Unterstützung gewann hier die Forderung nach Selbstverwaltung sowie Durchsetzung der polnischen Sprache in Amt und Schule, was aber hauptsächlich von den Nationaldemokraten propagiert wurde. Insgesamt konnte der Marxismus auf dem Land kaum Fuß fassen.

Obwohl es sowohl in der PPS als auch in der SDKPiL nicht an klugen Köpfen mangelte, richteten sich schon vor der Revolution von 1905 viele Augen auf Józef Piłsudski.[4] Formell war er nur Mitglied des engsten Führungskreises der PPS, faktisch überragte er seine Genossen bereits damals deutlich. 1867 bei Wilna in einer Gutsbesitzerfamilie geboren, wuchs er nach seinen eigenen Worten «im Schatten des Januaraufstandes» von 1863 auf. Später behauptete man gerne, die Güter der Väter von Piłsudski und Dzierżyński seien nicht weit voneinander entfernt gewesen, was nur bedingt stimmt, indessen einen guten Einblick in die geistigen Horizonte dieser Generation bietet: Für junge, ehrgeizige und gebildete Menschen im Zarenreich war der Weg in die illegale Opposition zwar gewiss nicht zwingend vorgeschrieben, zugleich aber weit weniger außergewöhnlich, als es später erscheinen mochte. Ob der Kampf für soziale Gerechtigkeit mehr Anziehungskraft haben würde als die Idee der nationalen Unabhängigkeit, ließen diese Lebensläufe jahrelang offen.

Bereits 1885 nahm Piłsudski an der Universität in Charkow Verbindung mit russischen Verschwörern auf. Zwei Jahre später wurde er als Sympathisant eines Wilnaer Geheimbundes verhaftet; sein älterer Bruder hatte einen Anschlag auf den Zaren mit vorbereitet. Der jüngere Piłsudski kam mit dem Verwaltungsurteil von fünf Jahren Verbannung in Ostsibirien glimpflich davon. Nach der Rückkehr stieg er schnell zum inoffiziellen Führer der PPS auf – nicht als Theoretiker und Ideologe, sondern als Praktiker des illegalen Kampfes gegen das Zarenreich. Er konspirierte erfolgreich, gab den bald legendären «Arbeiter» (*Robotnik*) heraus und organisierte dessen Vertrieb, bis er 1900 – bereits Mitglied der engsten Führung im Untergrund – verhaftet wurde. In der Haft simulierte er überzeugend Geisteskrankheit, wurde aus dem Warschauer Gefängnis in ein St. Petersburger Krankenhaus verlegt, von wo aus ihm 1901 die Flucht nach Galizien gelang. Hier erreichte ihn im Februar 1904 die Nachricht vom Ausbruch des russisch-japanischen Krieges. Im Juli traf er als Vertreter der PPS in Tokio ein. Die «polnische Frage», so sein Kalkül, sei mit dem Konflikt in Fernost auf die Tagesordnung der internationalen Politik zurückgekehrt.

Die neue Rechte

Der russisch-japanische Krieg eröffnete auch der großen Konkurrenz der Linken, den Nationaldemokraten, neue Perspektiven. Die spätere nationaldemokratische Bewegung hatte Anfang der 1890er Jahre aus einigen Diskussionszirkeln und ebenso illegalen, von jungen Angehörigen der Intelligenz gelesenen Blättern bestanden. Der Anspruch, die Nation zu vertreten, ging weit über die Mitgliederzahl oder Wirkungsmöglichkeiten hinaus. 1893, ein Jahr nach der sozialistischen Partei, gründete sich die bereits erwähnte geheime «Nationale Liga» (*Liga Narodowa*), die in Zusammenarbeit mit einigen Exilpublizisten das Ziel deklarierte, die Polen in allen drei Teilungsgebieten über ständige Arbeit «an den Grundlagen» – sowohl in der Arbeiterschaft als auch auf dem Land – zusammenzufassen, ihr Bildungsniveau und damit das Nationalbewusstsein zu heben, die polnische Wirtschaft, Zivilisation und daraus erwachsende Institutionen zu ebenbürtigen Partnern der staatlichen oder staatlich geförderten Strukturen zu machen. Die jungen Nationaldemokraten betätigten sich durchaus an illegalen patriotischen Demonstrationen, waren jedoch entschiedene Gegner des Aufstandsgedankens. Sie gingen davon aus, dass der zivile Kampf um die polnische Sprache in Schule und Amt – den sie vor allem auf dem Land in Kongresspolen organisierten und unterstützten – bzw. der gesellschaftliche Boykott der Russen angemessene Formen der nationalen Betätigung seien, da die internationale Konjunktur keine aufsehenerregenden Veränderungen erwarten ließe; nicht auf spektakuläre Gesten komme es an, sondern auf Geduld und Ausdauer. Um 1900 waren die Nationaldemokraten überall auf dem Vormarsch: zweitstärkste Kraft in Galizien, wo sie als legale Massenpartei der Rechten den Kampf gegen die Ukrainer forcierten; gut vernetzt in Posen, wo eben Geduld und Ausdauer seit jeher als höchste Tugend der Nationalen galten. Ihre eigentliche Hochburg blieb aber Kongresspolen. Hier und in den litauischen Gouvernements agierten die Nationaldemokraten bis 1905 illegal, hatten jedoch Fuß gefasst in den Industriezentren und vor allem in der Bauernschaft, wo die geheime «Gesellschaft für Nationale Bildung» (*Towarzystwo Oświaty Narodowej*) wirkte.

Geprägt wurde die Nationale Liga seit Beginn des Jahrhunderts von Roman Dmowski.[5] Bevor er sich 1895 im Lemberger Exil niederließ und zum bekanntesten Autor des dort legal erscheinenden *Przegląd Wszechpolski* («Allpolnische Rundschau») aufstieg, hatte er seine Wanderjahre absolviert. In Großbritannien studierte er das Empire als Vorbild für eine erfolgreiche Durchsetzung nationaler Interessen. In Frankreich hatte der junge Vielschreiber zusammen mit dem oben erwähnten Dłuski eine der programmatischen Schriften der Sozialisten («Die polnischen Arbeiterparteien und die nationale Frage», 1893) mitverfasst. Auch in seinem Fall blieb die Gewichtung der nationalen und sozialen Frage jahrelang offen.

Dmowski war um die Jahrhundertwende vor allem ein Kritiker der Konservativen. Er warf ihnen Unfähigkeit und Unverständnis der nationalen Belange vor. Seine Kritik an konservativen Zeitgenossen verband er mit einer niederschmetternden Bewertung jener Schicht, aus der die meisten von ihnen stammten, und untermauerte diese mit historischen Argumenten: Der «alte» Patriotismus des Adels sei ausschließlich standesbezogen gewesen, den zivilisatorischen Aufstieg der anderen Schichten habe er nahezu vollständig ignoriert. Die von ihm ausgelösten Aufstände, ebenso schlecht kalkuliert wie durchgeführt, hätten die biologische Substanz der Nation bedroht und die «polnische Frage» immer wieder zurückgeworfen. Schließlich sei die adelige Vorstellung von der Nation als einer ständisch verfassten, politischen und kulturellen Gemeinschaft längst durch Industrialisierung, Demokratisierung und Alphabetisierung überholt.

Dmowski glaubte an die ethnischen Grundlagen einer jeden Nation, deren moderne Gestalt durch die sozialen Umwandlungen geformt werde. Im polnischen Fall hieße dies, dass die Vollendung der Nationsbildung durch Alphabetisierung, Durchsetzung der polnischen Sprache und Hebung des Wohlstands nicht nur vor Insurrektionsgedanken – die nach Lage der Dinge ohnehin gegenstandslos seien –, sondern vor jeglichen Träumen vollständiger Unabhängigkeit Vorrang haben müsse.

Die Vollendung der Nationsbildung durch die angestrebte «Verstaatsbürgerlichung» (*uobywatelnienie)* der unteren Schichten diente keineswegs nur als Mittel gegen drohende Russifizierung oder Germanisierung «von oben». Dmowski erkannte durchaus die Veränderungen, die die alten Nachbarn Polens zur selben Zeit erfuhren. Sowohl Litauer als auch die slawischen Völker im Osten sah er um die Jahrhundertwende in einer Doppelrolle: als potentielle Gegner und Konkurrenz im Kampf um die noch nicht national-bewussten bäuerlichen Massen, vor allem aber als natürlichen

Expansionsboden der polnischen Zivilisationsbemühungen. Dmowski war überzeugt, dass Nationen auf den ewigen Kampf angewiesen seien: Sie könnten sich nur auf Kosten anderer durchsetzen oder untergehen. Daher sei es an der Zeit, jegliche Sentiments – etwa die Idee der Wiederentstehung der vormodernen, multiethnischen politischen Gemeinschaft der Adelsrepublik – aufzugeben und die östlichen Nachbarn so schnell wie möglich zu polonisieren. In den Beziehungen zwischen Nationen, führte Dmowski unter Berufung auf das deutsche, genauer gesagt das Bismarck'sche Beispiel aus, gebe es weder Recht noch Unrecht, sondern nur Stärke und Schwäche. Gegenüber den östlichen Nachbarn seien die Polen noch immer die Stärkeren. Er war bereit, die Litauer als einen der «polnischen Stämme» mit anderer Sprache zu integrieren, Belarussen nahm er nicht übermäßig ernst, Ukrainer bezeichnete er mitunter als «schlechtere Polen», denen man auf keinen Fall mit Kompromissvorschlägen begegnen solle. Einen Sonderplatz nahmen die Juden ein. Schon 1902, als Dmowski die «Gedanken des modernen Polen» schrieb,[6] die zur Bibel der jungen Nationaldemokraten werden sollten, sah er in ihnen ein fremdes, nicht polonisierbares Volk, das der Vollendung der polnischen Nationsbildung durch Besetzung ganzer Wirtschaftszweige im Wege stehe. Daher könne sich das moderne Polen nicht erlauben, Fehler der Adelsnation zu wiederholen, die die Wirtschaft den Juden überlassen und damit die Entstehung eines polnischen Bürgertums verhindert habe.

So oder ähnlich kommentierten die «jüdische Frage» viele, auch linke Intellektuelle um die Jahrhundertwende, als die Industrialisierung in den Zentren völlig neue Probleme aufwarf, während die alten in Gestalt der verschlafenen Kleinstädte und des zurückgebliebenen Dorfes ungelöst geblieben waren. Neu waren an Dmowski seine Radikalität, seine Offenheit und seine sozialdarwinistische Überzeugung, dass der Kampf der Rassen und Nationen ebenso zur Natur der Menschheit gehöre wie das Recht des Stärkeren zur Welt der Tiere. Auffallen mochte zudem, dass er keine Auskunft darüber gab, was mit den Juden geschehen solle, die er – im Unterschied zu den Nachbarvölkern im Osten – als eigene Rasse betrachtete und für die es im Fall einer gelungenen polnischen Modernisierung offenbar keinen Platz mehr an der Weichsel geben sollte. Nach den Wahlen zur Vierten Duma 1912, als er in Warschau überraschend gegen einen jüdischen Kandidaten verlor (der von der polnischen Linken und von jüdischen Parteien unterstützt wurde), setzte sich Dmowski zwar gegen die drohenden Pogrome ein, rief aber gleichzeitig zum antijüdischen Boykott auf.[7] Später, während seiner Gespräche mit westlichen Politikern zwischen 1915 und 1919, zeigte er sich verbittert über die jüdische Lobby, die vor ihm persönlich und der Nationaldemokratie als Urheber der befürchteten Diskriminierung der Juden in einem künftigen polnischen Staat warnte.

Den stärksten Beifall von links bis rechts fanden unter den Lesern Dmowskis vermutlich jene Gedanken, die den modernen, bewusst ohne Rücksicht auf «herkömmliche Moral» definierten Nationalismus in den Mittelpunkt individueller Motivationen und Entscheidungszusammenhänge stellten. Ein Pole habe an dem Wohlergehen der Nation zu arbeiten, dürfe dabei weder auf seine persönlichen Interessen noch auf die anderer Nationen Rücksicht nehmen – und genau dies könne die Nation von ihm verlangen. Der Aufruf an die junge Generation hatte insofern totalitären Charakter: Die Emanzipation des Gemeinwesens sollte zum alleinigen Ziel der individuellen Lebensentwürfe werden. Der bald unumstrittene Führer der polnischen Rechten hatte hiermit eine Formel gefunden und eine Aufgabe definiert, in der sich ein Teil der Jugend wiedererkennen konnte.[8]

Konkurrenzlos waren diese Gedankengänge aber keineswegs: Die Idee des Klassenkampfs stellte einen ebenbürtigen Gegner in dieser Auseinandersetzung dar, und die Geschichte gab ihr im Februar 1904 mit dem Überfall der japanischen auf die russische Flotte in Port Arthur einen zeitlichen Vorteil. Das Zarenreich begann zu wanken, die revolutionäre Idee gewann an Boden. Dmowski, der die Stimmung in der PPS kannte, begab sich bereits im April auf die Reise nach Japan.

Die Revolution

Infolge des Krieges verschlechterte sich die ökonomische Situation Kongresspolens von Monat zu Monat. Der russische Absatzmarkt taumelte in eine Krise, die fernöstlichen Märkte fielen ganz weg. Die Industrieproduktion ging innerhalb weniger Monate um 30 Prozent zurück, die Arbeitslosenzahlen schnellten empor. Die polnischen Konservativen blamierten sich einmal mehr, indem sie der russischen Armee einen kleinen Sanitätszug spendierten. Die Armee, in der auch polnische Rekruten dienten, agierte alles andere als erfolgreich. Erste Nachrichten von der unglaublichen Korruption und Unfähigkeit der Kriegsführung wurden publik. In Warschau gab es wiederholt große Demonstrationen der Arbeiter (so zum 1. Mai 1904), Zusammenstöße mit der Polizei, erste Anschläge auf uniformierte Vertreter des Staates; an den Hochschulen – der Universität, dem Veterinärmedizinischen und dem Polytechnischen Institut – gärte es unter polnischen wie unter russischen Stundenten.[9]

Diese Stimmung hatten Piłsudski und Dmowski vor Augen, als sie sich 1904 unabhängig voneinander auf die Reise nach Tokio machten. Piłsudski wollte den Japanern einen Aufstand in Polen schmackhaft machen, der ihnen den Sieg im Fernen Osten garantieren würde. Dafür brauchte er Geld und Waffen. Dmowski war von dieser Idee entsetzt, wie ihn überhaupt die Dominanz der Roten auf den Straßen von Warschau und Lodz schockierte. Sein Lemberger *Przegląd Wszechpolski* schrieb konsequent gegen die revolutionäre Stimmung an, warnte vor national fremden Elementen und unpolnischen Interessen, denen die von den Revoluzzern irregeführten Arbeiter Hilfe leisten würden.

Dmowski, als Ideologe weit geschickter denn als Politiker, hätte in Lemberg bleiben können. Denn die Japaner konnten mit dem Angebot Piłsudskis wenig anfangen. Einen Aufstand in Russisch-Polen von Tokio aus zu unterstützen, schien ein irrsinniges Unterfangen, musste zudem diplomatische Verwicklungen mit den beiden anderen Teilungsmächten nach sich ziehen. Dmowskis Argument, nach der baldigen Niederschlagung des Aufstands würden die Russen ihre zahlreichen Truppen aus Kongresspolen nach Fernost abziehen, hatte angesichts dieser Umstände wohl wenig Wirkung. Die Japaner boten den Sozialisten letztlich nur Geld, ein paar Waffen und Schulungen an.

Ungeachtet des Misserfolgs der sozialrevolutionären Delegation in Fernost breitete sich die Krise im Königreich im Sommer 1904 weiter aus. Auf dem Land begannen die Unruhen mit einer Missernte. Die Bauern forderten die Einführung der polnischen Sprache in Amt und Schule. Vor dem Hintergrund der wachsenden Spannung in Russland und an der Weichsel baten die Konservativen St. Petersburg um eine Polonisierung der Verwaltung und die Einführung der Selbstverwaltung. Die polnischen Liberalen dachten laut über die Wiedereinführung einer verfassungsmäßig verbrieften Autonomie des Königreichs nach, ergänzt um bürgerliche Freiheiten und ein allgemeines Wahlrecht; damit blieben sie jedoch hinter den gestiegenen Erwartungen zurück.

An der Spitze der Unruhen, die sich vor allem in Streiks äußerten, standen die Sozialisten und Sozialdemokraten. Im November 1904 antwortete eine Warschauer Manifestation der PPS auf den gewohnten Angriff von Kosaken und Polizei – die bisher gegenüber wehrlosen Arbeitern leichtes Spiel gehabt hatten – erstmals mit Pistolenfeuer. Die Stimmung wurde von Monat zu Monat gereizter, nach und nach auch in den anderen Städten.

Die Revolution im Königreich brach am 26. Januar 1905 – nur vier Tage nach dem St. Petersburger Blutsonntag, wo friedlich demonstrierende Arbeiter zu Hunderten erschossen worden waren – letztlich auch für die Arbeiterparteien überraschend aus.[10] Der Solidaritätsstreik wurde begleitet von Zusammenstößen mit der Polizei, von Plünderungen und Massenaufmärschen. Er forderte bereits in den ersten Wochen über 200 Todesopfer. Die

Streikenden stellten von Beginn an radikale politische Forderungen (Abschaffung des Zarentums und Gründung der Republik), sie wollten Lohnerhöhungen und die Einführung des achtstündigen Arbeitstages. Im Februar schlossen sich dem Streik größere Gruppen von Angestellten an, auch an Schulen und Hochschuleinrichtungen wurde die Arbeit niedergelegt. Somit hatte bereits die erste Welle noch größere Ausmaße erreicht als in Russland selbst. Das explosionsartige Aufbegehren stieß aber gerade wegen seiner Massenhaftigkeit und Radikalität auf Widerstand auch außerhalb des Staatsapparates. Die Fabrikbesitzer flehten die Behörden massenhaft um militärischen Beistand an. Die Kirche stellte sich der «roten Pest» vehement entgegen, die Nationaldemokraten sahen ihre schlimmsten Alpträume verwirklicht. Dennoch schlossen sich ihre Jugendorganisationen den Schulstreiks an, da die Polonisierung der Bildungsanstalten zu ihren ureigenen Postulaten zählte. Im Sommer ging die Bewegung auf das Land über, wo die Landarbeiter vor allem ökonomische Verbesserungen forderten. Die Bauern wurden in der Regel nicht gewalttätig, aber zwei Drittel der Gemeinden unterstützten in dieser oder jener Form den Widerstand, der die Einführung des Polnischen in Amt, Schule und Gericht erzwingen sollte.

Obwohl aus den Streiks im Winter bereits eine erhebliche Verbesserung der Lohnbedingungen resultierte, riss die Welle des Aufbegehrens nicht ab. Einen neuen Höhepunkt der Gewalt brachten die Unruhen am 1. Mai mit mehreren Dutzend Toten. Der Streik erfasste daraufhin ganz Kongresspolen und führte in vielen Städten zu einem völligen Stillstand der Betriebe. Der Schwerpunkt verlagerte sich allmählich nach Lodz, wo die Gewalt seit Mitte Juni eskalierte (mehr als 20 tote Demonstranten allein am 21. Juni) und am 23. Juni in einen regelrechten Aufstand der Arbeiter umschlug. Mehrere Regimenter der regulären Armee, unterstützt von Kosaken und Polizei, kämpften den Aufstand der «100 Barrikaden» in einem brutalen Gegenangriff innerhalb von zwei Tagen nieder. In der blutigen Woche vom 18. zum 25. Juni wurden nach offiziellen Angaben fast 200 Personen erschossen, Hunderte verletzt. Eine unvollständige Polizeistatistik zeigt, dass der Aufstand in Lodz – der blutigste Zusammenstoß in der Geschichte der Arbeiterbewegung auf polnischem Boden – einen durchaus internationalen Charakter hatte: Die Aufstellung weist unter den Todesopfern 55 Polen aus, 79 Juden und 17 Deutsche; die Juden waren unter den Kämpfern und Opfern der Revolution durchgehend überdurchschnittlich stark vertreten.[11] Das Blutbad führte zu Solidaritätsstreiks in den Betrieben des Königreichs, die sich in verschiedener Intensität über den ganzen Sommer erstreckten.

Das erste Halbjahr 1905 hatte Kongresspolen erschüttert. Die 300 000 russischen Soldaten (ein Viertel der kaiserlichen Armee im Friedenszustand) konnten unter permanentem Einsatz von Feuerwaffen immer wieder die «Ordnung» auf den Straßen wiederherstellen, die ständige Wiederkehr der Gewalt zeigte jedoch, dass im Königreich die russische Politik ohne neue Impulse auf Bajonette angewiesen war. Die Konservativen und die Kirche warteten auf entsprechende Neuerungen, um in ihrem Bemühen um Beruhigung wenigstens den Anschein von Erfolg vorweisen zu können. Die Ankündigung der Einberufung einer beratenden quasiparlamentarischen Versammlung in Russland («Bulyginsche Duma») im März nahmen sie mit Dankbarkeit auf, ganz im Unterschied zu den revoltierenden Massen. Die Nationaldemokraten gründeten im Juni den «Nationalen Arbeiterbund», der besonders in Lodz Mitglieder fand, und setzten gleichzeitig auf den Dialog mit St. Petersburg, dem sie sich als einziges seriöses Gegengewicht zu den roten Massen anboten. Sie warfen der russischen Verwaltung grenzenloses Versagen vor: In einem autonomen Polen wäre die Revolution nicht ausgebrochen, die Krise der Macht sei von dieser selbst produziert.[12] Die Forderung nach Autonomie teilten die Nationaldemokraten mit den Liberalen; im Unterschied zu Letzteren bezogen sie aber eindeutig Stellung gegen die Revolution. Vor dem Sitz des Lemberger Organs der Nationaldemokraten kam es mehrmals zu Protestkundgebungen und Tumulten, die aber – im Unterschied zu Kongresspolen – ohne Todesopfer endeten.

St. Petersburg lehnte Verhandlungen mit der neuen polnischen Rechten ab. Sogar die russischen Liberalen hielten die Forderung nach Wiederherstellung der Autonomie, d. h. in etwa nach der Rückkehr zum Modell des Königreichs Polen von 1815 bis 1830, für unannehmbar. Dies forderten mittlerweile alle polnischen Parteien, darunter auch SDKPiL und PPS. Der Unterschied bestand darin, dass die sozialistischen Parteien eine Selbstverwaltung innerhalb einer russischen Republik, also die Abschaffung der Zarenherrschaft, anstrebten. Auf der Linken gab es wiederum bedeutende Unterschiede im Hinblick auf die Zusammenarbeit mit den russischen Genossen. Innerhalb der PPS setzte sich die Mehrheit der «Jungen» durch, die die polnische Revolution als Teil der russischen betrachteten. Den «Alten» um Piłsudski gelang es aber, den Kern des illegalen Parteiapparats, die im März 1905 gegründete Zentrale Kampf- und Verschwörungsabteilung, von den Einflüssen der «Jungen» fernzuhalten. Der professionalisierte Terror, den die Kampfabteilung der russischen Armee und Polizei entgegensetzte, hatte im Frühjahr und Sommer 1905 die ersten spektakulären Erfolge zu verzeichnen: Anschläge und Überfälle auf Banken verhalfen der

PPS zu Ansehen und Geld. Die «Alten» wussten aber nicht, dass die ersten Terrorgruppen von der russischen politischen Polizei (*ochrana*) wirksam penetriert worden waren. Im September waren sie bereits weitgehend zerschlagen und erst die Neuorganisation in den nächsten Monaten machte aus der Kampfabteilung der PPS jene legendäre Verkörperung von Rache und Gerechtigkeit, die später zu einem zentralen Erinnerungsort der Revolution werden sollte. Der lange Schatten dieser Legende sollte jedoch nicht darüber hinwegtäuschen, dass die Mehrheit der Demonstrationen und Zusammenstöße nicht Folge einer Strategie der Arbeiterparteien war, sondern lokalen, unkoordinierten, oft emotional bedingten Reaktionen entsprang: Obwohl die Revolution monatelang dauerte, brachte sie keine einheitliche Führung hervor, welche mit und gegen die Staatsmacht erfolgreich hätte agieren können.

Auf der anderen Seite betrieb die Autokratie in Kongresspolen – ähnlich wie im eigentlichen Russland – eine inkonsequente Politik, in der staatlicher Terror von vereinzelten politischen Kompromissvorschlägen begleitet wurde, die in der Regel verspätet oder ohne Berücksichtigung der vorhersehbaren Folgen verkündet wurden. Im April 1905 führte der Toleranzerlass in Religionsfragen zu massenhaften Übertritten der vermeintlich Griechisch-Orthodoxen im Osten Kongresspolens zum römisch-katholischen Glauben (die Auflösung der griechisch-katholischen Kirche von 1875 blieb in Kraft). Die Verluste der Orthodoxie überschritten deutlich die Grenze von hunderttausend. Über die Frage der Schulsprache begannen endlose Verhandlungen, die einerseits die Schüler aus den staatlichen Institutionen trieben, andererseits eine kurzfristige Explosion der Privatgymnasien bewirkten (seit Oktober 1905 durften diese Polnisch als Unterrichtssprache führen), schließlich dem Geheimunterricht und außerschulischen Bildungseinrichtungen Zulauf verschafften.

Die Wende brachte erst das Manifest des Zaren vom 17./30. Oktober 1905. Der Herbststreik in Russland, an dem u. a. die Eisenbahner teilnahmen, hatte die Großstädte gelähmt, das Königreich befand sich ebenfalls in der tiefsten Krise seit Juni. Ein neuer Großstreik erfasste Lodz. Die Autokratie wackelte. Nikolaus II. verkündete nun bürgerliche Freiheiten und die baldige Einberufung einer gesetzgebenden Duma. Die Konservativen und die Nationaldemokratie feierten dieses Versprechen als Erfüllung der polnischen Forderungen, die Arbeiterparteien riefen hingegen zum Protest auf. Am 1. November griff die Menge ein Warschauer Gefängnis an. Es kam erneut zu einem Massaker, diesmal mit etwa 40 Toten und 170 Verwundeten. Als Antwort organisierten die Nationaldemokraten fünf Tage später in Warschau eine Großdemonstration. Erstmals beherrschten sie die

Straße – nicht nur, weil sie Massen mobilisiert hatten, sondern weil die Gegendemonstration der neuen Rechten, anders als die Manifestationen der Linken, von Militär und Polizei nicht angegriffen wurde. Der russische Generalgouverneur in Warschau, der bisher nur auf seine Bajonette gesetzt hatte, erblickte nun in den Nationaldemokraten, die mittlerweile ihre eigenen Kampfabteilungen aufgestellt hatten, einen ernstzunehmenden Verbündeten gegen die Linke.

Die wichtigste Forderung der Rechten, die Wiederherstellung der Autonomie, lehnte Ministerpräsident Sergej Witte in einem Gespräch mit Dmowski im November zwar ab, dennoch war der Stimmungswandel unverkennbar. Die Nationaldemokraten konnten sich bei den Duma-Wahlen im kommenden Jahr umso bessere Chancen ausrechnen, als die Arbeiterparteien diese Konzession St. Petersburgs boykottieren wollten. Die Menschen waren nach den Monaten der Schießereien, Exekutionen, Razzien, Denunziation und Arbeitslosigkeit verunsichert, müde und verarmt. Fabrikbesitzer griffen immer öfter zum Mittel der Aussperrung und warteten bei geschlossenen Werkstoren darauf, dass die Streikenden aufgaben.

Dennoch riefen die Arbeiterparteien 1905 noch einmal zum Generalstreik auf – im Dezember, nach der blutigen Niederschlagung des Arbeiteraufstands in Moskau. Die Warnung kam diesmal weder von der Kirche noch von den Nationaldemokraten: Ignacy Daszyński, der Führer der polnischen Sozialisten in Galizien, beschwor die Genossen Kongresspolens in einem offenen Brief, nicht erneut aus Solidarität mit russischen Arbeitern zu äußersten Mitteln zu greifen; das polnische Proletariat habe andere Ziele als das russische.[13] Der unmittelbar nach Weihnachten ausgerufene Streik erfasste weniger Betriebe als die Ausstände im Herbst und brach innerhalb kurzer Zeit zusammen. Die Revolution hatte ihren Höhepunkt überschritten.

1906 sollte dennoch ein höchst turbulentes Jahr werden. Zwar sank die Zahl der Streiks im Vergleich zum Vorjahr um fast ein Drittel und die Zahl der Streikenden um fast die Hälfte; aber es blieb genug übrig für Gewalt, Blut und alltägliches Drama. Die Ausstände dauerten nun wesentlich kürzer. Sie konzentrierten sich auf die Jahrestage der Großereignisse von 1905. Hingegen erlebten zentral gelenkter Terror und Gegenterror erst jetzt ihre Blütezeit. Die Kampforganisation der PPS führte zahlreiche Anschläge und Überfälle durch. Ihre bekannteste Aktion bewies Professionalität und verlief charakteristischerweise ohne einen Schuss: Die Entführung von zehn zum Tode verurteilten Genossen aus dem Warschauer Gefängnis im April gehörte von nun an ebenso zu den Ikonen der Sozialisten wie jene zahlreichen Opfer, die in Kämpfen, am Galgen oder vor den Exekutionskommandos starben. Am «Blutmittwoch» des 15. August töteten die PPS-Kämpfer 77 Angehörige des Militärs, Polizisten, Gefängnisbeamte und Zuträger; insgesamt fielen ihren Anschlägen 1906 mehr als 330 Uniformierte und deren Agenten zum Opfer.

Das Neue bestand aber nicht nur in der Professionalisierung der sozialistischen Terroristen. Sie kämpften jetzt nicht mehr ausschließlich gegen Vertreter der Staatsgewalt, sondern immer öfter gegen Kampfgruppen der Nationaldemokraten, die an mehreren Orten, so in Lodz Ende des Jahres, die Oberhand gewannen. Die Zahl der Opfer dieses lokalen Bürgerkrieges überschritt bis Jahresende nach offiziellen Angaben die Zahl 100 und sollte bis Ende 1907 auf mehr als 300 steigen – in einer einzigen Stadt.[14] Lodz bildete nur die Spitze dieser Entwicklung. Die meisten Schusswunden im Jahre 1906 rührten nicht mehr von Gewehrgeschossen der Polizei und des Militärs her, sondern von Pistolen, mit denen Sozialisten und Nationaldemokraten aufeinander losgingen.

Letztere hatten weit mehr Erfolge zu verzeichnen als die partielle Rückgewinnung der Straße. In den kurialen und indirekten Frühjahrswahlen zur Duma erhielten die Nationaldemokraten in Kongresspolen 34 Mandate (eines ging an einen Litauer, zwei waren für die Griechisch-Orthodoxen reserviert). Zusammen mit den 18 polnischen Großgrundbesitzern, die in den «Weggenommenen Gebieten» gewählt wurden, bildeten sie faktisch die drittstärkste Fraktion des russischen Parlaments (nach den sogenannten Kadetten und den Bauernabgeordneten). Der Polenklub, zu dem sich die Nationaldemokraten in der Duma zusammenschlossen (die Abgeordneten aus den westrussischen Gouvernements bildeten formell eine eigene Fraktion), kam jedoch kaum zum Zuge, da das Parlament – dessen Befugnisse ohnehin stark eingeschränkt waren – schon nach zehn Wochen aufgelöst wurde. Im Januar 1907 gewann die «Nationaldemokratische Partei» (*Stronnictwo Narodowo-Demokratyczne,* ND) abermals 33 Mandate und zog mit Dmowski als Fraktionsführer des Polenklubs in die Zweite Duma ein (aus den westlichen Provinzen wurden nun 14 Polen gewählt). Auch dieser war jedoch keine lange Wahlperiode beschieden, weil sie bereits nach dreieinhalb Monaten aufgelöst wurde. Immerhin gelang es dem Polenklub diesmal, einen Antrag auf Autonomie des Königreichs einzubringen. Erst die Dritte Duma, in der die Zahl der Mandate aus dem Königreich von 37 auf 14 herabgesetzt worden war, tagte länger.[15]

Der Führer der Nationaldemokraten blieb in der Zweiten und Dritten Duma weitgehend erfolglos. Er fand keine russische Unterstützung für die Wiedereinführung der Autonomie an der Weichsel, kompromittierte sich hingegen in den Augen der kongresspolnischen Öffentlichkeit mit Ergebenheitsgesten gegenüber St. Petersburg, die das parlamentarische Gewicht der polnischen Stimmen nachweisen sollten, etwa durch die Zustimmung zur Regierungsvorlage über Rekrutenaushebung 1907 oder die Teilnahme am Slawischen Kongress 1908. Der prorussische Kurs führte zu Parteiaustritten und Sezessionen, die nationaldemokratische Anhängerschaft forderte Erklärungen, warum die einst klar antirussische Partei ihre Orientierung so vollständig geändert habe. Dmowski sah sein Scheitern ein und legte im Februar 1909 das Mandat in der Duma nieder.

Eine Vertretung Kongresspolens im gesamtrussischen (Quasi-)Parlament war aber nicht die einzige Folge der Revolution. Bereits im März 1906 waren die Gewerkschaften legalisiert worden. Es gab sozialistische, nationaldemokratische und christliche Arbeitnehmervertretungen mit insgesamt etwa 150 000 Mitgliedern. Damit war ein Drittel der Arbeiter in Industrie und Handwerk gewerkschaftlich organisiert – proportional fünfmal so viele wie in Russland. Sie hatten ihr ökonomisches Ziel erreicht: Die Löhne in den einzelnen Industriesparten stiegen zwischen gut zehn und 20 Prozent, in einigen Bereichen sogar deutlich darüber; auch der neunstündige Arbeitstag setzte sich zunächst einmal durch.

Neben den Gewerkschaften entstanden zahlreiche Vereinigungen, Verbände und Gesellschaften. Zu den älteren Korporationen wie etwa die der Juristen stießen erstmals Organisationen der neuen Berufszweige wie der Psychologen. Die Warschauer Gesellschaft für Wissenschaftliche Kurse agierte ihrem Selbstverständnis nach als Konkurrenz der Kaiserlichen Universität (die freilich aufgrund enormer Probleme mit den Studenten erst im September 1908, nach dreieinhalb Jahren Suspendierung, ihren Lehrbetrieb wieder aufnahm). Das Bildungswesen erlebte nach 1905 – gewissermaßen abseits von staatlichen Institutionen – einen Aufschwung, angefangen bei den Privatschulen über die hauptsächlich nationaldemokratischen Bildungsvereine auf dem Land bis hin zu der sozialistisch geprägten «Universität für alle», die im Dezember 1905 in Warschau entstand und bald über Zweigstellen in anderen Landesteilen verfügte. Des Weiteren hatte die Revolution bewiesen, wie eng die Verbindungen zwischen Zentralpolen und Wilna geblieben sind – die Erhebungen in der historischen Hauptstadt Litauens folgten dem Muster Kongresspolens, nicht dem der anderen westrussischen Provinzen.

Auch die Parteienlandschaft hatte sich geklärt. Neben der Legalisierung der Nationaldemokratie war hier der endgültige Bruch innerhalb der PPS wichtig: Die Revolution hatte gezeigt, dass der sozialrevolutionäre Kampf besser mit den russischen Genossen zu führen war, die Wiederherstellung Polens hingegen ein eigenständiges und weiter östlich unverständliches

Ziel der polnischen Sozialisten darstellte, das nicht unbedingt mit Strategie und Taktik der Nachbarn übereinstimmen musste.[16] Die Entscheidung für den Vorrang von Sozialismus bzw. Unabhängigkeit fiel bald: Auf dem IX. Parteitag der Sozialistischen Partei im November 1906 schlossen die «Jungen» Piłsudski und die anderen «Alten» kurzerhand aus der Partei aus.

Die «Alten» gingen nach der verlorenen Revolution ins galizische Exil. Ihren Ruhm als Führer der Kampforganisation mit all den Erfolgen und Märtyrern nahmen sie mit und überführten dieses Erbe in die neu gegründete PPS-Revolutionäre Fraktion. Die Mehrheit nannte sich nun PPS-Linke, strich 1908 die Forderung nach der Unabhängigkeit Polens aus dem Programm der Partei und näherte sich allmählich der SDKPiL (mit der sie sich 1918 zur Kommunistischen Partei der Arbeiter Polens zusammenschließen sollte).

Für die galizischen Sozialdemokraten ebenso wie für weite Teile der linken und liberalen Öffentlichkeit wurden Piłsudski und die Revolutionäre Fraktion rasch die einzigen anerkannten Partner; allmählich gewannen die «Alten» auch den Einfluss in der Arbeiterschaft wieder.

Das erfolgreiche Überleben der sozialistisch-nationalen Strömung überwand aber kaum die tiefen Gräben, die seit 1906 Linke und Rechte in Zentralpolen trennen sollten. Der Bürgerkrieg, in dem die Nationaldemokraten die russische Gendarmerie entlasteten und tatkräftig an dem letzten großen Sieg des Kapitals in Lodz im Winter 1906/07 mitwirkten, sollte die Beziehungen der großen politischen Lager auch nach 1918 nachhaltig belasten. Eine andere, ebenfalls über die Ereignisse von 1905 bis 1907 hinausreichende Folge bestand in dem gestärkten Selbstbewusstsein der Linken: Die Revolution in Kongresspolen war nach allen Indikatoren die größte innerhalb des Zarenreiches. Im polnischen Teil Russlands arbeiteten etwa 15 Prozent der Industriebetriebe und knapp 14 Prozent der Arbeiterschaft. 1905 fanden hier 29 Prozent der gesamtrussischen Ausstände statt, an denen 28 Prozent aller Streikenden beteiligt waren; andere Schätzungen kommen zu dem Ergebnis, dass im Königreich zwischen 1905 und 1907 gar 40 Prozent aller Streiks stattgefunden haben. Die eine oder andere Zahl mag man hinterfragen, der Gesamteindruck jedoch bleibt: Die Verknüpfung der nationalen und der sozialen Frage, wie sie in Russisch-Polen (aber auch im Baltikum oder in Baku) zutage trat, hätte der Autokratie ein Warnzeichen sein müssen, dass die Gefahr an den Peripherien noch größer war als in Moskau, an der Wolga oder im zentralrussischen Schwarzerdegebiet. Das offizielle St. Petersburg nahm diesen Doppelcharakter der Ereignisse an der Weichsel – erste Revolution und vierter Nationalaufstand – nicht zur Kenntnis, zumal den russischen Nationalisten, dem bald einzigen Verbündeten des Hofes, jegliche Konzessionen gegenüber Polen als Landesverrat erschienen. Auch die polnischen Gutsbesitzer in den westrussischen Provinzen, die von russischen Truppen vor den revoltierenden Bauern gerettet worden waren, hatten die Zeichen der Zeit missverstanden.[17]

In Preußen wie in Galizien hatten die Polen dem Kampf im russischen Teil des Landes mit äußerst gemischten Gefühlen zugesehen: Die Abscheu vor der gewalttätigen östlichen Autokratie vermischte sich hier mit dem Bewusstsein, letztlich in einem zivilisierten Staatswesen zu leben, die Bewunderung für die gefallenen Kämpfer verband sich mit der Angst vor der Sprengkraft sozialer Spannungen. Die Revolution von 1905–1907, die längste und blutigste in der polnischen Geschichte, hatte zwar nur den zentralen und östlichen Teil der alten Adelsrepublik erfasst. Sie blieb aber im Gedächtnis der gesamten politischen Klasse als Hoffnung wie als Warnung haften, als Bestätigung alter Glaubenssätze wie als Fragezeichen an die Zukunft.

Im Zeichen wachsender internationaler Spannungen, 1907–1914

Dmowskis «Deutschland, Russland und die polnische Frage»[18] war eigentlich eine für das Ausland bestimmte, schnell verfasste Schrift. Sie wurde sofort ins Russische und Französische übersetzt, ohne jedoch in Paris oder St. Petersburg die vom Verfasser erhoffte Wirkung zu erreichen. Wichtig war das Buch für die Polen in allen drei Teilungsgebieten, weil der Führer der Nationaldemokraten hier das Scheitern der Revolution und die wachsende Spannung zwischen den Teilungsmächten zu einem Konzept verarbeitete, dessen Wirkungsmacht noch 50 Jahre später zu spüren war. Was er vorschlug, war nichts Geringeres als eine Kehrtwendung der polnischen Politik: War diese im ganzen 19. Jahrhundert hauptsächlich gegen Russland gerichtet gewesen, sollte sie nun in Zusammenarbeit mit der östlichen Teilungsmacht gegen Deutschland gewendet werden. Dmowski ging von geopolitischen Prämissen aus: Der Konflikt zwischen Deutschland und Russland zeichne sich immer deutlicher ab. Polen werde von beiden unterjocht, nur dass Russland – welches der Führer der Nationaldemokraten nie sonderlich geschätzt hatte – keine Kraft habe, die polnischen Untertanen tatsächlich zu russifizieren. Preußen-Deutschland hingegen verfüge über ganz andere Möglichkeiten und trachte nun, nach dem Aufstieg zur Großmacht, mit der geballten Kraft seiner Zivilisation das alte Ziel des Deutschen Reichs durchzusetzen, nämlich die Germanisierung der Westslawen zum Abschluss zu bringen. Die sei jedoch nur ein Teilziel, denn im Kern gehe es Berlin um die Vorherrschaft in Europa. Auch hier werde Russland, nicht zuletzt als größter slawischer Staat, herausgefordert. St. Petersburg müsse den Kleinkrieg gegen seine polnischen Untertanen begraben und als Schutzmacht gegen das Deutsche Reich alle Slawen hinter seinem Schild vereinigen.

Die Einstellung der Polen gegenüber der östlichen Teilungsmacht müsse sich also ändern. Den Landsleuten im Westen habe man bei ihrem Kampf gegen die Germanisierung zu helfen – und das sei nur nach Bereinigung des polnisch-russischen Verhältnisses möglich. Die Fernziele einer solchen Umkehrung der Allianzen seien nicht zuletzt durch die Geopolitik vorgegeben, denn Warschau oder Lodz seien keine Bestandteile des russischen Siedlungsgebiets, hingegen werde der Besitz von Posen und Westpreußen von den Deutschen als selbstverständlich angesehen und stehe aus deren Sicht nicht zur Debatte. Polen wiederum könne auf seine Westgebiete ebenso wenig verzichten wie auf Kongresspolen; einen großen Verhandlungsspielraum böten dafür die «Weggenommenen Gebiete». In einem künftigen Krieg sollte daher Russland das österreichische und preußische Teilungsgebiet an sich reißen, diese mit Kongresspolen vereinen und daraus ein autonomes Polen schaffen, das unter dem Zepter der Romanows zwangsläufig zu einem Bollwerk gegen das Deutschtum werde.

Die Idee eines prorussischen Polen wurde im Land selbst sehr viel aufmerksamer rezipiert als im Ausland, für das die Schrift eigentlich bestimmt war. Zwar sahen die Sozialisten keinen Grund, ihre Tradition des Kampfes gegen das reaktionäre Zarenreich, das gleichzeitig der polnischen Unabhängigkeit im Wege stand, zu revidieren. Andererseits bestach Dmowskis Buch durch die konsequente Analyse der Kräfteverhältnisse jenseits von Moral und Gerechtigkeit. Unter anderen Umständen hätte es einen neuen Abschnitt in der polnischen Geschichte eröffnen können, aber mit der russischen Revolution von 1917 wurde Dmowskis Konstruktion zunächst Makulatur. Nach 1945 gewann sie eine neue, vom Verfasser nicht vorgesehene Bedeutung: Revitalisiert durch die Erfahrung des Zweiten Weltkriegs, stieg sie in den Rang einer der wenigen intellektuellen Stützen der neuen Gesellschaftsordnung auf, die nicht von Marx und Engels stammte, sondern von einem dezidierten Feind der Linken – und damit die Kommunisten gewissermaßen von rechts aus legitimierte.

Andererseits fielen die Ideen Dmowskis schon 1908 auf fruchtbaren Boden. Der deutsch-polnische Konflikt verschärfte sich seit Beginn des neuen Jahrhunderts: 1901 weigerten sich die Kinder im Posener Wreschen auf Anraten ihrer Eltern, im Religionsunterricht Deutsch zu sprechen. Der Religionslehrer züchtigte die Schüler. Im Mai brach ein Schulstreik aus, worauf die Behörden mit Anzeigen und einem Prozess antworteten. Dieses Muster sollte sich 1906 wiederholen, nur dass an dem neuen Streik weit mehr (geschätzt ein Viertel der polnischsprachigen) Schüler teilnahmen. Die Öffentlichkeit in Posen und in den beiden anderen Teilungsgebieten, aber auch im Ausland zeigte sich über den neuen Ausbruch preußischer Brutalität, wie ihn schon der Fall Drzymała und bald darauf das Enteignungsgesetz symbolisierten, empört.[19]

Vor diesem Hintergrund gewannen die alljährlichen galizischen Feiern am 15. Juli anlässlich des Jahrestags der Schlacht bei Grunwald (Tannenberg) von 1410, in welcher der Deutsche Orden (die «Kreuzritter») besiegt worden war, an Bedeutung. Sie wurden seit 1902 veranstaltet. Der deutsche Kaiser Wilhelm II. ließ mit seinen Reden über das deutsche Kulturträgertum im Osten in den folgenden Jahren wahrlich keine Gelegenheit aus, um die polnische Öffentlichkeit gegen die reichsgermanische Vision der Herrschaft in der «Ostmark» zu mobilisieren, wobei die Marienburg, das ehemalige Zentrum des Ordensstaates, eine prominente Rolle spielte. Die galizischen Feiern, gewissermaßen das Gegenstück zu den Reden Wilhelms, ermöglichten den Polen, die historischen Wurzeln der über die Teilungsgrenzen hinausgreifenden Nationalgemeinschaft öffentlich zu demonstrieren.[20] 1910 erreichte die Rückbesinnung auf den Abwehrkampf gegen die teutonische Gefahr als Kern der nationalen Identität einen Höhepunkt. Die Krakauer Grunwaldfeier übertraf 1910 mit 100 000 bis 150 000 Teilnehmern alle bisherigen. Das Denkmal des siegreichen Königs Władysław Jagiełło[21] wurde von dem berühmten Pianisten Ignacy Paderewski gespendet, der ähnlich wie Sienkiewicz Welterfolg und Patriotismus verkörperte. An den Umzügen beteiligten sich alle: Krakauer und Zugereiste, Vertreter der Kirche und aller Parteien, nicht zuletzt Zehntausende von Bauern. Selbst die galizischen Sozialisten entzogen sich dem nationalen Erinnerungsdrang nicht und marschierten unter roten Fahnen mit.[22] Hier, in der historischen Hauptstadt Polens, hatte man im Sommer 1910 keine Zweifel, dass die polnische Nation die Herausforderungen des 19. Jahrhunderts überlebt hatte – und welchen historischen Auftrag sie erfüllen müsse: «Nur als Staat hat die Nation eine Daseinsberechtigung», formulierte Wyspiański 1903.[23]

Die Grunwaldfeier von 1910 schien voll auf der neuen Linie Dmowskis zu liegen, hatte mit ihr aber ebenso gemeinsam, dass sie sich kaum in praktische Politik übersetzen ließ. Österreich-Ungarn war ein Verbündeter Deutschlands, und Dmowskis prorussische Linie scheiterte zunächst in St. Petersburg wie in Warschau: Der antirussische Grundkonsens wurde durch die uneinsichtige Politik St. Petersburgs in Kongresspolen eher gestärkt als geschwächt, die größten Anstrengungen der politischen Klasse vor dem Ausbruch des Großen Krieges konzentrierten sich auf die Idee einer austropolnischen Lösung.

Das Zentrum dieses Konzepts lag logischerweise in Galizien, in dem auch die sozialistischen Exilanten aus dem Königreich eine prominente Rolle spielten. Hier reagierte die Zensur nur auf ausgesprochene Frechheiten bzw. Anklagen gegen die örtlichen Behörden. Dmowskis «Gedanken des modernen Polen» oder «Deutschland, Russland und die polnische Frage» konnten ungehindert erscheinen. Nach Krakau und Lemberg zog es die Abiturienten aus dem russischen Teilungsgebiet, die an der russischen Universität Warschau nicht studieren wollten und sich ein Studium im entfernteren Ausland nicht leisten konnten. Die Sozialisten und die Jugend bildeten auch den Kern der 1908 bis 1910 entstandenen paramilitärischen Schützenverbände, die unter dem Schutz der Monarchie als legale gesellschaftliche Organisationen entstanden. Nach unzähligen Gesprächen zwischen den regierenden Konservativen, der Bauernpartei, den Demokraten und den galizischen wie den exilierten Sozialisten wurde 1912 in Wien die sogenannte «Provisorische Kommission der konföderierten Unabhängigkeitsparteien» (*Komisja Tymczasowa Skonfederowanych Stronnictw Niepodległościowych,* KTSSN; später KSSN) gegründet, die eine Art Dachverband für die gegen Russland gerichteten politischen Aktivitäten bilden sollte. Piłsudski wurde von der Kommission zum Befehlshaber der paramilitärischen Verbände ernannt.[24]

Die Geschichte des Ausschusses bildete – wie so vieles in der galizischen Politik – einen Reigen von Streitigkeiten, Verdächtigungen und Vorwürfen. Erstens beschuldigten alle anderen an dem Ausschuss beteiligten Parteien die Sozialisten revolutionärer, tendenziell antinationaler Ziele. Zweitens verdächtigte jeder den Nachbarn, nur den Vorteil der eigenen Gruppierung zu suchen. Drittens gab es die besonders misstrauischen Konservativen, die am meisten zu verlieren hatten. Der kaiserliche Statthalter Michał Bobrzyński, ein ebenso kluger Historiker wie geschickter Politiker, unterstützte die KTSSN diskret. Als Konservativer und kaiserlicher Beamter musste er aber darüber wachen, dass die potentiell revolutionären, gegen Russland gerichteten Umtriebe in der Öffentlichkeit nicht allzu bekannt wurden und dass sie von Wien nicht als verkappter Angriff gegen die bestehende Ordnung Cisleithaniens gedeutet wurden.

Im bunten Kreis der austropolnischen Politik um die KTSSN gab es Außenseiter wie den Germanophilen Władysław Studnicki oder den radikaldemokratischen Publizisten Wilhelm Feldman, die dank ihrer umtriebigen Aktivitäten wohl ebenso viele neue Ideen einbrachten wie sie neue

Feindschaften stifteten. Hinzu kamen die stellenweise äußerst komplizierten Beziehungen mit den Geldgebern: Vor 1914 stellte vor allem der österreichische Nachrichtendienst beachtliche Summen für den Aufbau polnischer paramilitärischer Verbände zur Verfügung, nach Kriegsausbruch finanzierte die Polonia in den USA das Unternehmen mit; beide Geldgeber befanden sich des Öfteren im Streit mit den Empfängern.

Vor dem Hintergrund der ständigen Auseinandersetzungen wuchs die Autorität Piłsudskis. Seine Rolle als Führer der Revolutionären Fraktion der PPS rückte nach und nach in den Hintergrund, immer mehr wurde er der militärische «Kommandeur», wie man ihn damals zu nennen begann. Die Legende aus den Zeiten der PPS und der Revolution von 1905 machte ihn zu einem Kämpfer für ein unabhängiges Polen und zu einer optimalen Identifikationsfigur für die Jugend, die in den Schützenverbänden politisch sozialisiert wurde. Im April 1913 legte Piłsudski sein Amt wegen der ständigen internen Querelen in der KSSN demonstrativ nieder; die Unabhängigkeitsbewegung schlitterte einmal mehr in die Krise.

Die «verdammte, geschlossene Mehrheit» der Polen, klagte Feldman, «besteht aus bürokratisierten, gedankenlos oder aus Eigennützigkeit auf Wien fixierten Galiziern, aus beständigen, aber nicht nach vorne gehenden Posenern und aus der großen Masse der Intelligenz des Königreichs, von wo ständig Klagen über die Apathie, das Versagen in einer Politik von reflexartigen Bewegungen und in der Ökonomie des Bauches, über Passivität und Gedankenlosigkeit kommen». Ganz ähnlich sah der künftige Staatsgründer die Lage: «Um Gottes willen nicht mit dieser unentschiedenen, schwankenden, ängstlichen Gesellschaft, die nicht zu sich selbst finden will und die ganze Zeit daran denkt, wie sie sich möglichst billig von allen ihren Pflichten und allen Problemen loskaufen kann. Schrecklich», schrieb Piłsudski verbittert.[25]

Die Idee, die er für die Anfangsphase des als sicher geltenden Krieges zwischen den Teilungsmächten hatte, war denkbar einfach. Eine Kadereinheit, bestehend aus freiwilligen Schützen, sollte westlich der Weichsel die österreichisch-russische Grenze überschreiten, sich in Richtung Norden bewegen und möglichst viele Freiwillige aus Kongresspolen aufnehmen. Die Russen, so das Kalkül Piłsudskis, würden kaum Widerstand leisten und sich auf die gut ausgebauten Verteidigungsstellungen am östlichen Ufer der Weichsel zurückziehen. Im Anschluss an einen solchen, nach außen hin als polnischer Aufstand gegen Russland präsentierbaren Erfolg, würden die galizischen Schützenverbände eine zu ihrem tatsächlichen militärischen Gewicht in keinem Verhältnis stehende politische Aufwertung erfahren. Der Weg zu einer Eingliederung des westlichen Kongresspolen in

Galizien und damit zur Verwandlung der Doppelmonarchie in eine österreichisch-ungarisch-polnische Habsburgermonarchie stünde offen. Alles Weitere würde sich aus dem Kriegsverlauf ergeben.[26]

Die Idee, eine militärische Unabhängigkeitsbewegung in die Kriegsplanung einer der Teilungsmächte zu integrieren, konnte nach den Erfahrungen der letzten Jahrzehnte nur in Galizien entstehen. Dies war gewissermaßen der harte Kern des Konzepts. Enthalten war aber auch ein «weicher», auf Vorstellungen und Projektionen beruhender Teil, der auf den Widerstandswillen der Bevölkerung bzw. der öffentlichen Meinung Zentralpolens spekulierte, die jüngst durch die Aussonderung des Gouvernements Cholm (das 1912 aus dem «Weichselland» herausgenommen und den direkt in das Zarenreich eingegliederten Provinzen zugeschlagen wurde) noch einmal gegen St. Petersburg mobilisiert worden war. Ferner setzte die Idee auf den hauptsächlich von den Nationaldemokraten forcierten Prozess der Verstaatsbürgerlichung (*uobywatelnienie*): Seit 1905 expandierte das Bildungswesen in Kongresspolen erstmals auch auf dem Land. In der Sicht nahezu aller Zeitgenossen beförderte die Alphabetisierung (in einem weiteren Sinn die Aufklärung der Volksmassen), vor allem die Herausbildung und Festigung des Nationalbewusstseins. Insofern trug das Konzept Piłsudskis durchaus dem Haupttrend der vergangenen Dekade Rechnung. Offen blieb freilich die Frage, inwiefern die Idee eines neuen, von einer Teilungsmacht unterstützten Aufstands aus dem Modernisierungsprozess der Jahre seit 1905 tatsächlich Nutzen ziehen konnte. War die Bevölkerung Kongresspolens nach der Erfahrung der Revolution bereit, noch einmal die Staatsmacht frontal zu konfrontieren und ihre seither mühsam rekonstruierte Stabilität aufs Spiel zu setzen?

Die erste Phase des Weltkriegs, 1914–1915

Am 29. Juli 1914, dem Vorabend des Kriegsausbruchs erhielt Piłsudski seinen Kommandeursposten zurück. Am 6. August morgens marschierte die sogenannte 1. Kaderkompanie aus Krakau Richtung russische Grenze, noch vor den regulären Truppen der Monarchie. Am selben Tag teilte der Kommandeur den Politikern in der KSSN mit, er habe sich der «Nationalen Regierung» in Warschau unterstellt. Die Seifenblase platzte innerhalb weniger Tage: Nicht nur war die Nationalregierung eine Erfindung. Kongresspolen ignorierte die Schützentruppe; es gab weder Freiwillige noch sonstige Anzeichen für eine aufstandsähnliche Stimmung. Die Russen verteidigten ihre Stellung weit westlich des Weichselufers und die Schützen spielten in diesen ersten Tagen und Wochen des Krieges keine militärisch relevante Rolle.

Obwohl die Ereignisse einen völlig unvorhergesehenen Verlauf nahmen, hatte der später oft beschriebene Aufbruch der Freiwilligen am 6. August 1914 in Krakau durchaus Bedeutung. Er demonstrierte Geschlossenheit und Gestaltungswillen, die quer standen zu der hinlänglich bekannten Zerstrittenheit der politischen Klasse. Die anfangs nur etwa 140 jungen Männer stammten zur Hälfte aus der Intelligenz, die Kaderkompanie (die innerhalb weniger Monate Batallions- und Regimentsstärke erreichte, um Ende des Jahres in die «Erste Brigade der Polnischen Legionen» umbenannt zu werden) entwickelte einen eigenen *esprit de corps*, der sich durch eine vergleichsweise kameradschaftliche Atmosphäre zwischen Offizieren und Mannschaften auszeichnete.[27] Man redete einander mit der bisher ungebräuchlichen Höflichkeitsformel «Bürger» an. Der politische Misserfolg der Aktion im Sommer 1914 fügte diesem Esprit der Legionäre den Hochmut gegenüber den trägen Massen hinzu, die nicht zu Opfern für das gemeinsame Vaterland bereit waren. «Keiner bringt uns ein Glas Wasser, keiner gibt uns ein Stück Brot», lautete die kürzeste Zusammenfassung des Sommers 1914, und das Lied der Truppe (das in der Republik zu einer Quasinationalhymne aufsteigen sollte) sprach diese Stimmung in ebenso scharfen wie unübersetzbaren Worten an.[28] Im Hintergrund dieser eindeutigen Absage der Kongresspolen an einen neuen Nationalaufstand gab es aber mehr als nur Angst, Kleinmut oder Unverständnis. Eine Kavallerieeinheit der Truppe Piłsudskis bezog im August 1914 Quartier im Gutshaus des bereits mehrfach erwähnten Schriftstellers Sienkiewicz. Der greise Verfasser der «Kreuzritter» war alles andere als begeistert von den Freiwilligen, die an der Seite der Mittelmächte marschierten. Einem jungen Ulanen warf er vor, «mit den Deutschen zu gehen». Dieser soll geantwortet haben, er würde «selbst mit dem Teufel gehen, Hauptsache in ein freies Polen»; der Literaturnobelpreisträger ließ sich nicht überzeugen.[29]

Piłsudski wusste es stets besser als alle anderen; so zumindest glaubten es seine Soldaten. Das bald grenzenlose Vertrauen in den Kommandeur, der die jungen Menschen in diesen Opfergang für Polen führte, bildete das Schlüsselelement einer zwischen 1914 und 1917 entstandenen Legende der Ersten Brigade, die die politische Kultur und auch die Politik der späteren Republik prägen sollte.[30] Der Mythos der Legionen, die wiederholt schwere Verluste erlitten und gleichzeitig das Glück hatten, nie ganz aufgerieben zu werden, führte ihnen immer mehr Freiwillige zu. Im Herbst 1915 dienten in den drei Brigaden (Piłsudski war nur Befehlshaber der Ersten) etwa 15 000 Soldaten, weitere 10 000 wurden ausgebildet.

Das unerwartete Auftauchen der Legionen stand ebenfalls in einem deutlichen Kontrast zur Haltung der Großmächte. Sie hatten den Krieg aus

Gründen begonnen, die mit der «polnischen Frage» nichts gemein hatten. Diese war nach allgemeinem Verständnis kein Streitpunkt der europäischen Politik mehr. Lediglich Galizien hatte vor 1914 Anlass zu Spannungen zwischen der Donaumonarchie und dem Zarenreich geliefert; es ging dabei sowohl um die Unterstützung Wiens für den Aufbau der polnischen paramilitärischen Verbände als auch um gegenseitige Vorwürfe hinsichtlich des Verhältnisses zur ukrainischen Nationalbewegung.[31]

Im Sommer 1914 wurden in den drei Teilungsgebieten über 1,5 Millionen junge Männer eingezogen, etwa die Hälfte davon polnischer Nationalität. Der reibungslose Verlauf der Mobilmachung mochte als zusätzliche Versicherung gelten, dass in der bevorstehenden Auseinandersetzung – auch wenn die polnischen Gebiete zwangsläufig zu einem wichtigen Kriegsschauplatz wurden – die geteilte Nation nicht als eigenständiges politisches Subjekt agieren würde. Diese Überzeugung ging wohl auf die Stabilität der ostmitteleuropäischen Grenzen im vergangenen Jahrhundert zurück: Während noch für Bismarck die «polnische Frage» eine feste Größe im europäischen Kräftespiel darstellte, die um jeden Preis von der diplomatischen Tagesordnung ausgeklammert bleiben sollte, dachte die 1914 an der Macht befindliche Generation nicht mehr in diesen Kategorien. Die Polen waren ein internes Problem der jeweiligen Politik an der Reichsperipherie – und offenbar brauchte es viel Phantasie, um sich die möglichen Folgen einer Aufkündigung der noch aus dem 18. Jahrhundert stammenden «polenpolitischen Solidarität» (Klaus Zernack) der «drei schwarzen Adler», d. h. Österreichs, Preußens und Russlands auszumalen. Kaiser Franz Joseph, bezeichnenderweise dem ältesten der 1914 regierenden Monarchen, wird die Einsicht zugeschrieben, ein Krieg gegen Russland sei unbedingt zu vermeiden, da er auch im Fall eines Sieges die Verselbständigung der polnischen Gebiete zur Folge haben müsste. Man führe doch keinen Krieg, um Provinzen zu verlieren, soll der Kaiser gesagt haben.[32] Ein wenig anders formulierte diesen Gedanken Prinz Heinrich zu Schoenaich-Carolath im Mai 1914 im Reichstag: Russland habe kein Interesse am Krieg gegen Deutschland. «Und was könnten wir von Rußland haben wollen?», fragte er, «Etwa Warschau und Polen? Ich dächte, wir hätten genug davon.» Der Prinz hatte das Problem auf den Punkt gebracht, das Protokoll verzeichnete aber an dieser Stelle lediglich die «Heiterkeit» der Abgeordneten.[33]

In der Kriegseuphorie des Sommers 1914 scheinen solche Ansichten selten geäußert worden zu sein, und gehört wurden sie erst recht nicht. Die Armeeführungen beschränkten sich auf Proklamationen an die Bevölkerung, die auf die gängigen Feindbilder abzielten. Die Deutschen riefen die Bewohner Kongresspolens zum gemeinsamen Kampf gegen die «asiatischen Horden» bzw. «russischen Barbaren» auf, ähnlich formulierten es die Wiener Militärbehörden. Die Ausgangslage der Mittelmächte wurde allerdings belastet durch das deutsche Bombardement der zentralpolnischen Stadt Kalisch Mitte August. Die Nachricht von der Zerstörung der Stadt erschütterte die kongresspolnische Öffentlichkeit.

Etwas mutiger als die Gegner zeigte sich St. Petersburg: Der Ministerrat billigte am 11. August einen aus dem Außenministerium stammenden Entwurf, in dem der Oberbefehlshaber Großfürst Nikolaj Nikolaevič an die Unterdrückung der Polen in Preußen sowie an die Schlacht bei Tannenberg 1410 erinnerte und zwar nicht die Unabhängigkeit, aber immerhin die Vereinigung Polens «unter dem Szepter des russischen Zaren» in Aussicht stellte: «Unter diesem Szepter wird Polen wiederauferstehen, frei in seiner Religion, seiner Sprache, seiner Selbstverwaltung.»[34] Der Aufruf ging also deutlich weiter als die gleichzeitigen Proklamationen der Mittelmächte und fiel auf durchaus fruchtbaren Boden. Die polnischen Untertanen des Zarenreiches standen, trotz der Befürchtungen St. Petersburgs und entgegen den Hoffnungen in Wien und Berlin, an der Seite Russlands. Die an die Front marschierenden Soldaten und selbst die Kosaken – nicht erst seit 1905 Verkörperung russischer Gewaltbereitschaft und Brutalität – wurden nicht nur in Warschau von den Massen als «unsere Beschützer» gefeiert, mit Blumen, Zigaretten und Süßigkeiten überhäuft. Eine Aristokratin, die diese Szenen Anfang August beobachtete, vertraute ihrem Tagebuch an, der Anblick der Warschauer Straße dieser Tage sei «erschütternd [...] neu, unerwartet».[35] Der französische Konsul in Warschau notierte als Kommentar zu diesen Bildern geistesgegenwärtig, die Polen hätten sich im Fall eines Krieges gegen Habsburg auf die Seite des Feindes gestellt. Da es aber gegen das verhasste Preußen gehe, seien «die Polen unerwartete Verbündete Russlands geworden».[36] Damit eröffneten sich für die russische Polenpolitik – jetzt betraf sie, erstmals seit hundert Jahren, ein zentrales Frontgebiet – jene Perspektiven, die 1908 Dmowski als Voraussetzung für die gemeinsame Abwehr gegen den «Drang nach Osten» benannt hatte: Die Polen konnten als ein Verbündeter gewonnen und dadurch zu einem Bollwerk gegen Deutschland aufgewertet werden.

In den kommenden Jahren sollte sich St. Petersburg aber nicht mehr bewegen. Nur das Außenministerium entwickelte Ideen, wie man die Polen besser gegen den Feind mobilisieren könnte, scheiterte jedoch am Widerstand des Hofes, der Regierung und der öffentlichen Meinung, die eben nicht den Krieg riskiert hatten, um im Fall eines Sieges auf Provinzen zu verzichten; sie hätten früher auf Franz Joseph hören müssen. Die Idee einer polnischen Freiwilligenlegion (*Legion Puławski*, die im Januar 1915 der russischen Armee einverleibt wurde) scheiterte unter diesen Umständen ebenso wie das im November 1914 von der Rechten gegründete Polnische Nationalkomitee. Dabei hatte die russische Politik gerade im ersten Kriegsjahr gewisse Möglichkeiten: Im mittleren Frontabschnitt hatten sich die Russen bis auf den Verlust von Lodz im Dezember erfolgreich behauptet, im Süden die österreichischen Truppen aus Ostgalizien verdrängt und Lemberg besetzt. Die Besetzung Ostgaliziens nutzten sie, um die sogenannte russophile Strömung unter den Ukrainern zu fördern. Gleichzeitig entfachten die Russen einen Konflikt mit der nationalukrainischen Bewegung, indem sie die Zwangsbekehrung der griechisch-katholischen Gläubigen zur griechisch-orthodoxen Kirche durchzusetzen versuchten.

Alle etwaigen Chancen auf eine Neuordnung des russisch-polnischen und russisch-ukrainischen Verhältnisses unter dem Zepter des Zaren waren somit vertan, als im Mai 1915 die Gegenoffensive der Mittelmächte in Westgalizien begann. Am 21. Juni wurde Lemberg zurückerobert, am 5. August marschierten die Deutschen in Warschau ein. Der Vormarsch der Mittelmächte endete erst im Spätherbst mit der Stabilisierung der Frontlinie weit im Osten, wo sie im Wesentlichen bis Anfang 1918 verlief. Dies bedeutete, dass die zentralpolnischen Gebiete außer relativ kurzen Kämpfen zwischen Sommer 1914 und Sommer 1915 weitgehend von direkten Kriegshandlungen verschont blieben. Den größten materiellen Schaden hatte die vom russischen Militär angeordnete Zwangsevakuierung im Königreich (die in den bisherigen Westprovinzen des Zarenreichs fortgesetzt wurde) angerichtet, die zur Aussiedlung von mindestens 750 000 Menschen Richtung Osten führte.[37] Deutsche und Juden zählten zu ihren bevorzugten Opfern.[38] Im Rahmen dieser Maßnahmen wurden Produktionsstätten in der Stadt, aber auch Felder und Gärten auf dem Land vernichtet. Östlich der Weichsel fiel die Bevölkerungszahl danach um ein Drittel, in einigen Kreisen sogar um die Hälfte.

Die praktischen Folgen der Taktik der «verbrannten Erde», die während des Rückzugs von der Armee des Zaren angewendet wurde, waren das Letzte, was dessen polnische Untertanen von der östlichen Teilungsmacht sehen sollten. Nun befand sich das gesamte ethnisch polnische Siedlungsgebiet unter der Gewalt der Mittelmächte, die damit zum allein entscheidenden Faktor über eine etwaige Wiederbelebung der «polnischen Frage» geworden waren.

Der Weltkrieg als Besatzungsherrschaft, 1915–1918

Deutschland und Österreich-Ungarn waren auf die neue Lage ähnlich unvorbereitet wie bei Kriegsausbruch. Zunächst wurde Kongresspolen in zwei Generalgouvernements (GG) geteilt: Etwa ein Drittel des Gebiets wurde nun von einem österreichischen Generalgouverneur mit Sitz in Lublin verwaltet, die Mehrheit von einem deutschen Generalgouverneur mit Sitz in Warschau. Einige Gebiete im Osten Kongresspolens und jene westrussischen Provinzen, die von deutschen und österreichisch-ungarischen Einheiten besetzt worden waren, standen unter der Aufsicht des deutschen Ober-Ost bzw. der österreichischen Militärverwaltung.

Die neuen Herrscher machten einen widersprüchlichen Eindruck auf die Bewohner des bisherigen Kongresspolen. Bereits 1915 war ein satirisches Gedicht im Umlauf, in dem sich der Durchschnittspole fragte, ob denn Russen oder Deutsche besser seien; der Unterschied zwischen ihnen sei wie zwischen Pest und Cholera.[39] Dieses Bild bezog sich vor allem auf die Wirtschaft, denn ökonomisch betrieben die Besatzungsbehörden eine Politik der «Auspressung» der vorhandenen Ressourcen. Im österreichischen Generalgouvernement blieben dem örtlichen Verbraucher nur elf Prozent der Kohleproduktion und bis zu 40 Prozent der landwirtschaftlichen Produkte.[40] Im deutschen Generalgouvernement war es vor allem die systematische Demontage der Produktionsanlagen, die zu einer flächendeckenden Deindustrialisierung führte. In diesen Zusammenhang gehören aber auch die umfangreichen Reparaturarbeiten, die die Zerstörungen von 1915 wettmachen sollten, die Anlage neuer Straßen- und Bahnverbindungen (auf mehreren Strecken wurde dabei die russische Breitspur auf europäische Normalbreite umgebaut), die Nutzung der Weichsel als Verkehrsweg, kurzum: die Verbesserung der Infrastruktur sowie der Produktionsmöglichkeiten, die sich in höheren Lieferungen an die Mittelmächte auszahlen sollten.[41]

Die Bevölkerung Zentral- und teilweise auch die Ostpolens hatte 1915 einen doppelten Schock erlebt: Erstmals seit 102 Jahren gab es keine russischen Behörden mehr im Land, und erstmals wurde sie mit einer Besatzungsverwaltung konfrontiert, die, zumindest im deutschen Teil, erheblich anders funktionierte als die zaristische. Im letzten Jahr der russischen Herrschaft war der alte Antagonismus zwischen Gutshof und Bauern verstärkt zum Vorschein gekommen: Bauern denunzierten Gutsbesitzer, Priester und Juden wegen angeblich proösterreichischer Umtriebe; Diebstahl, Plünderung und illegale Nutzung der Wälder nahmen sichtlich zu. Der Krieg wurde zum Katalysator der latenten Spannungen, unter denen die Dörfer in Kongresspolen seit Jahrzehnten standen. Die Anhänglichkeit der Bauern gegenüber dem «guten Zaren» verringerte sich zwar nach der Katastrophe des Sommers 1915, unter der Besatzungsherrschaft verdächtigte man jedoch die Gutsbesitzer weiterhin, mit Deutschen und Österreichern zu kooperieren: Die «Herren» wurden vielerorts beschuldigt, mit Hilfe der Okkupanten die Wiedereinführung des Frondienstes vorzubereiten.

Eine wichtige Rolle spielte dabei offenbar die kriegsbedingte Schwächung der «Zentralen Landwirtschaftlichen Gesellschaft», in der im Jahre 1913 etwa 60 000 Bauern zusammengefasst waren und die – oft unter Führung eines aufgeklärten Gutbesitzers oder Priesters – zum Abbau des gegenseitigen Misstrauens beitrug.[42] Auch die von den gebildeten Schichten (neben Gutsbesitzern und Priestern traten hier Lehrer hervor) organisierten nationalen Gedenktage scheinen als Veranstaltungen der «Herren» größere Teile der Bauernschaft kaum angezogen zu haben. Freilich hatten sozialrevolutionäre Impulse nicht mehr Erfolg: 1917 und später sollte sich das Vorbild der Bolschewiki für die letztlich konservative und stark religiös gebundene Bauernschaft ebenfalls als unattraktiv erweisen; auf der anderen Seite wurde jetzt die Forderung nach einer Bodenreform deutlicher artikuliert als je zuvor.[43] Die Befürchtung der Nationaldemokratie und der liberalen Intelligenz, dass die polnische Nationsbildung ohne ohne Einbeziehung der Bauern das *uobywatelnienie* – und das hieß im materiellen Bereich: ohne Zugeständnisse der besitzenden Schichten – durch die partikularen Interessen einer zahlenmäßig noch immer dominierenden Landbevölkerung bedroht bleiben würde, hatte im Weltkrieg wohl eher neue Nahrung erhalten, als dass sie durch die Erfahrung von Fremdherrschaft und materieller Not reduziert worden wäre.

Die Bauern lernten nicht nur eine neue Besatzungsherrschaft kennen. Zur Erweiterung des lebensweltlichen Horizonts trug auch das Russland- und Revolutionserlebnis bei, das nach 1918 Hunderttausende der 1915 Evakuierten mit nach Hause brachten. Aber auch jene, die vor Ort geblieben waren, machten neue Erfahrungen. Die Besatzungsherrschaft der Mittelmächte, vor allem Deutschlands, wurde gefürchtet, noch bevor sie begonnen hatte. Die strenge Durchsetzung der wirtschaftlichen Anforderungen – vor allem Lebensmittelrequisitionen sowie die besonders verhasste Zwangsrekrutierung der Bauern für die sogenannten Arbeiterkolonnen («Zivilarbeiterbataillone»), die für das Militär Baumaßnahmen durchführten – steigerte die Abneigung gegen die Besatzer, die sich noch einmal verstärkte und auf die Deutschen konzentrierte, als im Herbst 1916 die Deportationen von Bewohnern Kongresspolens zur Zwangsarbeit in Deutschland begannen. Gegen Ende des Krieges sollten 500 000 bis 600 000 «russisch-polnische» Arbeiter, teils Freiwillige, teils Zwangsarbeiter, im Reichsgebiet tätig sein.[44] Die Massenarbeitslosigkeit als Folge des Zusammenbruchs ganzer Industriezweige (vor allem der Textilindustrie) und das damit verbundene Elend hatten Hunderttausende zur Rückwanderung in das Heimatdorf bewogen. Der Zugriff der Besatzungsmacht auf die angeblich «Arbeitsscheuen» wurde allgemein gefürchtet, zumal als Alternative zur Zwangsarbeit im Reich die oben erwähnten Arbeiterkolonnen für ebenso kärgliche Lebensbedingungen berüchtigt waren.[45]

Nicht zuletzt aus diesem Grund verweigerten die Bewohner des Königreichs ihre Beteiligung an polnischen Freiwilligenverbänden, die bis 1917 auf Seiten der Mittelmächte kämpften. Hingegen scheint zumindest ein Teil unter dem Eindruck von Krieg und Besatzung so viel nationales Bewusstsein entwickelt zu haben, dass sich junge Bauern im letzten Kriegsjahr in relativ großen Zahlen den paramilitärischen Geheimorganisationen anschlossen, die im Untergrund auf den Zusammenbruch der Besatzungsherrschaft hinarbeiteten.[46]

Gewissermaßen unabhängig von dem primären Ziel der wirtschaftlichen Ausbeutung bemühten sich indessen die Generalgouverneure, unter deutscher und österreichischer Herrschaft die längst überfälligen Reformen durchzuführen. Gefördert wurde u. a. das Schulwesen. Während im letzten Jahr Kongresspolens auf 1000 Einwohner 34 Schüler entfielen, waren es nur drei Jahre später 76.[47] Polnisch wurde seit 1915/16 im Unterricht gesprochen und setzte sich als Amtssprache durch. Im August 1916 erhielten die Städte unter österreichischer Besatzung die Selbstverwaltung. In den vier größten Zentren ging diese sogar aus Wahlen hervor, in den übrigen wurden die Wahlen erst im Sommer 1918 durchgeführt. 1917 entstanden Selbstverwaltungsorgane auf Kreisebene, im Herbst wurde die Aufsicht über das Schul- und Gerichtswesen auf polnische Behörden übertragen.

Die Unterschiede zwischen den Besatzungspolitiken der Mittelmächte waren aus polnischer Sicht auffallend. Den Deutschen konzedierte man Konsequenz, Durchsetzungsvermögen und gute Organisation – ganz im Gegenteil zum österreichisch-ungarischen Militär, wobei vor allem die Ungarn als besondere Plage empfunden wurden. In der österreichischen Zivilverwaltung dominierten bis Februar 1918 polnische Beamte aus Galizien, die zwar in Kongresspolen nicht immer gut gelitten waren, jedoch zwischen Besatzungsherrschaft und Eigeninteressen der Bevölkerung naturgemäß besser vermitteln konnten, als es die deutsche Zivilverwaltung je gewollt hatte.

Es war jedoch Deutschland, das über die Zukunft der polnischen Gebiete und eine etwaige Wiederaufnahme der «polnischen Frage» entscheiden sollte.[48] Der deutsche Generalgouverneur General Hans von Beseler war direkt dem Kaiser unterstellt. Er residierte im symbolträchtigen Warschauer Königsschloss und hatte somit Möglichkeiten, um die ihn sein österreichischer Kollege im provinziellen Lublin nur beneiden konnte. In wichtigen Fragen war Beseler von Berlin abhängig, das ein Jahr lang kein Konzept der Polenpolitik zu entwickeln vermochte. In kleineren Angelegenheiten versuchte er jedoch, den örtlichen Eliten entgegenzukommen: Seit September 1915 durfte Warschau wieder die Bezeichnung «Hauptstadt» führen (wovon, blieb unbekannt), am 15. November wurden die polnische Universität und die Technische Hochschule eröffnet. Die Polonisierung des Schulwesens nahmen die Behörden ohne Widerspruch hin, und auch im deutschen Generalgouvernement fanden 1916 die ersten Wahlen zu den Selbstverwaltungen der Städte statt.

Unter den polnischen Politikern gab es grundsätzliche Differenzen über die Positionierung zur neuen Wirklichkeit. Die sogenannten Passivisten warteten ab, die sogenannten Aktivisten setzten auf die Mittelmächte. Aber auch unter Aktivisten war umstritten, ob eine austropolnische Lösung (wie sie vom galizischen Nationalen Hauptkomitee seit 1914 propagiert wurde) oder eine deutsch-polnische das erstrebenswerte Ziel sei. In beiden Fällen sollten die Legionen zu einer möglichst großen, mit den Mittelmächten verbündeten Armee ausgebaut werden. Hingegen war Piłsudski, inzwischen erfahrener Frontoffizier und zum Brigadier (Generalmajor) der k. u. k. Armee befördert, an einer weiteren Stärkung der Legionen ohne Garantie politischer Gegenleistungen seitens der Mittelmächte nicht interessiert. Er wirkte im Dezember 1915 an der Gründung eines Zentralen Nationalkomitees mit, das sich auf die Parteien der Linken stützte. Zur selben Zeit ließ er die geheime «Polnische Militärorganisation» (*Polska Organizacja Wojskowa*, POW) ausbauen, die das Ziel der Unabhängigkeit Polens in ihre Satzung aufnahm. Am 3. Mai 1916 fanden im besetzten Kongresspolen zahlreiche legale Feierlichkeiten aus Anlass des 125. Jahrestags der Verfassung von 1791 statt.[49] Von den Mittelmächten lagen aber weiterhin keine konkreten Angebote vor. Nach zwei Jahren als ranghöchster Offizier der Legionen legte Piłsudski im Juli 1916 sein Amt nieder. Die Legionen hatten sich soeben in der Verteidigungsschlacht in Wolhynien ausgezeichnet und schwere Verluste erlitten. Die österreichische Führung akzeptierte seinen Rücktritt im September.

Die entscheidenden Karten aber hatte Berlin in der Hand. Hier gab es auf der einen Seite weitreichende Pläne, die militärischen Erfolge für eine deutsche Kolonisation östlich der Reichsgrenze zu nutzen. Eine Denkschrift vom Juli 1915 forderte, ein «möglichst eigentumsfreier Grenzgürtel» östlich von Posen und Schlesien sowie südlich von Ostpreußen solle für die deutsche Besiedlung freigestellt werden. Ähnliche Gedanken vertraten der Alldeutsche Verband wie der Ostmarkenverein. Sie propagierten die radikalste Variante der Überlegungen, wie man das Polenproblem im Reich auf die Dauer lösen konnte – nämlich durch Annexionen, verbunden mit massenhaften Um- und Aussiedlungen. Einen anderen Ansatz verfolgten deutsche Politiker, Militärs und hochrangige Bürokraten, denen zufolge die militärisch gebotenen und dank des Erfolgs im Osten möglich gewordenen «Grenzkorrekturen auf das strategisch unbedingt notwendige Maß zu beschränken» seien.[50]

Während derartige Pläne in Polen naturgemäß nur die Passivisten stärken konnten, wurde Friedrich Naumanns «Mitteleuropa» von 1915 ernsthaft diskutiert. Einzelne polnische Publizisten konnten der Idee eines mitteleuropäischen Wirtschaftsgroßraums, auch unter deutscher Hegemonie durchaus positive Züge abgewinnen.[51] Entschieden wurde die Auseinandersetzung aber nicht durch ökonomische, sondern durch militärische Argumente: Die Oberste Heeresleitung drängte auf praktische Lösungen, die dem Sieg im Osten dienen würden. In fernerer Zukunft wäre dann die Existenz von mehreren ostmitteleuropäischen Pufferstaaten wünschenswert, die einerseits in das Naumann'sche Konzept passen, andererseits die Zurückdrängung Russlands garantieren würden. Zunächst ging es den Militärs vor allem um neue Soldaten aus Kongresspolen. Da eine Aushebung im besetzten Gebiet aus völkerrechtlichen Gründen unmöglich war, konnten sie nur als Freiwillige an der Front eingesetzt werden. Damit sich aber überhaupt Freiwillige fanden, musste den Polen irgendeine politische Perspektive angeboten werden.

Der Reichskanzler erklärte vor dem Reichstag im April 1916 einigermaßen ratlos, eigentlich hätten Deutschland und Österreich-Ungarn keineswegs beabsichtigt, «die polnische Frage aufzurollen. Das Schicksal der Schlachten hat sie aufgerollt [...] nun steht sie da und harrt der Lösung. Den status quo ante kennt nach so ungeheueren Geschehnissen die Geschichte nicht.»[52] Monate später setzte sich der Standpunkt der Militärs durch. In den Verhandlungen mit Wien im August und Oktober einigte man sich angesichts zahlreicher Differenzen auf den kleinsten gemeinsamen Nenner: eine gemeinsame Bekanntmachung der Mittelmächte, die den Polen die Wiedererrichtung ihres Staates in Aussicht stellte. Beseler suchte nach Unterstützung dieser Lösung im preußischen Ministerrat, indem er die Werbung polnischer Freiwilliger als voraussehbare Reaktion auf die Geste Wiens und Berlins versprach.

Am 5. November 1916 verlasen die beiden Generalgouverneure feierlich das Manifest ihrer Kaiser. Berlin und Wien versprachen, aus den «der russischen Herrschaft entrissenen polnischen Gebiete[n]» «einen selbständigen Staat mit erblicher Monarchie und konstitutioneller Verfassung zu bilden», dessen Grenzen zunächst einmal unbekannt blieben. Zugleich sollte eine eigene polnische Armee aufgestellt werden, die in dem «großen Kriege der Gegenwart» «die ruhmvollen Überlieferungen des polnischen Heeres früherer Zeiten» fortführen würde.[53] Mit dem ersten Punkt war die «polnische Frage» in die europäische Politik zurückgekehrt; Berlin und Wien hatten das seit 1797 bzw. seit dem Wiener Kongress geltende Fundament der Beziehungen zwischen den Teilungsmächten verlassen, demzufolge die Behandlung der polnischen Provinzen eine innere Angelegenheit Russlands, Österreichs und Preußens sei. Mit dem zweiten Punkt wurde klar benannt, welche Gegenleistung die Mittelmächte schon jetzt für das Versprechen polnischer Staatlichkeit einforderten.

Allerdings boten bereits die Umstände der Verkündung des Manifests am 5. November einen Vorgeschmack darauf, wie kompliziert eine Lösung der nun offiziell aufgeworfenen Frage im Einvernehmen zwischen Berlin, Wien und den Polen sein würde. Zwar spielte das deutsche Orchester im Warschauer Königsschloss die inoffiziellen polnischen Nationalhymnen. Die anwesenden polnischen Honoratioren riefen «Es lebe das unabhängige Polen», dem «Hoch» auf den deutschen Kaiser folgten aber nur wenige von ihnen. Noch deutlicher wurde der Gegensatz im Warschauer Rathaus am selben Tag, als die Polen den Ruf anstimmten «Es lebe Posen». Der österreichisch-ungarische Vertreter in Warschau notierte offenbar nicht ohne Schadenfreude, der Hochruf auf Posen habe eher wie eine Drohung gegen die Deutschen geklungen, während dasselbe Hoch auf Galizien doch einen ganz anderen Klang gehabt habe.[54]

Entscheidend für die Bewertung der Proklamation vom 5. November war jedoch aus der Sicht der Urheber die Frage der Kriegsfreiwilligen. Beseler unterzeichnete einen entsprechenden Aufruf bereits vier Tage später. Der Generalgouverneur glaubte tatsächlich, die Lage gänzlich unter Kontrolle zu haben: Hauptsache sei jetzt, «diese polnischen Kinder, die Polen im Zaune zu halten und zu erziehen», d. h. ihnen zu erklären, dass mitten im Krieg die Gewalt selbstverständlich in preußischen Händen bleiben werde. Aber schon eine Woche nach der Verkündung des kaiserlichen Manifestes forderte eine Demonstration in Warschau Staatlichkeit («Ohne polnische Regierung keine Armee», «Wir wollen keine deutschen Söldner sein»),[55] die erhofften Freiwilligen meldeten sich nicht. Stattdessen forderten die Polen konkrete Zugeständnisse. Das Manifest «wurde nicht mit der seitens der Verbündeten erwarteten Begeisterung aufgenommen», berichtete der überraschte Generalgouverneur Monate später an den Kaiser. «Trotz der vorangegangenen, z. T. großartigen Demonstrationen für die Unabhängigkeit Polens, vor Allem der wirklich imposanten Kundgebung vom 3. Mai, blieb nach einer kurzen freudigen Erregung das Land abwartend, gleichgültig, ja ablehnend.» Alle Parteien hätten «das Stichwort ausgegeben: Polnisches Blut nur einer polnischen Regierung. Damit war die Werbung gescheitert.»[56]

Beseler redete den «polnischen Kindern» gut zu und forderte andererseits Truppenverstärkungen aus dem Reich. Schließlich setzten die Mittelmächte am 14. Januar 1917 in einer Situation, die mit den Hoffnungen des Frühherbstes 1916 wenig gemein hatte, einen «Provisorischen Staatsrat» mit beratender Funktion ein. Unter den 25 von Österreichern und Deutschen nominierten polnischen Honoratioren befand sich auch Piłsudski. Die Werbeaktion für eine «Polnische Wehrmacht», die im Königreich aufgestellt werden sollte, verlief hingegen im Sande.

Dass das kaiserliche Manifest ebenso früh wie deutlich scheiterte, hing nicht nur mit dem tiefen antipreußischen Ressentiment zusammen, das Bismarck und seine Nachfolger so erfolgreich gezüchtet hatten. Die «polnische Dreistigkeit», die Beseler an dem gesunden Menschenverstand seiner Gesprächspartner zweifeln ließ, hatte durch die internationalen Folgen des 5. November neue Unterstützung bekommen. Die Vereinigung der drei Teilungsgebiete als Kriegsziel fand plötzlich Platz in der Neujahrsbotschaft des Zaren an die Streitkräfte; die französischen Friedensbedingungen vom Januar 1917 bezogen sich ausdrücklich auf dieses russische Versprechen. Am weitesten ging der US-amerikanische Präsident Woodrow Wilson, als er in demselben Monat in seiner Rede vor dem Senat über «Frieden ohne Sieg» deutlich ein «geeintes, unabhängiges und selbständiges Polen» als Konsequenz des Krieges bezeichnete. Der soeben von den Mittelmächten eingesetzte Provisorische Staatsrat bedankte sich beim amerikanischen Präsidenten mit einem offiziellen Schreiben. Die nächsten Einschnitte brachte die russische Februarrevolution. Der von Menschewiki und Sozialrevolutionären dominierte Petrograder Arbeiter- und Soldatenrat erklärte im März das Recht der Polen auf einen eigenen Staat,[57] die Provisorische Regierung Russlands folgte Ende des Monats mit einer ähnlichen Erklärung, in der freilich die endgültige Entscheidung einer künftigen russischen Verfassunggebenden Versammlung vorbehalten blieb.

Die Epochenwende in Russland eröffnete auch der britischen und französischen Politik neue Möglichkeiten. In den USA agierte der reiche Klaviervirtuose und Amateurpolitiker Ignacy Paderewski als Lobbyist für Polen. Weniger erfolgreich war bisher Dmowski, der in St. Petersburg nichts erreicht hatte und nach seiner Ankunft im Westen 1915 ebenfalls kaum gehört wurde. Seine Denkschriften über die Verknüpfung eines alliierten Sieges mit der Wiederbegründung Polens fanden erst nach der ersten russischen Revolution ein stärkeres Echo. Im Juni 1917 gestattete die französische Regierung die Aufstellung einer polnischen Armee in Frankreich, im Herbst begann die Rekrutierung von Polen ohne amerikanische Staatsbürgerschaft in den USA. Im August gehörte Dmowski zu den Mitbegründern des Polnischen Nationalkomitees in Lausanne (das bald nach Paris umzog und im Herbst von den Alliierten als «offizielle polnische Organisation» anerkannt wurde), dessen Mitglied auch Paderewski wurde.

Es war nicht erst die wachsende Bedeutung der Aktivitäten im Westen, die den Anhängern der Mittelmächte den Boden entzog. Bereits im Juli verlangten die Deutschen von den Legionären den Treueeid auf den Kaiser. Piłsudski, ein Großteil der Offiziere und ein Teil der Mannschaften der Ersten Brigade verweigerten sich demonstrativ, weniger massiv fiel der Widerstand in der Dritten Brigade aus. Piłsudski wurde daraufhin verhaftet und in einem Haus auf dem Festungsgelände in Magdeburg interniert. Aus Russland stammende Offiziere und Soldaten kamen in Internierungslager, die aus Galizien kommenden Legionäre an die Italienfront. Die Zweite Brigade leistete den Eid, der prodeutsche Aktivismus war aber durch die Ereignisse kompromittiert. Am 25. August legten die Mitglieder des Provisorischen Staatsrates ihre Mandate nieder. Daraufhin beriefen Wien und Berlin im Oktober einen Regentschaftsrat, der aus dem Warschauer Erzbischof, einem Fürsten und einem Gutsbesitzer bestand; Anfang Dezember ernannte der Rat die seit langem erwartete Regierung unter dem Historiker Jan Kucharzewski, welche die Polonisierung von Justiz und Verwaltung zu Ende führte.

Die entstehenden Strukturen polnischer Staatlichkeit fanden sich stets zwischen dem Hammer der deutschen und österreichischen ökonomischen Ausbeutung und dem Amboss der hungernden und immer öfter streikbereiten Arbeiterschaft. Die Unterversorgung erreichte katastrophale Ausmaße; in Warschau stieg der Preisindex in den drei Jahren deutscher Besatzung um das Siebenfache. Darüber hinaus gewann die illegale POW nach einer Phase von Verhaftungen und Rückschlägen immer mehr an Boden.

Weder Regentschaftsrat noch Regierung konnten in außenpolitischen Fragen tätig werden. Sie hätten aber auch mit entsprechenden Kompetenzen wenig anfangen können, denn die Selbstblockade der Mittelmächte in der «polnischen Frage» dauerte an: Die Idee eines habsburgischen Königreichs Polen scheiterte am Widerstand der Ungarn, ein deutscher Fürst auf dem polnischen Thron stieß in Wien auf Ablehnung. Der Gewinner der Krise von 1917 hieß Piłsudski, der für die Kündigung der Allianz einen ebenso publikumswirksamen wie zeitgerechten Vorwand gefunden hatte. Mit den Folgen der letzten Besatzungsmonate konnte er nicht mehr belastet werden, ganz im Gegenteil: Zu seinem Ruhm als erfolgreicher Befehlshaber der Legionen addierte er den eines Märtyrers, der eine Kollaboration mit Deutschland abgelehnt hatte.

Den letzten Stoß versetzten dem Aktivismus der definitive Zusammenbruch Russlands und die großen Erfolge Deutschlands im Osten. Die Regierung Kucharzewski wurde zu den Friedensverhandlungen zwischen den Mittelmächten und den Bolschewiki im Dezember 1917 nicht eingeladen. Da Letztere bereits vorher die Teilungsverträge annulliert hatten, lagen die Entscheidungen bezüglich Polens allein in den Händen der deutschen und k. u. k. Unterhändler. Der erst am 3. März 1918 unterzeichnete Friedensvertrag tangierte die «polnische Frage» insofern nicht, als das revolutionäre Russland auf weit mehr als Kongresspolen verzichtete: die baltischen Länder, Belarus und weite Teile der Ukraine.

Vorher aber entschlossen sich Berlin und Wien, einen anderen Vertrag zu unterzeichnen, nämlich den mit der jungen Ukrainischen Volksrepublik. Die Ukrainer verlangten einige Kreise im Ostteil des Königreichs, vor allem das Gouvernement Cholm, das zwei Jahre vor dem Krieg aus Kongresspolen aus- und direkt in das Zarenreich eingegliedert worden war.[58] Im Brester «Brotfrieden» vom 9. Februar 1918 sicherten die Mittelmächte der Ukrainischen Volksrepublik (deren Regierung gerade an diesem Tag aus Kiew flüchten musste, das von der Roten Armee besetzt wurde) sogar mehr als das Cholmer Gebiet zu.

Das Ergebnis war ein massives Aufbegehren der Polen. Überall hagelte es Proteste. Am 11. Februar demissionierte die gesamte polnische Verwaltung des Generalgouvernements Lublin sowie die Regierung Kucharzewski in Warschau. Am nächsten Tag streikte Lublin, am 14. Warschau, am 15./16. kündigte die Zweite Brigade der Monarchie die Waffentreue und schlug sich auf die andere Seite der Front, wo sich deren Reste den polnischen Einheiten anschlossen, die im ehemals russischen Niemandsland entstanden waren. Am 18. wurde Galizien von einem landesweiten Streik erfasst, der auch die Bahn zum Stillstand brachte. Auf den Straßen demonstrierten die Massen. Honoratioren schickten ihre österreichischen Orden zurück und legten ihre Ämter nieder. Die Polenklubs in Reichstag und Reichsrat verfassten Proteste. Am 19. Februar schließlich ließ das Wiener Außenministerium verlauten, dass die Bestimmungen des Brester Friedens über Cholm keineswegs sofort in Kraft träten und zunächst einmal eine gemischte Kommission die Verhältnisse vor Ort studieren werde. Der Schaden wurde dadurch eher noch größer: Zuerst hatten sich die Mittelmächte demonstrativ über polnische Interessen hinweggesetzt. Jetzt schien es, als ob die Polen aus einer Position der Schwäche heraus die Monarchie zum Rückzug gezwungen hätten.

Die letzten Monate, Februar bis November 1918

Die im Grunde unkoordinierten Protestaktionen des Februar 1918 ließen ein geballtes, wenngleich bislang führungsloses Potential erkennen, das in diesem Teil Europas durchaus gestaltende Kraft entfalten konnte. Damit war das Ende des austropolnischen Weges definitiv. Der Sozialist Daszyński sprach am 20. Februar im Reichsrat den noch vor kurzem unvorstellbaren Satz aus, mit dem Brester Frieden sei der Stern der Habsburgermonarchie über Polen endgültig erloschen.[59]

Der Konflikt um den «Brotfrieden» entwickelte sich nicht nur als Folge der Auszehrung des zentral- und ostpolnischen Hinterlandes[60] der Front und der gegenseitigen Enttäuschungen. Einen Monat vor dem Vertrag von Brest-Litowsk hatte Wilson in den bald berühmten 14 Punkten die amerikanischen Kriegsziele formuliert. Der vorletzte Punkt betraf die Schaffung eines unabhängigen Polen mit Zugang zum Meer – ein Postulat, das nach Lage der Dinge hauptsächlich gegen Deutschland gerichtet sein musste. Da die USA jetzt, im Unterschied zum Januar 1917, kriegführende Macht waren, wurde klar, dass die Alliierten den Polen mehr versprachen, als die Mittelmächte auch nur zu denken wagten. Deutschland, das nun definitiv nicht mehr mit Polen als etwaigem Verbündeten unter den bisherigen Konditionen rechnen konnte, im Osten aber trotzdem in den kommenden Wochen die größten Erfolge in der ganzen Kriegsgeschichte feiern sollte, kümmerte sich um die «polnische Frage» kaum noch. In Warschau verkündete Beseler, dass Cholm nicht von der – ohnehin inexistenten – ukrainischen Verwaltung übernommen würde. Er ließ durch den Regentschaftsrat eine neue polnische Regierung bestellen, deren Einfluss marginal blieb.

Im Osten und Südosten, d. h. in den ehemals westrussischen Provinzen, betraten die deutschen Truppen im Februar 1918 ein Land, das die erste Welle revolutionärer Gewalt erlebt hatte. Der soziale Gegensatz war hier in der Regel gekoppelt mit dem nationalen, die Emanzipation der Bauern richtete sich auf jeden Fall gegen die Gutsbesitzer. Diese waren entweder direkt Raub und Mord ausgesetzt oder hatten, wenn sie in einer ruhigeren Gegend wohnten, nur die Auflösung der Staatsgewalt und Unsicherheit, zumindest ein zunehmend beklemmendes Gefühl der Bedrohung erlebt. Hier und da organisierten sich polnische Truppen und Selbstschutzeinheiten, erst der Einmarsch des deutschen Militärs führte jedoch zu einer wirklichen Beruhigung: «Schöne, groß gewachsene Pferde, Kaltblüter, schwere deutsche Wagen», erinnerte sich fast drei Jahrzehnte später ein Großgrundbesitzer aus Wolhynien. «Gut versorgte Truppe, in anständiger, sauberer Uniform, Ordnung. Schamvoll zu sagen, aber wir haben aufgeatmet nach den Monaten unter bolschewistischer Herrschaft.»[61] Ober-Ost förderte die nationale Emanzipation von Litauern, Ukrainern und Belarussen, unterstützte deren Staatenbildungen. Gewaltakte gegen die übrig gebliebenen besitzenden Schichten kamen vorübergehend zum Stillstand.

Während in den «Weggenommenen Gebieten» das letzte Kapitel polnischer Präsenz begann, bröckelte die deutsche und österreichisch-ungarische Herrschaft in den drei anderen Landesteilen. Der 1918 unter Aufsicht des Regentschaftsrates einberufene Staatsrat blieb bedeutungslos. Die Konservativen verhandelten weiterhin mit dem deutschen Generalgouverneur. Die von den Nationaldemokraten dominierten Passivisten, stark vertreten im Staatsrat, warteten auf die Ergebnisse von Dmowskis Bemühungen in den westlichen Hauptstädten. Die Sozialisten versuchten, mit den Bolschewiki ins Gespräch zu kommen, und unterstützten im Übrigen den Ausbau der illegalen POW, die 1918 bis 20 000 Mitglieder gehabt haben dürfte (die Hälfte davon waren Bauernsöhne) und dank der Besetzung der Schlüsselstellungen durch die Offiziere aus den Legionen eine nicht parteipolitisch gebundene, sondern auf die Person von Piłsudski fixierte Organisation darstellte. Die Summe dieser konkurrierenden, teils antagonistischen Aktivitäten ergab ein Potential, das sich im Augenblick des Zusammenbruchs der Mittelmächte voll entfalten sollte.

Der Kollaps der Habsburger- und der Hohenzollernmonarchie kam dann doch überraschend, weil er fast gleichzeitig erfolgte und in beiden Fällen den ganzen Staat einbezog. Der Warschauer Regentschaftsrat erklärte bereits am 7. Oktober 1918, die Unabhängigkeit sei in greifbarer Nähe, und sprach sich für die Durchsetzung der Wilson'schen Punkte aus. Knapp drei Wochen später setzte er eine neue Regierung ein, die von einem Nationaldemokraten angeführt wurde. Der Posten des Verteidigungsministers wurde demonstrativ für den weiterhin in Magdeburg internierten Piłsudski frei gehalten; der deutsche Generalgouverneur war machtlos.

Noch schneller zerfiel Österreich-Ungarn: Tschechen, Südslawen, Ukrainer und alle anderen Nationen wollten die Unabhängigkeit. Die polnischen Abgeordneten im Reichsrat erklärten sich am 15. Oktober «ebenfalls» zu Bürgern eines vereinten und unabhängigen Polen. Das am folgenden Tag verkündete kaiserliche «Völkermanifest» blieb trotz des Versprechens einer Föderalisierung ohne Wirkung. Am 17. trafen sich polnische Politiker aus den drei Teilungsgebieten in Warschau, ohne zu einem Ergebnis zu kommen: Die Kontroversen zwischen Konservativen und Nationaldemokraten auf der einen sowie Sozialisten und Bauernparteilern auf der anderen Seite erwiesen sich als zu grundsätzlich. Am 19. Oktober entstand der polnische Nationalrat des Herzogtums Teschen, am 24. schlossen sich die galizischen Politiker in der «Liquidierungskommission» (*Polska Komisja Likwidacyjna,* PKL) zusammen, die die Sezession Galiziens aus dem zerfallenden Cisleithanien durchführen sollte. Daszyński forderte am selben Tag in dem Blatt der Sozialisten unter dem Titel «Organisieren wir die Gesellschaft», die Alltagsprobleme der Menschen anzugehen, nicht im Namen «einer Handvoll privilegierter Herrlein», sondern im Interesse «des Bauern, des Arbeiters, der weiten Mittelklasse».[62] Am 28. versammelte sich die PKL zu einer formell konstituierenden Sitzung, in der sich nach langen Verhandlungen die Vorschläge der Sozialisten durchsetzten: Die Kommission sollte «als Ausdruck des Volkswillens» (d. h.: nicht aufgrund des kaiserlichen Manifestes vom 16. Oktober) «die Trümmer der österreichischen Herrschaft aufräumen» und vom Warschauer Regentschaftsrat unabhängig bleiben. Am 31. Oktober entwaffneten polnische Einheiten und Freiwillige die österreichische Garnison in Krakau, innerhalb von zwei Tagen war ganz Westgalizien mit weiß-roten Fahnen geschmückt. Als erste Maßnahme nach der Entwaffnung der kampfunwilligen Soldaten der Monarchie, die nur noch nach Hause wollten, wurden die Lebensmitteltransporte Richtung Südwesten eingestellt.

In Ostgalizien kamen die Ukrainer der PKL oft zuvor. In Lemberg wurden die k. u. k. Truppen Stunden nach den Ereignissen in Krakau entwaffnet, nur dass die Macht den Ukrainern zufiel, die sofort mit der Depolonisierung der Ämter begannen. Die Auflösung der Habsburgermonarchie ging nahtlos in den polnisch-ukrainischen Konflikt um Ostgalizien über.

Die Vorentscheidung in Galizien war zweifellos erleichtert worden durch das Vorhandensein einer de facto polnischen Verwaltung und durch die bereits im vollen Gang befindliche Auflösung der Donaumonarchie. Ähnliches galt für das österreichische Generalgouvernement. Auch hier wurde nach der Auflösung des k. u. k. Militärs eine Übernahme der Regierungsgewalt durch den Regentschaftsrat abgelehnt. In das so entstandene Vakuum stießen die Parteien der Linken vor. Am 7. November bildete sich in Lublin eine Provisorische Volksregierung der Republik Polen unter dem Vorsitz von Daszyński, die von der örtlichen POW unterstützt wurde und in einem sofort erlassenen Manifest die Übernahme der Macht durch die Werktätigen ankündigte. Die Hauptziele waren Unabhängigkeit, republikanische Staatsform, demokratische Wahlen zum gesetzgebenden Sejm, Nationalisierung der Wälder und eines Teils des ländlichen Großgrundbesitzes, der

Achtstundentag, ferner die Verstaatlichung der Rohstoffvorkommen und ihrer Förderung, eine Arbeits- und Sozialgesetzgebung, die die Interessen der Arbeitnehmer schützte, sowie die allgemeine Schulpflicht. Das Manifest der Lubliner Regierung und die darin enthaltene Vision einer sozial engagierten parlamentarischen Demokratie, urteilte im Rückblick ein prominenter Sozialist, habe «dem Kommunismus in Polen einen tödlichen Schlag versetzt».[63] In der zweiten Woche des November 1918 war man allerorts noch weit entfernt von dieser Gewissheit.

Im deutschen Teil Kongresspolens war die Zivilverwaltung mittlerweile ebenfalls in polnischen Händen. Noch verfügte der Generalgouverneur über deutsche Truppen, die, wenngleich offensichtlich unmotiviert, weiterhin ihren Dienst versahen. Politisch hatte Berlin den Polen nichts mehr zu bieten, das Konzept des Pufferstaates, an dem namentlich die preußische Bürokratie bis zum Sommer 1918 festhielt, hatte sich angesichts der Niederlagen an der Westfront von selbst erledigt. Die Konservativen und Nationaldemokraten, in deren Händen theoretisch der zivile Teil der Macht lag, hatten keine Zweifel, dass die Stimmung der Massen explosiv aufgeladen war. Sie wussten ebenfalls, dass sie dem Ruf nach einer radikalen Verbesserung der Lebensbedingungen weder Militär noch Polizei entgegensetzen konnten, mit anderen Worten: dass ein Ausbruch der Revolution weitaus schlimmere Folgen haben könnte als 1905. So bedrängten die polnischen Politiker im September und Oktober 1918 den Generalgouverneur Beseler, Piłsudski freizulassen. Nur der legendäre Sozialist, Befehlshaber der Ersten Brigade und Gefangene des Reiches, der für die Massen Symbol des Kampfes um soziale Gerechtigkeit und Unabhängigkeit war, könnte Polen vor der Revolution schützen.

Am 31. Oktober suchte Harry Graf Kessler im Namen der Reichsregierung den «Kommandeur» in der Magdeburger Festung auf. Sie kannten sich von der Ostfront. Piłsudski soll während dieses Gesprächs gesagt haben, dass die jetzige Generation der Polen den Kampf um Posen und Westpreußen nicht aufnehmen könne; als Geschenk der Entente würde man freilich beides annehmen. Für den Aufbau einer Armee, welche die Ordnung in Polen gewährleisten würde, brauche er wenige Monate; für den Aufbau einer Armee, die den Vormarsch des Kommunismus eindämme, hingegen Jahre. Beim nächsten Besuch Kesslers am 8. November verweigerte er die Unterzeichnung einer Loyalitätserklärung gegenüber dem Reich und wurde dennoch freigelassen. Auch aus deutscher Sicht wäre der Ausbruch einer Revolution in Kongresspolen, welche die deutschen Truppen im Osten vom Reich abgetrennt hätte, eine Katastrophe gewesen.

Am 10. November kam der Zug aus Magdeburg auf dem Warschauer

Bahnhof an.[64] Piłsudski wurde erwartet. Der Erste, der ihm Bericht erstatten wollte, war der lokale Befehlshaber der illegalen POW; die Organisation sei bereit, allerdings nicht imstande, einen offenen Kampf gegen die deutschen Truppen aufzunehmen. Auf dem Bahnsteig befand sich aber eine andere Person, die Piłsudski in diesem Augenblick noch wichtiger schien: Fürst Zdzisław Lubomirski, Mitglied des dreiköpfigen Regentschaftsrates. Lubomirski nahm den Kommandeur in seine Wohnung mit. Der Mitregent trug dem soeben aus der Festung entlassenen Exsozialisten in einem Akt seltener Weitsichtigkeit die Übernahme der Macht an. Piłsudski fiel nun alles in den Schoß, worum polnische Politiker seit Generationen erfolglos gekämpft hatten: Am Abend jenes 10. November erschienen bei ihm Vertreter des Zentralen Deutschen Soldatenrates in Warschau, um eine geordnete Übergabe der Macht und einen ebenso geordneten Abzug der Truppen aus der Hauptstadt zu vereinbaren. Der neue Staatschef stellte drei Bedingungen: Die Truppen sollten ihre militärische Ausrüstung in Warschau lassen, die Eisenbahn an Polen übergeben und jegliche «Abrechnungen» mit ihren Offizieren unterlassen. Die Delegation akzeptierte ohne Zögern, die Soldaten wollten nur noch nach Hause.[65] Am nächsten Tag übertrugen die Regenten den Befehl über die – im Grunde kaum vorhandene – polnische Armee auf Piłsudski und betrauten ihn mit der Bildung einer «Nationalen Regierung». Der neue Oberbefehlshaber ließ zunächst einmal die linke Lubliner Regierung auflösen, beauftragte aber den bisherigen Ministerpräsidenten Daszyński erneut mit der Regierungsbildung. Die deutschen Truppen zogen sich verabredungsgemäß in ihre Kasernen zurück. Auf den Straßen wurden sie von der POW, in deren Reihen Jugendliche dominierten, entwaffnet; nur vereinzelt kam es zu Zusammenstößen. Am 12. November morgens verließ Beseler Warschau, begleitet von einer polnischen Eskorte. Noch am selben Tag rollte der erste Zug mit deutschen Soldaten Richtung Westen.[66] Die Zeit der Teilungen war zu Ende, noch bevor am 17. November die letzten deutschen Soldaten Warschau verließen.

In der Hauptstadt organisierten in diesen Tagen die Arbeiterparteien Umzüge und Versammlungen. Am 13. November wurde am Warschauer Königsschloss die rote Fahne gehisst. Am 14. übertrug der Regentschaftsrat die volle Macht an Piłsudski. Dieser berief sofort das neue Kabinett Daszyński ein, das ebenso schnell am entschiedenen Widerstand der Rechten scheiterte. Am 18. nominierte daraufhin der faktische Staatschef einen anderen galizischen Sozialisten, Jędrzej Moraczewski zum Ministerpräsidenten. Auch an diesem Kabinett beteiligte sich die Rechte trotz Aufforderung nicht. Sie konnte dann auch nicht verhindern, dass der Ministerrat Piłsudski für die Übergangszeit vor der Einberufung der Verfassunggebenden Versammlung zur «Höchsten Gewalt der Republik Polen» ernannte. Das Amt des «Provisorischen Staatschefs» (*Tymczasowy Naczelnik Państwa*) vereinigte somit laut Dekret vom 22. November den Oberbefehl über die Streitkräfte, die oberste Exekutivgewalt sowie das Recht auf Berufung des Ministerpräsidenten und seiner Minister. Die Regierung war dem Staatsoberhaupt gegenüber verantwortlich, die von ihr erlassenen Rechtsakte mussten vom Staatschef gegengezeichnet werden. Sechs Tage später wurde das Wahlgesetz verabschiedet, das für den 26. Januar 1919 allgemeine, geheime, direkte, proportionale und gleiche Wahlen ankündigte. Das Wahlrecht wurde unabhängig vom Geschlecht allen Staatsbürgern zugesprochen, die älter als 21 Jahre waren. Die Polinnen wählten damit erstmals in ihrem Leben – eine Woche nach den Deutschen und drei Wochen vor den Österreicherinnen.

Mit dem provisorisch geordneten Geschäftsbereich des Staatsoberhaupts und dem Wahlgesetz hatte sich Polen als demokratische Republik wieder gegründet. Faktisch reichte die Macht des Staatschefs kaum über das alte Kongresspolen und Westgalizien hinaus. Östlich des Königreichs standen weiterhin die Truppen des Ober-Ost, in Ostgalizien wurde gegen die Ukrainer gekämpft. Das preußische Teilungsgebiet war an der Staatsbildung bislang überhaupt nicht beteiligt gewesen. Die Republik verfügte über nur wenige Soldaten, die Verwaltung konnte nach vier Jahren Krieg kaum Herr der Lage werden, die Versorgung war katastrophal, die Industrie – soweit sie überlebt hatte – schien nun unmittelbar vor dem Niedergang zu stehen, weil im Herbst 1918 die letzten Kooperationsverbindungen, Kapital- und Rohstoffzuflüsse abgerissen waren.

Trotz dieser bedrohlichen Ausgangslage prägte sich der November 1918 im Gedächtnis der damals Aktiven als ein einmaliges Erlebnis ein. «Diesen Freudentaumel, der die polnische Bevölkerung erfasst hat», könne man kaum beschreiben, erinnerte sich später der Ministerpräsident Moraczewski «Freiheit! Unabhängigkeit! Vereinigung! Ein eigener Staat! Für immer! Chaos? Das macht nichts», weil man sich befreit habe von Fremdherrschaft, weil «wir uns nun selbst regieren werden. Wer diese kurzen Tage nicht erlebt hat, wer nicht außer sich vor Freude war mit der gesamten Nation, der wird in seinem Leben die größte Freude nicht erleben. Vier Generationen haben vergebens auf diesen Augenblick gewartet, die fünfte erlebt ihn.» Man sei gerührt gewesen vom Anblick polnischer Aufschriften und polnischer Adler an Amtsgebäuden und Uniformen, ja sogar vom Anblick polnischer Polizisten und Gendarmen.[67]

Das Befreiungserlebnis vom Herbst 1918 hatte keinen eindeutigen Höhepunkt und kein Symbol, keinen Balkon, von dem aus die Republik ausgerufen worden wäre. Dieser war bereits besetzt. Die erwähnte rote Fahne an der Frontfassade des Warschauer Königsschlosses blieb einen Monat lang hängen – für die Sozialisten ein Symbol der Hoffnung auf eine gerechte Republik, für alle Anderen ein Warnzeichen vor der aus dem Osten heranziehenden Revolution. Die PPS mit ihrem zwar demokratischen, aber von sozialrevolutionärer Symbolik dominierten Selbstverständnis fand sich in einem Zwiespalt zwischen Republik und Räteherrschaft, zwischen Demokratie und Diktatur, obwohl sie sich als nationale Partei der Polen bzw. als demokratische Organisation vom Bolschewismus und seinen Praktiken deutlich abzugrenzen versuchte. Die Gegner der Linken wussten ebenfalls nicht recht, wohin der Weg führen würde, missbrauchten aber die rote Fahne, weil sie nicht nur von den Sozialisten, sondern auch von den örtlichen Kommunisten benutzt wurde, als Warnung vor der angeblich drohenden marxistischen Diktatur.

Letztlich hatten sich alle verschätzt: In der Hektik der alltäglichen Warschauer Verhandlungen zwischen links und rechts ging der Rest des Landes unter. Die Polen aus dem preußischen Teilungsgebiet (von Oberschlesien ganz zu schweigen) wurden überhaupt nicht mit einbezogen, ebenso wenig die ländlichen Gebiete. Und weder im weiterhin deutschen Westen Polens noch auf dem Land durfte auch nur eine geringe Sympathie für die rote Fahne erwartet werden.

Es überrascht in diesem Zusammenhang nicht, dass Parteien und Publizisten um ihren Anteil an der Wiedererlangung der Unabhängigkeit lange Jahre streiten sollten. Die Jahrestage der einzelnen Ereignisse – Bildung der Volksregierung in Lublin am 7. November, Rückkehr Piłsudskis am 10. November, seine Übernahme der militärischen Gewalt und die Entwaffnung der deutschen Garnison in Warschau am 11., das Dekret über das Amt des Provisorischen Staatschefs vom 22. – dienten der Herausstellung der eigenen Verdienste. Letztlich einigte man sich fast 20 Jahre später, 1937, auf den 11. November als Staatsfeiertag, der als Datum des Waffenstillstandes in Compiègne die polnische Staatsgründung in Beziehung zum Ende des Großen Krieges setzte. Ohne das Wunder der Niederlage aller Teilungsmächte, ohne den fast gleichzeitigen Zusammenbruch der drei schwarzen Adler Österreich, Preußen und Russland wäre Polen nicht wieder entstanden. Erst vor diesem Hintergrund gewannen all die Kontroversen zwischen Linken und Rechten, zwischen Aktivisten und Passivisten einen Sinn: Alle politischen Kräfte hatten ihren Anteil an der Befreiung – indem sie mit den Mittelmächten paktierten und die polnische Verwaltung aufbauten, indem sie auf den Sieg der Alliierten setzten und das künftige Polen in den Köpfen der westlichen Politiker als einen Bestandteil der Nachkriegsordnung verankerten, indem sie in Freiwilligenverbänden und im Untergrund Soldaten ausbildeten, die nun zum Kern der Streitkräfte der Republik wurden. Der britische Historiker Norman Davies hat durchaus Recht, wenn er schreibt, letztlich hätten sich alle polnischen Pläne zerschlagen, während die Wünsche und Aktivitäten der Bevölkerung «bis zum letzten Augenblick großteils irrelevant» gewesen seien.[68] Man könnte dem hinzufügen, dass diese polnischen Aktivitäten immer in einem inneren Gegensatz zueinander standen. Es hat keinen erfolgreichen Masterplan gegeben, dafür stets Kehrtwendungen und Rückzüge – bis sich alle diese Handlungen und Unterlassungen im Herbst 1918 zu einer kritischen Masse verdichteten, die angesichts des Zerfalls der bisherigen Machtstrukturen neues Gewicht bekam. Im entscheidenden Augenblick war dann die Rechte einerseits klug, andererseits verängstigt genug, um der Linken und ihrem charismatischen Führer – der sich längst vom Sozialismus losgesagt hatte – den Vortritt zu lassen. Dies bedeutete die Vorentscheidung für die Republik und für die parlamentarische Demokratie; sowohl Monarchie als auch Räterepublik erwiesen sich im Herbst 1918 als unattraktive Alternativen, zumal die Sozialisten Demokratie als Voraussetzung für weitgehende wirtschaftliche Umverteilung und daraus entstehende soziale Gerechtigkeit begriffen. Die Republik Polen entstand als Erfüllung nationaler Träume, zugleich aber als Versprechen einer neuen, menschengerechten Ordnung. Und an diesem Anspruch, eine bessere Welt zu verkörpern und durchzusetzen, sollte der neue Staat von seinen Bürgern in den kommenden Jahren gemessen werden.

ZWEITER TEIL

1918–1939

3. Staatsgründung und Grenzen (1918–1923)

Der Leiter der US-amerikanischen Hilfsmission und spätere Staatspräsident Herbert Hoover fand im Januar 1919 in Polen «etwa 28 Millionen Menschen, die innerhalb von vier Jahren von vier Invasionen während dieses einen Krieges geschändet worden sind, wo Schlachten und sich zurückziehende Armeen zerstört haben, und wieder zerstört haben. In einigen Landesteilen gab es sieben Invasionen und sieben vernichtende Rückzüge. Hunderttausende sind verhungert. Die Heime von Millionen sind zerstört worden; dort lebten die Menschen in elenden Hütten. Deren landwirtschaftliche Geräte waren weg, die Tiere von den Armeen konfisziert, das Getreide ist nur teilweise geerntet worden. Die Industrie in den Städten lag wegen Rohstoffmangels danieder. Die Menschen waren arbeitslos und Millionen von ihnen mittellos. Sie waren seinerzeit von Rubel und Kronen überschwemmt worden, die jetzt wertlos waren. Die Eisenbahn funktionierte kaum. In den Städten gab es fast kein Essen. Typhus und andere Epidemien breiteten sich über ganze Provinzen aus.»[1]

Mitgefühl für die Adressaten der Hilfsaktion und Emphase angesichts der Größe der Herausforderung schwangen in diesen Sätzen durchaus mit, die Bestandsaufnahme war jedoch weitgehend korrekt. Die in den letzten zwei Monaten des Jahres 1918 entstandene Republik, die in keinem der Bücher über den Großen Krieg Erwähnung fand, erbte dessen Folgen. In der heutigen Erinnerung spielen sie nur deshalb eine geringe Rolle, weil sie durch die Verwüstungen des Zweiten Weltkriegs gewissermaßen verdeckt worden sind.

Lediglich auf preußischem Boden hatte es keine Kämpfe gegeben (abgesehen von Ostpreußen, das aber erst ab 1945 zu Polen gehören sollte), und nur hier beschränkten sich die Kriegsfolgen auf jenes Maß, das für das gesamte Deutsche Reich charakteristisch war: Rückgang der landwirtschaftlichen Erträge, negatives Bevölkerungswachstum (ab 1917), Produktionsrückgang in mehreren Industriezweigen, die unter Rohstoffmangel zusammenbrachen bzw. unter dem Wegfall der Absatzmärkte. In Zentralpolen gaben die direkten Kriegseinwirkungen von 1914 und 1915 auch nicht den Ausschlag. Gravierend wirkte sich hingegen die russische Politik von 1915 aus, vor allem die Evakuierung von mehr als eindreiviertel Millionen Zivilisten und die Demontage der Industrieanlagen während des Rückzugs der Armee des Zaren. Unter deutscher bzw. österreichisch-ungarischer Besatzung wurden die Schäden noch größer, sie bestanden in der Requisition großer Teile der Ernten und der Industrieproduktion sowie in der Deportation zur Zwangsarbeit ins Reich. In kriegswichtigen Branchen gelang es zwar, die Produktion sogar zu steigern (so etwa die Kohleförderung im Dombrowaer Becken von 1,6 Millionen Tonnen 1915 auf fast 2,5 Millionen Tonnen 1917), in mehreren anderen wurde aber die Produktion verlagert bzw. vor Ort eingestellt (so im Hüttenwesen oder in der Textilindustrie).[2]

In Kongresspolen funktionierte die Lebensmittelversorgung noch schlechter als in Deutschland. Bereits im zweiten Kriegsjahr warnten amerikanische Beobachter vor einer Hungerkrise, von der schon zu diesem Zeitpunkt etwa ein Drittel der Bevölkerung bedroht gewesen sein soll. Inflation, Warenknappheit, Schwarzmarkt, zunehmende Auszehrung und Krankheiten beherrschten das Alltagsleben. Die Lebensmittelzuteilungen fielen 1918 auf knapp 900 Kalorien, die Zahl der Tuberkulosekranken in Warschau verfünffachte sich bis Frühjahr 1917; dabei stand der härteste, letzte Kriegswinter noch bevor.

Im Westen Galiziens waren einige Kreise durch die Schlachten von 1914 und 1915 verwüstet worden. Der wichtigste Industriezweig, die Erdölförderung, fiel um ein Drittel. Noch schlechter erging es dem östlichen Teil des Landes, der 1914 bis 1917 Kriegsschauplatz gewesen war. Zerstörungen, Hunger und Krankheiten wurden hier zur allgemeinen Erfahrung. In Wolhynien hatten 1916 und 1917 einige der größten Schlachten der Ostfront getobt. Hier und auch weiter im Norden, wo zweieinhalb Jahre lang der Stellungskrieg stattfand, sah man noch Jahre nach 1918 Mondlandschaften.[3] Insgesamt verlor die Landwirtschaft im künftigen Polen während des Weltkriegs zwei bis drei Fünftel des Viehbestandes (Kühe, Pferde, Schweine, Schafe), die Getreide- und Kartoffelproduktion fiel auf rund die Hälfte, bei Weizen auf ein Drittel der Vorkriegszahlen.[4] Noch schlimmer traf der Krieg die Industrie: In Zentralpolen beschäftigte sie im November 1918 geschätzt nur noch etwa 15 Prozent der Arbeiter von 1913. Ein wesentlicher Aspekt dieser Katastrophe war die Vernichtung der Verkehrsverbindungen: Schätzungen zufolge waren mehr als die Hälfte der Brücken und fast zwei Drittel der Bahnhöfe zerstört. Hinzu kam der Verlust an Menschen, der nur für den militärischen Bereich genauer bekannt ist. Innerhalb des späteren polnischen Staatsgebiets waren knapp 3,4 Millionen

Soldaten mobilisiert worden (davon etwa zwei Millionen Polen). Die Zahl der Toten und Vermissten betrug etwa 400 000 Menschen, die Mehrheit davon (220 000) waren Soldaten der Habsburgermonarchie.[5] Die Zahl der Zivilisten, die infolge direkter Kriegseinwirkung starben, dürfte gering gewesen sein. Mehr fielen die nach Russland und Deutschland Deportierten und der Geburtenrückgang ins Gewicht. Nach relativ verlässlichen Schätzungen verringerte sich jedenfalls die Bevölkerung im künftigen polnischen Staatsgebiet von 30,3 Millionen (1913) auf 26,3 Millionen bei Kriegsende, d. h. um etwa 13 Prozent; die Rückwanderung vor allem aus Russland, die bereits 1918 begann und bis Ende 1922 etwa 1,3 Millionen Menschen nach Polen zurückbrachte, sollte diese Bilanz erheblich verbessern. Gleichzeitig verschärften die meist mittellosen Rückwanderer, die in Russland ihr ganzes Hab und Gut verloren hatten,[6] die ohnehin von dramatischer Verarmung geprägte Lage im Land.

Kohle- und Lebensmittelknappheit, Krankheiten und Unterernährung konnten vom neuen Staat nur verwaltet, nicht wirklich gelindert, geschweige denn beseitigt werden. Der Warschauer Regierung blieb nicht viel mehr übrig, als rechtliche Schutzmaßnahmen für die Schwächsten zu erlassen und die knappen Güter zwischen den Brennpunkten der Not hin- und herzuschieben. Der Kampf ums Überleben prägte den Alltag der Bevölkerung besonders in den Wintermonaten – nicht nur 1918/19, sondern auch noch 1920/21, als der letzte Nachfolgekrieg zu Ende ging.

Die politischen Akteure befanden es für ihre wichtigste Aufgabe, der entstehenden Republik feste Konturen zu geben und staatliche Institutionen zu etablieren: durch Bildung einer zentralen Gewalt, Aufstellung einer Armee und Festlegung der Grenzen. Alle drei Ziele waren eng miteinander verwoben. Die Regierung konnte nur innerhalb der Grenzen agieren, die aller Voraussicht nach von nationalen Streitkräften erkämpft werden würden. Diese wiederum mussten von der Staatsmacht erst einmal geschaffen werden. Piłsudski erinnerte in diesen Wochen mehrmals an die ernüchternde Lemberger Erfahrung: Erst nach drei Wochen Kampf war es den eigentlich überlegenen Polen am 22. November 1918 gelungen, die Ukrainer aus der ehemaligen Hauptstadt Galiziens zu verdrängen. Die entstehende Republik hatte in diesen traumatisierenden Bürgerkrieg nur wenige Tausend Soldaten schicken können, und das erst nach Wochen. Auch hatte Lemberg gezeigt, dass die Grenzen kaum ohne Auseinandersetzungen mit den Nachbarn abgesteckt werden konnten, zumal auf polnischer Seite «keine einzige Person bereit war, freiwillig eine Teilung Galiziens hinzunehmen. Von den Konservativen bis zu den Sozialisten, sprachen sich alle Polen immer einstimmig gegen diese Idee aus.»[7] Dasselbe galt für die Region und die Stadt Wilna. Die Einstellung zu den Zentren Lemberg und Wilna war aber nicht symptomatisch für alle umstrittenen Gebiete: Anderswo gingen die Vorstellungen über den optimalen Grenzverlauf weit auseinander.

Als eine «natürliche» Grenze konnte nur der Kamm der Karpaten auf jenem Abschnitt gelten, der bis 1918 Cis- und Transleithanien, in diesem Fall: Westgalizien von Oberungarn trennte. Obwohl es auch hier kleinere Auseinandersetzungen gab (ein Teil der auf ca. 80 000 Menschen geschätzten polnischsprachigen Bevölkerung der Zips und des Komitats Arwa wollte sich dem neuen polnischen Staat anschließen), war dies neben West- und Ostpreußen der einzige Grenzabschnitt, an dem es in den folgenden Jahren nicht zu militärischen Handlungen kommen sollte.

Südwestlich von Galizien war das ehemals österreichische Herzogtum Teschen (Teschener Schlesien) umstritten. In drei der vier ländlichen Kreise des kleinen (knapp 2300 km², etwa 440 000 Bewohner) hoch entwickelten Herzogtums dominierten die Polen, im letzten Kreis die Tschechen, in den kreisfreien Städten Deutsche und Tschechen. Die Polen forderten den Anschluss eines Großteils des Gebiets an die Republik, die Tschechen favorisierten den Fluss Olsa als Grenzlinie, die den stärker industrialisierten Westteil des Herzogtums mit etwa 300 000 Menschen auf tschechischer Seite belassen würde.

Die Unsicherheit über die Grenzen im Süden schrumpfte jedoch zu einem sekundären Problem im Vergleich mit der Lage in Ost und West. Im Westen dachten die Deutschen bislang kaum daran, dass die seit 1772/1795 zu Preußen gehörenden Gebiete Teil der Konkursmasse des Deutschen Reiches werden könnten; bereits der Verlust Westpreußens schien unwahrscheinlich. Die Vorstellung hingegen, dass Polen auch auf das zweitgrößte Industrierevier Deutschlands – Oberschlesien, das lange vor den Teilungen aus dem polnischen Staatsverband ausgeschieden war – Ansprüche anmelden würde, hatte nur in den schwärzesten Alpträumen der deutschen Politiker Platz und noch seltener bezogen sich jene auf Ostpreußen.[8] Die antagonistische Konstellation zwischen Polen und Deutschland wurde zunächst entschärft durch die Präsenz deutscher Truppen östlich des alten Kongresspolen. In den ersten Monaten 1918 hatte Deutschland ja weite Teile Russlands besetzt, so dass im Herbst das deutsche Ober-Ost überall in den ehemaligen westrussischen Gouvernements die Macht ausübte. In den Waffenstillstandsbedingungen von Compiègne hatte sich das Reich zur Aufgabe der infolge des Brester Friedens besetzten Gebiete verpflichten müssen. Auf ausdrücklichen polnischen Wunsch legten die Alliierten das Datum des Abzugs aus dem Osten aber nicht fest. Ende 1918 trennten somit die etwa

500 000 Soldaten des Ober-Ost die entstehende polnische Republik von der russischen Revolution. Es war freilich klar, dass Deutschland sich bemühen würde, die Truppen aus dem Osten so schnell wie möglich abzuziehen. Die kürzesten Eisenbahnverbindungen verliefen entweder über Warschau oder über den nordöstlichen Zipfel Kongresspolens (Brest-Białystok) Richtung Ostpreußen. Der Rücktransport über die erste Route hätte, so die polnischen Befürchtungen, praktisch eine Neuauflage der Besatzung bedeutet. Wie gefährlich die Konfrontation mit dem noch intakten Teil der deutschen Truppen wäre, zeigte ein Zwischenfall Mitte November in Międzyrzec Podlaski (130 Kilometer östlich von Warschau), als eine kampfbereite deutsche Einheit den Widerstand der örtlichen POW mit Gewalt brach. Die 45 getöteten Polen waren die bei weitem größte Zahl von Todesopfern während der gesamten Entwaffnung und Evakuation 1918/19.[9]

Ungeachtet der vereinzelten Zusammenstöße und Spannungen bedeutete die Anwesenheit der deutschen Truppen im breiten Streifen zwischen Lettland und der Ukraine Ende 1918 zunächst einmal eine Unterbrechung der kommenden Auseinandersetzung um die ehemaligen westrussischen Provinzen. An diesem Konflikt waren mehrere Seiten beteiligt: die «weißen» Truppen des russischen Bürgerkriegs, die vollauf mit dem Kampf gegen die Bolschewiki beschäftigt waren, den Anspruch auf westrussische Territorien aber nie aufgegeben hatten; die Bolschewiki, welche die nationale Frage mit der Losung von der Großen Revolution verworfen hatten und Polen, Letten, Litauern, Belarussen und Ukrainern gleichermaßen die neue Freiheit versprachen; die Polen, die außer in Ostgalizien nirgendwo aktiv werden konnten, weil dies den ungewollten Krieg gegen Deutschland bedeutet hätte; und schließlich die Nationalstaatsbildungen der Litauer, Belarussen und Ukrainer, die auf Wilna, Minsk und Lemberg unmöglich verzichten konnten. Im ukrainischen Fall gab es gleich mehrere Staatsgründungen. Nach dem Untergang der Ukrainischen Volksrepublik von 1917/18 etablierten sich in Ostgalizien die Westukrainische Volksrepublik und in Wolhynien die Ukrainische Volksrepublik unter dem Ataman Symon Petljura.

Der Weltkrieg war nur an der Westfront beendet; in den alten Gebieten der Adelsrepublik ging er weiter: als Bürgerkrieg, in dem Nachbarn aufeinander losgingen, als Kolonial- und Befreiungskrieg, in dem die Bewohner der Grenzprovinzen gegen die bisherige Staatsmacht rebellierten, am seltensten als regulärer Krieg zweier Armeen, in dem es nur um Grenzverschiebungen ging.

Der erste dieser Nachfolgekriege brach am 27. Dezember 1918 in Posen aus. Die lokale polnische Politik war hier seit langem von der Nationaldemokratie dominiert, die auf eine möglichst schnelle Unterwanderung der im Herbst entstandenen örtlichen Arbeiter- und Soldatenräte und die schrittweise Übernahme der Verwaltung setzte, um eine bewaffnete Auseinandersetzung mit Deutschland zu vermeiden. Im Augenblick des Zusammenbruchs des Kaiserreiches beschloss das bisher illegale Zentrale Bürgerkomitee die Gründung eines «Obersten Volksrates» (*Naczelna Rada Ludowa,* NRL), der die Wahlen zu einem polnischen Landtag des preußischen Teilungsgebiets organisieren sollte. Der Landtag trat am 3. Dezember zusammen, die zeitgemäße Legitimation durch Wahlen war damit gegeben.

Das von Nationaldemokraten dominierte Kommissariat des Obersten Volksrates taktierte: Die linke Warschauer Regierung wurde als Werk des angeblich deutschfreundlichen und vermeintlich «roten» Piłsudski nicht anerkannt, wohl aber das von Dmowski geleitete Pariser Nationalkomitee. Hinsichtlich des Zusammenschlusses mit der Republik wollte man erst die Ergebnisse der Friedenskonferenz abwarten. Die Spannung zwischen Deutschen und Polen wurde immer größer, nicht nur in Posen. In Warschau entschloss sich die Regierung Mitte Dezember unter dem Druck der Nationaldemokraten, die diplomatischen Beziehungen mit Deutschland auszusetzen.

In Posen traf indessen am 26. Dezember der populäre Pianist und Politiker Paderewski in Begleitung von britischen Verbindungsoffizieren ein. Seine Ankunft wurde von den Posener Polen mit Begeisterung, Demonstrationen und Versammlungen begrüßt, die wiederum die Spannung zwischen Deutschen und Polen verstärkten. Am nächsten Tag entwickelte sich aus spontanen Zusammenstößen zwischen Zivilisten, Freischärlern, Polizisten und Soldaten ein nicht geplanter Aufstand der Posener Polen gegen Deutschland, der innerhalb weniger Tage die umliegenden Kreise erfasste. Nach der ersten Woche des Januar 1919 hatten die Polen einen großen Teil des ehemaligen Herzogtums Posen besetzt – teils kampflos, teils in militärischen Auseinandersetzungen mit ihren deutschen Nachbarn. Am 8. Januar verkündete das NRL die Übernahme der Gewalt in den befreiten Gebieten. Um größere Auseinandersetzungen zu vermeiden, wurde den Deutschen dort gleichzeitig gestattet, Wahlen zur Nationalversammlung abzuhalten. Die Geste nutzte wenig, Berlin zog – trotz der inneren Krise der im November ausgerufenen Republik – an den Grenzen des Aufstandsgebiets Freikorpstruppen zusammen.

Die Posener wurden von Warschau nur geringfügig unterstützt und hatten wenig Aussichten auf einen militärischen Erfolg. Berlin musste sich jedoch dem Ultimatum Frankreichs beugen: Paris erzwang einen Waffenstillstand in Posen, der am 16. Februar in Trier Teil des gesamten Waffenstillstands zwischen dem Deutschen Reich und den Verbündeten wurde. Die Demarkationslinie verlief in etwa entlang der deutsch-polnischen Front. Der durch die ersten Erfolge des Aufstands geschaffene Status quo wurde somit zu einem wichtigen Bezugspunkt der Versailler Verhandlungen über die deutsche Ost- und polnische Westgrenze.

Die Ereignisse im preußischen Teilungsgebiet hatten in mehrfacher Weise Einfluss auf die Lage der neuen polnischen Republik. Die Wahlordnung für den Gesetzgebenden Sejm sah einen Wahlgang im Westen (und im östlichen Teil Schlesiens) vor, man rechnete jedoch nicht damit, dass dieser dort schon am 26. Januar 1919 möglich sein würde. Der NRL boykottierte dann auch die vom «roten» Warschau angeordneten Wahlen. In der Hauptstadt fürchtete man sich vor den deutschen Reaktionen auf die Erhebung. Warschau hatte am 24. November 1918 eine Abmachung mit dem Ober-Ost getroffen, der zufolge der Abzug deutscher Truppen auf dem Weg Brest-Białystok-Ostpreußen geschehen sollte, so dass die Eisenbahntransporte nur den nordöstlichen Zipfel des neuen Staatsgebiets überquerten. Trotz polnischer Befürchtungen, dass die Deutschen angesichts der Ereignisse in Posen ihre Evakuierung unterbrechen würden, und trotz mehrerer kleinerer Zwischenfälle war der Rückzug bis zum 20. Februar 1919 im Großen und Ganzen abgeschlossen,[10] was wiederum eine neue Front im Osten eröffnete; bereits Mitte des Monats war es zu einem ersten Zusammenstoß zwischen polnischen und «roten» Einheiten in Wolhynien gekommen.

Der Aufstand in Posen komplizierte nicht nur die ohnehin angespannten deutsch-polnischen Beziehungen. Er schwächte die Position der polnischen Unterhändler Dmowski und Paderewski, der gerade zu Beginn der Friedenskonferenz zum Ministerpräsidenten ernannt worden war, bei den am 15. Januar begonnenen Verhandlungen in Versailles. Einerseits konnten sie sich nun auf den demonstrierten polnischen Einigungswillen berufen, andererseits mussten sie aber auf die Franzosen als Quasischutzherren zurückgreifen und damit die Schwäche des polnischen Staates bloßlegen. Und schließlich tat der Aufstand eine neue innerpolnische Front auf: Die Wahlen in «Großpolen» – Posen war jetzt zu seinem alten Namen zurückgekehrt – hätten aller Wahrscheinlichkeit nach haushoch die Nationaldemokraten gewonnen, die den schnell wechselnden Regierungen in Warschau mehr als skeptisch gegenüberstanden.

Der Erfolg des Aufstands, der nahezu ohne Warschauer Zutun zustande kam, war für die ehemaligen Untertanen Preußens ein Grund mehr, sich von der «roten» und durch Versorgungsmängel geplagten Hauptstadt zu distanzieren. Die Zollgrenze blieb bis Juli 1919 bestehen, die eigene

Posener Armee bis August. Im Gegenzug für die allmähliche Integration des ehemaligen Teilungsgebiets in die Republik wurde in Warschau ein Ministerium für die einst preußischen, d. h. vom Krieg nicht direkt betroffenen Gebiete gegründet, das vom August 1919 bis April 1922 amtieren sollte.[11]

Noch während die Kämpfe in Posen andauerten, fanden Wahlen statt, die nur im ehemaligen Königreich und in Westgalizien abgehalten wurden. Bei einer hohen Beteiligung von 70 bis 80 Prozent gewannen die Nationaldemokraten in Kongresspolen mehr als 45 Prozent, in Galizien über zehn Prozent, insgesamt mehr als ein Drittel der Mandate. Das Ergebnis stand im Widerspruch zu der weit verbreiteten Überzeugung von einem «Linksruck» der Öffentlichkeit infolge von Krieg und Revolution, reichte jedoch nicht für die Bildung einer rechten Alleinregierung. Eher enttäuschend schnitt die Linke (je eine Bauernpartei im Königreich und in Galizien sowie die vereinigten Sozialdemokraten) ab: Sie erhielt im ehemals russischen Teilungsgebiet über 30 Prozent und in Galizien mehr als ein Drittel der Stimmen. Die stärkste Kraft in Galizien wurde mit über einem Drittel der Mandate die tendenziell konservative Bauernpartei des ehemaligen Reichsratsabgeordneten Wincenty Witos. Mit diesem Ergebnis begann dessen Karriere als Politiker von landesweiter Bedeutung. Allerdings konnte seine Mitte-Rechts-Partei in Zentralpolen kaum jemanden überzeugen.

Da die Wahl (erst- und letztmals) praktisch nur in ethnisch polnischen Gebieten stattgefunden hatte, blieben die polnischen Parteien im Gesetzgebenden Sejm (1919–1922) weitgehend unter sich, der Anteil der Minderheitenvertreter lag unter vier Prozent. Der große Verlierer war die im Dezember 1918 gebildete Kommunistische Partei, die zum Boykott des Urnengangs aufgerufen hatte.[12]

In den knapp vier Jahren bis zur nächsten Wahl sollte sich die Parteienlandschaft mehrmals ändern, einzelne Abgeordnete und ganze Gruppen wechselten die Zugehörigkeit, schlossen sich zusammen und spalteten sich ab. Sowohl die Rechte als auch die Linke schrumpften zugunsten eines aus mehreren Fraktionen bestehenden Zentrums, das freilich ebenso wie die anderen Gruppierungen durch regionale Differenzen, unterschiedliche Sozialisierungen, die Konzentration auf eine soziale Schicht und durch persönliche Animositäten gespalten wurde. Einer Volkspartei kamen noch immer die Nationaldemokraten am nächsten, die aber unter denselben Spannungen zu leiden hatten. Die Arbeits- und Sozialgesetzgebung, die Frage von Bodenreform und Sozialisierung der Produktionsmittel, die Rolle der römisch-katholischen Kirche, nicht zuletzt das Verhältnis zum Staatsoberhaupt bildeten die Kernpunkte der Auseinandersetzungen, die die Gesetzgebende Versammlung nicht nur während der Arbeit an den Verfassungsentwürfen prägten.

Hinzu kam der Mangel an parlamentarischer Erfahrung. Lediglich ein Bruchteil der Abgeordneten hatte die Abgeordneten- bzw. Herrenhäuser in Berlin, Petersburg und Wien kennengelernt, und auch diese Erfahrungen waren nur bedingt auf die neue Republik übertragbar. Der nationale Zusammenhalt der Polenfraktionen in den Parlamenten der Teilungsmächte fiel nun weg, die Abgeordneten und Senatoren mussten auf eine anders funktionierende Öffentlichkeit, auf neue Probleme und Erwartungen reagieren. Der Lernprozess auf offener Bühne stiftete viel Verwirrung und hatte einen hohen Preis: Bis auf das Frühjahr 1921, als die Verfassung verabschiedet wurde, zeigte sich die öffentliche Meinung von der Qualität der Volksvertreter selten überzeugt.

Gleich zu Beginn jedoch, zehn Tage nach dem Zusammentritt, rang sich der neue Sejm zu einer Grundsatzentscheidung durch, die sich als tragfähige, pragmatische Lösung für die Übergangszeit bis zur Verabschiedung der Verfassung herausstellen sollte: die sogenannte Kleine Verfassung. Der am 20. Februar 1919 verabschiedete Beschluss «Über die Anvertrauung der weiteren Amtsführung des Staatsoberhaupts an Józef Piłsudski» konstituierte den Sejm als oberstes Staatsorgan. Er allein konnte Gesetze verabschieden und berief das Staatsoberhaupt (*Naczelnik Państwa*[13]). Dieses vertrat den Staat nach außen und agierte als «höchster Vollstrecker der Sejmbeschlüsse in zivilen und militärischen Angelegenheiten», war dem Parlament verantwortlich wie die von ihm «auf der Grundlage einer Verständigung mit dem Sejm» bestellte Regierung. Jeder Staatsakt des *Naczelnik Państwa* verlangte die Gegenzeichnung des zuständigen Ministers. Piłsudskis Einfluss auf die Innenpolitik war damit nach einem Vierteljahr faktisch diktatorischer Vollmachten erheblich eingeschränkt worden. In der Praxis bestimmte er die Außenpolitik weitgehend allein und auch die Kontrolle über die Streitkräfte wurde ihm kaum streitig gemacht. Und gerade die Außen- und Militärpolitik sollte in der Wahlperiode des Gesetzgebenden Sejm die Geschichte der «Zweiten Republik»[14] bestimmen.

Die grundsätzlichen Entscheidungen über die deutsch-polnische Grenze fielen in Versailles. Die polnische Delegation wurde von den Alliierten angehört, sie unterbreitete Denkschriften und warb monatelang für möglichst große Gebietsgewinne im Westen. Die Leitfigur war Dmowski, der hier seine Sternstunden erlebte: Eloquent in Englisch und Französisch, gut ausgerüstet mit geschichtlichen, rechtshistorischen und moralischen Argumenten, visierte er das bislang kaum ernst genommene Ziel an, nicht nur die West- und Nordgrenze von 1772 wiederherzustellen, sondern auch polnische Ansprüche auf das wichtigste ostmitteleuropäische Industrierevier Oberschlesien zu begründen. Seine Vorkriegsüberzeugung von der Zwangsläufigkeit des deutsch-polnischen Gegensatzes brachte er geschickt in die Nachkriegsplanungen und -verhandlungen ein: Jeder Anhänger einer strategischen Schwächung Deutschlands konnte von ihm hören, dass Polen nach dem Wegfall Russlands der einzige unter den östlichen Nachbarn des Reiches sei, der den vorhersehbaren deutschen Revisionismus bremsen könne. Erst- und vielleicht letztmals in seiner modernen Geschichte profitierte Polen von seiner Lage zwischen Russland und Deutschland – als potentiell zweiseitiger *cordon sanitaire* zwischen den beiden Verlierern des Großen Krieges.[15]

Dieser strategisch einmalig günstigen Lage wirkte die innere Zerstrittenheit der polnischen Politik entgegen. Trotz formal ausgehandelter Arbeitsteilung zwischen Dmowski und Piłsudski zeigten sich die Vertreter des Staatschefs in der Pariser Delegation immer wieder bereit, andere Lösungsmuster zu diskutieren, als sie der Führer der Nationaldemokraten wortreich ausbreitete. Dies wiederum förderte die polnischen Vorschläge, da Dmowski als Verkörperung des Antigermanismus nur bei einem Teil der westlichen Verhandlungsführer, namentlich bei den Franzosen, gut ankam; diese störten sich auch am wenigsten an seinem Ruf als Antisemit. Gegen Piłsudski sprach hingegen in den Augen des Westens erstens seine Vergangenheit als Anhänger der Mittelmächte und zweitens die Politik der vollendeten Tatsachen, die er im ersten Halbjahr 1919 bezüglich der polnischen Ostgrenze betrieb. Vor allem Briten und Amerikaner konnten sich mit dem Gedanken an eine Republik, die im Osten weit über das mehrheitlich polnische Siedlungsgebiet hinausgriff, nur schwer anfreunden.

Letztlich hing es freilich weder von Dmowskis Überredungskünsten noch von der Kompatibilität seiner und Piłsudskis Argumentation ab, wie Polen in Versailles abschnitt; die Entscheidung lag in den Händen der Alliierten. Und nur Frankreich vermochte sich Polen als einen großen Satelliten vorzustellen, der den Angelpunkt seines Bündnissystems östlich von Deutschland darstellen würde. Die Briten hingegen zweifelten sehr, ob die polnische Republik die Rolle eines *cordon sanitaire* erfüllen könne, und standen einer Ordnung, die Deutschland allzu stark belastete, skeptisch gegenüber. Die britische Delegation stützte sich oft auf die vom später prominenten Historiker Lewis Namier vorbereiteten Argumente. Dieser betrachtete vor allem die polnische Nationaldemokratie mit äußerstem Misstrauen, worin er sich mit Vertretern der jüdischen Organisationen in den USA und in Westeuropa einig wusste.[16]

Dmowski war sich nicht erst 1919 darüber im Klaren, dass «die Juden» in ihm einen gefährlichen Gegner sahen, ihn «hassten», wie er nach der Konferenz schrieb.[17] Sein Status als offizieller Wortführer des neuen Polen genügte, um die jüdischen Organisationen vor dem «neuen Europa» zu warnen, das sich auf den Trümmern der altbekannten Imperien breitmachte. Dmowski trug dabei nicht nur die Last seiner persönlichen Haltung zur «Judenfrage». Bereits im ersten Kriegsjahr war es zu zahlreichen Spannungen zwischen Polen und Juden gekommen. Unter deutscher Besatzung symbolisierten die Juden für viele Polen die kriegsbedingten gesellschaftlichen Deformationen und Krankheiten: als Profiteure und Helfer der Behörden, Bettler und Neureiche, zugleich Quelle von Schmutz und Ansteckungen.[18] 1918/19 war es zu einer Reihe von Pogromen und antijüdischen Ausschreitungen gekommen. Aus dem alten Kongresspolen mit seinen neun Millionen Einwohnern, wo Dmowski selbst tätig gewesen war und 1912 zum «Judenboykott» beigetragen hatte, ist im letzten Vierteljahr 1918 nur ein einziger größerer Vorfall mit vier Todesopfern überliefert. Es gab aber mehrere in Galizien (der schlimmste in Lemberg im November, wo 72 Juden ermordet wurden),[19] ab April 1919 auch in den Ostgebieten. In der Regel wurden die Juden der Kollaboration mit den Ukrainern bzw. mit den Bolschewiki verdächtigt. Die Gesamtzahl der Opfer in den zwei Jahren bis Ende 1920 lag unter 300 Personen. Die *New York Times* und viele andere Blätter, Diplomaten und Interessenverbände verfolgten das Geschehen aufmerksam, wenngleich nicht unbedingt aus nächster Nähe; was weiter östlich geschah und worüber keine Korrespondenten berichteten, blieb unbeachtet. So wurde Polen – und mit ihm der als Hassobjekt gewissermaßen optimal profilierte Dmowski – plötzlich als das Land der Judenhetze angesehen. Dass die Zahl der Opfer in der benachbarten Ukraine allein zwischen Dezember 1918 und Dezember 1919 bis zweihundertfach höher war – die Schätzungen gehen von 50 000 bis 60 000 Todesopfern aus –, interessierte kaum jemanden.[20]

Dies war der Kontext der Entstehung des sogenannten Minderheitenschutzvertrages. Weitgehend unabhängig von deutschen Verbänden, die plötzlich Millionen von Landsleuten außerhalb der Reichsgrenzen und des geschrumpften Österreichs zu vertreten hatten, setzten jüdische Vertreter die Idee eines im Kern modernen Minderheitenschutzes durch, der als Teil des Versailler und später in abgewandelter Form der übrigen Pariser Vorortverträge den Staaten östlich und südöstlich von Deutschland mehr oder minder als Diktat vorgelegt wurde. Die ostmitteleuropäischen Juden scheiterten zwar mit ihrem weitergehenden Projekt der Autonomie für die jüdischen Minderheiten (oder gar der Mitgliedschaft ihrer Vertretung im Völkerbund), der Grundgedanke einer internationalen Sicherheitsgarantie schien aber den Alliierten und Assoziierten Mächten vernünftig und notwendig.[21]

Polen war der erste Staat, der unterzeichnen musste, denn das Inkrafttreten des Versailler Vertrags wurde in dessen Fall direkt von der Annahme des Minderheitenschutzvertrages abhängig gemacht. Paderewski protestierte noch im Juni gegen das Projekt: Die Bestimmungen des Entwurfs kämen einer «ständigen Kontrolle der Großmächte über Polen» gleich, sie bedeuteten nicht weniger, als dass «die polnische Nation als eine Nation von geringerem Zivilisationsniveau betrachtet» werde, die ihren Mitbürgern von sich aus nicht dieselben Rechte zugestehen würde. Er warnte vor Entscheidungen bezüglich einer Sonderstellung des Jiddischen in der Schule und vor dem Gericht, da dies auch unter den polnischen Juden umstritten sei, sowie generell vor einer «Privilegierung» derselben. Ebenso grundsätzlich stellte sich der Ministerpräsident gegen eine Einbeziehung der deutschen Minderheit in den Minderheitenvertrag, solange das Reich keine analogen völkerrechtlichen Verpflichtungen eingehen müsse.[22] Die Alliierten milderten einige Bestimmungen des Projekts ab, der Kern blieb jedoch bestehen: Polen musste unterzeichnen.

Im Grunde ging es bei dieser Auseinandersetzung um das Misstrauen des «alten» Europa gegenüber den neuen Nationalstaaten Ostmittel- und Südosteuropas hinsichtlich ihrer Behandlung der jüdischen, deutschen und ungarischen Minderheit. Der Rechtsschutz, den sie diesen in ihrer Gesetzgebung versprachen, wurde nun durch einen multilateralen völkerrechtlichen Vertrag ausgebaut und verstärkt, oft genug präjudiziert. Eventuelle Klagen der Minderheiten sollten vor dem Völkerbundsrat verhandelt werden; nahm der beschuldigte Staat das Urteil des Rates nicht an, kam die Angelegenheit vor den Internationalen Gerichtshof in Den Haag. Allerdings lehnten es die Großmächte klar ab, eine solche Verpflichtung im Hinblick auf ihre eigenen Minderheiten (geschweige denn für die Kolonien) einzugehen, und wollten Deutschland dies auch nicht zumuten.[23]

Der «kleine Versailler Vertrag», so hieß in Polen das Minderheitenschutzabkommen, der gleichzeitig mit dem eigentlichen Friedensvertrag unterzeichnet wurde, sollte in der Ratifizierungsdebatte im Sejm eine beinahe überdimensionale Rolle spielen, garantierte er doch den Minderheiten materiell nur jene Gleichheit vor dem Gesetz , die ihnen im Lichte der vorbereiteten Verfassung ohnehin zustehen würde. Da das Abkommen aber Polen, nicht jedoch Deutschland aufgezwungen wurde, konstruierten die Sozialisten – gewiss die minderheitenfreundlichste Partei der Republik – aus der ungleichen Behandlung Polens einen Beweis für die Hörigkeit der Nationaldemokraten gegenüber dem internationalen Kapital und für die Unfähigkeit des Verhandlungsführers Dmowski.

Die lautstarke Ablehnung des Minderheitenvertrages äußerte sich im

Abstimmungsergebnis nicht. Im Außenpolitischen Ausschuss wurden die Verträge zwar nur mit 28 zu 18 Stimmen angenommen, im Sejm hingegen mit 286 gegen 41. Die flammenden Reden im Parlament unterschieden sich aber seltsamerweise nicht wesentlich von den gleichzeitigen Tiraden über den «Schandfrieden» im Deutschen Reichstag: Gegen den «Gewaltfrieden», den «Triumph des einen Kapitalismus und Imperialismus über einen anderen», gegen die «Entwürdigung» Polens und den «Betrug» zogen die prominentesten Vertreter der PPS und der linken Bauernpartei ins Feld.[24]

Die Ratifizierungsdebatte ging somit am wichtigsten Ergebnis von Versailles völlig vorbei. Die Polen hatten dort eine Westgrenze gefordert, die ursprünglich außerhalb des Horizonts der Großmächte lag: Oberschlesien und große Teile des Oppelner Schlesien, Posen und Westpreußen mit einigen Kreisen Hinterpommerns und Danzig, in Ostpreußen das alte Bistum Ermland und einige andere Kreise, insgesamt über 84 000 km². Im Osten sprach sich Dmowski im Prinzip für die Grenze von 1772 aus, verzichtete aber auf den weiträumigen südöstlichen Teil der Adelsrepublik (das russische Gouvernement Kiew und den östlichen Teil Podoliens) sowie mehrere Kreise entlang der alten Grenze. Während die künftige Westgrenze ethnisch gerechtfertigt wurde (mit angeblichen polnischen Mehrheiten in Oberschlesien und Teilen Ostpreußens), galt entlang der anvisierten Ostgrenze die Geschichte als entscheidendes Argument: Es ging um die Wiedergutmachung des «Teilungsverbrechens» von 1772/1795, die aktuellen ethnisch-politischen Verhältnisse spielten eine untergeordnete Rolle.

Dmowski nahm die Gegenargumente vorweg; es gehe nicht um eine vollständige Rekonstruktion des alten Staates, sondern um ein Territorium von 447 000 km² mit über 33 Millionen Menschen; im Vergleich mit der Adelsrepublik verzichte Polen damit auf 40 Prozent des alten Staatsgebiets (311 000 km²) und 16 Millionen Menschen. Hinzukommen sollten im Westen weitere 35 000 km² und drei Millionen Menschen, die außerhalb der Grenzen von 1772 wohnten.

Der «polnischen Frage» nahm sich in Versailles der sogenannte Cambon-Ausschuss an. Die Briten sprachen sich gegen mehrere polnische Forderungen aus, die Franzosen standen im Prinzip auf Seite der Polen. Nach langwierigen Verhandlungen, in denen die Unterstützung der polnischen Ansprüche nach und nach schmolz, einigte man sich schließlich auf die Übertragung Posens und großer Teile Westpreußens an Polen, auf die Bildung einer Freien Stadt Danzig (die zum polnischen Zollgebiet gehören und einige andere Bindungen mit der Republik eingehen würde) unter Aufsicht des Völkerbundes, schließlich auf die Plebiszite in Teilen von Ostpreußen und in Oberschlesien. Polen erhielt in Versailles etwas mehr als die

Hälfte der ursprünglich geforderten Westgebiete (fast 43 000 km²). Insofern ging Dmowski in seine eigene Falle, als er in der erwähnten Sejmdebatte im Juli 1919 ebenso heftig wie gehässig von der Linken angegriffen wurde: Er hatte die Hoffnungen auf Wunder geweckt und «nur» bedeutende Gewinne eingefahren. Polen wurde im Westen wesentlich mehr zugestanden, als Ende 1918 allgemein für vorstellbar gehalten wurde, und das angekündigte Plebiszit in Oberschlesien ließ einen noch größeren Gewinn erwarten. Deutschland war geschwächt und gedemütigt, Ostpreußen räumlich vom Reich abgetrennt, Danzig aus dem Reichsverband ausgegliedert. Ein deutscher Grenzrevisionismus war absehbar. Daher konnten Deutschland und Polen im neuen Europa nur Feinde sein, die künftige Zugehörigkeit Oberschlesiens würde lediglich das Kräfteverhältnis zwischen diesen beiden Gegnern austarieren.

Nicht allein Piłsudski vertrat die Meinung, dass die Grenzen im Westen wesentlich auf die Entscheidungen der Entente zurückgehen würden, während die Ostgrenze in ungleich stärkerem Maß durch polnische Handlungen bestimmt werden könne. Die Vorstellungen darüber, «wo Polen liegt», waren im Fall der ehemaligen «Weggenommenen Gebiete» noch kontroverser als im Fall der westlichen Landesteile. Die *Kresy* kannten keine wie immer begründbaren natürlichen Grenzen, und über die historischen war die Geschichte des 19. Jahrhunderts hinweggegangen. Die Revolutionen von 1905 und 1917 zeigten wiederum die Fragilität der Machtverhältnisse, wie sie zuletzt bestanden hatten. Welche Ordnung war nun vorstellbar in einem Gebiet ohne andere als lokale Mehrheiten, in dem neben Polen auch Letten, Litauer, Belarussen, «Hiesige» ohne nationale Identität, von Russland und von der Habsburgermonarchie unterschiedlich geprägte Ukrainer sowie Juden lebten? Wie konnte die Konkurrenz der «neuen» oder «kleinen» Nationen mit dem polnischen Anspruch auf einen Großteil der Provinzen in Einklang gebracht werden – jetzt, wo mit dem Wegfall Russlands die Karten neu verteilt wurden?

Als Antwort auf diese Herausforderung hatten sich in Polen zwei Denkschulen etabliert: die sogenannte föderalistische, die vom Sozialisten Leon Wasilewski (um die Jahreswende 1918/19 Außenminister) entwickelt und vor allem mit Piłsudski in Verbindung gebracht wurde, und die sogenannte inkorporationistische, die Dmowski verkörperte. Beide, der Führer der Linken wie jener der Rechten hatten ihre Ideen nie zu einem kohärenten Programm verarbeitet, doch die Symbole und Umschreibungen, die sie verwendeten, waren für die Zeitgenossen durchaus verständlich und aussagefähig. In der knappen Zusammenfassung von Werner Benecke lesen sie sich folgendermaßen:

Die Föderalisten setzten sich zum «Ziel, die weitgehend litauisch, weißrussisch und ukrainisch besiedelten Regionen östlich des ethnisch polnischen Territoriums in Form einer zunächst nicht weiter definierten Föderation teilsouveräner Staatsgebilde an das polnische Kernland anzuschließen, um die Grenze des künftigen Staatenbundes möglichst weit nach Osten zu verschieben. Die inkorporationistische Linie forderte einen polnischen Staat, der weitgehend national homogen zusammengesetzt sein sollte. Was die Ostgebiete der untergegangenen *Rzeczpospolita* betraf, so sollten die mehrheitlich polnisch besiedelten Regionen samt den dort lebenden Minderheiten vollständig in den zu schaffenden Staat eingegliedert werden.»[25] Hinter dem föderalistischen Konzept verbarg sich der Glaube an die Anziehungskraft der polnischen Kultur, verbunden mit einer paternalistischen Betrachtungsweise der östlichen Nachbarn, denen man so viel Eigenständigkeit zugestehen wollte, wie sie für ein ungleiches Staatenbündnis erträglich und für die Bildung der «anderen» Staaten notwendig war. Ebenso wichtig war das Vertrauen in gemeinsame Interessen Polens und seiner östlicher Nachbarn im Hinblick auf Russland.[26] Diese Annahme beruhte auf der Tatsache, dass die Teilnehmer des russischen Bürgerkriegs weder Polen noch anderen Nichtrussen etwas zu bieten hatten. Die Verteidiger des Ancien Régime wollten das Zarenreich wiederherstellen, die Bolschewiki hingegen Sowjetrepubliken schaffen, die den nationalstaatlichen Ansprüchen von Letten, Litauern, Polen oder Ukrainern in keiner Weise gerecht wurden.

Das inkorporationistische Konzept beschäftige sich mit «objektiven» Interessenlagen ausschließlich aus einem polnischen Blickwinkel: Die Kardinalfrage lautete, wie viele Menschen in wie kurzer Zeit vom Staat polonisiert werden konnten; für nationalstaatliche Ambitionen der Anderen war kein Platz. Das föderalistische Programm war also ehrgeiziger, es beruhte auf der Annahme mehrerer Subjekte und steuerte einen Ausgleich an, der im langfristigen Interesse aller infrage kommenden Ostmitteleuropäer lag. Offen blieb, ob die nationalen Eliten der Nachbarn einem solchen Gedankengang mehr abgewinnen konnten als nur die Angst vor polnischer Dominanz.

Die Generalprobe der Föderalisten endete mit einem vollständigen Fiasko. Bereits Anfang Januar 1919 hatten polnische Truppen versucht, das durch den Abzug der deutschen Einheiten aus Wilna entstehende Vakuum zu füllen. Sie mussten jedoch nach wenigen Tagen der Roten Armee weichen. Am 19. April besetzte die polnische Armee abermals Wilna, am 21. kam Piłsudski in die Stadt. Die Polen bildeten in Wilna die Mehrheit der Bevölkerung, an zweiter Stelle standen die Juden; die Litauer waren eine kleine Minderheit. Im Umland dominierten ebenfalls polnische Bauern, gefolgt von Belarussen. Piłsudski ließ einen mehrsprachigen «Aufruf an die Einwohner des ehemaligen Großfürstentums Litauen» verkünden. Ohne einzelne Nationen zu nennen, versprach er allen Bewohnern Schutz durch die polnische Zivilverwaltung und eine Lösung der «inneren, nationalen und konfessionellen Fragen nach Eurem Wunsch, ohne Gewalt oder Druck von polnischer Seite». Das Angebot war ebenso ernst gemeint wie zum Scheitern verurteilt. Nicht nur wurde die Besetzung der historischen Hauptstadt des Großfürstentums von der litauischen («bürgerlichen») Regierung in Kowno international als Aggression gebrandmarkt. Auch die «Einwohner des ehemaligen Großfürstentums Litauen» zeigten an dem Vorschlag kein Interesse: Ein großer Teil der Bevölkerung im Osten mochte weiterhin pränationale Identitäten favorisieren, die Eliten jedoch – und an sie war der Aufruf gerichtet – hatten durchaus konkrete Vorstellungen von ihrer nationalen Zugehörigkeit und damit auch von Staatszugehörigkeit bzw. Grenzverlauf. Die polnische Mehrheit in Stadt und Umgebung wollte, wie die Nationaldemokraten in Warschau, einen baldigen Anschluss, keine Experimente.[27]

Ähnlich scheiterten die Ideen der Föderalisten im Süden. Die Ukrainer hatten zu Lemberg ein ähnliches Verhältnis wie die Litauer zu Wilna. Die seit November 1918 immer wieder aufflammenden Kämpfe in Ostgalizien und in Wolhynien endeten mit dem Sieg der Polen im Mai/Juli 1919, die Reste der ukrainischen Truppen sammelten sich erst an der alten österreichisch-russischen Grenze. Die Alliierten stellten im Juni Ostgalizien unter polnische Verwaltung, verbunden mit der Auflage, eine Volksbefragung durchzuführen, und dem Vorbehalt, erst in Zukunft über das Schicksal des Landes zu entscheiden. Im Juli erkannten sie die polnischen Ansprüche auf das Wilnaer Gebiet an. Beides waren Vorentscheidungen gegen den Föderalismus: Statt gemeinsamer Interessen gegen Russland bildeten die militärischen Erfolge der polnischen Armee gegen Litauer und Ukrainer die Grundlage für die Absteckung der Staatsgrenzen im Osten; durchgesetzt wurden territoriale Mindestforderungen einer Nation, nicht die Idee eines Staatenbundes. Und auch das Abrücken der Alliierten von den Vorentscheidungen des Sommers, als sie Ende des Jahres die Beschlüsse vom Juni suspendierten, änderte wenig.

Die Ukrainische Volksrepublik wurde von den «weißen» russischen Truppen im Herbst 1919 zerschlagen, im Dezember besetzte die Rote Armee Kiew. Petljura zog sich mit den Resten seiner Armee auf polnisches Staatsgebiet zurück. Piłsudski hatte den russischen Bürgerkrieg passiv mitverfolgt, er versprach sich weder vom Sieg der «Weißen» noch von dem der «Roten» Vorteile für Polen und verweigerte die von Ersteren und der

Entente dringend erbetene Hilfe. In den Verhandlungen, die immer wieder von lokalen militärischen Zusammenstößen mit den Bolschewiki begleitet wurden, ging er wiederum jeder Festlegung hinsichtlich der Grenzen aus dem Wege. Piłsudski setzte weiterhin auf das alte sozialistische Konzept der Zusammenarbeit mit den nichtrussischen «unterjochten Völkern» und insbesondere mit dem größten unter ihnen: den Ukrainern. Im April 1920, als sich der Sieg der «Roten» deutlich abzeichnete, wagte er den großen Wurf – gegen die Nationaldemokraten, deren bescheideneres Grenzprogramm auch ohne Krieg durchaus umsetzbar schien. Polen erkannte am 21. April in einem Bündnisvertrag, der drei Tage später durch eine geheime Militärkonvention ergänzt wurde, die Ukrainische Volksrepublik an; Petljura musste auf Ostgalizien und Wolhynien verzichten. Im Gegenzug verpflichtete sich Warschau, die verbündeten Divisionen auszurüsten und die im gemeinsamen Kampf gegen die Rote Armee eroberten ukrainischen Gebiete an die Volksrepublik zurückzugeben. Am Tag darauf begann die polnische Offensive Richtung Kiew.[28]

Piłsudski ging ein großes Risiko ein – was ihm die Nationaldemokraten prompt vorwarfen –, denn auf Unterstützung von Seiten Petljuras war kaum zu hoffen. Die große Mehrheit der Ukrainer konnte für einen neuen Krieg nicht gewonnen werden. Auch ließ der Vormarsch auf die ukrainische Hauptstadt die mehrere hundert Kilometer lange Linie zwischen Kiew und Wilna weitgehend ungesichert; hier sammelten sich seit Wochen größere Einheiten der «Roten» zu einem Angriff auf Polen. Auf der anderen Seite hatte die Republik 1919 sechs Jahrgänge mobilisiert, die Armee zählte etwa 600 000 Mann, Warschau rechnete mit auswärtiger Hilfe, vor allem Frankreichs. Und schließlich ging es bei dem Kampf um die Ukraine im Kern um die letzte Chance des föderativen Konzepts: Gelang der Überraschungsangriff und die Etablierung der Volksrepublik in Kiew, hatte Polen einen zumindest zahlen- und flächenmäßig bedeutenden Verbündeten bzw. Satellitenstaat gewonnen, eine «Schranke zwischen uns und Russland», wie Piłsudski zu Beginn der polnischen Offensive versprach. Seine Hauptsorge war nun, «ob diese Ukraine entstehen wird, ob sie genügend Kräfte und Menschen hat, um sich zu bilden und zu organisieren – denn wir werden doch nicht ewig hier bleiben können».[29] Daran hing nun tatsächlich viel: Moskau hatte bereits die Unabhängigkeit der baltischen Staaten anerkannt, ohne große Teile der Belarus und ohne die Ukraine wäre Sowjetrussland aus Ostmitteleuropa verdrängt worden.

Zu Beginn schien das riskante Kalkül aufzugehen. Die Rote Armee leistete kaum Widerstand. Nach nur zwei Wochen marschierten polnische Truppen am 7. Mai 1920 kampflos in Kiew ein. Sie hatten Blumen in die

Gewehrläufe gesteckt und hofften auf einen freudigen Empfang der Bevölkerung der Stadt. Aber nach den Truppen des Zaren, der verschiedenen ukrainischen Staatlichkeiten, der Deutschen, «Weißen» und «Roten» waren die Polen nur eine im Reigen der vielen Armeen innerhalb von drei Jahren, die die ukrainische Hauptstadt besetzten; die Kiewer rührten sich kaum. Ebenso desinteressiert zeigte sich die Mehrheit der Bewohner der zentralen Ukraine an der Etablierung der Regierung Petljuras, wozu sicherlich das rücksichtslose Vorgehen der polnischen Truppen im besetzten Teil der Ukraine beigetragen hatte. Sie machten sich bei der Bevölkerung alles andere als beliebt, plünderten und schürten die Angst vor den soeben geflüchteten Großgrundbesitzern. Am 12. Mai erließ Piłsudski ein förmliches Verbot der Rückkehr polnischer Junker. Er zeigte sich auch sonst bemüht, die Ukrainer zumindest protokollarisch als gleichwertige Partner zu behandeln. All dies nutzte nichts; nach zahlreichen Streitigkeiten mit der Verwaltung der Ukrainischen Volksrepublik schmolz die ohnehin schmale Vertrauensbasis, die Freiwilligen für die Armee Petljuras blieben aus.[30] In Warschau verkannte man die Lage völlig; Piłsudski wurde nach seiner Rückkehr von der Front als großer Feldherr gefeiert. Nach dem festlichen Umzug durch die Hauptstadt und der Messe fand eine Sondersitzung des Sejm statt. Der Präsident der Kammer, ein altgedienter Nationaldemokrat aus Posen, verglich den Erzfeind und seinen Feldzug mit den größten polnischen Siegen der Vergangenheit.[31]

Die Rote Armee sammelte sich indessen zum Gegenangriff. Der Einmarsch der Polen in die Ukraine wurde als eine neue «Intervention der Entente» gegen das revolutionäre Russland dargestellt. Gleichzeitig nutzte Moskau die alten russischen Ressentiments gegen den westlichen Nachbarn, um den Krieg als Fortsetzung des ewigen Ringens gegen den Westen propagandistisch aufzuladen. Das Motiv der polnischen «Herren» (*pany*), die ihre großen Güter im Osten wiedergewinnen und den ukrainischen Bauern von neuem knechten wollten, verfehlte seine Wirkung nicht. Die Gegenoffensive in Belarus begann schon eine Woche nach Einnahme Kiews, Ende Mai setzte sie auch in der Ukraine an. Am 5. Juni brach die polnische Südfront zusammen, sechs Tage später verließen die Polen die ukrainische Hauptstadt. Der Rückzug wurde fast zur Katastrophe, als der Roten Armee Anfang Juli auch in Belarus der Durchbruch gelang. Minsk und Wilna fielen bald in die Hände der Sowjets, am 1. August eroberten sie Brest. In Galizien und Belarus entstanden lokale Revolutionäre Landeskomitees (*Galrevkom, Belrevkom*), am 30. Juli gründeten führende Mitglieder der Kommunistischen Partei gemeinsam mit Dzierżyński das «Polnische Provisorische Revolutionskomitee» (*Polrevkom*) in Białystok. Das

Versprechen einer polnischen Räterepublik sollte die Arbeiter und Landarbeiter für die Sowjets gewinnen. Die Rote Armee kämpfte in diesem Augenblick aber nicht mehr um Warschau, dessen Schicksal besiegelt schien. Die Aufrufe sprachen von der Entfesselung eines «Weltbrandes» über dem «Leichnam Polens», der die «allgemeine Revolution» in den Westen, zunächst einmal nach Deutschland tragen sollte. Das historische Pech der Bolschewiki bestand darin, dass sie sich dem potentiellen Brennpunkt einer europäischen Revolution von der falschen Seite näherten: Westlich von Warschau und Lodz lag weit und breit kein Industriezentrum, sondern nur landwirtschaftlich geprägte Provinz ohne nennenswerte kommunistische Strukturen.

Als entscheidend stellten sich jedoch die strategischen Fehler und psychologischen Fehleinschätzungen heraus, welche die Sowjets in diesen Wochen begingen und die denen von Piłsudski drei Monate zuvor sehr ähnlich waren. Im Norden stießen ihre Truppen bis Mitte August auf die Höhe des südwestlichen Ostpreußens vor, einige überquerten sogar die Weichsel. Im zentralen Abschnitt ihrer Westfront standen sie vor Warschau. Südlich davon begann das Niemandsland. Kleinere Einheiten überquerten den Bug im Südosten (mehr als 200 Kilometer von Warschau), die Südwestfront näherte sich erst dem 400 Kilometer von Warschau entfernten Lemberg. Ebenso wie die Polen hatten sich auch die Bolschewiki hinsichtlich der Stimmung im künftigen Operationsgebiet völlig verschätzt. Es gab zahlreiche Spannungen innerhalb der polnischen Gesellschaft – das ehemalige preußische Teilungsgebiet fühlte sich von Piłsudski betrogen, ein Teil der Landarbeiter nutzte die Lage, um mit Gutsbesitzern abzurechnen – sowie zwischen Polen und den Minderheiten: Ukrainer und Deutsche freuten sich über die Niederlagen der polnischen Armee, Juden wurden massenhaft der Kollaboration mit den Roten verdächtigt. Die revolutionären Losungen zeigten jedoch insgesamt keine Wirkung, weder bei Bauern noch bei Arbeitern; die Rote Armee befand sich auf ethnisch polnischem Territorium in Feindesland. Lenin klagte später, er habe die Warnung seines Genossen und Polenkenners Karl Radek missachtet: Die polnischen Kleinbürger und Bauern «erblickten in den Rotarmisten Feinde, nicht Brüder und Befreier. Sie fühlten, dachten und handelten keineswegs sozial, revolutionär, sondern national, imperialistisch. Die Revolution in Polen, mit der wir gerechnet hatten, blieb aus. Die Bauern und Arbeiter, von den Piłsudski- und Daszyński-Leuten beschwindelt, verteidigten ihre Klassenfeinde, sie ließen unsere tapferen Rotarmisten verhungern, lockten sie in Hinterhalte und schlugen sie tot.»[32]

Auf dem übriggebliebenen Gebiet der Republik mobilisierte der am

1. Juli entstandene überparteiliche Rat der Staatsverteidigung alle Reserven, zum Dienst in der «Freiwilligenarmee» meldeten sich über 100 000 Personen. Am 15. Juli wurde das Gesetz über die Durchführung der Bodenreform verabschiedet, am 24. Juli entstand eine Mitte-Links-Regierung unter dem Ministerpräsidenten Witos mit Daszyński als Stellvertreter; der Bauernpolitiker und der Sozialist an der Spitze der Regierung verkörperten die Idee des gesamtnationalen, von allen Schichten getragenen Abwehrkampfes gegen den Bolschewismus. Die Armee erreichte jetzt einen Stand von knapp einer Million (wobei an der Front nicht mehr als 20 Prozent kämpften), in Warschau strömten Jugendliche und Studenten in die Freiwilligeneinheiten. Aus dem Westen kamen nur wenige Materiallieferungen an, da die Hafenarbeiter in Großbritannien und Danzig sich weigerten, die Schiffsladungen zu löschen, während die Tschechoslowakei und Deutschland den Transit von Militärgütern verboten. Trotz heftigster Kritik der Nationaldemokraten behauptete Piłsudski seine Position als Oberbefehlshaber, indem er dem Rat der Staatsverteidigung sein Amt zur Verfügung stellte – und sofort nach dieser Erklärung den Raum verließ; die Politiker einigten sich umgehend auf ein einstimmiges Vertrauensvotum.[33] Er erkannte die prekäre Lage der durch die großen Erfolge übermäßig ausgedehnten Front der Roten Armee und bereitete die Gegenoffensive vor; die Radioaufklärung, die die sowjetischen Funkchiffren seit langem kannte, lieferte die Daten.[34]

Der Gegenangriff begann am 16. August – das Schicksal Warschaus schien in den Tagen davor auf Messers Schneide zu stehen – und war ähnlich erfolgreich wie die Sowjetoffensive im Mai. Der Angriff aus dem Niemandsland südöstlich von Warschau führte bereits am nächsten Tag zum Rückzug der Roten Armee aus den Stellungen vor der Hauptstadt. Im Norden, zwischen Weichsel und Ostpreußen, wurden die Sowjets schon am 14. August von einem lokalen Gegenangriff überrascht, nahezu sofort von den Haupttruppen abgeschnitten und zum Übertritt auf deutsches Territorium gezwungen. «Was für ein feines Manöver», freute sich ein junger Major aus der französischen Militärmission drei Tage später. «Unseren Polen sind Flügel gewachsen. Die Soldaten, noch vor einer Woche physisch und moralisch erschöpft, machen jetzt 40 Kilometer am Tag. Ja, ein Sieg! Voller, triumphaler Sieg!»[35]

Bereits am 19. August standen die polnischen Truppen wieder in Brest.

Während der anschließenden Offensive gelang den Polen im September ein weiterer Sieg in der sogenannten Memelschlacht, ganz Ostgalizien wurde zurückgewonnen, in Belarus und Wolhynien stabilisierte sich die Front in etwa auf der deutsch-russischen Kampflinie von 1916, die wiederum stellenweise der polnisch-sowjetischen Grenzlinie vom Frühjahr 1920 glich.[36] Beide Seiten hatten somit ihre Ziele verfehlt, beide wollten den Frieden. Am 12. Oktober wurde der polnisch-sowjetische Waffenstillstand unterzeichnet.

Der Krieg von 1920 wurde zum Gründungsmythos der Republik. Er zeitigte zahlreiche Folgen, die teils bewusst zum Aufbau dieses Mythos verwendet wurden, teils in andere Zusammenhänge gehören.

Die wichtigste war, dass der erst knapp zwei Jahre alte Staat den Augenblick größter Bedrohung überlebt hat. Mit der Zeit vergaß man immer öfter, wie heftig die Nationaldemokraten das «Kiewer Abenteuer» kritisiert, wie sie Piłsudski Landesverrat unterstellt und behauptet hatten, er hätte die Republik seinen alten russischen Genossen ausliefern wollen. Stattdessen gewannen die Freiwilligen als Verkörperung der nationalen Einheit im Kampf gegen den alten und neuen Feind immer mehr an Gewicht, die Jahrestagsfeiern der auf den 15. August datierten Wende gerieten zu einem inoffiziellen Nationalfeiertag. Als charakteristisches Beispiel für diese Entwicklung mag der Begriff des «Wunders an der Weichsel» dienen. Er wurde von den Nationaldemokraten noch im August 1920 kreiert, um den entscheidenden Anteil Piłsudskis an dem Sieg vor Warschau zu schmälern und göttlicher Gewalt zuzuweisen. In anderen Varianten des «Wunder»-Motivs wurde der Plan der Gegenoffensive dem der Nationaldemokratie nahestehenden Generalstabschef Tadeusz Rozwadowski oder seinem französischen Berater Maxime Weygand zugeschrieben.[37] Im Verlauf der Jahre verlor der Begriff des «Wunders» seine spaltende Kraft. Auch die Piłsudski-Anhänger gebrauchten ihn, um das Wundersame an dem August 1920 zu betonen, die Rettung vor den «roten Horden», vor Bolschewismus, Russen- und Judenherrschaft.

Der Stolz auf die eigene Leistung, die nicht nur Polen, sondern auch Europa gerettet habe, korrespondierte bestens mit der traditionellen Überzeugung von der europapolitischen Sendung Polens als Bollwerk gegen «den Osten», nun auch gegen den Kommunismus. Diese Vorstellung überdeckte indessen die realpolitischen Folgen des Krieges. Die Republik war gescheitert mit ihrem Versuch, «Zwischeneuropa» als antirussisches Staatensystem zu organisieren. Der entscheidende Streitwert – der Großteil der Ukraine – ging an die Sowjetrepublik. In den Friedensverhandlungen mit den Sowjets 1920/21 zeigten sich diese abermals bereit, größere Teile der Belarus mit Minsk abzutreten. Unter den Polen hatten die Inkorporationisten unterdessen klar die Oberhand gewonnen; sie beließen Minsk auf sowjetischer Seite. Ebenso geteilt, nur in zwei sehr ungleiche Teile, wurde die Ukraine: Ostgalizien und Wolhynien blieben bei Polen, die weitaus größeren Gebiete der Zentral- und Ostukraine wurden zur Sowjetrepublik zusammengefasst. Polen hatte sich durch die Teilung der Belarus und der Ukraine große Minderheiten ins Land geholt, deren politische Eliten die Zerrissenheit ihrer Länder nicht akzeptieren wollten. Gerade die polnischen Politiker kannten diese Konstellation aus ureigener Erfahrung. Sie ahnten, dass dies strukturelle Konflikte mit den Minderheiten entlang der Grenzen heraufbeschwören würde – dieser Gedankengang spielte aber angesichts der nun klaren Dominanz der inkorporationistischen Idee in der polnischen Öffentlichkeit nur eine geringe Rolle, ebenso die Frage, wie man die extrem lange Grenze im Osten bzw. deren verwüstetes Hinterland dauerhaft stabilisieren und an den neuen Staat binden könnte.

Litauen ließ sich am Verhandlungstisch nicht teilen. Die Sowjets hatten Wilna, die historische Hauptstadt des Landes auf dem Rückzug an die Regierung in Kowno übergeben. Der General Lucjan Żeligowski inszenierte auf Aufforderung Piłsudskis kurzerhand eine «Meuterei» seiner «litauisch-belarussischen» Division, die Anfang Oktober 1920 Wilna besetzte und auf diesem Gebiet das sogenannte Mittellitauen mit etwa 13 000 km² und einer halben Million Einwohnern proklamierte. Polen verstieß damit gegen seine internationalen Verpflichtungen, der Völkerbund war aber machtlos.[38] Die Vermittlungsversuche scheiterten ein weiteres Mal. Wilna blieb bei Polen, Litauen erkannte den Verlust seiner historischen Hauptstadt nicht an und nahm nicht einmal diplomatische Beziehungen mit Warschau auf. Aus der Idee einer Wiederauflage der Union zwischen Polen und dem ehemaligen Großfürstentum wurde eine Feindschaft, die fast 20 Jahre lang zu den Konstanten der ostmitteleuropäischen Politik zählen sollte. Die Feindseligkeit wurde durch die Existenz gemeinsamer Gegner nicht vermindert: Litauen befand sich im Konflikt mit Deutschland wegen des Memelgebiets und stand der Sowjetunion ähnlich misstrauisch gegenüber wie Polen.[39]

Die Grenzziehung im Osten, für die am 18. März 1921 im polnisch-sowjetischen Vertrag von Riga der Grundstein gelegt wurde, hatte zwei weitere Nebenwirkungen. Beide hingen mit der Hilflosigkeit des Obersten Rates der Alliierten angesichts der unübersichtlichen und vom Westen aus kaum steuerbaren Lage in Ostmitteleuropa zusammen. Im Dezember 1919 hatte der Rat beschlossen, dass die polnische Verwaltung im Prinzip an der Ostgrenze des ehemaligen Kongresspolens enden solle. Diese Auflage, um die sich Warschau nicht sonderlich kümmerte, bezog die Möglichkeit späterer Korrekturen zu Gunsten Polens noch ein. Im Juli 1920, im Augenblick der größten polnischen Niederlagen, versuchte die Entente erneut zu vermitteln. Bei der Konferenz in Spa griff sie auf ihren Vorschlag vom Dezember zurück und verschärfte diesen durch Bestimmungen, die die künftige Bewegungsfreiheit der polnischen Diplomatie in Grenzfragen auf null reduzierte. Diesmal ging es im Fall der Ostgrenze Kongresspolens nicht um eine Demarkationslinie, sondern ausdrücklich um die künftige polnisch-sowjetische Grenze. Darüber hinaus kabelte der britische Foreign Secretary Lord George Curzon den Waffenstillstandsvorschlag nach Moskau in einer in Spa nicht abgesprochenen Fassung. Die bald so genannte «Curzon-Linie» bezog nun Galizien mit ein und beließ fast das gesamte Ostgalizien mit Lemberg auf der östlichen Seite.

Curzon hatte Anfang des Jahrhunderts als Vizekönig von Indien amtiert und dort 1905 die Teilung Bengalens zwischen Hindus und Moslems durchgeführt. Diese Grenze verlief, wie die 1920 vorgeschlagene, auffallend gerade, als ob sie mit einem Lineal gezeichnet worden wäre.[40] Als die Briten ein Jahr später Irland teilen mussten, fielen ihnen derart simple Lösungen offenbar nicht ein.

In Spa verpflichtete sich Ministerpräsident Władysław Grabski auch noch zur Abtretung Wilnas an Litauen und zur Anerkennung eines künftigen Schiedsspruchs des Völkerbundes «bezüglich der litauischen Grenzen». Die polnischen Unterhändler nahmen das Diktat widerstrebend an. Sie waren gezwungen, sich zunächst einmal den Vermittlern zu fügen und im Gegenzug auf materielle Hilfe aus dem Westen zu hoffen. Andererseits würde die Rücknahme der Ostgrenze auf den Bug, etwa 200 Kilometer östlich von Warschau, die Republik flächenmäßig auf das Format eines Kleinstaates reduzieren – ein Alptraum nicht nur für Politiker jeglicher Couleur. Daher wurde die Vereinbarung von Spa nach der erfolgreichen Abwehrschlacht vom August stillschweigend ad acta gelegt.

Folgenlos war sie aber keineswegs. Die im Dezember 1919 vorgeschlagene Demarkationslinie und in Spa notgedrungen akzeptierte Grenze sollte von nun an als Curzon-Linie[41] Bestandteil der europäischen Politik sein und 1941–1945 den Sowjets als Beweismittel dienen, dass sowohl die westlichen Alliierten als auch Polen selbst schon einmal bereit gewesen waren, die polnischen Gebietsansprüche im Osten zu Gunsten Moskaus aufzugeben. Allerdings war es im Sommer 1920 die Sowjetregierung, welche die alliierte Vermittlung ablehnte und stattdessen Polen Waffenstillstandsbedingungen diktieren wollte, die stark an die Behandlung Deutschlands in Versailles erinnerten und teilweise sogar darüber hinausgingen.[42] Dies wurde im Zweiten Weltkrieg geflissentlich übergangen. Aus Warschauer Sicht bestätigte diese Episode ohnehin nur die imperialen Pläne der «Roten», die sich in ihren Lösungsansätzen der «polnischen Frage» nicht wesentlich von denen der «Weißen» unterschieden.

Die Konferenz in Spa hatte auch eine andere konkrete Folge, die durch das «Wunder an der Weichsel» nicht rückgängig gemacht wurde. Grabski ging die Verpflichtung ein, den Schiedsspruch des Botschafterrats der Alliierten bezüglich der Grenze zwischen Polen und der Tschechoslowakei anzuerkennen. Prag setzte sich in den nächsten Wochen voll durch, sowohl mit seinen Ansprüchen bezüglich Zips und des Komitats Arwa als auch hinsichtlich des geforderten Großteils des Teschener Schlesien.[43] Die Entscheidung wurde in Polen zu Recht als Diktat empfunden. Dass die Tschechoslowakei von der extremen Notsituation des nördlichen Nachbarn profitierte, verhinderte von nun an eine Zusammenarbeit mit Prag, das seinerseits Warschau bis Mitte der 1930er Jahre mehr als reserviert gegenüberstand. Wichtig war die Entscheidung vom Juli 1920 auch insofern, als sie jenen Teil der polnisch-tschechischen Grenze festlegte, der bis heute im Wesentlichen unverändert geblieben ist.[44]

Im Schatten des polnisch-sowjetischen Krieges kam es auch zu einer anderen Vorentscheidung bezüglich der Grenzen. Am 11. Juli fand das Plebiszit in den Regierungsbezirken Marienwerder (östlicher Teil von Westpreußen) und Allenstein (südliches Ostpreußen) statt. In der polnischen Publizistik und Historiographie gehört zu den Standardargumenten, dass die Ergebnisse durch die scheinbare Unausweichlichkeit des Untergangs der Republik zumindest nachhaltig beeinflusst worden seien. Dies wird man nie belegen können. Nachweisbar ist hingegen eine hohe Mobilisierung und ein enormer Druck auf deutscher Seite im Vorfeld des Plebiszits, dem Polen gerade in diesen Wochen nichts entgegenzusetzen hatte. Bei einem Abstimmungsergebnis von 460 000 gegen 16 000 Stimmen für den Verbleib bei Ostpreußen (in den masurischen, d. h. protestantischen Kreisen mit ihren 280 000 Stimmen erreichte diese Option zwischen 98 Prozent und fast 100 Prozent Zustimmung) kann man sich freilich kaum vorstellen, dass unter für Polen wesentlich günstigeren Umständen ein gänzlich anderes Ergebnis zustande gekommen wäre. Nur acht Dörfer wurden an Polen angeschlossen,[45] die polnischsprechenden Masuren und Ermländer blieben in ihrer großen Mehrheit bis 1945 Reichsbürger.

Weit weniger eindeutig lagen die Verhältnisse in Oberschlesien. Der nationale Konflikt war hier Produkt des Kulturkampfes. Die Unterschichten im Industrierevier, insgesamt die große Mehrheit der Einwohner, sprachen einen regionalen, vor allem durch den Kontakt zum Deutschen gefärbten polnischen Dialekt, ähnlich ein Teil der Bauernschaft im östlichen (Oppelner), «mittel-»schlesischen Teil. Die mittlere und die besitzende Schicht waren durchgehend deutsch. Deutschsprechende Bauern und Arbeiter bezeichneten sich aber oft als Schlesier bzw. Oberschlesier, ähnlich wie ihre polnischen Nachbarn dies in der polnischen Fassung taten (Schlonsaken, *ślązacy*). Die Schlesier stellten sich in den 1870er Jahren geschlossen hinter die katholische Kirche, die ihrerseits beide sprachlichen Gruppen betreute und eine Spaltung entlang nationaler Identifikationslinien zu vermeiden versuchte.[46] Politisch bildeten die Schlesier eine treue Anhängerschaft des Zentrums. Die Partei der deutschen Katholiken erlaubte seit den 1890er Jahren die Aufstellung polnischsprachiger Kandidaten für den Reichstag, bekämpfte jedoch gleichzeitig entschieden Versuche der Posener «National»-Polen, in Oberschlesien Fuß zu fassen. Der Wendepunkt kam mit der Karriere des oberschlesischen Bergarbeitersohnes Wojciech Korfanty, der 1901 den Bruch mit dem Zentrum als einer letztlich deutschen Partei forderte und den Glaubenssatz predigte: «Nur ein Pole kann den Polen verteidigen.» Er wurde 1903 überraschend statt eines polnischen Zentrumskandidaten in den Reichstag gewählt und blieb bis 1918 Abgeordneter in Berlin. 1919 war Korfanty der Führer der polnischen Schlesier und als solcher mitbeteiligt an der Formulierung des in Versailles vorgestellten Gebietsprogramms, das Ober- und Mittelschlesien aufgrund ethnographischer Kriterien als künftigen Bestandteil Polens auswies. Die nationale Polarisierung der Oberschlesier hatte inzwischen einige Fortschritte gemacht.[47]

Es gab nach Ende des Ersten Weltkriegs auf beiden Seiten Organisationen, die sich auf einen militärischen Konflikt vorbereiteten. Im August 1919 kam es zu einer Reihe von Kämpfen zwischen der konspirativen POW, deutschem Grenzschutz und Polizei. Auch während des sogenannten zweiten schlesischen Aufstands im August 1920 blieb Warschau passiv, die Wiederherstellung der Ordnung übernahmen alliierte Truppen, die auch das in Versailles vorgesehene Plebiszit überwachen sollten. Der Urnengang wurde auf den 20. März 1921 angesetzt. Nun schaltete sich Warschau aktiv in die Vorgänge ein. Nachdem schon während des Krieges gegen die Sowjetunion ein Gesetz über die künftige Autonomie des polnischen Schlesien beschlossen worden war, verabschiedete der Sejm am 17. März die neue Verfassung. Die polnische Delegation verhandelte mit den Sowjets so zügig, dass der Friedensvertrag von Riga gerade noch vor dem Datum des Plebiszits (am 18. März) unterzeichnet werden konnte. Die Schlesier sollten – im Unterschied zu den Ostpreußen im Vorjahr – den Eindruck bekommen, für den Beitritt in einen wohlgeordneten Staat mit sicheren Grenzen zu stimmen. Zwischenzeitlich wurden polnische Geheimorganisationen in Oberschlesien mit Offizieren, Geld und Waffen unterstützt.

Die Abstimmung brachte einen deutlichen Sieg Deutschlands, das fast 60 Prozent der Stimmen erhielt; etwa ein Viertel davon stammte von Deutschen, die im Plebiszitgebiet geboren waren, im Augenblick der Wahl aber außerhalb Schlesiens wohnten. Ihre Stimmberechtigung verdankten sie Dmowski, der die entsprechende Klausel in den Versailler Vertragstext einfügen ließ, weil er auf die Stimmen der polnischen Arbeitsemigranten in Deutschland hoffte. Polen war aber im März 1921 nicht imstande, eine solch aufwändige Aktion im Reichsgebiet durchzuführen, und so entwickelte sich einmal mehr eine scheinbar weitsichtige Idee Dmowskis zu einem Querschläger. Die Alliierten, bei denen die Interpretation des Ergebnisses und die endgültige Entscheidung über Oberschlesien lag, waren sich nicht einig. Am wahrscheinlichsten schien eine Teilung, die einige kleinere Gebiete mit klarer polnischer Mehrheit Polen zuschlug und den Rest bei Deutschland beließ. In der Nacht vom 2. zum 3. Mai 1921 begann aber der dritte schlesische Aufstand, der diesmal in erheblichem Maß von Warschau unterstützt wurde. Nach anfänglichen Erfolgen der Aufständischen gingen deutsche Freikorps zur Gegenoffensive über, die Alliierten vermittelten wochenlang erfolglos und erst Ende Juni beendete der Waffenstillstand den oberschlesischen Bürgerkrieg, der die Bevölkerung der Region in zwei nationale Lager gespalten hatte. Besonders der blutige Kampf um den sogenannten Annaberg im Mai sollte in beiden Überlieferungen noch jahrzehntelang eine ebenso prominente wie antagonisierende Rolle spielen.

Ein Ausschuss des Völkerbundes rang sich unter erheblichem französischem Einfluss im Oktober zu einer Teilung Oberschlesiens durch, die in losem Zusammenhang mit dem Abstimmungsergebnis stand und vor allem dem Wunsch nach ökonomischer Aufwertung Polens Rechnung trug. Der Republik wurden zwar nur knapp 30 Prozent des Abstimmungsgebiets zugesprochen, dafür 46 Prozent der Bevölkerung, drei Viertel der Steinkohlengruben, die Mehrheit der Zinkerzgruben, Stahlwerke und Hochöfen. Auf beiden Seiten blieben sechsstellige nationale Minderheiten erhalten (ca. 260 000 Deutsche in Polen und etwa 530 000 Polen in Deutschland). Der Völkerbundsrat zwang Warschau und Berlin im Mai 1922 darüber hinaus zum Abschluss der Genfer (Oberschlesischen) Konvention, in der eine Reihe von Schutzmaßnahmen für beide nationalen Minderheiten sowie die wirtschaftliche Verflechtung des polnischen Oberschlesiens mit dem bisherigen deutschen Absatzmarkt festgehalten wurden. Während Polen mit diesem Ergebnis durchaus zufrieden sein konnte, hielt man in Deutschland die rechtlich korrekte oberschlesische Lösung[48] für einen weiteren Schandfleck, auf dessen Tilgung jede deutsche Politik verpflichtet sein müsse. Die integrative Rolle des «verlorenen deutschen Ostens» in Gestalt der neuen polnischen Westprovinzen[49] für das Fortleben und Aufblühen des deutschen Nationalismus im kommenden Jahrzehnt ist wohl kaum zu überschätzen. Auf die deutsch-polnischen Beziehungen und damit auf die grundsätzliche außenpolitische Ausrichtung Polens warf die 1919–1921 entstandene Grenze einen entsprechend langen Schatten.

Die letzten Kontroversen um die Grenzen der Republik wurden ebenfalls 1922 ausgetragen – bezeichnenderweise nur noch unter Polen. Im Wilnaer Gebiet boykottierten vor allem die Litauer die Landtagswahlen für den sogenannten Bestimmenden Sejm, die – bei einer Wahlbeteiligung von fast zwei Dritteln – eine absolute Mehrheit für Polen brachten. Der Antrag der polnischen Fraktionen auf Einverleibung wurde im März 1922 vom Warschauer Sejm angenommen, die Idee einer Autonomie des außenpolitisch heiklen Gebiets (das ja infolge einer «Meuterei» polnischer Truppen an die Republik gekommen war) zerschellte am Widerstand der Wilnaer Polen. Sogar die örtlichen Sozialisten wollten eine solche Sonderstellung nicht unterstützen. Ähnlich scheiterte die Idee einer Autonomie Ostgaliziens, die die Alliierten seinerzeit für eine Übertragung dieses Gebiets an Polen vorausgesetzt hatten. Zwar beschloss der Sejm im September 1922 ein Gesetz über die Selbstverwaltung der Wojewodschaften, das den drei südöstlichen Regierungsbezirken landtagsähnliche Vertretungen sicherte, die aus je einer «ruthenischen» und polnischen Kammer bestehen sollten. Überdies sah das Gesetz die Entstehung einer – schon vor 1918 mehrmals verhandelten und den Ukrainern in Aussicht gestellten – ukrainischen Universität in Lemberg vor. Unter anderem auf dieser normativen Grundlage erkannte im März 1923 der alliierte Botschafterrat die Ostgrenze der Republik mit dem Wilnaer Gebiet und Ostgalizien an. Das Gesetz über die Selbstverwaltung der Wojewodschaften wurde jedoch nie mit Ausführungsbestimmungen versehen und trat somit nicht in Kraft. Mit der Ausnahme Oberschlesiens blieb die Republik ein zentralistisch verfasster Staat, die Autonomie scheiterte sowohl an Widerständen der Rechten in Warschau als auch der gesamten regionalen polnischen Eliten in den Grenzgebieten.

Das wieder entstandene Polen erinnerte nicht nur wegen seines Zentralismus viel mehr an die inkorporationistische als an die föderale Vision. Mit knapp 389 000 km^2 und 27 Millionen Einwohnern stellte es den nach der Sowjetunion und Deutschland mit Abstand größten und bevölkerungsreichsten Staat in diesem Teil des Alten Kontinents dar. Der südöstliche Nachbar Rumänien zählte 16 Millionen Menschen, die Tschechoslowakei knapp 14, die drei Nachbarn im Norden – Freie Stadt Danzig, Litauen und Lettland – zusammen über vier Millionen. Die bloße Existenz Polens verursachte ein neues Kräfteverhältnis in Ostmitteleuropa – und damit wollte man sich weder in Moskau, das gerade aus dieser Region verdrängt worden war, noch in Berlin, wo man noch immer Russland, bestenfalls «Russisch-Polen» als Nachbarn im Kopf hatte, abfinden.

Das Problem der Republik bestand darin, dass sie in ihrer unmittelbaren Umgebung so gut wie keine Partner fand. Die beiden großen Nachbarn, zugleich die ehemaligen Teilungsmächte, waren nach Krieg und Grenzkämpfen Feinde und ließen in der Folgezeit keinen Zweifel daran, dass sie tatsächlich den Nachbarn zwischen sich als ein beklagenswertes Hindernis betrachteten. Eine wichtige Folge der frühen Nachkriegszeit war ebenfalls die kalte Feindschaft mit der Tschechoslowakei und das völlig ungeregelte Verhältnis zu Litauen. Im ersten Fall waren die Polen eine «revisionistische» Macht, im zweiten die Litauer. Das Verhältnis zur Freien Stadt Danzig gestaltete sich gleichfalls alles andere als entspannt. Dies bedeutete, dass Polen unter seinen sieben Nachbarn lediglich mit Lettland gute Beziehungen unterhielt und nur mit Rumänien verbündet war. Von den 5500 Grenzkilometern entfielen aber auf den rumänischen Abschnitt gerade 350, auf den lettischen wenig mehr als 100 Kilometer; zieht man die 140 Kilometer Meeresgrenze ab, war Polen auf fast 5000 Kilometern von Gegnern umgeben. Daher musste die Republik stets auf einen oder – je nach Konjunktur – auf gleichzeitig mehrere militärische Konflikte vorbereitet sein. In den 1920er und 1930er Jahren sollte sich dies in einem heute unvorstellbar hohen Militärbudget niederschlagen: Das Ministerium für Militärische Angelegenheiten verwaltete jährlich etwa ein Drittel des Staatshaushalts. In der zweiten Hälfte der 1930er Jahre kamen zu diesen Beträgen gewaltige staatliche Investitionen in die Rüstungsindustrie hinzu, so dass die Militärausgaben im weiteren Sinne etwa die Hälfte des Haushalts ausmachten.[50] Die Kritik an dieser Struktur der staatlichen Ausgaben wurde aber nie zu einer primären innenpolitischen Frage: Selbst die Opposition in der Zeit der Diktatur sah die Notwendigkeit von hohen Verteidigungsausgaben. Alternativen waren nicht erkennbar.

4. Die parlamentarische Demokratie (1921–1926)

Verfassung und Wahlen

Der Sejm beschloss die Verfassung nach monatelangen Verhandlungen im März 1921. Es gab zwei grundsätzlich unterschiedliche Vorstellungen vom Grundgesetz. Die Linke forderte «volksrepublikanische» Entscheidungsmechanismen: ein Einkammerparlament, die Direktwahl des Staatspräsidenten und die Berücksichtigung von Volksbefragungen. Die Rechte und das Zentrum setzten das Zweikammerparlament durch; das Übergewicht des Sejm (444 Abgeordnete) gegenüber dem Senat (111 Mitglieder)[1] äußerte sich u.a. darin, dass die Regierung ausschließlich der ersten Kammer verantwortlich war. Der Senat konnte den Gang der Gesetzgebung über ein suspendierendes Veto nur beeinflussen, nicht aber selbst Gesetzesentwürfe vorlegen. Der Staatspräsident wurde für sieben Jahre von der Nationalversammlung (Sejm und Senat) gewählt, seine Befugnisse waren vor allem dadurch eingeschränkt, dass jeder seiner Akte der Gegenzeichnung durch den zuständigen Minister bedurfte. Die Nationaldemokraten fürchteten, dass dieses Amt Piłsudski zufallen würde, und bemühten sich erfolgreich darum, die Kompetenzen des Staatsoberhaupts auf repräsentative Funktionen zu reduzieren.

Die meisten Anleihen machte die «Märzverfassung» bei der Konstitution der Dritten Französischen Republik von 1875. Sie setzte einen breiten Katalog bürgerlicher Freiheiten fest, sprach den Minderheiten Gleichberechtigung, darüber hinaus das Recht auf eigene Organisationen sowie die Pflege von Sprache und Religion zu. Das Privateigentum bezeichnete sie als unantastbar, ausgenommen Fälle «höherer Nützlichkeit»; war diese Voraussetzung gegeben, durfte die Enteignung gegen Entschädigung erfolgen.

Die letzten Monate des Gesetzgebenden Sejm überschattete ein ständiger Kompetenzkampf zwischen dem Staatsoberhaupt und der Nationaldemokratie. Piłsudski hintertrieb wochenlang die Entstehung einer rechten Regierung, indem er sich weigerte, die Kabinettsbildung Politikern anzuvertrauen, die voraussichtlich die Abstimmung im Sejm gewinnen würden. Bis Herbst 1922 blieb der Machtkampf, der die Grundsätze der Verfassungsordnung betraf und zugleich den Links-Rechts-Gegensatz verschärfte, unentschieden. Er hatte inzwischen Formen angenommen, welche das Prinzip der parlamentarischen Gewaltenteilung infrage stellten: Neben unzähligen Untersuchungsausschüssen und Unterausschüssen, die sich mit einzelnen Entscheidungen der Exekutive beschäftigten, sowie zahlreichen Misstrauensanträgen gegenüber einzelnen Mitgliedern des Ministerrats machten die Abgeordneten in den knapp vier Jahren des Gesetzgebenden Sejm 6869-Mal von ihrem Recht Gebrauch, Anfragen an die Regierung zu richten; das Schimpfwort «Sejmokratie» war bereits 1921 bekannt.[2]

Die Wahlen am 5. November 1922[3] führten trotz einer intensiven, stellenweise brutalen Kampagne aller Parteien zu keiner eindeutigen Entscheidung. Die Beteiligung war mit 68 Prozent relativ hoch, in den westlichen Wojewodschaften überschritt sie drei Viertel der Wahlberechtigten. Deutlich niedriger lag sie nur in Ostgalizien, wo die örtlichen ukrainischen Parteien zum Boykott aufgerufen hatten, weil sie dem Staat das Recht absprachen, in einem Gebiet wählen zu lassen, dessen Zugehörigkeit zu Polen völkerrechtlich noch unklar war. Dies verringerte die Stimmenzahl, die der «Block der Nationalen Minderheiten» erhielt. Zusammen mit den anderen Kandidaten der Minderheiten, die außerhalb der Blockliste kandidiert hatten, kam er aber trotzdem auf 20 Prozent der Abgeordnetenmandate und wurde zum eigentlichen Gewinner der Wahlen. Der Block der Minderheiten reichte von den Deutschen über die Juden bis zu Belarussen und Ukrainern, von Gutsbesitzern bis Landarbeitern, von nationalkonservativen Gruppierungen bis hin zu sozialistischen. Den größten Erfolg erreichte der Zusammenschluss in Wolhynien mit 80 Prozent der Stimmen. Im Sejm zerfiel der Block in nationale Fraktionen, stimmte aber in manchen Angelegenheiten einheitlich.

Unter den Parteien der Staatsnation gab es keinen Sieger: Die Rechte erhielt 29 Prozent der Stimmen, die Parteien des Zentrums und die Linke etwa je ein Viertel. Im Senat lagen die Verhältnisse nicht wesentlich anders, nur dass die Rechte hier stärker und die Linke schwächer war.

Die größte Fraktion («Klub») stellten die Nationaldemokraten mit knapp 100 Abgeordneten, gefolgt von der gemäßigten Bauernpartei von Witos mit 70 Mitgliedern; insgesamt konstituierten sich 17 parlamentarische Fraktionen. Diese Vielzahl, gekoppelt mit einem weitgehenden Mangel an Fraktionsdisziplin und der Unerfahrenheit der meisten, zum ersten Mal gewählten Abgeordneten, machte theoretisch unzählige Kombinationen einer Regierungsbildung möglich. Die Gesetzesentwürfe der Regierung durch den Sejm zu bringen – Wochen oder Monate nach der Entstehung des Kabinetts, nachdem ein Teil der parlamentarischen Basis aus diesem oder jenem Grund weggebrochen war –, stellte sich oft als eine wesentlich schwierigere Aufgabe dar. Die Parteien und ihre parlamentarischen Gremien standen unter dem Druck gegensätzlicher Erwartungen ihrer Klientel. Relativ stabil waren diese im sozialistischen und im nationaldemokratischen Milieu. Den Arbeitern ging es um die Bewahrung der Sozialgesetzgebung von 1918/19 und um eine Verteilung der vorhersehbaren Kosten der Haushaltssanierung, die die Arbeitnehmer proportional nicht mehr in Anspruch nehmen würde als die besitzenden Schichten. Industrie und Großgrundbesitz hatten genau entgegengesetzte Interessen, Letzterer wehrte sich zusätzlich gegen eine Bodenreform, die seine ökonomische Stellung schwächen könnte. Die kleinbürgerliche Klientel der Nationaldemokraten erwartete den Schutz vor «fremder», vor allem jüdischer Konkurrenz. Das Problem der größten Partei – und damit des Sejm, ja der gesamten Politik – ließ sich aber nicht auf diese ökonomische Dimension reduzieren: Die Führer der Nationaldemokraten weigerten sich schlicht, die aus dem zahlenmäßigen Anteil der Minderheiten resultierende politische Rolle der Deutschen, Juden und Ukrainer in der Legislative zur Kenntnis zu nehmen, und schlossen jegliche parlamentarische Zusammenarbeit mit den Fraktionen der Minderheiten aus.[4] Die Bauernparteien konzentrierten sich auf die Bodenreform; der eher konservative Teil um Witos war zu Kompromissen bereit, die Fraktion aus dem alten Kongresspolen neigte zu radikaleren Lösungen, für die sie aber im Parlament keine Mehrheit fand.

Der Staatspräsident

Bereits die erste wichtige Abstimmung des neuen Parlaments zeigte die desaströsen Folgen einer Kombination von Unerfahrenheit, Misstrauen und Radikalität. Die Nationaldemokraten, die sozusagen sich selbst zur Feindschaft gegenüber einem Fünftel des Unterhauses verpflichtet hatten, argumentierten – verfassungs- und realitätswidrig –, dass die Minderheiten (und damit deren parlamentarische Vertretung) letztlich doch weniger Rechte als die Staatsnation hätten und nur «polnische Politik» bzw. «polnische Mehrheiten» die Republik in den kommenden Jahren schützen würden. Nur Polen sollten über essentielle Angelegenheiten entscheiden dürfen; als erste stand die Wahl des Staatsoberhauptes an.

Im Vorfeld dieser Entscheidung verzichtete Piłsudski auf seine Kandidatur, bald darauf folgte ihm Dmowski; das auf repräsentative Aufgaben zurechtgestutzte Amt des Präsidenten behagte beiden nicht. In dieser Situation entschloss sich die Rechte, den größten polnischen Gutsbesitzer und zugleich Gesandten in Paris Graf Maurycy Zamoyski als Kandidaten für das höchste Staatsamt aufzustellen. Zamoyski hatte im Weltkrieg und während der Versailler Verhandlungen zahlreiche polnische Aktivitäten aus seinem Privatvermögen finanziert, seine Residenz in Paris diente den polnischen Vertretern während und nach dem Krieg als offizieller Sitz. Dies reichte in den Augen der Rechten als Empfehlung. Sie hatte aber völlig missachtet, dass kein Abgeordneter der Bauernpartei es sich leisten konnte, für einen Großgrundbesitzer als Staatsoberhaupt zu stimmen. Ähnlich verhielt es sich mit der Linken, und auf die Stimmen der Minderheiten konnte ein Kandidat der Nationaldemokraten ohnehin nicht hoffen.

Dementsprechend gestaltete sich das Ergebnis der Abstimmung in der Nationalversammlung am 9. Dezember 1922: Auf der einen Seite eine starke Rechte, die freilich nicht stark genug war für einen Alleingang, auf der anderen die Linke, die Mitte und die Minderheiten, die unter dem Druck von rechts und ohne Kompromissangebote von dieser Seite nolens volens gemeinsame Lösungen finden mussten. Zamoyski vereinigte bereits im ersten Durchgang fast alle Stimmen der Rechten (222) auf sich, die anderen vier Kandidaten insgesamt 319. In den nächsten Durchgängen erhielt der Kandidat der Rechten zwischen 224 und 228 Stimmen, die anderen schieden nacheinander aus, bis im fünften Durchgang nur noch Zamoyski gegen

Gabriel Narutowicz stand. Narutowicz war ein international renommierter Spezialist für Wasserkraftwerke. Er hatte nach dem Weltkrieg seine Professur in der Schweiz aufgegeben, galt als liberal und hatte seit kurzem das Amt des Außenministers inne. Ursprünglich aufgestellt als Verlegenheitskandidat der linken Bauernpartei, bekam er im letzten Durchgang die Stimmen der Linken, der Minderheiten und der Bauernpartei von Witos (deren Kandidat ausgeschieden war und die für einen Gutsbesitzer nicht stimmen konnte) und gewann gegen Zamoyski mit 289 zu 227; Polen hatte seinen ersten Staatspräsidenten.

Die Rechte, die dieses Ergebnis selbst zu verantworten hatte, protestierte lautstark. Narutowicz sei ein Präsident der Minderheiten, vor allem der Juden, nicht legitimiert, die Republik zu vertreten. Die Zeitungen druckten zahlreiche Hasstiraden. «Weg mit diesem Hindernis», titelte der prominente Nationaldemokrat Stanisław Stroński, der bereits 1920 das »Wunder an der Weichsel» erfunden hatte. Abgeordnete und Publizisten hetzten gegen das «unpolnische» Staatsoberhaupt, das von den Minderheiten «aufgezwungen» worden sei und gegen welches «die polnische Mehrheit zu kämpfen» habe. Der «nationale Charakter des polnischen Staates» sei «durch die Wahl gefährdet». Die Demonstrationen gegen Narutowicz prägten den Warschauer Alltag nach dem 9. Dezember, es kam zu Zusammenstößen zwischen Nationaldemokraten und sozialistischen Gegendemonstranten, die als einzige den Staatspräsidenten verteidigten. Ein sichtlich beunruhigter Piłsudski, noch immer im Amt des *Naczelnik Państwa*, warnte den Parlamentspräsidenten vor einem rechten Staatsstreich: «Wir, die wir aus der Ersten Brigade kommen, lassen das nicht durchgehen, wir können in die Fresse hauen.»[5] Narutowicz wurde trotz der Unruhen als Präsident vereidigt. Kurz darauf – am 16. Dezember – wurde er von einem der Nationaldemokratie nahestehenden Einzelgänger in einer Warschauer Gemäldegalerie mit mehreren Schüssen ermordet. Der Attentäter wurde zum Tode verurteilt und hingerichtet, die Ermordung des Präsidenten blieb dennoch ein Trauma: So hatte sich die Republik niemand vorgestellt.

Polen befand sich an der Schwelle zum Bürgerkrieg. Die Sozialisten und ein Teil der Piłsudski-treuen Offiziere waren durchaus bereit, die von den Nationaldemokraten aufgezwungene Konfrontation anzunehmen, und planten die Machtübernahme in Warschau durch Militär und sozialistische Kampftruppen.

Es ist viel geschrieben worden über den ausgleichenden, von tiefem Respekt vor den Grundsätzen der parlamentarischen Demokratie geprägten Einfluss der ehemaligen Reichsratsabgeordneten aus Galizien auf die Zweite Republik. Im parlamentarischen Alltag wird man nach Hinweisen auf diese vermeintlich gereifte Kultur lange suchen müssen: Die sozialistischen und sonstigen Abgeordneten, die ihre ersten Mandate am Wiener Ring ausgeübt hatten, agierten genauso demagogisch und populistisch wie alle anderen. Schließlich kann der Reichsrat, den sie bis 1918 kennengelernt hatten, auch mit größtem Wohlwollen nicht als positives Vorbild gelten: Notstandsverordnungen, Tumulte und außerparlamentarische Regierungen hatten in den letzten beiden Jahrzehnten der Habsburgermonarchie eher die Regel als die Ausnahme gebildet. Dennoch war es in den Tagen nach der Ermordung von Narutowicz nicht zufällig der galizische Sozialist Daszyński, der seine Genossen und die Offiziere von einem Putschversuch abhielt. Er bat eindringlich um Zurückhaltung und Ruhe, warnte vor dem Bürgerkrieg und kündigte schließlich schärfste Konsequenzen gegenüber Funktionären der PPS an, die sich an einem Putsch beteiligen würden. Die Piłsudski-treuen Offiziere ließen den Plan letztlich fallen. Ob dies auch daran lag, dass Piłsudski selbst nicht entschlossen war, wissen wir nicht. Der Täter hatte jedenfalls angedeutet, Narutowicz sei nur ein Ersatzziel gewesen; eigentlich hätte er den wirklich Schuldigen am Elend Polens erschießen wollen, nämlich Piłsudski, und nur darauf verzichtet, weil dieser für die Wahl zum Staatspräsidenten nicht angetreten war.

Stroński titelte jetzt «Leiser an diesem Sarg» und drückte damit das Empfinden seines Milieus aus. Angesichts der aufgeladenen Stimmung zog sich die Rechte von der Straße zurück. Der Sejmmarschall bestimmte den General Władysław Sikorski zum neuen Ministerpräsidenten. Piłsudski wurde zum Chef des Generalstabs, das Militärministerium behielt sein enger Mitarbeiter aus der Zeit der Legionen und der Magdeburger Haft, General Kazimierz Sosnkowski. Sikorski selbst stand dem parlamentarischen Zentrum nahe, war kein «Legionär», hatte von 1914 bis 1916 als eine Art politischer Aufseher über die Freiwilligen zahlreiche Konflikte mit Piłsudski und seiner Umgebung ausgefochten. Im Sommer 1920 führte er den Befehl über die Truppen nördlich von Warschau und löste seine Aufgabe meisterhaft.[6] Als Ministerpräsident verhängte er über Warschau den Ausnahmezustand. Dem Sejm stellte er sich als «Mann in Uniform» vor, wobei aber die Uniform nicht als Hinweis auf etwaige militärische Umsturzversuche missverstanden werden sollte: «Dieses äußere Zeichen meiner persönlichen Zugehörigkeit zur polnischen Armee sollte für Sie, meine Herren, wie für die Nation der Beweis sein, dass ich bei der Ausübung der Regierungsgeschäfte ein rücksichtslos parteifreier Mensch bin und bleiben werde.»[7]

Aus der vom Ministerpräsidenten angekündigten Bestrafung der moralisch für den Tod des Präsidenten Verantwortlichen wurde nichts, ebenso blieb die demonstrative Betonung der militärischen und überparteilichen Position des neuen Amtsträgers längerfristig folgenlos. Zwar wurde Sikorski für sein Übergangskabinett das Vertrauen der Linken und der Mitte zuteil. Mehr als eine Beruhigung der Lage trauten ihm aber auch diese Parteien nicht zu. Die Präsidentschaftswahl wurde rasch wiederholt. Am 20. Dezember erhielt ein farbloser Kandidat der Nationaldemokraten die obligaten 221 Stimmen. Der Kandidat des Zentrums, der ehemalige Sozialist Stanisław Wojciechowski vereinigte 298 Stimmen – genau jene, mit denen Narutowicz vor elf Tagen Präsident geworden war. Diesmal enthielt sich die Rechte aller Proteste, der politisch nicht sonderlich profilierte Wojciechowski wurde Staatsoberhaupt. Die erste große Krise war überwunden, der letzte Teil des Staatsaufbaus vollzogen.

Staat, Gesellschaft und Minderheiten

Polen in den Grenzen von 1923 war ein Land voller Gegensätze. Es bestand aus vier unterschiedlichen Gebieten: Die beiden ehemals russischen Teile machten zusammen etwa zwei Drittel des neuen Staatsgebiets aus, der österreichische ein Fünftel, der preußische ein Achtel. Die Ansätze zu Modernität und Wohlstand waren vor 1914 in allen Fällen eng mit der wirtschaftlichen Rolle der jeweiligen Teilungsmacht verbunden. Diese fiel jetzt weg – als Kapitalgeber, Investor und Absatzmarkt. Die Teilungszeit hinterließ eine Verkehrsinfrastruktur, die nun von Grund auf neu geordnet werden musste: Es existierte keine direkte Bahnverbindung etwa von dem Dombrowaer Becken oder Posen nach Warschau, von Oberschlesien nach Danzig führte der beste Weg über Deutschland, zwischen Zentralpolen und Galizien gab es ganze zwei Bahntrassen etc.

Der ohnehin krasse Ost-West-Gegensatz verstärkte sich durch die Übernahme Oberschlesiens. Als Beispiel möge das Bildungsgefälle gelten. Im Landesdurchschnitt war jeder Dritte Analphabet, in einigen Wojewodschaften im Osten (Polesien, Wolhynien) bis 50 Prozent der Bevölkerung, hingegen in Oberschlesien nur 1,5 Prozent und im ehemals preußischen Teilungsgebiet etwa acht Prozent. Erst in der Republik wurde am 7. Februar 1919 im zentralen und östlichen Teil des Landes die allgemeine Schulpflicht bis zum 14. Lebensjahr eingeführt, welche Russisch-Polen nicht gekannt hatte; innerhalb von vier Jahren stieg die Zahl der Lehrer wie der Schüler in Zentralpolen um ca. zwei Drittel.[8]

Auf dem Land wohnten drei Viertel der Bevölkerung, die Landwirtschaft ernährte knapp zwei Drittel. Die durchschnittlichen Erträge waren im Westen etwa doppelt so hoch wie im Osten. Zur Arbeiterschaft zählte man zwar über 27 Prozent der Bevölkerung, davon entfielen aber ganze vier

Prozent auf die moderne Industrie, hingegen elf Prozent auf die Landarbeiter und der Rest, fast die Hälfte, auf Handwerk und sonstige Kleinstunternehmen. Nur etwa 13 Prozent der Bauern verfügten über hinreichend große Betriebe, um für den Markt zu produzieren, etwas mehr als ein Fünftel über mittelgroße Höfe, knapp zwei Drittel blieben mit Klein- und Zwergwirtschaften unter fünf Hektar im Bereich der Subsistenzwirtschaft. Gerade die Zahl der ärmsten Höfe sollte in der Folgezeit am schnellsten steigen. Das eine Prozent der landwirtschaftlichen Güter mit über 50 Hektar Land verfügte über 47 Prozent der bebauten Fläche, die zwei Drittel unter fünf Hektar – über knapp 15 Prozent des Bodens. Die großen Güter hatten sehr unterschiedliche Ausmaße: in Pommerellen durchschnittlich gut über 300 Hektar, in Polesien im Schnitt zehn Mal größer.

Die erste Bevölkerungszählung von 1921 ergab 27 Millionen Bürger in der Republik, darunter über 18 Millionen Polen. Fast jeder dritte Staatsbürger gehörte zu einer Minderheit: Die größte waren die 3,7 Millionen Ukrainer, etwa 2,7 Millionen Juden, gut über eine Million Belarussen und eine Million Deutsche. Damit stellte Polen in Ostmitteleuropa alles andere als eine Ausnahme dar: Unter den Nachbarn wiesen Rumänien, die Tschechoslowakei und Lettland einen Minderheitenanteil von einem Viertel bis knapp 30 Prozent auf, Litauen 15 Prozent, und die Sowjetunion war ohnehin ein klassischer Vielvölkerstaat.[9]

Die Minderheiten waren äußerst heterogen. Die Mehrheit der Deutschen war von dem Rang einer Staatsnation auf den einer Minorität gefallen. 80 Prozent der Deutschen in der Republik wohnten in den ehemaligen preußischen Provinzen. Größere Gruppen gab es ansonsten nur in Lodz und Wolhynien; etwa die Hälfte der ursprünglich zwei Millionen verzichtete in den ersten Nachkriegsjahren auf einen Verbleib und wanderte nach Deutschland aus.[10] Die Deutschen zeichneten sich vor allem dadurch aus, dass sie als einzige Minderheit von ihrem «eigenen» Staat unterstützt wurden und sich hinsichtlich der Modernität ihrer sozialen Struktur eher vorteilhaft von der Staatsnation unterschieden. Sie verfügten über ein sehr gut ausgebautes Vereins-, Presse- und Schulwesen, waren vergleichsweise wohlhabend und gebildet. Einer Bindung an die Republik hat all dies nicht geholfen, zumal die meisten politischen Vertreter der Deutschen in Polen den neuen Staat als ein Provisorium betrachteten, ohne diesen als eigenen Staat wirklich anzunehmen.

Die Juden waren gewissermaßen aus zwei multinationalen Kaiserreichen in die polnische Republik hineingeschlittert. Sie verfügten über eine alte, eigene Selbstverwaltung, Parteien, Presse, Schulwesen und Wohlfahrt. Dabei waren sie, wie alle Minderheiten, tief gespalten. Während die Assimilatoren nach den Erfahrungen von 1918 bis 1921 (als die Juden in mehreren Konflikten im Osten eine neutrale Position einnahmen und dadurch unter den Verdacht gerieten, Feinde der neuen Staatlichkeit zu sein) kaum mit Zuspruch rechnen konnten, gewannen Zionisten unterschiedlicher Couleur und Linke, darunter Kommunisten, immer mehr Unterstützung – ohne jedoch die traditionelle, konservative Rechte verdrängen zu können. Etwa drei Viertel der Juden wohnten in den zentral- und ostpolnischen Städten, wo sie im Durchschnitt zwischen einem Drittel (im ehemaligen Kongresspolen wie in Galizien) und der Hälfte (in Wolhynien und Polesien) der Bevölkerung ausmachten. Ihnen gehörten knapp zwei Drittel des Handels in Polen, im Kleinhandel wie im Osten – regional über 80 Prozent. Mit der Übertragung der alten Eigentumsverhältnisse im Dienstleistungsbereich auf den neuen Staat war die Fortsetzung des Konflikts mit dem polnischen Kleinbürgertum vorprogrammiert.

Die Ukrainer waren gerade gescheitert mit ihrem eigenen Versuch der Staatsbildung (dies galt in einem abgeschwächten Maß auch für die Belarussen). Sie lebten vor allem in den südöstlichen Wojewodschaften, wo sie zwischen gut einem Drittel der Bevölkerung (Lemberg) bis über 70 Prozent (in Wolhynien) ausmachten. Hier stellten Polnischsprachige nur rund ein Fünftel der Bevölkerung (in den Wojewodschaften Polesien und Wolhynien sogar weniger, in Stanisławów geringfügig mehr; nur in Lemberg lagen die Verhältnisse anders). Im ehemals kakanischen Ostgalizien waren die Ukrainer mit einem Netzwerk von griechisch-katholischen Pfarreien, Lesehallen, Vereinen, zahlreichen Vertretern in der Selbstverwaltung und eigenen politischen Parteien wesentlich besser organisiert als ihre griechisch-orthodoxen Landsleute in den ehemals russischen Provinzen. Das Problem bestand in der rückständigen sozialen Struktur: Bis zu 90 Prozent der Ukrainer waren in der Landwirtschaft tätig, es gab kaum vermögende Eliten unter ihnen, sehr wenig Kleinbürgertum, wenig Intelligenz.

Letztlich sahen die Chancen der Ukrainer dennoch viel besser aus als die ihrer nördlichen Nachbarn. Die Belarussen lebten in den drei nordöstlichen Wojewodschaften und im zentralpolnischen Bezirk Białystok, wo sie zwischen einem Fünftel (im Westen) und drei Fünftel der Bevölkerung ausmachten. 95 Prozent ernährten sich von der Landwirtschaft, Eliten (Popen, wenige Lehrer sowie Angestellte in Genossenschaften und Gemeinden) waren nur ansatzweise vorhanden.

Alle Minderheiten wurden theoretisch durch den Versailler Minderheitenvertrag und die entsprechenden Artikel der Märzverfassung geschützt. Für den Osten enthielt der Rigaer Frieden von 1921 Minderheitenklauseln, die Oberschlesier unterstanden zusätzlich dem Schutz der Genfer Konvention von 1922. Die Möglichkeit, internationale Schiedsorgane anzurufen, nutzte hauptsächlich die deutsche Minderheit. Von den mehr als 1200 Petitionen und Anfragen, die zwischen 1920 und 1939 im Völkerbund verhandelt wurden, kamen mehr als 300 aus Polen; fast die Hälfte davon 1931/32, als die Auseinandersetzung zwischen der Weimarer und der Polnischen Republik ihren Höhepunkt erreichte.[11] Bei weitem nicht alle Petitionen wurden als berechtigt anerkannt, die Tatsache jedoch, dass Polen am häufigsten als Verdächtiger vor die internationalen Foren zitiert wurde, verstärkte den in den europäischen Demokratien ohnehin dominierenden Eindruck, dass die Republik preußische Methoden der Nationalitätenpolitik eifrig nachahmte.

Ein Interessenausgleich zwischen der Staatsnation und den äußerst heterogenen Minoritäten musste das Fernziel eines Staates sein, der mehr als das Wohlergehen der Staatsnation bzw. deren Dominanz über die Mitbürger anderer Nationalitäten anstrebte. Der dynamische Ausbau des Schulwesens, vor allem nach den Schulgesetzen von 1924, wies aber gleichermaßen Züge einer Modernisierungs- wie konsequenten Polonisierungspolitik auf. Eine ähnliche zwiespältige Rolle spielte aus dem Blickwinkel der Minderheiten das Militär. Es stand grundsätzlich unter Verdacht, als große Polonisierungsanstalt aufgebaut zu sein, u. a. weil nichtpolnische Wehrpflichtige oft «am anderen Ende» der Republik den Dienst leisteten. In Wirklichkeit vermochte die Armee auch in den 1930er Jahren diesem nationaldemokratischen Idealbild nicht zu entsprechen. Große Teile der Wehrpflichtigen dienten im Umfeld ihrer «kleinen Heimat», die Quoten für nichtpolnische Soldaten in den einzelnen Waffengattungen konnten nur dadurch eingehalten werden, dass vor allem Juden und Deutsche seltener einberufen wurden als andere.[12] Auch die aus Sicht der Minderheiten berüchtigte Ansiedlung von ehemaligen Militärangehörigen im Osten beschränkte sich letztlich auf einige tausend Familien und Höfe, die zu keiner statistisch relevanten Änderung der nationalen Zusammensetzung der örtlichen Bevölkerung führte. Sie blieb trotzdem, u. a. aufgrund der Sowjetpropaganda, für die Belarussen und Ukrainer eine große Bedrohung.[13]

Weniger präsent in der heutigen Erinnerung ist die schleppende, von Rückschlägen geprägte Durchsetzung der Staatsmacht im Osten. Armut, Skepsis gegenüber der Republik und nicht zuletzt deren anfängliche Schwäche selbst im Bereich des Grenzschutzes machten aus den östlichen Grenzkreisen unruhige und gefährliche Gebiete, deren hohe Kriminalitätsrate sprichwörtlich war. Zum einen bewegten sich die gut organisierten Schmuggler- und Schlepperbanden außerhalb des Einflusses beider Staaten, zum anderen bestand auf sowjetischer Seite wohl kein besonderes Interesse daran,

Gewalttätigkeiten westlich der Grenze entgegenzuwirken. Der berühmteste Zwischenfall, der auch zu diplomatischen Verwicklungen führte, ereignete sich Anfang August 1924 im Grenzort Stołpce, wo – späteren Geständnissen zufolge – in der Sowjetunion ausgebildete Truppen Amtsgebäude und Privatwohnungen überfielen und u. a. das Untersuchungsgefängnis sprengten, wobei mindestens zehn Personen ums Leben kamen. Diese Kompromittierung des polnischen Staates bedeutete zugleich den Wendepunkt in der Geschichte der Ostgrenze: Noch im August wurde das Grenzschutzkorps (*Korpus Ochrony Pogranicza,* KOP) geschaffen. Die Einheit zählte im ersten Jahr 9000 Mitglieder, im nächsten – fast 20 000 Offiziere und Mannschaften, so dass nun auf einen Kilometer Grenze sieben bis acht Bewacher kamen. Der Schmuggel wurde zumindest radikal eingeschränkt, der «wilde Osten» etwas ruhiger.[14] Von einer Verständigung zwischen Staatsnation und Minderheiten über langfristige Grundlagen des Zusammenlebens war dies noch immer weit entfernt.

Wirtschaft und Politik: die Hyperinflation

Entscheidend waren jedoch nicht die östlichen Peripherien, sondern die Entwicklung im Zentrum. 1921, das erste Jahr des Friedens, war von gegenläufigen Prozessen bestimmt. Erstens gab es unübersehbare Erfolge und spürbare Verbesserungen im ökonomischen Bereich. Schrittweise wurde die «polnische Mark» als Landeswährung eingeführt, am spätesten in den Ostgebieten (Mitte des Jahres). Die anfangs schleichende Inflation begünstigte den Export. Arbeiter- und Beamtenschaft blieben zunächst einmal über eine Art *scala mobile* – welche die Lohn- an die Preisentwicklung band – weitgehend von der Erhöhung der Lebensunterhaltskosten verschont. Viele Kriegsschäden ließen sich durch kapitalarme, einfache Reparaturen beheben. Die Zahl der handwerklichen Betriebe verdoppelte sich innerhalb von zwei Jahren (1919–1921). Die Landwirtschaft erholte sich als Erste und erreichte 1921–1923 in den meisten Bereichen den Stand der Vorkriegszeit; auch sie profitierte von dem inflationsbedingten Schwund der Steuerlast. Die Zahl der Industriearbeiter (ohne Oberschlesien) verfünffachte sich zwischen 1919 und 1922, was andererseits hieß, dass sie unter der von 1913 blieb; die realen Löhne stiegen und lagen bis Mitte 1921 bei 98 Prozent der Einkommen von 1914.

Dies alles gelang trotz einer Arbeits- und Sozialgesetzgebung, die zu den modernsten und arbeitnehmerfreundlichsten im Nachkriegseuropa gehörte. Noch im Schatten der revolutionären Bedrohung waren zwischen November 1918 und Februar 1919 die Dekrete über den achtstündigen Arbeitstag, die Arbeitsinspektion, die Gesundheitsversicherung und die Gewerkschaften verabschiedet worden. Im Mai 1920 folgte das Gesetz über die Krankenkassen, im Dezember über die Arbeitszeit, schließlich im Mai 1922 die Regelung des Urlaubs. Landesweit setzten sich kollektive Tarifverträge durch; eine charakteristische Ausnahme bildeten die etwa drei Millionen Landarbeiter, die aufgrund des Widerstands des Gutsbesitzerverbandes und der Bauernparteien ausgeschlossen waren. Zwischen ihnen und den Gutsbesitzern vermittelten die im März 1921 eingeführten staatlichen Schlichtungsausschüsse.[15]

Die Verbesserung der Lebensbedingungen durch die Schaffung und Sicherung von Arbeitsplätzen wurde – unmerklich für die meisten Beteiligten – bereits auf ihrem Höhepunkt durch das Defizit des Staatshaushalts und die einsetzende Inflationsspirale unterminiert. Zwar gibt es keine verlässlichen Angaben über die Kosten des polnisch-sowjetischen Krieges, die Vermutung klingt jedoch plausibel, dass die monatelange Mobilisierung von bis zu einer Million Soldaten, die Kriegszerstörungen und die Aufrüstung das Vielfache dessen gekostet haben, was der Staat 1920 für andere Bereiche ausgegeben hatte. Allein die im Westen gekaufte Ausrüstung der Armee schlug mit 260 Millionen US-Dollar zu Buche.

Der Dollar kostete Ende 1918 neun polnische Mark, bereits 1919 110, 1920 590, im September 1921 schließlich 6500. Innerhalb der ersten Monate des nächsten Jahres blieb der Wechselkurs relativ stabil, stieg aber im September 1922 auf eins zu 8500 und bis Ende des Jahres auf eins zu 18 000. Zu diesem Zeitpunkt befanden sich 125-mal mehr polnische Mark im Umlauf als vier Jahre zuvor, die Lebensmittelpreise in Warschau waren entsprechend um das Dreizehnfache gestiegen.[16] Zur selben Zeit gab es aber auch Zeichen der Konsolidierung: 1921 deckten die Staatseinnahmen knapp 40 Prozent der Ausgaben, 1922 bereits 51 Prozent.[17]

Das wirtschaftliche Strukturproblem blieb die Landwirtschaft. Der Sejm hatte bereits im Juli 1919 ein erstes Gesetz über die Bodenreform beschlossen, das die Zwangsenteignung des Großgrundbesitzes gegen eine – nicht vollwertige – Entschädigung einführte. Der Rechten gelang es, das Gesetz in eine programmatische Entschließung ohne Gesetzeskraft umzuformulieren. Ein Jahr später verschärfte das mitten im Krieg verabschiedete Gesetz vom 15. Juli die Bestimmungen dahingehend, dass die Entschädigung nur die Hälfte des Wertes des enteigneten Bodens ausmachen sollte. Doch die Rechte hintertrieb erneut die Ausführung des Gesetzes, so dass die Frage der Landarbeiter und der Klein- und Kleinstbauern weiterhin die Parteienlandschaft spaltete. Der nächste Anlauf sollte erst 1923 unternommen werden; zufälligerweise fiel er mit dem Kollaps der Währung zusammen.

Mitte Mai 1923 unterzeichneten Nationaldemokraten, Christdemokraten und die Bauernpartei von Witos eine gemeinsame programmatische Erklärung. Sie umfasste mehrere Sachgebiete. Die wichtigsten Bestimmungen bezogen sich auf die Entmachtung Piłsudskis als Generalstabschef und Vorsitzender des «Engen Kriegsrates», eines verfassungsexternen Organs, das gegenüber dem Militärminister weisungsberechtigt, hingegen nicht dem Parlament verantwortlich war. Weiter sah die Deklaration die gezielte Polonisierung des Ostens vor, die Rücknahme von Teilen der Sozialgesetzgebung, schließlich neue Grundsätze der Bodenreform: Nachdem das Oberste Verwaltungstribunal die Zwangsentschädigung gegen 50 Prozent des Wertes als verfassungswidrig zurückgewiesen hatte, einigten sich nun Bauernvertreter und Nationaldemokraten auf die jährliche Umverteilung von 200 000 Hektar aus öffentlichem und privatem Großgrundbesitz an die Bauernschaft. Alle diese Programmpunkte sollten von einem gemeinsamen Kabinett durchgesetzt werden, das am 28. Mai unter dem Vorsitz von Witos zusammentrat.

Die Linke und die Minderheiten schürten die Angst vor dem Mitte-Rechts-Kabinett, das der «Faschisierung» des Landes verdächtigt wurde. Piłsudski trat vom Vorsitz des «Engen Kriegsrates» zurück und bat um Entlassung aus der Armee. Anfang Juli, bei seiner Verabschiedung im Warschauer Hotel *Bristol*, griff er die Regierung Witos, vor allem aber die Nationaldemokraten an. Die von ihm gewählten Worte sollten in die Geschichte der politischen Rhetorik eingehen: Sein ganzes Leben lang werde er von einem «sabbernden, hässlichen Zwerg auf krummen Beinen begleitet, der seinen dreckigen Geist ausspeit, mich überall bespuckt, niemanden verschont, der schutzbedürftig ist – Familie, Beziehungen, mir nahestehende Menschen». Jener schreckliche Kobold versuche alles, was Piłsudski tue, in den Dreck zu ziehen. Diese «Bande» – gemeint waren die Nationaldemokraten – habe nach der Wahl von Narutowicz Blut gerochen und dann tatsächlich das Verbrechen begangen. Den Mördern des ersten Staatspräsidenten aber könne ein Soldat nicht dienen. Der Staatsgründer, für den es in der stabilisierten politischen Ordnung keine Funktion gab, setzte als Privatmann seine Angriffe auf die Rechte fort, in Interviews, Reden und Schriften. Er geißelte nicht nur seine Gegner: Die Nationaldemokraten benutzte er in seinen Angriffen stets als ein Symbol für das Versagen des gesamten «sejmokratischen» Systems, als Verkörperung von Ungerechtigkeit, Korruption, Zerstrittenheit, Gemeinheit und Ineffizienz.[18]

Das Kabinett Witos stand indessen nicht nur im überdimensionalen Schatten des Staatsgründers. Es erbte die desolaten öffentlichen Finanzen und wurde von deren Krise überrollt. In den zwei Monaten zwischen Übernahme der Regierungsgeschäfte und 1. August 1923 fiel der Wechselkurs zum Dollar von eins zu 52 000 auf eins zu 230 000. Die Hyperinflation begann,[19] die Flucht aus der polnischen Mark wurde zur Überlebensstrategie – für diejenigen, die flüchten konnten. Am 1. Oktober fiel der Wechselkurs auf eins zu 380 000, am 1. November auf eins zu 1,65 Millionen. Obwohl die Industriearbeiter bisher von dieser Entwicklung weitgehend verschont geblieben waren, wuchs in der Arbeiterschaft wie im Beamtentum die Frustration. In Oberschlesien endete ein Massenausstand im Oktober mit dem Sieg der Arbeiter der Schwerindustrie. Die Eisenbahnerstreiks hatten ebenfalls regionalen Charakter, nahmen jedoch kein Ende. Hier wollte das Kabinett Witos Härte beweisen: Die Eisenbahner wurden in den Militärdienst berufen, Entlassungen folgten. Als Antwort kündigten die Gewerkschaften für den 5. November 1923 den Generalstreik an. In Warschau und einigen anderen Großstädten verhängte die Regierung den Ausnahmezustand; das Militär besetzte die hauptstädtischen Verkehrs- und Elektrizitätsbetriebe, in Krakau wurden mehrere Einheiten zusammengezogen, die demonstrativ auf den Hauptplätzen kampierten.

Am 5. November befanden sich die Krakauer Arbeiter im Ausstand, es gab mehrere Zusammenstöße mit Polizei und Armee. Am nächsten Tag kam es in der alten Königsstadt zu einer regelrechten Schlacht zwischen Arbeitern und Militär, die mehrere Stunden andauerte. Die Kavallerie ritt erfolglose Attacken gegen die bald bewaffneten Demonstranten, sogar Panzerwagen wurden eingesetzt. Am Nachmittag endete das Blutbad mit über 32 Toten (darunter 14 Soldaten und Offiziere) und über 200 Verletzten (darunter über 100 Angehörige der Streitkräfte und 65 Polizisten). Die Verluste der Uniformierten waren also ähnlich hoch wie die der Streikenden; ebenso bezeichnend war, dass einige Einheiten sich von den Arbeitern praktisch kampflos entwaffnen ließen und die Arbeiter in Sprechchören die Rückkehr Piłsudskis an die Macht forderten.[20] In den nächsten Tagen gab es mehrere Tote bei Zusammenstößen in der Erdölstadt Boryslav in Ostsowie in Tarnów in Westgalizien.

Das Kabinett Witos gab angesichts der dramatischen Spannung nach und verzichtete auf Repressalien gegenüber Streikführern und Streikenden. PPS und Gewerkschaften, ebenfalls erschrocken über die Brutalität der Auseinandersetzung, brachen ihrerseits den Generalstreik ab. Die Machtprobe, die beide Seiten ohne Augenmaß provoziert hatten, endete mit einer Niederlage der Mitte-Rechts-Regierung. Die Linke konnte jetzt behaupten, nachgewiesen zu haben, dass das Land ohne bzw. gegen sie nicht regiert werden könne. Ob der Preis in Gestalt von Dutzenden von Toten und einer neuen Destabilisierung der Republik angemessen war, darüber durfte man streiten.[21] Am 14. Dezember verlor Witos schließlich die parlamentarische

Mehrheit, weil einige Abgeordnete seiner Partei den Nichtvollzug der Bestimmungen über die Bodenreform zum Anlass nahmen, sich abzuspalten. Das Hauptproblem, das die Krise hervorgerufen hatte, die Hyperinflation, blieb freilich ungelöst. Am Tag des Rücktritts des Mitte-Rechts-Kabinetts zahlte man für einen Dollar 4,3 Millionen Mark. Die Arbeiterlöhne erreichten nur noch knapp 60 Prozent ihres Wertes von vor zwei Jahren.

Die Regierung Witos ging in die Geschichte der parlamentarischen Demokratie als Beweis dafür ein, dass eine Mitte-Rechts-Koalition trotz hinreichender Stimmenzahl im Sejm nicht stark genug war, um wirtschaftliche Grundsatzentscheidungen zu treffen. Alternativen waren kaum vorhanden; eine Regierung der Linken und der Minderheiten lag außerhalb des politischen Horizonts – nicht zuletzt deswegen, weil die Fraktionen der nationalen Minderheiten gerade in wirtschaftlichen Fragen völlig unterschiedliche oder gar gegensätzliche Programme vertraten.

Aus dem parlamentarischen Patt zogen offenbar mehrere politische Akteure gleichzeitig den Schluss, eine Exekutive zu bilden, die ohne tagespolitische Rücksichten auf die schwankenden Mehrheitsverhältnisse im Sejm regieren könnte. Mit der Bildung eines solchen Kabinetts wurde im Dezember 1923 der mit der Rechten assoziierte Ökonom Władysław Grabski betraut, der sich als Finanzminister in vorangegangenen Regierungen gegen die parteipolitische Arithmetik nicht durchzusetzen vermocht hatte. Er stellte ein Kabinett aus eher farblosen Fachleuten zusammen und beließ als Militärminister den Piłsudski-Vertrauten Sosnkowski im Amt. Das Hauptziel seiner Regierung, so Grabski am 20. Dezember, sei die Sanierung der Währung; alle anderen Aufgaben müssten angesichts der zerstörerischen Macht der Hyperinflation zurückgestellt werden. Für diese Aufgabe forderte er nicht weniger als die temporäre Selbstentmachtung des Parlaments: Der Sejm sollte für sechs Monate auf seine Kompetenzen im finanz- und währungspolitischen Bereich inklusive Steuergesetzgebung verzichten und die entsprechenden Befugnisse an den Ministerpräsidenten delegieren.[22] Als das Parlament mit dem Gesetz vom 11. Januar 1924 einen erheblichen Teil seiner Rechte tatsächlich für ein halbes Jahr suspendierte, wurde der US-Dollar für über zehn Millionen polnische Mark gehandelt.

Grabski führte neue Steuern ein und erhöhte die anderen (Vermögens-, Einkommens-, Konsum- und Bodensteuer). Sein Ziel war die Wiederherstellung der staatlichen Einkommen in der Höhe von vor 1914. Er setzte eine Zwangsanleihe durch, strich Subventionen für die Eisenbahnen, reduzierte den staatlichen Beamtenapparat u. a. durch Auflösung zweier Ministerien – insgesamt wurden fast 30 000 Staatsangestellte entlassen – und gab dem Fiskus die politische Rückendeckung, die für die Eintreibung der

Rückstände offenbar erforderlich war. Am 1. Februar 1924 wurde die Notenpresse angehalten, im April die Staatliche Münzanstalt und die *Bank Polski* gegründet – eine von der Regierung unabhängige Aktiengesellschaft bzw. Emissionsbank, die mit dem Monopol auf den Druck von Złoty-Scheinen ausgestattet wurde. Das Stammkapital wurde über eine (Zwangs-) Anleihe zusammengebracht, die von Industrie (36 Prozent), Staatsbeamten (25 Prozent), Banken (14 Prozent), Handelsunternehmen (zehn Prozent) und Großgrundbesitz (acht Prozent) gezeichnet wurde. Der im April 1924 eingeführte neue Złoty kostete 1,8 Millionen alte Mark bzw. einen Schweizer Franken. Sein Wechselkurs zum US-Dollar betrug eins zu 5,18; bis Mitte des Jahres war die polnische Mark Geschichte geworden.[23]

Die rigorose Sanierungspolitik wurde von Arbeitskämpfen flankiert, vor allem in Oberschlesien. In der dortigen Montanindustrie hatte es unlängst Lohnkürzungen gegeben. Nun streikten die Arbeiter in Gruben und Hütten gegen die Wiedereinführung des zehnstündigen Arbeitstages. Fast zur gleichen Zeit, im Juli, beschloss der Sejm das Gesetz über die Pflichtarbeitslosenversicherung, das zwar nur einen Teil der Arbeitnehmer betraf, jedoch deutlich zeigte, dass die Linke den Staat an den Sanierungskosten der Währung stärker beteiligen wollte. Hinzu kamen die Missernte von 1924 und der folgende Anstieg der Lebensmittelpreise. Insgesamt erwies sich aber das Paket von Grabski als ein wohl unerwarteter Erfolg: Sein Hauptziel war innerhalb eines halben Jahres ohne größere ausländische Anleihen, die lediglich eine flankierende Rolle spielten, erreicht, die Überwindung der Hyperinflation gelang weitgehend aus eigener Kraft.

Ein Jahr später setzte dasselbe Kabinett das zweite Großvorhaben durch, dessen Folgen ebenfalls weit über die Wirtschaft im engeren Sinn hinausreichten: das im Juli 1925 verabschiedete Gesetz über die Bodenreform.[24] Die Umverteilung hatte mit dem zweiten Gesetz vom Juli 1920 zunächst eine Beschleunigung erfahren: 1922 erhielten die Bauern über 250 000 Hektar, im folgenden Jahr noch über 200 000, 1924 aber nur noch knapp 120 000. Das Gesetz von Grabski überführte die Grundsätze der Deklaration der Mitte-Rechts-Regierung von 1923 in die Gesetzgebung, indem es ein Kontingent von 200 000 Hektar festsetzte, das Jahr für Jahr gegen volle Entschädigung von Großgrundbesitz in Besitz von Kleinbauern umgewandelt werden sollte. Erst wenn der Großgrundbesitz weniger als 200 000 Hektar anbot, sollte der Staat mit Enteignungen einschreiten. Das Gesetz wurde trotz Obstruktionsversuchen eines Teils der linken Abgeordneten mit deutlicher Mehrheit beschlossen. In den folgenden drei Jahren wechselten tatsächlich mehr als 600 000 Hektar den Besitzer.

Grabski gehört dank der Stabilität des Złoty, der sich nach anfänglichen

Krisen bis 1939 zu einer sprichwörtlich «harten» Währung entwickeln sollte, zu den großen Identifikationsfiguren nicht nur der Republik der Zwischenkriegszeit, sondern der ganzen polnischen Wirtschaftsgeschichte im 20. Jahrhundert. Das Ende der Hyperinflation wurde im Rückblick zu einem Wendepunkt aufgewertet – nicht zuletzt deswegen, weil es erst gegen Ende des Jahrhunderts wieder einen zugleich stabilen wie konvertierbaren Złoty gab. Während der knapp zweijährigen Amtszeit Grabskis sucht man freilich vergeblich nach Zeichen der Wertschätzung oder auch nur Anerkennung für die Verdienste eines Kabinetts, das dem neuen Staat ein vertrauenswürdiges Zahlungsmittel bescherte. Im Gegenteil: Die Linke beschimpfte den Ministerpräsidenten als Blutsauger und gnadenlosen Ausbeuter der arbeitenden Schichten, die Rechte als einen Sozialisten, der sich mittels der Vermögenssteuer und Zwangsanleihen am heiligen Privateigentum vergriffen habe. Die Hasskampagnen gegen Grabski lassen sich nur mit den massenhaften Verleumdungen gegen Leszek Balcerowicz 65 Jahre später vergleichen. Der Grund dafür lag nicht nur darin, dass alle Schichten der Gesellschaft ihren Beitrag zur Sanierung der Währung leisten mussten und dabei geflissentlich übersahen, dass dieses Opfer die Grundlage für eine Gesundung der gesamten Wirtschaft gelegt hatte. Es war wohl ebenso die Ausstattung des Staatsapparats mit Instrumenten, die den Fiskus zu einem ebenso wichtigen wie verhassten Element im Alltag des Bürgers machten, der nun kaum noch hoffen konnte, sich irgendwie am Steuerrecht vorbeizumogeln. Diese neue Erfahrung, dass der «eigene», polnische Staat nicht nur Pflichten, sondern auch Rechte gegenüber seinen Bürgern besaß, wurde erst Jahrzehnte später als Fundament eines gesunden Staatsbürgerbewusstseins wiederentdeckt.

Als das Kabinett Grabski im November 1925 abtreten musste, weinte ihm niemand eine Träne nach. Die parlamentarische Duldung der Regierung bröckelte 1925 sichtbar ab. Der Złoty schwankte, nachdem Deutschland im Juni den sogenannten Handels- bzw. Zollkrieg eröffnet hatte, der den bisher lebenswichtigen Export oberschlesischer Kohle und Hüttenerzeugnisse vorübergehend lahmlegte. Der andere Grund für diese Schwäche der Währung bestand in dem gesetzlichen Vorrecht des Finanzministers, vorbei an der *Bank Polski* und ohne Deckung Kleingeld und Wechselscheine (sogenannte *bilety zdawkowe*) drucken zu lassen. Ende 1924 machten diese beiden Subwährungen 18 Prozent des gesamten Geldumlaufs aus, im Spätherbst 1925 bereits 53 Prozent. Die Republik kannte damit praktisch zwei Zahlungsmittel, was zu einer Flucht aus dem Złoty führte. Der Premier versuchte, die Emissionsbank zu Interventionskäufen zu veranlassen, um den Wechselkurs zum Dollar unter 6:1 zu halten. Die *Bank Polski* verwies auf ihre Unabhängigkeit gegenüber dem Staat und verweigerte neue Stützungskäufe, worauf die Regierung am 13. November 1925 zurücktrat. Drei Wochen später stieg der Wechselkurs vorübergehend auf 10,5 Złoty pro Dollar. Ähnlich wie bei der Hyperinflation 1923 führte die neue Inflation zu einem drastischen Verfall der Arbeiterlöhne (um 30 Prozent seit Januar).[25]

Die neue Regierung unter dem Berufsdiplomaten Aleksander Skrzyński[26] war (abgesehen von dem Notstandskabinett 1920) die einzige große Koalition in der Zwischenkriegszeit. Der Złoty erholte sich während ihrer Amtszeit von selbst und stieg bereits einen Monat nach dem Tief im Dezember auf eins zu 7,5. Es gab zugleich Wirtschafts- und Exportwachstum, Inflation und eine Budgetkrise, begleitet von einem Anstieg der Arbeitslosenzahlen (über 360 000 im Februar 1926). Die Regierung setzte auf Entlassungen im Staatssektor, was im April zum Austritt der Sozialisten aus dem Kabinett führte. Bald darauf kollabierte die ganze Regierung. Nach einigem Hin und Her entstand am 10. Mai abermals eine Mitte-Rechts-Regierung unter Witos, die sofort Assoziationen mit 1923 weckte.

Am Tag der Ernennung sprach Piłsudski dem neuen Ministerpräsidenten jede Achtung ab, kündigte den Kampf «gegen das Hauptübel im Staat an: die Herrschaft der ungezogenen Parteien über Polen» – Parteien, die sich nur von der Aussicht auf Pfründe und persönliche Bereicherung leiten ließen. Keine der Regierungen war mit dem Problem Piłsudski fertig geworden, der seit Mitte 1923 im selbstgewählten, demonstrativ bescheidenen Exil des Warschauer Vororts Sulejówek lebte und seine politischen Gegner – immer öfter auch das ganze parlamentarische System – beschimpfte. Als er am 10. Mai 1926 öffentlich gegen die Regierung als Symbol des kranken Systems ins Feld zog, konnte er sich der Unterstützung all der Enttäuschten sicher sein, die eine irgendwie bessere Republik erwartet hatten.[27] Hinzu kam die Überzeugung, dass die Regierung Witos nur ein Vorbote der Machtergreifung durch die Rechte sei. Alle Parteien der parlamentarischen Linken ebenso wie die Kommunisten lehnten das neue Kabinett ab. Das Zentralkomitee der PPS sah am selben 10. Mai die «blutige Regierung» von 1923 wiederauferstehen und den «Faschismus vor den Toren». Dies war nun mächtig übertrieben, in der neuen Regierung gab es keine Vertreter einer extremen Rechten, die ja auch im Parteienspektrum fehlte. Andererseits fanden unter rechten Jugendlichen die Ideen des Faschismus mehr und mehr Anklang. Am 11. Mai, als die Putschisten bereits Truppen zusammenzogen, schwärmte die Zeitschrift *Akademik* vom italienischen Vorbild: «Die Blicke unserer Jugend richten sich nach dem sonnigen Italien, nach dem ewigen Rom, dessen Mauern heute vom Glanz des neuen Ruhmes umstrahlt werden.»[28]

Der Staatstreich begann am 12. Mai mit dem Marsch einiger Regimenter unter der Führung Piłsudski-treuer Offiziere aus den östlichen Vororten nach Warschau. Entgegen der Hoffnung des Staatsgründers beugte sich Präsident Wojciechowski dem als Demonstration der Entschlossenheit gedachten Aufmarsch nicht. Regierungstreue Truppen versperrten den Einheiten Piłsudskis den Weg über die Weichsel. Der Staatspräsident traf sich zwar auf einer Weichselbrücke mit seinem ehemaligen Genossen aus der gemeinsamen Zeit in der PPS. Die Regierung zu entlassen, weigerte er sich jedoch entschieden. Die Truppen Piłsudskis gingen daraufhin zum Angriff über. Die Kadetten der Offiziersschule auf dem anderen Ufer blieben der Regierung gegenüber loyal und schossen zurück. Die unerwartet blutigen Kämpfe in Warschau dauerten zwei Tage und kosteten fast 400 Menschen (darunter mehr als 200 Soldaten) das Leben, über 900 wurden verletzt. Die militärisch keineswegs chancenlose Regierung gab den Kampf in der Nacht vom 14. auf den 15. Mai auf, nachdem die PPS erst durch einen Streik die Bahn lahmgelegt und dann einen landesweiten Solidaritätsstreik mit den Putschisten verkündet hatte. Regierung und Staatspräsident legten ihre Ämter nieder, der Sejmpräsident Maciej Rataj übernahm die Führung der Staatsgeschäfte.

5. Polen um 1925

Krise und Demokratieverdruss

Auch im siebten Jahr ihrer Existenz kam die Republik nicht zur Ruhe. Die ersten Monate verliefen noch relativ unspektakulär: Im Februar wurde das Konkordat unterzeichnet, das die Grundfragen der Beziehungen zwischen Staat und römisch-katholischer Kirche regelte. Im selben Monat erhielt Polen – wie immer in solchen Fällen, zu innenpolitisch umstrittenen Konditionen – eine US-amerikanische Anleihe. Trotzdem blieb die Haushaltslage angespannt. Im April zahlte der Staat die Beamtengehälter in Münzen aus (die er, gemäß den Vereinbarungen von 1924, an der *Bank Polski* vorbei prägen durfte), was zu einer allgemeinen Beunruhigung führte. Als im Juni und Juli der Zoll- und Handelskrieg zwischen Deutschland und Polen ausbrach, schwankte der Złoty und verlor 20 Prozent gegenüber dem US-Dollar. Die Regierung richtete ein Spirituosen- und ein Zündholzmonopol ein; das Letztere wurde sofort gegen eine neue Anleihe verpfändet.

Hinzu kamen mehrere beunruhigende Nachrichten. Da waren einerseits die Aktivitäten der deutschen Diplomatie, die über den Ausgleich mit dem Westen einen noch größeren Druck auf den östlichen Nachbarn auszuüben versuchte und auf dem internationalen Parkett zielstrebig den Warschauer Gegner isolierte. Andererseits las man in den Zeitungen immer häufiger von der wachsenden Spannung im Lande. Die Nachrichten aus den östlichsten Kreisen der Republik von Raub, Überfällen und Schießereien klangen so, als ob dort ein «Wilder Osten» entstehe. Im März erschoss ein Polizeibeamter auf einem Grenzübergang zwei ehemalige Offiziere, die als kommunistische Attentäter zum Tode verurteilt worden waren, nun aber im Zuge eines Häftlingsaustauschs mit der Sowjetunion freikommen sollten. Der Kampf zwischen dem Staat und der illegalen KPP wurde immer öfter mit blanker Gewalt und auf offener Straße ausgetragen. Im Juli versuchten drei Kommunisten im Warschauer Stadtzentrum, einen Agenten zu liquidieren. Sie wurden nach einem Feuergefecht mit der Polizei gefasst, zum Tode verurteilt und einen Monat später in der Warschauer Zitadelle exekutiert. In diesem einen Punkt gab es eine weitgehende Übereinstimmung zwischen der parlamentarischen Linken und der Rechten: Die Geheimorganisationen der Kommunisten wurden von beiden als eine elementare Bedrohung der Republik gesehen.

In den meisten anderen Fragen, die im Sommer 1925 diskutiert wurden, vertiefte sich der Graben zwischen den Blöcken. Es gab monatelange verbitterte Auseinandersetzungen um den achtstündigen Arbeitstag in der Industrie, um die Versicherung gegen Arbeitslosigkeit, um den neuen Entwurf des Gesetzes über die Bodenreform, um die Löhne der Bahnbediensteten usw. Die Sozialisten wetterten gegen Kapital, Wucher, Wohnungsbesitzer, Teuerung und Ausbeutung; auf den ersten Seiten ihrer Presseorgane malten sie mit grellen Farben das Bild des drohenden wirtschaftlichen Zusammenbruchs. Die Nationaldemokraten zeigten sich ähnlich beunruhigt über die ökonomische Entwicklung, sahen jedoch die Verantwortlichen eher im Ausland – vor allem in Berlin, oft zugleich in London – und unter den Minderheiten. Theoretisch waren sich alle Akteure dieser Konflikte bewusst, wie kompliziert die Lage war, im Grunde sein musste, nach über 120 Jahren Teilung eines weitgehend armen Landes und nur fünf Jahre nach Ende eines sechsjährigen Krieges. In den alltäglichen Auseinandersetzungen gingen Politiker und Presse über diese Tatsachen hinweg und beschuldigten den Gegner aller nur denkbaren Vergehen, Verbrechen und Unterlassungen. Der soeben entstandene nationale Massenmarkt der politischen Bewegungen füllte sich rasch mit Verdächtigungen und Hass.

Die Krise eskalierte im Herbst. In Locarno einigten sich Mitte Oktober die Westmächte und Deutschland auf eine Garantie der deutsch-französischen und deutsch-belgischen Grenze, die – weil nicht flankiert von einer Garantie der deutsch-polnischen – nunmehr einen sichereren Status als die

Westgrenze Polens erhielt. Das Gefühl der Bedrohung von außen blieb dennoch geringer als die Beunruhigung über die fatale Dynamik der innenpolitischen Entwicklung. Neben den Kursverlust des Złoty, die Untergrundtätigkeit der Kommunisten und die großen sozialen Fragen trat im Sommer die Auseinandersetzung zwischen Piłsudski und seinen Nachfolgern in der Führung der Streitkräfte. Der Staatsgründer warf ihnen Aktenfälschung vor, die seine Rolle im Krieg von 1920 schmälern sollten. Besonders harsch griff er den Militärminister Sikorski an; die Presse berichtete ausführlich.[1]

Im Verlauf des Oktober 1925 konnte der Zeitungsleser immer stärker den Eindruck gewinnen, die Republik sei ein sinkendes Schiff. Kein Thema war so präsent wie die angebliche Korruption und Unfähigkeit des Staatsapparats. Die rechten Blätter erklärten das ganze Experiment Grabski für gescheitert: Der Złoty falle, weil polnisches Gold ins Ausland transferiert bzw. weil die Landeswährung massenhaft in ausländische Zahlungsmittel gewechselt werde, wofür u. a. deutsche Auswanderer verantwortlich gemacht wurden. Die linken Blätter sorgten sich um die – seit Mitte Oktober tatsächlich sprunghaft wachsende – Arbeitslosigkeit: Bis Ende November stieg die Zahl der offiziell registrierten Arbeitslosen um die Hälfte, von knapp 200 000 auf über 300 000.[2] Ebenso rasch wuchs sie in der Hauptstadt.[3] Dass sie sich in der Millionenstadt allerdings noch immer im vierstelligen Bereich bewegte – und somit zumindest die offiziellen Daten keinen Grund für eine wahre Krisenstimmung hergaben –, wurde nicht thematisiert. Die Krise, die den Namen Grabski trug, schien dem Zeitungsleser unvermeidlich.

Der Kurs des Złoty verfiel, die *Bank Polski* intervenierte nur spärlich mit Stützungskäufen, am 12. November verweigerte sie auch diese. Der Premier war machtlos und reichte am nächsten Tag seinen Rücktritt ein; Grabski scheiterte an der von ihm selbst gesetzlich festgelegten Unabhängigkeit der Notenbank. Im Augenblick seines Rücktritts, ziemlich genau sieben Jahre nach der Staatsgründung, hinterließ er ein geteiltes und verunsichertes Land. Zwar hatte er im Vorjahr die gefürchtete Hyperinflation gegen alle Prognosen schnell aus der Welt geschafft. Ob gründlich und für immer? Die nahezu hysterischen Reaktionen auf die Kursschwankungen seit Sommer demonstrierten, dass der Glaube an Stabilität alles andere als fest verankert war.

Andererseits hatte das Experiment Grabski gezeigt, dass die Republik ohne den Sejm gut auskommen konnte. Vom Parlament als einem unübersichtlichen und verräterischen Sumpf, in dem – und mit dem – vernünftige, verantwortliche Politik kaum betrieben werden könne, sprach und schrieb nahezu jeder, der sich im Herbst zu diesem Thema äußerte. Der einflussreiche *Ilustrowany Kuryer Codzienny* (IKC), der Grabski eher wohlwollend gegenüberstand, kritisierte das Parlament vehement: Eine «permanente Kundgebung» statt ordentlicher Gesetzgebung leiste der Sejm, die Abgeordneten – zu faul, um auch nur acht Stunden durchzuarbeiten – träfen sich am liebsten in der Kantine: «schreckliche Kinder, die sich langweilen und Intrigen spinnen».[4] Zwei Tage vor dem Rücktritt Grabskis zog das bürgerliche Blatt den Schluss, der Sejm radiere sich selbst aus und bereite damit den Weg in die Diktatur: Überall im Lande mache sich die Angst vor einer Katastrophe breit, überall spüre man «die Sehnsucht nach einer eisernen Hand, die uns aus diesem Abgrund herausführt und es vor allem nicht weiter zulässt, dass der Staat auseinandergeklaut wird»; indessen zeige sich das Parlament unfähig zu irgendeiner konstruktiven Handlung.[5]

Die Sozialisten warnten in der Debatte am Tag des Rücktritts des Ministerpräsidenten, der Sejm werde von einem «unglaublichen inneren Brand» gefressen, der Staatsapparat sei sich selbst überlassen, Korruption und sonstige öffentliche Affären würden niemanden mehr beeindrucken; der Skandal um die Textilbetriebe in Żyrardów war noch in frischer Erinnerung.[6] Der *Kuryer* kommentierte mit sichtlicher Verwunderung, die Krise der Regierung zeichne sich dadurch aus, dass es ausnahmsweise keine zwei konkurrierenden Parteien gäbe, die an die Macht wollten.[7] Der Begriff der Gesundung bzw. Sanierung (*sanacja*) war in diesem Herbst in aller Munde: Die finanzpolitischen Entwürfe trugen umgangssprachlich den Namen «Sanierungsgesetze», da das kranke System offenbar Genesung brauchte.

In diese fatalistische Grundstimmung schlug am Samstag den 21. November, nachdem am Freitag letztlich doch eine Regierung der Großen Koalition entstanden war, die Nachricht vom Tod des 61-jährigen Schriftstellers Stefan Żeromski ein. Der Staatspräsident suchte noch am selben Tag den Sarg auf, gerade als der neue Ministerpräsident Aleksander Skrzyński in sein Amt eingeführt wurde, und ordnete ein Staatsbegräbnis an. Żeromski wurde auf dem alten Evangelischen Friedhof in Warschau bestattet.

Eine der Trauerreden hielt ein nationaldemokratischer Minister. Dabei war der Schriftsteller zeit seines Lebens von niemandem so angefeindet worden wie von der Rechten und der Kirche. Er hatte seit den späten 1890er Jahren mehrere Romane veröffentlicht, in denen er der neuen und alten sozialen Ungerechtigkeit nachging. Seine Helden waren Angehörige der Intelligenz, die zwischen der tristen Realität der Jahrhundertwende und dem Ideal eines gerechten Vaterlands zu vermitteln versuchen – und immer wieder scheitern. In den frühen 1920er Jahren galt Żeromski als liberales und zugleich soziales Gewissen der Nation. Ende 1924 veröffentlichte er einen neuen Roman, der aus längerer zeitlicher Perspektive sowohl zu seinem Vermächtnis als auch zu seinem wichtigsten Beitrag zur Diskussion über die Republik werden sollte: «Vorfrühling» (*Przedwiośnie*).[8] Żeromski erzählte hier die Geschichte eines jungen Polen, der die Gräuel der Revolution in Russland erlebt und im Winter 1918/19 mit seinem kranken Vater eine abenteuerliche Odyssee wagt, um in die alte Heimat zurückzukehren. Der sterbende Vater erzählt unterwegs die Geschichte der lichten, sauberen und modernen «gläsernen Häuser», die in Polen für Bedürftige massengefertigt werden. Der Sohn kommt im Vorfrühling an einer dreckigen, gottverlassenen Eisenbahnstation irgendwo an der Ostgrenze an und merkt bald, dass die Republik nicht nur keine «gläsernen Häuser» bauen lässt, sondern vielen ihrer Bürger nicht einmal elementare Voraussetzungen für ein menschenwürdiges Dasein garantiert. Er, der 1920 wie selbstverständlich das Vaterland gegen die Rote Armee verteidigt, gerät nach und nach unter den Einfluss der Kommunisten. In der Schlussszene des Romans geht er in der ersten Reihe eines Arbeiterumzugs unter roten Fahnen direkt auf einen Polizeikordon zu; die Polizisten laden ihre Gewehre durch.

Żeromskis Appell an die Republik klang so dramatisch, wie er gemeint war: Ein Staat, der so viele enttäuschte, musste sich gewissermaßen neu erfinden, um nicht die Besten an die radikale Linke zu verlieren. Beispiele solcher Absagen an die Republik, die in den Kommunismus führten, gab es mittlerweile genug, und zwar nicht nur in Büchern, sondern vor allem unter jenen, die moderne Literatur schufen.[9]

Der «Vorfrühling» weckte altbekannte Emotionen – gegenüber der Republik, aber auch gegenüber dem Verfasser. Es gab über 100 Besprechungen, Erwiderungen und Kommentare. Die Rechte warf ihm die Verbreitung «bolschewistischer Ideen» vor, ebenso wie die vermeintliche Anhänglichkeit an die «russische Seele». Die Debatten wurden noch hitziger, als Żeromski zum Staatsfeiertag am 3. Mai 1925 den höchsten Orden der Republik verliehen bekam; durfte denn ein «bolschewistischer» Schriftsteller von der Republik überhaupt ausgezeichnet werden, geschweige denn mit dem wichtigsten Titel, den sie zu vergeben hatte?[10] In einem der Nachrufe hieß es dann, Żeromskis schwaches Herz habe die Angriffe nicht ausgehalten, die Ereignisse der letzten Wochen hätten ihm zugesetzt: «Die stickige politische und gesellschaftliche Atmosphäre» sei schuld an dem frühzeitigen Tod des Schriftstellers.[11]

Die Verdienste des Verstorbenen wurden in den Trauerveranstaltungen ausführlich gewürdigt. Żeromski war für zwei Generationen von Polen ein wichtiger Autor gewesen, wesentlich einflussreicher als der im November des Vorjahrs mit dem Literaturnobelpreis ausgezeichnete Władysław Reymont.[12] Die Trauer- und Akademieredner sprachen von seinem letzten

Buch auffallend selten; offenbar hielten sie die Wunde für zu frisch, um bei dieser Gelegenheit den Finger hineinzulegen.[13]

Żeromski, der in den folgenden Jahrzehnten zu einem Klassiker werden sollte, war zeit seines Lebens ein Schriftsteller der Linken und der jüngeren Leser gewesen. Wichtig war er damit nicht zuletzt für die «Legionäre», die 1914 unter dem Befehl von Piłsudski in den Großen Krieg gezogen waren. Die Offiziere aus den Legionen stellten Anfang der 1920er Jahre rund ein Fünftel des Offizierskorps dar.[14] Sie hielten zusammen, oft im Kampf gegen die zahlenmäßig größte Gruppe der Berufsoffiziere aus der k. u. k. Armee, mit denen sie eine gleichermaßen herzliche wie beiderseitige Abneigung verband. Die «Legionäre» verstanden sich als Elite der Nation, die es schon 1914 besser als alle anderen gewusst habe und die als einzige der um sich greifenden Korruption und Unfähigkeit Einhalt gebieten könne. Sie fühlten sich durch den Pessimismus und die Frustration bestätigt, die sieben Jahre nach dem Wunder vom November 1918 weite Kreise der Intelligenz ergriffen hatte. In dem Roman eines Exlegionärs und ehemaligen Adjutanten Piłsudskis stand bereits 1922 der beißende Satz von «der Freude über den wieder gewonnenen Müllhaufen», womit natürlich die Republik gemeint war. Zofia Nałkowska, Tochter eines linksliberalen Geographen und Publizisten, ließ zur selben Zeit eine ihrer Romanfiguren, einen in Frustration frühzeitig ergrauten Leutnant, dessen Kollegen Möbel verkaufen, um den Schulbesuch ihrer Kinder zu finanzieren, über den Staat mit demselben Spott sinnieren: Ja, man habe heutzutage alles, worum man einst die anderen beneidet hatte. «Eigene Korruption, Eigennutz, Protektion, Herrschaft des Pöbels, große Affären, große Vermögen, das Geschäft, Geschäfte vor allem. Und die Verachtung für das Militär, die Hetze gegen die ‹Soldateska›. Alles ist da. So belohnt die demokratische Gesellschaft den Soldaten für sein Opfer, für seine Eroberungen.»[15]

Mit dieser Enttäuschung über die parlamentarische Demokratie standen die «Legionäre» Mitte der 1920er Jahre in Europa alles andere als allein dar. Ebenso wenig war die Hochachtung für das vermeintlich unkorrumpierbare, klaren Regeln gehorchende, verantwortungsbewusste und opferbereite Militär nicht spezifisch polnisch. Sikorski hatte die entsprechende Rhetorik bereits nach dem Mord an Narutowicz 1922 erprobt, nur fehlte ihm gänzlich das Charisma und die Entschlossenheit, mit denen der ehemalige Kommandeur der Legionen seine Landsleute von den Übeln der «Sejmokratie» kurieren wollte. Und Piłsudski gab den Ton vor. Am 14. November, also einen Tag nach dem Rücktritt Grabskis, besuchte er den Staatspräsidenten und überreichte ihm ein Schreiben (dessen Entgegennahme er sich vom Staatsoberhaupt schriftlich bestätigen ließ!), in dem er vor der zunehmend aufgeheizten Stimmung in der Armee warnte ebenso wie davor, Sikorski abermals mit dem Militärministerium zu betrauen. Der Staatsgründer im einstweiligen Ruhestand artikulierte mit diesem kuriosen Misstrauensvotum wieder einmal seine Sonderstellung in der Öffentlichkeit, die Demonstration hatte aber damit ihren Höhepunkt noch nicht erreicht: Am nächsten Tag besuchte eine Gruppe von mehreren hundert Offizieren, darunter einige Generäle, Piłsudski in seinem Haus im Warschauer Vorort Sulejówek: seine Untergebenen aus den Legionen, schwer enttäuscht von der Republik und seit der Ermordung von Narutowicz überzeugt, dass nur eine Radikalkur den Staat retten könne. Der Hauptredner, ein aktiver General, bot dem ehemaligen Staatschef nicht nur die «dankbaren Herzen» der ehemaligen Legionäre an, sondern auch deren «bewährte, siegerprobte Säbel». Deutlicher konnte man als Militär seine bedingte Treue gegenüber der Republik nicht bezeugen. Die Manifestation wurde sofort publik und damit zu einem Skandal. Der noch immer als Militärminister amtierende Sikorski tobte. Er entließ jedoch den Hauptredner bezeichnenderweise nicht, sondern versetzte ihn in das nationaldemokratische Posen; mehrere andere Teilnehmer der Demonstration wurden ähnlich «bestraft». Die Sozialisten warfen Sikorski vor, er führe mit diesen Strafmaßnahmen seinen Privatkrieg gegen Piłsudski und die «Legionäre» fort;[16] gegen wen nun der «bewährte, siegerprobte Säbel» erhoben werden sollte, fragte die PPS diskreterweise nicht.

Die Frustration über die Republik erfasste aber keineswegs allein die Kombattanten. Auch auf der Rechten war man enttäuscht über diesen Staat, den Parteienzwist und die als Dauerkrise empfundene wirtschaftliche Lage. Dmowski klagte im Oktober, er sehe überall «ein Wettrennen Richtung Futtertrog». 95 Prozent der Polen glaubten offenbar, «alles sei gemacht, nun braucht man nur essen, sich die Taschen vollstopfen, weil es Polen gibt».[17] Einen Monat nach dem Rücktritt Grabskis überlegte er laut, woran die parlamentarische Demokratie gescheitert sei, und wies vor allem auf einen aus der Staatskasse finanzierten Klientelismus hin, verderblich und offenbar unausrottbar. Gäbe es wenigstens einen Mann, «der auch nur die Hälfte eines Mussolini» wert wäre, so der Führer der Nationaldemokraten mit Seitenblick auf den von der Rechten bewunderten Faschismus, «wäre ich durchaus für eine Diktatur in Polen».[18] Derartige Vergleiche galten nicht zuletzt Sikorski persönlich; leider fehle diesem die Zielstrebigkeit Mussolinis, obwohl er vor dem Hintergrund der Misere der politischen Klasse noch immer über am meisten Energie verfüge.[19] Auf der Linken fiel das Urteil nicht viel anders aus, nur dass man dort keine Zweifel hatte, wer das angeblich gestrandete Schiff wieder seetüchtig machen könne: Der «große Mann» warte in Sulejówek, schrieb der Führer der Sozialisten zur selben Zeit unverblümt.[20]

War die Bilanz der Republik nach sieben Jahren tatsächlich so durchgehend negativ, wie es die damaligen Eliten und Medien empfanden?

Integration und Regionalismen

Es dürfte eigentlich niemanden überrascht haben, dass die vier Bestandteile des neuen Staates nach so kurzer Zeit noch immer klar erkennbar waren: in der Architektur und im Lebensrhythmus, in der Sprache und in den Essgewohnheiten, in der Mentalität und in den Rechtsnormen.

«Einer der Flüche unseres Lebens, einer der Flüche unserer Aufbauarbeit am Staat ist, dass wir uns in mehrere Arten von Polen gespalten haben, dass wir zwar eine polnische Sprache sprechen, die polnischen Worte aber anders verstehen», klagte Anfang 1920 der Staatsgründer, «dass wir unterschiedliche Arten von Polen erzogen haben, Polen, die einander kaum verstehen, Polen, die gewohnt sind, nach fremden Mustern zu leben, nach fremden, aufgezwungenen Lebensarten und Verhaltensnormen, dass wir diese fast akzeptiert haben, dass wir sie nur mit Schwierigkeiten abstreifen können [...] Die Frage der Vereinigung aller Teilgebiete Polens ist nicht abgeschlossen, die Vereinigung des Vaterlandes ist oft nur ein Wort und keine wirkliche Realität.»[21]

Auch 1925 galten diese Worte. Unterhalb der Verfassung blieben weiterhin vier verschiedene Zivil- und Strafrechtssysteme[22] in Kraft, die im alten Kongresspolen wie im Osten durch die Vorschriften der beiden Besatzungsmächte 1915 bis 1918 modifiziert worden waren; in einigen wenigen Lebensbereichen, so vor allem in der sozialen Gesetzgebung, hatte die Republik bereits einschneidende Veränderungen vollzogen. Es gab aber z. B. kein neues Gesetz über die lokale Selbstverwaltung. Daher fanden im alten Galizien keine Neuwahlen in die Kommunen statt, die nach dem österreichischen kurialen Gesetz hätten abgehalten werden müssen; als Folge blieben die vor 1914 gewählten Stadträte auch 1925 im Amt.[23]

Natürlich gab es vernünftige Wege, mit den Altlasten umzugehen. So wurde für das schnell expandierende Hochschulwesen 1920 ein knappes Rahmengesetz verabschiedet. All die universitätsinternen Probleme, die vom Gesetz nicht berührt wurden, löste man in Lemberg und Krakau weiterhin auf der Basis österreichischer Vorschriften: «Wir gingen davon aus, dass es keinen Grund gibt, über Fragen neu nachzudenken, auf welche die langjährige Praxis mehrerer akademischer Schulen der ehemaligen Monarchie längst Antworten gefunden hatte», erinnerte sich der Mitbegründer der Lemberger Mathematischen Schule. Er fügte jedoch resigniert hinzu, solch einfache Lösungen entstünden «nur in den Köpfen der galizischen Juristen», blieben «hingegen völlig unzugänglich für die hauptstädtischen Amateure der Regierungskunst».[24] Hugo Steinhaus sprach damit ein Problem an, das weit über die Frage der republikweiten Vereinheitlichung der Rechtssysteme hinausging, nämlich das Verhältnis zwischen dem tendenziell zentralistischen Warschau und den Interessenlagen und Gewohnheiten der alten Teilungsgebiete.

Posen hatte sich bis 1921 gegen die vollständige Unterordnung als einfache Wojewodschaft innerhalb der Republik gewehrt. Oberschlesien war aus Gründen der internationalen Politik autonom. In Galizien glaubte keineswegs nur Steinhaus, in Warschau seien «Amateure» am Werk. Andererseits waren es gerade die «Galizier», die überall in der Republik als Exponenten des neuen Staates betrachtet und in dieser Eigenschaft wenig geliebt wurden. Nur im alten Kronland hatte es vor 1918 polnische Beamte und Lehrer in größerer Zahl gegeben. Daher veranlasste die Republik eine massenhafte Binnenwanderung der Staatsdiener in die übrigen Landesteile. Besonders auffallend war diese «Überschwemmung» in Oberschlesien, weil hier polnischsprachige «geistige Arbeiter» nur spärlich vorhanden waren. Ein anderes Beispiel für den Aufstieg und die Expansion der – immer als fremd, oft als sonderbar unpolnisch empfundenen – «Galizier» boten die Universitäten. Die Republik baute die Hochschulen in rasantem Tempo aus: Zu Krakau, Lemberg und Warschau kam bereits 1918 die Katholische Universität Lublin, 1919 eine neue Universität in Posen und die wieder gegründete Universität in Wilna. Das wissenschaftliche Personal für die Neugründungen kam vor allem aus Krakau und Lemberg: Drei Jahre nach Eröffnung der Universität Posen stammten fast 40 Prozent der dort lehrenden Professoren von der Krakauer Universität, in Warschau waren die Lemberger mindestens ebenso präsent.[25]

Während der Massenimport von Fachkräften aus dem Südosten innerhalb der autonomen Welt der Hochschulen weitgehend reibungslos ablief, schuf er in der Verwaltung gewaltige Konflikte. Auf politischer Ebene verdächtigten vor allem die Nationaldemokraten die galizischen Eliten des mangelnden Patriotismus: Sie hatten schließlich bis 1918 loyal im Dienst einer der Teilungsmächte gestanden. Bei den Militärs war das Misstrauen noch größer, da die Offiziere der k. u. k. Armee auf derselben – im Rückblick «falschen» – Seite sogar gekämpft hatten; diesen Vorwurf mussten sich paradoxerweise die beiden Erzgegner Piłsudski und Sikorski gleichermaßen gefallen lassen. Die Lage der Berufsoffiziere mit galizischem Ursprung wurde andererseits dadurch entschärft, dass es kaum eine personelle Alternative gab: Die Funktionsträger aus der russischen Armee taugten als positives Muster wenig und Offiziere, die wirklich auf Seiten der Westmächte gekämpft hätten, waren nicht vorhanden.

Tiefer als die nationalpolitische Kritik an den Galiziern saß aber die unpolitische, im Alltagsbereich angesiedelte Frustration der örtlichen Bevölkerung zwischen Wilna und Kattowitz über die Fremdlinge im Staatsauftrag. Sie arbeiteten anders, kannten nur fremdes Recht, hielten zueinander und waren kaum bereit, sich freiwillig auf die lokalen Gewohnheiten und Traditionen einzulassen. Den weniger zahlreichen Kongresspolen, die im Warschauer Auftrag in die Westprovinzen kamen, wurden im Grunde dieselben Vorwürfe gemacht. Hier artikulierten sich wiederum die im 19. Jahrhundert gewachsenen Vorurteile und Überlegenheitsgefühle gegenüber «den Russen», die in engem Kontext des Unbehagens und Misstrauens der Posener oder Thorner gegenüber «dem Osten» standen.

Weder Posen noch Pommerellen hatten auf ihrem Boden Kriegshandlungen gesehen. 1919 erlebten sie den Beginn der Inflation und die massenhafte Abwanderung der Deutschen, vor allem aus den Städten. Im Januar 1920 marschierten polnische Truppen in die ehemals preußischen Gebiete ein. In Putzig (nördlich von Danzig) vollzog der Befehlshaber General Józef Haller den symbolischen Akt der «Vermählung mit dem Meer», indem er vom Pferd aus einen Ring in die See warf.[26] Ungeachtet des Anklangs, den die in Presse und Bildern vervielfältigte Zeremonie unter der örtlichen Bevölkerung fand, bot die Entwicklung der folgenden Jahre wenig Grund für eine wachsende Identifikation mit dem neuen Staat: Schon das Verhalten der ortsfremden Truppen Hallers stieß auf wenig Sympathie, hinzu kamen bald die Bedrohung im polnisch-sowjetischen Krieg, später Arbeitslosigkeit und Hyperinflation. Die ursprünglichen Hoffnungen auf einen sozialen und wirtschaftlichen Aufschwung bzw. auf die Übertragung der Sekundärtugenden des preußischen Teilungsgebiets auf die ganze Republik wurden nachhaltig enttäuscht. Fast jeder fünfte Lehrer, jeder vierte Beamte (und mehr als die Hälfte aller Richter) in der Wojewodschaft Pommerellen war ein Zuwanderer aus Galizien oder aus Kongresspolen. Die lokalen Eliten begegneten den Repräsentanten des zentralistischen Staates mit konstantem Misstrauen.[27]

Der Sonderfall Warschau

Zum Symbol all dieser wohl unvermeidlichen Konflikte um die Wege, Normen und Muster der Integration wurde die Hauptstadt, in welcher «die Provinz» die Ursache aller ihrer eigenen Enttäuschungen sah. Dabei waren gerade in Warschau die Probleme der Republik zumindest ebenso offensichtlich. Als Hauptstadt hatte es zunächst einmal in zweifacher Hinsicht

Glück. Der große Rivale im zentralen Landesteil, Lodz, erholte sich von der elementaren Katastrophe des Ersten Weltkriegs und dem definitiven Wegbrechen des russischen Marktes nicht; das «gelobte Land» von vor 1914 sollte seinen Rang nie wieder erreichen. Die Warschauer Industrie hatte zwar auch einen enormen Einbruch erlebt und regenerierte sich nur langsam, aber ihr kam zugute, dass sie nicht an einer Monokultur litt wie Lodz. Zudem hatte die Weichselmetropole unter deutscher Besatzung Weichen für die Zukunft gestellt: die Wiedergründungen der Universität und der Technischen Universität 1915, die große Eingemeindung von 1916 (die Fläche stieg um das Dreifache, die Einwohnerzahl nahm um über 100 000 Menschen zu), die Einführung der allgemeinen Schulpflicht und einen schnellen Ausbau der öffentlichen Schulen. Vor allem aber gab es 1918 keinen Zweifel daran, wo sich die Hauptstadt der Republik befinden werde. Die fast 90 Jahre als große und wirtschaftlich bedeutende, aber auch nachrangige russische Provinzstadt waren definitiv zu Ende.

Und es gab einiges nachzuholen, ganz abgesehen von den sozialen Problemen wie Wohnungsmangel, die jede Industriemetropole des 19. Jahrhunderts kannte. Auch in Warschau war die Enge das Hauptproblem für den Großteil der Einwohner: Auf ein Zimmer entfielen mindestens drei, oft vier und mehr Personen, der Großteil der meist noch immer kinderreichen Familien lebte in Einzimmerwohnungen. Die Hauptstadt hatte aber zusätzlich spezifische Sorgen, die nur mit ihrer besonderen Lage im 19. Jahrhundert erklärt werden konnten.

Das Symbol dafür war in den 1920er Jahren Żoliborz. Nördlich des mittlerweile eng bebauten Zentrums hatten die Russen nach der Niederschlagung des Novemberaufstands 1831 eine große Zitadelle errichtet, die 1863/64 und 1905–1907 auch als politisches Gefängnis und Hinrichtungsort traurigen Ruhm erlangte, und die umliegenden Gebiete – direkte Anrainer des Stadtkerns – zum Sperrgebiet erklärt. Erst jetzt, in der Republik durften sie der Stadt angeschlossen und bebaut werden – ein Unternehmen, welches das Villenviertel Żoliborz in den 1930er Jahren zu einem der Vorzeigeobjekte der Republik machen sollte, 1925 aber erst angelaufen war.

In einem ähnlichen Stadium befand sich die Entwicklung des damals modernsten Mediums, des Hörfunks. Seit 1924 gab es gesetzliche Grundlagen für die Förderung des Radios und die ersten in Polen produzierten Empfänger. Die «Polnische Radiotechnische Gesellschaft», eine mehrheitlich britisch-französische Aktiengesellschaft, sendete seit dem 1. Februar 1925 ein bis zwei Stunden Programm, das die ersten Besitzer der Luxusgeräte hauptsächlich in Warschau hören konnten. Das Rennen um die begehrte Konzession machte jedoch bald die *Polskie Radio* A. G. mit 40 Prozent Staatsbeteiligung, die ab April 1926 sechs Stunden lang täglich zu empfangen war. Bis Ende der 1930er Jahre verlor der Hörfunk mit geschätzt 1,25 Millionen Empfängern definitiv seinen Charakter als Luxusgut.[28] 1925 schien dies noch ein unermesslich weiter Weg.

Ein neues Medium brauchte keine Altlasten abzuarbeiten. Die Modernisierung der Infrastruktur, die auf die Bedürfnisse der Teilungsmächte zugeschnitten war, gestaltete sich viel aufwändiger. So gab es in der Hauptstadt keine Bahnverbindung zwischen der Wiener Bahn (die am Hauptbahnhof in der Stadtmitte endete) und den Linien nach Wilna, St. Petersburg und Moskau, die im östlichen Stadtteil Praga ihre Bahnhöfe hatten. Weil kaum Überführungen und keine Tunnels existierten, zerschnitten die Bahnlinien die einzelnen Stadtteile. Transitreisende mussten in Warschau stets umsteigen: Wohlhabende legten die wenigen Kilometer zwischen den Kopfbahnhöfen mit der Droschke oder mit der Straßenbahn zurück, die Reichsten mit den gerade eingerichteten Autodroschken – wie das Taxi damals hieß[29] –, die Ärmsten zu Fuß. Eisenbahntunnel und Brücke zwischen Haupt- und Brester Bahnhof im Osten befanden sich seit vier Jahren im Bau und wurden erst 1931 eröffnet.

Die Baustelle führte vor der Weichsel an einem großen Grundstück vorbei, das bereits ebenfalls in öffentlicher Hand war; der Wettbewerb für das Gebäude des Nationalmuseums war aber im Herbst 1925 noch nicht abgeschlossen. Begonnen hatte hingegen unweit der Umbau der ehemaligen russischen Mädchenschule in einen modernen Parlamentssitz. An der Wiejskastraße entstand dann bis 1929 ein neuer Komplex, zu dessen Zentrum der zeitgemäß halbrunde Sitzungssaal des Sejm wurde. Die Regierung zog in eine ehemalige russische Kaserne ein, andere staatliche Institutionen folgten ihr. Der riesige Grundstück- und Gebäudebesitz der Armee des Zaren in Warschau diente bereits 1925 durchgehend den zentralen Ämtern der Republik. Der Staatspräsident amtierte im Königsschloss (Żeromski hatte hier in Anerkennung seiner besonderen Verdienste ein Appartement *ad personam* bekommen), das bis 1915 Sitz des russischen Statthalters bzw. Generalgouverneurs gewesen war.

Die Republik hatte es schwer in der altneuen Hauptstadt, wo einerseits seit den 1820er Jahren buchstäblich nichts entstanden war, was auf eine Funktion der Stadt als Metropole hindeuten würde, andererseits jedes wichtige Gebäude aus der Zeit der Adelsrepublik im 19. Jahrhundert über kürzer oder länger den russischen Behörden gedient hatte und damit gewissermaßen verunreinigt worden war. Ehrgeizige Wohnungsbauprojekte wie die erwähnte Errichtung des Viertels Żoliborz, dessen einzelne Teile die bezeichnenden Namen «für Offiziere», «für Beamte» oder «für Journalisten» trugen, bildeten eine unzureichende Antwort auf diese Herausforderung, zumal sie nur den besser situierten Schichten – vor allem den Staatsdienern – zugute kamen.

Eine andere Art des Umgangs mit der kontaminierten Vergangenheit bestand in der Auslöschung der Spuren russischer imperialer Präsenz. Es gab davon (von den erwähnten Militärbauten abgesehen) überraschenderweise gar nicht viel, deutlich weniger als steinerne Zeugen der Hohenzollern oder der Habsburger in Posen oder Lemberg. Als bekanntestes Denkmal galt die imposante griechisch-orthodoxe Kathedrale des Aleksandr Nevskij auf dem Sächsischen Platz, d. h. im Herzen von Warschau. Sie war von Anfang an konzipiert als Symbol der kaiserlichen Macht (die erwähnte Zitadelle im Norden diente demselben Zweck, drückte ihn lediglich mit dem profanen Mittel der Befestigungsanlagen und herausragenden Kanonenrohre aus), denn um die Kirche herum versammelt standen die Denkmäler jener polnischen Generäle, die zu Beginn des Aufstands von 1830 dem Zaren treu geblieben und von den Aufständischen deshalb erschossen worden waren. Dieser bedeutendste, gleichermaßen sakrale wie profane Bau der Zaren in Warschau wurde seit Februar 1924 systematisch abgetragen. Ein Jahr später triumphierte die Presse, nun seien wenigstens die bislang von weitem sichtbaren Kuppeln der griechisch-orthodoxen Kathedrale demontiert: Sie würden das neue Warschau nicht mehr «verhöhnen».[30] Weil der Abbau dennoch zu langsam voranging, versuchten die Ingenieure im Herbst 1925 kleine Sprengungen, die freilich sowohl für die Passanten gefährlich wurden als auch die Fensterscheiben in der Umgebung zersprangen. Letztendlich aber wurde die «russische Kathedrale» zerstört. Andere griechisch-orthodoxe Kirchen in Warschau überlebten den Wandel vom Zarenreich in die Polnische Republik unversehrt, mehrere wurden in katholische (aber auch evangelische) Gotteshäuser umgewidmet.

Die Frage nach der Neugestaltung des Warschauer Sächsischen Platzes stellte sich bereits vor der Abtragung der Nevskij-Kathedrale. Erstens ging es um einen großen repräsentativen Raum im Zentrum der Hauptstadt, der bald von der Altlast befreit werden würde. Zweitens brauchte die Republik ein Symbol. Sie war aus einem Weltkrieg hervorgegangen, an dem sie – weil nicht vorhanden – nicht teilgenommen hatte. Die weitaus meisten polnischen Soldaten waren im Dienst der drei Teilungsmächte gefallen. Den Großteil ziviler Todesopfer hatte die Hungersnot gefordert, die aber waren als historisch-politisches Symbol in Polen so wenig wie in irgendeinem anderen Land zu gebrauchen. Auch heroische Taten einzelner Menschen oder Gruppen vor dem November 1918 eigneten sich nicht als Vorbild, da andere Polen immer im Gegenlager gestanden hatten und somit Widerspruch erwartet werden musste. Die parteienübergreifende Einigung, die 1925 erreicht wurde, zielte daher folgerichtig auf jenen Zeitraum ab, als der Weltkrieg bereits zu Ende war, nämlich auf die Schlachten und Kämpfe in den Kriegen 1918 bis 1920. Der Zufall wollte es, dass das neue Denkmal – das Grabmal des Unbekannten Soldaten am Warschauer Sächsischen Platz – künftig vor allem mit dem polnisch-ukrainischen Kampf um Lemberg im November 1918 in Verbindung gebracht wurde.[31]

Die Feierlichkeiten begannen am 30. Oktober 1925 in Lemberg, wo aus dem Grab eines unbekannten, einfachen polnischen Soldaten die sterblichen Überreste exhumiert wurden. Die Presse druckte seitenlange Erinnerungen an die «Verteidigung von Lemberg», die an diesen Tagen in der Stadt selbst feierlich gewürdigt wurde. Der Sarg wurde am 1. November in einem Sonderzug nach Warschau transportiert. «Bei der Abfahrt heulten die Fabriksirenen und die Lokomotiven pfiffen. Der Leichnam wurde bedeutungsschwanger im selben Wagen transportiert, in dem wenige Jahre zuvor der Leichnam des Nationalschriftstellers Henryk Sienkiewicz in die Heimat überführt worden war. Der berühmte Schriftsteller und der namenlose Soldat wurden symbolisch miteinander verbunden [...] Das Innere des Wagens war zur Kapelle umgebaut, mit weiß-roten Tüchern ausgeschlagen und mit nationalen Emblemen ausgestattet worden. Die Türen blieben während der ganzen Reise offen, damit die Bevölkerung während der Durchfahrt den Sarg des Unbekannten Soldaten sehen konnte.»[32] Am nächsten Tag, dem 2. November, wurde die Urne in einem Staatsakt mit Ansprachen der höchsten Würdenträger, Messe und Fahnenumzug vom Warschauer Dom zum Sächsischen Platz an dem für diesen Zweck errichteten Grabmal des Unbekannten Soldaten unter einem Bogen des Sächsischen Palais bestattet. Die Republik hatte ihren Erinnerungsort gestiftet.

Infrastruktur, Modernisierung und Alltag

Die Probleme, die man im hauptstädtischen Warschau auf engem Raum und in zugespitzter Weise beobachten konnte – von zeitgerechtem Wohnen über mangelnde Verkehrsinfrastruktur bis hin zur symbolischen Schaffung bzw. Besetzung des öffentlichen Raums –, waren überall im Lande virulent. Und auch die strukturelle Spannung zwischen dem Erbe der Teilungen und den Anforderungen der neuen Staatlichkeit blieb vielerorts unübersehbar, war jedoch an unterschiedlichen lokalen Gegebenheiten festzumachen.

Das Eisenbahnnetz war nicht nur in der Hauptstadt ein Grundproblem. Es gab keine direkte Verbindung zwischen dem Kohlerevier in Oberschlesien und dem entstehenden Hafen in Gdingen bzw. dem in Danzig, der 1925 der wichtigste Hafen für den polnischen Export blieb. Aber auch die anderen Verbindungslinien machten den Transport teurer und die Reise langsamer, weil sie vor 1914 unter völlig anderen Gesichtspunkten konzipiert und gebaut worden waren. So fuhr der Zug von Warschau nach Posen über einige Umwege eine Strecke von fast 400 Kilometern (heute etwas mehr als 300), der von Warschau nach Krakau – 365 Kilometer (heute etwas mehr als 300). Die Direktverbindung Warschau-Lemberg (etwa 400 Kilometer) führte 1925 über eine Strecke von über 500 Kilometern, wofür fahrplangemäß elf Stunden vorgesehen waren. Erst im Sommer dieses Jahres verkürzte sich die Fahrzeit nach Wiederherstellung eines im Krieg zerstörten Abschnitts auf neun Stunden. 1925 waren überall Planungen und Arbeiten angelaufen, um das wichtigste Transportnetz der Moderne an die neuen Bedürfnisse anzupassen. Vom Abschluss waren diese auch noch zehn Jahre später weit entfernt.[33]

Der neue Staat musste auch andere Erblasten der Teilungszeit bewältigen. Das Problem der Beamtenschaft war schnell gelöst: In Galizien blieb das alte Personal, im ehemals russischen Teilungsgebiet wurde es weitgehend und im ehemals preußischen vollständig ausgewechselt. Als Nächstes stellte sich die Frage nach dem Sitz der neuen Ämter und Institutionen. Diese war relativ unkompliziert zu beantworten auf der Ebene der Kreisstädte, wo der Sitz des Kreishauptmanns bzw. Landrats zum Sitz des Starosten wurde, ebenso wie Amtsgericht, Gymnasium, Kaserne, Gefängnis usw. mit neuem Schild versehen weiterhin demselben Zweck dienten. Auf Wojewodschaftsebene ließ sich dieses Modell nur bedingt anwenden, denn mehrere Sitze der Wojewoden hatten in keiner der Monarchien einen vergleichbaren Rang: Stanislau, Tarnopol, Luck, Brest, Nowogródek, selbst die einzige Großstadt im Nordosten, Wilna, aber auch die oberschlesische Verwaltungshauptstadt Kattowitz waren bis 1914 bestenfalls Provinzzentren. Nur in Kattowitz wurde bereits 1925 an staatlicher Selbstdarstellung gearbeitet: Das Landtags- und Wojewodschaftsamtsgebäude, der größte Bau im Land, sollte innerhalb von vier Jahren fertig gestellt werden. Finanziert wurde das Projekt von dem autonomen Land Schlesien. Anderswo fehlte es an Mitteln.

Es gab einige Glücksfälle, wo die staatliche Infrastruktur ausreichte, wie in den ehemaligen preußischen Lokalzentren Bromberg oder Thorn. In Posen war sie seit 1910 sogar – u. a. dank der Errichtung des Kaiserschlosses der Hohenzollern als Zentrum des «Residenzviertels» mitten in der Stadt – überreichlich: Die neue Universität fand sofort einen würdigen Sitz. Landesweit hatte aber nur Lemberg, die Hauptstadt des ausgelöschten Königreichs Galizien und Lodomerien (das nun zu seinem alten Namen *Małopolska* zurückkehrte), ein ähnliches Problem, das quer zu dem der übrigen Wojewodschaftsstädte stand, nämlich ein Überangebot an öffentlichen Gebäuden. Wie in Posen kam dies vor allem der Universität zugute: Sie bezog den prächtigen Sitz des Landtags. Im alten Anwesen des Statthalters etablierte sich das Wojewodschaftsamt. Der Eindruck, der sich heute aufdrängt, mochte bereits 1925 entstehen: Lemberg hat – wie zahlreiche andere Zentren der Donaumonarchie nach 1918 – überproportional viele öffentliche Bauten, die seit 1918 im Zeichen des Zentralismus nur noch notdürftig verwaltet wurden.

Überall fehlte es an Kapital. Der Mangel trat am deutlichsten in den Ostgebieten zutage, aber selbst in Warschau wurde die im August 1915 von den Russen zerstörte zentrale Weichselbrücke erst nach zehn Jahren wiederhergestellt.[34] Im selben Jahr befand sich die größte Baustelle der Republik an der Ostsee. Der Sejm hatte im September 1922 den Ausbau des Fischerdorfes Gdingen nördlich vom Kurort Zoppot (der zur Freien Stadt Danzig gehörte) zu einem Tiefseehafen beschlossen. Bereits im April des folgenden Jahres wurde ein provisorischer Hafen eröffnet, die Zahl der Einwohner stieg 1925 von 900 vor dem Krieg auf über 10 000, aber erst im März dieses Jahres wurde die entstehende Stadt an das Elektrizitätswerk angeschlossen. Die Hafenanlagen, der Bahnhof, repräsentative Gebäude der Marine und der Verwaltung, Schulen und Wohnhäuser – all dies war Mitte der 1920er Jahre als Rohbau erkennbar, aber eben nicht fertig.[35]

Auch dieses Prestigeprojekt der Republik litt an Kapitalmangel. Die *Bank Polski* mit ihrer satzungsgemäß restriktiven Währungspolitik achtete peinlich genau auf die Parität zwischen vorhandenen Reserven und dem Banknotenumlauf; im Ergebnis fehlte es überall an Geld, die Zinsen blieben hoch, Kredite teuer, Auslandsanleihen wurden auch nicht billiger.[36] Dabei war das Land auf Investitionen in allen Bereichen angewiesen, andernfalls drohte eine Blockade sowohl der nationalstaatlichen Integrationsprozesse als auch der sozialen Mobilität innerhalb der weiterhin vorwiegend bäuerlich und ländlich geprägten Gesellschaft. Auch wenn 1922/23 und 1926/28 jährlich mehr als 200 000 Hektar Boden aus dem Großgrundbesitz an Bauern verkauft wurden, verringerte dies weder die Zahl der Zwerg- und Kleinhöfe in einem statistisch relevanten Ausmaß noch vergrößerte es deren Fläche; die Erbteilung machte schnellere Fortschritte.[37] Erst 1938 sollte ein Soziologe all die Hürden und Behinderungen thematisieren, die einem Aufstieg der jungen Bauern in der sozialen Hierarchie landesweit im Wege standen.[38]

Eine Schlüsselstellung kam dabei von Anfang an der Geburtenrate zu. Polen erlebte in den 1920er Jahren einen regelrechten Babyboom. Das Bevölkerungswachstum betrug fast das Dreifache des österreichischen, war doppelt so hoch wie das deutsche und um rund die Hälfte größer als in der benachbarten Tschechoslowakei. Dieser demographische Druck lastete von Beginn an sowohl auf der Agrarstruktur als auch auf dem Schulwesen, das überdies die jahrzehntelangen strukturellen Versäumnisse in den ehemals russischen Landesteilen beseitigen musste. Die Erfolge des unter denkbar ungünstigen Bedingungen eingeleiteten Alphabetisierungsprogramms waren trotzdem beachtlich: Im Verlauf der 1920er Jahre sank die Zahl der Analphabeten um fast die Hälfte, unter den 10 bis 14-Jährigen um drei Viertel.[39] Der Anteil der Bildungsausgaben am Staatshaushalt verdreifachte sich in derselben Zeit von fünf auf 15 Prozent. Die Lehrer erhielten bereits im Dezember 1918 Beamtenstatus. Eine ergänzende, gleichwohl wichtige Rolle spielten die Streitkräfte. Bei der Aushebung von 1924 erwies sich fast die Hälfte der Rekruten als Analphabeten, wodurch der Sinn des Gesetzes von 1919 über die Zwangsalphabetisierung in der Armee erneut bestätigt wurde.[40]

Der Osten fiel auch bei der Bekämpfung des Analphabetismus und der Durchsetzung der Schulpflicht hinter den anderen Landesteilen zurück, der Fortschritt war dennoch klar erkennbar.[41] Das Bildungsprogramm diente hier freilich zugleich der Polonisierung der Minderheiten, besonders der ukrainischen. Das unter Władysław Grabski verabschiedete, nach seinem Bruder und Kultusminister Stanisław benannte Schulgesetz von 1924 (*Lex Grabski*) sah theoretisch eine Umsetzung der Verfassungsbestimmungen und des Minderheitenschutzvertrages von 1919 vor, im Sinne des altösterreichisch klingenden Glaubenssatzes von einer «gemeinsamen Schule, die polnische und nichtpolnische Kinder zu guten Staatsbürgern erzieht, in gegenseitiger Achtung ihrer nationalen Eigenheiten». In der Praxis lief das Gesetz freilich auf eine allmähliche Verdrängung des bislang starken ukrainischen Grundschulwesens hinaus: Während in der Donaumonarchie Ukrainisch in 2450 Schulen Unterrichtssprache war, schrumpfte die Zahl bereits im Schuljahr 1925/26 auf etwa die Hälfte; elf Jahre später waren es nur noch knapp 500, hingegen stieg die Zahl der «utraquistischen» (d. h. mit Polnisch und Ukrainisch arbeitenden) Schulen um etwa 90 Prozent (von 1426 auf 2710).[42] 1925, als die Langzeitfolgen des Alphabetisierungsprogramms im Osten noch nicht klar absehbar waren, gab es weder unter den Minderheiten noch in den polnischen Parteien effektive Unterstützung des Projektes: Paradoxerweise lastete die Rechte «ihrem» Ministerpräsidenten und Kultusminister Nachgiebigkeit an, der Vorwurf der vermeintlichen Privilegierung der Nichtpolen wurde zu einem festen Bestandteil der Kritik an der gesamten parlamentarischen Demokratie.[43]

Gänzlich unabhängig von tagespolitischen Auseinandersetzungen kam es zu Veränderungen in einem anderen Bereich, der durch die extrem hohe Geburtenrate geprägt wurde und auf die Entwicklungsfähigkeit von Staat und Wirtschaft direkt einwirkte. Das mittlerweile seit Jahrzehnten traditionelle Ventil der Emigration verlor in den 1920er Jahren langsam an Bedeutung. Infolge der zunehmend restriktiven Einwanderungspolitik der USA und Kanadas wurde in dieser Zeit Frankreich zum wichtigsten Migrationsziel der Polen; in der zweiten Hälfte der 1920er Jahre nahm es mit 285 000 Menschen etwa siebenmal mehr Einwanderer auf als die USA.[44] Zu einem eigenen Migrationsziel entwickelte sich Palästina, wohin praktisch nur Juden auswanderten. Es gab dort eine eigene «Grabski Alija» (1924–1926) mit etwa 30 000 Neusiedlern, die in der neuen Wirklichkeit Polens nicht zurechtgekommen waren. Ab 1926 fielen die Zahlen, viele wanderten aus dem gerade krisengeschüttelten Palästina in ihre alte Heimat zurück. Insgesamt stellten in den 1920er Jahren die polnischen Juden fast die Hälfte der Einwanderer.[45]

Ebenso wie die strukturelle Veränderung der Auswanderungsmuster vollzog sich die allmähliche Emanzipation der Frauen weitgehend unbeachtet von der Tagespolitik. Sie hatten seit 1919 die vollen politischen Rechte und waren theoretisch den Männern gleichgestellt. In der Praxis erwarben sie sich langsam das Recht auf Bildung mit Abitur- und Hochschulniveau. Im Berufsleben waren sie bereits unübersehbar: Außerhalb der Landwirtschaft machten die Frauen etwa 30 Prozent der Beschäftigten aus, in der Großindustrie hingegen nur knapp ein Fünftel, was vor allem mit einer mittlerweile deutlichen Präsenz im Handel und unter Angestellten zu tun hatte. Im Schulwesen waren Ende des Jahrzehnts mehr als 50 Prozent der Beschäftigten Frauen, ähnlich wie im Gesundheitswesen.

Trotzdem blieb die Frau in der Öffentlichkeit unterrepräsentiert. Der aus den USA zurückgekehrte Mitbegründer der polnischen Soziologie, Florian Znaniecki, hielt als eines der Ergebnisse seiner Feldforschung über die Stadt Posen fest, dass die Gleichberechtigung kaum reflektiert werde. Es sei schon «erstaunlich», schrieb er, wenn Frauen in den Aussagen über das Berufsleben kaum vorkämen, zumindest ebenso auffällig sei die Konzentration auf ihre traditionellen privaten Verpflichtungen als Familienmitglied.[46] Die Ausnahme, die Znaniecki bemerkt hatte, bildeten Dienstmädchen. Sie blieben allgegenwärtig, selbst in den neuen, keineswegs großen Wohnungen des Mittelstandes wurde stets das halbe Dienstmädchenzimmer mit eingeplant; ihr alltäglicher Gang auf den Marktplatz oder zum Metzger kam noch immer billiger als das Luxusgerät Kühlschrank.[47]

Allerdings lebte die Frau in der Stadt anders als auf dem Land: Die Geburtenrate lag um ein Drittel niedriger als bei den Bäuerinnen und Landarbeiterinnen. Diese hielten zusammen mit italienischen Leidensgenossinnen den europäischen Rekord, der gut doppelt so hoch wie der westeuropäische Durchschnitt war. Auf dem Land arbeitete die Frau mit 3400 bis 4000 Stunden jährlich weiterhin deutlich mehr.[48]

All die sektoralen Veränderungen wirkten sich – nicht nur Mitte der 1920er Jahre, sondern auch später – wenig auf die 1918 geerbten Teilungsgrenzen und poстständischen Hierarchien aus. Etwa ein Drittel der Staatsbürger lebte in der Moderne – im ehemaligen preußischen Teilungsgebiet, in Oberschlesien, in den Industriezentren des alten Kongresspolen, im Erdölbecken, in Krakau samt westlichem Umland sowie in Lemberg. Ein weiteres Drittel – der Großteil Westgaliziens und Zentralpolens – wohnte in relativ rückständigen, agrarisch und kleinstädtisch geprägten Gebieten, die jedoch hinsichtlich aller zivilisatorischen Merkmale deutlich besser entwickelt waren als der Rest – die ehemals «Weggenommenen Gebiete» und Teile Ostgaliziens. Diese Spaltung in ein «Polen A, B, C» konkurrierte mit einer einfacheren Systematik, die eine Trennlinie zwischen «Polen A» und «Polen B» symbolisch an der Weichsel ortete; beide Ordnungsversuche der strukturellen Probleme hatten ihre Vorteile, auf jeden Fall blieben die Unterschiede unübersehbar.[49]

Die aus der Teilungszeit geerbte Ungleichzeitigkeit – zwischen dem Westen und dem Osten des Landes lag weiterhin eine ganze Epoche – hatte ihre Entsprechung in der Persistenz der sozialen Hierarchie. Es gab Demokratie und Gleichheit vor dem Gesetz, eine Demokratisierung von Umgangsformen und Sitten, die von der zunehmend lockereren Kleidung beider Geschlechter über die Freizeitgestaltung bis hin zu den Höflichkeitsformen reichte. Dennoch bestand eine deutlich erkennbare gesellschaftliche Segmentierung fort. Im Zeichen des allgemeinen und gleichen Wahlrechts gab es natürlich einen massenhaften Aufstieg von Arbeiter- und Bauernvertretern in mehreren Parteien, damit in Parlament und staatlicher Exekutive; deren Söhne (seltener Töchter) stellten gegen Ende der Zweiten Republik bis zu einem Fünftel der Abiturienten und Studenten.[50] Die politische Elite sah jedoch auffallend anders aus. Unter den etwa 300 Personen, die 1919 bis 1926 die höchsten staatlichen Ämter bekleideten, waren 56 Prozent Angehörige der Intelligenz, 13 Prozent Gutsbesitzer, elf Prozent Unternehmer und Finanziers, zehn Prozent Armeeangehörige, sieben Prozent Beamte, nur zwei Prozent Bauern und ein Prozent Arbeiter.[51] Im gesamtgesellschaftlichen Durchschnitt stellten hingegen die Arbeiter (inklusive der Landarbeiter) mehr als ein Viertel der Bevölkerung, die Bauern deutlich mehr als die Hälfte, die Intelligenz etwa fünf, die Bourgeoisie etwa ein Prozent, die Grundbesitzer ca. 0,04 Prozent.[52] Żeromski hatte in seinem letzten Roman kaum übertrieben. Andererseits darf man nicht vergessen, dass gerade in der Intelligenz und in der Armee (zusammen mehr als zwei Drittel der höchsten Staatsdiener) zahlreiche Aufsteiger aus den unteren sozialen Klassen zu finden waren. Den Haupthelden des «Vorfrühlings», um 1900 geboren und damit eine Generation jünger als die Akteure der polnischen Politik ein Vierteljahrhundert später, dürften die Aufstiegsmöglichkeiten der Altersverwandten seines Vaters wenig interessiert haben. Zumal nichts darauf hindeutete, dass sich ein ähnlicher Umsturz wie der Weltkrieg demnächst wieder ereignen würde.

Intelligenz und Arbeiterklasse entwickelten sich am schnellsten. Die zahlenmäßige Explosion der ersteren, bislang noch relativ kleinen Gruppe, in der nun die Lehrerin in der Grundschule und der kleine Angestellte klar über den meinungsbildenden und landesweit bekannten Publizisten dominierten, führte zu einer immer deutlicheren Differenzierung zwischen «Intelligenz» im engeren Sinne und «geistigen Arbeitern», die eben keine körperliche Arbeit verrichteten, hingegen mit der Intelligenz im strengen Sinne wenig zu tun hatten. Unter den Arbeitern war ein anderer Prozess zu beobachten: Langsam wurde die großindustrielle Arbeitnehmergruppe zur zweitgrößten Schicht nach den Landarbeitern. Beides, sowohl das Wachstum der Angestellten wie der «klassischen» Arbeiter, übersetzte sich jedoch kaum in politische Optionen für rechts oder links.

Die Republik war den meisten Staatsbürgern die Einlösung der Versprechen von 1918 schuldig geblieben. Dennoch, ein vergleichender Blick auf das übrige Ostmitteleuropa, auf den Balkan, Italien und die Iberische Halbinsel hätte genügen können, um die vermeintlich deprimierende Bilanz der ersten sieben Jahre grundlegend zu revidieren: Polen war zwar weiterhin ein Land der schreienden Ungerechtigkeit, ein Land mit schwer lösbaren Regional- und Strukturproblemen und einer ebenso schwer lösbaren Minderheitenfrage. All dies bewegte sich aber im Rahmen der ostmittel- und südeuropäischen Norm und hatte mit dem Bild eines «Saisonstaates» (wie die Republik oft in Deutschland apostrophiert wurde) wenig zu tun. Es waren dann die Furcht der Staatsnation vor ihrer eigenen Zerrissenheit sowie die medial aufgebauschte Frustration über das vermeintliche Versagen der politischen Klasse, welche die parlamentarische Demokratie im Herbst 1925 zu einem Auslaufmodell werden ließen. Die durchaus verständliche Angst vor der auswärtigen Bedrohung durch die beiden großen Nachbarn sowie die Vorstellung, dass die Unabhängigkeit keineswegs für alle Zeiten gegeben bzw. die Souveränität ständig gefährdet sei, beschleunigten ihren Auflösungsprozess.

Diese mentale Abkehr vom Wahlzettel zur Uniform vollzogen so oder ähnlich die Eliten nicht nur in Polen, sondern, abgesehen von der Tschechoslowakei, in fast allen Staaten «Zwischeneuropas» von Estland bis Griechenland. Offenbar brauchten sie die Erfahrung einer autoritären Diktatur, um viel später bei erster Gelegenheit zur Demokratie zurückzukehren. Österreich hatte Glück, in Griechenland war es keine Einbahnstraße. Alle anderen erhielten erst 1989 die Gelegenheit, die Fehlentwicklung der 1920er Jahre zu korrigieren.

6. Die Diktatur (1926–1939)

Das régime extra-constitutionnel, 1926–1930

Piłsudski wollte keine Revolution. Ganz im Gegenteil: Nachdem ihm die militärische Demonstration aus der Hand geglitten und in einen blutigen Kampf polnischer Soldaten ausgeartet war, in dem etwa 150 völlig unschuldige Zivilisten gestorben waren, ging es um eine alsbaldige Beruhigung der Lage und die Wiederherstellung von Normalität. Er ordnete ein feierliches gemeinsames Begräbnis der Opfer der Maitage an. In dem ersten Befehl nach dem Umsturz sprach er ebenso demonstrativ nicht von Sieg und Triumph, sondern von gemeinsamer Heimatliebe, vergossenem Blut, Gott, Sünde und Vergebung.

Die Versöhnungsgesten dienten einer raschen Durchsetzung der neuen Ordnung, in der Piłsudski die Macht in seiner Hand vereinigte, ohne die Grundsätze des bisherigen Systems aus den Angeln zu heben. Als Brücke für diese Gratwanderung boten sich die Rücktrittsgesuche an: des Ministerpräsidenten an den Staatspräsidenten und des Staatspräsidenten an die zweite Person im Staat, den Sejmmarschall Rataj. Dieser «legalisierte» den Umsturz, indem er beide Gesuche annahm und umgehend ein neues Kabinett unter dem Vorsitz des bisher wenig bekannten, sowohl der Bauernpartei als auch Piłsudski nahestehenden Lemberger Mathematikprofessors Kazimierz Bartel berief. Sodann ordnete er für den 31. Mai Präsidentschaftswahlen in der Nationalversammlung an. Piłsudski erhielt jene 292 Stimmen, die die beiden ersten Präsidenten vor vier Jahren auf sich vereinigen konnten, der Gegenkandidat der Rechten nur geringfügig weniger als seine Vorgänger (193). Piłsudski nahm die Würde nicht an, wie er schon 1922 die Aufstellung seiner Kandidatur für das gleichermaßen repräsentative wie bedeutungslose Amt des Staatsoberhaupts abgelehnt hatte, worauf am 1. Juni ein anderer Professor der Lemberger Technischen Hochschule, der prominente Chemiker Ignacy Mościcki mit fast denselben Stimmen zum Präsidenten gewählt wurde. Der neue Staatspräsident war vor dem Ersten

Weltkrieg aus der Schweiz zurückgekehrt. In der Politik war er ein Neuling, der bald einen vielerorts belächelten Hang zur Repräsentation entwickeln sollte.

Das Parlament wurde nicht aufgelöst, da dies Neuwahlen bedeutet hätte – und auf einen Wahlgang waren die Putschisten völlig unvorbereitet. Da das Piłsudski-Lager keine eigene Partei besaß, hätte eine Abstimmung aller Wahrscheinlichkeit nach nur der Linken zu einem gewaltigen Sieg verholfen. Und das war nicht der Sinn der «Mairevolution» gewesen, die eine «moralische» Revolution nach sich ziehen sollte und nicht die Festigung einer oder mehrerer Parteien. Die Sanierung des Staates bzw. die Gesundung der moralischen und politischen Verhältnisse *(Sanacja),* mit der Piłsudski zum Staatsstreich angetreten war und die der ganzen Periode bis 1939 den Namen geben sollte, war ohne und gegen a l l e Parteien geplant. Dazu diente dem neuen Staatschef ein zerstrittenes und schwaches Parlament. Zwischenzeitlich wollte er diesen «Polen zerfressenden Krebs» – wie er den Sejm nannte – auf den Rang einer Versammlung drücken, die bei Abstimmungen brav «die Arme hebt und senkt», bis sie sich gewissermaßen selbst in die Bedeutungslosigkeit treiben würde; dafür brauchte er Zeit.[1]

Die Stellung des Sejm wurde zunächst einmal nur durch das Verfassungsgesetz vom August 1926 («Augustnovelle») geschwächt: Von nun an durfte der Präsident das Parlament auflösen und Verordnungen mit Gesetzeskraft erlassen, die später dem Sejm zur Bestätigung vorgelegt werden mussten. Die Exekutive wurde zusätzlich gestärkt durch die Bestimmung, dass, falls der Sejm nicht binnen vorgeschriebener Frist einen Jahreshaushalt verabschieden würde, der Präsident den Regierungsentwurf per Unterschrift zum Hauhaltsgesetz machen konnte. Die Neutarierung der Gewichte verschob die Macht deutlich zugunsten der ausführenden Gewalt, allerdings war das so modifizierte verfassungsrechtliche System von einer Diktatur noch weit entfernt.

Piłsudski erweiterte seine Basis im politischen Bereich paradoxerweise durch eine Öffnung nach rechts, wobei diese nicht den Nationaldemokraten, sondern den Konservativen galt. Zwei von ihnen wurden als Minister in das umgebildete Kabinett aufgenommen. Ein demonstratives Treffen mit konservativen Politikern am Symbolort Nieśwież (seit Jahrhunderten einer der Sitze der Radziwiłłs), bei dem Piłsudski von der Aristokratie wie der künftige König empfangen wurde, diente ebenfalls der Betonung der Gemeinsamkeiten zwischen der ältesten und der jüngsten politischen Elite.[2] Hingegen verhielten sich die neuen Machthaber gegenüber der römisch-katholischen Kirche nur korrekt bis indifferent. Diese blieb ihrerseits bei der traditionellen Sympathie für die Nationaldemokratie, ohne sich als Teil einer im engeren Sinne politischen Opposition zu profilieren.

Der eigentliche Zankapfel zwischen dem ideologisch weiterhin amorphen Regime und den Parteien war in dieser Anfangsphase die Aufwertung der Regierung gegenüber dem Parlament. Die erste, milde Variante wurde bereits Ende September 1926 durchexerziert: Nachdem der Sejm zwei Ministern das Vertrauen entzogen hatte, demissionierte das ganze Kabinett. Der Staatspräsident nahm den Rücktritt an und berief sogleich eine neue Regierung mit denselben Ministern, deren Rücktritt das Parlament gerade erreicht hatte. Als der Sejm im Gegenzug ein vom Regierungsentwurf abweichendes Haushaltsprovisorium für die letzten Monate des Jahres verabschiedete, trat die Regierung Bartel zurück. Am 2. Oktober übernahm Piłsudski das Amt des Ministerpräsidenten und ließ wenig Zweifel daran, dass es auch genug politischen Raum für eine harte Variante gebe. Der Sejm wurde von der Regierung ab Ende 1926 demonstrativ übergangen. Dennoch: Parlament, politische Parteien und Gewerkschaften – all das blieb in den ersten Jahren der Diktatur ebenso erhalten wie die bürgerlichen Freiheiten. Prononcierte Gegner Piłsudskis wurden aus dem Staatsdienst entfernt, eine umfangreiche «Säuberung» fand aber nicht einmal in der Armee statt. Die Exekutive versuchte wiederholt, die Zensur mittels Verordnungen zu verschärfen. Zwar scheiterte sie damit am Widerstand des Sejm, die Praxis der Pressekontrolle veränderte sich jedoch deutlich zum Nachteil der Medien. So galt der Grundsatz der Pressefreiheit formal weiter, während allzu kritische Artikel gegen die Obrigkeit konfisziert wurden.

Ein kluger Jurist nannte das im Mai 1926 etablierte System zutreffend ein *régime extra-constitutionnel*: Die novellierte Verfassung blieb in Kraft, die Exekutive agierte an ihr vorbei, ignorierte aber eher ihren Geist als den Buchstaben. Andererseits füllten die neuen Machthaber die weiten Räume, die ein Grundgesetz offen lässt, mit eigenen Ideen und Rechtsakten, die auf eine allmähliche Aushöhlung der Märzverfassung hinausliefen.[3]

Minderheitenpolitik

Keine der parlamentarischen Regierungen hatte einen Durchbruch in der Minderheitenpolitik erzielt. Es gab das Gefühl einer Bedrohung seitens des «jüdischen» Bolschewismus (*żydokomuna*), der «verräterischen» Deutschen und der ebenso «illoyalen» Ukrainer. Daraus resultierten unendliche Debatten, Papier gebliebene Gesetzentwürfe und Verordnungen, unter denen die ministeriellen Ausführungsbestimmungen für die Schulreform 1925 wohl am nachhaltigsten gewirkt haben, weil sie das ukrainischsprachige Schulwesen effektiv behinderten. Die neuen Machthaber hatten den Ehrgeiz, auch – und sicher nicht zuletzt – hier eine *Sanacja* herbeizuführen. Bereits im Sommer 1926 beriet das neue Kabinett die Grundsätze der Minderheitenpolitik. Die Minister kritisierten das bislang übermäßig harte sowie letztlich ineffektive Vorgehen der parlamentarischen Regierungen. Piłsudski beschwichtigte und betonte eher die bisherigen Erfolge der Assimilierungspolitik. Die Anwesenheit von Minderheiten in der Republik hielt er für eine naturgegebene Selbstverständlichkeit, ebenso wie die assimilatorische Funktion der staatlichen Institutionen, vor allem der Schule und der Armee. Mit Antisemitismus konnte er hingegen ebenso wenig anfangen wie mit Antigermanismus. Den Entwurf der «Richtlinien» zur Deutschenpolitik kommentierte er ganz im Geist eines weisen Gutsbesitzers – der er nie gewesen war und trotzdem sein Leben lang geblieben ist: «Die Deutschen haben im Verlauf der Geschichte ihre Assimilierungsfähigkeit nachgewiesen; sie haben ein angeborenes Element von Staatsloyalität. Eine Verwendung dieser Minderheit für den Staat mit Aussicht auf Staatsassimilierung ist möglich und wahrscheinlich. Die Regierungen sollten sich gegenüber den Deutschen gerecht verhalten, aber auch Stärke zeigen, diese Bevölkerung muss nämlich eine starke Hand der Obrigkeit über sich fühlen.»[4]

Es gab in der neuen Minderheitenpolitik durchaus Züge eines Entgegenkommens gegenüber den nichtpolnischen Einwohnern des Landes, sogar gegenüber Einwanderern. Das Innenministerium erkannte 1926–1928 die polnische Staatsbürgerschaft der geschätzt 600 000 Juden an, die nach 1917/19 aus Russland nach Polen aus- bzw. zurückgewandert waren und von keiner parlamentarischen Regierung als polnische Staatsbürger akzeptiert worden waren.[5] Diese Einstellung galt aber nicht gegenüber jenen, die man aus unterschiedlichen Gründen als Staatsfeinde ausgemacht hatte. Im selben Sommer 1926, als die Regierung über eine neue Minderheitenpolitik diskutierte, griff die ihr nahestehende Presse Korfanty an, den legendären Führer der Oberschlesier, der mit seiner Christdemokratie zum rechten Flügel der Parteienlandschaft gehörte. Mehr oder minder unverblümt wurde ihm vorgeworfen, für deutsches Geld deutschfreundliche Politik in Kattowitz zu betreiben. Gleichzeitig bereiteten die Behörden belastendes Material gegen einen anderen Polen vor, der sich wiederum dem Kommunismus genähert hatte. Sylwester Wojewódzki, ein Gutsbesitzersohn aus dem Osten, Soldat der «ersten Kaderkompanie» vom August 1914, wichtiges Mitglied der POW im Jahre 1918, hatte 1924 eine radikale Bauernpartei mitbegründet, die mit der den Kommunisten nahestehenden belarussischen «Hromada» zusammenarbeitete.[6] In diesen Zusammenhang gehört, dass die Kommunisten und ihnen nahestehende Organisationen Mitte der 1920er Jahre expandierten. Belarussische Sejmabgeordnete, darunter der bekannte Intellektuelle Bronisław Taraszkiewicz, gingen ein Bündnis mit dem belarussischen Zweig der KP Polens ein, dessen Ziel der Aufbau einer legalen autochthonen Massenorganisation war, die sozialrevolutionäre Losungen als Programm einer unterdrückten nationalen Minderheit verbreiten sollte: die «Belarussische Bauern- und Arbeitergemeinde» (*Białoruska Włościańsko-Robotnicza Hromada,* BWRH). Moskau unterstützte diese Aktion wahrscheinlich nicht nur über Abgesandte aus der Hauptstadt der Belarussischen Sowjetrepublik Minsk, Berlin sah ihr ebenfalls wohlwollend zu. Die im Juni 1926 kaum vorhandene BWRH (569 Mitglieder) zählte Ende des Jahres fast 67 000 Mitglieder; anderen Schätzungen zufolge soll diese Zahl bis zur Jahreswende gar auf 100 000 gestiegen sein. Sie verband den alten Ruf nach entschädigungsloser Parzellierung des Großgrundbesitzes mit der Forderung nach einem vereinigten Belarussland als Arbeiter- und Bauernstaat. Im Januar 1927 ließ Piłsudski die BWRH auflösen. 800 Personen wurden verhaftet, offenbar ohne Widerstand und langfristige Konsequenzen; einige Prozesse folgten.[7] Dennoch zeigte der kometenhafte Aufstieg der belarussisch-kommunistischen Oppositionsbewegung, wie fragil die Lage in den weiträumigen Ostgebieten, den *Kresy,* war.

Die ungelösten Strukturprobleme hätten auch ein wesentlich reicheres Gemeinwesen als die Republik vor unlösbare Aufgaben gestellt. Die seit Jahrzehnten schwelende Streitfrage der Nutzung von Wäldern und Wiesen spaltete weiterhin die polnische Gutsherrschaft – im Nordosten gehörten fast 90 Prozent, in Polesien und Wolhynien beinahe zwei Drittel der großen Güter den Polen – und die belarussische bzw. ukrainische Dorfgemeinde. Die schon vor 1914 begonnene Flurbereinigung kam nur schleppend voran, ebenso wie die Bodenreform. Die Erlöse aus dem Holzexport, dem einzigen exportfähigen Artikel des Ostens, der überdies ab Mitte der 1920er Jahre eine gute Konjunktur erlebte, fielen faktisch nur dem Gutsbesitz zu.

Der Staat bemühte sich um den Ausbau des Grundschulwesens im Osten: Zwischen Anfang und Mitte der 1920er Jahre verdoppelte sich der Anteil der Schüler auf knapp 60 Prozent der Schulpflichtigen, lag damit aber noch immer fast um ein Drittel unter dem in den zentralen Wojewodschaften. Die Zahl der Lehrer pro 1000 Einwohner – in einer Region, wo die mit Abstand größte Quote von Analphabeten lebte – war niedriger als in jedem anderen Landesteil, sie erreichte etwas mehr als 70 Prozent der zentralpolnischen Gebiete und knapp mehr als die Hälfte Westpolens. Und nichts deutete auf eine Veränderung hin – vor dem Hintergrund des weiterhin lähmenden Kapitalmangels, eines Bevölkerungswachstums, das um ein Drittel über dem ohnehin hohen polnischen Durchschnitt lag, schließlich der unmittelbaren Nachbarschaft des gerade Mitte der 1920er Jahre durchaus attraktiven sowjetischen Modells der «Verwurzelung» (*korenizacija*) der Belarussen auf der anderen Seite der Grenze.[8]

Noch größere Probleme warf die Lage im hauptsächlich ukrainisch besiedelten Südosten auf. Die strukturellen Konflikte sahen nicht viel anders aus, aber hier, im ehemaligen Ostgalizien (nun *Małopolska Wschodnia*) konnte die nationale Opposition auf Organisationsstrukturen und Erfahrungen aus der Zeit der Donaumonarchie aufbauen. Die Ukrainer verfügten u. a. über einen mächtigen Genossenschaftsverband (*Związek Rewizyjny Spółdzielni Ukraińskich*), der in den 1930er Jahren 3500 Genossenschaften mit 700 000 Mitgliedern und 15 000 Angestellten vereinigte; als Arbeitsplatz und Einkommensquelle der ukrainischen Intelligenz spielte der Verband eine Schlüsselrolle.[9] Trotz des Boykotts der Wahlen 1922 in Ostgalizien besaßen die Ukrainer stets eine stärkere – politisch freilich keineswegs homogene – parlamentarische Vertretung als die Belarussen.[10] Die politische Elite der ukrainischen Parteien war gut ausgebildet und verfügte über erhebliche Parlamentserfahrung. Ähnlich wie bei der Staatsnation bestand die Schwäche der ukrainischen Mandatsträger in unterschiedlichen Sozialisationen und gegensätzlichen politischen Zielvorstellungen. Die einen kamen aus Galizien, die anderen waren im Zarenreich aufgewachsen, die einen glaubten an einen nationalen Sozialismus, die anderen vertrauten auf die führende Rolle des Bauerntums. Diese Unterschiede übersetzten sich in Fraktionskämpfe und interne Auseinandersetzungen, die oft einer Einigung in grundsätzlichen Fragen im Wege standen.[11] Freilich wurde die belarussische Opposition in zumindest demselben Maß von inneren Kontroversen gehemmt.[12] Es gab aber auch erhebliche Differenzen: Die Ukrainer kämpften erfolglos gegen die seit Mitte der 1920er Jahre fortschreitende Polonisierung des Schulwesens, während dieselbe Schulreform im Fall der Belarussen kurzfristig zu einer deutlichen Verbesserung ihrer Lage führte; 1929 entstand an der Universität Wilna sogar ein Lehrstuhl für Beloruthenistik. Während also Warschau nach 1926 die nichtkommunistischen belarussischen Anliegen in bescheidenem Umfang förderte (dies sollte in den 1930er Jahren ins Gegenteil umschlagen), verfolgte es im Fall der Ukrainer eine zweigleisige Politik. Im ehemaligen Ostgalizien («ukrainisches Piemont») schlug man einen harter Kurs ein, so dass die 1922 gesetzlich angekündigte ukrainische Universität Lemberg bis 1939 nicht gegründet wurde. Im ehemals russischen Wolhynien hingegen standen die lokalen Behörden der ukrainischen «Landeskultur» eher wohlwollend gegenüber – zumindest soweit die örtlichen Vertreter der Minderheit sich kompromissbereit zeigten und von Autonomieforderungen abrückten.[13] Der örtliche Wojewode Henryk Józewski, ein Vetrauter Piłsudskis, glaubte durch Konzessionen in der Kultur-, Religions- und Schulpolitik vor allem der Verbreitung des Kommunismus unter den Ukrainern entgegenzuwirken. Die polizeilichen Statistiken bestätigten diesen Optimismus nicht: Als Warschau im Frühjahr 1938 Józewski wegen seiner vergleichsweise liberalen Politik zum Rücktritt zwang, galt Wolhynien geradezu als Hochburg der linken Staatsfeinde. Hier wurden im Vorjahr 40 Prozent aller kommunistischen Verbrechen begangen, wenngleich die Bevölkerung nur etwa sechs Prozent der gesamtpolnischen ausmachte.[14]

Der Prüfstein der Minderheitenpolitik lag jedoch im Südosten, wo rund drei Fünftel der polnischen Ukrainer lebten und nicht die Kommunistische Partei, sondern die Nationalbewegung die Behörden vor die größten Herausforderungen stellte. Hier ging die radikale Organisation Ukrainischer Nationalisten (*Orhanizacija Ukraïns'kych Nacionalistiv,* OUN) noch im Jahr ihrer Gründung 1929 zum bewaffneten Terror über: Unter der Losung, die Polen in den Westen zu verdrängen, führte sie Anschläge auf staatliche Funktionäre und Ämter durch, begleitet von Brandschatzung und Gleisdemontagen. Der Staat schlug erst im Herbst 1930 massiv zurück, als die Diktatur zum ersten Mal Gewalt anwendete und jeglicher Opposition landesweit polizeilich entgegentrat. In Ostgalizien rückte die Armee ein. Die Verhaftungen, Hausdurchsuchungen, Auflösungen von verdächtigen Organisationen usw. («Pazifizierung») brachen zwar lokal den ukrainischen Widerstand, führten jedoch zu einer weiteren Verhärtung der Fronten. Der OUN schlossen sich mehr und mehr junge Ukrainer und Ukrainerinnen an. Im August 1931 erschossen Attentäter den Ostexperten und Mitarbeiter Piłsudskis Tadeusz Hołówko. Wohl kaum zufällig eliminierte die OUN damit gerade einen exponierten Vertreter der alten föderalen Schule, der nach 1926 zu den einflussreichsten Verfechtern eines Ausgleichs mit den slawischen Minoritäten zählte.[15] 1934 ermordete die OUN auch den amtierenden Innenminister – auf offener Straße im Warschauer Stadtzentrum. Daraufhin verstärkten Verwaltung und Armee abermals den Druck auf die Ukrainer. Die terroristischen Aktivitäten der OUN erlaubten es, die Repressalien als staatliche Notwehr gegen Verbrecher zu legitimieren. Der «Feldzug», dessen symbolisches Ziel die griechisch-orthodoxen Kirchen von Cholm bis Wolhynien bildeten (über 90 wurden abgetragen), wurde erst 1938 abgebrochen. Der fatale Eindruck und die Verbitterung auf Seiten der Ukrainer blieben, sie sollten nach 1941 die polnisch-ukrainische Geschichte unter deutscher Besatzung erheblich mitprägen.

Weitgehend gewaltfrei entwickelte sich hingegen die Konfrontation zwischen dem polnischen Staat und der deutschen Minderheit. Das Regime setzte neue Akzente, indem bereits im Herbst 1926 in Kattowitz ein neuer Wojewode ernannt wurde. Michał Grażyński verwurzelte das neue System in Oberschlesien durch eine konsequente, gleichzeitige Verdrängung der oppositionellen polnischen Christlichen Demokratie unter Korfanty und der deutschen Minderheit. Im zweiten Fall ging er vor allem gegen die deutschen Großgrundbesitzer und Großindustriellen[16] sowie gegen das deutsche Schulwesen vor. Zwischen 1926 und 1929 wurden in Genf fast 100 Beschwerden über Verstöße der oberschlesischen Behörden gegen die Genfer Konvention von 1922 registriert.[17] Dennoch fiel die erste Zwischenbilanz für Grażyński und seine Politik im Kohlerevier ernüchternd aus: In den Landtagswahlen vom Mai 1930 bauten die deutschen Parteien ihren Stimmenanteil von knapp 26 Prozent (1922) auf 34 Prozent aus, und auch die polnische Opposition konnte sich gut behaupten. Erst die Wahlen im Herbst 1930, als Behörden und Polizei landesweit die Opposition jeglicher Couleur schikanierten, brachten die vom Wojewoden forcierte Wende.

Ob es dem Staat damit gelungen war, die Oberschlesier stärker an die Republik zu binden, bleibt fraglich, denn die Verdrängung der bisherigen Eliten kam meistens nicht der örtlichen Bevölkerung, sondern den aus Galizien importierten Beamten und Lehrern sowie aus anderen Landesteilen stammenden Fachkräften zugute.[18]

Am 13. September 1934 schließlich kündigte Außenminister Józef Beck in einer Sitzung des Völkerbundes, aus dem Deutschland inzwischen ausgetreten war, den Minderheitenschutzvertrag. Polen stellte die Zusammenarbeit «mit internationalen Organisationen» ein, sofern sie der Kontrolle über die Behandlung der Minderheiten dienten – solange «kein allgemeines, einheitliches Minderheitenschutzgesetz» europaweit eingeführt werde. Mit dem Deutschen Reich einigte man sich später, in den Erklärungen vom 5. November 1937, auf eine bilaterale Grundlage – die vereinbarte vollständige Wahrung der Minderheitenrechte wurde direkt an das Schicksal der eigenen Landsleute jenseits der Grenze gekoppelt. Lange währte das Abkommen nicht.

Entfaltung der Diktatur

Getragen wurde das neue System von den, wie sich im Rückblick herausstellen sollte, wenigen Jahren der Hochkonjunktur, die einige Monate vor dem Staatsstreich eingesetzt hatte und ohne Zutun der Regierung andauerte. Den Kohleexport, essentiell beeinträchtigt durch den von Berlin entfachten Wirtschafts- und Zollkrieg von 1925, rettete der englische Bergarbeiterstreik von 1926. Oberschlesische Kohle war in Europa, u. a. in Großbritannien und Skandinavien, gefragt wie nie zuvor. Die Steinkohleförderung stieg bis 1929 um fast 60 Prozent, ähnlich wie die Erzeugung von Elektrizität. Die Industrieproduktion lag 1929 bei 143 Prozent des Standes von 1926, die Zahl der Arbeitslosen fiel auf weniger als ein Drittel der vom Frühjahr 1926, die Reallöhne stiegen um 17 Prozent (nach anderen Schätzungen um 25 Prozent). Indirekt profitierte die Industrie sogar von dem deutsch-polnischen Zoll- und Handelskrieg, da der Wegfall des Imports moderner Produkte aus Deutschland den Aufbau polnischer elektrotechnischer, chemischer und optischer Betriebe förderte. Beschleunigt wurde nun auch der Bau der Hafenstadt Gdingen und der Eisenbahnstrecke Oberschlesien-Gdingen, die vorrangig dem Kohleexport dienen sollten. Die landwirtschaftlichen Preise hielten sich bis 1928 auf einem hohen Niveau und führten die Agrarproduzenten wieder näher an den Markt heran. Im Zuge der Prosperität wurde die Arbeitsgesetzgebung weiter ausgebaut, der zehnstündige Arbeitstag in der oberschlesischen Montanindustrie 1929 abgeschafft.[19]

Dem Ziel der *Sanacja* war man freilich in den ersten Jahren nicht wesentlich näher gekommen. Dies resultierte vor allem aus dem Umstand, dass die «Gesundung» eine nebulöse Forderung blieb, die man zwar anhand einzelner Fälle von korrupten Politikern und Beamten begründen konnte. Wie aber die Strukturprobleme der Republik und die sozialen Gegensätze durch eine «Sanierung» eingeebnet werden könnten, blieb dem Vorstellungsvermögen des Zeitungslesers überlassen. Selbst in der tagespolitischen Debatte taugte der Begriff nur bedingt: Als besonders sanierungsbedürftig galten das Parlament bzw. Abgeordnete und Abgeordnetengruppen. Man ließ sie aber bis Ende der Wahlperiode amtieren, da man diesem Urgrund der Missstände nichts entgegenzusetzen hatte – weder eine eigene Partei, die Wahlen gewinnen konnte,[20] noch einen anderen Modus der Herausbildung der Herrschaftselite; und theoretisch blieb ja das Volk weiterhin der Souverän der Republik.

Die im Mai 1926 verkündete «Revolution», die nach ihrer Legalisierung einen eindeutigen Bruch mit der Märzverfassung und die Abschaffung des Prinzips der parlamentarischen Demokratie vermieden hatte, stand also vor dem Problem, sich an die selbst geschaffenen semiautoritären bzw. semidemokratischen Verhältnisse anpassen zu müssen. Im Alltag bediente sich die Diktatur anderer Mittel. Kritische Zeitungsartikel wurden konfisziert und die verantwortlichen Redakteure aufgrund des neuen Pressedekrets zu mehrwöchiger Haft verurteilt, hier und da ein Journalist oder Oppositioneller zusammengeschlagen, Beamte mit nationaldemokratischem

Hintergrund entlassen, Versammlungen verboten oder – wie in Ostgalizien im Herbst 1927 – eine ganze regionale Organisation der Opposition unter fadenscheinigen Gründen aufgelöst: Die Lemberger Zweigstelle des soeben von Dmowski gegründeten «Lagers des Großen Polen» (*Obóz Wielkiej Polski*, OWP) wurde offiziell des Terrorismus verdächtigt und aufgrund der neoabsolutistischen habsburgischen Verordnung aus dem Jahre 1854 verboten. Das «Lager» erfreute sich dennoch einer wachsenden Popularität unter Jugendlichen, nicht zuletzt bei Studenten. Die neue Generation von Dmowski-Anhängern diskutierte über seine soeben erschienene Broschüre, in der er den untrennbaren Zusammenhang zwischen Polentum und Katholizismus als Ausgangspunkt nationaldemokratischer Identität und Zukunftsplanung beschwor. «Der Katholizismus ist keine Beilage zum Polentum, eine Art bestimmter Färbung, sondern steckt in dessen Wesen, macht dieses Wesen zu einem großen Teil aus. Versuche, den Katholizismus vom Polentum zu trennen, die Nation von Religion und Kirche zu lösen, laufen auf eine Vernichtung des Wesens der Nation hinaus.» Die Idee eines «katholischen Staates der polnischen Nation» sollte unter den jungen Rechten rasch Karriere machen.[21] Auch auf der anderen Seite formierte sich die Opposition: Genau zum Zeitpunkt der Auflösung der OWP in Ostgalizien trug die Linke (polnische, jüdische und deutsche Listen) bei den Kommunalwahlen in Lodz mit insgesamt 57 Prozent der Stimmen einen aufsehenerregenden Sieg davon.

In dieser Situation griff die Diktatur auf die üblichen Verfahrenstricks zurück: Der Staatspräsident berief zwar auf Wunsch der Abgeordneten und Senatoren verfassungsmäßig Sejm und Senat zur Herbstsitzung ein, schloss jedoch beide Kammern sofort; der Sejm hatte gerade ein Mal getagt, der Senat kam nicht einmal zu einer Sitzung zusammen. Die Diktatur brauchte unbedingt eine Vertretung in der Legislative, wenn sie sich nicht jedes Mal mit Eingriffen von außen gegen den theoretischen Souverän bloßstellen wollte.

Für die Wahlen im März 1928 fand das Regierungslager dann letztlich eine Verlegenheitslösung, deren Name ungewollt die Programmlosigkeit betonte: Der «Parteilose Block der Zusammenarbeit mit der Regierung des Marschalls Józef Piłsudski» (*Bezpartyjny Blok Współpracy z Rządem Marszałka Józefa Piłsudskiego*, *BBWR*) vereinigte Anhänger von links bis rechts, von ehemaligen Sozialisten bis Konservativen. Auch hier zeigte sich die Diktatur als Teil der europäischen Abkehrbewegung von der parlamentarischen Demokratie, die durch einen nationalen Grundkonsens jenseits der modernen Trennlinien überwunden werden sollte: Der Gegensatz zwischen Linken und Rechten hatte dem übergeordneten Interesse der Nation zu weichen, verkörpert durch die loyalen Anhänger Piłsudskis. Das Fehlen eines Parteiprogramms wurde mit dem Hinweis gerechtfertigt, es handele sich eben um keine Partei im traditionellen, sanierungsbedürftigen Stil, sondern um eine Vereinigung all jener, die die *Sanacja* weiter vorantreiben wollten – eine Neugründung also von «unvergleichlich höherem Wert als die bestehenden politischen Organisationen», die sich ausdrücklich nicht als «Sprachrohr der einen oder anderen gesellschaftlichen Klasse» verstand.[22] In Wirklichkeit geriet der BBWR zu einer anämischen Fehlgeburt, die eng verflochten mit der lokalen Verwaltung als die politische Vertretung des «gesunden» Teils der Nation Ämter und Stellen verteilte. Wegen seines offenkundig prosaischen Charakters als Verteilungsnetzwerk stieß der BBWR gerade bei der besonders umworbenen Jugend kaum auf Resonanz. Er blieb ein Sammelbecken von Beamten.

Unterstützt von der Verwaltung, bestand der BBWR seine erste Bewährungsprobe insofern, als er aus den ersten Wahlen nach 1926 mit einem Viertel der Stimmen und 122 Mandaten als relativer Sieger hervorging. Die Wahlbeteiligung lag 1928 mit 78 Prozent um zehn Prozent höher als sechs Jahre zuvor. Die Rechten – Nationaldemokratie und die Bauernpartei von Witos – verloren jeweils fast zwei Drittel der Mandate (die ersten fielen auf acht und die zweiten auf fünf Prozent der Sitze zurück), die Sozialisten gewannen 50 Prozent neue Stimmen und bildeten mit 63 Abgeordneten die zweitstärkste Fraktion. Die nationalen Minderheiten insgesamt (die Ukrainer waren diesmal mit eigenen Listen angetreten) behaupteten in etwa ihren Anteil.

Außer der dramatischen Niederlage der Rechten waren die Ergebnisse allerdings nur im Hinblick auf das Regierungslager bedeutsam, das keine hinreichende parlamentarische Unterstützung gefunden hatte. Piłsudski wollte die Zustände von 1926–1928 erhalten: eine de facto kaum noch parlamentarisch verantwortliche Regierung, Freiheit der Gestaltung des Haushalts und der Militärpolitik. Das war mit einer erstarkten Linken, die sich schon länger – und immer öfter – fragen musste, warum sie den Staatsstreich eigentlich unterstützt hatte, nicht zu machen. 1929 erhob der Sejm Anklage gegen den Finanzminister, der die Wahlkampagne des BBWR mit erheblichen staatlichen Mitteln hatte finanzieren lassen. Piłsudski tobte. Die Opposition schloss sich in einer breiten Koalition zusammen, die von der parlamentarischen Rechten (Nationaldemokraten ausgeschlossen) bis zu den Sozialisten reichte (sogenanntes Mitte-Links-Bündnis, *Centrolew).* Sie ließ sich von den Drohungen der neuen «Obristen»-Regierung (mehrere Mitglieder hatten in der Armee den Rang von Obersten) und Piłsudski persönlich nicht beeindrucken und brachte den Finanzminister vor das

Staatstribunal. Daraufhin erschienen am 31. Oktober 1929 im Foyer des Parlaments Dutzende von bewaffneten Offizieren. Daszyński, diesmal Sejmmarschall, weigerte sich im Angesicht «von Gewehren und Säbeln», die Beratungen zu eröffnen. Die Szene war von bemerkenswerter Symbolik: Ausgerechnet ein Sozialist wagte den frontalen Zusammenstoß mit dem einstigen Genossen und faktischen Staatschef. Privat war Piłsudski der Taufpate des letzten Sohnes des Parlamentspräsidenten. Aber er hatte längst keinen Sinn für Freundschaften mehr. Sein jähzorniges, immer wieder von Invektiven und persönlichen Anfeindungen geprägtes öffentliches Auftreten kannte nur noch Untergebene und Feinde. Da der Sejmmarschall mit seinem demonstrativen Widerstand am 31. Oktober offenbar von der ersten in die zweite Kategorie gewechselt hatte, bezeichnete ihn Piłsudski im Hinausgehen laut und deutlich als einen «Trottel».

Trotz der vorhersehbaren Straflosigkeit der Verbalinjurien gegen das Parlament war der Herrschaftsanspruch der Diktatur nicht durchgesetzt. 1929/30, im Schatten der plötzlich ausgebrochenen Weltwirtschaftskrise, verschärfte sich der Konflikt zwischen der parlamentarischen Mehrheit und der Diktatur. Der Sejm entzog im März 1930 einem Minister das Vertrauen, worauf die Regierung zurücktrat. Der Staatspräsident berief ein neues Kabinett, vertagte aber die Eröffnung der nächsten Sitzung des Parlaments. Bevor der Sejm die Regierung abwählen konnte, schloss das Staatsoberhaupt im Juni dessen Sitzung. Der Sejm war mundtot gemacht, die Demonstrationen gegen das Regime verlagerten sich auf die Straße. Noch verfügte die Führung der Opposition über die Netzwerke der Abgeordnetenbüros, über Geldmittel für die Abgeordneten und über den Schutz der parlamentarischen Immunität. Die Vertrauten des faktischen Staatschefs hatten genug von dem lärmenden Gegner, dem die Wirtschaftkrise plötzlich Zulauf sicherte.

Im August 1930 bezeichnete Piłsudski die Verfassung (*konstytucja*) öffentlich als *konstytuta* und erklärte, dieser von ihm geprägte bzw. erfundene Begriff sei gerade deswegen zutreffend, da er der *prostytuta* (poln. *prostytucja*, Prostitution) am nächsten stünde. Ende des Monats wurde das erst seit zwei Jahren amtierende Parlament aufgelöst, wenige Tage später 18 prominente – nunmehr ehemalige – Abgeordnete verhaftet. Bis zu den Wahlen im November wurden insgesamt 84 ehemalige Abgeordnete und Senatoren festgenommen, ebenso wie 5000 weitere Personen. Die bekanntesten Gegner des Regimes ließ man in der Festung Brest wiederholt erniedrigen und misshandeln. Die sogenannten «Brester Wahlen» 1930, die von Verwaltung und Polizei ohne Wahrung der Form besonders im Osten des Landes rücksichtslos manipuliert wurden, brachten dem Regierungsblock

56 Prozent der Mandate im Sejm und 68 Prozent im Senat, dem Wahlbündnis der Opposition dagegen ganze 17 Prozent. Die PPS verlor etwa 60 Prozent ihrer Sitze, einen ähnlichen Rückschlag erlebten Ukrainer und Belarussen, einen noch größeren die deutschen Parteien.[23] Das Regime verfügte damit über eine parlamentarische Mehrheit.

Der kränkelnde Piłsudski zog sich nach diesem Achtungserfolg seiner Diktatur ab 1931 immer mehr aus der Öffentlichkeit zurück und überließ die Regierungsgeschäfte seinen Vertrauten – vor allem Offizieren, in der Regel zugleich ehemaligen Legionären. Bis 1939 kamen sieben der acht Ministerpräsidenten aus der Armee, ferner 15 Minister und 23 Wojewoden. Das Außenministerium wurde in den 1930er Jahren von Offizieren, vor allem von Angehörigen der Aufklärungsabteilung des Generalstabs regelrecht überflutet.[24] Persönliche Vertrauensverhältnisse dominierten bereits seit 1926 den Entscheidungsbildungsprozess. Nun, nach dem Rückzug des faktischen Staatschefs aus dem Tagesgeschäft, zerfiel die Regierung in eine Föderation von Ministerien, deren Leiter – ausgestattet mit dem Mandat des Diktators – in laufenden Angelegenheiten selbständig handelten, bei Grundsatzentscheidungen aber immer die Einwilligung Piłsudskis einholen mussten. Er sei für die «großen Konzeptionen» zuständig «und nicht für Administration», erklärte dieser seinen Mitarbeitern immer wieder.[25] Bei Kamingesprächen in der Warschauer Präsidentenvilla Belvedere erläuterte er bei unregelmäßigen Sitzungen den Vertrauten sein Vermächtnis. Piłsudski sprach von dem Vorrang des Rechts gegenüber der Gewalt, von der Notwendigkeit der Säuberung des Staatsapparats vom «Abschaum der Gesellschaft und den Schuften», von den außenpolitischen Gefahren und der anzustrebenden Konzentration auf den Osten (da man «im Westen nur den Anderen in den Arsch» kriechen könnte). Außer militärischen Fragen interessierte ihn das politische Alltagsgeschäft immer weniger, auch hatte er keine Energie mehr, um einzugreifen. In seinen «Gesammelten Werken» mit ihren zweieinhalbtausend Druckseiten füllen die Schriften aus den letzten vier Jahren seines Lebens ganze elf Seiten.[26]

Die Diktatur Piłsudskis als Ausdruck einer modernen Ideologie zu fassen, ist unmöglich. Sie verzichtete vorsätzlich auf eine Positionierung in den Auseinandersetzungen zwischen der Linken und der Rechten. Ziel blieb die «Gesundung» des Landes, seiner Politik, öffentlichen Meinung und Verwaltung. Und diesem Ziel stand die Märzverfassung von 1921 als Grundlage der parlamentarischen Demokratie immer deutlicher im Wege. Im März 1931 wurde ein Sonderausschuss des Sejm mit der Ausarbeitung einer neuen Verfassung betraut, die das Grundgesetz von 1921 durch ein zeitgemäß autoritäres ersetzen sollte, in dem die Exekutive eindeutig über die Legislative gestellt wäre. Zunächst mussten jedoch die praktischen Hürden genommen werden. Im Oktober begann der Strafprozess gegen elf prominente Oppositionspolitiker, darunter den dreimaligen Premier Witos und mehrere Sozialisten. Die Misshandlungen und Schikanen während der Haftzeit in Brest, der offensichtlich politische Charakter der Anklage, der ebenso offensichtliche Bruch mit den Grundsätzen der rechtsstaatlichen Demokratie führten zu Protesten der bisher großteils Piłsudski-freundlichen Intellektuellen. Nun büßte das Regime die letzten Reste der Sympathie ein, auf die es im linken und liberalen Lager bislang zählen konnte.[27]

Die Wahlniederlage des Mitte-Links-Bündnisses in den «Brester Wahlen» war aber nicht ausschließlich mit der offensichtlichen Parteinahme von Verwaltung und Polizei zu erklären. Sie wies zumindest ebenso eindeutig auf eine genuine Schwäche der Opposition bzw. auf ein Sich-Abfinden der Gesellschaft mit dem Regime hin. Folglich ging die Kritik der Opposition bald über die bisherige Forderung nach Rückkehr zur parlamentarischen Demokratie hinaus. 1931 vereinigten sich die bäuerlichen Parteien. Die neue Bauernvertretung (*Stronnictwo Ludowe*, SL) übernahm allmählich die alten Forderungen der Linken. Im Parteiprogramm von 1935 war von einem Versagen des Kapitalismus die Rede, der durch eine entschädigungslose Bodenreform, durch Einschränkung des Rechtes auf Eigentum und Planwirtschaft gezähmt werden sollte.[28] In den turbulenten 1930er Jahren machte in der Bauernpartei ein bislang unbekannter junger Politiker aus Posen Karriere: Stanisław Mikołajczyk. Freiwilliger im polnisch-sowjetischen Krieg 1920, noch 1930, d. h. in den «Brester Wahlen» zum Abgeordneten gewählt, übernahm er 1937 die faktische Führung der SL. Er galt als Anhänger des mittlerweile seit Jahren im Exil lebenden Witos und Verfechter des neuen, radikalen Kurses.

Einen ähnlichen Wandel erfuhren die Sozialisten, die nunmehr nicht ausschließlich die Rückkehr der parlamentarischen Demokratie, sondern auch – zumindest für die Übergangsphase – eine Diktatur des Proletariats forderten. 1935/36 gab es sogar ein kurzfristiges Bündnis mit der KPP, die nach dem VII. Kongress der Kommunistischen Internationale auf die «Volksfront»-Taktik eingeschwenkt war. Dieses blieb letztlich Episode, im Unterschied zur Forderung nach einer Polnischen Sozialistischen Republik, die von der PPS auf ihrem letzten Kongress 1937 erhoben wurde. Auch hier machten die Jungen Karriere. Einer von ihnen, der gerade 24-jährige Józef Cyrankiewicz, wurde 1935 Sekretär des starken Bezirksverbandes in Krakau; Wanda Wasilewska, Tochter des ersten Außenministers der Republik und Funktionärin der linken Lehrergewerkschaft, gehörte zur selben Zeit dem Obersten Rat der PPS an. In der Auseinandersetzung um das Verhältnis zur KPP unterlag sie der Mehrheit in der sozialistischen Führung und wurde selbst Kommunistin.

Auch die Nationaldemokratie radikalisierte sich. Auf der wieder erstarkenden Rechten ging der Einfluss der großbürgerlichen «Alten» zugunsten junger, unter dem Eindruck des italienischen Faschismus sozialisierter Funktionäre zurück. Dmowski, mittlerweile der große alte Mann der Nationaldemokraten, publizierte 1931 unter Pseudonym einen Roman, in dem er Juden und Freimaurer als permanente Verschwörer und Zerstörer Polens «entlarvte».[29] Damit gab er den Ton für eine Entwicklung an, die den rechten Rand des politischen Spektrums spaltete: Das 1934 entstandene «National-Radikale Lager» (*Obóz Narodowo-Radykalny,* ONR) forderte ein Polen nur für die Polen, eine totalitäre Diktatur innerhalb eines «katholischen Staates der polnischen Nation». Auf der extremen Rechten gab es wohl noch mehr Talente als auf der Linken; zu den Mitbegründern des ONR gehörte der charismatische 19-jährige Student Bolesław Piasecki.[30] Die Idee einer Übertragung faschistischer Muster auf polnischen Boden stieß auf Widerstand vor allem der «alten» Nationaldemokraten, die Faschisten zerstritten sich bald und blieben letztlich (außer an den Hochschulen, wo sie großen Zulauf hatten) eine Randerscheinung im rechten Milieu. Die Ideen der extremen Rechten korrespondierten jedoch mit dem erstarkenden Antisemitismus der römisch-katholischen Kirche und eines Teils der regimenahen Milieus, der sich wiederum innerhalb des Regierungslagers nicht durchsetzen konnte.[31]

Weltwirtschaftskrise und widersprüchliche Erfahrungen in der Zeit des Aufschwungs

Wie ganz Europa erlebte auch Polen – allerdings nach nur drei Jahren Hochkonjunktur – einen dramatischen Wirtschaftseinbruch. Der Index der Industrieproduktion fiel von 100 (1929) auf 69 (1931) und 54 im folgenden Jahr, der Export auf 75 Prozent (1931), zwei Jahre darauf gar auf 38 Prozent der Exportquote von 1928. Die Warschauer Börse notierte 1932 Kurse, die knapp 20 Prozent der von 1928 ausmachten. Die Agrarpreise halbierten sich bis 1932 und fielen 1934 noch einmal, nun auf ein Drittel jener von 1928. Der Geldumlauf ging bis 1932 um ca. 20 Prozent zurück, die staatlichen Einnahmen 1933–1936 auf knapp zwei Drittel des Standes von 1928; das Haushaltsdefizit stieg auf etwa ein Sechstel der Ausgaben (1933/34).[32] Die offiziell registrierte Zahl der Arbeitslosen stieg von 90000 (1929) auf über 370000 (März 1931), dürfte aber in Wirklichkeit mehr als doppelt so hoch gewesen sein; inoffiziell schätzte das

Innenministerium die Zahl der Arbeitslosen auf etwa 40 Prozent der Beschäftigten in der Industrie.[33] 1933 wurden nur etwa 20 Prozent von der Arbeitslosenhilfe erfasst, die Löhne jener Industriearbeiter, die überhaupt noch beschäftigt waren, fielen auf knapp zwei Drittel des Standes vor dem Einbruch.

Während die Große Krise in der Stadt an deutsche und amerikanische Zustände erinnerte, nahm sie auf dem Land die Ausmaße einer Zivilisationskatastrophe an.[34] Vorsichtigen Schätzungen zufolge lebten im agrarischen Bereich über vier Millionen «überflüssiger» Menschen. 1935 bekam ein Bauer für seine Produkte im Durchschnitt ein Drittel dessen, was er 1928 erhalten hatte. Für die in der Landwirtschaft notwendigen Industrieprodukte zahlte er dagegen zwei Drittel des Preises von vor der Krise (die «Preisschere»). Besonders in Ostpolen konnte er sich das schlicht nicht mehr leisten, zumal die Krise nun sieben Jahre lang andauerte. Der Verfall der landwirtschaftlichen Preise verstärkte die strukturelle Arbeitslosigkeit auf dem Lande und verdrängte zugleich Hunderttausende der Bauernwirtschaften vom Markt – zur gleichen Zeit, als Arbeitslose aus der Stadt in ihre Heimatdörfer zurückkehrten. Das Elend wurde zur Massenerscheinung, die Bauern kauften immer weniger (die Produktion der landwirtschaftlichen Maschinen und Geräte ging um 90 Prozent zurück)[35] und zogen sich mehr und mehr auf Subsistenzwirtschaften zurück. Die «Rückkehr zur Naturalwirtschaft» der vorindustriellen Zeit tauchte sogar in Reden führender Wirtschaftspolitiker der frühen 1930er Jahre auf. Bei Bauernstreiks und Demonstrationen gab es 1932 und 1933 Dutzende von Toten und Hunderte von Verletzten.

Die polnischen Regierungen standen der Großen Krise ähnlich hilflos gegenüber wie die meisten anderen Kabinette in Europa. Die traumatische Erinnerung an Inflation und Hyperinflation 1919/1923 trug ebenfalls zur Entscheidung für eine Finanzpolitik bei, die den Geldumlauf drosselte und die Lage letztlich nur verschärfte: Die Stabilität des Złoty sollte um jeden Preis aufrechterhalten werden, ebenso zwanghaft blieb man bei dem Grundsatz eines ausgeglichenen Haushalts und einer positiven Außenhandelsbilanz. Die deflationäre Politik, deren Kern Sparmaßnahmen bildeten, verschärfte die Lage. Bezeichnenderweise erlitten gerade das Ministerium für Militärische Angelegenheiten (zehn Prozent) und das Innenministerium (zwölf Prozent) am wenigsten Einbußen, hingegen das Ministerium für Landwirtschaft und Bodenreform (64 Prozent) und das Ministerium für Soziale Wohlfahrt (41 Prozent) am meisten.[36]

Die derart gewichtete rigide Sparpolitik wurde erst Mitte der 1930er Jahre zugunsten des *deficit spending* mit großen staatlichen Investitionsprogrammen, vor allem im Bereich der Rüstungswirtschaft aufgegeben. Das 1936 verkündete Vierjahresprogramm konzentrierte sich auf den südlichen Teil Zentralpolens, wo innerhalb der wenigen Jahre vor Kriegsausbruch über 100 000 Arbeitsplätze geschaffen wurden (*Centralny Okręg Przemysłowy*, COP). Die öffentlich verkündeten Pläne der Regierung sahen eine weitere Ausweitung der staatlichen Eingriffe, Monopole und Förderungsmittel vor, die bis 1953 selbst die Unterschiede zwischen West- und Ostpolen einebnen sollten.[37]

Niemand konnte voraussehen, dass mit dem deutschen Überfall auf Polen am 1. September 1939 das Ende der Republik kommen sollte. Es ist jedoch genau dieses zufällige Datum, das die Schlusszäsur der ökonomischen Datenreihen bildet und somit zum Bezugspunkt für das abschließende Urteil wurde. Die letzten Jahre vor dem 1. September verbesserten die Bilanz der Wirtschaftsentwicklung in einem erheblichen Maß, dennoch gehört Polen zu jenen Staaten, die in der Zwischenkriegszeit insgesamt keinen wirtschaftlichen Fortschritt verzeichnen konnten. Die wichtigsten Angaben deuten eher darauf hin, dass 1939 in etwa der Stand von 1914 wieder erreicht wurde.[38]

Nur geringfügig verändert hatte sich auch die Sozialstruktur: Der Anteil der Bauern ging 1938 auf 94 Prozent des Standes von 1921 zurück, ein leichtes Wachstum war bei Arbeitern (109 Prozent) und Kleinbürgertum (107 Prozent), das größte bei der Intelligenz zu verzeichnen (112 Prozent).[39]

Die gesamtstaatlichen Zahlen geben wenig Hinweise auf Modernisierungsentwicklungen, die sektoral und regional durchaus zu verzeichnen waren: der Ausbau der an die neuen Grenzen angepassten Infrastruktur,[40] der durch die moderne Hafenstadt Gdingen und die «Kohlemagistrale» Oberschlesien-Gdingen symbolisiert wurde, der erwähnte Aufschwung der Rüstungsindustrie im zentralen Landesteil, zahlreiche «inselartige» Innovationen wie die Auto-, Chemie- und elektrotechnische Industrie. Der in einigen Sektoren unübersehbaren Modernisierung stand jedoch die Stagnation, vor allem in der Landwirtschaft, gegenüber. Das zeitgenössisch oft in den dunkelsten Farben beschriebene rückständige Polen im Osten, das in etwa an der heutigen Ostgrenze begann und knapp 50 Prozent des Staatsterritoriums ausmachte, verschlechterte die landesweiten Daten am stärksten.[41] Außer im Bereich der Alphabetisierung hatte die Republik hier kaum Modernisierungen erreicht.

Für die Erinnerung an die Zwischenkriegszeit bedeutete die Verstetigung des 1918 geerbten regionalen Ungleichgewichts zweierlei: Erstens waren es vor allem die in den Städten lebenden bzw. eben in der Stadt angekommenen Polen, die Fortschritt und Prosperität erlebten, wenngleich längst nicht alle diese Erfahrung machen konnten. Der ab Mitte der 1920er Jahre entstehende Warschauer Stadtteil Żoliborz bildete diese eigentümliche Struktur beispielhaft ab: Der Anteil der Arbeiter (knapp drei Fünftel der Bewohner) sowie der Angestellten und Beamten (mehr als ein Fünftel) lag hier weit über dem Durchschnitt. Das letzte Fünftel der Bevölkerung stellten jedoch – noch 1938 – Arbeits- und Obdachlose. Es waren die ersten beiden Gruppen, die das Bild des modernen, lichten Stadtviertels ohne Kleinkrämer und Tagelöhner prägten; die Arbeits- und Obdachlosen kennt man heute nur noch aus der zeitgenössischen Statistik.

Die zweite Spätfolge des Aufschwungs bestand darin, dass sich die polnische Erinnerung an die Zweite Republik im Rückblick auf die letzten Jahre ihrer Existenz verkürzte, als der wirtschaftliche Aufschwung eine im Vergleich mit den sechs Jahren Krise neue Wirklichkeit schuf. Indirekt potenzierten damit die Erfolge bis 1939 den Schock des Untergangs eines Staates, der gerade seine ökonomische Entwicklungsfähigkeit bewiesen hatte und so endlich die an seiner Wiege gestellten Ansprüche zu erfüllen begann.

Konträr zur dynamischen Veränderung der Staatsnation entwickelte sich die Wahrnehmung der Lage bei den Minderheiten und hier besonders den Juden. Nicht zuletzt infolge der traumatischen Erfahrung der Großen Krise rückte in den 1930er Jahren die «jüdische Frage» in den Mittelpunkt der Debatten in Parteien und in der römisch-katholischen Kirche, im Parlament wie in den gesellschaftlichen Vereinen: In welchem Maße war die Zahl und die spezifische Berufsstruktur «der Juden» «schuld» an der Krise? Konnte man sich eine ökonomisch gesunde Republik mit ihnen überhaupt noch vorstellen? Die heftigsten Auseinandersetzungen konzentrierten sich auf den Handel. Mitte der 1930er Jahre kam es, auffallend oft im Zusammenhang mit Wochenmärkten, zu mehr als hundert lokalen antijüdischen Tumulten, in denen bis zu 20 Menschen starben (darunter sechs Polen) und bis zu 2000 verletzt wurden.[42] Die Polizei griff mehrfach ein, der Ministerpräsident lehnte Gewalt gegen Juden ab und erklärte zugleich den wirtschaftlichen Boykott für prinzipiell richtig. In der Presse – besonders der rechten und rechtsextremen – häuften sich Vorschläge, wie man die Juden, vor allem durch Boykott, aber auch durch Beschneidung ihrer staatsbürgerlichen Rechte zur Emigration drängen könnte; ähnlich im Sejm, wo aber die zahlreichen Anträge und Entwürfe, die auf eine Diskriminierung abzielten, in der Regel keine gesetzlichen Folgen hatten.[43]

Die Regierungspolitik zielte weniger auf Ausschluss denn auf eine Förderung der Emigration. Am verbreitetsten war die Idee einer international koordinierten Umsiedlung nach Madagaskar. Die Vorstellung eines Exports der eigenen, in der Regel bäuerlichen «Überbevölkerung» auf die Insel hegten lange vor den nationalsozialistischen Plänen mehrere Regierungen, neben Frankreich und Polen auch Japan.[44] Im polnischen Fall ging es vor allem um die Juden, da die Auswanderung nach Palästina innerhalb von zwei Jahren von über 30000 (1935) auf ein Achtel (3700) fiel. Der Neuzionist Zeev Jabotinsky ermunterte die Warschauer Regierung, den Briten höhere Einwanderungskontingente abzuverlangen. Ähnlich wie seine Gesprächspartner vertraute er auf eine Gesundung des polnisch-jüdischen Verhältnisses, sobald die Juden an der Weichsel nicht zehn, sondern einen halben Prozent der Bevölkerung ausmachen würden, wie in England.[45] Zunächst einmal wurden die künftigen Kämpfer der radikalen neuzionistischen Organisation auf polnischen Truppenübungsplätzen ausgebildet.[46]

All die Pläne, Auswanderungsentwürfe und Unterstützungsmaßnahmen für den jüdischen Kampf um Palästina hatten letztlich keine Chancen auf Erfolg: Im Verlauf der 1930er Jahre sperrten sich so gut wie alle Länder immer mehr gegen die Einreise der Auswanderungswilligen. Im Oktober 1938 musste die Republik sogar etwa 17 000 in Deutschland lebende Juden mit polnischem Pass aufnehmen.[47] Gegen seinen Willen wurde Polen zu einem Einwanderungsland, den 7000 Auswanderern standen im Vorkriegsjahr 25 000 Immigranten gegenüber.[48] In seinen Erinnerungen spricht der in Polen geborene, in Deutschland aufgewachsene und nun nach Polen deportierte Marcel Reich-Ranicki die aus der Umkehrung der Migrationsströme resultierende Hoffnungslosigkeit deutlich an: Man kam in ein bestenfalls geringschätzig betrachtetes Land, weil es sich als einziger Fluchtort anbot.[49] Hoffnungen auf Integration gab es auf beiden Seiten nicht.

Der Kampf im Inneren ging indessen weiter. Ein gegen den Widerstand linker und liberaler Studenten und Professoren eingeführter Numerus clausus für jüdische Studenten erwies sich innerhalb von wenigen Jahren als überaus effektive Waffe der Staatsnation. Während Mitte der 1920er Jahre der Anteil der Juden an den Studenten über 20 Prozent betragen hatte, fiel er ein Jahrzehnt später auf knapp 15 Prozent und im vorletzten akademischen Jahr vor dem Krieg auf zehn Prozent. Gleichzeitig wurden an mehreren Hochschulen jüdische Studenten gezwungen, auf separaten Sitzbänken Vorlesungen zu hören («Sitzbankgetto»). Zahlreiche Vereinigungen führten nach und nach einen Arierparagraphen ein, der die Juden vor allem aus den freien Berufen eliminieren sollte.[50] Im Staatsdienst spielten polnische Staatsbürger mosaischen Glaubens ohnehin so gut wie keine Rolle. De facto reichte die Ausgrenzung noch weiter: Im erwähnten Vorzeigeort der Modernität, dem Warschauer Bezirk Żoliborz, waren 1938 97 Prozent der

Bevölkerung christlich (in ganz Warschau – etwa 70 Prozent), ähnlich wie in dem größten Projekt der Republik, in Gdingen (98 Prozent). Am Ende der 1930er Jahre konsolidierten sich einige Schichten der Staatsnation, die Minderheiten blieben ausgeschlossen.

Die Jahre der Obristen

Nach den Wahlen von 1930 nahm die Diktatur der Vertrauten Piłsudskis, die verkürzend, aber nicht ganz irreführend als «Obristen» bezeichnet wurden, immer stärkere Konturen an. Die Vereins-, Versammlungs- und Selbstverwaltungsgesetze von 1932 und 1933 bedeuteten einen Rückschritt gegenüber den bisher geltenden preußischen und kakanischen Vorschriften, ähnlich wie das neue Hochschulgesetz von 1933, das die Autonomie der Lehranstalten gegenüber dem Rahmengesetz von 1920 erheblich einschränkte. Die Neufassung der Arbeits- und Sozialversicherungsgesetze wie des Gesetzes über die Bodenreform (beide 1933 verabschiedet) mochte plausibel mit den Nöten der Großen Krise erklärt werden: Das erste verringerte die tariflichen Ansprüche der Arbeitnehmer, das zweite machte die Umverteilung des Bodens von den finanziellen Möglichkeiten des Staates abhängig. Gänzlich unabhängig von der ökonomischen Situation war hingegen die Errichtung des Konzentrationslagers in Bereza Kartuska auf der Grundlage eines Dekretes des Präsidenten von 1934. Dieses bestimmte, dass Verdächtige ohne Gerichtsurteil – d. h. bloß aufgrund einer Entscheidung der örtlichen Behörden – in das bald berüchtigte Lager für drei Monate (mit der Möglichkeit der Verlängerung um weitere drei) eingeliefert werden konnten.

Die ersten Häftlinge waren im Juli 1934 polnische Faschisten aus dem ONR, die man (unzutreffenderweise) des Attentats auf den Innenminister verdächtigte. Gleich nach ihnen kamen Ukrainer, die überwiegende Mehrheit jedoch bildeten in den Jahren 1934–1939 Kommunisten. Angesichts der drakonischen Lagervorschriften und der ebenso drastischen Praxis ist es geradezu verwunderlich, dass unter den insgesamt etwa 3000 Häftlingen in diesem Jahrfünft nur ein Dutzend im Lager gestorben ist.[51] Von der linken und liberalen Öffentlichkeit ist das Lager stets als Schandfleck der Republik gebrandmarkt worden, die Verwandtschaft mit Dachau war unübersehbar. Andererseits zeigt gerade der Vergleich mit deutschen Konzentrationslagern, dass die Repressalien gegen politische Gegner einen wesentlich kleineren Personenkreis betrafen. Die Bedrohung durch individuellen Terror ersetzte weitgehend die Gewalt selbst. Der kollektive Terror war im Unterschied zu den Nachbarn Polens in Ost und West nicht einmal angedacht.

Die Ideen der nun seit Jahren ohne hinreichende rechtliche Grundlage herrschenden Obristen erschöpften sich indessen keineswegs in verstärkter Repression. Auf der Tagesordnung stand die Legalisierung der autoritären Herrschaftsform, wie sie bereits 1931 durch den verfassunggebenden Ausschuss des Sejm in Angriff genommen worden war. Letztlich war dies nur über die Verabschiedung einer neuen Verfassung möglich. Sie erfolgte im April 1935 über einen Bruch der Verfahrensregeln der Verfassung von 1921 wie der parlamentarischen Geschäftsordnung. Die sogenannte Aprilverfassung war auf Piłsudski zugeschnitten, dem sie als Staatsoberhaupt größte Entscheidungskompetenzen einräumte: Der Präsident war als «einheitliche und unteilbare Staatsmacht» nur vor «Gott und der Geschichte» verantwortlich «für das Schicksal des Staates», berief den Ministerpräsidenten, die höchsten zivilen wie militärischen Amtsträger sowie ein Drittel der Senatoren und konnte den Sejm vor Ablauf der Wahlperiode auflösen. Ihm unterstanden als Staatsorgane «Regierung, Sejm, Senat, Streitkräfte, Gerichte, Staatskontrolle». Er selbst wurde durch eine Wahlversammlung bestellt, die mehrheitlich aus Wahlmännern bestand, die von Sejm und Senat aufgestellt wurden. Die Kandidaten für den Sejm wurden wiederum nicht mehr von den politischen Parteien, sondern von lokalen Wahlversammlungen nominiert; die nicht vom Präsidenten benannten zwei Drittel der Senatoren wurden aus einem Kreis von «verdienten und vertrauten» Personen ermittelt, die ebenfalls die Zustimmung der lokalen Gremien nachweisen mussten. Die Diktatur hatte den rechtlichen Rahmen zurechtgerückt.

Es ist mehr als eine Ironie der Geschichte, dass die beiden Verfassungen der Zwischenkriegszeit mit dem Blick auf die gleiche Person entworfen worden sind: Piłsudski. 1921 wurde das Staatsoberhaupt zu einem Dekorum degradiert, 1935 mit diktatorischen Vollmachten ausgestattet. 1921 verzichtete der Staatsgründer auf das Amt, 1935 starb er, bevor es ihm angetragen werden konnte. Der Tod des seit Jahren schwerkranken Diktators am 12. Mai 1935, knapp drei Wochen nach Verabschiedung des neuen Grundgesetzes, löste jedoch kein politisches Erdbeben aus; vielmehr geriet die Bestattung auf der Königlichen Burg im Krakauer Wawel zu einem vorläufigen Höhepunkt des schon seit Jahren staatlicherseits geförderten Piłsudski-Kults, der vor allem die jüngeren Jahrgänge der Staatsnation auf den ehemaligen Sozialisten, Staatsgründer, Feldherrn und Diktator einschwor.[52]

Der Machtkampf um das Erbe nahm keine gewaltsamen Züge an. Zunächst einmal zeigten die Wahlen vom 8. September 1935, dass der BBWR seine Rolle als «Staatspartei» nur unzulänglich erfüllte: Die Opposition rief zum Boykott des Urnengangs auf, die Mehrheit der Wahlberechtigten folgte. Zur Wahl gingen nach offiziellen Angaben 46,5 Prozent (in Warschau weniger als 30 Prozent) der Berechtigten, weitere sechs Prozent der Stimmen waren ungültig. Ende 1935 wurde der BBWR aufgelöst und im Februar 1937 durch das «Lager der Nationalen Vereinigung» (*Obóz Zjednoczenia Narodowego,* OZN) ersetzt. OZN wurde deutlich straffer geführt und kam der Vorstellung von einer Staatspartei mit der Orientierung am italienischen Beispiel (u. a. am «Führerprinzip») wesentlich näher als sein Vorgänger. Bei den Wahlen im November 1938 profitierte es bei einer Wahlbeteiligung von 67 Prozent von einer authentischen Begeisterung über die außenpolitischen Erfolge des Regimes sowie die wirtschaftliche Hochkonjunktur.

Das «Lager der Nationalen Vereinigung» war zugleich Zeichen der Rechtswendung eines Teils des alten «Obristen»-Lagers, das sich um den bislang nur als Militär bekannten General Edward Śmigły-Rydz scharte. Er hatte Piłsudski auf dem Posten des Generalinspekteurs der Streitkräfte beerbt, wurde 1936 zum Marschall und – kraft eines Erlasses des Ministerpräsidenten – zugleich zur zweiten Person im Staat ernannt. Mit der politischen Aktivität des «Ersten Verteidigers des Vaterlandes», wie Śmigły-Rydz in der Verfügung bezeichnet wurde, verbanden sich in den nächsten Jahren eine Militarisierung der Entscheidungsprozesse und ein Rechtsruck der Diktatur, die Drangsalierung der Minderheiten wie die inkonsequente, letztlich im Ansatz steckengebliebene Aufnahme faschistischer Ideen, die dem System neuen Auftrieb geben sollte. Der «Führer der Nation», wie ihn die OZN-Propaganda nannte, rückte bis 1939 in die Rolle des informellen Staatschefs auf, freilich ohne über eine ähnlich große Autorität wie Piłsudski zu verfügen.

Das Gegengewicht stellten die übrigen Erben des Diktators. Staatspräsident blieb überraschenderweise Mościcki. Die «Obristen» dachten, er würde nach Verkündung der Verfassung zurücktreten; als er diesen Schritt ablehnte, waren sie machtlos. Als sein Mann und Exponent des technokratischen Flügels galt der stellvertretende Ministerpräsident Eugeniusz Kwiatkowski, der mit dem Vierjahresplan der Industrialisierung 1936–1939 unerwartete Popularität erlangte. Der Ministerpräsident, General Felicjan Sławoj Składkowski, spielte eine nachgeordnete Rolle. Wichtiger war der ab 1932 als Außenminister amtierende Józef Beck, der auf seinem Arbeitsfeld weitgehende Autonomie genoss. Wider Erwarten hatten sich die Schüler Piłsudskis trotz innerer Zerwürfnisse schnell als fähig erwiesen, die Staatsführung neu zu ordnen.

Zugute kam ihnen dabei das weltweite Ende der Großen Krise, das Kwiatkowski in Polen mit seinem Investitionsprogramm einleitete und bald auch symbolisierte. Das Programm konnte jedoch nur einem geringen Teil der «überflüssigen Menschen» auf dem Land zu Arbeit verhelfen. Im Frühjahr 1936 erreichte die Streikwelle in der Industrie ihren Höhepunkt. Die blutigen Auseinandersetzungen in Krakau und Lemberg (mit acht respektive 14 Toten), später auch in anderen Städten, bildeten aber nur das Vorspiel für den «Bauernstreik» im August des nächsten Jahres.

In dessen Vorfeld kam es im April 1937 zu massiven Zusammenstößen zwischen Bauern, die traditionell der Schlacht bei Racławice[53] gedenken wollten, und der Polizei. Zwei Demonstranten wurden erschossen, Dutzende verletzt oder verhaftet. Die Bauernpartei rief nun zum Streik auf. Aus Protest gegen die anhaltende Armut auf dem Land wollte sie die Städte von der Lebensmittelzufuhr abschneiden, verband aber diese ökonomische Begründung des Streikbeschlusses mit politischen Forderungen, die auf eine Wiedereinführung der parlamentarischen Demokratie hinausliefen; sie wagte damit die Machtprobe. Die Bauern waren in den Wojewodschaften Krakau und Lemberg am besten organisiert, bald auch gewaltbereit – ebenso wie die Polizei. Unter den Zehntausenden von Demonstranten wurden mehr als 40 erschossen, die Polizei zählte in den eigenen Reihen über 100 Verletzte. Es gab bis zu 5000 Festnahmen; etwa 1000 Bauern wurden später gerichtlich verurteilt. Die Bauernpartei hatte alles auf eine Karte gesetzt – und verloren, denn die Diktatur überlebte auch diese Krise. Auf der anderen Seite war unter diesen Umständen die Suche der Obristen nach Unterstützung auf dem Land, trotz anziehender Konjunktur, weiterhin erfolglos.[54]

Das strukturelle Problem bei der Rekrutierung von Anhängern blieb die Jugend: Sie entfernte sich von dem Regime. Für die Jüngsten, klagte einer der prominenten «alten» Politiker 1938, sei es immer öfter evident, dass es für Polen – wie übrigens für die ganze Welt – nur noch die Alternative Kommunismus/Faschismus (Hitlerismus) gebe; «doch führen beide Wege in den totalitären Staat», fügte er resignierend hinzu.[55] So wuchs nur eine Minderheit jener, die nach 1945 in unterschiedlichen Eigenschaften die Geschichte des Landes prägen sollten, im autoritären, nationalistischen, manchmal fundamental antidemokratischen, manchmal pragmatisch-technokratischen, vor allem aber von der «Staatsidee» geprägten Milieu der Obristen auf. Die meisten Talente gingen in die Opposition, viele zur extremen Rechten, andere – vor allem junge Intellektuelle jüdischer Herkunft – zu den Kommunisten. Unter den Freunden des Wilnaer Studenten und künftigen Nobelpreisträgers Czesław Miłosz wählte die Mehrheit den linken Weg des Protestes, der entweder mit einem frühzeitigen Tod oder mit einer Karriere in der Volksrepublik Polen nach 1945 endete.

Im Fall des Kommunismus kam dem Regime unerwartet Stalin zu Hilfe: Aus schwer nachvollziehbaren Gründen ließ er zwischen 1933 und 1937 fast das gesamte Führungskorps der Kommunistischen Partei Polens hinrichten oder in Lager verschicken. Von über 3800 Funktionären, die in der Sowjetunion lebten und von der Komintern in Karteien als polnische Staatsbürger geführt wurden, überlebten etwa 100, die Partei wurde von der Komintern 1938 formell aufgelöst.[56]

Diese bekanntesten Opfer bildeten allerdings nur einen kleinen Teil der im Rahmen der «Polnischen Operation» des NKWD 1937/38 Ermordeten. Die Hinrichtung der KPP scheint ihren Ursprung dort gehabt zu haben, wo die Partei Mitte der 1920er Jahre ihre größten Erfolge verzeichnen konnte: In der sowjetischen *korenizacija* der belarussischen, vor allem aber der ukrainischen Intelligenz. Diese Politik der «Verwurzelung» wurde Ende der 1920er Jahre abgebrochen, aus unerfindlichen Gründen schien sie aus Sicht Moskaus gescheitert, ihre bisherigen Träger und Nutznießer zumindest suspekt. 1932 begann die Zwangskollektivierung – und damit der Hunger – in der Ukraine, wo die sowjetischen Behörden glaubten, auf organisierten Widerstand zu stoßen. Es war wohl Stalin persönlich, der die polnische Militäraufklärung und die alten Anhänger Piłsudskis wie Petljuras für diesen Widerstand verantwortlich machte.[57] Im Verlauf der nächsten Jahre wurden «die Polen» insbesondere in den alten Grenzgebieten, wo ja die große Mehrheit lebte, zu Verdächtigen. In den ukrainischen Regionen Winnica und Kiew stellten sie zusammen mit den Deutschen schon 1935 57 Prozent der 45 000 Verhafteten.

Die eigentliche «Polnische Operation» begann im August 1937. Ziel waren ursprünglich Personen, die irgendwie mit Politik im weitesten Sinn in Verbindung gebracht werden konnten: politische Emigranten, ehemalige Kriegsgefangene, die Bevölkerung in den Grenzregionen. Dann wurde der Befehl Stalins auf «alle Polen» ausgeweitet: «Die Polen müssen vollständig vernichtet werden.»[58] Das Ergebnis war ein Massenmord, der zahlenmäßig sogar die Verluste der polnischen Zivilbevölkerung im Osten in den ersten beiden Jahren des Zweiten Weltkriegs überstieg (im Ersten Weltkrieg gab es überhaupt nichts Vergleichbares): Von den 144 000 Verhafteten wurden 111 000 unter im Stalinismus üblichen Vorwänden der Spionage und sonstiger antisowjetischer Tätigkeit erschossen.

Vor dem Hintergrund der Massenmorde im Offizierskorps der Roten Armee konnte die Vernichtung der Polen in der Sowjetunion (Tausende von ihnen «alte Kader» der Bolschewiki) in Warschau nur den Eindruck verstärken, dass das infolge der Säuberungen militärisch handlungsunfähige Moskau gegenüber der Republik keine aggressiven Absichten hegte. Dieser Irrtum wog umso schwerer, als gerade 1938 die Außenpolitik wieder die Schlagzeilen beherrschte.

Außenpolitik

Polen gehörte 1918 zu den Nachfolger- und Siegerstaaten. In den ersten Jahren bildete das 1921 geschlossene Bündnis mit Frankreich das Rückgrat der Außenpolitik. Mit dem Vertrag von Locarno 1925 und dem faktischen Rückzug Frankreichs von seinen ostmitteleuropäischen Verpflichtungen, zu dessen Symbol die Errichtung der Maginot-Linie wurde, fiel dieser Pfeiler weg. Trotzdem überstand Polen den von Deutschland zur selben Zeit ausgelösten Wirtschafts- und Zollkrieg, mit dem Gustav Stresemann nicht nur eine Nachgiebigkeit des Nachbarn hinsichtlich der – von keiner deutschen Partei akzeptierten – Grenze erzwingen, sondern auch die Abhängigkeit des ostmitteleuropäischen «Zwischenraums» von Deutschland als ökonomischem Zentrum der Region demonstrieren wollte.[59]

Das *Sanacja*-Regime trat auch in der Außenpolitik ohne eigene Strategie an. Bis Anfang der 1930er Jahre versuchte Polen, seine Sicherheit zwischen dem bolschewistischen Russland und dem revisionistischen Deutschland über eine Stärkung des Völkerbunds und der multilateralen Vertragswerke zu festigen. Eine eigene außenpolitische Doktrin entwickelte Warschau erst um 1932: Der weitgehende Ausfall Frankreichs sei durch eine eigenständige «Politik der gleichen Distanz» gegenüber Deutschland und der Sowjetunion zu ersetzen, in deren Rahmen Polen eine regional führende Stellung in «Zwischeneuropa» zu übernehmen habe. Im Juli 1932 wurde ein polnisch-sowjetischer Nichtangriffsvertrag geschlossen, im Januar 1934 eine deutsch-polnische Nichtangriffserklärung unterzeichnet. Die bisher unerreichbar und daher sensationell wirkende Entspannung in den Beziehungen mit Berlin war von Adolf Hitler initiiert und gegen den Widerstand vor allem der Deutschnationalen durchgesetzt worden. Hitler ging es in dieser Zeit vor allem darum, die Träger der Versailler Ordnung von seinem Friedenswillen zu überzeugen, um so die massive Aufrüstung des Reiches abzusichern. Mit Polen hatte er ohnehin Größeres vor als die Fortsetzung der aus seiner Sicht kleinkarierten Auseinandersetzungen um Danzig und Ostoberschlesien: Er brauchte die Neutralität des östlichen Nachbarn im Fall eines Krieges gegen Frankreich, in fernerer Zukunft wollte er wohl Polen als Juniorpartner für einen Angriff gegen den eigentlichen Gegner Sowjetrussland gewinnen.

Für die polnische Seite war das Abkommen vom Januar 1934 gleichwohl ein Erfolg. Wenige Wochen nach Unterzeichnung der deutsch-polnischen

Erklärung, am 7. März 1934, trafen sich die engsten Vertrauten Piłsudskis mit dem Diktator zu einem der traditionellen Kamingespräche im Warschauer Belvedere. Piłsudski, offensichtlich guter Laune, artikulierte bei dieser Gelegenheit sein außenpolitisches Testament: Der fast gleichzeitige Abschluss von Verträgen mit beiden großen Nachbarn schaffe für Polen «eine Situation, die es nie hatte». Er «glaube jedoch nicht und warne davor zu glauben, dass die friedliche Lösung zwischen Polen und den beiden Nachbarn ewigen Bestand haben werde und er damit rechne, dass die guten Beziehungen zwischen Polen und Deutschland noch vier Jahre dauern könnten, eben wegen des psychischen Wandels, den die deutsche Nation durchmachte; für mehr Jahre verbürge sich der Kommandeur [d. h. Piłsudski] nicht».[60]

Zum Symbol der Annäherung an Deutschland wurde Außenminister Beck. Mit ihm verbunden waren auch die zeitgenössisch als große Erfolge gefeierten Ereignisse des Schlüsseljahres 1938: das Ultimatum an Litauen im März, das Kowno zur Aufnahme der diplomatischen Beziehungen zwang, und der polnische Einmarsch in jene Teile des Teschener Schlesien, die 1920 von den Alliierten der Tschechoslowakei zugestanden worden waren, im Oktober. Das vorangegangene Ultimatum, das unmittelbar nach Abschluss des Münchener Abkommens an Prag gestellt wurde, demonstrierte eine Vorgehensweise, die sich nicht wesentlich unterschied von dem Verhalten der Tschechoslowakei auf dem Höhepunkt des polnisch-sowjetischen Krieges 18 Jahre zuvor – nur stand in beiden Fällen die demokratische Öffentlichkeit Europas klar auf der Seite der Tschechen. Vor allem machte das Zusammenwirken Warschaus mit Berlin einen fatalen Eindruck.

Die guten deutsch-polnischen Beziehungen hielten vier Jahre – exakt jene Zeit, die Pilsudski vorausgesagt hatte. Das Verhältnis mit dem Dritten Reich[61] wurde von Beck als Chance gedeutet, die Freiräume zu nutzen, die durch die Absenz der Westmächte in Ostmitteleuropa entstanden waren und dem Aufbau einer polnischen Regionalmacht dienten. Das Einverständnis endete mit dem im Oktober 1938 unterbreiteten deutschen Angebot einer «Gesamtlösung» der bilateralen Beziehungen. Hitler hielt seine Forderungen für gemäßigt, verlangte er doch nur die Rückkehr Danzigs zum Reich, eine exterritoriale Verbindung durch den polnischen «Korridor» nach Ostpreußen und den Beitritt Polens zum Antikominternpakt; im Gegenzug wollte er die Nichtangriffserklärung verlängern wie die von Polen lang ersehnte Garantie der Grenze leisten. Beck verstand die Welt nicht mehr: «Wir sind doch keine Tschechen»,[62] mahnte er seine Berliner Verhandlungspartner. Diese begriffen den Sinn des Vergleichs nicht und versuchten, Warschau die «Gesamtlösung» mit Hinweisen auf eine künftige polnische Expansion Richtung Ukraine schmackhaft zu machen. Er wisse gar nicht, was er mit diesem Gebiet anfangen sollte, entgegnete Beck.[63] Stalin wäre von dieser Antwort ebenso überrascht gewesen wie es Ribbentrop war.

Trotzdem, oder gerade weil die polnische Linie so konsequent war – kein Bündnis mit einem der Feinde gegen den anderen –, lag die Außenpolitik Becks in Trümmern. Der Minister verschwieg in den zwei letzten Monaten des Jahres 1938 gegenüber dem Präsidenten und Śmigły-Rydz den Ernst der Lage. Im Januar endete eine neue Verhandlungsrunde mit Hitler und Ribbentrop ergebnislos. Jetzt erst benachrichtigte Beck seine Kollegen. Daraufhin entschied die Staatsführung, sich nicht zu fügen – auch im Fall massiven deutschen Drucks und auch dann, wenn der Widerstand Warschaus zu einem Angriff des Reichs auf die Republik führen sollte.

DRITTER TEIL

1939–1945

7. Besatzungsherrschaft, Holocaust und Widerstand (1939–1944)

Vorgeschichte und Überfall

Die Anti-Hitler-Koalition formierte sich in der Hektik des März 1939, als Hitler mit der Zerschlagung der «Resttschechei» und dem Ausgreifen nach Memel auch dem letzten Anhänger des Appeasement vorgeführt hatte, dass man mit dem Dritten Reich keine friedlichen Lösungen aushandeln konnte. Am 31. März garantierte Großbritannien in Abstimmung mit Frankreich dem bedrohten Polen die Unabhängigkeit, was eventuelle Verhandlungen über Grenzveränderungen nicht ausschloss, dennoch ein deutliches Zeichen setzte, dass die Westmächte östlich des Reiches Position bezogen. Am 6. April wurde die Garantie in einen polnisch-britischen Beistandspakt umgewandelt, am 28. April kündigte Hitler die deutsch-polnische Nichtangriffserklärung auf. Die Vorbereitungen für einen Angriff auf Polen liefen bereits, die NS-Propaganda überschlug sich in Klagen über das unerträgliche Schicksal der «Volksgenossen» jenseits der Grenze und forderte die «Rückkehr» Danzigs ins Reich. Polen wurde als Kriegstreiber und «Bindemittel für einen Einkreisungsbund gegen das Reich» angeprangert. Wenn Warschau «Bajonette als Wegweiser» ausgebe, dann würden deutsche Waffen bald klarmachen, «wo Polen aufhört und wo Deutschland anfängt».[1]

Polen bereitete sich ebenfalls auf den Krieg vor. Am 5. Mai hielt Beck im Sejm seine bald legendäre Rede, in der er den Frieden als ein höchst wertvolles Gut bezeichnete, anschließend dennoch der Ehre den Vorzug gab: «Der Friede ist eine kostbare und erwünschte Sache. Unsere durch den Krieg in Blut getauchte Generation verdient sicherlich eine Periode des Friedens. Doch der Frieden, wie fast alles in dieser Welt, hat einen hohen, aber doch berechenbaren Preis. Den Begriff des Friedens um jeden Preis kennen wir in Polen nicht. Im Leben der Menschen, der Völker und der Staaten gibt es nur ein Gut, das keinen Preis hat: die Ehre.»[2]

Obwohl die staatliche Propaganda Zuversicht verbreitete und einen sicheren Sieg in der kommenden Abwehrschlacht versprach, befand sich Polen in einer militärisch aussichtslosen Lage. Die Alliierten hatten zwar zugesagt, die Offensive im Westen knapp zwei Wochen nach Kriegseintritt zu beginnen, waren sich jedoch bewusst (ohne dies je gegenüber dem Verbündeten zuzugeben), dass sie dieses Versprechen nicht halten würden. Sie glaubten, erst einmal Zeit gewinnen zu müssen. Auf sich allein gestellt war die polnische Armee der Wehrmacht aber in jeder Hinsicht unterlegen. Bei den modernen Waffen – Panzern und Flugzeugen – lag das Verhältnis bei vier zu eins und fünf zu eins. Die Deutschen hatten überdies den Vorteil des Angreifers, der seine ohnehin überlegenen Kräfte auf bestimmte Abschnitte konzentrieren konnte. Die Verlegung von Truppen der Wehrmacht in die Slowakei nach dem März 1939 hatte dazu geführt, dass der Angriff entlang einer aus polnischer Sicht unhaltbaren Front stattfinden konnte, die von den Karpaten im Südosten über Ober- und Niederschlesien, Brandenburg und Pommern bis nach Ostpreußen reichte.

Vollends katastrophal wurde die Lage mit dem geheimen Zusatzprotokoll zum Ribbentrop-Molotov-Pakt vom 23. August, der die Sowjetunion zum Verbündeten des Dritten Reiches machte und ihr die Mehrheit des polnischen Staatsgebietes bis an die Weichsel als «Einflusssphäre» zusicherte. Die Einigung der Nationalsozialisten und Kommunisten war völlig überraschend, auch für die polnische Diplomatie.[3] Die Öffentlichkeit hätte noch mehr gestaunt, wenn sie gewusst hätte, dass Hitler am Tag zuvor von seinen Generälen eine ganz neue Kriegsführung verlangt hatte:

«Ziel: Vernichtung Polens=Beseitigung seiner lebendigen Kraft. Es handelt sich nicht um das Erreichen einer bestimmten Linie oder einer neuen Grenze, sondern um Vernichtung des Feindes, die immer auf neuen Wegen angestrebt werden muß.»[4] Der «Auftakt zum Vernichtungskrieg» bezog auch die Hitlers Zuhörern unterstellten Einheiten der Wehrmacht mit ein,[5] wies ihnen aber nicht die entscheidende Rolle zu. Hinter den Angriffsverbänden der regulären Armee standen vielmehr fünf Einsatzgruppen der Sicherheitspolizei und des SD. Der «Liquidierungsbefehl für zahlreiche polnische Führungskreise», den sie erhalten hatten und «der in die Tausende ging»,[6] sollte eine endgültige «Generalbereinigung» der deutsch-polnischen Beziehungen herbeiführen – wohl nicht zuletzt als Strafe dafür, dass sich Warschau 1938/39 einer völlig anderen, aus deutscher Sicht nahezu benevolenten «Generalbereinigung» versagt hatte.

Der deutsche Überfall am 1. September 1939 zerschlug die polnische Abwehr innerhalb von Tagen auf der ganzen Front. Am 3. dieses Monats erklärten Großbritannien und Frankreich Deutschland den Krieg, hatten aber nicht vor, ihre vertraglichen Bündnisverpflichtungen gegenüber dem Alliierten im Osten zu erfüllen und ihm zu Hilfe zu kommen.

Die polnischen Truppen kämpften gegen den überlegenen Angreifer tapfer, aber ohne Chancen auf einen Erfolg. Zum Symbol für beides wurde die Danziger Westerplatte, auf der eine kleine polnische Garnison sieben Tage lang die deutschen Angriffe abwehrte. Am Tag nach der Kapitulation der Westerplatte, am 8. September, erreichten die ersten deutschen Panzer Warschau. Außer im Osten befanden sich bereits zu diesem Zeitpunkt alle Großstädte in deutscher Hand. Die Niederlage der polnischen Streitkräfte im Kampf gegen die Wehrmacht zeichnete sich damit bereits deutlich ab, als am 17. September die Rote Armee in Ostpolen einmarschierte; Regierung und Staatspräsident traten daraufhin auf rumänisches Gebiet über, um aus dem Exil den Kampf fortzusetzen. Innerhalb der nächsten Tage fiel fast das ganze Staatsgebiet in die Hände der alt-neuen Teilungsmächte.

Besatzungsherrschaft: eingegliederte Gebiete und Ostpolen

Am 28. September, einen Tag nach der Kapitulation Warschaus, als einige polnische Einheiten noch kämpften, unterzeichneten die Außenminister Deutschlands und der Sowjetunion in Moskau den Grenzvertrag, um «nach dem Auseinanderfallen des bisherigen polnischen Staates [...] die Ruhe und Ordnung wiederherzustellen und den dort lebenden Völkerschaften ein ihrer völkischen Eigenart entsprechendes friedliches Dasein zu sichern». Im geheimen Zusatzprotokoll beschlossen Joachim von Ribbentrop und Vjačeslav Molotov, die im August vereinbarten «Interessensphären» zu ändern: Der neuen Regelung zufolge erhielt das Reich fast alle ethnisch polnischen Gebiete, die Sowjetunion Ostpolen, in dem die angeblich schutzbedürftigen «slawischen Minderheiten», d. h. Ukrainer und Belarussen, gegenüber Polen und Juden die Mehrheit bildeten. Deutschland besetzte somit über 48 Prozent des polnischen Staatsgebiets mit 63 Prozent der Bevölkerung, die Sowjetunion mehr als 51 Prozent des Territoriums mit 37 Prozent der Staatsbürger.

Die deutschen Eliten, Nationalsozialisten wie Deutschnationale, hatten Hitlers Entscheidung zum Krieg gegen den alten Feind Polen mit Erleichterung, wenn nicht gar enthusiastisch begrüßt. Der Generalstabschef des Heeres Franz Halder glaubte seinen Untergebenen bereits im Frühjahr 1939 «aus der Seele zu sprechen», als er sagte, «dass uns mit dem Ende des ‹Freundschaftsverhältnisses› mit Polen (bei dem ja auf beiden Seiten nicht die Herzen engagiert waren) ein Stein vom Herzen gefallen ist».[7] Im Verlauf des «Septemberfeldzugs» hatten sich die Zielvorgaben radikalisiert, parallel zum gestiegenen Selbstbewusstsein und dem Glauben an eine einmalig günstige Gelegenheit, das Hindernis an der Ostgrenze endgültig aus der Welt zu räumen. Die deutsche Besatzungszone in Polen schien aus der Sicht Hitlers eine bloße Verfügungsmasse, die ohne jede moralische, außenpolitische oder völkerrechtliche Rücksichtnahme von Grund auf neu geordnet werden konnte. Die Rückkehr der ehemals preußischen Ostprovinzen ins Reich und deren sofortige Germanisierung unter nationalsozialistischen Vorzeichen waren daher ebenso selbstverständlich wie sie nur als Ausgangspunkt für weitere Entscheidungen dienten, deren gemeinsames Ziel eine Herabsetzung der Polen auf den Rang von Heloten bildete. Zunächst verwirklichte Berlin die aus dem Ersten Weltkrieg stammende Idee des «möglichst eigentumsfreien Grenzgürtels» östlich der Reichsgrenze von 1914: Einige Kreise Zentralpolens mit der Großstadt Lodz (1940 in Litzmannstadt umbenannt) wurden im Oktober 1939 Teil des «Warthegaus», Ostpreußen endete nun 50 Kilometer nördlich von Warschau, das Dombrowaer Kohlebecken und ein Teil Westgaliziens wurden Schlesien zugeschlagen. Damit gehörten auch diese Gebiete wie die ehemals preußischen Teile zum Reich. Insgesamt waren es 92 000 km² mit ca. zehn Millionen Einwohnern.

In den zentralpolnischen Provinzen entstand im Oktober 1939 auf 95 000 km² das sogenannte Generalgouvernement (das nur dem Namen nach der deutschen Besatzung im Ersten Weltkrieg ähnlich war) mit etwa zwölf Millionen Einwohnern. Zum Generalgouverneur wurde Hans Frank ernannt, der seinen Sitz auf der Königsburg Wawel in Krakau bezog.

Polen war nun in drei Teile geteilt: die in das Reich eingegliederten Gebiete, das Generalgouvernement und die sowjetische Besatzungszone. Dieser Zustand blieb bis zum deutschen Angriff auf die Sowjetunion im Juni 1941 erhalten.

Kein anderes Land wurde im Zweiten Weltkrieg gleichzeitig von beiden totalitären Mächten okkupiert, und gerade dies machte die Besonderheit der polnischen Erfahrung aus. Der Regisseur Andrzej Wajda stellte an den Beginn seines Spielfilms *Katyń* (2007) eine Szene, in der Flüchtlinge irgendwann nach dem 17. September 1939 über eine Brücke laufen. Dem Zuschauer fällt sofort etwas Seltsames auf: Die einen Menschen flüchten offenbar von Ost nach West, die anderen von Westen nach Osten. Die Szene gibt ein Grundempfinden des Herbstes 1939 wieder. Die Polen fürchteten sich sowohl vor den Deutschen als auch vor den Sowjets; beide Besatzer schienen gleich gefährlich. Die Frage, welcher von ihnen schlimmer war, sollte unter den Opfern umstritten bleiben, je nach persönlichen Erlebnissen des Betroffenen. Sie war aber auch deshalb schwierig zu beantworten, weil deutsche und sowjetische Besatzungspolitik sich in vielerlei Hinsicht ähnlich waren, in manchen Bereichen hingegen deutlich unterschieden. Die Sowjetisierung hatte die Eliminierung ganzer Klassen und Schichten zum Ziel, während die Germanisierung von Anfang an rassistisch angelegt war, zugleich aber konsequent zwischen den sofort an das Reich angeschlossenen, vor allem ehemals preußischen Provinzen und dem übrigen besetzten Polen unterschied, dessen Zukunft zunächst unklar blieb.[8]

In den in das Reich eingegliederten Gebieten wurde seit 1939 eine Germanisierungspolitik betrieben, die mit dem grundsätzlichen Entzug aller Bürgerrechte für Polen begann. Die «völkische Flurbereinigung» beschränkte sich jedoch keineswegs auf Helotisierung. Polnische Eliten, von Politikern über Kirchenangehörige und besitzende Schichten bis hin zu Beamten und Lehrern, wurden in den drei Monaten nach Kriegsbeginn von den Einsatzgruppen der Sicherheitspolizei und dem volksdeutschen Selbstschutz massenhaft erschossen. Die Gesamtzahl der polnischen Todesopfer dieser ersten Terrorwelle wird in Westpreußen auf ca. 30 000 geschätzt, in Posen auf 10 000, in Oberschlesien auf 1500, im künftigen Generalgouvernement auf 5000 und in dem Ostpreußen eingegliederten Nordmasowien auf 1000. Hinzu kamen bis Ende 1939 etwa 7000 ermordete Juden.[9] Wer bisher vom Terror verschont geblieben war, wurde enteignet, viele in Lager verbracht oder nach Zentralpolen vertrieben. Insgesamt wurden ca. 840 000 Menschen aus ihren Wohnsitzen in den eingegliederten Gebieten in das Generalgouvernement bzw. in einen anderen Ort innerhalb des «Gaus» ausgesiedelt oder zur Zwangsarbeit eingewiesen.[10] Ferner wurden in den eingegliederten Gebieten die Arbeitspflicht eingeführt, polnische Schulen geschlossen, polnische Ämter, auch der Selbstverwaltung, aufgelöst, Eigentum, soweit irgendwie von Wert, an Deutsche und örtliche bzw. angesiedelte Volksdeutsche übereignet. Konsequent verfolgt wurde von Beginn an die römisch-katholische Kirche: Mehrere Bischöfe starben in Konzentrationslagern, die Verluste der Geistlichkeit in den einzelnen Diözesen bewegten sich zwischen 30 und 50 Prozent; im «Reichsgau Wartheland» wurden etwa 90 Prozent der katholischen Kirchen geschlossen.

Im Zuge der Germanisierung wurden Orts- und Straßennamen «eingedeutscht», Deutsch als Amtssprache eingeführt und – in Teilen der eingegliederten Gebiete – das Verbot erlassen, Polnisch auf der Straße zu sprechen. Die Germanisierung des Raumes stellte die Voraussetzung für die Germanisierung der Bevölkerung dar. Der erste Schritt bestand in der «Ausrottung» der als feindlich oder potentiell feindlich betrachteten «Führungsschichten», der zweite in der Vertreibung der als «überflüssig» eingestuften Bevölkerungsteile, der dritte in der Umsiedlung von ca. einer halben Million «Volksdeutscher» aus den Gebieten außerhalb Deutschlands von Lettland bis Bessarabien («Heim ins Reich»), der vierte und zahlenmäßig größte in der Aufteilung der heimischen Bevölkerung nach Rassenkriterien. Die schrittweise eingeführte, 1941 endgültig etablierte «Deutsche

Volksliste» (DVL) sonderte vier Gruppen aus. In die ersten zwei wurden Deutsche aufgenommen, die vor 1939 zur deutschen Minderheit zählten, in Gruppe III und IV – «Deutschstämmige», die man für germanisierungsfähig hielt. Die praktische Handhabung der DVL in Oberschlesien, «Danzig-Westpreußen» und «Warthegau» fiel sehr unterschiedlich aus: Im ersten und zweiten Gau wurden Polen massenhaft, stellenweise unter Zwang vor allem in die – für Männer mit Wehrdienstpflicht verbundene –Abteilung III eingetragen. Im alten Posen hingegen hielten sich die Behörden rigoros an die Grundsätze der DVL und setzten der Aufnahme in die beiden letzten Gruppen rigide Grenzen, so dass hier ausnahmsweise die Angehörigen der Abteilung I und II (zusammen über 80 Prozent der Namen auf der «Volksliste») zahlenmäßig dominierten. Insgesamt wurden in die DVL in den eingegliederten Gebieten ca. 2,9 Millionen Menschen eingetragen, d. h. mehr als ein Viertel der Bevölkerung.

Bis 1944 war die Germanisierung der eingegliederten Gebiete nur ansatzweise verwirklicht, die Herabsetzung der Mehrheit der polnischen Bevölkerung auf den Rang von weitgehend rechtlosen Sklaven jedoch Tatsache: Die 1939 eingeleitete «blitzartige Verwandlung der ganzen polnischen Bevölkerung in ein einheitliches Volk von Parias, vollständig verdrängt aus dem Stadtzentrum, eingepfercht in die schlechtesten Wohnungen oder gar Abstellräume, gezwungen zu körperlicher Arbeit oft mörderischen Charakters, auf Schritt und Tritt demonstrativ diskriminiert»,[11] sollte im Wesentlichen die ganze Besatzungszeit über andauern.

Ein Lodzer Deutscher fasste die ihm bekannten Bilder der Verfolgung von Polen in den eingegliederten Gebieten in folgende Worte: «Ihre Schulen, Büchereien, Redaktionen und sogar die allermeisten Kirchen wurden geschlossen. Das Bischofspalais nahmen NS-Würdenträger in Beschlag, das Priesterseminar diente der Hitlerjugend als zentraler Sitz und Versammlungsstätte, die gegenüberliegende Kathedrale wurde zum Lagerhaus umfunktioniert. Polnische Denkmäler und Inschriften wurden abgetragen [...] Zehntausende von Polen wurden in nächtlichen, sich über Monate hinziehenden, blitzartig einsetzenden Aussiedlungsaktionen, die Angst und Unsicherheit verbreiteten, ins Generalgouvernement verbracht und blieben sich dort selbst überlassen, häufig auf freiem Feld, in Schnee und Eis, aus den Viehwaggons ausgeladen. Den Zutritt zu Kinos, Parks, Theatern, Eisenbahnzügen, Restaurants, Geschäften, Cafés, bestimmten Straßen- und Eisenbahnwaggons und öffentlichen Plätzen verwehrten Verbotstafeln ‹Nur für Deutsche›. An den ‹polnischen› Straßenbahnwaggons hingen Menschentrauben, während die ‹deutschen› so gut wie leer waren. Rundfunkgeräte, Schreibmaschinen, Jagd- und sonstige Waffen wie Finnmesser der

Pfadfinder und alles ‹gefährliche› Gerät waren abzuliefern. Selbst dem jüngsten Pimpf mußten Polen, auch alte und gebrechliche, überall und zu jeder Zeit den Vortritt lassen.»[12]

Ähnliche Folgen zeitigte die radikale Sowjetisierung Ostpolens. Die Sowjets schufen zunächst einmal den Schein einer rechtlichen Grundlage für die Besatzung, indem sie im Oktober 1939 Pseudowahlen abhielten, in denen die Bevölkerung «Volksversammlungen» der Westukraine bzw. der Westbelarus ermittelte, die sofort um die Aufnahme in die Ukrainische und Belarussische Sowjetrepublik baten. Ob dieser Vorgang dem neuen Regime mehr Legitimität verschafft oder durch massenhaften Zwang wie offensichtlichen Betrug eher zusätzlich geschadet hat, ist bis heute nicht klar.[13] Die Sowjetisierung wurde jedenfalls in der Folgezeit durchgehend begründet durch die historisch notwendige Abrechnung mit der polnischen Gewaltherrschaft und das Ziel der sozialen und nationalen Gerechtigkeit. Die Sowjets lösten die Organe der polnischen Staats- und Selbstverwaltung ebenso wie alle gesellschaftlichen Vereine auf, hoben das Polnische als Amts- und teilweise als Unterrichtssprache auf, grenzten die Kirchen in ihren Wirkungsmöglichkeiten ein (sie verloren sowohl das Recht auf Religionsunterricht in der Schule als auch das meiste Eigentum), verstaatlichten die Industrie und veränderten die landwirtschaftlichen Verhältnisse erst durch die Bodenreform, bald darauf durch die einsetzende Zwangskollektivierung.

Die rechtliche, kulturelle und sozialpolitische Gleichschaltung wurde begleitet von massenhaftem Terror. Erschießungen, Verhaftungen, Verurteilungen und, seit Februar 1940, Deportationen in den Osten und Süden der UdSSR wurden zu einer Alltagserfahrung der Bevölkerung.

In vier großen Wellen (die letzte im Juni 1941, unmittelbar vor dem deutschen Angriff) wurden etwa 320 000 Menschen ausgesiedelt. Bezeichnenderweise traf diese Maßnahme nicht nur Polen, die ja unter den besitzenden Schichten und im alten Staatsapparat (Grundbesitzer, Beamte, Intelligenz, Priester, Ansiedler, Förster und Polizisten) klar dominiert hatten. Während bei den ersten zwei Aussiedlungen (Februar und April 1940) Angehörige dieser beiden Gruppen samt Familien die Hauptopfergruppe bildeten, stellten bei der dritten Aussiedlung im Juni 1940 die Juden einen ähnlich hohen Anteil an Betroffenen: etwa 85 Prozent; es handelte sich hauptsächlich um Flüchtlinge aus der deutschen Besatzungszone. Bei der letzten Deportation überwogen vermutlich ukrainische und belarussische «Nationalisten».[14] Insgesamt wird die Zahl der Ermordeten, Deportierten, innerhalb der Republikgrenzen umgesiedelten, verhafteten, zur Zwangsarbeit und in Baukommandos der Roten Armee eingezogenen Menschen auf ca. 700 000 geschätzt. Die Säuberung blieb dabei, wie die gesamten Sowjetisierungsmaßnahmen, in ihrem Kern anational: Ein polnischer Kommunist konnte in der «Westukraine» zumindest theoretisch ebenso Karriere machen wie ein ukrainischer «Nationalist» verhaftet werden, vermögende Juden wurden ebenso enteignet wie vermögende Polen. Die neuen Macht- und Verwaltungsstrukturen wirkten sich nur stellenweise in Russifizierung aus, das Ukrainische und Belarussische wurden auch aufgewertet. Die Depolonisierung war zudem nicht vollständig: An der Lemberger Universität verlor Polnisch an Bedeutung, viele Lehrveranstaltungen wurden jedoch weiterhin in dieser Sprache abgehalten und unter den Professoren nur wenige entfernt. Nach der Niederlage Frankreichs erlaubte sich die Sowjetmacht im kulturpolitischen Bereich sogar einige wohlwollende Gesten gegenüber der verbliebenen polnischen Intelligenz.

Dennoch hatte die stalinistische Säuberung nicht nur aus der Sicht der polnischen Opfer eine unverkennbar nationale Folge: An die Stelle der Staatsnation traten sowjetische Funktionäre aus dem Osten sowie, in der Regel in niedrigeren Rängen, ortsansässige Belarussen, Juden und Ukrainer. Es war dann nur folgerichtig, dass der NKWD bis Frühjahr 1941 hauptsächlich den polnischen Widerstand bekämpfte. In «Westbelarus», wie das östliche Polen nun genannt wurde, waren im Sommer 1940 fast 90 Prozent der verhafteten Mitglieder antisowjetischer Organisationen Polen.[15] Insgesamt wurden wegen antisowjetischer Aktivitäten (auch aus der Zeit vor 1939) 110 000 Menschen verhaftet, darunter etwa 60 Prozent in der sogenannten Westukraine.

Außer der weit verbreiteten Erinnerung an Brutalität und Ineffizienz der – im privaten Sprachgebrauch der Polen – «ersten Sowjetzeit» sollten in der Zukunft zwei Ereignisse aus ihrer Geschichte eine besondere Rolle spielen. Das erste war die freudige Begrüßung der Roten Armee durch viele ostpolnische Juden. Dass zur selben Zeit die ukrainischen und belarussischen Bauern an den bisherigen polnischen «Herren» Rache nahmen, hat sich in der polnischen Erinnerung an den September im Osten weit weniger eingeprägt als die Tatsache, dass «die Juden» den Zusammenbruch der Republik demonstrativ feierten.[16] In Wirklichkeit war es eine Minderheit, vor allem aus den Unterschichten und darunter insbesondere Jugendliche, die hierfür verantwortlich zeichnete; die bisherigen Eliten hielten sich zurück.[17] Dennoch: Juden waren in den folgenden Monaten auf den unteren Ebenen der neuen Institutionen häufig zu sehen – wesentlich seltener an den Schaltstellen der Macht , die aber «von unten», d. h. aus der Sicht des Durchschnittspolen kaum überblickt werden konnten. Letztlich erlebten die bislang armen Teile der jüdischen Minderheit im Osten einen sozialen

Aufstieg, der nicht verwechselt werden sollte mit politischem Einfluss: Eine nationale Aufschlüsselung etwa der 1939 «gewählten», «republikanischen Volksversammlungen» deutet keineswegs auf einen hohen Anteil jüdischer Mitglieder hin (in Westbelarus waren acht Prozent, in der Westukraine vier Prozent der «Abgeordneten» Juden[18]), der sich insgesamt zwischen sieben und 13 Prozent bewegt haben dürfte.[19] Aber auch wenn der Eindruck trog: Er sollte das polnische Verhalten nach dem 22. Juni 1941 unübersehbar mitbestimmen und motivieren, nicht zuletzt die Massenmorde im Juli, die in einigen Kleinstädten des Bezirks Białystok, darunter in Jedwabne stattfanden. Die antisemitische Grundstimmung in diesen Gegenden vor 1939 kann allein der Grund nicht gewesen sein, da sich bei der ersten deutschen Besetzung der Region im September 1939 nichts Vergleichbares zutrug. Auffallend ist ebenfalls, dass die große Mehrheit der «Pogrome» – die wegen der angestrebten physischen Vernichtung der ganzen jüdischen Gemeinschaft vor Ort mit der traditionellen Bedeutung des Wortes nur bedingt zu tun hatten[20] – innerhalb des alten Staatsgebiets von Nichtpolen in Gang gesetzt wurden; das zahlenmäßig wohl größte, in Lemberg, wurde von Ukrainern durchgeführt.[21]

Kein anderes Ereignis aus der «ersten Sowjetzeit» übte aber einen so starken Einfluss auf die nachfolgende polnische Geschichte aus wie der Massenmord an polnischen Offizieren, der durch den Namen «Katyn» symbolisiert wird. Das Politbüro der bolschewistischen Partei beschloss am 5. März 1940 die Erschießung von fast 15 000 kriegsgefangenen polnischen Offizieren und Polizisten sowie von weiteren 11 000 inhaftierten polnischen Staatsbürgern (von denen schließlich etwa 7 000 ermordet wurden).[22] Der Massenmord wurde ab April 1940 ausgeführt – in Charkow starben etwa 4 000 Offiziere, in Mednoe bei Kalinin/Tver' 6 300 Menschen, in Katyn über 4 400. An anderen Orten, wie in Bikivnja bei Kiew, kann man die Zahl der 1940 Erschossenen auch heute nicht ermitteln, weil die Leichen der Polen neben den Opfern der Säuberung von 1937/38 liegen.[23] Damals hatte Stalin seine polnischen Genossen ermorden lassen. 1940 folgten die als antikommunistisch geltenden Offiziere und Beamten, die am gleichen Ort erschossen und verscharrt wurden – zur selben Zeit, als die deutschen Verbündeten der Sowjets mit der Planung der sogenannten Außerordentlichen Befriedungsaktion begannen, deren Ziel ebenfalls die Vernichtung der polnischen Intelligenz war. Wajdas *Katyń* versucht das vermutete Zusammenspiel der beiden Besatzungsmächte oder wenigstens die Gleichzeitigkeit ihres Handelns auf den Punkt zu bringen. Der Film scheitert in diesem Punkt ähnlich wie der Historiker, denn die plausibel scheinende Vermutung, bei den Massenmorden in beiden Besatzungszonen habe es sich um einen abgestimmten Vorgang im Sinn des geheimen Zusatzprotokolls gehandelt, wurde oft geäußert und nie nachgewiesen.

Nach dem Wechsel Sowjetrusslands in das Lager der Anti-Hitler-Koalition 1941 sollte die Frage des Verbleibs der Offiziere und die Aufdeckung ihrer Gräber durch die Deutschen den Zusammenschluss auf eine ernsthafte Belastungsprobe stellen. Im Zeichen des Kalten Krieges wurde der Massenmord, den die Sowjets bis zum Ende ihres Imperiums den Deutschen anlasteten, zu einem Symbol stalinistischer Gewaltherrschaft. Im Nachkriegspolen wirkte er einerseits als Chiffre für den östlichen Totalitarismus, andererseits als Symbol der Verlogenheit und Abhängigkeit Volkspolens von Moskau.

Es war bezeichnend für die NS-Politik im besetzten Polen, dass die deutsche Propaganda folgenlos blieb, als sie im Frühjahr 1943 die Massengräber Katyns als Beispiel sowjetischer Verbrechen präsentierte – obwohl sie diesmal ausnahmsweise die Wahrheit sagte. Der Grund für diese Unglaubwürdigkeit lag nicht zuletzt in den bisherigen Erfahrungen der Polen im Generalgouvernement, wo die Mehrheit seit 1939 unter deutscher Besatzung lebte.

Das Generalgouvernement

Nach der Bildung des Distrikts Galizien am 1. August 1941 erstreckte sich das Generalgouvernement auf 142 000 km² mit über 17,5 Millionen Einwohnern. Die Polen stellten mit über elf Millionen die große Mehrheit, nur in Galizien waren sie gegenüber den Ukrainern (insgesamt etwa vier Millionen Menschen) zahlenmäßig unterlegen. Das Generalgouvernement sollte für die Zeit vor dem Endsieg eine Art «Heimstätte» der polnischen Bevölkerung bleiben, als «riesiges Arbeitskräftereservoir» wie eine Kolonie behandelt werden und für die deutsche Besiedlung vorerst nicht offenstehen. In der Landwirtschaft blieben die alten Eigentumsverhältnisse weitgehend bestehen, die römisch-katholische Kirche durfte trotz zahlreicher Verhaftungen weiter arbeiten, das Grund- und Berufsschulwesen wurde mit einigen Abstrichen aufrechterhalten. Terrorisiert, getötet und in Konzentrationslager verbracht wurden anfangs hauptsächlich Vertreter der «Führungsschicht» sowie alle jene, die sich der Herabsetzung auf den Status einer recht- und kulturlosen, arbeitspflichtigen Unterschicht widersetzten. Die «völkische Flurbereinigung» durch Vertreibung blieb jedoch in den ersten Jahren aus und wurde später ebenfalls nur ansatzweise durchgeführt. Die größte Aktion dieser Art war die Aussiedlung von über 100 000 Polen aus dem Gebiet Zamość 1942/43.

Das kurzfristige Ziel der Besatzungspolitik bestand vor allem in der wirtschaftlichen Ausbeutung. Gleichzeitig sollte sie aber den Boden bereiten für die Neuordnung nach dem Krieg, in deren Zuge die NS-Eliten das Problem Polen ein für allemal beseitigen wollten. Bereits zu Beginn galt es, Weichenstellungen für die Zeit nach dem «Endsieg» vorzunehmen: «Den Polen dürfen nur solche Bildungsmöglichkeiten zur Verfügung gestellt werden, die ihnen die Aussichtslosigkeit ihres völkischen Daseins zeigen», erklärte 1939 der soeben zum Generalgouverneur ernannte Frank seine Bildungspolitik.[24] Sie fand ihren prägnantesten Ausdruck in der Auflösung der Hoch- und Mittelschulen sowie in der Deportation von Professoren der Jagiellonen-Universität und anderer Krakauer Hochschulen in das Konzentrationslager Sachsenhausen-Oranienburg. Die 183 Wissenschaftler waren für den 6. November 1939 zur Vorlesung eines Gestapo-Offiziers über die «Stellung des Dritten Reiches und des Nationalsozialismus zu Wissenschaft und Universität» eingeladen worden und glaubten, diesen Vortrag quasi als Voraussetzung für den verspäteten Beginn des Wintersemesters hinnehmen zu müssen. Sie wurden im Hörsaal verhaftet, mehrere starben im Konzentrationslager.[25]

Die Haltung der deutschen Politik gegenüber den polnischen Eliten wurde damit auch für jene offenbar, die die Gerüchte über Massenexekutionen in den westlichen Teilen der deutschen Besatzungszone für übertrieben gehalten haben mochten. Denn zusammengehalten wurden die verschiedenen Maßnahmen zur kulturellen, wirtschaftlichen und sozialen Herabsetzung der Polen in der Tat von brutalem, bis zum Überfall auf Jugoslawien und die Sowjetunion beispiellosem Terror: «In Prag waren z. B. große rote Plakate angeschlagen, auf denen zu lesen war, dass heute 7 Tschechen erschossen worden sind», erzählte der Generalgouverneur einem Journalisten im Februar 1940. »Da sagte ich mir: wenn ich für je sieben erschossene Polen ein Plakat aushängen lassen wollte, dann würden die Wälder Polens nicht ausreichen, das Papier herzustellen für solche Plakate.»[26] Dies mochte zu diesem Zeitpunkt noch eine Prahlerei Franks sein; im Verlauf der Zeit fand sie immer mehr Anhaltspunkte in der Realität.

Beginnend mit der ersten spektakulären kollektiven Geiselerschießung im Dezember 1939 in einem Vorort von Warschau (106 Personen),[27] über die «Außerordentliche Befriedungsaktion» im Frühjahr 1940, in deren Zuge einige tausend Personen, darunter Politiker wie der ehemalige Sejmmarschall Rataj, Künstler und sonstige der Öffentlichkeit bekannte Personen getötet wurden, den Mord an Lemberger Hochschullehrern im Juli 1941 (dem u. a. der ehemalige Ministerpräsident Bartel zum Opfer fiel), steigerte sich der Reigen der Massenverbrechen bis zur Auslöschung ganzer Dörfer und den öffentlichen Geiselerschießungen in Warschau (Oktober 1943 bis Februar 1944; etwa 1700 Opfer). Begleitet wurde dieser Terror von Sondergerichten und «Polenstrafrecht», dem Prinzip der kollektiven Haftung, Massenverschleppungen zur Zwangsarbeit und Deportationen in Konzentrationslager. Einiges davon erklärte das angestrebte Ziel der rücksichtlosen wirtschaftlichen Ausbeutung von Stadt und Land, andere Maßnahmen können nur als Versuche verstanden werden, den bedingungslosen Machtanspruch der «Herrenrasse» im Alltag durchzusetzen und stets neu zu demonstrieren.

Die zahlenmäßig größte Gruppe der Verfolgten stellten die Zwangsarbeiter dar. Von den etwa 2,8 Millionen Polen, die für kürzere oder längere Zeit zur Arbeit (hauptsächlich ins «Altreich»; im August 1944 war jeder vierte der etwa sieben Millionen Zwangsarbeiter polnischer Staatsbürger) deportiert wurden, kam mehr als eine Million aus dem Generalgouvernement.

Die Löhne standen in den Städten des Generalgouvernements in keinem Verhältnis zu den Lebensmittel- und sonstigen Preisen, die auf dem grauen und schwarzen Markt galten. Der Nährwert der auf Lebensmittelkarten erhältlichen Zuteilungen lag hingegen deutlich unter 2000, manchmal sogar unter 1000 Kalorien. 1941 wurde er auf ein Viertel des Vorkriegsverbrauchs der Arbeiter, 1943 entsprechend auf ein Sechstel geschätzt; die Lebensmittelzuweisungen für Juden waren noch viel niedriger.

Der um sich greifenden Verarmung, die allerorts als bewusst herbeigeführtes Ergebnis der Besatzungspolitik zu verzeichnen war, standen die zahlreichen Lücken im Herrschaftskonzept gegenüber. Die Kolonie entlang der Weichsel sollte ja unter größtmöglicher Schonung eigener Kräfte ausgebeutet werden: Die gesamte deutsche Zivilverwaltung für die 17 Millionen Bewohner des Generalgouvernements (1942) zählte etwa 30 000 Personen (davon die Hälfte bei der Bahn und der Post beschäftigt); in der Stadtverwaltung von Krakau waren 1941 100 Deutsche tätig, Ende 1942 über 300, denen knapp 8000 hauptsächlich polnische Mitarbeiter gegenüberstanden.[28] Im Gouvernement Radom wohnten (1943) 2,3 Millionen Menschen, in der Verwaltung waren aber nur etwas mehr als 400 Deutsche angestellt. Ein deutscher Beamter entfiel mithin auf eine Fläche von 45 km² und 56 000 nichtdeutsche Bewohner.[29] Die Zivilverwaltung konnte also ohne einen weitaus größeren einheimischen Apparat nicht funktionieren. Das bedeutete in der Praxis, dass einerseits die Polen zwar entrechtet waren, andererseits Selbstverwaltung, Wirtschaft, Genossenschaften, Transport und Gesundheitswesen ohne polnische Kommunalbeamte und sonstige Angestellte, Hilfspolizisten, Ingenieure, Eisenbahner und Ärzte nicht auskommen konnten, was für den Widerstand eine wesentliche Bedeutung hatte und in den ins Deutsche Reich eingegliederten Gebieten keine Entsprechung fand. Wichtig für die besondere Rolle des Generalgouvernements als deutsches Besatzungsgebiet war ebenfalls die zahlenmäßige Überlegenheit der polnischen Bevölkerung gegenüber Deutschen und Ukrainern. Hier konnte man die Polen nicht, wie in den eingegliederten Gebieten, aus dem Straßenbild verdrängen; sie waren schlicht zu viele. Und schließlich trug die bald sprichwörtliche Korruption der deutschen Verwaltung im Generalgouvernement erheblich dazu bei, dass die Verhältnisse im zentralen Landesteil noch immer als erträglicher empfunden wurden als jene in den eingegliederten Gebieten.

Vernichtung der Juden

Die Regisseurin Agnieszka Holland lässt in ihrem Spielfilm *Hitlerjunge Salomon* (1990) einen jüdischen Jungen im Herbst 1939 über den Fluss Bug in die sowjetische Besatzungszone flüchten. Er wird von einem Sowjetsoldaten aus dem Wasser gezogen und hat zunächst einmal überlebt. Auch in dieser Szene sieht man Menschen, die in die Gegenrichtung fliehen. Es sind aber keine Juden, denn nur die wenigsten von ihnen werden im Herbst 1939 noch an die «anständigen, zivilisierten» Deutschen geglaubt haben. Die große Mehrheit der über zwei Millionen nun im deutschen Machtbereich lebenden polnischen Juden blieb in ihren Wohnorten, weil immer nur eine Minderheit die Energie und Zuversicht besitzt, die in der Regel illegale, unsichere bis lebensgefährliche Flucht zu wagen.

Die Perspektive der Täter, deren Opfer die polnischen Juden in den kommenden Jahren werden sollten, darf nach Jahrzehnten intensiver Forschung als gut bekannt gelten.[30] Der rassistische Antisemitismus als Grundlage der NS-Ideologie sprach Juden nicht nur die Menschenwürde, sondern die Existenzberechtigung ab. Daher plante das Reichssicherheitshauptamt (RSHA) bereits im September 1939, die polnischen Juden wenn möglich sofort aus Danzig, Westpreußen, Posen und Ostoberschlesien zu vertreiben, Richtung Osten abzuschieben und dort «wenige Konzentrierungspunkte festzulegen». In jeder jüdischen Gemeinde sollte ein Ältestenrat aufgestellt werden.[31] Ob die Juden künftig in einem «Judenreservat Lublin» leben oder weiter nach Madagaskar deportiert werden würden, diskutierten die NS-Behörden 1939 und 1940 ebenso intensiv wie die Frage der Nutzung bzw. Rentabilität von Arbeitskraft der inzwischen entrechteten und faktisch zu Sklaven herabgewürdigten Juden. Die ursprünglichen Pläne des RSHA scheiterten jedoch, weil einerseits die Zahl der Juden in den neuen Reichsgebieten durch die Eingliederung von Lodz und des Dombrowaer Beckens dreimal so hoch wie ursprünglich angenommen und die sofortige Vertreibung von über einer halben Million Menschen undurchführbar war. Frank sperrte sich erfolgreich gegen die Aufnahme auch nur weniger im Generalgouvernement, andere Gebiete standen nicht zur Verfügung. Zum anderen verkündete Hitler im Reichstag am 6. Oktober 1939 als «wichtigste Aufgabe» «eine neue Ordnung der ethnographischen Verhältnisse» in Europa.[32] Mit der nationalen «Entmischung», d. h. Umsiedlung der «unhaltbaren Splitter deutschen Volkstums» aus ihren alten Siedlungsgebieten östlich und südöstlich der Reichsgrenzen wurde Heinrich Himmler als «Reichskommissar für die Festigung deutschen Volkstums» betraut. Die Aktion sollte innerhalb kurzer Zeit zur ethnischen Neuordnung Ostmitteleuropas unter deutscher Besatzung führen.

Faktisch bedeutete sie zunächst einmal die Auswanderung der mehr als einer halben Million Volksdeutschen aus den neuen sowjetischen Provinzen, aus Südtirol und Rumänien in die bislang polnischen eingegliederten Gebiete, denn im Altreich war kein Platz für sie. Die neuen Heime wurden für sie «freigemacht», indem Polen und Juden in den eingegliederten Gebieten ihre guten, für die kommenden Deutschen geeigneten Wohnungen aufgeben mussten und gezwungen wurden, in schlechtere umzuziehen. Damit sich die Juden aber in einer «deutschen» Stadt nicht frei bewegten, wurden geschlossene jüdische Wohnbezirke ausgesondert. Und da sich unter Zwang auch mehrere Familien in einer Wohnung unterbringen ließen, brauchte man für einen solchen Wohnbezirk nur wenig Raum mit einem Bruchteil der bisher von Juden benutzten Wohnungen, was den Gewinn des Unternehmens noch steigerte. Wie dies in der Praxis aussah, schildert der Historiker Götz Aly am Beispiel von Lodz, wo die Idee der Gettoisierung am frühesten aufkam. Im Januar 1940 erhielten die örtlichen Behörden eine Nachricht von den ebenfalls für Umsiedlungsfragen zuständigen Posener Kollegen: «Die für Lodz bestimmten Baltendeutschen sind bereits auf dem Weg nach Posen, so daß in einigen Tagen die Wohnungen in Lodz zur Verfügung stehen müssen. Die Evakuierung der Judenwohnungen und die Überführung der Wohnungsbesitzer in das [noch nicht geschlossene] Ghetto muß daher sofort erfolgen.» Das Ergebnis schilderte die Lodzer Gestapo knappe zwei Monate später: »Im Morgengrauen des 2. März wurde ein Randgebiet des Ghettos umstellt. Die dort wohnenden Polen wurden festgenommen, nach Überprüfung durch die Kripo und Stapo den Standgerichten zugeführt, zum Teil von den städtischen Behörden ihren neuen Wohngebieten im Polenviertel zugeleitet. Der Rest dieser Personen wird am 4.3. durch uns evakuiert werden. In das gesamte durch die Aktion geräumte Wohngebiet werden am Montag den 4.3. Juden aus dem Stadtzentrum eingewiesen, so dass ein erheblicher Wohnraum zur Einweisung von Balten entsteht.»[33]

Das Getto in Lodz/Litzmannstadt wurde bereits am 1. Mai 1940 abgeriegelt,[34] das in Warschau Mitte November des Jahres. Gemessen an der Zahl der Insassen waren sie die mit Abstand größten: Auf dem schier unglaublich engen Raum von jeweils etwa 4 km² lebten und starben in Litzmannstadt rund 160 000, in Warschau etwa 400 000 bis 450 000 Menschen.[35] Sie wurden geplagt von Entwurzelung, Freiheitsentzug und Arbeitslosigkeit. Hinzu kam bald der Hunger (die offiziellen Lebensmittelzuteilungen lagen bei etwa 150–300 Kalorien). Die permanente Unterernährung sowie der Mangel an elementaren Hygienemitteln führten zu Krankheiten und bald zu Epidemien, so dass bereits im ersten Jahr nach Gründung der Großgettos das Massensterben begann. 1941 fanden im Warschauer fast 55 000, im Litzmannstädter Getto über 11 000 Menschen den Tod.[36]

Indessen trafen die Täter folgenreiche Entscheidungen. Mit dem Angriff auf die Sowjetunion verband das nationalsozialistische Deutschland die Hoffnung auf eine endgültige Beseitigung des rassischen Gegners. Die Einsatzgruppen der Sicherheitspolizei und des SD ermordeten im ersten Halbjahr des «Vernichtungskrieges» etwa eine halbe Million Juden, wovon ca. 200 000 bis 1939 polnische Staatsbürger gewesen sein dürften. Überall in der besetzten Sowjetunion wurden Gettos errichtet. All dies reichte für eine schnelle Vernichtung nicht aus, so dass im Dezember 1941 die Entscheidung fiel, zum industrialisierten Massenmord und damit zum letzten Stadium der «Endlösung» überzugehen. Die Vernichtungsstätten entstanden durchgehend im besetzten Polen, wo noch immer die größte Zahl der Juden Europas lebte. Ab September 1941 wurde in dem ein Jahr zuvor errichteten Konzentrationslager Auschwitz die Wirkung von Zyklon B an sowjetischen Kriegsgefangenen ausprobiert, im Dezember begann die Massentötung von Juden durch Gas im Vernichtungslager Kulm im «Warthegau». 1942 nahmen die Vernichtungslager in Bełżec, Treblinka und Sobibór den «Betrieb» auf; auch das Konzentrationslager Majdanek wurde in den Tötungskomplex mit einbezogen. Das größte blieb jedoch das ursprünglich für polnische Häftlinge geplante Auschwitz, das teils als «normales» Konzentrationslager fungierte, teils als riesiger Komplex von Industrieanlagen und Zwangsarbeiterlagern, teils als Vernichtungslager.

Die polnischen Juden konnten weder von den Diskussionen der NS-Führung 1939/40 noch von der Entscheidung für die «Endlösung» 1941 etwas wissen. Sie erlebten die grauenhafte Unmenschlichkeit dieser Zeit unter unterschiedlichen Bedingungen.[37] In den eingegliederten Gebieten wurden sie entweder ausgesiedelt oder in Gettos von der Umwelt isoliert. Im Generalgouvernement unterlagen sie von Beginn an dem Arbeitszwang, ihr Besitz, soweit von Wert, wurde «arisiert». Sie mussten ab Dezember 1939 den

Davidstern tragen, im nächsten Monat wurde ihnen das Benutzen von Zügen untersagt. Bald kamen Zehntausende in Arbeitslager und Hunderttausende in das Warschauer Getto. In den Kleinstädten sah es 1940/41, manchmal sogar noch in den ersten Monaten des Jahres 1942, besser aus: Entweder gab es keine Gettos oder sie waren nicht abgeriegelt; in beiden Fällen konnten sich die Juden relativ frei bewegen. Dies ermöglichte den lebenswichtigen, stets illegalen Handel. Angesichts der 100 oder 200 Gramm Brot, die einem arbeitenden Juden täglich zustanden, bot der Schmuggel – solange man noch über Tauschware oder Geld verfügte – die einzige Chance, dem Hungertod zu entgehen.

Die Geschichte der Millionen im Vorzimmer des Todes lässt sich auf wenigen Seiten nicht erzählen. Allein die beiden größten und bekanntesten Gettos – Litzmannstadt und Warschau – sind mittlerweile in Hunderten von Beiträgen dargestellt worden.[38] Nehmen wir stattdessen das Beispiel von Kozienice, etwa 80 Kilometer südlich von Warschau, vor Kriegsausbruch eine Kleinstadt mit knapp 9000 Einwohnern, die Hälfte von ihnen Juden. Nachdem deutsche Truppen den Ort besetzt hatten, wurden Juden gedemütigt und geschlagen sowie die Synagoge in Brand gesetzt. Der im Oktober 1939 ernannte Judenrat legte im nächsten Monat eine Liste aller 4248 jüdischen Einwohner vor. Um die Juden in einem Stadtteil zu konzentrieren, wurden Anfang 1940 mehrere hundert Polen und Juden gezwungen, die bisherige Wohnung aufzugeben. Das alte jüdische Viertel beherbergte nun alle Juden der Stadt und wurde zu einem Getto, das aber zwei Jahre lang «offen» blieb, d. h. nicht von der Außenwelt abgeriegelt war. Die Juden von Kozienice bewegten sich innerhalb der Stadt und in der Umgebung frei und trieben vor allem Handel.

Nicht nur hier mochte damit der Eindruck entstehen, dass die Juden trotz offensichtlicher Verfolgung ihre Rolle als Vermittler zwischen Dorf und Stadt bewahrt hätten: Zwar gab es in der Stadt weder jüdische Geschäfte noch Stände auf dem traditionellen Wochenmarkt, dennoch verkauften die Bauern ihre Produkte weiterhin an Juden, die aus der Stadt zu ihnen kamen. Sie wurden zu fliegenden Händlern, indem sie die Ware in der Stadt ebenso illegal verkauften wie sie diese vorher auf dem Land erstanden hatten. Aus Sicht der polnischen und ukrainischen Händler blieben die Juden weiterhin Konkurrenten, die dem neuen oder auch alten Kleinbürgertum die Klientel abspenstig machten.[39]

Den Bauern in der Umgebung verkauften Juden ihre Bestände gegen Lebensmittel, da sie bereits im Winter 1939/40 erheblich verarmt waren: Die Handwerker und Händler waren ihrer Werkstätten und Geschäfte beraubt worden. Die relative Bewegungsfreiheit führte dazu, dass lebensbedrohlicher Hunger manchmal bis in den Sommer 1942 unbekannt blieb, im Gegensatz zu den abgeschlossenen Gettos in der Städten. Den Kampf um Essen und um heizbares Material konnten die Bewohner des Judenviertels offenbar gewinnen, solange es nicht abgesperrt war.

Wie anderswo baute in Kozienice der Judenrat eine Selbstverwaltung des Viertels auf, mit eigener Sozialfürsorge und Gesundheitswesen. Eine Volksküche gab tausend Mittagessen täglich aus, es gab eine kleine Schule für 70 Kinder. Die traditionell chassidische Gemeinschaft besuchte regelmäßig die Synagoge. Die Geburtenrate blieb 1941 auf dem Niveau von 1939. Die Sterblichkeit verfünffachte sich in demselben Zeitraum, lag aber mit etwa fünf Prozent weit unter der Sterberate im Warschauer Getto. Ehen wurden fast keine mehr geschlossen.

Hunderte leisteten Zwangsarbeit für deutsche Stellen, andere in privaten Betrieben. Meistens wurde die Zusammenstellung der Arbeitskolonnen tatsächlich unter Zwang exekutiert: Die vom Judenrat vorgesehenen jungen Männer flüchteten und versteckten sich, jüdischer Ordnungsdienst und deutsche Polizei spürten die Flüchtlinge auf oder zogen stattdessen deren Verwandte ein; die polnischen Nachbarn schauten ohne Mitleid zu, zumal wenn sie Juden als Ordnungsmacht unter Sowjetbesatzung erlebt hatten.[40] Später scheint die Einberufung zu kasernierter Zwangsarbeit von vielen Opfern anders empfunden worden zu sein, denn Juden versuchten mit der Zeit immer öfter, Arbeitsplätze zu kaufen. Die Arbeit wurde zwar nicht bezahlt, ein entsprechender Nachweis der Tätigkeit für deutsche Stellen gab aber die Illusion von relativer Sicherheit,[41] ferner ermächtigte er zum Bezug von Lebensmittelkarten, manchmal auch für die Familie. Von der damit verbundenen Korruption profitierten die beteiligten Ämter, die somit leicht ihre Sollpläne für Beschäftigung und Produktion erfüllten, vor allem aber deren Angestellte, die darüber entschieden, wer zum Arbeitseinsatz eingezogen wurde. Der Zwang wurde hier zum manchmal teuer erkauften Privileg, weil die Alternative noch schlimmer war.

Dieser fragile Zustand mit noch immer beachtlichen Überlebenschancen brach im Januar 1942 zusammen, als die im Generalgouvernement seit Oktober 1941 geltenden Vorschriften von der Polizei umgesetzt wurden: Ein Verlassen des Gettos wurde mit dem Tod bestraft, ebenso polnische Beihilfe zu diesem Verbrechen. Die Mutigsten verließen das Getto trotzdem, nur scheint es sich jetzt öfter um Bettler denn um Händler gehandelt zu haben.

Im Mai 1942 wurde das Getto in Kozienice mit Stacheldraht abgesperrt und man richtete ständige Polizeiposten an seinen Grenzen ein. Die Sterblichkeit innerhalb des ersten Halbjahrs verdoppelte sich gegenüber 1941 und lag somit zehnmal so hoch wie in der Vorkriegszeit. Im weiter östlich gelegenen Szczebrzeszyn, wo die Ereignisse einer ähnlichen Chronologie folgten, konstatierte der Arzt Zygmunt Klukowski bereits im Januar eine Ausbreitung des Flecktyphus unter den örtlichen Juden. Ein solches Elend und einen solchen Schmutz habe er noch nie im Leben gesehen, schrieb der Zeitzeuge, der nicht nur die deutsche Besatzung seit 1939, sondern auch die russische Revolution 1917/18 aus nächster Nähe miterlebt hatte.[42]

Ab Juli wurden Tausende von Juden aus den umliegenden Orten nach Kozienice verlegt, so dass die Zahl der eingepferchten Insassen von 5000 auf 13 000 stieg; wenn sich die Betroffenen dagegen sträubten, in das ohnehin überfüllte Getto zu gehen, wurden sie mit Schüssen in die Umzäunung hineingezwungen. Die schon bislang unerträgliche Bevölkerungsdichte, verbunden mit minimaler Lebensmittelzufuhr, Elend und Krankheiten, ließ das Getto zu einem Ort des Massensterbens werden. Im August wurden Hungerkranke gemeldet.

Die deutsche Polizei liquidierte das Getto am 27. September 1942. Die Juden von Kozienice und Umgebung wurden nach Treblinka gebracht und dort sofort vergast. Ein polnischer Lehrer notierte in seinem Tagebuch am 1. Oktober, nachdem die Stadt die Hälfte ihrer Einwohner verloren hatte: «Die Preise beginnen zu fallen [...] Ich lebe kaum noch, verelendet und schlafe kaum, weil vom Leiden der Juden und Elend umzingelt.» Die Häuser im Gettobereich wurden im Frühjahr 1943 abgetragen, der Friedhof im Sommer zerstört. Die Grabplatten waren später an verschiedenen Straßen und Plätzen der Stadt zu finden.[43]

Wir wissen nicht, ob Kozienice als halbwegs typisch gelten darf oder nicht. Der israelische Historiker Yehuda Bauer zweifelt, ob der Weg der Typologisierung überhaupt richtig ist: Die Mitglieder der Judenräte in den Gettos verhielten sich unterschiedlich, mit jeweils gravierenden Folgen für die Gemeinschaft – von Passivität und Atomisierung bis hin zu organisierten Formen eines relativ umfangreichen Widerstands.[44] Die Erfolgsaussichten des Letzteren, d. h. die Überlebenschancen seiner Mitglieder (um einen Sieg im bewaffneten Kampf konnte es schließlich nirgendwo gehen), hingen wiederum entscheidend von der christlichen Umgebung ab, in der zwar Ablehnung und Gleichgültigkeit dominierten, aber keineswegs die einzigen Haltungen waren. Ferner spielte die Geographie eine wichtige Rolle – ohne große Wälder gab es weder Partisanen noch die Möglichkeit, außerhalb von Siedlungsgebieten zu überleben. Oft genug aber entschied der Zufall. Ohne viel, ohne sehr viel Glück konnte niemand überleben.[45]

Glück brauchten auch die Zeugen der Vernichtung, nur waren sie in der Regel weniger massiv bedroht als die Juden. Die Polen und Ukrainer im

Generalgouvernement erlebten die Besatzungszeit rechtlich, in Großstädten auch räumlich separiert von den Juden und dennoch in unmittelbarer Nähe des Holocaust. Sie wurden notgedrungen zu Zeugen, und diese Zeugenschaft zu beschreiben stellt aus mindestens zwei Gründen ein Wagnis dar: Erstens sind Aussagen über Massenverhalten genauso wenig möglich bzw. umstritten wie hinsichtlich der Haltungen der Juden, sobald man sie in Zahlen zu fassen versucht. «Die Christen» standen der Gettoisierung meist als nur passive Zuschauer gegenüber. Wenige nahmen an den Massenmorden im Sommer 1941 teil, viele bereicherten sich am «arisierten Vermögen», nicht zuletzt nach den «Gettoräumungen». Einige lebten davon, untergetauchte Juden aufzuspüren und zu erpressen. Andere halfen Verfolgten, die sich unter den abenteuerlichsten Umständen auf der «arischen» Seite am Leben hielten.

Fest steht auf jeden Fall, dass der Massenmord spätestens seit 1942 jedem Nachbarn bekannt war: Überall sah man Mauern und hörte Schüsse, überall verschwanden die Juden und später ihre Wohnbezirke, überall hörte man zumindest die Gerüchte vom landesweiten Sterben; in Kleinstädten lagen die Leichen auf den Straßen der christlichen Viertel.

Zweitens stößt die Darstellung auf die «Schwierigkeit eines angemessenen Ausmittelns», anders formuliert, auf die Unmöglichkeit, Argumente auszubalancieren, die sich aus den grundlegend anderen Erfahrungen und Perspektiven auf beiden Seiten der Gettomauern ergeben.[46] Jenseits und diesseits gab es im selben Augenblick andere Bedrohungen und andere Erfolgserlebnisse, grundlegend andere Einschätzungen der eigenen Lage und der Haltung der Menschen hinter der Mauer. Sicherlich blieb die große Mehrheit der Zuschauer passiv und nahm das Geschehen widerwillig, gleichgültig oder staunend zur Kenntnis. In unzähligen Fällen – und sie beziehen sich durchaus auf diese Mehrheit – sind Berichte überliefert, in denen der Massenmord mit Schulterzucken oder mit einer mehr oder minder offenen Schadenfreude registriert wurde. Dieser Hintergrund und die ihm innewohnende Kälte der Nachbarn spielte die Hauptrolle im Roulette, dem sich Juden aussetzten, wenn sie auf der «arischen» Seite zu überleben versuchten.[47]

Es gab auch hier mehrere unkalkulierbare Umstände, die über Erfolg oder Misserfolg des höchst riskanten Unternehmens entschieden.[48] Keiner der Faktoren dominierte, wirklich gewichten kann man sie nicht; Glück brauchte jeder Mutige. Vier Bedingungen erhöhten die Überlebenschancen auf jeden Fall: erstens die Kenntnis des Polnischen, zweitens ein «gutes», «arisches» Aussehen – ohne innerhalb der christlichen Umgebung unauffällige Gesichtszüge blieb nur noch das Versteck im sprichwörtlichen

Schrank übrig, also im Hinterzimmer, in der Scheune oder im Keller, den man bis Ende der Besatzung nicht verlassen durfte. Drittens und ebenso wichtig war die Vertrautheit mit polnischen Sitten und Gewohnheiten, die in der Regel eng verbunden war mit dem Vorhandensein polnischer Freunde, Bekannter oder Verwandter: Assimilierte Juden waren den Helfern näher als Unbekannte oder Fremde, auch stellten sie ein geringeres Risiko für die Beschützer dar. Vermutlich halfen die Christen assimilierten Mitbürgern sehr viel öfter als den orthodoxen. Der vierte Faktor war Geld, denn ein großer Teil der illegalen Existenzen jenseits der Gettomauern wurde erkauft.[49] Immer noch befanden sich erhebliche Mittel in der Hand von Juden. Als im Juli 1942 die Todestransporte nach Treblinka rollten, brachen auf der Warschauer Schwarzmarktbörse die Goldkurse zusammen: Die reichsten Juden Warschaus versuchten offenbar, sofort und entsprechend teuer Unterschlüpfe auf der «arischen» Seite zu sichern, und transferierten ihre Guthaben als Vorauszahlung auf die andere Seite der Mauer. Der Bedarf an Edelmetall war zwar relativ konstant (und hoch), getragen wurde er aber nur von einer schmalen Schicht der reichsten Polen. Angesichts des plötzlichen Überangebots fielen die Preise in den Keller.

Nur die wenigsten Juden hatten aber viel Geld. Vielen ging es eher früher als später aus. Dann verkomplizierte sich die Lage noch einmal, denn die Abhängigkeit vom «Gastgeber» wurde völlig einseitig und damit noch unsicherer. Dessen Kalkül wurde durch zwei Umstände bestimmt: Erstens drohte den polnischen Helfern die Todesstrafe, zweitens war das Risiko der Denunziation durch christliche Nachbarn beim Verstecken von Juden offenbar wesentlich höher als bei Widerstand. Juden Unterstützung zu gewähren stand – im Unterschied zu Untergrundaktivitäten – nicht unter dem Schutz der nationalen Solidarität, der Denunziant riskierte weniger. Symbolisiert wurde dieser Mangel an Rückhalt in der Mehrheitsgesellschaft durch die *szmalcownicy* – vor allem Polen, die Juden auf der «arischen» Seite aufspürten, erpressten und oft an die Polizei auslieferten. Sie galten der Untergrundpresse als besonderes Übel. Noch Jahrzehnte später glaubte man, die *szmalcownicy* stammten aus Randbereichen der Gesellschaft bzw. direkt aus der kriminellen Szene – ein Abschaum der Großstadt, den die NS-Vernichtungspolitik in das Zentrum gespült habe. Doch die erste Stichprobenuntersuchung bewies das Gegenteil: Von über 240 Warschauer Erpressern waren ganze 20 als Kriminelle vorbestraft. Die große Mehrheit waren ganz normale Männer aus allen sozialen Schichten.[50]

Dies dürfte gleichfalls für die Verhältnisse in den Kleinstädten des Ostens zutreffen, wo ebenso ganz normale bäuerliche und kleinbürgerliche Familien vom jüdischen Elend profitierten – ohne irgendwie aufzufallen. Der

Profit reichte von der genutzten Arbeitskraft der Versklavten, die auch für örtliche Bauern arbeiten mussten, über die niedrigen Preise für Kleidung, Möbel oder sonstigen jüdischen Hausrat, die in christlichen Geschäften angeboten wurden, bis hin zur massenhaften Übernahme der weniger wertvollen Mobilien und Immobilien nach der Auslöschung der örtlichen jüdischen Gemeinschaft. In all den Fällen gingen Qualitätsgüter an die Deutschen, die polnischen Nachbarn begnügten sich mit dem Rest.[51]

Der Zusammenhang zwischen Judenvernichtung und polnischen Schicksalen unter deutscher Besatzung beschränkte sich auch in dieser letzten Phase keineswegs auf Fragen des Besitzes. Ein Beispiel für die Koppelung von Siedlungs-, Polen- und Judenpolitik fand Aly noch Anfang 1943, als ein großer Teil der polnischen Juden bereits ermordet, hingegen die erwähnte Umsiedlungsaktion Zamość gerade erst angelaufen war: «Am 25. Januar 1943 fuhr vom ostpolnischen Zamość ein Güterzug mit 1000 jungen Zwangsarbeitern und Zwangsarbeiterinnen ‹ohne unproduktiven Anhang›, wie es hieß, nach Berlin. Sie mussten die Arbeitsplätze von ‹Rüstungsjuden› einnehmen, die nun – einschließlich ihrer ‹unproduktiven› Familienmitglieder – mit demselben Zug nach Auschwitz deportiert wurden. Dort wurde der Zug mit dem Gepäck deutschstämmiger Umsiedler aus Südosteuropa, darunter vieler Bosniendeutscher, beladen, dann fuhr er zurück nach Zamość. Hier wurden die Deutschen vom SS-Ansiedlungsstab empfangen und in dem von Polen und zuvor schon von den Juden ‹geräumten› Gebiet angesiedelt; die Deutschen erhielten 20-Hektar-Höfe, die aus jeweils fünf verschiedenen (‹unproduktiven›) Bauernwirtschaften zusammengelegt worden waren. Von Zamość fuhr der Zug noch einmal nach Auschwitz – beladen mit 1000 Polen, die von der Sicherheitspolizei und den Rasseprüfern der SS als besonders ‹unerwünscht› eingestuft worden waren.»[52]

Die Polen wussten nichts vom «Generalplan Ost», dessen Exerzierplatz die Aussiedlungen in Zamość waren. Sie erkannten aber durchaus einen möglichen Zusammenhang zwischen dem eigenen, aktuellen und künftigen Schicksal und dem Holocaust, der sich vor ihren Augen abspielte: Dass nach den Juden die Christen drankommen würden, war keine seltene Befürchtung. Die Massenvernichtung lief indessen auf Hochtouren: Die große Mehrheit der polnischen Juden (mindestens 1,5 Millionen Menschen) wurde zwischen Mitte März 1942 und Anfang November 1943 (Aktion «Reinhardt») umgebracht, vor allem in Massenerschießungen und in Vernichtungslagern. Versuche der polnischen Exilregierung, die Alliierten, vor allem die USA zu Hilfeaktionen zu bewegen, scheiterten.[53]

Den Aufstand im Warschauer Getto im April 1943 begannen die Juden, als die weitaus meisten ihrer Familienmitglieder bereits ermordet worden waren. Da die wenigsten über Schusswaffen verfügten, hatten sie keine Chancen auf einen militärischen Erfolg. Trotzdem setzten sie sich zur Wehr. Der Aufstand wurde zur größten jüdischen Widerstandsaktion unter deutscher Besatzung. Mehr als 60 000 Gettoinsassen wurden getötet – mehrere tausend vor Ort, etwa 50 000 in Treblinka. In der letzten großen Mordaktion von 1943 («Erntefest») erschossen deutsche Polizeieinheiten am 3. und 4. November 42 000 jüdische Lagerinsassen im Distrikt Lublin.

Widerstand

«Beide Seiten», hieß es im deutsch-sowjetischen Zusatzprotokoll vom 28. September, «werden auf ihren Gebieten keine polnische Agitation dulden, die auf die Gebiete des anderen Teils hinüberwirkt. Sie werden alle Ansätze zu einer solchen Agitation auf ihren Gebieten unterbinden und sich gegenseitig über die hierfür zweckmäßigen Maßnahmen unterrichten.»[54] Die Besatzungsmächte gingen davon aus, die «polnische Frage» durch die Teilung lösen und von der Tagesordnung der europäischen Politik absetzen zu können. Russische und preußische Erfahrungen aus der Zeit vor 1918 ließen allerdings keine Zweifel, dass die Polen dies nicht widerstandslos hinnehmen würden – und gerade deshalb schien es Nationalsozialisten und Kommunisten geboten, den vorhersehbaren polnischen Untergrund gemeinsam zu bekämpfen; in welchem Maß diese Zusammenarbeit bis Juni 1941 tatsächlich praktiziert wurde, weiß man auch heute nicht genau.

Sicher ist hingegen, dass der NKWD 1939 bis 1941 wesentlich erfolgreicher agierte als die deutsche Sicherheitspolizei im Generalgouvernement. Ob dazu beigetragen hat, dass die Sowjetmacht zumindest einen Anschein von Legitimität herzustellen bemüht war, während die Nationalsozialisten allein auf den Terror vertrauten, ist fraglich. Auf jeden Fall vereitelte der Verzicht der deutschen Besatzungsmacht auf jegliche Legitimierung von Anfang an die Entstehung einer auch nur rudimentären Loyalität der unterdrückten Bevölkerung. «Die Teilnahme an einer antideutschen Tätigkeit verliert den Schrecken der Gefahr; bedroht ist jeder, unabhängig davon, ob er etwas tut oder nicht» – formulierte ein aufmerksamer Beobachter des Warschauer «Alltags unter dem Hakenkreuz».[55] Der deutsche Besatzer bot den «Untermenschen» keine Belohnung für loyales Verhalten, geschweige denn für politische Unterstützung, die er nicht zu brauchen glaubte. Gehorsam wurde nur erzwungen, denn die Bewohner der Weichselkolonie sollten sich erst gar nicht als gleichwertige Subjekte wahrnehmen.

Die grundsätzliche Aufhebung der europäischen Rechtsordnung ermöglichte es den Machthabern zwar, «prinzipiell alle Gegner – auch vermeintliche – als Kriminelle abzustempeln». Andererseits hat gerade dieses Prinzip «der Widerstandsbewegung ideale Wachstumsbedingungen verschafft, weil das Bedürfnis nach Schutz vor solcher Kriminalisierung die Abwehrmöglichkeiten des Individuums überstieg und folglich einen Übertritt zu organisierten Gruppen der Untergrundbewegung geradezu erzwang».[56] Aus der selbstverständlich illegalen und potentiell lebensgefährlichen Zugehörigkeit zu einer Widerstandsorganisation konnten unter den besonders bedrohlichen Lebensbedingungen der Besatzungsherrschaft manche Vorteile resultieren: Psychischer Halt und Geborgenheit, mögliche Unterstützung seitens der Umgebung, materieller Beistand im weitesten Sinne des Wortes seien an erster Stelle genannt.[57]

Einen wichtigen Beweggrund für den individuellen Eintritt in den Untergrund bildeten auch tradierte Verhaltenmuster. Widerstand gegen fremde Obrigkeiten hatten die Polen im 19. und zu Beginn des 20. Jahrhunderts oft geleistet. Die Jüngeren begegneten dieser Tradition in der Schule und der Familie,[58] viele der Älteren kannten die Situation aus eigener Erfahrung. So hatten die unter den Entscheidungsträgern des Untergrunds dominierenden Jahrgänge 1880 bis 1900 in ihrer Jugend nahezu alle Formen des Widerstands mitgetragen, die nach 1939 in gesteigerter Intensität wiederkehrten. Geheimes Schul- und Hochschulwesen, wirtschaftlicher Boykott, andere Formen ziviler Verweigerung, konspirative Organisationen politischer und militärischer Art, bewaffneter Kampf – dies alles hatte es in Polen zwischen 1900 und 1918 bereits gegeben, und mehrere Unternehmungen aus den Jahren 1939 bis 1944 ähnelten ihren Vorläufern.

Die ersten Ansätze des organisierten Widerstandes kamen vielfach schon im September 1939 auf, parallel zu den Kapitulationsverhandlungen einzelner Truppenverbände sowie unmittelbar danach. Neben Berufsoffizieren traten dabei auffallend oft zivile Beamte in Erscheinung, welche die Geheimorganisationen mit Geld, Blankoausweisen etc. versahen. Die Häufigkeit dieses Vorgangs lässt den Schluss zu, dass viele Offiziere und Beamte, das eigentliche Rückgrat des Systems, den Übergang in den Untergrund als Pflicht, gleichsam als natürliche Fortsetzung ihrer Vorkriegstätigkeit betrachteten. Die polnische Staatlichkeit, auf die man seinerzeit den Eid abgelegt hatte, fungierte eben weiterhin, konträr zu den Erwartungen der Besatzer, als Bezugspunkt des Selbstverständnisses der Elite. Diese Haltung wurde einerseits als Beweis des Patriotismus der bisherigen Machthaber registriert, stieß jedoch andererseits auf massive Ablehnung der gesamten Vorkriegsopposition. Die bis 1939 unterdrückte Opposition sah in der Aktivität der alten Eliten nicht zuletzt den Versuch, die Machtverhältnisse aus der Zeit der Diktatur in den entstehenden Untergrund überzuleiten. Vor diesem Hintergrund sind die Anfänge des Widerstands nach der Septemberniederlage zu sehen: 1939/40 gründeten nahezu alle Parteien ihre eigenen politischen, nach Möglichkeit auch militärischen Untergrundorganisationen, um der vermeintlich drohenden Bevormundung durch die Träger des alten Systems zuvorzukommen.[59]

Naturgemäß gab es mehrere Abweichungen von diesem Schema einer parteipolitischen Fundierung des Widerstands. So arbeiteten während der Verteidigung Warschaus im September 1939 Militärs, Stadtverwaltung und bisherige Oppositionelle eng zusammen. Der Beschluss, in den Untergrund zu gehen, wurde von beiden Seiten getragen. Nachdem die Deutschen eingerückt waren, ordnete sich das entstehende konspirative Netz der Parteien jedoch zunächst nicht der Militärorganisation unter.

Die Zusammenarbeit innerhalb der doppelten, zivilen wie militärischen Spitze des Untergrundstaates gestaltete sich besonders in den ersten Jahren alles andere als spannungslos. Beide hatten das Ziel, im Untergrund einen Staat aufzubauen, der im Augenblick des Zusammenbruchs der Besatzungsherrschaft das Mirakel von 1918 wiederholen könnte. Die Politiker misstrauten jedoch den Aktivitäten der Militärs: Die Opposition hatte vor 1939 kaum Vertreter im Offizierskorps, während die parteipolitische Basis der Diktatur 1939 fast völlig weggebrochen war. Bislang oppositionelle Politiker dominierten bereits in dem im Oktober 1939 entstandenen geheimen «Hauptrat der Nationalen Verteidigung» (*Rada Główna Obrony Narodowej*). Das Gremium sollte bis 1944 mehrmals den Namen wechseln, im letzten Jahr der Besatzung agierte es als «Rat der Nationalen Einheit» (*Rada Jedności Narodowej*, RJN), seinem Wesen nach blieb es jedoch unverändert: Spitzenvertreter der Bauern- (*Stronnictwo Ludowe*, SL), Nationalen (*Stronnictwo Narodowe*, SN), Sozialistischen (*Polska Partia Socjalistyczna*, PPS) und Christdemokratischen Arbeitspartei (*Stronnictwo Pracy*, SP) bildeten ein Beratungsorgan des jeweiligen Delegierten und verstanden sich als Ersatz für das 1939 aufgelöste Parlament.

Die große Mehrheit der Menschen wagte freilich den Schritt in die Illegalität, ohne sich den Kopf über politische Optionen und weltanschauliche Alternativen zu zerbrechen. Am Untergrund waren zahllose Menschen beteiligt, deren Risikobereitschaft schlicht dem Willen entsprang, der Demütigung durch die Besatzer ein persönliches Nein entgegenzusetzen. Untergrundorganisationen entstanden hundertfach im Anschluss an bestehende Familien-, Arbeitsplatz-, Freundschafts- und Nachbarschaftsbeziehungen.[60] Als Kristallisationskerne dienten auch Schützenverbände und andere paramilitärische Gruppierungen, Schulen und studentische Organisationen, Pfadfinder- und Sportvereine, schlechthin alle geeigneten sozialen Verbindungen. Konspirative Netze entstanden somit «von unten», als Ausdruck eines spontanen Aufbegehrens[61] und nicht «von oben», als Ergebnis eines parteipolitischen Kalküls.

Es wird wohl nie klar werden, wie sich die Proportionen zwischen beiden Organisationstypen zahlenmäßig verhielten: Viele Vorgänge sind nur bruchstückhaft bekannt, manchmal wirkte eine Person in mehreren Verbindungen, andere haben keine verifizierbaren Spuren hinterlassen. Mit besonderer Vorsicht sind die erhaltenen Berichte der Organisationen zu lesen, denn die eigene Mitgliederzahl wurde auf dem Papier oft erheblich überhöht.

Zwei Umstände sollten jedoch als zweifelsfrei hervorgehoben werden: Erstens spielte die Intelligenz, deren männlicher Teil ja überwiegend als Reserveoffiziere ausgebildet war, in der ersten Phase des Widerstands die entscheidende Rolle. Zweitens traf die Aktivität dieser Schicht schon 1940 auf fruchtbaren Boden. In den Berichten an die Exilregierung behauptete die Führung des um die Jahreswende 1939/40 gegründeten «Verbandes für den Bewaffneten Kampf» (*Związek Walki Zbrojnej*, ZWZ) immer wieder, die größte Schwierigkeit beim Werben neuer Mitglieder bestünde in der Existenz von zahllosen anderen Organisationen. Von Passivität der Bevölkerung, wie sie nach dem Septemberschock von 1939 durchaus denkbar gewesen wäre, ist in diesen Berichten nur selten die Rede; auch dann wird übrigens auf ein Versagen der aktiven gesellschaftlichen Gruppen hingewiesen, die eigentlich fähig sein sollten, die «unteren Schichten» für den Kampf zu mobilisieren.[62] Später entwickelte sich diese massenhafte Beteiligung der Intelligenz gar zu einem Problem: Im mittelgroßen Wilna soll es Ende 1943 schwierig gewesen sein, neue Geheimunterkünfte zu finden, denn in allen Wohnungen der Angehörigen der Intelligenz wurde bereits in dieser oder jener Form gegen die Deutschen konspiriert.[63]

Der Widerstand hatte sein eindeutiges Zentrum im Generalgouvernement. Hier wurden auch die Ansätze zur Kollaboration am wirksamsten bestraft. Verglichen mit anderen besetzten Ländern stellte Kollaboration mit den Deutschen in Polen zu keinem Zeitpunkt eine echte Alternative zur Résistance dar, wurde auch nie zur Massenerscheinung,[64] und zwar nicht nur deshalb, weil auf deutscher Seite alle Voraussetzungen dafür fehlten. Schon in den ersten Kriegsjahren gab es im Generalgouvernement – im Unterschied zu den meisten okkupierten Ländern Europas – eine deutliche Trennlinie zwischen politischer Kollaboration und Loyalität gegenüber dem besetzten Staatswesen. In den «Grundlegenden Richtlinien zum Verhältnis der Gesellschaft gegenüber den Besatzern» vom November 1939 gestattete die Exilregierung ausdrücklich die Fortsetzung der Arbeit in der Selbstverwaltung und in allen unpolitischen Verwaltungszweigen, sofern diese Zusammenarbeit nicht an politische Verpflichtungen gebunden war; auch karitative Organisationen durften im Notfall mit der Besatzungsmacht zusammenarbeiten. Für den privaten Bereich war jedoch von Anfang an der gesellschaftliche und politische Boykott vorgesehen, Zuträgern und Provokateuren stellte die «Richtlinie» bereits zu diesem Zeitpunkt die Todesstrafe in Aussicht.[65] Ab 1942 sprachen die Untergrundgerichte dann tatsächlich über 3000 Todesurteile (von denen etwa 2500 ausgeführt wurden) gegen einzelne Kollaborateure aus – V-Männer, Zuträger, Denunzianten von Juden, übereifrige Beamte und Hilfspolizisten[66] –, die potentielle Verräter abschrecken sollten. Die Justiz des Widerstands statuierte damit öffentlichkeitswirksame Zeichen – ohne dass sie dem staatlichen Terror zahlenmäßig relevante Vergeltungsschläge entgegensetzen konnte. Das Untergrundgerichtswesen blieb trotzdem ein Symbol für die Reichweite des Widerstands, die über den militärischen Bereich wesentlich hinausging.

Die strikt militärischen Geheimbünde entstanden anfangs in großer Zahl und in der Regel unkoordiniert. Die Exilregierung setzte auf den ZWZ und stattete dessen Führung mit entsprechenden Vollmachten aus, um eine Zusammenlegung der übrigen Untergrundorganisationen unter dem Befehl Londons bzw. des ZWZ-Kommandeurs in Warschau (seit Sommer 1940 bekleidete der Berufsoffizier Oberst Stefan Rowecki diese Funktion) in die Wege zu leiten. Das von der Exilregierung erhobene und von den Militärs vollzogene Einheitsgebot setzte sich erst nach und nach gegen partikulare Parteieninteressen und Ressentiments durch. Es fand 1943 mit der fast vollständigen Unterstellung der Partei- und sonstigen Widerstandsorganisationen ihren Abschluss.

1942 wurde der ZWZ in «Heimatarmee» bzw. «Armee im Lande» (*Armia Krajowa*, AK) umbenannt, die als ein Teil der regulären Polnischen Streitkräfte betrachtet wurde. Die Handlungen der AK reichten von vielfältigen Formen der Propaganda über Wirtschaftssabotage und Spionage bis hin zu Bombenanschlägen im Altreich, Attentaten auf besonders verhasste Vertreter des Besatzungsregimes und deren Zuträger,[67] Angriffe auf Bahnverbindungen, Gefängnisse, Polizeireviere, Gefangenentransporte, etc. 1943/44 soll die Heimatarmee landesweit 300 000 bis 350 000 Mitglieder gehabt haben. Nur ein Bruchteil dieser Soldaten war jedoch bewaffnet. Zu Beginn des Frühjahrs 1944 dürfte die Gesamtzahl der aktiven Partisanen in der Heimatarmee 20 000 kaum überschritten haben.

Außerhalb der AK blieben 1944 nach langwierigen Verhandlungen mit Parteiführungen und lokalen Organisationen im Grunde nur zwei Segmente des Untergrunds: die extreme Rechte und die extreme Linke. Die «Nationalen Streitkräfte» (*Narodowe Siły Zbrojne,* NSZ) entstanden 1942 aus einem Zusammenschluss der Splittergruppen der Rechten, die nicht in die AK gehen wollten, mit anderen Organisationen der Rechten, die ebenfalls die Unterordnung unter den regierungstreuen Widerstand ablehnten. Die NSZ forderten den gleichzeitigen Kampf gegen die deutsche Besatzung wie gegen den Bolschewismus. Sie entwickelten sich regional zu einer starken Organisation. Besonders im Distrikt Radom arbeiteten einige ihrer Funktionäre mit den Deutschen, u. a. bei der Bekämpfung der Kommunisten zusammen.[68]

Noch komplizierter gestalteten sich die Beziehungen zwischen dem regierungstreuen Untergrund und den Kommunisten. Die Kommunistische Partei Polens war in den 1920er und 1930er Jahren illegal gewesen. Sie lehnte das parlamentarische, später das autoritäre System ab und sprach sich für eine Revision der Grenzen sowohl im Osten wie im Westen zu Gunsten der Nachbarn aus. Damit von den etablierten Parteien wie vom Staat ausgegrenzt, entwickelte sich die KPP zu einem Sammelbecken für radikale antirepublikanische Kräfte, unter denen die nationalen Minderheiten, besonders die Juden, eine große Rolle spielten. 1937/38 wurden, wie bereits erwähnt, die in Moskau lebenden bzw. dorthin gerufenen Funktionäre von der sowjetischen Geheimpolizei verhaftet, ermordet oder in Lager geschickt. In der Zeit des deutsch-sowjetischen Bündnisses 1939 bis 1941 war die Partei auch im Untergrund nicht vorhanden. Der kommunistische Widerstand begann erst mit der Ankunft von polnischen Komintern-Funktionären im Generalgouvernement, die im Dezember 1941 aus einem sowjetischen Flugzeug abgesprungen waren. Im Januar 1942 gründeten sie die« Polnische Arbeiterpartei» (*Polska Partia Robotnicza,* PPR) Gegen den Unmut älterer Genossen vermied die neue Partei das Wort «Kommunismus» in jeder Form, ebenso wie sie ihre Abhängigkeit von der Komintern abstritt. Der tatsächliche Bruch in der Kontinuität zur KPP bestand indessen darin, dass die neuen Führer in der Vorkriegspartei nur untergeordnete Rollen gespielt hatten und kaum über eigene Autorität, außer jener von Moskau verliehenen verfügten, die von ihnen allerdings vehement abgestritten wurde. Ihr Hauptziel war die Radikalisierung des bewaffneten Widerstands gegen die Besatzer. Der deutsche Terror trieb dem kommunistischen Untergrund, der unter betont nationalen Losungen agierte, neue Anhänger in die Arme. 1943 und 1944 sollte er zusammen mit den Sowjetpartisanen in einigen Gegenden des Generalgouvernements, besonders im Distrikt Lublin, zu einer echten Konkurrenz für den regierungstreuen Widerstand werden.

Wie in der Zwischenkriegszeit folgte die kommunistische Partei der Moskauer Politik. Im Gesamtbild des polnischen Untergrunds war die PPR wichtig, weil sie als einzige Partei den Grundsatz der Selbstbestimmung der Völker dahingehend interpretierte, dass Ukrainer, Belarussen und Litauer das «Recht» hätten, sich den gleichnamigen Sowjetrepubliken anzuschließen. Damit stellten sich die Kommunisten, im Gegensatz zu allen anderen Kräften in Exil und Untergrund, die auf dem Prinzip der Integrität des Staatsterritoriums von 1939 beharrten, in der Auseinandersetzung um die künftigen polnischen Grenzen auf Seiten Moskaus. Als es im Februar 1943 zu Gesprächen zwischen Vertretern des regierungstreuen Widerstands und der PPR kam, zeigte sich, dass die Kluft zwischen beiden Gruppen unüberbrückbar war. Die Kommunisten konnten ihre faktische Zustimmung zur Abtretung der Ostgebiete ebenso wenig zurückziehen, wie der «Untergrundstaat» bereit war, in der moskautreuen Linken etwas anderes als gefährliche, von der Komintern gesteuerte Agenten zu sehen. Erwartungsgemäß endeten die Gespräche ergebnislos.[69] Die Beziehungen zwischen den einzelnen Partisaneneinheiten der AK und der kommunistischen «Volksarmee» *(Armia Ludowa*, AL) entwickelten sich unterschiedlich, es gab Kooperation wie Konflikte, der latente Gegensatz führte jedoch nicht – wie in Jugoslawien oder Griechenland – zu einem massenhaften Ausbruch von Feindseligkeiten; das Übergewicht des regierungstreuen Widerstands war erdrückend. Dennoch hielt die Spannung zwischen «Untergrundstaat» und wachsender kommunistischer Minderheit an. Im Hinblick auf die 1944 vorhersehbaren Entscheidungen an der Ostfront – und damit des gesamten Krieges – stellte diese Konstellation einen weiteren Unsicherheitsfaktor für die ohnehin schwierige «polnische Frage» dar.

8. Polen um 1944

Fünf Jahre Krieg und Besatzung hatten überall tiefe Spuren hinterlassen. Es waren vor allem drei Maßnahmen der Deutschen und Sowjets, die eine Umstellung auf die teils völlig neuen Lebensumstände erzwangen. Die erste waren Massenumsiedlungen, Deportationen und Verteibungen, die im deutschen Fall bereits im Herbst 1939 im «Warthegau» und in Westpreußen begannen und praktisch bis Ende der Besatzungsherrschaft dauerten. Im Sommer 1944 lebten mindestens 1,7 Millionen Polen als Zwangsarbeiter, hauptsächlich im Altreich; rechnet man die Zwangsarbeiter aus den Ostgebieten hinzu,[1] waren es mit Sicherheit mehr als zwei Millionen Menschen.[2] Hinzu kamen mehrere Hunderttausende, die aus den eingegliederten Gebieten in das Generalgouvernement vertrieben worden waren, abermals Hunderttausende, die innerhalb der Generalgouvernements umsiedeln mussten, sowie die geschätzt 300 000, die vor allem aus Wolhynien vor dem Terror der Ukrainischen Aufständischen Armee (*Ukraïns'ka Povstans'ka Armija*, UPA;) nach Zentralpolen geflüchtet waren. Hinzurechnen sollte man im deutschen Machtbereich Hunderttausende Konzentrationslagerhäftlinge.

Im alten Ostpolen betrafen die Deportationen, Verhaftungen und Umsiedlungen innerhalb der neuen Republiken bis zum deutschen Angriff auf die Sowjetunion über 700 000 Menschen. Hinzu kamen die Ostarbeiter polnischer Nationalität, die nach dem 22. Juni 1941 in das Reich gebracht wurden; schließlich Hunderttausende von Flüchtlingen, die danach Richtung Osten geflohen bzw. evakuiert worden waren und nun weit verstreut über das Gebiet der UdSSR lebten. Im «westlichen» Exil, das von Indien und Australien über den Nahen Osten bis nach England reichte, wohnten weitere Zehntausende polnischer Zivilisten, die 1939 geflüchtet waren oder mit der Anders-Armee die Sowjetunion hatten verlassen dürfen. Vor dem Hintergrund der Millionen von Zwangsarbeitern, Häftlingen, Deportierten, Vertriebenen und Flüchtlingen nehmen sich die Zahlen der Polen in Uniform, die im Sommer 1944 an mehreren europäischen Fronten kämpften, bescheiden aus: über 80 000[3] in den Einheiten an der italienischen Front und im Westen, 80 000 an der Seite der Roten Armee im Osten (vor der sowjetischen Junioffensive 1944 und der Rekrutierung im befreiten Teil des Landes), ferner etwa 250 000 Volksdeutsche in deutscher Uniform in Ost und West.

In dieser Bestandsaufnahme der Entwurzelung tauchen jene Millionen polnischer Staatsbürger, die große Mehrheit von ihnen Juden, nicht mehr auf, die bis 1944 ihr Leben verloren haben. Sie ist ebenso irreführend, weil Einzelschicksale in mehreren «Kategorien» auftauchen können: Ein unter deutscher Herrschaft innerhalb des besetzten Polen Vertriebener konnte später zum Zwangsarbeiter werden, ein in das Landesinnere der Sowjetunion Deportierter oder Geflüchteter mittlerweile als Soldat an der Front stehen, ein Opfer der Aussiedlungen im Generalgouvernement zum KZ-Häftling werden. Auch wird die Tatsache verschwiegen, dass die größte Entwurzelung an einem Ort noch nicht einmal begonnen hatte: Erst zwischen August und Oktober 1944 sollte eine halbe Million Warschauer aus der Stadt vertrieben werden. Und schließlich gestattet die Addition von Zwangsmigranten keine verlässlichen Schätzungen über die Gesamtzahl der Betroffenen – außer, dass wir es mit Millionen zu tun haben und folglich wohl jede polnische Familie diese oder jene Form der Entwurzelung kannte.

Die zweite Grunderfahrung der Gesellschaft unter Besatzung war die politische Entrechtung, die nun ebenfalls fünf Jahre andauerte. Abgesehen von Exil und Widerstand gab es keine Organe polnischer Staatlichkeit. In den eingegliederten Gebieten ging auch die kommunale und sonstige Selbstverwaltung ebenso wie die Justiz vollständig in deutsche Hände über. Anders im Generalgouvernement; hier waren polnischsprachige Zivilgerichte tätig, Hunderttausende arbeiteten bei der Bahn, in Genossenschaften, Gesundheitswesen oder Verwaltung, wo lediglich die Spitzen mit Deutschen besetzt waren. In den Ostgebieten sah die Struktur ähnlich aus, nur dass hier Belarussen und Ukrainer in größerem Maße als Polen Verwaltungsaufgaben auf niedriger und mittlerer Ebene wahrnahmen. Ausgenommen das Generalgouvernement war das polnische Schulwesen nahezu vollständig ausgelöscht, ähnlich sah es im Bereich der Presse aus. Nirgendwo hatten die Besetzten das Recht, sich auf ihre politischen Grundrechte zu berufen. Mit dem Terror als Durchsetzungsinstrument wollte das nationalsozialistische Deutschland diesen Zustand bis zum «Endsieg» perpetuieren. Die massenhafte Erfahrung von Fremdherrschaft, Totalitarismus und Rassenwahn drängte den Großteil der Gegen(untergrund)öffentlichkeit in eine demokratische und tendenziell sozialistische Richtung: Abgesehen von einigen rechten und extrem rechten Gruppierungen dachten die Publizisten und Politiker im Untergrund an weitreichende sozioökonomische Umgestaltungen, vor allem an Bodenreform und Verstaatlichung der wichtigsten Wirtschaftszweige. Die Popularität von linken Gesellschaftsentwürfen, die ja schon für die Schlussphase des Ersten Weltkriegs charakteristisch gewesen war, dürfte in der polnischen Gesellschaft, die sich erneut als reine Verfügungsmasse des Besatzers erfuhr, abermals zur dominanten Stimmung aufgestiegen sein. Darüber hinaus schlug die Entrechtung in die Forderung nach politischer Partizipation um, wie sie in den letzten Jahren vor Kriegsausbruch keineswegs so deutlich zu vernehmen gewesen war. Der Wiederaufbau der parlamentarischen Demokratie wurde in den Parteiprogrammen als Ausgangspunkt begriffen, von dem ein in der Sache radikaler, gleichwohl vom Volkswillen legitimierter Umbau der Eigentumsverhältnisse ausgehen sollte.[4] Auf den ersten Blick unterschied sich diese Stimmungslage kaum von jener in Frankreich oder Italien; der polnische Sonderfall bestand darin, dass die Popularität linker Losungen keineswegs zwangsläufig den Kommunisten zugutekam. Der demokratische Sozialismus und die Polnische Arbeiterpartei blieben auch im Untergrund Gegensätze: Ersterer antisowjetisch, die Kommunisten eine Speerspitze Moskaus.

Begünstigt wurde der «Linksruck» zudem durch die dritte kollektive Erfahrung der Besatzungszeit: die massenhafte Enteignung und Umeignung.

Den radikalsten Einschnitt in die bestehenden Eigentumsverhältnisse erlebten die Bewohner West- und Ostpolens, wo innerhalb weniger Monate praktisch alle besitzenden Schichten bis hin zum Kleinbürgertum enteignet wurden. In den nächsten fünf Jahren blieben diese Maßnahmen, obwohl sich der Besatzer im Osten und die Lage an den Fronten änderten, in Kraft. Nur im Generalgouvernement hielt sich die Umeignung in Grenzen. Abgesehen von den Juden, die ihr ganzes Eigentum verloren, erfasste die nationalsozialistische Beschlagnahme im zentralen Teil des Landes zumeist den großen und größeren Besitz, sparte dabei jedoch einen Teil der landwirtschaftlichen Güter und die Bauern (von lokalen Ausnahmen wie Zamość oder Truppenübungsplätzen abgesehen) gänzlich aus. Das gesamte Ausmaß der Enteignungen lässt sich kaum in Zahlen fassen. Die Reduzierung des polnischen Besitzes in den Ostgebieten wie in den annektierten Westprovinzen auf (bestenfalls) die eigene Wohnung oder den Bauernhof lässt sich auf jeden Fall mit den Verhältnissen im Generalgouvernement nur schwer vergleichen. Hier hatten überdies Teile der polnischen – und im Distrikt Galizien der ukrainischen – Gesellschaft von der «Arisierung» profitiert, in deren Vollzug der volkswirtschaftlich unerhebliche Teil des jüdischen Besitzes (weniger attraktive Wohnungen samt Ausstattung, Werkstätten und deren Ausrüstung, Hausrat etc.) von den christlichen Nachbarn übernommen wurde. Die große Mehrheit der jüdischen Arbeitsplätze entfiel ersatzlos,[5] was aber wenig an dem plötzlich gestiegenen Bedarf an Handwerkslehrlingen und Industriearbeitern änderte. In Krakau gehörte 1944 ein Viertel der Industriebetriebe Deutschen, ein weiteres Viertel wurde treuhänderisch verwaltet, knapp die Hälfte blieb polnisches Eigentum. Die «Arisierung» des Handels schlug sich in einer Reduzierung der Zahl von Handelsunternehmen im Generalgouvernement auf ein Viertel und in der marginalen Stellung der polnischen Geschäfte nieder.[6] Insgesamt hatte die Enteignung als Alltagserfahrung sicherlich das Recht auf Eigentum bzw. die Unantastbarkeit desselben als einer der Grundlagen der Gesellschaft infrage gestellt; die oben angesprochene Bereitschaft zu radikalen Veränderungen der Eigentumsverhältnisse durch einen künftigen polnischen Staat ging nicht zuletzt auf diesen Umstand zurück. Dass sie auch das Vermögen der Deutschen betraf, für die es nach allgemeiner Vorstellung in diesem Staat nach dem Krieg ohnehin keinen Platz geben würde, dürfte im Lichte dieser Voraussetzungen kaum überraschen.

Eine letzte kollektive Erfahrung gehört ebenfalls in diese Reihe. Obwohl von geringerer Bedeutung als die oben skizzierten, wurde sie ebenfalls landesweit gemacht: die Zerstörung des Vertrauens in die offizielle Währung. Die Guthaben in Złoty hatten schon zu Beginn der Besatzung mit dem

Zwangsumtausch ihren Wert verloren. Der Złoty des Generalgouvernements, in dem u. a. die Löhne ausgezahlt wurden, war legales Zahlungsmittel, vor allem beim Kauf auf Lebensmittelkarten. Die Preise blieben in diesem Bereich weitgehend stabil, nur dass der Nährwert der Zuteilungen sich im vergleichsweise «guten» ersten Halbjahr 1944 in Warschau auf etwa 900 Kalorien einpendelte, d. h. bei etwa 40 Prozent des tatsächlichen Bedarfs;[7] in Lemberg erreichte er schon zwei Jahre früher nur 600 Kalorien.[8] Die Kaufkraft des Złoty wurde folglich nicht am offiziellen Preisspiegel gemessen, sondern an der Entwicklung auf dem Schwarzmarkt. Hier waren es vor allem die Nahrungsmittelpreise, die die gesamten Lebenshaltungskosten in die Höhe trieben. Für Warschau, wo die Schwarzmarktpreise explodierten, wurde für Lebensmittel ein 50- bis 100-facher Anstieg innerhalb von fünf Jahren errechnet, für Lemberg ein knapp 50-facher, für Krakau ein 40-facher (bis Januar 1943). Die tatsächliche Inflation ist schwer zu bestimmen, die Schätzung von mehreren hundert Prozent in demselben Zeitraum scheint plausibel.[9] Andererseits gab es ebenfalls starke Schwankungen nach unten: Auf dem Lemberger Schwarzmarkt kostete ein Brot im Juni 1942 35 bis 42 Złoty, ein Jahr später 14, gegen Ende der Besatzungszeit – als die Stadt einen Großteil ihrer Bevölkerung verloren hatte – nur noch drei Złoty; der Preis für Butter oder Rindfleisch war hingegen im Juni 1944 doppelt so hoch wie zwei Jahre zuvor.[10] Ähnliche Schwankungen – von Ort zu Ort, von Ware zu Ware und zusätzlich saisonbedingt – ließen sich für andere Preise feststellen und auf dem Land waren Lebensmittel ohnehin viel billiger als in der Stadt. All diese Begleitumstände änderten wenig am Verlust des Vertrauens in die Währung: Da die Löhne nur auf geschätzt 150 Prozent des Standes von 1939 stiegen,[11] wurde der Złoty des Generalgouvernements zu einem Zahlungsmittel von nachgeordneter Bedeutung. Zur «eigentlichen» Währung wurden vor diesem Hintergrund Goldmünzen und der US-Dollar, mit denen alles verrechnet werden konnte – von einem «arischen» Unterschlupf für einen Juden bis zu Immobilienkäufen und dem Großhandel auf dem Schwarzmarkt.

Die durch Tod, Entwurzelung, Verarmung und Selektion erschütterte Gesellschaft lebte 1944 je nach Wohnort, trotz des gemeinsamen Besatzungszustands, in verschiedenen Welten. Im Westen, großteils auch im Osten (mit den bedeutenden Ausnahmen von Wilna und Lemberg), war die Intelligenz nach der Terrorwelle der ersten beiden Jahre weitgehend verschwunden. In beiden Landesteilen scheint sich die Anpassung an die brutale Realität des Alltags als durchgängige Haltung etabliert zu haben. In Oberschlesien (ohne das Dombrowaer Becken, das vor 1914 nicht zu Preußen gehört hatte, nun aber dem «Reichsgau» zugeschlagen worden war) waren weit mehr als 90 Prozent der Bevölkerung in die Deutsche Volksliste eingetragen; ähnlich verhielt es sich in den Städten Westpreußens, wo nach der Wende der Germanisierungspolitik im Februar 1942 die Abteilung III der Liste plötzlich wuchs. Der auf dem Papier vollzogene Wandel in der nationalen Zusammensetzung der Bevölkerung (de facto eine weitgehend mechanische Übertragung von Zehntausenden aus der Kategorie «Polen» in die dritte Abteilung der DVL) war derart auffällig, dass die neuen Volksdeutschen von der übrigen Bevölkerung als eine separate Gruppe betrachtet wurden, die mit den «eigentlichen» oder «echten» Volksdeutschen kaum etwas zu tun hatte.[12] Nicht von der Volksliste erfasst blieben in Oberschlesien 43 Prozent (hauptsächlich im Dombrowaer Becken) und in Westpreußen 37 Prozent der Bewohner. Lediglich im Wartheland lebten – aufgrund der rigorosen Auslegung der Vorschriften der DVL – 78 Prozent der Bevölkerung als Polen ohne Eintragung in die Volksliste. Dies war nur eine unter mehreren Besonderheiten des «Mustergaus»: Hier wurden proportional die meisten Menschen vertrieben, zur Zwangsarbeit und in Konzentrationslager deportiert, hier ging die Geburtenrate unter der polnischen Bevölkerung u. a. infolge der drastischen Erhöhung des Mindestalters für Eheschließungen am deutlichsten zurück.[13]

Im Alltag der beiden anderen neuen Gaue scheint die Unterscheidung zwischen Polen und Volksdeutschen nicht immer die entscheidende Trennlinie gebildet zu haben, besonders in Oberschlesien. In den niederen Rängen der dortigen SA etwa (die auch Volksdeutsche aufnahm) kam es immer wieder zu Skandalen wegen des öffentlichen Gebrauchs der polnischen Sprache. Angehörige der Gruppe III beantragten 1944 massenhaft den Austritt, um dem Wehrdienst zu entgehen, die Volksdeutschen blieben ihrer Kirche demonstrativ verbunden etc. Diese aus nationalsozialistischer Sicht unerwünschten Begleiterscheinungen der Integration von Oberschlesiern in die «Volksgemeinschaft» deuten darauf hin, dass das manchmal freiwillige, manchmal mehr oder minder erzwungene Bekenntnis zum Dritten Reich oft eher auf Opportunismus als auf einen Überzeugungswandel der Betroffenen zurückzuführen war.[14] Der Opportunismus milderte die alltäglichen Spannungen und ließ sich insofern als pragmatischer Umgang mit der Besatzung deuten.[15] Er konnte aber auch ein durchaus hässliches Gesicht zeigen, wenn die «100 prozentigen Polen» von vor 1939 sich nun zu «100 prozentigen Deutschen» zu verwandeln und die neue Loyalität etwa mit Anzeigen gegen Nachbarn zu beweisen versuchten.[16] Das Denunziantentum galt freilich überall im besetzten Land als eine besondere Plage.[17] Ob es in Oberschlesien und Westpreußen eine noch größere Rolle spielte als etwa im Generalgouvernement und ob die Bereitschaft, sich auf

Kosten der Umgebung eine bevorzugte Behandlung durch die Behörden zu sichern, 1944 mit der absehbaren Niederlage des Dritten Reiches nicht merklich zurückging, weiß man indessen nicht.

Ebenso schlecht informiert sind wir – mit der Ausnahme der Großstädte Wilna und Lemberg – über den Alltag in den Ostgebieten unter deutscher Besatzung. Überall scheint es drei Jahre zuvor, bei dem Einmarsch der Wehrmacht, eine spürbare Erleichterung gegeben zu haben, zugleich die Hoffnung auf eine Verbesserung der Lage nach fast zwei Jahren stalinistischer Gleichschaltung. Zwischen Sommer 1941 und Sommer 1944 indes dürfte kaum etwas davon übriggeblieben sein: «Der Typhus ist weg, dafür ist die Cholera da», urteilte der Volksmund, ganz ähnlich wie im Ersten Weltkrieg, nur dass dieser Vergleich im Fall der Deutschen wie der Russen diesmal eine unvergleichlich gefährlichere Wirklichkeit zu beschreiben versuchte.[18] Zwar funktionierte die deutsche Besatzungsherrschaft nach anderen Mustern als die sowjetische, menschenfreundlicher war sie deswegen aus polnischer Sicht nicht. Der polizeilichen, administrativen und ideologischen Unterdrückung zwischen 1939 und 1941 folgte eine Besatzungspolitik, die die Ostgebiete der Republik als Arbeitskräftereservoir und Lebensmittellieferanten ausplünderte. Ziel war nicht die Germanisierung, es ging vielmehr um Auspressung der menschlichen und materiellen Ressourcen. Presse und Schule, letztlich der gesamte kulturelle Bereich, dienten im Gegensatz zur «Sowjetzeit» nicht als Mittel der Beeinflussung, sondern galten schlicht als überflüssig. «Der deutsche Besatzer begrenzte die Lebensmittelzuteilungen mehr als die innere Freiheit des Individuums», lautet das prägnante Fazit einer Untersuchung über Lemberg in den Jahren 1939–1944.[19] Dieser ausbeuterische Charakter der Besatzungspolitik fiel umso mehr ins Gewicht, als die Bevölkerung der Städte im Osten ihre Vorräte bereits unter dem sowjetischen Okkupanten weitgehend verbraucht hatte. Trotzdem dürften im Frühjahr 1944 die Ostpolen der herannahenden «Befreiung» durch die Rote Armee noch skeptischer gegenübergestanden haben als ihre Landsleute im zentralen Teil des Landes, das eine «erste Sowjetzeit» nicht erlebt hatte. Dasselbe galt für die Ukrainer in den ehemals polnischen Gebieten. Die UPA sah, nach der Verdrängung der Polen und der mittlerweile absehbaren Niederlage Deutschlands, in den Sowjets ihren größten Feind.

Hinzu kam, dass die Zahl der östlich der Ribbentrop-Molotov-Grenze lebenden Polen deutlich zurückgegangen war und die letzten Jahre keineswegs ausschließlich im Zeichen der Bedrohung durch die Deutschen standen. 1944 ging der im Schatten zweier totalitärer Besatzungen ausgetragene, polnisch-litauische Konflikt um das Wilnaer Gebiet in das fünfte Jahr.[20] Im Nordosten wurde oft Gewalt angewendet (vor allem von litauischen Hilfs- und Polizeiverbänden sowie von der örtlichen AK), während die polnisch-belarussische Auseinandersetzung weiter südlich eher die Form eines permanenten Verteilungskampfes um nationale und persönliche Vorteile unter einem besonders mörderischen Besatzungsregime annahm. Von Konflikten geprägt war ebenso das Verhältnis zwischen sowjetischen und polnischen Partisanen.[21]

Im gesamten Osten brachte die Sommeroffensive 1944 der Roten Armee die Entscheidung. Ab Herbst wurde für die Polen absehbar, dass sie in dem ganzen Streifen von der ehemaligen lettischen Grenze bis zu den mehrheitlich ukrainisch besiedelten Gebieten ihre Heimat verlieren würden. Im Südosten, in Wolhynien und teilweise in Ostgalizien, war diese Entscheidung schon früher gefallen. Die bereits erwähnte Flucht von etwa 300 000 Menschen seit Beginn der Massenmorde im Sommer 1943 hatte zusammen mit den etwa 60 000 Todesopfern zur weitgehenden Verwirklichung des Ziels der UPA geführt: der Depolonisierung dieses Teils der Ostgebiete noch vor dem Einmarsch der Roten Armee. Kein Wunder, dass in mancher polnischen Erinnerung an den Osten der deutsche Besatzer kaum vorkommt: Der lebensbedrohende Feind waren die «Banden» und der Bürgerkrieg, aus der Sicht der Gutsbesitzer die soziale und nationale Revolution, die eher an die letzten Jahre des Ersten Weltkriegs als an die Verhältnisse im Generalgouvernement denken ließ.[22]

Ebenso verändert wie die nationale Zusammensetzung der Ostgebiete hatte sich das Bild der Städte – vor allem infolge der Ermordung der Juden. Die über drei Millionen polnischen Juden waren zu etwa drei Vierteln Stadtbewohner gewesen. In Warschau lag ihr Anteil bei Kriegsausbruch bei 30 Prozent, in Lodz bei 34 Prozent, in Lemberg bei 32 Prozent, in Lublin bei 40 Prozent. In fast jeder dritten Stadt des Generalgouvernements (einschließlich Galizien) bildeten sie die Mehrheit der Bevölkerung.[23] 1942 und 1943, nach der Ermordung ihrer Bewohner, wurden die vor kurzem geschaffenen Gettos wieder aufgelöst. 1944 existierte nur noch das letzte große Getto in Lodz, wo bis Sommer mehr als 70 000 Menschen hofften, durch maximale Produktivität der Vernichtung zu entkommen. Nachdem die Front an der Weichsel stehengeblieben war, wurden sie nach Auschwitz deportiert. Im Distrikt Radom lebten im Juli 1944 noch etwa 25 000 Juden, die als Zwangsarbeiter in den örtlichen Industriebetrieben eingesetzt wurden. Die große Mehrheit von ihnen wurde in den folgenden Monaten ebenfalls ermordet.[24]

Zehntausende von Juden waren noch in Konzentrationslagern am Leben, weitere Zehntausende harrten in Verstecken auf der «arischen» Seite aus. Nur jene mit «arischem» Aussehen und entsprechend gefälschten

Papieren trauten sich auf die Straße. Tausenden half seit Ende 1942 *Żegota*, eine Organisation des regierungstreuen Untergrunds, die die Verfolgten mit Dokumenten, Geld und Unterschlüpfen versorgte. Für die am besten untersuchte Stadt Warschau geht eine optimistische Schätzung von 28 000 Juden aus, die sich hier in den ersten Monaten des Jahres 1944 versteckt hielten; das Kriegsende sollen etwa 11 000 von ihnen erlebt haben.[25] Die Zahlen sind wie die meisten anderen, die mit dem Überleben im Schatten des Holocaust zu tun haben, umstritten. Dass landesweit kaum mehr als 50 000 auf der «arischen» Seite dem Tod entkamen, dürfte relativ sicher sein.[26] Von diesen Ausnahmen abgesehen, war 1944 das erste Jahr seit dem Mittelalter, in dem die polnischen Städte weder jüdische Bezirke noch jüdische Einwohner hatten.

Verändert und tief getroffen hatte die Besatzung auch die römisch-katholische Kirche. In einigen Teilen des Landes war sie kaum noch vorhanden. Fast jeder fünfte Diözesanpriester war ermordet worden, Hunderte saßen in Konzentrationslagern ein. Extrem war einmal mehr der Fall des «Warthegaus», wo nur noch 60 von ursprünglich 2400 Geistlichen tätig waren; in der Stadt Posen gab es 1944 für 200 000 römisch-katholische Gläubige zwei Priester.[27] In Westpreußen, wo sich der im Herbst 1939 besonders mörderische Terror in erhöhtem Maß gegen die Priester als «Träger des Polentums» gerichtet hatte, sah die Lage insofern etwas besser aus, als nunmehr jene Geistlichen nicht ausgesiedelt wurden, die die Volksliste unterzeichnet hatten. Eine ähnliche germanisierende Funktion war der Kirche in Oberschlesien zugedacht, wo es allerdings keinen mit den beiden anderen Gauen vergleichbaren Massenmord an Geistlichen gegeben hatte.

In Ostpolen hatte die Kirche den doppelten Terror unter erheblichen Einbußen überlebt. Der Pfarrer blieb vielerorts die Autoritätsperson der Gemeinde und trug 1943/44 die grundsätzlichen Entscheidungen mit: über die Flucht vor den ukrainischen Massenmorden und unter neuer sowjetischer Besatzung über die Umsiedlung nach Zentralpolen. Außer in Lemberg war aber die Kirche im Osten ebenso wie in Oberschlesien auf Tätigkeiten im lokalen, parochialen Rahmen beschränkt – und auch diese Möglichkeiten waren nach fünf Jahren Besatzung keineswegs überall gegeben.[28] Allein im Generalgouvernement blieb sie im letzten Jahr der Besatzung als Institution handlungsfähig: Der Erzbischof von Krakau Adam Sapieha galt in Abwesenheit des Primas[29] als die moralische Autorität der Nation. Weder die Kirchen noch die Klöster waren geschlossen, die Wohlfahrtsinstitutionen arbeiteten unter veränderten Bedingungen weiter.

Paradoxerweise ging die Kirche aus den Jahren der Unterdrückung trotz der extrem hohen Verluste eher gestärkt als geschwächt hervor. Von einem Anstieg der Religiosität ist in einer Vielzahl von Berichten wie Erinnerungen die Rede und auch die Gleichsetzung von Pole mit Katholik hatte sich unter NS-Herrschaft einmal mehr bestätigt. Andere Bekenntnisse spielten nur eine geringe Rolle: Die griechisch-katholische Konfession unter dem charismatischen Lemberger Erzbischof Andrej Šeptyc'kyj festigte unter beiden Besatzungen ihre Position als Nationalkirche der galizischen Ukrainer. Das Schicksal des 1942 in Berlin ermordeten Leiters der Evangelisch-Augsburgischen Kirche Julius Bursche blieb hingegen eine weitgehend unbekannte Episode, die an der Gleichsetzung von Polentum mit römisch-katholischem Glauben nichts änderte.

All die bisher skizzierten Ebenen der Betrachtung verweisen deutlich auf die Bedeutung des Generalgouvernements als nicht nur geographischen Mittelpunkt der polnischen Gesellschaft. Ob Kirche, Prozentzahl und Aktivität der Intelligenz, Widerstand oder Schattenwirtschaft: Alle waren am stärksten bzw. am weitesten verbreitet in den fünf Distrikten des vermeintlichen Arbeitskräftereservoirs, das somit eine völlig andere Rolle spielte, als ihm in den nationalsozialistischen Plänen zugedacht worden war.

Die Gesamtzahl der Bewohner Zentralpolens war nach fünf Jahren Besatzung und Holocaust trotz der Aufnahme von Hunderttausenden Vertriebenen und Flüchtlingen aus den eingegliederten Gebieten und Wolhynien deutlich gefallen: von 12,3 Millionen Menschen Ende 1940 auf 10,25 Millionen im Mai 1944.[30] Die Städte im Generalgouvernement waren geplagt von wachsender Armut, Mangel und Kriminalität,[31] der Omnipräsenz von allerlei Ersatzstoffen bei Lebensmitteln, Kleidung und Arzneien, von Alkoholismus, Warteschlangen vor den Geschäften und Gedränge in den wenigen verbliebenen Verkehrsmitteln, permanenten Stromabschaltungen sowie mangelnder Gas- und Kohleversorgung. Dennoch sind die «arischen» Bewohner weder an Hunger noch an Epidemien zugrunde gegangen, weil die Brutalität der Besatzungspolitik schon früh mit Überlebensstrategien konterkariert wurde, die diese zumindest stellenweise unterliefen.

Legal habe er während des Krieges nicht ein Gramm Fett, keinen Schluck Milch und kein Stück Wurst verbraucht, notierte unmittelbar nach dem Krieg der Krakauer Literaturwissenschaftler Kazimierz Wyka – und dennoch habe er, wie Millionen anderer Menschen, unter deutscher Besatzung beachtliche Mengen dieser Produkte verzehrt. Das Lebensmittelkartensystem sei von Anfang an nur eine Fiktion gewesen, das die Menschen gezwungen habe, «irgendwie», d. h. in einem grundsätzlichen, bewussten und permanenten Konflikt mit den Vorschriften, «zurechtzukommen».[32] Beispiele für dieses «Scheinleben» (*życie na niby*) finden wir zahlreich in den Erinnerungen der Zeitgenossen. So fasste der Literaturnobelpreisträger von 1980, Czesław Miłosz, der sich jahrelang als Nachtwächter der seit 1939 geschlossenen Universitätsbibliothek in Warschau durchschlug,[33] die Existenz seines angehenden Dichterkollegen und späteren Auschwitz-Häftlings Tadeusz Borowski («Beta») in folgende Kurzbeschreibung: «Er verdiente sich sein Leben durch verschiedene Arbeiten – es ist schwer in einer Stadt, die außerhalb des Rechtes steht, die Verdienstquellen genauer zu bezeichnen. Es waren das zumeist halbfiktive Anstellungen in einer Fabrik oder einem Büro, die den Bezug einer Arbeitskarte erlaubten und Gelegenheit zum Schwarzhandel oder einfach zum Diebstahl boten; denn Diebstahl galt nicht als unmoralisch, wenn die Deutschen geschädigt wurden. Gleichzeitig studierte Beta an einer unterirdischen Universität und lebte das tolle Leben der Konspirationsjugend, bei deren Versammlungen Wodka getrunken, leidenschaftlich über literarische und politische Themen diskutiert und illegale Literatur gelesen wurde.»[34]

Borowski gehörte als Dichter und Student der Untergrunduniversität Warschau, einer relativ elitären Gruppe, an. Vor allem ihr galt die Beobachtung des Lemberger Mathematikprofessors Hugo Steinhaus, das Leben der Warschauer Intelligenz zwischen Schwarzhandel und hochgeistigen Diskussionen habe zu einer «strikten psychologischen Isolierung von den Deutschen» geführt. Das größte Verdienst dieses Milieus habe gerade in der geistigen Unabhängigkeit vom feindlichen Druck bestanden.[35] Die Beschreibung der nebulösen beruflichen Aktivitäten Borowskis trifft aber auf eine weitaus größere Gruppe zu. Die Jungen, bis 1939 oft Gymnasialschüler und Studenten, schlugen sich irgendwie durch, ebenso wie viele ehemalige Beamten. Sie wurden Gelegenheitsarbeiter, gingen in die Produktion (in den eingegliederten Gebieten hatten sie diesbezüglich oft keine Wahl), eröffneten eigene Kioske oder sonstige Kleinstunternehmen. Eine wichtige Existenzgrundlage bot trotz der üblichen Hungerlöhne das Verwaltungswesen des Generalgouvernements im weitesten Sinne, d. h. inklusive Wirtschaft, Eisenbahn, Gesundheitswesen, Selbstverwaltung und Genossenschaften. Um eine Stelle zu bekommen, brauchte man weniger Sachkompetenz als Bekanntschaften, wie überhaupt Netzwerke von familiären und freundschaftlichen Beziehungen die Schlüsselvoraussetzung für das Überleben bildeten. Hatte man aber eine Anstellung erreicht, war sie des Öfteren verbunden mit einer relativ «guten» Arbeitsbescheinigung (*mocne papiery*), die den Arbeitnehmer bei einer Straßenrazzia zumindest manchmal vor der Deportation zur Zwangsarbeit retten konnte. Die Chancen auf eine solche Stelle stiegen mit jeder neuen Vorschrift, mit der die Besatzungsverwaltung die Zwangswirtschaft vom Markt abkoppeln wollte:

Die hundertfachen Gebote und Verbote, mit deren Hilfe das Generalgouvernement als Produktionsstandort für den «Endsieg» dienstbar gemacht werden sollte, erforderten neue Formulare und Personal, das sie bearbeitete. Deshalb beschäftigte die Warschauer Stadtverwaltung bereits 1942 etwa um ein Drittel mehr Mitarbeiter als bei Kriegsbeginn, während sich in Krakau zwischen 1941 und 1944 die Zahl der polnischen Angestellten verdoppelte.[36] Bei einer der großen Genossenschaften (die landwirtschaftlichen waren mit der Eintreibung der bäuerlichen Zwangslieferungen betraut, dadurch als Institutionen eingebunden und aufgewertet worden) stieg die Zahl der Beschäftigten schon zwischen Kriegsbeginn und 1941 um gut 400 Prozent.[37] Insgesamt wuchs die Zahl der «geistigen Arbeiter» bis 1944 auf etwa 150 Prozent des Vorkriegsstandes.[38]

Die aufgeblähte Verwaltung und die mit ihr verbundenen erhöhten Überlebenschancen lockten sehr unterschiedliche Menschen. Das Spektrum reichte von korrupten Absahnern bis zu Funktionären des Untergrunds, die in der Regel mit fiktiven Arbeitsbescheinigungen offizieller Stellen ausgestattet waren.[39] Die Arbeitsmoral erreichte unter den Bedingungen des «Scheinlebens» in Verwaltung wie in der Industrie einen unbekannten Tiefstand. Gewöhnlicher Diebstahl zum eigenen Nutzen ging nahtlos in Wirtschaftssabotage über, die massenhafte, angeblich krankheitsbedingte Absenz war ebenso verbreitet wie die Untergrundparole «Arbeite langsam», die in Flugblättern und Grafittis sinnigerweise von einer Schildkröte symbolisiert wurde.

Als überlebenswichtig erwies sich der Handel, wo man im Unterschied zur offiziellen Anstellung manchmal tatsächlich Geld verdienen konnte. Vor allem die arbeitslos gewordene Intelligenz verkaufte anfangs, was sich verkaufen ließ: Kleidung, Möbel, Antiquitäten, Bücher. Bald entdeckten die frisch gebackenen Kaufleute, dass der eigene Besitz zwar schnell veräußert war, hingegen viel Ware aus ähnlichen Quellen im illegalen oder halblegalen Umlauf kursierte. Folglich betätigten sich viele – «Beta» wird einer von ihnen gewesen sein – nun bei dem Verkauf fremder Habe. Die spezifischen Züge dieses hypertrophen Vermittlungswesens, seine wirtschaftliche Rationalität und alltagsprägende Kraft, all dies selbstverständlich an der Steuerbehörde vorbei und zumindest in der Grauzone angesiedelt, fasste der Schriftsteller Kazimierz Brandys am Beispiel Warschaus in folgende Beschreibung: «An ein Objekt hängten sich Dutzende von Händen; ein Bild, ein Möbelstück oder ein antikes Service war auf seinem Weg vom Verkäufer zum Käufer von allen Seiten von Trauben vermittelnder Wesen umringt. Ganze Familien setzte man in Bewegung, um die Kette des Handels um ein Glied zu verlängern. Ein persischer Wandteppich, der in einem

Zimmer in der Bracka 5a gehangen hatte, wanderte durch sämtliche Stadtteile und kehrte über Żoliborz, Mokotów und Saska Kępa in die Bracka 7a zurück, da es in diesem Nachbarhaus einen Käufer gefunden hatte. Aus diesem Anlaß wurde in verschiedenen Lokalen der Innenstadt eine bestimmte Menge Alkohol getrunken, und man machte im Vorgriff auf den zukünftigen Verdienst einige Einkäufe; somit kreuzte sich der Weg einer Ware mit denen anderer und belebte so den Gesamtumsatz, und die Weiterbeförderung von Besitz um ein Stockwerk oder eine Straße erfolgte auf einem Umweg und erhielt auf diese Weise die Klasse der Vermittler am Leben.»[40]

Neben dem «grauen» Handel stand der ausdrücklich verbotene Schmuggel, der bereits im Ersten Weltkrieg eine überlebenswichtige Rolle gespielt hatte. Der Schwarzmarkt blühte: Waren verkehrten illegal zwischen Stadt und Land ebenso wie zwischen dem Generalgouvernement und den benachbarten Teilen der eingegliederten Gebiete. Die Dimensionen sind unbekannt, dürften aber alles in den Schatten gestellt haben, was Polen bisher erlebt hatte. Das Sortiment reichte von ein paar Kilo Butter bis zu Eisenbahnwaggons mit kriegswichtigten Rohstoffen oder Lebensmitteln, die auf gut geschmierten Umwegen den Weg in die «richtige», obwohl nicht unbedingt als offizieller Empfänger ausgewiesene Fabrik fanden. Am schwarzen Großhandel verdienten selbstverständlich nicht nur Polen – ohne die Zusammenarbeit korrupter deutscher Beamter, Treuhänder und sonstiger Funktionsträger hätte er sicher nicht jene Blüte erreicht, die bereits 1944 legendär war. Ein Bericht der Reichskanzlei der NSDAP benannte die Zustände in der «Etappe GG» als eines Herrenmenschen unwürdig: Alkoholismus, Korruption und ausschweifendes Sexualleben zerstören die Moral der Deutschen im Generalgouvernement.[41] Auch die Reichsdeutschen führten oft genug ein «Scheinleben», wobei das Spektrum von gewissenhaftester Pflichterfüllung im Sinne eines nun nationalsozialistisch geprägten «Kulturträgertums» bis hin zu einem Aufgehen in der polnischen Umgebung und weitgehender Akzeptanz ihrer Überlebensstrategien reichte.[42] Die Vorwürfe gegen die «Etappe» ließen sich ebenso auf die Verhältnisse östlich des Generalgouvernements beziehen,[43] hingegen kaum auf jene in den eingegliederten Gebieten.

Der bereits erwähnte Wyka fasste seine Beobachtungen aus dem Generalgouvernement in der Pointe zusammen, gerade die Korruption habe eine Art Rettungsventil geöffnet, das die eigentlich auf Aushungerung angelegte Besatzungspolitik zu einem aus Sicht der potentiellen Opfer überlebensfähigem Flickwerk reduzierte.[44] Andererseits konnten, ungeachtet der «Trauben vermittelnder Wesen», selbstverständlich nicht alle an dem

Grau- und Schwarzmarkt verdienen. Die Masse der Stadtbevölkerung verarmte von Jahr zu Jahr, trotz der steigenden Beschäftigung in der Rüstungsindustrie.[45] Abgesehen von der kleinen Gruppe der Kriegsgewinnler, die noch nie Gegenstand der Forschung gewesen ist, ging es den Menschen unabhängig von ihrem Beruf und Klassenzugehörigkeit in der Regel immer schlechter; die Kriminalität nahm rasant zu. Vor allem aber wurden die Städte immer leerer: Bis 1945 sollten sie insgesamt (d. h. inklusive Warschauer Aufstand und Folgen) 45 Prozent ihrer Bevölkerung verloren haben.[46]

Weit weniger wissen wir über den Alltag auf dem Land. Im Osten wird es 1944 nur noch relativ wenige polnische Bauern gegeben haben, in den eingegliederten Gebieten blieben nur 20 Prozent der Ackerflächen in ihrem Besitz, im Generalgouvernement 90 Prozent inklusive Großgrundbesitz.[47] Im Osten wurden die ehemals polnischen Güter (viele waren vor 1941 in Sowchosen bzw. Kolchosen verwandelt worden) von reichs- bzw. volksdeutschen Treuhändern verwaltet, ebenso wie eine Minderheit der großen Höfe im zentralen Landesteil. Die Verwaltung der Liegenschaften bot Tausenden vor allem junger Polen ähnliche Verdienstmöglichkeiten wie der aufgeblähte bürokratische Apparat im Generalgouvernement. Auch die Verhaltensmuster dürften nicht allzu unterschiedlich gewesen sein: Das quasistaatliche Produktionsmittel wurde stillschweigend privatisiert, ein engmaschiges Netz von Schwarzmarkt, Korruption und Vetternwirtschaft schuf die Grundlagen für oft interessensgleiche «Arbeitsgemeinschaften» des deutschen Vorgesetzten und seines polnischen Personals.[48]

Obwohl die Bauern im Generalgouvernement ebenso von der weit verbreiteten Korruption profitierten, erlebten sie die Besatzungszeit natürlicherweise anders als die Angestellten in der Verwaltung des Gutshofes. Aus der Perspektive der landwirtschaftlichen Produzenten in Zentralpolen scheint die Besatzungszeit viel deutlicher als in der Stadt in zwei unterschiedliche Phasen zu zerfallen. In der ersten dürften viele von ihnen durchaus Erfreuliches erlebt haben: Erstmals seit Ende der 1920er Jahre gab es einen enormen Markt für ihre Produkte. Das 1928–1935 katastrophale Ungleichgewicht zwischen den Preisen für Industriewaren und landwirtschaftliche Erzeugnisse drehte sich innerhalb kurzer Zeit zugunsten der Bauern um.[49] Selbst auf dem legalen Markt erhielten sie dank der zahlreichen Prämien zwischen 25 und 45 Prozent der Schwarzmarktpreise, was angesichts der Höhe Letzterer einen durchaus ordentlichen Verdienst bedeutete.[50] Die Einnahmen auf dem legalen wie auf dem schwarzen Markt stiegen rasch, die Inflation entschuldete die Landwirte nahezu automatisch, selbst die Ernährung der Bauernfamilien dürfte sich gebessert haben.

Die Zwangslieferungen für die Besatzungsmacht hielten sich in diesen ersten Jahren auf einem relativ bescheidenen Niveau. Abgesehen von wenigen Ausnahmen gab es auch keinen explizit gegen die ländliche Bevölkerung gerichteten Terror. Der großteils jüdische Zwischenhandel entfiel, was wiederum die bereits erwähnte Stärkung der Genossenschaften mitbedingte.[51]

All diese Wachstumsfaktoren endeten abrupt mit der Erhöhung der Zwangslieferungen 1942/43. Aus dem Generalgouvernement wurde gegenüber dem Vorjahr fast das Zwölffache an Getreide ausgeführt (1941/42: 53 000, 1942/43: 630 000 Tonnen), 2,5-mal mehr Vieh (entsprechend 21 500 und 55 000 Stück), 950 Prozent mehr Fette (800 bzw. 7500 Tonnen).[52] Was übrig blieb, konnte zwar weiterhin – unter beachtlichem Risiko – mit wachsendem Gewinn auf dem schwarzen Markt verkauft werden; es wurde aber von Jahr zu Jahr weniger. Zudem war die Bedrohung durch den Terror gewaltig gestiegen: Seit Zamość konnte man davon ausgehen, dass auch eine effektiv produzierende und zuverlässig liefernde Landwirtschaft keinen Schutz vor der Gewalt bot. Überdies breiteten sich Partisaneneinheiten im Generalgouvernement aus. Da die Deutschen von Anfang an dem Prinzip der Kollektivschuld folgten und Geiselerschießungen für ein probates Mittel zur Eindämmung des Widerstands hielten, stiegen die Zahlen der Opfer unter den Dorfbewohnern schnell. Angaben über die Ausmaße des Terrors sind widersprüchlich;[53] es unterliegt jedoch keinem Zweifel, dass der Höhepunkt im Frühjahr und Sommer 1944 erreicht wurde, als die «Sicherheitslage» vor allem in den Distrikten Lublin, Galizien und Radom durch unzählige Attentate und Aktionen der *Armia Krajowa*, aber auch sowjetischer, kommunistischer, NSZ- und UPA-Partisanen erschüttert wurde. In anderen Gegenden etablierte sich ein prekäres Gleichgewicht: Auf vereinzelte Anschläge folgten punktuelle Repressalien, die Männer wurden immer wieder zur Zwangsarbeit an den Schanzen verpflichtet. Deutsche Polizisten ebenso wie Soldaten mieden aber in der Regel gewaltsame Konflikte mit der Bevölkerung – und sei es eines Essens wegen, das der Bauer den Uniformträgern als Preis für diesen fragilen Waffenstillstand servierte.[54]

Der Untergrund bzw. verschiedene Organisationen des Widerstands prägten den Alltag in unterschiedlicher Intensität. Den einen Pol bildeten mehrere Kreise in den Distrikten Galizien und Lublin, wo die Besatzungsmacht sich im Wesentlichen auf die Städte zurückgezogen hatte und die Landbevölkerung öfter Partisanen als Polizisten sah. Der Gegenpol wäre in den eingegliederten Gebieten zu suchen, wo von wenigen Ausnahmen abgesehen der Widerstand sich auf Spionage (bei der polnische Eisenbahner eine Schlüsselrolle spielten) und Wirtschaftssabotage konzentrierte. Illegale Druckschriften mussten aus dem Generalgouvernement eingeschmuggelt werden, weil an massenhafte Konspiration gar nicht zu denken war. Eine andere Geographie des Widerstands ergab sich aus der nationalen Zusammensetzung der Bevölkerung in den verschiedenen Landesteilen. Keine der Minderheiten beteiligte sich an dem polnischen Widerstand in relevantem Maße: Die politisch aktiven Ukrainer wollten einen eigenen Staat, die Belarussen ließen sich offenbar nur hier und da für den polnischen Widerstand mobilisieren und die Deutschen überhaupt nicht; die Juden waren ermordet worden. Die Résistance konnte daher nur in jenen Gebieten sichtbar werden, in denen die Polen die Mehrheit stellten, also im Generalgouvernement, oder dort, wo sie zumindest lokal einen größeren Teil der Bevölkerung ausmachten, wie in einigen östlichen Gebieten, vor allem in den alten Wojewodschaften Wilna, Nowogródek und Wolhynien. Die Folgen des doppelten, besatzungspolitischen und nationalen Rasters, das sich letztlich als ausschlaggebend für die geographischen Grenzen des «Untergrundstaates» erwies, sind gut abzulesen an den Geldströmen für eine der verbreitetsten Formen des Widerstands, nämlich für das illegale Schulwesen: Knapp 60 Prozent der Mittel blieben 1944 im Generalgouvernement, die Ostgebiete erhielten weniger als 30 Prozent, die eingegliederten Gebiete ganze 13 Prozent.[55]

Freilich wäre der Eindruck falsch – und damit sind wir beim dritten Raster –, dass das Generalgouvernement einen einheitlichen Raum dargestellt hätte, in dem Widerstand überall gleich stark verbreitet gewesen wäre. Für eine Binnendifferenzierung waren unterschiedliche Faktoren verantwortlich, die von der Geographie über die Mentalitätsgeschichte bis hin zur deutschen Bevölkerungspolitik reichten. Größere Partisaneneinheiten waren in waldreichen, weniger urbanisierten und verkehrsmäßig schlechter erschlossenen Gebieten tendenziell besser aufgehoben, d. h. vor allem im Osten. Die Bereitschaft zum Risiko, das mit jedem organisierten Widerstand verbunden war, dürfte im alten Kongresspolen mit seinen Traditionen von Konspiration und Widerstand gegen Fremdherrschaft größer gewesen sein als in Galizien, wo seit Generationen «illegal» am ehesten mit «kriminell» assoziiert wurde. Zeitzeugen berichten übereinstimmend von dem als extrem unterschiedlich empfundenen, im weitesten Sinne politischen Klima in Warschau und in Krakau 1944. Während in Warschau das Umgehen von Verboten und Geboten das Bild des Alltags mitbestimmte und nahezu demonstrative Dimensionen erreichte, hielten sich die polnischen Bewohner Krakaus im Großen und Ganzen an die Besatzungsvorschriften. Die Differenz der Atmosphäre auf öffentlichen Plätzen wie Straßen, in Straßenbahnen oder Cafés war mit Händen zu greifen.[56] Nach Warschau, das schon lange vor Ausbruch des Aufstands in «einer Art Daueraufstand» lebte, fuhr man, «um Sauerstoff zu atmen», notierte der bereits erwähnte Wyka.[57] Folgerichtig wurde hier das Viertel «Nur für Deutsche» im Frühjahr 1944 mit Stacheldrahtgestellen und -verhauen abgegrenzt[58] – eine Maßnahme, die in Krakau wohl nicht einmal erwogen wurde.

Dies hing nicht ausschließlich mit unterschiedlichen historischen Traditionen zusammen. Während in dem von den Besatzungsbehörden zugleich gefürchteten wie verhassten Warschau Reichs-, Volks- und sogenannte Stammdeutsche etwa drei Prozent der Bevölkerung ausmachten, betrug ihr Anteil an der Bevölkerung des um zwei Drittel kleineren Krakau knapp zehn Prozent.[59] Dabei stellten die Hauptstadt der Republik und die Hauptstadt des Generalgouvernements nur Antipoden dar, solange man ausschließlich das Gebiet des Generalgouvernements zum Gegenstand der Untersuchung macht: In einer nachträglichen Zusammenstellung, in der das mit Widerstand verbundene Risiko und die tatsächliche Verbreitung des Untergrunds geschätzt wird, finden sich zwar Warschau und Umgebung an der Spitze und die Stadt Krakau auf Rang fünf. Letzteres liegt aber weit vor den eingegliederten Gebieten mit dem «Reichsgau Oberschlesien» auf Platz zehn.[60] Den Warschauern, die nur eine Variante des *furor teutonicus* erlebt hatten, so klagte Jahrzehnte später ein Intellektueller, der die Besatzung in Bromberg (Reichsgau Danzig-Westpreußen) verbracht hatte, könne man eines nicht erklären: «Sie haben in ihrer Stadt fünf Jahre neben den Deutschen gelebt, sie haben viele Formen ihres Lebens beibehalten. In Warschau wurde allgemein polnisch gesprochen. Die Polen blieben Besitzer von Unternehmen, hatten Salons, Bedienstete, sie machten und empfingen Besuche. Die Deutschen haben diesen Lebensbereich überhaupt nicht angerührt (wie viele andere); dies führt dazu, dass man einem Warschauer kaum das Gefühl erklären kann, zu einer Gruppe zu gehören, die der vollständigen Extermination ausgesetzt ist.»[61] Irgendwo zwischen diesen Erinnerungen an Bromberg und dem allgemein als Ausnahme empfundenen Warschau situierte sich die Lage in der Provinz des Generalgouvernements, wo der deutsche Terror des Öfteren, aber immer wieder unberechenbar und unvorhehrsehbar einschlug: «Jeder lauscht ständig, ob die Deutschen nicht schon kommen, ihn zu holen. Ich bin so darauf vorbereitet, dass ich immer einen gepackten Koffer zur Hand habe»; Schuhe und andere im Fall einer Verhaftung notwendige Sachen stünden ebenfalls jede Nacht neben dem Bett.[62]

Die verschiedenen Lebensbedingungen und die daraus resultierende unterschiedlich intensive Präsenz des «Untergrundstaates» sollten aber nicht verdecken, dass dieser direkt für Zehntausende und indirekt für Hunderttausende eine lebenswichtige Rolle als Einkommensquelle spielte. An der Spitze der Pyramide finden wir die Berufsoffiziere, einen Teil der Unteroffiziere (im Februar 1944 zusammen fast 12 000 Personen) und vermutlich mehrere hundert Funktionäre des zivilen Widerstands, die vollberuflich im Untergrund tätig waren und ein reguläres Gehalt aus der Kasse der *Armia Krajowa* bzw. der Regierungsdelegatur bezogen. Zuschüsse bezogen ebenfalls ein Teil der Unteroffiziere (77 000) und Lehrer im Geheimunterricht (knapp 10 000)[63] sowie andere Mitarbeiter des Untergrunds – von Druckern und Kolporteuren bis hin zu den Mitgliedern des weitverzweigten Spionagenetzes der AK. Im unteren Bereich der Pyramide finden wir ganz andere Großgruppen: Intellektuelle, Künstler und versteckte Juden sowie Familienmitglieder von Verhafteten und Ermordeten bekamen ebenfalls Sozialhilfe. Insgesamt also handelt es sich im militärischen und zivilen Bereich um eine sicherlich fünfstellige Zahl von Personen, die teils regelmäßig, teils von Zeit zu Zeit durch den Untergrund alimentiert wurden.[64]

Die Verteilung der aus London eingeschleusten Geldmittel im zivilen Bereich des «Untergrundstaates» kennen wir für das Jahr 1942. Der Etat der Delegatura betrug damals 400 000 britische Pfund Sterling. Davon entfielen 30 Prozent auf Sozialfürsorge, 20 Prozent erhielten gesellschaftliche, politische und Jugendorganisationen im Untergrund, 18 Prozent das geheime Schulwesen, 15 Prozent der Apparat des zivilen Widerstands, fünf Prozent wurden für Schutzmittel, d. h. Abwehr der sicherheitspolizeilichen Bedrohung verwendet, zwölf Prozent als Verluste infolge von Konfiskationen und anderen unvorgesehenen Unfällen verbucht. Ähnlich dürfte die Struktur der Ausgaben in den nächsten Jahren gewesen sein. Grob geschätzt erhielten die zivilen Stellen 1942 bis 1944 etwas weniger als ein Drittel der für den Widerstand bestimmten 27 Millionen US-Dollar aus dem Exil.[65]

Die Verteilung der Finanzen weist auf die weitverzweigten Aktivitäten des zivilen Widerstands hin, der von dem «Delegierten der Regierung im Lande» Jan S. Jankowski geleitet wurde (seit 1944 führte er zusätzlich den Titel des stellvertretenden Ministerpräsidenten). Der *Delegatura* unterstanden zwölf Abteilungen (Departements), deren Zuständigkeitsbereich von der Bestandsaufnahme der außenpolitischen Veränderungen über Sozialfürsorge im weitesten Sinn und der Organisation von zivilen Widerstandshandlungen bis zu Planungen für die Nachkriegszeit reichte. Das Departement für Inneres baute schrittweise eine neue polnische Verwaltung auf, die – ebenso wie die von dieser Abteilung geleitete polizeiähnliche Organisation – 1944 in mehreren Gebieten als Stütze der aufständischen Truppen und als Symbol der neuen Staatlichkeit in Erscheinung treten sollte. Dem Departement für Presse und Information unterstand eine Verlagsorganisation, die, teils in Konkurrenz zum militärischen Verlagswesen, Hunderte von Büchern und Broschüren sowie mehrere Zeitungen herausgab. Das Departement für Bildung und Kultur organisierte ein geheimes Schul- und Hochschulwesen – in Warschau erreichte die Zahl der nun illegalen Gymnasialschüler im Jahre 1944 den Stand von 1939![66] Presse, Sozialfürsorge und Geheimunterricht dürften bis 1944 die größte Zahl der Menschen erreicht haben.

Dennoch, auch angesichts der massiven Präsenz des Untergrunds blieben schätzungsweise zwei Drittel der Bevölkerung (die «Durchschnittsfamilie Kowalski», wie es in einem Bericht an die Exilregierung heißt) in Warschau, also im Zentrum des Widerstands, passiv. Wenige, vielleicht fünf Prozent, kollaborierten, vor allem wirtschaftlich. Der Rest, und das wäre etwa jeder vierte Warschauer, beteiligte sich in dieser oder jener Form an der Résistance oder war zumindest dazu bereit. Sofern diese Schätzungen stimmen,[67] hätten wir es mit einem ungewöhnlich hohen Grad von Mobilisierung und Widerstandsbereitschaft zu tun, der nur durch die ständige Bedrohung des Polentums erklärbar ist.

Der Widerstand erreichte im Sommer 1944 eine vermutlich auch in der polnischen Geschichte einzigartige Breitenwirkung. Der «Untergrundstaat» versprach der zutiefst gedemütigten und erschütterten Nation nach dem siegreichen Ende des Krieges ein neues, gerechtes Polen. Eine Minderheit verband diese Vision schon damals mit der sozialrevolutionären Lösung, die seit dem 22. Juni 1944 in Gestalt der Roten Armee immer näher an Zentralpolen heranrückte. Die Mehrheit der Aktiven sah das neue Polen als anders strukturierte Fortsetzung der Zweiten Republik. Aber auch die passive «Durchschnittsfamilie Kowalski» wird sich nach fünf Jahren Krieg und Besatzung kaum vorgestellt haben, die Befreiung als Vorstufe eines kommunistischen polnischen Staates von Moskaus Gnaden zu erleben.

9. Die «polnische Frage» im Zweiten Weltkrieg

Die Republik wurde seit dem 30. September 1939 von einer neuen Staatsführung vertreten. Im rumänischen Exil hatte Mościcki auf die Würde des Staatspräsidenten verzichtet und nach einigem Hin und Her Władysław Raczkiewicz zu seinem Nachfolger nominiert. Raczkiewicz war ein Kompromisskandidat: Zwar gehörte er nicht zu den zentralen Figuren der *Sanacja*, war jedoch in der Zeit der Diktatur in hohen staatlichen Positionen tätig. Zum Ministerpräsidenten ernannte er den Premierminister von 1922/23, Władysław Sikorski. Der als Gegner Piłsudskis bekannte General war 1928 in den einstweiligen Ruhestand versetzt worden. Er betätigte sich in den 1930er Jahren vor allem als Militärpublizist, galt als Anhänger des Bündnisses mit Frankreich und war seit 1936 einer der Führer der sogenannten *Front Morges*, eines losen Zusammenschlusses von Politikern des oppositionellen Zentrums ohne eigentliche Parteibasis. Sikorski nahm in seine im französischen Angers amtierende Exilregierung drei Piłsudski-Anhänger auf, u. a. den Außenminister bis 1932, August Zaleski (abermals als Außenminister), und den alten Vertrauten des «Kommandanten», General Sosnkowski (als Befehlshaber des Untergrunds im besetzten Land), der während des Staatsstreichs 1926 einen Selbstmordversuch unternommen und in den folgenden Jahren unter den Entscheidungsträgern der *Sanacja* keine Rolle gespielt hatte.[1] Ansonsten bestand das Kabinett Sikorski vor allem aus Vertretern der bisherigen Opposition, der Bauernpartei, der Nationalen, Sozialistischen und Christdemokratischen Arbeitspartei. Seit Dezember 1939 amtierte darüber hinaus der «Nationalrat» (*Rada Narodowa*), eine die Regierung beratende Körperschaft, in der ebenfalls die ehemalige Opposition dominierte; außer zwei Juden gehörten dem Rat keine Vertreter der nationalen Minderheiten an.

Aus Soldaten und Offizieren, die vor allem über Rumänien den Weg nach Frankreich gefunden hatten, entstanden mehrere polnische Einheiten mit insgesamt über 80 000 Mann. Im Mai und Juni 1940 setzte Sikorski auf den Sieg der Franzosen. Die polnischen Einheiten wurden weder geschont noch vorzeitig zurückgezogen. Im Ergebnis schaffte nur etwas mehr als ein Viertel den Rückzug auf die britische Insel. In der Regierung, die nach der Niederlage Frankreichs nach London umzog, brach eine Krise aus: Da die Anhänger Sikorskis bis Frühjahr 1940 die Schuldigen an der «Septemberniederlage» 1939 in den Reihen der *Sanacja*-Würdenträger und im Offizierskorps suchen ließen, wurde nun auf der Gegenseite der Vorwurf laut, Sikorski hätte die polnischen Truppen in Frankreich seinem uneingeschränkten Vertrauen in die *Grande Nation* geopfert. Gleichzeitig tauchte ein Memorandum auf, in dem die Regierung der Sowjetunion gegenüber Nachgiebigkeit zu signalisieren schien, was die nach dem französischen Schock ohnehin große Verwirrung verstärkte. Der Ministerpräsident überlebte die Krise, der interne Kampf zwischen Anhängern und Gegnern der alten Diktatur ging aber weiter.[2]

Da die polnischen Flieger in der «Schlacht um England» über zehn Prozent der *Royal Air Force* ausmachten und dazu noch überdurchschnittlich erfolgreich waren, mochte im Frühherbst 1940 der Eindruck entstehen, dass Polen trotz seiner unerwarteten Niederlage ein Jahr zuvor – der Zusammenbruch Frankreichs relativierte die Schuld des *Sanacja*-Regimes –

zum wichtigsten Verbündeten Großbritanniens im Krieg geworden wäre. Aus britischer Sicht lagen die Dinge anders: Entscheidend würde auf lange Sicht die Haltung der USA und der Sowjetunion sein, denn ohne deren Beteiligung am europäischen Krieg war dieser kaum zu gewinnen. Und die Sowjetunion hatte sich gerade im Sommer 1940 mit der Annexion der drei baltischen Staaten, Bessarabiens und der Nordbukowina die nächsten Teile ihrer Beute aus den Verträgen mit dem Dritten Reich geholt. Den wichtigsten sowjetischen Gewinn bildeten aber weiterhin jene 52 Prozent des polnischen Territoriums, die bereits 1939 besetzt wurden.

Die Sowjetunion hatte mit dem Einmarsch in Ostpolen mehrere bi- und multilaterale Verträge gebrochen.[3] Die Exilregierung vertraute auf das von London mehrfach (u. a. später in der Atlantik-Charta) beschworene Prinzip der Nichtanerkennung von territorialen Veränderungen, die im Zuge des Krieges vorgenommen wurden, und hoffte zusätzlich auf die Verbindlichkeit des polnisch-britischen Vertrages vom 25. August 1939, in dem die Briten Polen im Fall eines Überfalls «jegliche Hilfe und Unterstützung» zugesagt hatten. Die Polen dehnten diese Verpflichtung auf die sowjetische Aggression aus, was wiederum im Widerspruch stand zum geheimen polnisch-britischen Zusatzprotokoll vom 25. August, in dem ausschließlich Deutschland als potentieller Aggressor benannt wurde.[4]

Nach dem September 1939 unternahmen die Briten mehrere Versuche, gegenüber dem polnischen Verbündeten eine Interpretation des Vertrags vom 25. August durchzusetzen, die ihnen im Fall eines Moskauer Einlenkens jede Möglichkeit offenließ. Bereits im Oktober des Jahres erklärten Chamberlain und sein Außenminister Edward Halifax dem verblüfften polnischen Außenminister Zaleski, dass Polen sich jeglicher antisowjetischer Aktivitäten enthalten solle. Eine britische Kriegserklärung an die Sowjetunion sei irreal. Polen könne nur für die etwa 12 000 km² westlich der Curzon-Linie hoffen, «sie im Verhandlungsweg mit Sowjetrussland bei Gelegenheit einer künftigen Friedenskonferenz» zurückzuerhalten. Dies bedeutete, dass Moskau weit über 90 Prozent seiner Beute (193 000 km²)[5] aus britischer Sicht würde behalten können. London griff somit in seinem Bestreben, Moskau für die Anti-Hitler-Koalition zu gewinnen, auf die Curzon-Linie zurück. Der Verweis auf den britischen Grenzvorschlag von 1919/20 demonstrierte indirekt, dass Großbritannien die 1921 im polnisch-sowjetischen Vertrag von Riga festgelegte und damit von Moskau anerkannte, wesentlich weiter östlich verlaufende polnisch-sowjetische Grenze als unhaltbar betrachtete.[6] Die britische öffentliche Meinung folgte in dieser Frage ihrer Regierung, «Russland» war eben wichtiger. Nur in der Führung der *Special Operations Executive* (SOE), des britischen Zentrums für Unterstützung der europäischen Widerstandsbewegungen, die den polnischen Untergrund von Beginn an hoch einschätzte, überwogen in der Regel propolnische Stimmen.[7]

Auch im Foreign Office dominierte die Kritik an der «unvernünftigen» Politik der Polen. Die grundsätzlich prorussische Option erfuhr jedoch eine gewisse Abschwächung nach dem sowjetischen Überfall auf Finnland Ende November 1939, als vorübergehend die Entsendung eines polnischen – nach späteren Planungen gemischten – Expeditionskorps auf den neuen Kriegsschauplatz erwogen wurde. Die Differenz zur Haltung der Exilregierung war aber unüberbrückbar: Die Polen vertraten den Standpunkt, dass sie sich in einem de facto Kriegszustand mit der Sowjetunion befänden und eine restitutio ad integrum, d. h. die Rückkehr zur territorialen Verfassung von 1939, das grundsätzliche Kriegsziel bleibe. Dies änderte sich bis zum deutschen Überfall auf die Sowjetunion nicht.

Mit dem 22. Juni 1941 zerbrach die unheilvolle polenpolitische Allianz der alt-neuen Teilungsmächte. Die Briten drängten nun auf einen baldigen Vertragsabschluss zwischen der polnischen Exilregierung und Moskau. Der polnische Verbündete, ohnehin strategisch relativ unbedeutend, verlor mit der Ausweitung des Konflikts im Osten zusätzlich an Gewicht, denn auch die stärkste polnische Widerstandsbewegung konnte über den Ausgang des Krieges im Osten nicht entscheiden. Das Schicksal der Ostfront hing von Sowjetrussland ab. Daher musste an erster Stelle der Durchhaltewille Moskaus gestärkt werden und hierfür nicht zuletzt die polnische Exilregierung zu einem für Stalin akzeptablen Kompromiss bewegt werden. Die Exilregierung, in jeder Hinsicht von den britischen Gastgebern abhängig, hatte sich bis zu einem gewissen Grad den internen Zwängen der Anti-Hitler-Koalition unterzuordnen – ohne jedoch ihre Hauptaufgabe, die territoriale Integrität der Republik zu bewahren, aus den Augen verlieren zu wollen.

Neben dem Grenzproblem stellte sich die Frage der polnischen Kriegsgefangenen, Internierten, Deportierten und Verurteilten – Hunderttausende von Menschen, die seit Herbst 1939 im Gulag, im Fernen Osten und in Kasachstan, in Gefängnissen, Lagern und Baubataillonen der Roten Armee verschwunden waren. Dass die große Mehrheit der kriegsgefangenen Offiziere bereits im Frühjahr 1940 in Massenerschießungen von der sowjetischen Geheimpolizei ermordet worden war (unter den gefangenen knapp 10 000 Offizieren hatten gemäß späteren sowjetischen Angaben gerade 1658 überlebt), war noch nicht bekannt, ebenso wenig der Name Katyn. Ganz unabhängig davon machte aber die bloße Kenntnis von Hunderttausenden von Verschleppten die Exilregierung erpressbar: Die Sowjets verfügten weiterhin frei über deren Schicksal, mit nur gerüchteweise bekannten, bedrohlich klingenden Folgen. Jede polnische Regierung musste zumindest versuchen, ihre Landsleute vor weiteren Verfolgungen zu schützen. Auf der anderen Seite musste den Sowjets daran gelegen sein, die Zehntausenden polnischen Unteroffiziere und Soldaten aus Lagern und Gefängnissen als alliierte Truppe an die auseinanderbrechende Front zu befördern, was ohne einen Kompromiss mit der polnischen Seite kaum vorstellbar war. Dies wiederum implizierte, dass Moskau zumindest von seiner These über den Zerfall des polnischen Staates abrücken musste, mit der es seinerzeit den Einmarsch in Ostpolen begründet hatte.

Ministerpräsident Sikorski redete bereits in der Rundfunkansprache am 23. Juni 1941 davon, dass die «polnisch-russische Frage» nun aus der internationalen Politik verschwinden würde, womit er die Rückkehr zu bilateralen Beziehungen auf der Grundlage des Grenzvertrags von 1921 meinte. Die Sowjets stellten sich freilich die Koexistenz in der Koalition, in die sie Hitler hineingedrängt hatte, ganz anders vor: Der sowjetische Botschafter Ivan Majskij bezog sich in dem ersten Gespräch mit dem britischen Außenminister, der bald die Rolle eines äußerst aktiven Vermittlers übernahm, auf ein Polen in «seinen ethnischen Grenzen». Damit konnte nur der Grenzverlauf gemeint sein, den die Sowjets mit dem Dritten Reich im Grenzvertrag vom 28. September 1939 ausgehandelt hatten und den der Gesprächspartner Majskijs lieber als Curzon-Linie bezeichnete. Darüber hinaus schlug der Sowjetbotschafter die Bildung von «Nationalkomitees» in Moskau vor – eines polnischen, jugoslawischen und tschechoslowakischen –, die offenbar unabhängig von den Exilregierungen agieren sollten und denen z. B. im polnischen Fall die entlassenen Kriegsgefangenen übergeben würden.

In den folgenden Wochen rückte Majskij von dem Postulat einer völligen Neubestimmung der Ostgrenze Polens und der Bildung einer Gegenregierung in Moskau ab. Die Briten übten während dieser Zeit einen immer stärkeren Druck auf die Polen aus, endlich zu unterzeichnen. Die Exilregierung sträubte sich, weil sie in der Formel, der zufolge die Sowjets den Hitler-Stalin-Pakt für ungültig erklärten, zu Recht einen Hinterhalt vermutete. Darüber hinaus war sie nicht sicher, ob das Imperium Stalins den deutschen Angriff überstehen würde, und schließlich vermieden die Briten trotz ihres offenkundigen Interesses an einem polnisch-sowjetischen Ausgleich alles, was als Bestätigung der territorialen Integrität Polens in den Grenzen vom August 1939 verstanden werden konnte. Im letzten Augenblick griffen sie auf die Wiederholung der Formel von der Nichtanerkennung der territorialen Veränderungen zurück, die in Polen seit Kriegsausbruch vorgenommen worden waren.[8]

Der Vertrag wurde am 30. Juli 1941 unterzeichnet. Im ersten Artikel erklärte die Sowjetregierung, dass die «sowjetisch-deutschen Traktate aus dem Jahre 1939, die die territorialen Veränderungen in Polen betrafen, ihre Rechtskraft verloren haben». Die diplomatischen Beziehungen zwischen der Exilregierung und Moskau wurden aufgenommen. Ferner war die Bildung einer polnischen Armee in der Sowjetunion vorgesehen. Im Zusatzprotokoll erteilte die Sowjetunion «allen polnischen Staatsbürgern [...] die als Kriegsgefangene oder aus anderen entsprechenden Gründen» ihrer Freiheit beraubt worden waren, eine «Amnestie». Beide Staaten verpflichteten sich zum gemeinsamen Kampf gegen Deutschland.[9]

Die Vertragsbestimmungen enthielten also, zumindest auf den ersten Blick, lauter Selbstverständlichkeiten. In der Exilregierung mehrten sich aber im Verlauf des Sommers Stimmen gegen den scheinbar eindeutigen Vertragstext: Die Gegner Sikorskis warnten, dass die Sowjets durch eine besondere Interpretation der einzelnen Artikel zu einem polnischerseits völlig unerwünschten Ergebnis kommen wollten. Dem Ministerpräsidenten gelang es, den Widerstand mehrerer Kabinettsmitglieder mit erheblicher Mühe (und britischer Unterstützung) zu überwinden; drei Minister, darunter Sosnkowski und Zaleski, traten zurück. Im Exil spielte dabei die Unterstützung für den Vertrag seitens der Bauernpartei eine wichtige Rolle, im Untergrund waren es alle Parteien, die im Abkommen die einzige Chance für die Befreiung der Landsleute aus den sowjetischen Lagern sahen. Was die neue polnisch-sowjetische Waffenbrüderschaft außer der Befreiung der Polen wert war, blieb zunächst einmal ungewiss. Im August wurde ein Militärvertrag unterzeichnet. Zum Befehlshaber der entstehenden polnischen Armee in der Sowjetunion wurde General Władysław Anders ernannt, ein ehemaliger Offizier der russischen Armee, 1939 Befehlshaber einer Kavalleriebrigade, seit der Gefangennahme durch die Sowjets Häftling des NKWD.

Schon im Herbst 1941 mehrten sich die Anzeichen, dass der Vertrag vom 30. Juli selbst im Rahmen der Kriegskoalition keine tragfähige Basis für die polnisch-sowjetischen Beziehungen bot. Obwohl die Freilassung der Inhaftierten schleppend verlief, war bald die ursprünglich vorgesehene Höchstzahl von 25 000 Soldaten überschritten; neben ihnen trafen nach und nach Tausende von Zivilpersonen in den Armeecamps ein. Der Weg der ausgehungerten, oft kranken und in der Regel völlig erschöpften Entlassenen nach Buzuluk, wo der Stab der entstehenden polnischen Armee amtierte, war voller Hindernisse, die nicht alle mit dem Krieg und der desolaten Lage der Eisenbahnen erklärt werden konnten. Die Versorgungs- und hygienische Lage der Soldaten wie der Zivilisten war katastrophal. Die Sowjets erklärten sich angesichts der Niederlagen an der Front für unfähig, die polnischen Einheiten zu bewaffnen.[10] Nach und nach stellte sich dann heraus, dass die sowjetischen Kontrollen nur einen Teil der aus den Lagern Entlassenen Richtung Armee passieren ließen. Die polnische Botschaft protestierte am 10. November, nur polnische Staatsbürger polnischer Nationalität würden durchgelassen. Daraufhin antwortete das sowjetische Außenministerium am 1. Dezember 1941 – unmittelbar vor der Ankunft Sikorskis zu seinem ersten, und wie sich herausstellen sollte, letzten Besuch bei Stalin –, nur der «gute Wille und die Nachgiebigkeit» der sowjetischen Behörden bewirkten, dass die polnische Staatsbürgerschaft von Personen polnischer Abstammung nicht infrage gestellt werde. Die übrigen Bewohner der ehemals polnischen Ostgebiete – Ukrainer, Belarussen, Juden – seien mit dem Dekret des Präsidiums des Obersten Sowjets vom 29. November 1939 sowjetische Staatsbürger.[11] Damit war eingetreten, was auf polnischer Seite die bittersten Kritiker des Vertrages vom Juli 1941 prophezeit hatten: Moskau berief sich auf interne Gesetzgebungsakte, um eine rechtliche Grundlage für die Annexion der ostpolnischen Gebiete herzustellen.[12]

Die Gespräche zwischen Stalin und Sikorski am 3. und 4. Dezember 1941 brachten in der Grenzfrage keine Ergebnisse. Die Wehrmacht stand vor Moskau. Im polnischen Exil gab man dem Reich Stalins wenig Chancen, den Winter zu überstehen; Sikorski, immer wieder von Londoner Gegnern angefeindet, konnte – selbst wenn er gewollt und die Verfassung dies zugelassen hätte – keinen großen Vorstoß in der Grenzfrage wagen, denn eine Abmachung mit dem existentiell bedrohten Moskau hätte ihn innenpolitisch desavouiert. Moskau wiederum blieb auch im Augenblick größter Bedrohung konsequent. Stalin meinte zwar diesmal, er wolle die Grenze nur «*čut'-čut'*» (ein ganz kleines bisschen)[13] verändern, nach den Erfahrungen der letzten zwei Jahre war dies jedoch zu wenig, um seinen polnischen Verhandlungspartner aus der Reserve zu locken. Das erste polnisch-sowjetische Gipfeltreffen im Zweiten Weltkrieg kreiste vor allem um die polnische Armee in Russland. Es ging um die im Winter existentiellen Versorgungsprobleme, die ungelöste Frage der Bewaffnung und die künftige Verlegung der Truppe in die vermeintlich klimatisch gesünderen, zentralasiatischen Republiken sowie um deren Stärke (von der die Höhe der sowjetischen Lebensmittellieferungen abhing, die wiederum mit den um die Militärlager versammelten polnischen Zivilisten geteilt wurden); die vermissten und mittlerweile als unauffindbar geltenden Offiziere wurden gerade einmal erwähnt. Schließlich einigte man sich auf eine Aufstockung des Personalbestandes der Armee auf 96 000 Soldaten und auf die Verlagerung eines Teils der Truppe (25 000 Marine- und Luftwaffenangehörige, Soldaten der Panzereinheiten) zu den polnischen Einheiten im Nahen Osten und im Westen;

die Grenz- und damit die Staatsbürgerschaftsfrage blieb ungelöst. Sikorski begab sich auf eine Inspektion der Russlandarmee.

Am 7. Dezember 1941 drängte der japanische Angriff auf Pearl Harbour die USA in die Anti-Hitler-Koalition, die nun eine völlig neue Gestalt annahm. Die Polen, die auf die traditionelle Polenfreundlichkeit des US-Präsidenten hofften, waren sich kaum bewusst, dass mit dem sowjetischen Sieg vor Moskau und dem Kriegseintritt der USA das Gewicht der Exilregierung innerhalb der Koalition vollends zu einer *quantité négligeable* reduziert worden war. Als wenige Tage nach Sikorski der britische Außenminister in Moskau eintraf, verlangte Stalin gleich im ersten Gespräch die Unterzeichnung eines Geheimprotokolls, in dem London die sowjetische Grenze von 1941 anerkennen würde.

Zurück in London sollte Sikorski mehrmals versuchen, die Alliierten auf den polnischen Standpunkt zu verpflichten, was im Verlauf des Jahres 1942 noch weniger wahrscheinlich wurde, als es schon im zweiten Halbjahr 1941 gewesen war. Die Besuche in den USA (März 1942, Dezember 1942 bis Januar 1943) brachten nicht die erhofften Ergebnisse, mehr noch: Die Amerikaner gaben deutlich zu verstehen, dass sie sich der britischen Linie der Nichtanerkennung ohne Territorialgarantie anschlössen. Die Briten verweigerten sich ihrerseits den Argumenten der Exilregierung ebenso standhaft wie bisher, und zwar nicht nur aus pragmatischen Gründen, wie sie immer wieder durchblicken ließen.[14] Dennoch waren weder London noch Washington bereit, den Moskauer Forderungen gerade in Bezug auf Ostpolen offiziell nachzugeben.[15] Die Beziehungen der Exilregierung zur Sowjetunion verschlechterten sich indessen von Monat zu Monat. Im März und April 1942 verließ ein Teil der Anders-Armee (33 000 Soldaten, begleitet von 11 000 Zivilpersonen) die Sowjetunion Richtung Iran, in den folgenden Monaten gab Moskau die Hoffnung auf, dass die polnischen Truppen ihre Front stärken würden. Die Polen weigerten sich, an der Seite ihrer ehemaligen Gefängniswärter zu kämpfen; viele glaubten bis Stalingrad nicht, dass die Sowjetunion gewinnen würde. Überdies wurde befürchtet, dass die polnischen Divisionen einzeln eingesetzt und als Kanonenfutter verheizt würden, was angesichts des sowjetischen Verhältnisses zu den eigenen Verlusten einem freiwilligen Selbstmord der relativ kleinen polnischen Armee gleichgekommen wäre.[16] Zusätzlich verursachte die bloße Existenz der Truppe von General Anders und des Sozialfürsorgenetzes für Polen im Sowjetreich unzählige Probleme und Spannungen: Nicht zu Unrecht sah Moskau in dieser sonderbaren Exklave mit einem eigenen, weit ausgebauten System von Betreuungspunkten einen Hort des Antisowjetismus und wünschte zuletzt wohl nur noch den baldigen Abzug der widerspenstigen Verbündeten. Die sowjetische Einwilligung in den Abzug der gesamten Truppe hatte auch ihre koalitionsinterne Komponente. Churchill, der Stalin die Verlegung der Anders-Armee in den Kaukasus und in den Iran schon im Oktober 1941 vorgeschlagen hatte, hoffte nun, dadurch britische Truppen im Mittleren Osten freizumachen, die in Nordafrika gebraucht wurden. Gleichzeitig bot der Abzug den Sowjets die Gelegenheit, eine generelle Bereinigung der Beziehungen zur Exilregierung in eigenem Sinn durchzusetzen. Neun der 20 Außenstellen der Botschaft, die sich vor allem mit Sozialfürsorge für die deportierten Polen in verschiedenen Teilen des Landes beschäftigten, wurden im Juli 1942 geschlossen, dem Personal der übrigen die diplomatische Immunität aberkannt. Zur selben Zeit genehmigte Moskau offiziell den Abzug der Anders-Armee; in den folgenden Wochen wurde das gesamte polnische Netz der Sozialfürsorge aufgelöst, 130 Mitarbeiter verhaftet. Im August verließen knapp 45 000 Soldaten des General Anders und rund 25 000 Zivilpersonen die Sowjetunion – das «Unmenschliche Land»,[17] in dem Zehntausende ihrer Familienangehörigen zugrunde gegangen waren und weitere Hunderttausende bleiben mussten, weil sie den Standort der Anders-Armee nicht erreicht hatten. Im Iran und später im Nahen Osten erholten sich die Truppe und die Zivilisten allmählich von den Krankheiten und dem Hunger der Jahre 1939 bis 1942. Nach 1945 konnte sich nur ein geringer Teil von ihnen zur Rückkehr in das inzwischen kommunistische Polen entschließen.

Nach dem Abzug der Armee – gerade in der Anfangsphase der Schlacht um Stalingrad – rissen die Spannungen nicht ab. Am 16. Januar 1943 bestätigte das sowjetische Außenministerium explizit, was seit Monaten die Praxis der Moskauer Polenpolitik war, dass nämlich die Zusage von 1941, polnische Staatsbürger polnischer Nationalität als polnische Staatsbürger zu behandeln, nicht mehr galt. Im TASS-Communiqué vom 1. März hieß es dann überdeutlich, die Verlautbarungen der polnischen Regierung beweisen, «dass die heutigen polnischen Regierungskreise in der gegebenen Angelegenheit [der Grenzen und der Staatsbürgerschaft] die wahre Meinung der polnischen Nation nicht wiedergeben».[18] Noch im März wurde in Moskau der kommunistische «Verband der Polnischen Patrioten» (*Związek Patriotów Polskich*, ZPP) ins Leben gerufen, als dessen Symbolfigur die Kommunistin Wanda Wasilewska galt. Da sich das Exilkabinett in der Grenzfrage weiterhin verweigerte, griff Stalin offensichtlich auf die von Majskij schon im Juli 1941 angesprochene Alternative einer Gegenregierung zurück. Die polnischen Proteste konnten an dieser Politik nichts ändern.

Die Mitteilung des Berliner Hörfunks über die Auffindung von Massengräbern in Katyn am 13. April leitete die letzte Phase der polnisch-sowjetischen Dauerkrise ein. Die Deutschen behaupteten, etwa 10 000 Leichen gefunden zu haben. Dies entsprach in der Größenordnung der Zahl vermisster polnischer Offiziere, nach denen die polnische Botschaft seit 1941 vergeblich geforscht hatte. Die Polen kannten die Indizien, die auf Moskau als Täter hinwiesen, und hatten kaum Zweifel, dass die deutsche Propaganda diesmal – ausnahmsweise – nur die Wahrheit zu sagen brauchte, um die Exilregierung in eine unmögliche Lage zu bringen. Die Offiziere, allesamt Kriegsgefangene, waren offenbar in der Zeit der deutsch-sowjetischen Allianz 1940 vom NKWD ermordet worden. Die Regierung konnte weder schweigen noch sich wider besseres Wissen der sowjetischen Version anschließen, der zufolge die Deutschen die Täter seien. Noch versuchten die Briten, die Polen von einer Anrufung des Internationalen Roten Kreuzes abzuhalten, da sie befürchteten, dies werde von Stalin als Anlass zum Abbruch der diplomatischen Beziehungen ausgenutzt. Die Regierung tat dennoch diesen unter pragmatischen Gesichtspunkten unmöglichen und aus allen anderen Gründen einzig möglichen Schritt am 16. April 1943. Daraufhin bezichtigte am 25. Molotov in einer offiziellen Note die Polen der «Verbindung und Absprache mit Hitler», «um Sowjetrussland zu territorialen Zugeständnissen auf Kosten der Sowjetukraine, Sowjetbelarusslands und Sowjetlitauens zu zwingen», und kündigte die «Unterbrechung» der diplomatischen Beziehungen mit der Exilregierung an.[19]

Dass die «Unterbrechung» in Wirklichkeit ein Abbruch war, stellte ein weiteres Täuschungsmanöver im sowjetischen Spiel mit Polen dar; es sollte suggerieren, dass eine Wiederaufnahme der Beziehungen im Bereich des Möglichen liege. In Wirklichkeit konnte nun, nachdem die Exilregierung aus Moskauer Sicht keine Konfliktpartei mehr war, die Etablierung eines kommunistischen Regimes im Land des größten europäischen Nachbarn offen in die Wege geleitet werden.[20] Noch am Tage des Abbruchs begann der Aufbau einer polnischen kommunistischen Infanteriedivision in Russland. Zum Kommandeur wurde Oberst Zygmunt Berling ernannt, der als einer der wenigen Offiziere nicht mit den Einheiten von Anders in den Iran gegangen war. Nach ihm wurden bald umgangssprachlich alle polnisch-kommunistischen Truppen benannt.

Bis zur tatsächlichen Installierung der polnischen Kommunisten als Machthaber im befreiten Teil des Landes im Sommer 1944 führten die Sowjets immer wieder Sondierungen beim polnischen Exil durch, die aber an der Durchsetzung des neuen sowjetischen Konzepts wenig änderten. Notwendig war im Grunde nur noch das Einverständnis der anderen Großmächte, und gerade deshalb wurde die «polnische Frage» zum immer bedeutsameren Verhandlungsgegenstand der Großen Drei, während die Exilregierung nach und nach in den Rang eines Statisten abglitt. Begünstigt wurde dieser Gewichtsverlust nicht nur durch die sowjetischen Militärerfolge 1943 und 1944, sondern auch durch den Tod des bisherigen Ministerpräsidenten Sikorski bei einem Flugzeugunglück bei Gibraltar am 4. Juli 1943.[21] Sein Nachfolger, der bisherige Chef der Bauernpartei im Exil, Stanisław Mikołajczyk, war ein durchaus durchsetzungsfähiger Politiker, im Bedarfsfall ein zäher und geschickter Unterhändler. Seine Autorität im In- wie im Ausland musste jedoch erst aufgebaut werden; die Umstände dafür waren denkbar ungünstig.

Polen war aus alliierter Sicht letztlich doch nur ein regionales Problem, und regionale Probleme, so die schweigende Übereinkunft der Großen Drei, durfte die jeweils nachbarschaftliche Großmacht vielleicht nicht in Eigenregie, aber unter deutlichem Vorrang ihrer Interessen lösen. Dieser Grundsatz sollte in der berühmten Moskauer Prozentregelung vom Oktober 1944 (als die sowjetischen und britischen Interessen im Südosten Europas austariert wurden; Polen war nicht betroffen) seinen vollen Ausdruck finden, galt aber im Kern bereits 1943 – wenn nicht schon früher.

Die informelle Aufteilung in Interessensphären setzte bereits 1941 ein, als die Briten ihre Hilfsprogramme für die kontinentalen Widerstandsbewegungen mit den Sowjets abzustimmen begannen. Der polnische Untergrund wurde unmittelbar nach dem 22. Juni von den britischen Listen der potentiellen Waffenempfänger gestrichen. Im Vertrag zwischen der Special Operations Executive und dem NKWD vom 30. September 1941 wurde beschlossen, dass das «Problem der eventuellen Zusammenarbeit der sowjetischen Behörden mit den Diversionsorganisationen in Polen und der Tschechoslowakei Gegenstand der Diskussion zwischen der UdSSR und entsprechenden Regierungen dieser Länder sein wird». Die Zentrale der SOE in London war in den folgenden Jahren wenig glücklich über die mehrdeutige Formulierung, die von Moskau als ein exklusives Recht auf die Förderung – oder, ebenso gut, Ignorierung – des ostmitteleuropäischen Widerstands ausgelegt wurde. Die SOE setzte sich jedoch gegenüber dem Foreign Office nicht durch, und das britische Engagement für den regierungstreuen Widerstand in Polen blieb auch 1943 von den britisch-sowjetischen Beziehungen bzw. von den tatsächlichen oder befürchteten Reaktionen der Sowjets auf britische Aktionen abhängig.[22]

Die sowjetische Haltung bezüglich der *Armia Krajowa* machte Molotov während der Moskauer Außenministerkonferenz im Oktober 1943 deutlich. Bei der Vorbereitung des Treffens war es zu einer harten polnisch-britischen Auseinandersetzung um das Hilfsprogramm für die AK gekommen. Nun äußerte Eden gegenüber Molotov die Befürchtung, man wisse auf britischer Seite nicht, ob man der *Armia Krajowa* mit größeren Waffenlieferungen helfen solle. Derart eingeladen, antwortete der sowjetische Außenminister, zunächst einmal müsse sichergestellt werden, «dass die Waffen in die richtigen Hände geraten»; die polnische Regierung gebe keine «Garantie freundschaftlicher Gefühle gegenüber der Sowjetunion». Die SOE gab zur selben Zeit den Polen gegenüber offen zu, dass die Rücksicht auf Moskau jegliche größere Unterstützung für die AK verbiete.[23] Die Folgen dieses britischen Taktierens in der Frage der Waffenlieferungen waren katastrophal: Die mangelnde Bewaffnung sollte der AK im Entscheidungsjahr 1944 schwer zusetzen. Für die *Armia Krajowa* warf die alliierte Luftwaffe 1941 bis 1944 etwa 600 Tonnen Material ab. Dies war ein Bruchteil dessen, was andere Widerstandsbewegungen bekamen – die griechische das Zehnfache, die französische 10 500 Tonnen. An einem einzigen Tag, dem 14. Juli 1944 warfen alliierte Flugzeuge über Südfrankreich etwa 300 Tonnen Kriegsgut für den Widerstand ab, das heißt die Hälfte dessen, was die AK in vier Jahren erhielt.

Die Moskauer Außenministerkonferenz und das Scheitern der Aufrüstungspläne der AK, das die Briten offiziell mit technischen Problemen begründeten, war nur das Vorspiel für die tatsächliche Vorentscheidung der «polnischen Frage» in Teheran einen Monat später. Vor dem Gipfeltreffen warnte Mikołajczyk Churchill und Roosevelt, dass es hinsichtlich der Ostgrenze keinen Spielraum gebe. Die Antwort Edens auf das Memorandum war die ebenso kategorische Feststellung, dass die britische Regierung damit jeder Chance auf eine erfolgreiche Vermittlung beraubt worden sei. Die Briten glaubten bereits seit 1939 nicht daran, dass eine Wiederherstellung der polnisch-sowjetischen Grenze vom August 1939 im Bereich des Möglichen, geschweige denn in ihrem Interesse liege. Churchill selbst verweigerte sogar ein direktes Gespräch mit dem polnischen Ministerpräsidenten. Trotz dieser Spannungen im Vorfeld kämpften die Briten in Teheran um eine einigermaßen honorige Lösung der Grenzfrage – zugunsten Moskaus, aber mit schriftlichen Garantien für Polen bezüglich einer Entschädigung im Norden und Westen auf Kosten Deutschlands. Churchill demonstrierte mit Streichhölzern, wie er sich die Westausdehnung Russlands, die Westverschiebung Polens und Deutschlands vorstellte. Während jedoch die Briten für diese Lösung wirklich kämpften, gab Roosevelt im Gespräch mit Stalin deutlich zu verstehen, dass es ihm lediglich um die Stimmen der US-amerikanischen Polen im kommenden Wahlkampf gehe. Niemand hatte den Präsidenten gezwungen, seine Verhandlungsposition grund- und ersatzlos zu schwächen.

Die Teheraner Entscheidung für die Westverschiebung Polens fiel damit klar im Sinne Moskaus aus: Stalin verzichtete bloß auf etwa ein Zehntel seiner Beute im nordwestlichen Abschnitt der Grenze, behielt aber mit Lemberg und Wilna den Großteil dessen, was die Sowjetunion 1939 annektiert hatte, insgesamt 180 000 km² von 201 000.[24]

Beinahe ebenso schwer wog die Tatsache, dass die Entscheidung der Großen Drei vor der Exilregierung verheimlicht wurde. Bis Herbst 1944 sollten die Polen glauben, dass in Teheran nur ein allgemeiner Meinungsaustausch ohne Beschlussfassung stattgefunden habe. Freilich ließ Churchill keine Möglichkeit aus, die Exilregierung von der Notwendigkeit der Annahme der Curzon-Linie gegen großzügige Kompensationen im Westen zu überzeugen. Nachdem die Verhandlungen hinter verschlossenen Türen gescheitert waren, sprach der britische Ministerpräsident am 22. Februar 1944 im Unterhaus öffentlich die Westverschiebung Polens als eine optimale Lösung der «polnischen Frage» an.[25]

Die Exilregierung hatte seit dem Abbruch der Beziehungen mit Moskau nur noch geringen Spielraum. Die meisten polnischen Streitkräfte waren zu Beginn des Jahres 1944 im Mittleren und Nahen Osten stationiert, ein kleinerer Teil bereitete sich in Schottland auf die Invasion vor. Nachdem die Alliierten im Sommer 1943 in Italien gelandet waren und damit die Pläne für eine Eröffnung der Zweiten Front auf dem Balkan aufgegeben hatten, wurde klar, dass die Nahostarmee unter Anders nicht an der Befreiung Polens teilnehmen würde. Sie zeichnete sich als Zweites Korps während des Italienfeldzugs aus, die Teilnahme an der Schlacht um Monte Cassino im Mai 1944 wurde zum Symbol der ungebrochenen Kontinuität des polnischen Kampfes gegen das Dritte Reich. Zur Aufwertung der polnischen Position in der Auseinandersetzung mit der Sowjetunion trug die Anders-Armee nicht bei.

In dieser Lage konzentrierten sich die Hoffnungen auf den Widerstand im Lande. 1941–1943 hatte die militärische Führung des Untergrunds mehrere Pläne ausgearbeitet, die einen Aufstand gegen ein zusammenbrechendes Deutschland als strategisches Fernziel des Widerstands thematisierten. Seit Frühjahr 1943 wurde nach und nach klar, dass ein solcher Aufstand nicht nur als Symbol der Résistance und Vollendung der jahrelangen Vorbereitungen erfolgreich sein musste, sondern auch in einer politisch undurchsichtigen Lage ausbrechen würde – synchronisiert mit dem Vormarsch der Roten Armee auf ostpolnischem Gebiet, aber ohne vorherige Absprachen mit Moskau, dessen Reaktion auf das Erscheinen polnischer Partisanen nicht absehbar war. Der Grundgedanke, auf den sich Exilregierung und Führung des Widerstands im Oktober 1943 einigten, war die Durchführung von mehreren lokalen, im Augenblick des Rückzugs der Deutschen ausgelösten Aufständen. Nach dem gemeinsamen Kampf mit der Roten Armee sollten sich die militärischen und zivilen Führer des «Untergrundstaates» den Sowjets als Vertreter der polnischen Staatlichkeit offenbaren und versuchen, eine eigene Verwaltung im bereits befreiten Gebiet aufzubauen (Aktion *Burza* – «Gewitter»).[26]

Am 4. Januar 1944 überschritt die Rote Armee die alte polnisch-sowjetische Grenze in Wolhynien. Damit verlagerten sich die Kriegshandlungen in Gebiete, in denen die *Armia Krajowa* über beträchtliche Partisaneneinheiten verfügte. Die Sowjets bezichtigten den polnischen Widerstand immer offener der Kollaboration mit den Deutschen; offensichtlich waren sie bereit, auf die militärische Zusammenarbeit mit dem regierungstreuen Untergrund zu verzichten. Die offiziellen Verlautbarungen Moskaus bezogen sich nun nicht mehr ausschließlich auf die Curzon-Linie als künftige Staatsgrenze. Immer deutlicher wurde auch eine Umbildung der Exilregierung (d. h. die Entfernung ihrer «antisowjetischen» Mitglieder) als Voraussetzung für die Aufnahme etwaiger Verhandlungen genannt. Die Briten versuchten nochmals zu vermitteln. Den Polen rieten sie zur Vernunft, Anerkennung der sowjetischen Ansprüche und Entfernung der exponiertesten Gegner eines solchen «Kompromisses». Stalin gegenüber deutete Churchill an, dass die sowjetischen Forderungen zu weit gingen. Die britisch-polnischen und britisch-sowjetischen Verhandlungen verliefen jedoch im Sand.

Im April 1944 kam es zu einer ersten Begegnung zwischen Roter Armee und polnischem Widerstand in Wolhynien, wo die 27. Division der AK wenige Wochen lang an der Seite der Sowjets kämpfte. Die deutsche Gegenoffensive war erfolgreich, noch bevor eine Klärung der politischen Verhältnisse zwischen den seltsamen Verbündeten zustande gekommen war. Außerhalb der Region wusste man nichts von den Kämpfen, daher beschloss die Führung der AK, die künftigen militärischen Aktionen auf die Städte zu konzentrieren, in denen eine Demonstration des Wiederauflebens polnischer Staatlichkeit auf mehr Resonanz hoffen konnte.

Am 22. Juni begann die «Bagration»-Offensive der Roten Armee in Belarus, die innerhalb weniger Wochen die Heeresgruppe «Mitte» zerschlug und deren Reste um Hunderte von Kilometern Richtung Westen verdrängte. Am 6. bis 13. Juli 1944 beteiligten sich größere Einheiten der AK an der Befreiung von Wilna, ab 22. Juli an den Kämpfen um Lemberg und in mehreren Städten im Gebiet von Lublin (d. h. bereits westlich der Curzon-Linie). In den meisten Fällen kooperierten die polnischen Einheiten erfolgreich mit den Fronttruppen der Roten Armee. Nach Ende der Kämpfe wurden sie aber vom NKWD vor die Alternative gestellt, sich den polnisch-kommunistischen Truppen, d. h. der aus der Ersten Division hervorgegangenen sogenannten Berling-Armee an der Seite der Sowjets anzuschließen oder sich entwaffnen zu lassen. Oftmals wurden Offiziere der AK erschossen, die meisten anderen festgenommen und nach Osten deportiert. Ein Teil der Soldaten ging zur Berling-Armee, ein Teil kehrte in den – nun antikommunistischen – Untergrund zurück, andere wurden mit ihren Vorgesetzten deportiert; ein weiterer Teil gab den Kampf auf und kehrte heim.

Am 20. Juli hatte die Rote Armee den Bug überschritten und war damit in Gebiete einmarschiert, die auch von Moskau als Teil des künftigen polnischen Staates betrachtet wurden. Am 22. Juli gab Radio Moskau die Gründung des «Polnischen Komitees der Nationalen Befreiung» (*Polski Komitet Wyzwolenia Narodowego*, PKWN) bekannt, das sein programmatisches Manifest auf denselben Tag datieren ließ. Das in Moskau entstandene PKWN definierte sich überraschenderweise als von Warschau aus «berufen», und zwar durch den in der Nacht vom 31. Dezember 1943 auf den 1. Januar 1944 im Untergrund entstandenen «Landesnationalrat» (*Krajowa Rada Narodowa*, KRN), der unter kommunistischer Führung einige Personen und Gruppierungen vereinigte, die zumindest nicht offenkundig Mitglieder der Polnischen Arbeiterpartei waren. Das PKWN handelte entsprechend und vermied sorgsam das Adjektiv «kommunistisch». An seiner Spitze stand der in der Öffentlichkeit unbekannte Sozialist Edward Osóbka-Morawski. Seine Regierung – denn einen solchen Anspruch erhob das PKWN in Konkurrenz zum Exilkabinett – bestand ebenfalls aus unbekannten, bisher vor allem im Umkreis des Moskauer Verbands der Polnischen Patrioten tätigen Funktionären.

Das Manifest verzichtete weitgehend auf sozialrevolutionäre Töne und betonte stattdessen die nationale Solidarität der Polen im Kampf gegen die Deutschen, versprach andererseits weitgehende soziale Reformen und die Fortsetzung der Partnerschaft mit den Mächten der Anti-Hitler-Koalition. Die Kernaussage war jedoch unmissverständlich: Der Londoner Exilregierung und ihren Organen im Land wurde vorgeworfen, sie seien «usurpatorische Mächte, illegale Mächte», denn nur der kommunistische «Landesnationalrat» sei die einzige «legale Quelle der Macht in Polen», das von ihm «berufene» Komitee – die einzige «legale Exekutivgewalt».[27] In Wirklichkeit stellten die Kommunisten samt ihren Verbündeten – Splittergruppen von radikalen Bauernfunktionären und Sozialisten – im Gebiet zwischen Bug und Weichsel eine kleine Minderheit dar, die sie ohne die Rote Armee auch geblieben wären. In vielen Kreisen – so etwa in den 1939 bis 1941 von den Sowjets besetzten Gebieten – waren sie so gut wie nicht vorhanden. Der NKWD und der militärische Geheimdienst Smerš leisteten in den kommenden Wochen und Monaten ganze Arbeit, um den Aufbau der kommunistischen Verwaltungsstrukturen und die Aushebung der Rekruten für die Berling-Armee zu ermöglichen.[28]

In Warschau hatten die Vorbereitungen des Aufstands schon am 21. Juli begonnen, unter dem unmittelbaren Eindruck des Attentats auf Hitler, das von der Führung der AK als Zeichen des nahenden Zusammenbruchs des Dritten Reiches verstanden wurde. Die Warschauer Untergrundtruppen waren im Land legendär, sie hatten – verstärkt seit Herbst 1942 – zahlreiche Attentate und Anschläge durchgeführt, darunter die Erschießung des SS- und Polizeiführers Warschau, Franz Kutschera, auf offener Straße am 1. Februar 1944. Nun sollten sie aber eine Aufgabe übernehmen, auf die sie niemand vorbereitet hatte: den frontalen Angriff auf die deutsche Truppe in Warschau. Es handelte sich um 13 000 bis 20 000 Mann mit normaler, teils polizeilicher, teils militärischer Ausrüstung und Ausbildung. Die wichtigen Stellungen – Ämter, Kasernen, Flughäfen, Brücken – waren seit Jahren auf die Eventualität eines Aufstands vorbereitet worden, die deutschen Soldaten und Polizisten wurden geschützt durch Befestigungen, Mauern, Panzerplatten, Drahtzäune und Sandsäcke. Die Aufständischen mussten angreifen, ohne die geringste Unterstützung durch Artillerie, Panzer oder Luftwaffe.

Nachdem in den letzten Julitagen die Panzerspitzen der Roten Armee die östlichen Vororte der Hauptstadt erreicht hatten, entschloss sich die Führung des Widerstands am 31. Juli zum Angriff. Er sollte die Stadt unmittelbar vor dem Einmarsch der Sowjets von den Deutschen befreien, damit die polnische Zivilverwaltung den Sowjets als «Hausherr» entgegentreten und sie zur Aufnahme von Verhandlungen zwingen konnte. Der Erfolg in Warschau sollte nicht zuletzt dem Ministerpräsidenten Mikołajczyk bei seinen Verhandlungen in Moskau helfen. Im Londoner Exil gab es noch immer Hoffnung auf eine Wiederaufnahme der diplomatischen Beziehungen und die Rückkehr der Regierung in das von den Deutschen befreite Land.

Das Kalkül ging nicht auf: Als die AK am 1. August angriff, waren die sowjetischen Truppen bereits in eine Abwehrschlacht östlich der Hauptstadt verwickelt.[29] Auch gelang es den Aufständischen nicht, die Besatzer zu überraschen. Große Teile der Stadt konnten zwar befreit werden, die Deutschen – denen ein Aufstand direkt hinter der Ostfront und der Ausfall des Verkehrsknotenpunktes Warschau größere Probleme bereiteten – gingen aber bereits am 4. August zum Gegenangriff über.

Statt der vorgesehenen wenigen Tage sollte der Aufstand neun Wochen dauern.[30] Er wurde zum nationalen Trauma, obwohl er so hoffnungsvoll begann. Hunderttausende von Warschauern erlebten am 1. und 2. August die lang ersehnte Wiederholung des Befreiungserlebnisses vom November

1918. «Es nimmt einem den Atem, dass man endlich frei ist», notierte einer der Zeitzeugen in seinem Tagebuch. Władysław Bartoszewski, damals 22-jähriger Offizier im Informationsbüro der AK, berichtete über die Stimmung in dem befreiten Teil des Stadtzentrums: «Die Haltung der Bevölkerung gegenüber den Kämpfenden ist so herzlich und hilfsbereit, dass sich die Grenze zwischen Kämpfenden und Mitwirkenden verwischt.»[31] Frauen brachten Essen für die Soldaten, Männer bauten Barrikaden und Stützpunkte, auf vielen Gebäuden wurde die weiß-rote Nationalfahne gehisst. Auf den Straßen konnte man hören, die ganze Stadt sei bereits befreit, die Rote Armee einmarschiert, die Deutschen befänden sich auf dem Rückzug. Im Verlauf der nächsten Tage stellten sich die Gerüchte als falsch heraus: Die Stadt befand sich faktisch im Belagerungszustand, die Deutschen gingen zur Gegenoffensive über. Die folgende Niederlage war weit mehr als eine verlorene Schlacht. 150 000 bis 180 000 Menschen (90 Prozent von ihnen Zivilisten) starben, die Hauptstadt wurde zerstört.

Sowohl die extrem hohe Zahl der zivilen Opfer als auch die Vernichtung der zentralen Stadtteile hatten wenig mit dem Aufstand, hingegen viel mit Besatzungspolitik zu tun.

Der Kampf um Warschau war auch auf Seiten der Nationalsozialisten von Anfang an mehr als ein Kriegseinsatz. Die Besatzer hassten Warschau. Die Raumplaner im Generalgouvernement gingen schon 1940 von der «Notwendigkeit» der «Verkleinerung» der Stadt aus, die als Teil des künftigen deutschen Siedlungsgebiets auf 100 000 Einwohner reduziert werden sollte. Im Verlauf der Besatzungszeit gesellte sich zu diesem strategisch-raumplanerischen Ansatz, der eng verbunden war mit der Wahnvorstellung der Entfernung der Polen aus ihrem alten Staatsterritorium,[32] die Überzeugung von der besonderen Bedeutung Warschaus als Zentrum der Widerstandsbewegung: «Wir haben in diesem Land einen Punkt, von dem alles Unheil ausgeht: es ist Warschau», erboste sich im Dezember 1943 der Generalgouverneur Frank. «Wenn wir Warschau nicht im Generalgouvernement hätten, dann hätten wir vier Fünftel der Schwierigkeiten nicht, mit denen wir zu kämpfen haben. Warschau ist und bleibt der Unruheherd, der Punkt, von dem alle Unruhe in dieses Land hineingetragen wird.»[33] Ähnlich dachte der Reichsführer SS. «Wie ich die Nachricht von dem Aufstand in Warschau hörte, ging ich sofort zum Führer», erzählte Himmler im September 1944 einem interessierten Zuhörerkreis von Wehrkreisbefehlshabern und Schulkommandeuren [...] Ich sagte: ‹Mein Führer, der Zeitpunkt ist unsympathisch. Geschichtlich gesehen ist es ein Segen, dass die Polen das machen. Über die fünf, sechs Wochen kommen wir hinweg. Dann aber ist Warschau, die Hauptstadt, der Kopf, die Intelligenz dieses 16–17 Millionenvolkes der Polen ausgelöscht, dieses Volkes, das uns seit 700 Jahren den Osten blockiert und uns seit der ersten Schlacht bei Tannenberg immer wieder im Wege liegt. Dann wird das polnische Problem geschichtlich für unsere Kinder und für alle, die nach uns kommen, ja schon für uns kein großes Problem mehr sein›.»

Die entsprechenden deutschen Befehle der ersten Augusttage sind nicht direkt, sondern über Nachkriegsgeständnisse überliefert:

«1. Alle Aufständischen sollten nach der Gefangennahme erschossen werden, ohne Unterschied, ob ihre Kampfhandlungen dem Haager Abkommen entsprechen oder nicht.

2. Der nicht kämpfende Teil der Bevölkerung wäre ohne Unterschied niederzumachen.

3. Die ganze Stadt sei dem Erdboden gleich zu machen, d. h. alle Häuser, Straßen und alles, was sich in der Stadt befindet, soll zerstört werden.»[34]

Befehlsgemäß kämpften die Deutschen den Aufstand mit einer Brutalität nieder, wie sie sowohl in der Geschichte der Ostfront wie auch in der Besatzungszeit ihresgleichen sucht: Vor allem die Massenerschießungen von Zivilisten ungeachtet von Geschlecht und Alter in den ersten Tagen (die Opfer werden auf bis zu 40 000 geschätzt) sowie die spätere systematische Vernichtung der materiellen und kulturellen Substanz der Stadt prägten sich symbolhaft für die Leiden Polens im Zweiten Weltkrieg ein.

Der Massenmord hatte indessen nicht nur einen klar benannten Täter, sondern auch einen passiven Mittäter in Gestalt der Sowjetunion, deren Truppen östlich der Stadt nichts taten, um Warschau zur Hilfe zu kommen. Der Entsatzversuch, der Mitte September von den Truppen Berlings unternommen wurde, scheiterte an der Unerfahrenheit der zum ersten Mal kämpfenden Einheiten und an der mangelnden Unterstützung durch die Rote Armee, die zudem im August und September mehrere kleinere Operationen östlich der Weichsel durchführte, ohne den Aufstand zu beachten. Moskau weigerte sich sogar, die Alliierten eingreifen zu lassen: Bis 10. September gestattete es den Amerikanern nicht, auf sowjetischen Flugplätzen zu landen. Während die sowjetischen Flugzeuge auf den ostpolnischen Flugplätzen in unmittelbarer Nähe der kämpfenden Stadt herumstanden, flogen daher die britische Royal Air Force und polnische Bomber Warschau vom italienischen Brindisi aus an; die Flüge über halb Europa waren militärisch ebenso wenig ergiebig wie verlustreich. Den Amerikanern gestatteten die Sowjets schließlich einen einzigen Hilfsflug für die polnische Hauptstadt.

Warschau kämpfte also gegen den deutschen Besatzer allein, im Stich gelassen von Moskau, das eine Ausblutung der polnischen Widerstandsbewegung offenbar als günstigste Erledigung der «polnischen Frage», nämlich durch die Deutschen, auch um den Preis ernster Irritationen der Westmächte betrachtete. Die Amerikaner begriffen erst im Augenblick, als ihnen die Kremlführung die Warschauflüge verbot, dass die «polnische Frage» mehr als das Verschieben von Streichhölzern auf dem Verhandlungstisch bedeutete: «Ich selbst hatte an diesem schicksalsschweren Treffen mit Stalin und Molotov nicht teilgenommen», erinnerte sich Jahre später der damalige Moskauer US-Botschaftsrat George F. Kennan, «aber ich weiß noch, wie der Botschafter und General Deane aussahen, als sie in den frühen Morgenstunden zurückkehrten. Keiner von uns gab sich irgendwelchen Illusionen hin, was das Benehmen der sowjetischen Führer zu bedeuten hatte. Es war ein Fehdehandschuh, der den Westmächten da mit heimtückischem Vergnüngen vor die Füße geschleudert wurde. Gemeint war: ‹Wir wollen Polen, und wir wollen es mit Haut und Haar. Die polnischen Untergrundleute, die sich der kommunistischen Autorität nicht gebeugt haben, scheren uns einen Dreck. Für uns sind sie nicht mehr wert als die Deutschen, und wenn sie und die Deutschen sich gegenseitig abschlachten, um so besser. Was ihr Amerikaner darüber denkt, ist uns völlig egal. Von jetzt an habt ihr in Polen nichts mehr mitzureden, und es ist Zeit, daß ihr das kapiert›.»[35]

Die Niederlage des Aufstands und die Kapitulation Warschaus am 2. Oktober 1944 wurden oft zu Recht als das wahre Ende der Zweiten Republik beschrieben. Die *Armia Krajowa* gab es zwar noch – östlich der Weichsel wurde sie aber gnadenlos verfolgt von den Sowjets, westlich des Flusses hatte sie wegen der Konzentration deutscher Truppen entlang der Frontlinie ebenfalls keine Aussichten auf einen militärischen Erfolg; und Warschau, jahrelang das Zentrum des Widerstands, war ausradiert. Unter diesen Umständen musste im Herbst 1944 ein Urteil über die Chancen des Widerstands, einen unabhängigen polnischen Staat im gleichzeitigen Kampf gegen den deutschen Besatzer und die übermächtige Sowjetunion wiederzuerlangen, vernichtend ausfallen. Auf diplomatischer Ebene versuchte es Mikołajczyk noch einmal im Oktober mit einem Besuch in Moskau: Da die Exilregierung sich jedoch nicht zur Erfüllung der sowjetischen Vorbedingung durchringen konnte – der Anerkennung der sowjetischen Gewinne von 1939 – und auch nicht bereit war, in einem Nachkriegskabinett dem kommunistischen PKWN eine Mehrheit zuzugestehen, brachte auch dieser Versuch trotz neuerlicher Bemühungen Churchills nichts. Am 24. November 1944 trat das Kabinett Mikołajczyk zurück. Sein Nachfolger, der Sozialist Tomasz Arciszewski, spielte in der internationalen Politik keine Rolle mehr.

VIERTER TEIL

1945–2004

10. Die Übergangsperiode (1945–1948)

Das lange Kriegsende, Januar bis Juli 1945

Die letzten Kriegshandlungen auf polnischem Boden wurden durch die sowjetische Offensive am 12. Januar 1945 eingeläutet. Das Übergewicht der Roten Armee entlang der Weichselfront war erdrückend, die Wehrmacht vermochte in keinem Abschnitt ihre Stellungen zu halten. Bereits am 17. Januar marschierten sowjetische und polnische Truppen in die Ruinen Warschaus ein, zwei Tage später standen die Sowjets in Krakau und Lodz, am 27. befreiten sie die letzten ca. 7000 Häftlinge in Auschwitz. Ende Januar hatten sie große Teile Ostpreußens und Oberschlesiens eingenommen; das Kohlerevier fiel ihnen wie Krakau in unversehrtem Zustand in die Hände. Anfang Februar erreichten sie bereits die Oder in Brandenburg, am 23. kapitulierte die eingeschlossene deutsche Garnison in Posen. Fünf Wochen später befreite die Rote Armee mit symbolischer Hilfe der polnischen Truppen Gdingen (28. März) und eroberte das brennende Danzig (30. März). Viele Städte von Ostpreußen bis Niederschlesien erlitten während der Kämpfe und unmittelbar nach der Besetzung durch die Sowjets größte Schäden; die «Festung» Breslau (Kapitulation am 6. Mai) gehörte zu den am härtesten betroffenen, ebenso mehrere Hafenstädte. Etwa fünf Millionen deutsche Zivilisten flohen Richtung Westen, Hunderttausende kamen dabei um.

Der offensichtlich nahende Sieg der Sowjetunion und die rasche Besetzung des alten polnischen Staatsgebiets warfen die Frage nach dem künftigen Schicksal des Untergrundstaates auf, der sich nun in einem Land wiederfand, das nicht unter deutscher Besatzung, sondern unter sowjetischer Militärverwaltung stand. Dem NKWD und Smerš eilte der Ruf voraus, wesentlich effektiver als die Gestapo zu sein; die Sowjets stützten sich dabei nicht zuletzt auf Anhänger im Lande, die es unter der alten Besatzungsmacht so gut wie nicht gegeben hatte. Der neue Befehlshaber der *Armia Krajowa*, General Leopold Okulicki, löste am 19. Januar die Organisation auf und entband die Soldaten von ihrem Eid. Die sowjetische Besetzung des Landes bedeute den Wechsel von einer Okkupation zur anderen, schrieb der General, «Polen nach sowjetischem Rezept» sei «nicht jenes Polen, um das wir nun das sechste Jahr gegen die Deutschen kämpfen». Dennoch sei eine Fortsetzung des Kampfes nicht vorgesehen. Die Soldaten der AK sollten im zivilen Alltag, wo nun «jeder für sich der Befehlshaber sein» werde, die «Unabhängigkeit des polnischen Staates» zu verwirklichen trachten.[1] Zehntausende folgten dem letzten Befehl, unter widrigen Umständen den Wiederaufbau in Angriff zu nehmen. Ein schwer zu schätzender Teil der Soldaten, gewiss Zehntausende, zog es jedoch vor, im Untergrund zu bleiben und Widerstand zu leisten; viele glaubten noch immer nicht, dass die siegreichen Westmächte Polen abgeschrieben hatten.

Die Hoffnungen trogen. Bei dem Treffen der «Großen Drei» in Jalta (4.–11. Februar 1945) versuchte Churchill zwar wenigstens, einem Nachkriegspolen die Chancen auf Demokratie zu sichern.[2] Stalin aber war nun, nachdem die Rote Armee große Teile des künftigen polnischen Staatsgebiets besetzt hatte, siegessicherer denn je. Nach harten britisch-sowjetischen Verhandlungen einigten sich die Alliierten auf die Bestätigung der bereits in Teheran anvisierten Westverschiebung Polens, auf die Abhaltung freier Wahlen nach Kriegsende und auf die Umbildung der Provisorischen Regierung in eine «Provisorische Regierung der Nationalen Einheit», in die nun auch «demokratische Politiker» aus dem westlichen Exil und aus dem Untergrund aufgenommen werden sollten.

Die Kommunisten feierten Jalta als Sieg, der er für sie auch war. Die Exilregierung in London protestierte gegen die neue «Teilung», in deren Folge Polen, ein Gründungsmitglied der siegreichen Anti-Hitler-Koalition, fast die Hälfte seines Vorkriegsterritoriums verlieren und «eine Lage entstehen werde, in der der verbliebene Rest von Polen gezwungen ist, ein russischer Vasallenstaat zu werden», wobei die Kompensationen im Westen und Norden zunächst einmal «nebulös» erschienen.[3] Jalta wurde in dieser Sicht zum definitiven Beweis nicht nur für das russisch-sowjetische imperiale Programm, sondern auch für den Verrat des Westens am polnischen Verbündeten.

In dem befreiten Teil des Landes legten die Sowjets das Fundament für ihre Auslegung von Jalta. Nachdem die Führung des Untergrundes sich trotz aller Bedenken entschlossen hatte, die Grundsätze der Krimkonferenz anzuerkennen, signalisierten Okulicki und der Regierungsvertreter Jan S. Jankowski den sowjetischen Behörden Anfang März ihren Willen, gemäß den Bestimmungen von Jalta Verhandlungen über den Eintritt in eine «Provisorische Regierung der Nationalen Einheit» aufzunehmen. Der NKWD schien auf die Gesprächsbereitschaft der Führer des Widerstands anfangs einzugehen. Am 27./28. März jedoch verhaftete die sowjetische Geheimpolizei die verhandlungsbereiten Polen und flog sie bald in ein Moskauer Gefängnis aus.[4] Trotzdem blieb die Lage aus der Sicht der neuen Machthaber prekär. Im Frühjahr machten sich in Armee, Polizei und Sicherheitskorps (*Korpus Bezpieczeństwa Wewnętrznego*, KBW) Auflösungserscheinungen bemerkbar. Ähnlich wie im Herbst des Vorjahres liefen ganze Einheiten auf die Seite des Untergrunds über, in die Hände des Widerstands fielen komplette Häftlingstransporte und Gefängnisse. Im April wurden die Radioempfänger der polnischen Armee eingezogen, damit die Soldaten und Offiziere keine westlichen Nachrichten hören konnten. Immer wieder mussten die Sicherungseinheiten des NKWD eingreifen;[5] mitnichten war im Augenblick, als der Krieg zu Ende ging, der kommunistische Machtanspruch durchgesetzt.

Diese Hoffnung bewegte auch Mikołajczyk. Er akzeptierte die Bestimmungen von Jalta Ende April und verhandelte vom 17. bis 21. Juni in Moskau mit den führenden Vertretern der polnischen Kommunisten Bolesław Bierut und Władysław Gomułka über die Bildung einer neuen Regierung. Die Polnische Arbeiterpartei zählte zu diesem Zeitpunkt etwa 190 000 Mitglieder; ihre beiden wichtigsten Satellitenparteien, die Sozialistische und die Bauernpartei, die die Namen der alten Parteien der Zweiten Republik für sich beanspruchten, hatten 124 000 und 150 000.

In den altpolnischen Gebieten hatte der Wiederaufbau begonnen. Die vor sechs Jahren geschlossenen Schulen, Ämter, Theater und Universitäten nahmen den Betrieb auf – in der Regel mit dem Personal aus der Vorkriegszeit, soweit es überlebt hatte und nicht im Exil war. Zugleich wurden Leichenberge in Konzentrationslagern und Gefängnissen exhumiert, das Grauen der Besatzungszeit in unzähligen Erinnerungen weitergegeben und reflektiert.[6] Es war die Rote Armee gewesen, die das Land von den Deutschen befreit hatte, und nicht westliche Streitkräfte. Daher fühlten sich die Kommunisten trotz ihrer Schwäche und des weiterhin starken Untergrunds auf dem Siegesweg und spielten diese Sicherheit in den Verhandlungen mit Mikołajczyk voll aus.

Einen nicht nur symbolischen Hintergrund der Moskauer Gespräche bildete der Schauprozess gegen die Ende März verhafteten 16 Führer des polnischen antideutschen Widerstands, der genau auf die Tage der Verhandlungen angesetzt worden war (18.–21. Juni). Das sowjetische Gericht beriet über tatsächliche und vermeintliche Aktivitäten des Untergrunds gegen die Rote Armee und verurteilte die große Mehrheit der Angeklagten zu Gefängnisstrafen.[7] Mikołajczyk nahm die Demütigung hin; seine Hoffnungen konzentrierten sich ohnehin auf die in Jalta in Aussicht gestellten freien Wahlen. Gomułka warnte indessen während der Verhandlungen in einem

Wutausbruch, die Kommunisten würden die einmal gewonnene Macht «nie zurückgeben»: Deutlicher konnte er nicht werden.[8] Dennoch blieb Mikołajczyk, der öffentlich mit der Protesthaltung des Londoner Exils gebrochen hatte, nichts anderes übrig, als die ultimativen Bedingungen der PPR zu akzeptieren. Er nahm den Posten des stellvertretenden Ministerpräsidenten in der «Provisorischen Regierung der Nationalen Einheit» an, in die letztlich nur vier Politiker aufgenommen wurden, die im Unterschied zu den übrigen 14 Kabinettsmitgliedern nicht zu den Kommunisten gezählt werden konnten. Die Bauernpartei sollte darüber hinaus ein Drittel der Mandate im Landesnationalrat und ein Drittel der wichtigeren staatlichen Ämter bekommen.

Die Bildung der «Provisorischen Regierung der Nationalen Einheit» (*Rząd Tymczasowy Jedności Narodowej*, RTJN) und die triumphale Rückkehr Mikołajczyks nach Warschau am 28. Juni 1945 markierten das Ende der «polnischen Frage» als eines wichtigen Gegenstands interalliierter Auseinandersetzungen. Da das Moskauer Verhandlungsergebnis dem Buchstaben von Jalta entsprach, erkannten Großbritannien und die USA die neu entstandene Warschauer Regierung am 5. Juli an. Bald darauf endeten ebenso die jahrelangen Kontroversen um die Westgrenze mit einem klaren Sieg Stalins. In Potsdam (Konferenz der «Großen Drei» vom 17. Juli bis 2. August 1945) setzte er die radikalste der angedachten Linien durch, die im Westen entlang der Oder bzw. der Lausitzer Neiße verlief und Stettin wie Breslau Polen zuschlug, ebenso Danzig und den südlichen Teil Ostpreußens. Die Alliierten stellten eine definitive Lösung der Grenzfrage unter den Vorbehalt einer späteren Friedensregelung (*peace settlement*). Zugleich stimmten sie der «ordentlichen und humanen Aussiedlung» der Deutschen aus «Polen» zu und präjudizierten damit die künftige Entscheidung auf doppelte Art: Erstens nahmen sie mit der Aussiedlung der Deutschen aus den Gebieten östlich von Oder und Neiße zur Kenntnis, dass diese Gebiete nun zu Polen gehörten. Zweitens, und dies war wohl der wichtigste Nebenaspekt der Ausweisung, hätte sie keinen Sinn gemacht, wenn die Grenzlinie später korrigiert werden sollte. Die normative Kraft des Aussiedlungsbeschlusses festigte die neue Grenzlinie, die von der Sowjetunion durchgesetzt worden war und Polen zwischen 1945 und 1989 zwangsläufig zu einem Schutzobjekt Moskaus machte: nur Moskau plädierte seit Beginn des Kalten Krieges für den definitiven Charakter der Potsdamer Beschlüsse.[9]

Die Potsdamer Entscheidung ging u. a. auf eine Anhörung der polnischen Delegation mit Bierut, Gomułka und Mikołajczyk zurück. Letzterer schwenkte in der Grenzfrage voll auf die sowjetisch-kommunistische Position ein. Er erhielt das – ebenfalls in das Schlussprotokoll aufgenommene – Versprechen der baldigen Abhaltung freier Wahlen, zu dem sich auch Gomułka und Bierut bekennen mussten.

Kriegsverluste und -folgen

Die Berechnung der Kriegsverluste Polens im Zweiten Weltkrieg wäre auch ohne Grenzverschiebungen und Regimewechsel eine extrem schwierige Aufgabe gewesen. Das Präsidium des Ministerrates wählte angesichts der politischen Lage die gleichermaßen praktische wie irreführende Lösung, die materiellen Schäden nur für jene altpolnischen Gebiete zu schätzen, die sich innerhalb der neuen Staatsgrenzen befanden, bei menschlichen Verlusten hingegen das nationale Kriterium anzuwenden (d. h. nur Polen und Juden zu berücksichtigen). Damit wurden 47 Prozent des alten Staatsterritoriums und ca. 23 Prozent der Bevölkerung (vor allem Ukrainer, Belarussen und Deutsche) von 1939 bei den Kriegsschädenberechnungen nicht berücksichtigt ebenso wie die neuen Gebiete (ein Drittel der Fläche mit Millionen von Menschen).

Im Januar 1947 veröffentlichte das Büro für Kriegsentschädigungen eine Schätzung der menschlichen und materiellen Verluste zwischen 1939 und 1945. Bei den ersten wurden nur Juden und Polen (d. h. knapp mehr als drei Viertel der Bevölkerung von 1939) gezählt, die zweite Bilanz bezog sich ausschließlich auf jene Teile des Landes, die 1945 bei Polen blieben (d. h. auf 53 Prozent des alten Staatsgebiets). Die Zahl der Todesopfer schätzte das Büro auf über sechs Millionen Menschen, die Höhe der materiellen Verluste auf 258 Milliarden Złoty (d. h. knapp 49 Milliarden US-Dollar von 1939) und die Reduzierung des «nationalen Vermögens» auf 62 Prozent des Standes von 1938. Besonders groß waren die materiellen Schäden in Warschau (mehr als ein Drittel der Gesamtsumme[10]) und im Bahnwesen (zu 84 Prozent zerstört). Nimmt man die Schätzung von sechs Millionen Todesopfern ernst,[11] so ergibt sich für die Staatsbürger von 1939 ein Prozentsatz von 85–90 Prozent ermordeter Juden und etwa zwölf Prozent Toten bei den Polen.[12]

Die nächste direkte Kriegsfolge war die Verkleinerung des Staatsterritoriums von 389 000 km² auf 312 000 km². Da Polen im Osten ca. 180 000 km² an die Sowjetunion verlor und mit 103 000 km² bislang deutschen Provinzen entschädigt wurde, kam es zu einer Westverschiebung des Landes um 200 bis 300 Kilometer. Auch dies veränderte Polen radikal. In den Grenzen von 1938 hatte es zu zwei Dritteln aus ehemals russischen, zu einem Fünftel aus ehemals österreichischen und zu einem Achtel aus ehemals preußischen Gebieten bestanden. Nun vervierfachte sich der Anteil der ehemaligen Reichsprovinzen auf fast die Hälfte, der Anteil des russischen Teilungsgebiets fiel auf weniger als ein Drittel, während der der ehemals habsburgischen Länder in etwa konstant blieb. Polen verlor mit Lemberg und Wilna zwei Zentren, ohne die man sich das Land vor 1939 kaum hätte vorstellen können. Es gewann dafür Danzig, das nach allgemeinem Empfinden zur polnischen Geschichte gehörte, sowie Breslau und Allenstein, von denen nur noch mit einiger Mühe Ähnliches behauptet werden konnte. Stettin oder Grünberg, die ebenfalls Wojewodschaftssitze wurden, waren hingegen Städte, deren Zugehörigkeit zur polnischen Staatstradition schlicht erfunden werden musste.

Die positive Folge der Westverschiebung war der relativ hohe Zivilisationsgrad der ostdeutschen Gebiete. Das ehemalige Ostpreußen und Hinterpommern waren zwar landwirtschaftlich geprägt, wiesen aber einen ähnlichen Entwicklungsstand wie die bisher führenden altpolnischen Wojewodschaften auf. Mit Niederschlesien erhielt Polen eine große und bis Januar 1945 reiche Provinz und mit Breslau eine neue, wenngleich in ähnlichem Maße wie Warschau zerstörte Großstadt. Die ehemaligen ostdeutschen Gebiete waren überdurchschnittlich stark verwüstet[13] und wurden von den Sowjets zusätzlich (besonders 1945) erbarmungslos ausgeplündert. Aber auch unter Berücksichtigung dieser Verluste geht eine vorsichtige Schätzung davon aus, dass die neuen Gebiete 1939 wirtschaftlich fast zweimal höher zu bewerten waren als das verlorene Ostpolen und trotz der Zerstörungen 1945 noch immer um ein Sechstel höher zu veranschlagen waren als der materielle Wert der Provinzen von der lettischen bis zur rumänischen Grenze.[14] Die Sowjets gingen von noch größeren Unterschieden aus und stellten diesen Mehrwert Warschau in Rechnung, indem sie in Potsdam Zwangslieferungen von jährlich acht bis 13 Millionen Tonnen Kohle festsetzten, die zu einem Bruchteil des Weltmarktpreises an die Sowjetunion geliefert werden mussten.[15]

Die neuen Gebiete sollten, mittelfristig und von Ausnahmen abgesehen, ohne die bisher dort lebenden Menschen übernommen werden. Die mit den Erfahrungen der Besatzungszeit und dem Sieg des Nationalstaatsprinzips begründete Aussiedlung der Deutschen gehört freilich in den größeren Zusammenhang der Massenmigrationen von 1944 bis 1947, die aus der millionenfachen Entwurzelung in den Kriegsjahren resultierte. Zieht man alle in Betracht, handelte es sich dabei um die größte Völkerwanderung, die das Land jemals erlebt hatte. Die neue Grenzziehung im Osten beließ die große Mehrheit der Belarussen und Ukrainer in der Sowjetunion. Seit Herbst 1944 begann entlang der neuen Ostgrenze ein Bevölkerungsaustausch, der die nationale Identität mit der staatlichen zur

Deckung bringen sollte.[16] Teils unter Zwang wurden knapp eine halbe Million Ukrainer und 36 000 Belarussen in die Sowjetunion ausgesiedelt. Aus den ehemaligen polnischen Ostgebieten, aus Lagern und Ansiedlungsorten kamen über die Ostgrenze nach offiziellen Angaben mindestens 1,5 Millionen Menschen, darunter etwa 250 000 Juden. Während die Deportierten von 1940/41 freiwillig Richtung Westen fuhren, gaben die «Evakuierten» aus den ehemaligen Ostgebieten die eigene Heimat aus Furcht vor dem neuen Besatzungsregime auf. Die große Mehrzahl der Ostpolen und Juden siedelte sich in den neuen West- und Nordgebieten an.

Hier lebten im Mai 1945 etwa vier bis fünf Millionen Deutsche, genauer: deutsche Staatsbürger. Sie wurden bereits vor Potsdam vertrieben, später zur «freiwilligen» Ausreise gedrängt, ab Februar 1946 im Rahmen von entsprechenden Abkommen mit den britischen und sowjetischen Besatzungsbehörden in deren Zonen ausgesiedelt. Im neuen polnischen Staatsgebiet, vor allem im Oppelner Schlesien und im alten Ostpreußen, blieb Ende der 1940er Jahre über eine Million ehemaliger Reichsbürger, die die polnische Staatsbürgerschaft – teils unter Zwang – erhielten.[17] In den «Wiedergewonnenen Gebieten» entstand somit eine Gesellschaft, die – mehrheitlich – aus Umsiedlern aus dem zentralen Teil des Landes bestand (1950: drei Millionen), aus Ostpolen (1,5 Millionen inklusive der Rückkehrer aus den fernen Republiken der Sowjetunion), «repolonisierten» Deutschen (eine Million, vor allem Schlesier sowie Masuren und Ermländer im ehemaligen Ostpreußen) und aus Ukrainern (140 000), die im Frühjahr 1947 aus ihrer Heimat im Südosten im Rahmen der berüchtigten Aktion «Weichsel» nach Westen und Norden zwangsumgesiedelt worden waren. Die Mehrheit der anfangs in beachtlichem Ausmaß angesiedelten Juden (geschätzt fast ein Viertelmillion im Frühjahr 1946) wollte auf dem größten jüdischen Friedhof der Geschichte nicht leben und wanderte angesichts des starken Antisemitismus bereits 1946/47 in den Westen aus.[18] Diese gigantischen Menschenströme auf der Ost-West-Achse verliefen zeitlich parallel zur Rückkehr der polnischen Häftlinge und Zwangsarbeiter aus dem Reich (etwa 1,5 Millionen) sowie der zahlenmäßig weitaus geringeren Rückkehr aus dem westlichen Exil (u. a. über 100 000 Soldaten, mehr als 70 000 Rückwanderer aus Frankreich), ferner aus Bosnien und der Bukowina. Nicht nur als Staat war Polen 1945 bis 1947 ein «Land auf Rädern», hin- und hergeschoben wurden neben den Staatsgrenzen Millionen von Menschen.[19]

Die Massenmigrationen führten zu einer in der Geschichte der Republik bislang unbekannten ethnischen Homogenisierung. Abgesehen von Schlesiern, Ermländern und Masuren, den verbliebenen Ukrainern und Belarussen (in der Wojewodschaft Białystok) sowie Juden, deren Nationalität in der summarischen Volkszählung von Februar 1946 nicht berücksichtigt wurde, die jedoch zusammen kaum mehr als 1,5 Millionen Menschen ausgemacht haben dürften, waren die 22 Millionen Bürger im neuen Staatsgebiet ethnische Polen; durchgehend katholischer Religion waren auch die Schlesier und Ermländer.[20]

Drastisch verändert hatte sich auch das Bild der Städte. Die menschlichen Verluste im urbanen Bereich waren prozentual weit höher als auf dem Land; mehr als drei Viertel der ermordeten Juden hatten in Städten gewohnt. Trotzdem stieg der Anteil der Stadtbevölkerung – dank der Westverschiebung – von 32 Prozent auf 39 Prozent. Die Städte wurden zugleich aus doppeltem Grund proletarischer: Erstens wurden die Wohnungen massenhaft von Migranten aus dem Dorf übernommen. Zweitens hatte die Gesellschaft einen großen Teil ihrer hauptsächlich urbanen professionellen Eliten verloren: 57 Prozent der Rechtsanwälte, 39 Prozent der Ärzte, 27 Prozent der römisch-katholischen Geistlichen, 29 Prozent der Hochschul- und 13 Prozent der Mittelschullehrer.[21] Darüber hinaus kehrte ein großer Teil der Künstler, Politiker, Offiziere, Beamten, Schriftsteller und Journalisten, die den Krieg überlebt hatten, 1945 nicht aus dem Exil zurück.[22]

Die politischen Parteien der Übergangsperiode

Die Parteienlandschaft im Sommer 1945 ist vor dem Hintergrund dieses mehrschichtigen wie grundsätzlichen Wandels zu sehen. Es zählten nur noch polnische Parteien. Die besitzenden Schichten waren von den Besatzern enteignet, deportiert oder getötet worden, eine große Zahl ihrer Angehörigen blieb im Exil. Damit gab es keine Handlungsmöglichkeiten mehr für eine konservative Partei, die sich der – im Wesentlichen bereits vollzogenen – Enteignung hätte widersetzen können. Ebenso wenig war nun eine politische Vertretung der *Sanacja* oder der Nationaldemokratie denkbar, die als «faschistisch» gebrandmarkt wurden. Im Grunde waren nur noch die PPR und deren Satellitenparteien (PPS, SL und SD) sowie die oppositionelle Neugründung Mikołajczyks «Polnische Bauernpartei» (*Polskie Stronnictwo Ludowe*, PSL), die anfangs von der kaum bedeutenden *Stronnictwo Pracy* (SP) unterstützt wurde. Die Parteien agierten innerhalb eines bestenfalls semi-, eigentlich pseudodemokratischen Rahmens, mit völlig ungleichen Zugangsbedingungen zu den Medien (angefangen bei der Zahl der Pressetitel über Auflagen und Papierzuteilungen, die vom Propagandaministerium bestimmt wurden, bis hin zum weitgehend gleichgeschalteten Hörfunk), eingeschränkt durch Zensur und Geheimdienst sowie eine weitgehend von der PPR dominierten Verwaltung. Die Auseinandersetzung zwischen dem alten PKWN-Block und der entstehenden legalen Opposition um Mikołajczyk wurde auch immer wieder hierüber geführt: Während die PPR behauptete, Polen sei eine «Volksdemokratie», hielten die Nichtkommunisten den Staat für eine fremdbestimmte Diktatur, die nur über freie Wahlen in eine parlamentarische Demokratie verwandelt werden könne.

Hätten sie gewusst, in welchem Maß die polnische Innenpolitik von Moskau bestimmt wurde, hätten sie diese Hoffnung bereits 1945 aufgegeben. Den polnischen Kommunisten sagte es Stalin offen ins Gesicht: Es sei die Präsenz der Roten Armee, die eine «sehr günstige Lage» schaffe, führte er im Herbst 1944 aus. «Ihr habt jetzt eine solche Kraft», sagte er den polnischen Genossen, «dass, wenn ihr sagt, zweimal zwei ist 16, eure Gegner euch dies bestätigen werden [...] Das wird aber nicht immer so bleiben», warnte er im nächsten Satz. «Dann werden sie [die Gegner] euch [die Kommunisten] abschieben, abschießen wie die Rebhühner.»[23] Im Sommer 1945 zog der Großteil der Sowjeteinheiten langsam aus Polen ab. Übrig blieben die zahlreichen Militärbasen vor allem in den ehemals deutschen Gebieten sowie Einheiten des NKWD, die bei der Bekämpfung des antikommunistischen Widerstands noch immer eine Schlüsselrolle spielten.

Die PPR wäre ohne diesen Schutz weiterhin unfähig gewesen, als Staatspartei zu agieren. Sie wurde geführt von Politikern, die nicht einmal in der Vorkriegs-KP bekannt gewesen waren. Bereits im Sommer nach Kriegsende hatten freilich die Kommunisten einige Schlüsselpositionen in den Wirtschaftsressorts fest in der Hand (u. a. das Industrieministerium unter der Leitung von Hilary Minc, der zugleich Vorsitzender des Ökonomischen Komitees des Ministerrates war). Vor allem aber besaßen sie ein Monopol im Ministerium für Öffentliche Sicherheit, dem, im Unterschied zur Vorkriegszeit, auch das Gefängnis- und Lagerwesen unterstand. Von Ausnahmen wie dem von Mikołajczyk geleiteten Landwirtschaftsministerium abgesehen, dominierten sie damit die Exekutive. Die Durchsetzungsfähigkeit des Staatsapparats in der Provinz blieb hingegen ebenso ein Problem wie die Legislative.

Im dem Quasiparlament *(Krajowa Rada Narodowa,* KRN) bildeten die Vertreter der Opposition (PSL – 57 Abgeordnete; SP – 15) eine kleine, wenngleich lautstarke Minderheit.[24] Sie konnten frei sprechen, Anträge stellen und Entwürfe unterbreiten, mitunter Regierungsmitglieder in Erklärungsnot bringen.[25] Auf den Sitzungen des Landesnationalrates, der nur etwa alle drei Monate und für wenige Tage zusammentrat, wurden damit relativ offene Kontroversen zwischen dem PKWN-Block und der legalen Opposition geführt.

Der bewaffnete Widerstand ging bereits im Sommer 1945 zurück. Von der am 2. August verkündeten Amnestie machten etwa 30 000 Angehörige des Untergrunds Gebrauch, indem sie vor staatlichen Ausschüssen ihre illegale Tätigkeit für beendet erklärten. Der Widerstand konnte trotzdem noch eine zeitlang spektakuläre Erfolge verzeichnen (Zerschlagung der Gefängnisse in Kielce am 4./5. August und in Radom am 9. September), verlor jedoch unter dem Druck der Sowjets, der polnisch-kommunistischen Sicherheitskräfte und der allgemeinen Müdigkeit deutlich an Boden. Die wichtigste Nachfolgeorganisation der AK, die am 2. September gegründete «Freiheit und Unabhängigkeit» (*Wolność i Niezawisłość*, WiN) setzte ohnehin auf freie Wahlen und den Sieg von Mikołajczyk; ihre erste Führung wurde bereits am 5. November zerschlagen. Die nationaldemokratische «Nationale Militär-Vereinigung» (*Narodowe Zjednoczenie Wojskowe*, NZW) behauptete sich vor allem in den östlichen und zentralen Landesteilen. Insgesamt wird die Zahl der Partisanen 1945 auf 13 000–17 000 Mann geschätzt; im nächsten Jahr waren es nur noch 7 000–9 000.[26]

Die Wendepunkte (Herbst 1945 bis Herbst 1947)

Obwohl dies nie öffentlich erklärt wurde, galt das neue Polen auch dem Westen als Teil der sowjetischen Einflusssphäre.[27] Die Sowjetunion entschied auch über den detaillierten Grenzverlauf. Der polnisch-sowjetische Grenzvertrag, der nun eine Linie von Elbing im Norden bis in den Südosten des Landes umschrieb, wurde am 16. August 1945 unterzeichnet, zusammen mit dem Reparationsabkommen.[28] Moskau spielte auch bei der Festlegung der südlichen Grenze eine entscheidende Rolle. Warschau versuchte Mitte Juni, von Prag im Teschener Gebiet die Anerkennung der Grenze von 1939 zu erzwingen. Gleichzeitig meldete die Tschechoslowakei Ansprüche u. a. auf Glatz und Umgebung an. Als die Auseinandersetzung derart eskalierte, dass auf beiden Seiten Truppen aufmarschiert waren, schaltete sich Stalin als Vermittler ein. Die tschechoslowakische Regierung verlor in den folgenden Verhandlungen die Karpato-Ukraine an die UdSSR bzw. Ukrainische SSR, im Teschener Schlesien folgte die Grenzziehung hingegen in etwa der Linie von 1920, d. h. gemäß den Forderungen Prags. Ein Freundschaftsvertrag zwischen Polen und der Tschechoslowakei wurde zwar am 10. März 1947 unterzeichnet,[29] das dazu gehörige Grenzprotokoll (ähnlich wie das polnisch-sowjetische Protokoll über den Grenzverlauf im ehemaligen Ostpreußen) jedoch erst 1958.

Die Westgrenze wurde ebenfalls nicht genau markiert. Abgesehen von Sonderfällen wie den Hafenanlagen von Stettin/Swinemünde, wo noch jahrelang Polen mit Sowjets verhandelten bzw. Letztere die Lage bestimmten, gab es auf der anderen Seite von Oder und Lausitzer Neiße kein völkerrechtliches Subjekt, das Gespräche über den Grenzverlauf hätte aufnehmen können. Die SED sperrte sich anfangs recht lautstark gegen die Oder-Neiße-Linie, besonders im Vorfeld der Wahlen vom Oktober 1946.[30] Der Grenzvertrag wurde erst 1950, nach der Entstehung der DDR unterschrieben, und das entsprechende Protokoll 1951 unterzeichnet.

Die sowjetische Kontrolle dominierte die polnische Außenpolitik nicht nur im Hinblick auf die Grenzziehung, wobei die innenpolitische Auseinandersetzung aus der Sicht aller Beteiligten ausschlaggebend für außenpolitische Handlungen blieb. Mikołajczyk signalisierte gegenüber den Kommunisten und dem sowjetischen Botschafter, dass Polen nach einem Wahlerfolg der Opposition keineswegs der Sowjetunion feindlich gesonnen sein würde. In der Außenpolitik, wo Moskau als einzige Großmacht die polnische Westgrenze unterstützte, sah er keine andere Möglichkeit, als sich der Sowjetunion anzupassen. Dieses Konzept einer begrenzten Souveränität, das später anderswo unter dem Namen «Finnlandisierung» tatsächlich verwirklicht wurde, stieß jedoch bei den Sowjets im Fall Polens offenbar auf kein Interesse.[31] Warum Moskau auf die Zusammenarbeit mit einer mehrheitsfähigen polnischen Elite verzichtete und stattdessen auf die schwachen lokalen Kommunisten setzte, wird auch nach Öffnung der Archive der Sowjetführung nicht wirklich klar. So bleibt die vor gut einem Vierteljahrhundert, notgedrungen ohne Kenntnis der Akten formulierte hellsichtige Erklärung von Dietrich Geyer gültig: Moskau ging es von Beginn an um die Besetzung der «Schlüsselstellungen, die Macht und Einfluß verhießen». Eine nationale Fassade wie etwa der Name «Polnisches Komitee der Nationalen Befreiung» war dabei hilfreich, hatte aber nichts zu bedeuten. «Von Moskau her gesehen, waren diese Methoden des *indirect rule* die einzige politische Alternative zur Annexion und Sowjetisierung, die einzige, die im kommunistischen Milieu der Vorkriegszeit entwickelt worden war [...] Wenig spricht dafür, dass Moskau außerhalb der sowjetischen Reichsgrenzen zur Herrschafts- und Loyalitätssicherung andere Methoden und Instrumente einzusetzen hatte als die, die bei der Etablierung des stalinistischen Systems in der UdSSR selbst praktiziert worden waren. Der Stalinismus konnte, was die Herrschaftspraxis anbelangte, in Osteuropa [...] nicht anders sein als zuhause.»[32]

Im Juni 1947 drängten die Amerikaner mit der Verkündung des Marshall-Plans auf eine endgültige Klärung des Verhältnisses der europäischen Satelliten Moskaus zum Westen, die ebenfalls eingeladen wurden. Die polnischen Kommunisten zeigten anfangs durchaus Interesse daran, an dem *European Recovery Program* (ERP) teilzunehmen. Der Unterhändler wurde mit dem Auftrag nach Paris geschickt, «um jeden Preis einen Platz am Verhandlungstisch zu finden». Als die Gespräche begannen, vollzog Molotov eine abrupte Wende und denunzierte den Marshall-Plan als Ausdruck imperialistischer Revisionspolitik. Polen und die ČSR, die ebenfalls nicht vom Westen abgeschnitten werden wollte, mussten unter dem Druck Stalins ihr bereits bekundetes Interesse zurücknehmen und ihre Beteiligung an weiteren Verhandlungen absagen.[33]

Im September 1947 stellte auch die sogenannte Beratung der kommunistischen Parteien Europas in Schreiberhau die stets geleugnete Abhängigkeit zur Schau.[34] Als Vertreter Moskaus forderte Andrej Ždanov eine radikale Verschärfung des Kampfes gegen den Westen und setzte – gegen den ursprünglichen Widerstand Gomułkas – die Gründung des sogenannten Informationsbüros (Kominform) durch, die von seinen Zuhörern durchaus zutreffend mit der Wiederbelebung der Komintern assoziiert wurde. Die polnischen Kommunisten konnte die Gründung des Kominform nur an die Ermordung der KPP-Führung 1933/38 erinnern. Bezeichnenderweise sträubte sich aber allein der erste Sekretär der PPR, der im Unterschied zu den meisten Mitgliedern des Politbüros seiner Partei weder hauptberuflich Kominternfunktionär noch jahrelang im Moskauer Exil gewesen war, gegen die Forderung Ždanovs.[35]

Bis zu diesem Zeitpunkt war auch die innenpolitische Auseinandersetzung entschieden. Die Machtbefugnisse der Nichtkommunisten in der «Provisorischen Regierung der Nationalen Einheit» waren von Anfang an bescheiden gewesen. Der Oppositionsführer und stellvertretende Ministerpräsident Mikołajczyk wurde von der Regierungsmehrheit systematisch übergangen und ausgeschlossen. Zusätzlich vergrößerte die PPR ihren Einfluss auf den Staatsapparat, indem sie am 13. November 1945 ein Ministerium «für die Wiedergewonnenen Gebiete» gründen ließ, das dem stellvertretenden Ministerpräsidenten Gomułka unterstand. Ein Drittel der Verwaltung des Landes wurde damit zu einer Domäne der Kommunisten, die hier ähnlich wie im Bereich Sicherheit, Armee und Zensur keinerlei Kontrolle zuließen. Politiker und Sympathisanten der Opposition gab es in der folgenden Zeit auf der Wojewodschafts- und Kreisebene der Verwaltung in den Neuen Gebieten noch seltener als in Altpolen. Landesweit stellte die PSL zwischen zehn Prozent (Januar 1946) und 15 Prozent (Ende des Jahres) der Mitglieder der Wojewodschaftsnationalräte, während PPR und PPS zusammen auf über ein Drittel bis 45 Prozent der Mandate kamen. Kaum günstiger sah die Verteilung der Sitze in den Kreisnationalräten aus, besser schnitt die Opposition nur bei der Besetzung der Kreishauptmänner und der Vogte ab.[36] Die Moskauer Koalitionsvereinbarung wurde nicht einmal ansatzweise verwirklicht.

Der alte PKWN-Block (PPR und ihre Satellitenparteien) begrenzte somit den Schaden, der durch die Rückkehr Mikołajczyks und die Legalisierung der Opposition entstanden war, auf die Parteienlandschaft sowie auf einige Segmente der Öffentlichkeit. Oppositionelle Zeitungen, wie die Tageszeitung der PSL *Gazeta Ludowa*, der katholische Krakauer *Tygodnik Powszechny* oder der ebenfalls katholische *Tygodnik Warszawski* wurden aber zensiert. Selbst Mikołajczyk konnte nicht darauf hoffen, dass seine Aussagen, Interviews und Artikel, in denen er unermüdlich die Idee eines demokratischen, mit der Sowjetunion verbündeten Polen vortrug, unzensiert verbreitet werden konnten. Damit stieg die Bedeutung der Debatten im Landesnationalrat, in dem die Opposition nun knapp ein Fünftel der Abgeordneten stellte und über mehr Freiheit verfügte; die Zeitungsberichte über die Reden der oppositionellen Politiker im «Parlament» gaben die faktischen Kontroversen zumindest teilweise wieder. Von hier aus konnte die PSL jedoch den Staatsapparat keineswegs lenken oder auch nur ansatzweise kontrollieren. Die Machtlosigkeit Mikołajczyks im Ministerrat fand somit letztlich ihre Entsprechung auf der parlamentarischen Ebene.

Dies widersprach der Stimmung in der Bevölkerung, soweit sie heute rekonstruierbar ist. Die PSL profitierte von ihrem klar erkennbaren Profil als antikommunistische Alternative. Die Bauernschaft war durch Krieg, Besatzung und Untergrundaktivitäten enorm politisiert worden, wobei regional sowohl die Kommunisten als auch die extreme Rechte erstmals zu größerem Einfluss gelangten; die politisch aktive Mehrheit dürfte jedoch bei der PSL zu finden gewesen sein. Die Auseinandersetzungen um die Bodenreform verschärften diese Politisierung noch einmal. Die Aufteilung des Großgrundbesitzes war ein ureigener Programmpunkt der Bauernparteien, wurde aber, weil sie seit 1944 von den Kommunisten durchgeführt wurde, von den Bauern und Landarbeitern durchweg misstrauisch aufgenommen. In die PSL strömte aber auch die Stadtbevölkerung, die sich bisher nicht für die Bauernbewegung interessiert hatte; ähnlich wie in Ungarn entwickelte sich die Partei der Landwirte zum Sammelbecken des Antikommunismus. Es schadete ihr relativ wenig, dass Teile des Untergrunds legaler Opposition skeptisch gegenüberstanden: Die rechte, aus der Nationaldemokratie hervorgegangene Strömung setzte auf den bewaffneten Kampf gegen die Sowjets und «Kollaborateure» sowie auf den Dritten Weltkrieg, der die europaweite Wende und damit den Zusammenbruch des bestehenden Regimes bringen würde. Die große Mehrheit jener politisch Aktiven, die nicht «im Wald», d. h. im bewaffneten Untergrund geblieben waren, hoffte hingegen auf einen Wahlsieg der legalen Opposition.

Der Gegensatz zwischen PPR und PSL bezog sich nicht auf wirtschaftliche Grundsatzentscheidungen. Beim Verstaatlichungsgesetz vom 3. Januar 1946 warb die Opposition zwar für eine mildere Variante der Nationalisierung (mit einer Untergrenze von 100 statt 50 Beschäftigten und Teilentschädigung), der Block setzte jedoch mühelos seine Fassung durch: In Staatseigentum gingen das deutsche Eigentum und die Betriebe der Schlüsselindustrien über, sowie alle anderen, die mehr als 50 Personen pro Schicht anstellten. Entschädigungen wurden nur an ausländische Eigentümer ausgezahlt.[37]

Der Schlussstrich unter die seit 1939 vorgenommenen Enteignungen, der aus polnischer Feder stammte und keine grundsätzlichen Konflikte hervorrief, bedeutete nicht, dass der Block und die Opposition einender nähergekommen wären. Die PSL drängte auf Wahlen. Der Block bot der Opposition ein Wahlbündnis und bis zu 30 Prozent der Mandate an (20 Prozent für die PSL und zehn Prozent für die SP, die bereits teilweise durch Agenten der PPR unterwandert war). Mikołajczyk hoffte auf die Wiederholung des Wahlergebnisses in Ungarn (57 Prozent der Stimmen für die Partei der Kleinen Landwirte) und forderte im Gegenzug 75 Prozent der Mandate für die Vertreter des Dorfes (wobei unklar blieb, wie viel davon die kommunistische Satellitenpartei SL erhalten würde). Die Gespräche endeten ergebnislos.

Die Kommunisten standen nun weiterhin vor dem Problem, bei Wahlen antreten zu müssen, in denen die klar umrissene Alternative Kommunisten versus Opposition zur Disposition stand. Angesichts der offensichtlichen Popularität der PSL zögerten sie die Festsetzung des Termins hinaus und entschieden sich nach wochenlangen Beratungen, zunächst einmal eine Volksbefragung zu organisieren; am 27. April 1946 verabschiedete der KRN das entsprechende Gesetz. Die drei Fragen betrafen die Abschaffung des Senats (die Bauernparteien der Zwischenkriegszeit waren Gegner der zweiten Kammer), das Verhältnis zu Bodenreform und Nationalisierung, schließlich das Verhältnis zur Westgrenze. Mit dieser Auswahl überging die PPR die von der Opposition immer wieder aufgebrachten Fragen nach Demokratie und Rechtstaat oder nach der Abhängigkeit von der Sowjetunion. Sie hoffte, dass die Opposition ebenfalls zur Abstimmung mit einem dreifachen Ja aufrufen und damit indirekt zur Stabilisierung des Systems beitragen würde.

Mikołajczyk entschied sich, gegen die Tradition seiner Partei zu einer negativen Antwort auf die erste Frage aufzufordern. Er wollte die Volksbefragung zu einer Abstimmung für oder gegen die Herrschaft der PPR umfunktionieren. Die Propaganda des Blocks warf der PSL in Millionen von Flugblättern und Broschüren, in Zehntausenden von Veranstaltungen (alleine im Juni 1946 31 000) Verrat und Zusammenarbeit mit dem Untergrund vor. Die Vertreter der Opposition wurden eingeschüchtert, die Veröffentlichungen der PSL aus dem staatlich kontrollierten Vertriebsnetz herausgenommen und Vertreter der Partei massenweise aus den Wahlausschüssen entfernt. Mikołajczyk aber wurde auf seinen Reisen nahezu enthusiastisch gefeiert; am Jahrestag der Verfassung vom 3. Mai kam es u. a. in Krakau zu antikommunistischen Demonstrationen. Innerhalb von zehn Monaten war die PSL mit rund 800 000 Mitgliedern zur größten Partei in der Geschichte des Landes geworden.

Am 30. Juni 1946 gingen die Polen zu der ersten, vermeintlich freien Wahl seit 1922. Die offiziellen Ergebnisse blieben tagelang unbekannt. Nur aus Krakau wurde wohl versehentlich gemeldet, dass der Block eine katastrophale Niederlage erlitten hatte.[38] Das offizielle Ergebnis wurde erst am 12. Juli veröffentlicht. Demzufolge hatten über zwei Drittel der Wähler auf die erste Frage positiv, d. h. gegen die Aufrufe der Opposition geantwortet, mit einem Ja 77 Prozent auf die zweite und über 90 Prozent auf die dritte Frage. Die PSL erhob den Vorwurf, die Ergebnisse seien massenhaft gefälscht worden, und verwies sowohl auf die früher veröffentlichten Ergebnisse aus Krakau als auch auf Hochrechnungen und Schätzungen, die aufgrund der Angaben der eigenen Vertrauensmänner in den Ausschüssen zusammengestellt worden waren. Der Protest wurde abgewiesen. Heute wissen wir, dass er mehr als berechtigt war: In Wirklichkeit hatten auf die erste Frage maximal 27 Prozent der Wähler mit einem Ja geantwortet, 44 Prozent auf die zweite, über zwei Drittel – auf die letzte Frage.[39] 1946 blieb die Kenntnis der exakten Ergebnisse auf den engsten Führungszirkel der PPR und auf Moskau beschränkt. Aus ihnen war zu schließen, dass die Kommunisten als Staatspartei aus dem Nichts von 1938–1941 zu einer beachtlichen Größe aufgestiegen waren und die aktive Zustimmung von gut einem Viertel der Gesellschaft fanden. Sie zeigten andererseits – und dies dürfte aus der Sicht Gomułkas und seiner Genossen wesentlich wichtiger gewesen sein –, dass ein Drittel der Urnengänger auf alle drei Fragen mit einem Nein geantwortet hatte und dass die Opposition bei einer überwältigenden Mehrheit der Wähler Zustimmung fand. Selbst die grundlegenden, aber eben von den Kommunisten durchgeführten sozialökonomischen Reformen wurden von weniger als der Hälfte der Gesellschaft akzeptiert. Die einfachste Erklärung dafür lieferte das Tagebuch eines linken, nichtkommunistischen Intellektuellen aus der Provinz: «Wir treten in das neue, bereits achte Kalenderjahr des Krieges ein», notierte er am 1. Januar 1946.

«Wir verfolgen aufmerksam, ob sich nicht ein englisch-sowjetischer Konflikt ankündigt. Denn der ‹Verbündeten› aus dem Osten sind wir wirklich überdrüssig. Sie sagen immer öfter, dass sie bald ausziehen werden, aber irgendwie werden wir das kaum erleben.» «Mich persönlich schreckt die ausgesprochen linke Ausrichtung der Regierung nicht ab», hatte er schon früher seinem Tagebuch anvertraut, «bedrückt fühle ich mich durch jeglichen Terror, Zwang und die Knebelung der Freiheit des Wortes und des Gedankens. Vor allem aber empört mich das Eingreifen eines fremden Staates, der versucht, uns alles aufzuzwingen und sich in unsere inneren Angelegenheiten einmischt.»[40]

Nur vier Tage nach dem Referendum kam es zu einem Massenmord, der die Aufmerksamkeit der – vor allem westlichen – Öffentlichkeit von der Fälschung der Ergebnisse ablenkte. In Kielce ermordete eine durch antijüdische Gerüchte aufgebrachte Menge 40 Juden (zwei weitere starben im Krankenhaus). Mehrere Dutzend «Volksmilizionäre», Soldaten und Angehörige des Korps für Innere Sicherheit schauten dem stundenlangen Gemetzel passiv zu bzw. nahmen an ihm aktiv teil.[41] Die Opposition vermutete dahinter eine von der Sicherheitspolizei inszenierte Provokation, die von den in Wirklichkeit katastrophalen Ergebnissen des 30. Juni ablenken sollte, was nie nachgewiesen wurde. Tatsache ist, dass 1944 bis 1947 mindestens 500 (nach anderen Schätzungen bis 1500) Juden ermordet wurden – die meisten, weil sie Juden waren; viele, weil sie durch ihr bloßes Überleben bzw. ihre Rückkehr die Vermögensansprüche auf kürzlich «arisiertes» Vermögen infrage stellten;[42] noch andere, weil sie als Funktionäre des neuen Systems auftraten. Eine der kontrovers diskutierten Thesen verweist auf die Traumata breiter Schichten der polnischen Gesellschaft, die dem Holocaust zugeschaut hatten und nun durch die Überlebenden nicht an ihr eigenes Versagen erinnert werden wollten.[43] Nicht minder wichtig war gewiss die tausendfach überlieferte Überzeugung, dass die kommunistische Machtübernahme einem Sieg des «Judentums» gleichkäme; in der Propaganda des rechten antikommunistischen Widerstands spielte dieses Motiv eine zentrale Rolle.[44] Es wurde durch zahlreiche Beispiele, u. a. in den Führungsetagen der PPR wie des Ministeriums für Öffentliche Sicherheit scheinbar bestätigt.[45] Die Gleichsetzung von Kommunismus mit Judentum sollte noch jahrzehntelang, bis 1968, eines der wichtigsten Motive der innenpolitischen und innerparteilichen Auseinandersetzungen bleiben – wenngleich diese nie mehr die Brutalität und Dimension des 4. Juli 1946 erreichte.

Die Chiffre «Kielce» steht aber nicht nur für den verschwiegenen Antisemitismus – die Erinnerung an den 4. Juli wurde in Volkspolen jahrzehntelang erfolgreich unterdrückt –, sondern ebenso für die 1945/46 oft schier unglaubliche Brutalität gegenüber Feinden und Fremden. Sowohl der Kampf zwischen Kommunisten und Widerstand wie der Umgang mit Deutschen oder Ukrainern wurde immer wieder von extremer Gewalt, Erniedrigung und Menschenverachtung beherrscht. Die geschätzte Gesamtzahl der Todesopfer geht in die Zehntausende.[46] Der Soziologe Stanisław Ossowski griff dieses Phänomen auf, als er einige Wochen nach dem Pogrom in Kielce seiner Beunruhigung über den Zustand der polnischen Gesellschaft Ausdruck verlieh: Mehrere nationalsozialistische Denkschemata, vor allem ein auf Rassismus aufbauender Nationalismus, seien in der Nachkriegsöffentlichkeit erkennbar; das Gift der Besatzungszeit wirke weiter.[47] Auf die Brutalität der innerpolnischen Auseinandersetzung ging er nicht ein. Einerseits war sie jedem seiner Leser bekannt, andererseits hätte die Zensur jede Gleichstellung von Staatsfunktionären und Widerständlern gestrichen.

Die allgemeine Verwahrlosung der Gesellschaft, die in der Geringschätzung des menschlichen – polnischen, nichtpolnischen, politisch als feindlich empfundenen oder schlicht irgendwie störenden – Lebens ihren schrecklichsten Ausdruck fand, wird von der heutigen Forschung bestätigt.[48] In diesem Kontext sollte bedacht werden, dass in dem vom Krieg verwüsteten Land zur selben Zeit Zehntausende von Menschen vorzeitig starben, ohne dass sie je das Interesse der Politiker, Historiker oder Soziologen auf sich gezogen hätten: Allein im Jahr 1946 gingen an der Volkskrankheit Tuberkulose mindestens 65 000 Menschen zugrunde.[49]

Nach der Erfahrung der Niederlage bzw. Fälschung des Referendums verhärteten sich die Fronten definitiv. Die PPR und die Blockparteien profitierten von ihrer Machtstellung als Regierungsparteien. Den Parteimitgliedern stand der sofortige berufliche und soziale Aufstieg offen. Dem faktisch neu aufzubauenden Staat, der noch dazu wesentlich mehr Personal beanspruchte als vorangegangene Systeme, fehlte es überall an Menschen. Bauernsöhne (weit weniger Töchter) konnten blitzschnelle Karrieren in Verwaltung und Parteiapparat machen; mehrwöchige Schulungen ersetzten die normale Ausbildung von Beamten, Offizieren, oft auch Richtern und Staatsanwälten. An den Universitäten und Schulen gelang es den Kommunisten hingegen anfangs nur schwer, Fuß zu fassen – wesentlich bessere Chancen hatten dort noch immer die zwar von ihnen abhängigen, dennoch glaubwürdigeren Sozialisten. In den Betrieben streikten die Arbeiter oft gegen die Unfähigkeit der neuen Verwaltung und die schlechte Versorgung.[50] Die wachsende Popularität der Staatsparteien blieb jedoch – wie auch das Ergebnis des Referendums zeigte – eine Tatsache. Ende 1946 zählte die PPR weit über eine halbe Million Mitglieder, die PPS war etwa halb so groß.

Der Block setzte nun alle Mittel ein, um die Opposition ihrer politischen Wirkungsmöglichkeiten und der Verbindung zur Basis zu berauben. Die PSL wurde ständig in Zusammenhang mit illegalem Widerstand oder Spionage für die Westmächte gebracht. Ganze Kreisverbände wurden aufgrund solcher Beschuldigungen aufgelöst, einzelne Funktionäre eingeschüchtert, verhaftet oder umgebracht, die Zensur gegen die oppositionellen Blätter abermals verschärft. Am 28. November 1946 unterzeichneten PPR und PPS ein Abkommen, in dessen geheimen Teil die künftige Verteilung der Mandate im Sejm festgelegt wurde (75 Prozent für die Blockparteien insgesamt, darunter je fast ein Drittel für PPR und PPS) sowie die Verteilung der wichtigsten Staatsämter nach dem Wahlgang.

Im Vorfeld der für den 19. Januar 1947 angesetzten Wahlen setzten die Kommunisten noch mehr Armee und Sicherheitsdienst als vor dem Referendum ein. Die Staatssicherheit rekrutierte über 40 Prozent der Vertrauensmänner in den Wahlausschüssen, verhaftete über 160 Kandidaten der Opposition und weitere 7000 Funktionäre. Die Kommunisten überfluteten das Land mit Wahlwerbung, erklärten die Listen der Opposition in einem Fünftel der Wahlbezirke für illegal, entzogen einer halben Million Bürger das Wahlrecht, setzten de facto ein Monopol ihrer Vertrauensmänner in den Wahlausschüssen durch (die PSL hatte letztlich nur in 300 von 5000 Wahlkommissionen Vertreter) – mit einem Wort, sie ließen nichts unversucht, um sich nicht wieder in der peinlichen Lage zu finden, *ex post* eine grundsätzliche Fälschung der Ergebnisse vornehmen zu müssen. Trotzdem wurden nach dem 19. Januar die bereits frisierten Angaben der lokalen Wahlausschüsse auf Wojewodschaftsebene offenbar noch einmal «nachgebessert». Die offizielle Bekanntmachung verkündete einen großen Sieg des Blocks, auf den 80 Prozent der Stimmen entfallen seien, die PSL sollte nur zehn Prozent bekommen haben. Das tatsächliche Ergebnis ist bis heute unbekannt. Der Protest Mikołajczyks wurde auch diesmal ebenso abgewiesen wie derjenige Großbritanniens und der USA. Das Amt des Ministerpräsidenten in der neuen Regierung übernahm der Sozialist Józef Cyrankiewicz, Staatspräsident blieb Bierut. Mikołajczyk war nur noch der Führer einer schnell schmelzenden oppositionellen Partei und einfacher Abgeordneter im Sejm.

Nicht nur die Handlungsmöglichkeiten der legalen Opposition reduzierten sich 1947. Schon im Vorjahr war ein Großteil der zentralen Strukturen des antikommunistischen Widerstands zerschlagen worden, mehrere Führer des Untergrunds wurden in öffentlichen Prozessen verurteilt. Infolge der im Anschluss an die Wahl verkündeten Amnestie verzichteten etwa 53 000 Menschen auf die Fortsetzung des Widerstands, weitere 23 000 Inhaftierte machten ebenfalls von dem Gnadenakt Gebrauch. Ende 1947 wurde die letzte zentrale Kommandostelle des WiN durch Verhaftungen aufgelöst, deren Nachfolger arbeiteten vergeblich an der Aufrechterhaltung eines begrenzten illegalen Widerstands.[51] Die Verluste des Untergrunds 1945 bis 1947 werden auf bis zu 25 000 Todesopfer geschätzt – gefallen im Kampf, ermordet, von Militärgerichten exekutiert; die Verluste der Staatsmacht dürften etwa ein Fünftel dieser Zahl ausgemacht haben. Der bewaffnete Widerstand hatte ebenso verloren wie Mikołajczyk.

Die Geschichte der mittels Salamitaktik oder durch brutale Repression demontierten legalen Opposition ging 1947 rasch ihrem Ende zu. Mehrere unter den 28 Abgeordneten der PSL (der Besitzstand der Partei war bei der Umrechnung der Stimmen auf Mandate noch einmal verringert worden) traten aus der Fraktion aus. Die übrig gebliebenen Anhänger Mikołajczyks wurden nun konsequent in einem Atemzug mit den Führern des Untergrunds und den westlichen Botschaften genannt. Der ehemalige Ministerpräsident floh im Oktober mit amerikanischer Hilfe in den Westen. Das Experiment war restlos gescheitert. Von der PSL waren 1948 gerade 30 000 Mitglieder übrig geblieben. Später wurde sie in die Blockpartei SL überführt.

Wiederaufbau, Wirtschaftsverfassung und Stalinisierung

Der Wiederaufbau der unmittelbaren Nachkriegsjahre wurde begleitet von Grundsatzentscheidungen über das Eigentum an den Produktionsmitteln. Die ökonomische Entwicklung war teils durch genuine wirtschaftliche und demographische Faktoren bedingt, in vielen Bereichen wurde sie jedoch schon in dieser Zeit politisch geformt und in «volksdemokratische» Bahnen gelenkt. Eine geringere Rolle als nach 1918 spielte die Integration der einzelnen Bestandteile des Landes: Der «alte» Westen Polens war bis Ende des Ersten Weltkriegs voll integriert in jene Gebiete, die nun, angeblich nach Jahrhunderten für Polen «wiedergewonnen», zum neuen Westen und Norden wurden. Auch die Unterschiede der Rechtssysteme waren diesmal kaum von Bedeutung, da in den neuen Landesteilen – von kurzfristigen Ausnahmen abgesehen – nur polnisches Recht zur Anwendung kam. Zugleich spielten die «Wiedergewonnenen Gebiete» durchaus eine Sonderrolle, da die hier vorhandenen materiellen Güter infolge der Enteignungsgesetze[52] in nahezu vollem Umfang (mit Ausnahme des Privatbesitzes der als polnische Staatsbürger anerkannten «Autochthonen», hauptsächlich im Oppelner Schlesien und im ehemaligen Ostpreußen) an neue polnische Eigentümer übertragen wurden.

Einen Großteil des öffentlichen Besitzes ebenso wie der bisher privaten

Produktionsmittel übernahm der Staat. Der individuelle Nachholbedarf, der durch Krieg und Besatzung entstanden war, äußerte sich hingegen in Gestalt einer teils legalen, teils halb- und illegalen Umeignung. Güter aus den bisher deutschen Gebieten gingen in den Besitz von Privatpersonen über und wurden – soweit transportfähig – in die alten Gebiete transferiert. Die ökonomische Dimension dieses als *szabrownictwo* zeitgenössisch allgemein bekannten und staatlicherseits nur unzureichend bekämpften Phänomens ist bislang nicht einmal schätzungsweise bekannt.

Landesweit wurde 1944/45 der neue Złoty eingeführt, wobei sich die neue Währung in den ehemals deutschen Gebieten erst um die Jahreswende 1945/46 durchsetzte. Die im Januar 1945 gegründete staatliche Nationalbank übernahm von der *Bank Polski* das Emissionsrecht für die Währung. Zugleich ersetzte sie als Kreditinstitut die 1945/46 liquidierten Privatbanken; einige andere, ebenfalls staatlich kontrollierte Banken beeinflussten die einzelnen Wirtschaftszweige auf ähnliche Weise.[53]

Während die Geldwirtschaft somit bereits in der unmittelbaren Nachkriegsphase strukturelle Veränderungen erfuhr, die eine deutliche Präferenz für Staatseigentum aufwiesen, zeigte die Landwirtschaft ein anderes Bild. Die Bodenreform wurde bereits im «Lubliner Polen» durch das Dekret vom 6. September 1944 eingeführt. Ganz abgesehen vom politischen Widerstand verlief sie in den ersten Monaten schleppend, da es gerade in den Gebieten zwischen Weichsel und Bug relativ wenig Großgrundbesitz gab. In den einzelnen Wojewodschaften erhielten nur zwischen zehn und 15 Prozent der Landarbeiter und Kleinbauern Boden. Die Umeignung von ca. 200 000 Hektar trug also weder zu einer volkswirtschaftlichen Sanierung noch zur politischen Stabilisierung des Regimes bei. Die Lage veränderte sich qualitativ nach der Befreiung des altpolnischen Westens und der Übernahme der deutschen Ostprovinzen. In Posen betrug der deutsche Anteil am landwirtschaftlichen Besitz rund ein Sechstel, in Pommerellen ein Viertel, in den neuen Gebieten bot sich praktisch die gesamte Landwirtschaft (mit Ausnahme, wie bereits erwähnt, von Teilen des Oppelner Schlesien und Ostpreußens) als Verfügungsmasse an. Die Bodenverteilung stieß aber sowohl im alten als auch im neuen Westen auf sozioökonomisch und politisch bedingte Widerstände. So verweigerten etwa viele der Landarbeiter in Posen und Pommerellen die Annahme der parzellierten Grundstücke, weil sie sich ohne eigene Gebäude, Inventar und Kredite eine rentable Eigenständigkeit nicht vorstellen konnten. Die Umsiedler aus dem Osten und Zentralpolen bestanden auf Eigenhöfen und wollten vom genossenschaftlichen Wirtschaften nichts hören. Wo große Güter aufgeteilt wurden, fehlte es massenhaft an Häusern und Wirtschaftsgebäuden für die neuen

Haushalte. Darüber hinaus gab es überall Misstrauen gegenüber den kommunistischen Versprechen. In den neuen Gebieten erhielten die Bauern, ebenso wie die Einwanderer in den Städten, ab 1947 keine Eigentumsurkunden und wurden nur als Nutznießer in ihre Rechte eingesetzt. Steuern und vor allem Zwangsabgaben wurden so berechnet, dass sie die größten und produktivsten Privatwirtschaften am stärksten trafen.[54] Im Ergebnis stammte 1950 weit mehr als die Hälfte der etwa 2,4 Millionen Hektar umverteilter landwirtschaftlicher Nutzfläche in Altpolen vom Großgrundbesitz, mehr als ein Drittel aus ehemals deutschem und über zwölf Prozent aus dem ehemals ukrainischen und belarussischen Besitz. In den neuen Gebieten erhielten die Bauern 3,6 Millionen Hektar Land, auf denen fast eine halbe Million neuer Höfe entstanden. Insgesamt profitierten gut über eine Million bäuerlicher Haushalte von der Bodenreform, 1950 gehörte mehr als ein Viertel der Höfe zu den neu gegründeten. Die Besitzstruktur in der Landwirtschaft hatte sich trotz der gigantischen Umverteilung kaum verbessert: 1950 lag der Anteil der unproduktiven Zwerghöfe (bis fünf Hektar) bei über 60 Prozent und war damit nicht wesentlich geringer als vor dem Krieg.[55] Für die Lebensmittelversorgung der rapide wachsenden Städte war diese Entwicklung bedrohlich, bereitete den Machthabern dennoch wenig Sorgen, da die Dominanz des Privateigentums auf dem Land ohnehin als ein Phänomen der Übergangszeit galt. Abgesehen von den erwähnten Zweideutigkeiten (der rechtlichen und steuerlichen Benachteiligung sowie der fehlenden Eintragung der bis 1947 ausgestellten Eigentumsurkunden in die Grundbücher der neuen Gebiete) gab es aber bis 1948 keine Anzeichen für eine Wende zur Kollektivierung. Die polnischen Kommunisten brauchten nach den Erfahrungen der Zwischenkriegszeit keine Meinungsumfragen, um zu wissen, dass eine solche Politik auf dem gerade zur Ruhe gekommenen Land elementare Ängste wachrufen musste.

Der Wiederaufbau in der Stadt verlief in den ersten Nachkriegsjahren rasant. 1945 nahm der Hafen in Danzig, im nächsten Jahr der in Gdingen wieder seine Arbeit auf. Die wichtigsten Verkehrsverbindungen wurden wiederhergestellt, die kommunalen Dienstleistungen wiederaufgenommen. In der Industrie befanden sich die größeren und mittleren Betriebe bereits 1945 unter staatlicher Verwaltung. Die Privatunternehmer beschränkten sich auf kleinere Unternehmen, dominierten hingegen Dienstleistungen und Einzelhandel. Die im Jahre 1945 monatelang dramatisch schlechte Versorgungslage besserte sich im folgenden Jahr erheblich. In mehreren Produktionszweigen wurden bereits 1946 die Werte von 1938 überschritten. Sowohl in der Industrie als auch im Handel gab es ein doppeltes Preissystem: Staatlich bestimmte und kontrollierte Preise betrafen industrielle

Rohstoffe und Produkte sowie Nahrungsmittel, die auf Lebensmittelmarken verkauft wurden. Daneben herrschte zumindest in den meisten Bereichen ein freier Markt, auf dem sich sowohl die Betriebe als auch individuelle Käufer – in der Regel zu wesentlich höheren Preisen – versorgen konnten.

Das von sozialistischen Ökonomen dominierte Zentrale Planungsamt konzipierte den sogenannten Dreijahresplan des Wiederaufbaus (1947–1949), der die drei Sektoren (privater, genossenschaftlicher und staatlicher Besitz) in der Wirtschaftsordnung festzuschreiben schien. Hauptaufgabe war die Rekonstruktion der Infrastruktur, der Wiederaufbau der Schwerindustrie und die Integration der neuen Gebiete. Der Plan wurde – als einziger in der Geschichte Volkspolens – vorzeitig erfüllt, die Wachstumsraten Polens gehörten in diesen ersten Nachkriegsjahren zu den höchsten in Europa. Die Industrieproduktion verzeichnete jährlich einen zweistelligen Anstieg. Die Arbeitslosigkeit war praktisch verschwunden (knapp 100 000 Arbeitslose im Frühjahr 1947 und 1948). Beachtlich verbesserten sich auch die Einkommensverhältnisse. Nach offiziellen Angaben stiegen die Löhne gegenüber 1946 um mehr als 100 Prozent (blieben aber Schätzungen zufolge noch 1949 unter dem Niveau von 1938).[56] Obwohl die Planziffern in der Landwirtschaft nicht erreicht wurden, hatte sich die Versorgungslage deutlich verbessert, so dass zum 1. Januar 1949 die Lebensmittelrationierung aufgehoben werden konnte.[57] Die Hilfsleistungen der USA (*United Nations Relief and Rehabilitation Administration*, UNRRA) hatten mit Lieferungen im Wert von knapp einer halben Milliarde US-Dollar wesentlich zu dieser Erfolgsgeschichte beigetragen.

Besonderes Augenmerk galt dem Wiederaufbau Warschaus. Im Moment der Befreiung zählte die Stadt über 160 000 Einwohner (1938: 1,3 Millionen), Anfang 1946 bereits fast eine halbe Million. Die Regierung beschloss den Wiederaufbau der zu etwa 80 Prozent zerstörten Hauptstadt als eines Symbols der nationalen Renaissance unter volksdemokratischem Vorzeichen – gewiss eine Entscheidung, die die Stimmung der unmittelbaren Nachkriegsjahre traf. Der in Film und Wochenschau ausgiebig präsentierte Wiederaufbau des historischen Stadtkerns hatte eine nicht nur aus Sicht der Machthaber integrative Funktion: Dass die Ämter der neuen Staatlichkeit in Adelspalais einzogen und die Geschichte der Ersten Republik symbolisch aufgewertet wurde, schuf Identifikationsbezüge, die in anderen Lebensbereichen, wo es seit 1944 um deutliche Abgrenzung zur «feudalreaktionären» wie zur «kapitalistisch-bürgerlichen» Vergangenheit ging, kaum herstellbar waren.

Eine ähnlich integrative Rolle kam der weit weniger spektakulären Sozial- und Wirtschaftsgesetzgebung zu. Das Dekret vom 8. Januar 1946 vereinheitlichte landesweit das Arbeitsrecht und die Sozialversicherung. Die obligatorische Gesundheits- und Rentenversicherung wurde bis 1948 ebenfalls auf fast alle Arbeitnehmergruppen ausgeweitet.[58] Das bereits erwähnte Verstaatlichungsgesetz vom 3. Januar 1946 dürfte ebenfalls auf breite Zustimmung gestoßen sein, zumal seine ökonomische Bedeutung marginal war: Die polnischen Staatsbürger waren weitgehend von den beiden Besatzern enteignet worden, der Staat verwaltete bereits gegen Kriegsende alle größeren und einen Teil der mittleren Betriebe in Industrie, Bergbau und Handwerk mit 75 Prozent aller Beschäftigten. Die praktischen Folgen beschränkten sich daher eher auf den Ausschluss von Reprivatisierungsforderungen polnischer Eigentümer denn auf tatsächliche Übernahme. Der Anteil der Beschäftigten in den staatlichen Betrieben stieg in den kommenden Jahren nur geringfügig (von 84 Prozent auf 89 Prozent).[59] Wesentlich eindrucksvoller wirkte sich die Verstaatlichung der Industrie auf die Zahl der staatlichen Angestellten aus: Den knapp 80 000 von 1938 und 1945 standen Ende der 1940er Jahre über 200 000 Arbeitnehmer gegenüber (1950 stieg die Zahl nochmals um ein Fünftel). Die mit Planung, Rationierung und Kontrolle beschäftigte Bürokratie breitete sich in atemberaubendem Tempo aus.[60]

Zudem wurden die Weichen im Bildungswesen neu gestellt: Der Bedarf des entstehenden kommunistischen Staates an Bildung wuchs rapide, das mittlere und Hochschulwesen wurde für die unteren sozialen Schichten geöffnet. Während die Zahl der Grundschüler in dem demographisch dezimierten Land verständlicherweise auf zwei Drittel des Standes von 1938 fiel, gab es bereits Ende der 1940er Jahre ebenso viele Gymnasiasten wie in der Vorkriegszeit. Die Zahl der Studenten verdoppelte sich, in bevorzugten Zweigen wie der Ingenieursausbildung oder Medizin war sie fast dreimal höher.[61] Die Bedeutung der im Eiltempo rekonstruierten Intelligenz für System und Gesellschaft war ohne eine Auseinandersetzung mit den Vorgängern kaum definierbar. So wurde die Identität der «geistigen Arbeiter» bereits 1946 zum Gegenstand heftiger Angriffe.[62] Die Diskussion wurde jedoch bald beendet: Der Stalinismus brauchte Ingenieure und Ärzte, hingegen keine Debatten über deren Artikulationsmöglichkeiten jenseits professioneller Belange.

Dass das Verstaatlichungsgesetz nur den Beginn des Weges zur tendenziell vollständigen Nationalisierung aller Produktionsmittel bedeutete, war bereits 1946 zu ahnen; gleichwohl distanzierte sich die PPR anfangs lautstark von einer solchen Absicht. Den entscheidenden Schritt in Richtung Verstaatlichung der Wirtschaft bildete die Umgestaltung der Eigentumsverhältnisse im Handel. Ende 1946 befanden sich fast 90 Prozent der Einzelgeschäfte und 80 Prozent des Großhandels in Privatbesitz. Im April 1947 verkündete Minc als Chefökonom der PPR «die Schlacht um den Handel»; es gehe um die Stärkung des sozialistischen Anteils an der Wirtschaft, in der staatliche Produktionsbetriebe einen Teil ihrer Produkte, und damit des potentiellen Gewinns, an private Händler verkaufen. Die Verstaatlichung bezeichnete Minc, in bewusstem Gegensatz zu den sozialistischen Wirtschaftsplanern, als höchste Form der Vergesellschaftung. Die Propaganda nutzte die frische Erfahrung des letzten Winters, als sich die Versorgungslage, ähnlich wie in anderen Ländern Europas, stellenweise dramatisch verschlechtert hatte. Nun ging es darum, den «Zwischenhändlern», die angeblich für Teuerung und Verknappung verantwortlich waren, den unredlich erwirtschafteten Gewinn abzunehmen. Die Steuerschraube wurde angezogen. Die 1945 gegründete «Sonderkommission gegen Wirtschaftsschädlinge» verschickte die «Spekulanten» ohne Gerichtsurteil in Arbeitslager.[63] Nicht nur die Kleinstunternehmer gaben daraufhin massenhaft auf: Die Zahl der privaten Großhändler fiel innerhalb von zwei Jahren um zwei Drittel (während die Zahl der staatlichen sich verdoppelte), schließen mussten ebenfalls über 40 Prozent der Einzelhandelsgeschäfte.[64] Der Handel wurde teils liquidiert, teils direkt vom Staat übernommen, teils an die Genossenschaften übereignet, die freilich 1948 ebenfalls verstaatlicht wurden.

Der Angriff auf den Privathandel richtete sich unmissverständlich gegen das gemischte, staatlich-genossenschaftlich-private Wirtschaftsmodell und damit auch gegen die Ökonomen aus dem Umkreis der sozialistischen Partei, letztlich gegen die Selbständigkeit der lizenzierten PPS überhaupt. Die Sozialisten hatten 1945/46 einige Male versucht, zwischen PPR und Mikołajczyk zu vermitteln und nicht nur im wirtschaftlichen Bereich diskret ihre Distanz gegenüber den Kommunisten angedeutet. Gleichzeitig mit der Ausrufung der «Schlacht um den Handel» überraschte die PPR nun die Sozialisten mit der Aufforderung, die «Spaltung der Arbeiterbewegung» zu beenden und – wie in allen Ländern des sowjetischen Machtbereichs in Europa – eine gemeinsame Partei zu schaffen. Der Parteichef der Sozialisten Cyrankiewicz lavierte, versuchte den Untergang seiner Partei aufzuhalten. Ende 1947 wurden aber die Sozialisten gezwungen, eine Säuberung ihrer 750 000 Mitglieder von «unzuverlässigen Elementen» einzuleiten. Die Richtlinien für die Verifizierung der Mitgliedschaft wurden in der Führung der PPR ausgearbeitet. Innerhalb weniger Monate fiel die Mitgliederzahl um ein Drittel, was im Hinblick auf die kommende «Vereinigung» durchaus mehr als statistische Bedeutung hatte.

Der Parteichef der PPR Gomułka zeigte sich in den folgenden Monaten, die unter dem Zeichen der Einverleibung der PPS standen, mehrmals widerspenstig. Er hatte sich als Skeptiker gegenüber der Idee der Kominform erwiesen, er zweifelte ebenfalls, ob die Zeit für eine Zwangskollektivierung der Landwirtschaft gekommen sei, die seine Genossen, offenbar nach Moskauer Anweisungen, 1948 zu erwägen begannen. Er zögerte zudem, die antijugoslawische Wende nachzuvollziehen, die nach dem Bruch Titos mit Moskau im Frühjahr dekretiert wurde. Und schließlich wandte er sich vor der Plenarversammlung des Zentralkomitees der PPR im Juni 1948 gewissermaßen offen (wenngleich nicht öffentlich) gegen die Verherrlichung der Tradition der KPP und ihrer Vorläufer, die – so sein Argument – im Unterschied zur alten sozialistischen Partei kein Verständnis für die nationale Frage entwickelt habe. Die Karriere des ersten Sekretärs der PPR war nach massiven Angriffen seiner Genossen zunächst einmal zu Ende, in der neuen Partei spielte er keine Rolle mehr.[65]

Die Polnische Vereinigte Arbeiterpartei entstand am 15.–21. Dezember 1948 auf dem sogenannten Vereinigungsparteitag an der Warschauer Technischen Universität. Die PPR (mittlerweile hatte sie über 900 000 Mitglieder) stellte zwei Drittel der Delegierten und übernahm den entsprechenden Anteil der Stellen im Parteiapparat. In das elfköpfige Politbüro wurden lediglich drei Sozialisten, darunter Cyrankiewicz, der zunächst einmal Ministerpräsident bleiben durfte, aufgenommen. Neuer Parteichef wurde – der seit der Übernahme der Präsidentschaft formell parteilose – Bierut.

Die Stalinisierung Polens fand damit ihren Abschluss. Bereits im Juli war der einheitliche «Bund der polnischen Jugend» (*Związek Młodzieży Polskiej*, ZMP) entstanden. Gewerkschaften und Wirtschaft, Zensur, Hörfunk, Verlagswesen und fast alle Zeitungen waren voll der Kontrolle der Partei unterstellt, die Opposition zerschlagen, der Untergrund in Bedeutungslosigkeit versunken. Die Selbstverwaltung bestand nur noch auf dem Papier, der Staatsapparat war durch die Eliminierung der Opposition und dann durch Zwangsvereinigung der «Arbeiterparteien» gesäubert worden. Die verbleibenden Enklaven ließen sich schnell aufzählen: Noch nicht fest im Griff der Partei waren die Universitäten; die Bauern blieben trotz der landwirtschaftlichen Zwangslieferungen «kapitalistische» Produzenten, außerhalb des Herrschaftsbereichs der Partei befand sich ebenfalls die katholische Kirche.

Damit war Polen, das mit Abstand größte Land im europäischen *Outer Empire* der Sowjetunion, innerhalb von vier Jahren weitgehend gleichgeschaltet worden. Das vom Westen im Stich gelassene, verwüstete und seiner Eliten beraubte Opfer der sowjetischen imperialen Politik konnte dem Druck nicht standhalten. Die seit 1945 immer besser erkennbaren Konturen des neuen Staates waren nicht nur auf der Landkarte neu. Im Inneren zeichneten sich Entwicklungen ab, die einerseits viele Ähnlichkeiten aufwiesen mit der Lage der Nachbarn, andererseits offenbar auf ein Staats- und Gesellschaftsmodell abzielten, das die große Mehrheit der Polen zwischen 1918 und 1939 eindeutig abgelehnt hatte – und 1948 wohl kaum anders betrachtete.

11. Stalinismus und Entstalinisierung (1949–1956)

Die Blütezeit des Systems

Die kurzen sieben Jahre des klassischen Stalinismus (1949–1955) zeichnen sich dadurch aus, dass es eine Politikgeschichte dieser Zeit im engeren Sinne gar nicht gibt: keine konkurrierenden Parteien oder Gruppierungen, keine Alternativen zur Staatsdoktrin, nicht einmal klar erkennbare Fraktionen innerhalb des Parteiapparats. Es ist dagegen der Zeitraum der Allgegenwärtigkeit des Staates, der permanenten Mobilisierung, der Aufrüstung, des Kampfes gegen jene, die zum «Feind im Inneren» erklärt wurden – und parallel dazu des anhaltenden, umfassenden sozialen Aufstiegs, von dem vor allem die jüngeren, durchweg männlichen Dorfbewohner profitieren, die innerhalb und trotz des rigiden Zwangssystems Freiräume nutzten, die mit dem verbreiteten Bild der Epoche kaum vereinbar sind.

Die einzige Zäsur stellte die Verabschiedung der Verfassung und die damit verbundene Umbenennung des Staates in «Volksrepublik Polen» (*Polska Rzeczpospolita Ludowa*, PRL) 1952 dar. Der Verfassung gingen, wie im Stalinismus üblich, «Konsultationen» «mit den Werktätigen» voran. Sie bezogen Millionen von Menschen mit ein, denen das Gefühl der Partizipation an der Macht vermittelt werden sollte. Der Erfolg dieser sozialpädagogischen Manipulation bleibt schwer messbar. Es fehlen Hinweise darauf, dass etwa die Jugend aufgrund der Beteiligung an der «Verfassungsdiskussion» an ihre Gestaltungskraft zu glauben begann. Die Verfassung selbst sprach, abgesehen von der klassenkämpferischen Präambel, von staatsbürgerlichen Freiheiten und schrieb auf den ersten Blick die Errungenschaften der europäischen und polnischen Linken fest, die in den letzten Jahrzehnten immer wieder eingefordert worden waren: Gleichheit, Recht auf Arbeit, Erholung und Versicherung, gesellschaftliches Eigentum der Produktionsmittel, Souveränität und Demokratie. Stalin hatte das Grundgesetz persönlich redigiert.[1] Mit der Wirklichkeit hatte der Text ebenso wenig zu tun wie die Formel vom «werktätigen Volk der Städte und Dörfer» als Souverän.

Das Entscheidungszentrum lag weder bei Regierung und Ministerpräsidenten (1947 bis 1952 und ab 1954 wieder Cyrankiewicz) noch beim Sejm, der zwar in der Verfassung als «höchstes Organ der Staatsgewalt» bezeichnet wurde, in Wirklichkeit jedoch weder den Gesetzgebungsprozess bestimmte noch die Exekutive kontrollierte. Er trat nur wenige Male im Jahre zu kurzen Sitzungen zusammen. Die Gesetzgebung übernahm fast vollständig das kollektive Staatsoberhaupt, der Staatsrat, der bis 1956 135 Dekrete beschloss, während das «Parlament» in dieser Zeit ganze elf Gesetze verabschiedete. Die Kommunisten hielten den entmachteten Sejm für eine durchaus nützliche Dekoration der Volksrepublik: Er behielt seinen traditionellen Namen (wurde also nicht etwa in «Volkskammer» wie in der DDR oder anderswo umbenannt) und auch sein markanter Sitz in der Wiejskastraße wurde sorgfältig wiederaufgebaut, um die Kontinuität der Tradition zu betonen. Zu diesen gepflegten demokratieähnlichen Fassaden gehörte auch die «Vereinigte Bauernpartei» (*Zjednoczone Stronnictwo Ludowe,* ZSL), deren Vertreter regelmäßig zum Sejmmarschall «gewählt» wurden, und die «Demokratische Partei» (*Stronnictwo Demokratyczne,* SD).[2] In einem anderen Zusammenhang steht die Förderung der seit 1952 ebenfalls im Sejm vertretenen PAX-Bewegung von Bolesław Piasecki, die «fortschrittliche» katholische Laien repräsentieren und so ein Gegengewicht zur Anziehungskraft der Kirche bilden sollte.

In Wirklichkeit bestand die Führung aus einem dreiköpfigen informellen Kreis. An dessen Spitze stand der Erste Sekretär der «Polnischen Vereinigten Arbeiterpartei» (*Polska Zjednoczona Partia Robotnicza*, PVAP/PZPR) Bierut, der bis 1952 ebenfalls Staatsratvorsitzender sowie 1952 bis 1954 Ministerpräsident war. Der «Troika» gehörten außer ihm der Leiter der Staatlichen Planungskommission Minc sowie der Unterstaatssekretär im Amt des Ministerpräsidenten Jakub Berman an. Die Macht der drei resultierte nicht aus den staatlichen Ämtern, die sie bekleideten, sondern aus der faktischen Stellung im Parteiapparat, die sie von den theoretisch gleichberechtigten Genossen im Politbüro abhob. Solange sie das Vertrauen Moskaus genossen, waren Bierut, Minc (zuständig für die Wirtschaft) und Berman (als Aufseher von Sicherheitsapparat, Propaganda und Außenpolitik) unantastbar. Die formalen Organe der Partei spielten unter diesen Umständen eine untergeordnete Rolle: Politbüro und Sekretariat, die theoretisch die Geschäfte zwischen den Sitzungen des Zentralkomitees abwickeln sollten, wurden sowohl durch die «Troika» als auch durch die Bildung des sogenannten Organisationsbüros, das ebenfalls aus höchsten Parteifunktionären bestand, entmachtet. Neben Polit- und Organisationsbüro wirkten noch die Sekretariate beider Gremien, die alle neun Tage zusammentraten und die Mehrheit der Entscheidungen trafen.[3] Die seltenen Plenarsitzungen des Zentralkomitees bestätigten nur die im «Haus der Partei» vom engsten Führungszirkel beschlossenen Entscheidungen.

Der Ministerrat amtierte theoretisch als oberstes Organ der staatlichen Verwaltung. Tatsächlich wurde diese auf jeder Ebene, von der Gemeinde bis zum Minister, von den entsprechenden Parteiorganen kontrolliert; der Minister in der Regel vom Leiter der zuständigen Abteilung des ZK. Der Ministerrat hatte vornehmlich die Aufgabe, die Entscheidungen der höchsten Parteiorgane umzusetzen. Diese ohnehin bescheidene Funktion der Regierung übernahm in der Praxis jedoch das sogenannte Regierungspräsidium, das unter dem Vorsitz des Ministerpräsidenten beriet. Neben zahlreichen stellvertretenden Ministerpräsidenten saß in diesem Gremium der unscheinbare Unterstaatssekretär Berman. Die Selbstverwaltung, die ohnehin nach 1947 ein Scheindasein führte, wurde im März 1950 mit der staatlichen Administration zusammengelegt. Die sogenannten Nationalräte, die von der Gemeindeebene bis zur Wojewodschaft existierten, spielten eine ähnliche Rolle wie der Sejm in Warschau. Sie wurden völlig verdrängt von ihren Präsidien, die sich wiederum aus Vertretern des lokalen Partei- und Staatsapparates zusammensetzten und allein über den Verwaltungsapparat geboten; der Vorsitzende des Präsidiums (und damit des regionalen Nationalrates) war zugleich Wojewode. Ähnlich wie der Minister in Warschau war der Chef der lokalen staatlichen Verwaltung gänzlich abhängig vom lokalen Vertreter der Partei, d. h. dem Ersten Sekretär des Wojewodschaftskomitees.

Beide, der Staats- wie der Parteiapparat, wurden von Jahr zu Jahr größer: Allein die Zahl der Ministerien und zentralen Ämter verdoppelte sich (zwischen 1949 und 1955 entstanden 17 neue Ministerien und 21 neue zentrale Ämter). Die Bürokratisierung griff aber weit über die Schaffung neuer Institutionen hinaus: Ende 1956 zählte man im Land 2,1 Millionen «geistige Arbeiter» – ein Großteil von ihnen Angestellte in Verwaltung und Wirtschaft – gegenüber 800 000 vor dem Krieg. Das Ausmaß dieses Wachstums wird noch deutlicher, wenn man berücksichtigt, dass die Bevölkerungszahl in der Schlussphase des Stalinismus mit 28 Millionen Menschen noch immer um rund ein Fünftel geringer war als vor 1939.[4]

Die Bürokratisierung erfasste besonders stark die PVAP. Die Zahl der hauptamtlichen Funktionäre der Partei stieg von 7500 Anfang 1949 auf 16 500 vier Jahre später. Auf dem Höhepunkt des Stalinismus (1954/55) waren im Apparat knapp 20 000 Personen beschäftigt; fast zehn Prozent der Stellen blieben unbesetzt, offenbar weil der Bedarf an «politischen Mitarbeitern» vom «Arbeitsmarkt» nicht gedeckt werden konnte.[5] Dabei akzeptierte man beim Rekrutierungsverfahren durchaus eine ständige Deprofessionalisierung (sofern man im Ausgangspunkt von Professionalität sprechen kann). Ideologische Überzeugung blieb stets wichtiger als berufliche Eignung.

Ergebnis des quantitativen Wachstums des Parteiapparats war seine Proletarisierung. Mehr als zwei Drittel der hauptamtlichen Funktionäre in den Wojewodschaftskomitees stammten aus Arbeiterfamilien. 1952 wiesen 80 Prozent der Mitarbeiter eine abgeschlossene Grundschulausbildung (oder noch weniger) vor. Neun Prozent hatten die Mittelschule nicht abgeschlossen, das Abitur hatten acht Prozent absolviert, ein Prozent waren Hochschulabsolventen oder Hochschulabgänger.[6]

Die Personalpolitik, im Stalinismus das Herzstück jeglicher Steuerung, wurde über das System der sogenannten Nomenklatura betrieben: Nomenklaturstellen waren Planstellen, über deren Vergabe der Parteiapparat entschied. Mitte der 1950er Jahre besetzten verschiedene Organe des ZK die 7000 wichtigsten Stellen im Partei- und Staatsapparat. Um ein Vielfaches größer waren die Kompetenzen der Wojewodschafts- und niedrigeren Instanzen der Partei (der größte Anteil fiel den Kreiskomitees zu), so dass landesweit geschätzt 150 000 Stellen von der PVAP vergeben wurden.[7] Die Mitgliedschaft in der Staatspartei wurde faktisch zu einer entscheidenden Voraussetzung für den beruflichen Aufstieg. Selbst in der Wirtschaft machte sich die zunehmende Deprofessionalisierung deutlich bemerkbar,[8] zumal von der beruflichen Karriere jene ausgeschlossen blieben, deren Kaderakte eine «schlechte» Herkunft auswies oder die eines «Fehlverhaltens» in den vergangenen Jahrzehnten verdächtigt wurden. Unerwünschter Herkunft waren im Prinzip alle, die aus besitzenden bzw. gebildeten Schichten stammten, ebenso Personen mit Verwandten im Ausland. Das Spektrum verdächtigen Verhaltens reichte noch weiter: Darunter fielen etwa Aktivitäten außerhalb der KP vor 1939, die Zugehörigkeit zum «reaktionären Untergrund» unter deutscher Besatzung (vor allem zur *Armia Krajowa*), Sympathie für die antikommunistische Opposition nach 1945, «Klerikalismus» usw. Andererseits wurden die Reste der «alten» Intelligenz, die den Krieg überlebt hatten, allein wegen ihrer Herkunft in der Regel weder physisch bedroht noch umgebracht, wie im klassischen Stalinismus üblich. Und auch auf deren berufliche Qualifikationen verzichtete der Staat nicht ganz. Die meisten durften weiterarbeiten, wenngleich nicht in Führungsstellen. «Verdächtigen» Professoren wurden Lehrstuhl und Lehrerlaubnis entzogen, sie wurden aber nicht in Bergwerke geschickt. In Ausnahmefällen konnte es sogar vorkommen, dass ein angesehener Spezialist wie Tadeusz Manteuffel trotz aller möglichen Verdachtsmomente (adelige Herkunft,

Freiwilliger im polnisch-sowjetischen Krieg 1920 und ehemaliger AK-Offizier) eine Schlüsselfunktion beim Wiederaufbau der Geschichtswissenschaften übernahm.[9]

Völlig ausgeschlossen wurden hingegen die alten professionellen Eliten aus Armee und Polizei. An der Spitze der Armee stand seit Ende 1949 der sowjetische Marschall Konstanty Rokossowski, der als Verteidigungsminister auch den Titel eines polnischen Marschall bekam. Seine halbpolnische Herkunft lieferte die offizielle Erklärung für den auch aus der Sicht der Systemträger desillusionierenden Vorgang, dass ein sowjetischer Staatsbürger zum faktischen Oberbefehlshaber der polnischen Streitkräfte ernannt wurde. Das Offizierskorps war schon vorher gesäubert worden: Die Entlassungen betrafen 13 500 Personen, darunter fast 6000 Berufs- und Reserveoffiziere, von denen die meisten den Krieg in deutschen Kriegsgefangenenlagern überlebt hatten und insofern nicht durch die Mitgliedschaft in der AK «kompromittiert» waren. Während in die unteren Ränge Zehntausende junger, innerhalb des neuen Systems ausgebildeter Polen hineinströmten (1950 gab es in den polnischen Streitkräften 19 000 Offiziere, vier Jahre später 47 000),[10] bestand die Spitze des Militärs praktisch nur aus den etwa 700 – wie Rokossowski «importierten» – Sowjetoffizieren, die zugleich im Verteidigungsministerium alle entscheidenden Stellen besetzt hielten. Ab 1950 wurde die Armee ausgebaut und aufgerüstet. Sie sollte mehr als verdreifacht werden (von 130 000 Anfang 1949 auf über 400 000). Im Stalinismus war der Krieg keine abstrakte Bedrohung, sondern eine nahezu alltäglich heraufbeschworene Gefahr, für die man in jeder Hinsicht gerüstet sein musste. Eine große und ganz von den Sowjets kontrollierte polnische Armee erfüllte diese Aufgabe.

Das andere Standbein der permanenten Mobilisierung, die im Schatten des Koreakrieges noch intensiviert wurde, stellte die Rüstungsindustrie. Im Mittelpunkt des 1950 verkündeten sogenannten Sechsjahresplans standen Schwer- und Rüstungsindustrie, wohingegen auf größere Investitionen in die Leicht- und Konsumindustrie bewusst verzichtet wurde. Die Ökonomen kaschierten den militärischen Charakter der geplanten Investitionen ebenso wie die Propaganda, ließen sich jedoch in internen Planspielen auf immer höhere Produktionsziele ein, die weder finanzier- noch umsetzbar waren. Während in dem ursprünglichen Entwurf fast von einer Verdoppelung der Industrieproduktion die Rede war (Wachstum um 85–95 Prozent), wurde diese Vorgabe noch im Vorfeld auf 132 Prozent erhöht (Stand Ende 1949). Mitte 1950, als der Sechsjahresplan dem Sejm als Gesetzentwurf vorlag, visierten die Ökonomen eine Steigerung der Industrieproduktion um 158 Prozent an.[11] In den drei Jahren des Koreakrieges wuchsen die

Mittel allein für die Rüstungsausgaben um 70, 150 und 500 Prozent.[12] Ungeachtet der Irrealität ihrer Zielvorgaben kreierten diese Sandkastenspiele Hunderte von Betrieben und Hunderttausende von Arbeitsplätzen. In der Zeit des Sechsjahresplans (1950–1955) entstanden große Zentren der Schwerindustrie. Neu- bzw. ausgebaut wurden ganze Zweige und Fertigungsstätten im Bereich von Maschinenbau und Elektrotechnik, Auto- und Flugzeugherstellung, Chemiebetriebe, Werften, Hütten und Bergwerke.

Finanziert wurde die massive Industrialisierung über den niedrigen Lebensstandard, sowohl in der Stadt als auch auf dem Land. Trotz niedriger Löhne entwickelte sich angesichts vollständiger Vernachlässigung der elementaren Konsumbedürfnisse ein ständiger Inflationsdruck. Die offiziell nicht ausgewiesene Inflation dürfte 1950 eine beachtliche zweistellige Zahl erreicht haben. Im Oktober wurde sie, ebenso wie der Lebensstandard, durch den Zwangsumtausch des alten in einen neuen Złoty gesenkt, wobei Sparguthaben bis zu 100 000 alte Złoty zum Kurs von 100 zu drei gewechselt wurden, Bargeld 100 zu eins, und auch dies nur zehn Tage lang. Der Geldumlauf verringerte sich infolge der Abschöpfung um fast zwei Drittel. Entgegen den Erwartungen wurde die Inflation durch diesen einmaligen Kraftakt des Staates gegen seine Bürger nicht beendet: Solange der Sechsjahresplan die Finanzpolitik bestimmte, blieb auch der Druck auf den kaum vorhandenen Konsumgütermarkt bestehen. Bis 1951 funktionierte das System eher schlecht als recht, freilich ohne die Ende 1948 abgeschafften Lebensmittelmarken. Bereits im August aber, weniger als ein Jahr nach der drastischen Währungsoperation, wurden die «Versorgungsengpässe» bei Lebensmitteln derart dramatisch, dass sechs Jahre nach Kriegsende die Marken für Fleisch, Wurst und Fett wieder eingeführt werden mussten; im Mai 1952 folgten Marken auf Zucker und Seife. Wenige Monate später, im Januar 1953, wurde das Verteilungssystem aufgehoben – zusammen mit einer Preiserhöhung um 43 Prozent (die Löhne stiegen um 30 Prozent), um die durch Waren ungedeckte Geldmenge abzuwerten.[13] Auch die erneute Geldentwertung auf Kosten der Gesellschaft entspannte aber die Lage kaum: 1953 lag die offiziell weiterhin verschwiegene Inflation bei über 40 Prozent, in der Stadt war die Versorgung mit Grundnahrungsmitteln ebenso schlecht wie 1951.

Über den niedrigen Lebensstandard wurde neben der Rüstung auch der Ausbau des zweiten Pfeilers des Stalinismus finanziert: die innere Sicherheit. 1953 dienten im Grenzschutz 32 000 Soldaten, im Korps für Innere Sicherheit 41 000, in der regulären Polizei (der Bürgermiliz – *Milicja Obywatelska,* MO) 48 000, in den Dienststellen des Ministeriums für Öffentliche Sicherheit 33 000, im Gefängnisvollzug 10 000, im Industrieschutz, der mit dem Sechsjahresplan alle größeren Betriebe erfasste, 32 000 Personen. Ergänzt wurde das engmaschige Netz der polizeilichen Überwachung durch die «Freiwilligenreserve der Miliz» (*Ochotnicza Rezerwa Milicji Obywatelskiej, ORMO*), die 125 000 Mitglieder zählte,[14] vor allem jedoch durch die in allen gesellschaftlichen Bereichen tätigen Informellen Mitarbeiter, deren Zahl 1953 mit 85 000 den absoluten Höchststand in der Geschichte Volkspolens erreichte.[15] Die Denunziationen werden kaum jemals gezählt werden können, sie müssen aber mindestens in die Hunderttausende gegangen sein. Das Ministerium für Öffentliche Sicherheit führte 1954 Karteikarten von 5,2 Millionen «verbrecherischen und verdächtigen Elementen», d. h. von fast jedem dritten erwachsenen Staatsbürger.[16]

Das Landesinnere schien damit ebenso flächendeckend abgesichert wie der Auslandsverkehr. Der Stalinismus suchte konsequent wie kein anderes System in Friedenszeiten, das Land und seine Bürger von Kontakten mit der Außenwelt abzuschirmen. Dies hing sowohl mit den Kriegsvorbereitungen wie mit dem Verständnis von innerer Sicherheit zusammen, die man sich nur als möglichst totale Kontrolle aller Lebensbereiche vorzustellen vermochte. Nach den Massenmigrationen der unmittelbaren Nachkriegsjahre wurde die Grenze Ende der 1940er Jahre nach und nach verriegelt. In den frühen 1950er Jahren war sie nahezu hermetisch geschlossen (außer für ausreisewillige Deutsche und Juden).[17] 1954 erhielten 1681 Antragsteller die Erlaubnis für eine private Auslandsreise, darunter 52, die ins westliche Ausland fahren wollten. Weitere 52 durften aus Polen emigrieren. Die Zahl aller Auslandsreisen polnischer Staatsbürger (bei der großen Mehrheit handelte es sich um «Reisekader» mit Dienstpass; in diese Kategorie fielen z. B. Matrosen und Flugzeugbesatzungen der staatlichen Luftfahrtgesellschaft LOT) bewegte sich zwischen knapp 10 000 (1951) und 22 000 (1954). Über die Vergabe der Pässe entschied ein Sonderausschuss des ZK-Sekretariats.[18]

Die Volksrepublik Polen schien auf dem Höhepunkt des Stalinismus, der zeitlich etwa mit dem Tod seines Gründers zusammenfiel, auch auf den zweiten Blick eine perfekte Diktatur. Moskau hatte sein Ziel erreicht; es konnte sich des Warschauer Gehorsams sicher sein. Die größte der gleichgeschalteten Provinzen im europäischen Vorraum der UdSSR wurde dabei mit einem minimalen Aufwand an eigenen Kadern verwaltet – die paar hundert Offiziere in den Streitkräften waren die einzige auffällige Gruppe von Sowjets im Staatsapparat; in anderen Bereichen genügten eine Handvoll «Berater» vor Ort und mündliche Anweisungen, oft genug telefonisch vermittelt.

Die Staatsfeinde: Kirche und Bauern

Zwei Fremdkörper widersprachen freilich dem Bild der vollständigen Stalinisierung: die katholische Kirche und die Bauern. Die Geistlichkeit genoss nach den Leiden der deutschen Besatzungszeit eine hohe Autorität. Der Krakauer Erzbischof Adam Sapieha, der im Unterschied zu Primas August Hlond im Land geblieben war, war den deutschen Besatzern mit auffallender, bald legendärer Würde begegnet, auch anderswo fiel auf die Kirchenfürsten kein Verdacht der Kollaboration.[19] Im Unterschied zur Vorkriegszeit waren nun fast alle Staatsbürger römisch-katholisch (die bislang griechisch-katholischen Ukrainer wanderten nach der Zwangsauflösung ihrer Kirche in die Obhut der römischen Pfarreien), was ebenfalls zur Stärkung der Kirche beitrug. Daher wurde sie in den ersten zwei Nachkriegsjahren kaum angegriffen. Zwar kündigte Warschau das Konkordat von 1925 bereits im September 1945 unter dem Vorwand, der Heilige Stuhl habe durch die Einsetzung eines deutschen Bischofs im besetzten polnischen Gebiet den Vertrag gebrochen. Bierut zeigte sich jedoch in dieser Zeit bei Staatsfeiern mit höchsten Vertretern der Geistlichkeit. Der Religionsunterricht wurde fortgesetzt, katholische Bücher publiziert, die Katholische Universität Lublin und die theologischen Fakultäten an den staatlichen Universitäten öffneten wieder, die 1945 von Primas Hlond anstelle der deutschen Würdenträger eingesetzten Apostolischen Administratoren in den Neuen Gebieten wurden nicht behelligt. Gerade die Beteiligung der Kirche an der Polonisierung der «Wiedergewonnenen Gebiete» entsprach dem ureigenen Interesse der neuen Machthaber. Die Kirche musste zwar von Anfang an auf katholische Massenblätter verzichten (die vor 1939 zur meistgelesenen Presse gehört hatten), toleriert wurden jedoch einige wenige der Kirche nahestehende Wochenzeitungen. Der im Frühjahr 1945 unter der Obhut des Krakauer Erzbischofs gegründete *Tygodnik Powszechny* entwickelte sich sofort zu einem wichtigen Kommunikationsforum der nichtkommunistischen Intelligenz.

Nach dem Tode Hlonds 1948 wurde der junge, 47-jährige Bischof von Lublin Stefan Wyszyński zum Primas gewählt. Wyszyński, bekannt für sein Engagement in der katholischen Sozialfürsorge, war während des Krieges in der Gegend von Warschau Kaplan einer AK-Einheit gewesen. Die Staatsmacht glaubte wohl, mit dem jungen, politisch unerfahrenen Priester ein leichteres Spiel zu haben als mit Hlond und Sapieha; sie sollte bald enttäuscht werden. Unter den katholischen Laien förderte die Partei die bereits erwähnte Bewegung von Piasecki, der in der Vorkriegszeit eine faschistische Partei und im antideutschen Untergrund eine eigene Organisation geführt hatte.[20] Nach seiner Verhaftung durch den NKWD 1944 wurde er schon

1945 mit dem Auftrag entlassen, eine Alternative zur kirchlichen Autorität aufzubauen. Seine Versuche, zwischen Staat und Episkopat zu vermitteln, scheiterten jedoch.

Schon 1948 begann der Angriff auf die Kirche, der vor allem die Haltung des Papstes bezüglich der «Wiedergewonnenen Gebiete» zum Vorwurf gemacht wurde: Pius XII. sprach den deutschen Vertriebenen sein Mitleid aus, forderte, «dass das Geschehene rückgängig gemacht wird – soweit es sich noch rückgängig machen lässt».[21] Damit weigerte sich der Heilige Stuhl, vor Abschluss des Friedensvertrages die ehemals deutschen Gebiete als Teil der polnischen Kirchenprovinz anzuerkennen. Im Juli 1949 drohte der Papst Mitgliedern der kommunistischen Parteien mit Exkommunikation. Im weiterhin zutiefst katholischen Polen, in dem selbst die übergroße Mehrheit der Parteimitglieder getauft war und die Messen seit eh und je zahlreich besucht wurden, instrumentalisierte die Partei diese Drohung umgehend: Der Staat antwortete mit einem Dekret über den Schutz von Religions- und Gewissensfreiheit, in dem der Missbrauch dieses Grundrechts zu politischen Zwecken unter Strafandrohung gestellt wurde. Geistliche wurden überall schikaniert, eingeschüchtert, erpresst. Wachsenden Einfluss hatte hierbei die Sicherheitspolizei.[22]

Ähnlich wie im Fall Mikołajczyks 1945 bis 1947 nutzte die Partei nun das Verhalten «des Westens» (d. h. des Vatikans) als Vorwand für massive Angriffe gegen seine polnischen «Exponenten» (d. h. die Kirche), denen nicht nur ein Mangel an Patriotismus, sondern bald auch Landesverrat vorgeworfen wurde. Die politischen Prozesse gegen vermeintliche und tatsächliche Führer des Untergrunds dienten wiederum dazu, einzelne Priester, potentiell auch die ganze Hierarchie, öffentlich als Verbündete bzw. Agenten des Westens bloßzustellen. Als Gegengewicht bauten Partei und Sicherheitspolizei seit 1949 die Bewegung der «patriotischen Priester» auf. Die «Patrioten» unter der Geistlichkeit begehrten mehr oder minder offen gegen die Hierarchie auf und stellten deren Autorität in weltlichen Angelegenheiten infrage. Im Jahre 1953 dürfte etwa jeder zehnte Geistliche Mitglied oder Sympathisant dieser Bewegung gewesen sein, in der Zuträger, erpresste und gebrochene Menschen wohl deutlich in der Mehrheit waren gegenüber jenen Nonkonformisten, die aus weltanschaulichen Gründen tatsächlich das Verhältnis ihrer Kirche zur «sozialistischen Realität» Volkspolens revidieren wollten oder das Grundübel in der deutschenfreundlichen Haltung des Vatikans sahen.

Anfang 1950 übertrug der Staat den Besitz der Caritas auf die «fortschrittlichen Katholiken», im März übernahm er einen Teil der kirchlichen Landgüter. Wyszyński gab nach. Am 14. April 1950 unterzeichneten Vertreter des Episkopats einen Vertrag mit dem Staat, der ein klarer Sieg der Partei über die Kirche war: Die Bischöfe distanzierten sich von antistaatlichen Aktivitäten und verpflichteten den Klerus, Gehorsam gegenüber der Staatsmacht zu predigen, bis hin zum «Grundsatz, dass der Papst die einzige und höchste Autorität der Kirche ist», sofern es sich um «Fragen des Glaubens, der Moral und der kirchlichen Jurisdiktion» handelt; «in anderen Bereichen lässt sich der Episkopat von der polnischen Staatsräson leiten».[23] Im Gegenzug wurde der aktuelle Besitzstand der Kirche inklusive Katholischer Universität, Ordenstätigkeit, Religionsunterricht in der Schule und Priesterseminaren bestätigt.[24]

Der Vatikan nahm den Vertrag mit erheblichem Misstrauen auf, da die offenkundige Einschränkung der Selbständigkeit als ein allzu hoher Preis für die Fortexistenz der Kirche im Stalinismus bewertet wurde. Unmittelbar vor dem Tod Stalins griff der Staat erneut an, indem er die Duldung des kirchlichen Besitzstandes und damit die Grundlage des Vertrags von 1950 zurücknahm: Im Februar 1953 erließ der Staatsrat ein Dekret, das die Kirche bei Neubesetzungen geistlicher Stellen zur Einholung einer staatlichen Genehmigung sowie Geistliche zu einem Treueid auf die Volksrepublik verpflichtete. Wyszyński predigte daraufhin im Juni öffentlich das *non possumus* der katholischen Kirche.[25] Im September wurde in einem Schauprozess einer der verhafteten Bischöfe als Agent westlicher Geheimdienste verurteilt, der Primas wenige Tage später als Antwort auf seine grundsätzliche Verweigerung verhaftet und interniert. Die Bischofskonferenz stellte sich nicht hinter ihr Oberhaupt und wurde nun für die nächsten Jahre zu einem Werkzeug der Staatsmacht. Der *Tygodnik Powszechny* wurde ebenfalls 1953 suspendiert, weil er sich geweigert hatte, den Tod Stalins in der staatlich gewünschten Form zu würdigen. Den Titel führte ab Juli ein Blatt der PAX-Bewegung mit «fortschrittlicher» und «patriotischer» Zielsetzung weiter. Damit war auch dieses Relikt der Übergangsperiode mit der stalinistischen Realität gleichgeschaltet.

Die Strukturen der Kirche waren zwar, im Unterschied etwa zur Tschechoslowakei, nicht zerschlagen; der polnische Vorsitzende der Bischofskonferenz war anders als der ungarische nicht in einem Schauprozess rechtskräftig verurteilt, sondern «nur» interniert worden.[26] Systematisch verdrängt aus den Schulen,[27] mit den «patriotischen Priestern» und Tausenden von Zuträgern als trojanischem Pferd innerhalb der Organisation, mit einem eingeschüchterten Episkopat und einem handlungsunfähigen Primas, ohne materielle Grundlagen schien aber die katholische Kirche in den letzten Jahren des Stalinismus kein gewichtiger Gegner mehr zu sein.

Weniger erfolgreich verlief die Ende der 1940er Jahre eingeleitete

Zwangskollektivierung. Den staatlichen und genossenschaftlichen landwirtschaftlichen Betrieben standen um 1950 kaum mehr als zehn Prozent der gesamten landwirtschaftlichen Nutzfläche zur Verfügung. Dies sollte rasch geändert werden, nur lehnten die Bauern die Aufrufe zum freiwilligen Zusammenschluss in Produktionsgenossenschaften als Einführung der verhassten sowjetischen *Kolchosen* ab. Der Staat reagierte auf den passiven Widerstand mit Propagandakampagnen zu Lasten der vermögenden Bauern («Kulaken»), die sich dem Fortschritt gegen das Interesse der Dorfgemeinschaft widersetzten, mit der Erhöhung von Steuern und Zwangslieferungen für Widerspenstige, mit der Verhängung von Bußgeldern und immer öfter mit Verhaftungen. Der Druck war weder konsequent noch kontinuierlich: 1950 entstanden fast 2000 neue Genossenschaften, in den ersten vier Monaten des nächsten Jahres weitere 800. Die Desorganisation der Landwirtschaft führte aber in den Städten schnell zu Versorgungsmängeln. Bereits 1951 wurden deshalb die «Auswüchse», der «Übereifer» örtlicher Parteiorganisationen öffentlich gebrandmarkt und die Zwangskollektivierung verlangsamt. Zwischen Mai 1951 und Juli 1952 stieg somit die Zahl der «Kollektive» nur unwesentlich, worauf im August eine neue, diesmal einjährige Kampagne einsetzte, die mit 1300 Neugründungen im Februar 1953 ihren Höhepunkt erreichte. Im gesamten Todesjahr von Stalin wurde rund eine Viertel Million Bauern wegen unzureichender Zwangslieferungen bestraft. In den nächsten zwei Jahren ging die Intensität der Staatsaktion ebenso wie die Zahl der Schikanierten langsam zurück. Insgesamt sind aber in den vier Jahren des Hochstalinismus 1952–1955 fast 600 000 Bauern mit Verwaltungsstrafen belegt und über 10 000 aus demselben Grund von Gerichten verurteilt worden.[28] Die nicht organisierte, ausschließlich passiv kämpfende Bauernschaft erwies sich letztlich als harter Gegner der neuen Ordnung: Bis 1955 ließen sich landesweit nur 9000 Landwirtschaftliche Produktionsgenossenschaften organisieren, die etwa neun Prozent der landwirtschaftlichen Nutzfläche erfassten. In Pommern und Niederschlesien waren sie mit Anteilen von bis zu 40 Prozent am weitesten verbreitet, in Zentralpolen kamen sie über wenige Prozente des Bodenanteils nicht hinaus.[29] Zusammen mit den Landwirtschaftlichen Staatlichen Betrieben verfügten die «kollektiv erfassten» Bauern und Landarbeiter über mehr als ein Fünftel der Nutzfläche. Trotz der Repressionen und der offenkundigen Benachteiligung der Landwirte etwa bei der Kreditvergabe erreichten weder die staatlichen noch die pseudogenossenschaftlichen Betriebe die Erträge der individuellen Bauern. Da auch diese infolge der Benachteiligung zurückgingen, fiel die landwirtschaftliche Produktion pro Kopf der Bevölkerung zwischen 1950 und 1955 um vier Prozent. Auch die Wiedereinführung der verhassten Zwangslieferungen landwirtschaftlicher Produkte (1952) verhinderte nicht, dass der Sechsjahresplan auf dem Land in einem vollständigen Fiasko endete.[30]

Die neue Gesellschaft

In der Stadt hatte das System zur selben Zeit durchaus Erfolge zu verzeichnen, wobei die Annäherung an das Ideal einer Wirtschaft ohne Privatbesitz mit der Senkung des Lebensstandards bezahlt wurde: Die Zahl der privaten Geschäfte sank zwischen 1948 und 1955 von fast 130 000 auf knapp 14 000, die der privaten Kneipen und Cafés im selben Zeitraum von fast 14 000 auf weniger als 500.[31] In Warschau fiel innerhalb von zwei Jahren die Zahl der Geschäfte um ein Fünftel (die der privaten um die Hälfte), während die Zahl der Einwohner zum selben Zeitpunkt (vor allem durch Eingemeindungen) um ein Drittel stieg.[32] Die Schlangen vor jenen Geschäften, die irgendetwas zu verkaufen hatten, gehörten zum Alltagsbild ebenso wie die Menschentrauben in und auf den städtischen Verkehrsmitteln, die grundsätzlich nicht zu den Prioritäten des Sechsjahresplans gehörten.

Der Feldzug gegen die beiden letzten großen Gegner, die Kirche und die sozialwirtschaftliche Gruppe der Privatbesitzer, wurde im Kontext der permanenten gesellschaftlichen Mobilisierung unter der Losung des verschärften Klassenkampfes geführt. Dies sei eine objektiv gegebene Begleiterscheinung beim Aufbau des Sozialismus, lehrte die Partei. Ferner bilde die innere Auseinandersetzung mit der Reaktion den polnischen Beitrag zum weltweiten Kalten Krieg, d. h. zum globalen «Kampf um den Frieden». Gegen den Westen, gegen Kriegstreiber und Faschisten wurde bei jeder Gelegenheit agitiert, an Festtagen demonstriert. Bevorzugte Feindbilder waren der US- und der britische Imperialismus, ihr «Kettenhund» Südkorea, das revanchistisch-faschistische Westdeutschland und Josip Broz Tito. Als deren polnische Handlanger prangerten Propaganda und Staatsanwälte vor allem Angehörige der AK und des antikommunistischen Untergrunds an, zudem wurden Exil und Geistlichkeit angeklagt. Verhaftet und verurteilt wurden daneben oft Jugendliche, die «antistaatliche» Äußerungen in dieser oder jener Form vorgebracht hatten, Verbreiter von «Flüsterpropaganda» und «Gerüchtemacher», Streik- und sonstige «Rädelsführer», sowohl in Industriebetrieben als auch auf dem Land. Die Gesamtzahl der Verhaftungen und politischen Häftlinge ist unbekannt. Grob geschätzt, wurden jährlich aus politischen Gründen zwischen 10 000 und 20 000 Personen verhaftet, so dass die Gesamtzahl bis 1955, nachdem der Terror sein stärkstes Ausmaß erreicht hatte, im hohen fünfstelligen Bereich gelegen haben dürfte. In der Untersuchungshaft wurde massenhaft geprügelt, überliefert sind regelrechte Foltern, denen politisch Verdächtige ausgesetzt waren. Der AK-Offizier Kazimierz Moczarski, der mehrere Jahre in der Todeszelle verbracht hatte, erinnerte sich später an 49 Arten von Misshandlungen und Folter, die er erleiden musste.[33]

Andrzej Paczkowski, der wie kein anderer die Rolle des Terrors im ersten Nachkriegsjahrzehnt erforscht hat, bezeichnet diesen bis 1948 als «massenhaft»: Die Aufgabe war von Beginn an weniger die Bekämpfung des von Jahr zu Jahr schwächer werdenden Untergrunds, sondern die Bedrohung und Verängstigung weitester Gesellschaftsschichten. Im Stalinismus diente der Terror zwar weiterhin diesem Ziel, wurde jedoch ganz im Sinne seines sowjetischen Vorbilds «allgemein»: «Keine, auch nicht die höchste Stellung, keine, auch nicht die größten Verdienste, keine, auch nicht die unterwürfigsten Schmeicheleien, boten gegen ihn Schutz.»[34] Bedroht fühlen sollte sich jeder. Dennoch erreichten die Terrorakte nicht jene Ausmaße wie in der benachbarten ČSR, wo rund 100 000 Personen Opfer politischer Prozesse wurden und etwa jeder zwölfte Bürger politisch verfolgt wurde bzw. von sozialer Depravierung und Deklassierung betroffen war.[35] Noch weiter südlich, in Ungarn, dürfte in den ebenfalls wenigen Jahren des Stalinismus gar jeder zehnte Bürger von Repressionen betroffen gewesen sein. Ferner gab es in Volkspolen zwar zahlreiche Verhaftungen, aber keinen Schauprozess prominenter Kommunisten, was für die Entwicklung nach dem Stalinismus eine wichtige Rolle spielen sollte.

Das Gegenstück zu Hass und Terror bildete die Propaganda, in deren Dienst auch die Kunst gestellt wurde. Die «wissenschaftlichen Erkenntnisse» des Marxismus-Leninismus-Stalinismus verdichteten sich in Druck, Bildern, auf der Leinwand und der Bühne zum «sozialistischen Realismus» – einer Mischung aus Ideologie, Realismus, traditionell-trivialen Kunstgriffen und Monumentalität, die in unterschiedlichen Proportionen Literatur, Malerei und Architektur bestimmten. Diese einzig erlaubte und geförderte Richtung setzte sich zum Ziel, vor allem in Literatur, Film und Theater die «klassenmäßige Wachsamkeit» zu erhöhen und dem Kampf gegen die zumeist im Untergrund lauernden inneren Feinde (Spione, Kulaken, Klerikale, Reaktionäre und sonstige Überbleibsel des alten Systems) zu unterstützen.

Zudem vermittelten die Partei und die von ihr gesteuerten Medien den Polen, wie glücklich und sicher sie im neuen System aufgehoben seien, das ihnen in Zukunft noch mehr bieten würde.[36] Die Propaganda unterstrich allerorts die selbstverständliche Überlegenheit des Sozialismus gegenüber dem Kapitalismus, ferner die Macht der Sowjetunion und die aus der Internationalität der «sozialistischen Staatengemeinschaft» erwachsende Kraft, schloss aber durchaus traditionelle Feindbilder mit ein: Der jahrhundertelange Kampf der Slawen gegen die Germanen bzw. gegen den «Drang nach Osten» spielte eine wesentliche Rolle. Schlüsselbedeutung hatte ebenfalls der Modernitätsbegriff: Der «Klerus», ganz zu schweigen von Adeligen und sonstigen Repräsentanten der alten Elite, symbolisiert für Rückständigkeit, Aberglauben, Verhinderung des Aufstiegs «einfacher Menschen» und damit des Fortschritts schlechthin. Volkspolen wies mit Stolz auf all die Errungenschaften hin, die es den «Werktätigen» gebracht hatte: Vollbeschäftigung, endgültige Durchsetzung der allgemeinen Sozialversicherung und der Schulpflicht, massive Förderung von Bildung, riesige Investitionen im Kulturbereich. Bereits 1946 wurden mehr Bücher gedruckt als 1938, im folgenden Jahr überstieg die Gesamtauflage der Tagespresse die Vorkriegszahlen, an den Mittel- und Hochschulen lernten und studierten wenige Jahre nach dem Krieg mehr Menschen als je zuvor.[37]

Eine besondere Zielgruppe, zugleich Hauptakteur und größter Nutznießer dieser Wende war die Jugend. An den Hochschulen setzte sich der Marxismus-Leninismus-Stalinismus als wissenschaftliche Grundlage fast aller Fächer und Disziplinen durch. Polnische Handbücher fehlten zunächst, so dass Übersetzungen aus dem Russischen (auch bei Schulbüchern[38]) in die Grundlagen des neuen Denkens einführten. Neu waren auch die dominierenden Akteure: Assistenten und Doktoranden verkörperten die Vorzüge des Systems, das dem Nachwuchs bisher unvorstellbare Perspektiven des raschen beruflichen und sozialen Aufstiegs eröffnete. An diesem Punkt begannen die Karrieren der jungen Marxisten Leszek Kołakowski und Zygmunt Bauman, um nur die heute berühmtesten Vertreter dieser Altersgruppe zu nennen; es gab viel mehr. Sie prägten das Bild vor allem der Geisteswissenschaften, und fast alle sollten nach zahlreichen Wendungen und Konflikten in den nächsten Jahrzehnten dem System ihren Rücken kehren, was um 1955 herum noch schwer vorstellbar war.

Die Verwandlung der jungen Intelligenz in einen staatstreuen und systemfördernden Akteur war ein Novum in der polnischen Geschichte. Es fand keine Entsprechung in anderen sozialen Schichten: Die Bauern blieben weitgehend von der Neuen Wirklichkeit ausgeschlossen, bei den Arbeitern rief der Sechsjahresplan gemischte Einstellungen und Verhaltensweisen hervor, die sich nur bei oberflächlicher Betrachtung der Massenaufmärsche am 1. Mai und 22. Juli (der 3. Mai und der 11. November waren als Feiertage abgeschafft worden) zur vollen Unterstützung umdichten ließen. Die großen Investitionen des Wiederaufbaus und des Stalinismus multiplizierten die Zahl der Industriearbeiter: Bis 1950 gingen etwa eine Million in die

Stadt, während des Sechsjahresplans weitere 1,9 Millionen(,[39]) Hunderttausende lebten auf dem Land und pendelten zur Arbeit. Die Verhaltensmuster der Arbeiterschaft der Vorkriegszeit wurden nur selektiv rezipiert, wobei Fleiß, Pünktlichkeit und Zuverlässigkeit als Ausdruck der Sorge um den eigenen Arbeitsplatz sehr schnell einer allgemeinen Sorglosigkeit und Entfremdung gegenüber dem Betrieb gewichen sein dürften. Erstmals in der Geschichte der Industrialisierung bestimmten nicht Menschen das Bild, die Arbeit suchten, sondern ein Überangebot an Arbeit, für das es nicht genug Menschen gab. Dies galt insbesondere für die Bauwirtschaft, aber auch für viele andere Industriezweige, in denen all die bekannten Phänomene sozialistischer Misswirtschaft aufblühten: die völlige Vernachlässigung der Qualität zugunsten der Quantität, Erfüllung von Planauflagen als einziges Kriterium volkswirtschaftlicher Rationalität; schließlich der Zwang, regelmäßig Erfolgsberichte «nach oben» zu senden, statt Verifizierung durch den Markt als Maßstab des Erfolgs. Der Plandruck und die Privilegierung der Schwerindustrie gegenüber anderen Wirtschaftsbereichen drückten sich stellenweise in einem (gemessen an der allgemeinen Armut) relativ hohen Lohnniveau aus, zudem verstärkten sie die Verantwortungslosigkeit der Neuarbeiter, die trotz aller staatlichen Disziplinierungsversuche den Arbeitsplatz wechselten, wann immer sie wollten.[40] Das Fehlen von Sozialisierungsangeboten für die Neuankömmlinge in der Stadt bewirkte wiederum eine Ruralisierung der neuen urbanen Zentren, unter denen das Hüttenkombinat Nowa Huta bei Krakau als sozialistisches Vorzeigeobjekt Bedeutung sowohl für die ökonomische Leistungsfähigkeit des Staates als auch für den sozialen Aufstieg der vom Land stammenden Belegschaft erlangte. Die Großprojekte schienen nahezu ein Symbol der laizistischen Modernität Volkspolens.[41] Die Planer selbst erkannten jedoch schon bald, welche Grundprobleme sie mit ihrem von der Partei geförderten Ehrgeiz, Modernität auf dem kürzesten der vorstellbaren Wege einzuholen, geschaffen hatten. Wenige Jahre später urteilte eine Expertin über eine der Reißbrett- bzw. Trabantenstädte: Untersuchungen hätten nachgewiesen, «dass die Einteilung in Struktureinheiten ohne Zweifel wertvoll ist, organisatorisch für die Verwaltung, technisch für die komplexe Übergabe zur Benutzung und räumlich für die markante Ausformung kompositorisch in sich abgeschlossener räumlicher Einheiten. Nicht entdeckt [im Bild der Stadt] wurden dagegen jene Werte, die einst Anlass für die Entstehung des Konzepts der Einheit waren, nämlich die Werte der sozialen Bindung.»[42]

Damit war vor allem gemeint, dass die neuen Arbeiter in den Städten und Wohnvierteln des Sechsjahresplans nicht wirklich heimisch geworden waren. Folglich waren Staat und Partei mit einer weiterhin amorphen und schwer kontrollierbaren Masse von jungen Menschen konfrontiert, die letztlich unberechenbar blieb. Es war weder Mitte der 1950er Jahre noch vorher ein Geheimnis, dass diese soziale Gruppe längst nicht alles glaubte, was man ihr in Partei-, Jugendorganisations- und Gewerkschaftsversammlungen vorsetzte. Was die Arbeiter, theoretisch herrschende Klasse, in diesen Versammlungen wie anderswo von sozialer Gerechtigkeit und klassenloser Gesellschaft hörten, mussten sie nahezu zwangsläufig auf ihre eigene Erlebniswelt beziehen. Aus Alphabetisierung, Industrialisierung und Urbanisierung resultierte eine neue Dichte und Intensität des Alltags, die mit der saisonal strukturierten Wirklichkeit der heimatlichen Dörfer wenig gemein hatte. Sie schärften zugleich den Blick für die neue Ungleichheit. Nicht mehr Geburt und Besitz entschieden über die soziale Positionierung, sondern der Platz innerhalb des Planstellensystems: In den *Economics of Shortage*, die den Stalinismus charakterisierten, entschied die Nähe zur Macht größtenteils über die Grundversorgung im Alltag, über Wartezeiten für die vom Staat vergebenen Wohnungen und alle anderen staatlich vertriebenen Luxusgüter. Der Funktionär, dem je nach Rang eine bessere Kantine, eine höhere Fleischzuteilung oder eine größere Wohnung zustand, befand sich somit immer auf einer höheren Stufe der sozialen Leiter als der verfassungsmäßige Souverän – der Arbeiter. Der Protest gegen die teils verheimlichte, teils öffentliche Privilegierung der Funktionärsschicht sollte schließlich eines der Leitmotive des Aufbegehrens im Jahre 1956 bilden.

Tauwetter, Machtkämpfe und «polnischer Oktober»

Die ersten Risse im Gebäude des Stalinismus hatten jedoch nicht soziale, sondern innerparteiliche Ursprünge. Die «Verschärfung des Klassenkampfes», deren Ausdruck die permanente Säuberung als Grundlage der Machtausübung bildete, machte auch vor der PVAP nicht halt. Die Partei zählte im Augenblick der Gründung über 1,4 Millionen Mitglieder. In den folgenden vier Jahren wurde fast eine Viertel Million ausgeschlossen bzw. von den Mitgliedslisten gestrichen. Trotz Neuaufnahmen blieb die PVAP im späten Stalinismus mit 1,3 Millionen Mitgliedern (darunter knapp über 50 Prozent Arbeiter) unter dem Stand von 1948/49. Ein großer Teil der Ausschlüsse und gelöschten Mitgliedschaften hatte mit mangelnder Disziplin, fehlenden Mitgliedsbeiträgen, Alkoholismus und sonstigen sittlichen Vergehen zu tun; einige Säuberungen richteten sich gegen frühere Mitglieder der PPS. Die politisch wichtigste, obwohl zahlenmäßig nicht unbedingt auffälligste betraf jedoch die «rechte und nationalistische Abweichung», die von dem ehemaligen Parteichef Gomułka verkörpert wurde.

Die Sicherheitspolizei bespitzelte selbst die höchsten Funktionäre der

Partei. Bereits 1948 wurde der erste prominente Mitarbeiter von Gomułka verhaftet, 1949 begann die öffentliche Jagd auf «rechte und nationalistische Abweichler», wie die ganze Funktionärsgruppe um den ehemaligen Parteichef offiziell genannt wurde. Hunderte von Verhaftungen folgten. Es gab verschiedene Ermittler, von unerfahrenen Leutnants, die plötzlich die ehemaligen Parteigrößen verhören durften, bis zu Bierut und Berman, die die Verhörprotokolle lasen und direkte Anweisungen gaben. Viel ging über den Schreibtisch des berüchtigten Oberstleutnants Józef Światło, der seit 1943 vom anonymen Absolventen einer Unteroffiziersschule in der Sowjetunion zum stellvertretenden Leiter des Spezialbüros im Ministerium für Öffentliche Sicherheit aufgestiegen war. Das Büro konzentrierte seine «Ermittlungen» auf die Führungsetagen der PVAP und wurde im Dezember 1951 in X. Abteilung umbenannt. Sein Arbeitsgebiet – die Überwachung der höchsten Parteifunktionäre bzw. die Aufdeckung von Verschwörern und Agenten im inneren Zirkel – war umso wichtiger, als überall in den «Volksdemokratien» nach nationalen, jüdischen und sonstigen Verrätern gesucht wurde. Der unwissende amerikanische *fellow traveler* Noel Field, seit Mai 1949 in Budapest inhaftiert, lieferte die notwendigen Verbindungen nach Warschau, wo sein Bruder Hermann seit August des Jahres in Haft saß. Beide waren unschuldig, kannten jedoch seit Jahren Dutzende von nun prominenten Kommunisten aus mehreren Staatsparteien, so dass sich um den Namen Field eine perfekte, internationale Verschwörungstheorie aufbauen ließ. Mehrere Geheimpolizeien arbeiteten gleichzeitig an diesem «Fall».[43]

Gomułka wurde erst im August 1951 verhaftet. Der Apparat war von seinen Anhängern längst gesäubert, Hunderte von ihnen waren inhaftiert, einige wurden gefoltert und zu Geständnissen gepresst. Nach und nach erlebten nun Kommunisten, was die weitaus größere Zahl der Mitglieder der AK schon seit Jahren kannte: Die Tätigkeit im antideutschen Widerstand wurde zu einem – in manchen Fällen: lebensgefährlichen – Schandfleck im Lebenslauf. Gomułka selbst wurde nicht gefoltert und ließ sich durch die Haft nicht brechen.

Die Vorbereitungen für einen großen Schauprozess nach ungarischem oder tschechoslowakischem Vorbild waren nicht abgeschlossen, als die Moskauer Kampagne gegen «Kosmopolitismus» die kommunistischen Spitzenfunktionäre jüdischer Herkunft verunsicherte; der Ausbruch des Machtkampfes um das Erbe Stalins und der Fall des Übervaters aller Tschekisten Lavrentij Berija verschärfte die Situation noch einmal, auch und gerade für seine Gefolgsleute. Im Dezember 1953 setzte sich Światło in den Westen ab.

Im September 1954 begann die polnische Sektion von *Radio Free Europe* seine von den Amerikanern protokollierten Aussagen über die Spitzen der PVAP zu verlesen. Das Radio unterlief seit 1952 das kommunistische Informationsmonopol. Nun landete die polnische Sektion der Hörfunksanstalt unter Jan Nowak-Jeziorański mit «Światłos Enthüllungen»[44] ihren größten Coup: Das Bild der internen Machtkämpfe der Agenten Moskaus (aber auch der polnischen politischen Polizei vor 1939), das Światło als ehemaliger Leiter der X. Abteilung kenntnisreich erläuterte, Beispiele des Luxus, in dem die «höchsten Vertreter der Arbeiterklasse» lebten, die Erzählungen über die Struktur der *Inner Party* und deren Ausspionierung durch den Sicherheitsdienst, die in jedem Detail dem offiziellen Selbstbild der PVAP widersprachen, wurden zum Dauerbrenner unter den «Gerüchtemachern». Nicht zuletzt im Milieu der Spitzenfunktionäre waren die Enthüllungen von explosiver Wirkung. Bierut behielt zwar seine Stellung, Minc und Berman wurden jedoch nach und nach entmachtet, das Ministerium für Öffentliche Sicherheit 1955 aufgelöst und Gomułka bereits im Dezember 1954 aus der Haft entlassen. Nun wurde er, zuerst innerhalb der Partei, bald weit über die PVAP hinaus, zum Symbol eines ehrlichen, patriotischen Kommunisten, der sich dem Stalinismus widersetzt hatte und zu dessen Opfer geworden war – wie so viele nichtkommunistische Polen.

Die internen Machtkämpfe in der Partei wurden beschleunigt durch die Stabilisierung Chruschtschows in Moskau und seine beginnende Abgrenzung von Stalin. Die Entstehung von informellen «Fraktionen», d. h. losen Netzwerken einiger Funktionäre innerhalb der Führung der PVAP, die die Verantwortung für die «Fehler» der vergangenen Jahre aufeinander abzuwälzen versuchten, führte zu einer langsamen Lockerung der Zensur und zur allmählichen Aufgabe der These von der Verschärfung des Klassenkampfes. Angesichts des katastrophal niedrigen Lebensstandards wurden der Ausbau der Rüstungsindustrie eingestellt und die Streitkräfte reduziert, die Zwangskollektivierung nicht mehr forciert, der «realistische Sozialismus» in der Kunst nach und nach begraben, politische Häftlinge kommentarlos entlassen.

Im Sommer 1955 fand in Warschau das Weltfestival der Jugend statt, begleitet von einer Ausstellung der neuen polnischen bildenden Kunst. Schon im Vorfeld wurden wesentliche Elemente des Stalinismus stillschweigend demontiert: Weil die ausländischen Delegationen sich irgendwie in der Großstadt zurechtfinden mussten, hob das Militär zähneknirschend die Geheimhaltungsklausel für den Warschauer Stadtplan auf; er wurde erstmals seit Jahren gedruckt. Ebenfalls zum ersten Mal seit langem sah man in der Hauptstadt 23 000 Ausländer (darunter 15 000 aus «dem Westen») aus 100 Ländern; auf polnischer Seite waren 160 000 junge Menschen beteiligt.[45] Viele der Ausländer hatten eine andere Hautfarbe – nach all den eintönigen, gleichmacherischen Jahren des Stalinismus eine Sensation. Trotz staatlicher Bemühungen ließen sich die spontanen Begegnungen zwischen den jungen Menschen weder lenken noch überwachen. Ein Teilnehmer notierte wohl zutreffend, das Festival sei nicht zuletzt «ein großer Alkohol- und Erotikevent» gewesen, ein anderer, ein solches Durcheinander hätten die Behörden 1953 nie geduldet.[46] Das Erlebnis sollte eine ganze Generation prägen.

Die Jugend meldete sich auch in den unmittelbar folgenden Monaten verstärkt zu Wort. Ihr war ja das meiste versprochen worden. Die Absolventen der stalinistischen Hochschulen nahmen nun ihre erste Arbeit als Lehrer, Ärzte, Ingenieure oder Beamte auf, oft genug in der Provinz, wo die materiellen, hygienischen und sozialen Verhältnisse jeder Vorstellung von Fortschritt und Gleichheit spotteten. Das bisher kaum gelesene Studentenblatt *Po Prostu* veröffentlichte erste Reportagen, in denen diese graue, repressive Welt zunächst einmal vorsichtig abtastend beschrieben und bald ebenso vorsichtig kritisiert wurde; die Wochenzeitschrift wurde über diesen Protest der jungen Akademiker zum Flaggschiff der entstehenden Reformbewegung.

Die Wende in dieser undurchsichtigen und staatlich nicht mehr voll kontrollierten Lage brachte das Geheimreferat Chruschtschows auf dem XX. Parteitag der KPdSU am 25. Februar 1956. Wenige Tage zuvor war die 1937/38 von Stalin aufgelöste KP Polens rehabilitiert worden. Dass Chruschtschow nun die Opfer seines Vorgängers für unschuldig erklärte, war für die Handvoll polnischer Funktionäre, welche die Geheimrede mithören durften, weniger sensationell. Aber der neue Kremlchef stürzte mit der mehrstündigen Anklage gegen seinen Vorgänger nichts weniger als ein Denkmal, auf das sich das System bislang überall, auch an der Weichsel, gestützt hatte. Was als Arznei gedacht war, infizierte den Patienten mit einer lebensgefährlichen Krankheit; ein Staatssozialismus, der Verbrechen eingestand, musste ein anderer werden als der, der bislang in Polen praktiziert worden war.[47]

Bierut starb in Moskau wenige Wochen nach der geheimen Sitzung des XX. Parteitags. Der Text der Rede wurde, wahrscheinlich im Rahmen des Machtkampfes innerhalb der PVAP, vervielfältigt und Anfang April den Basisorganisationen der Partei zur Verfügung gestellt. Gleichzeitig gelangten Tausende von Exemplaren über den schwarzen Markt zu Lesern, die ihre schlimmsten Vorwürfe gegen den Stalinismus, noch dazu aus dem Mund des Generalsekretärs der KPdSU, bestätigt fanden. Eine landesweite

Diskussion setzte ein und überschritt schnell die von der Partei vorgegebenen Grenzen, sowohl hinsichtlich der Inhalte als auch der Milieus. Die Enthüllung der Massenverbrechen Stalins und die nun immer lauter vorgebrachten Erinnerungen an die innerpolnischen Absurditäten und Verbrechen erschütterten alle: Für junge Marxisten bedeuteten sie oft den Zusammenbruch ihrer Weltanschauung, anderen dienten sie als Bestätigung der bisherigen Ablehnung des Systems. Die halböffentlichen und privaten Diskussionen erreichten im Frühjahr eine seit Jahren nicht mehr gekannte Intensität. Im April erfasste die große Amnestie die meisten politischen Häftlinge (9000 Personen), darunter die ehemaligen Angehörigen der AK. Sie dokumentierte indirekt das Ausmaß der «Willkür» und der «Verfehlungen» in den vergangenen Jahren, die ja bei weitem nicht nur AK-Kombattanten und tatsächliche Antikommunisten betroffen hatten.[48]

Eine neue Qualität wurde mit dem Ausbruch des Arbeiteraufstands in Posen am 28. Juni 1956 erreicht. Gründe und Verlauf des Aufruhrs erinnern sehr an den 17. Juni 1953 in der DDR: Die Arbeiter protestierten gegen Normerhöhung. Gewerkschaften und Staat vermochten die wachsende Frustration nicht zu bändigen, die Streikenden verließen die Betriebe. Innerhalb von Stunden waren in Posen Tausende auf der Straße. Die Losungen reichten von Lohnerhöhungen über «Weg mit dem Kommunismus!» und «Sowjets raus!», gesungen wurden zu Beginn des Protestes die «Internationale», später die Nationalhymne und religiös-patriotische Lieder. Die Wut der Posener Arbeiter entlud sich an dem Gebäude des Wojewodschaftsamtes des Sicherheitsdienstes. Die Masse der Streikenden, die die «gewöhnlichen» Milizionäre zum Mitkommen einlud und auch gegenüber den Parteifunktionären primär nicht feindlich eingestellt schien, demonstrierte vor dem Sitz der Sicherheitspolizei nichts als blanke Feindschaft; der Vergleich mit Gestapo und SS drängte sich offenbar vielen Demonstranten auf.[49] Die Staatsmacht rief die Armee zur Hilfe. Mehr als 10 000 Soldaten mit über 400 Panzern und Panzerkampfwagen unter dem Befehl eines ehemaligen Sowjetgenerals (und jetzigen stellvertretenden Verteidigungsministers) kämpften die Arbeiter nieder; einzelne leisteten noch in der folgenden Nacht Widerstand. Bei den Kämpfen kamen insgesamt 73 Personen ums Leben, Hunderte wurden verletzt, weitere Hunderte verhaftet.[50]

Anfangs unterschätzte die staatliche Propaganda die Bedeutung der «Posener Ereignisse». Die Parteiführung glaubte wohl, die Schuldigen nach dem ostdeutschen Vorbild von 1953 als «westliche Agenten» und »Provokateure» aburteilen zu können. Die Unglaubwürdigkeit dieser These war ebenso offensichtlich wie die erschütternde Tatsache, dass polnische Soldaten auf polnische Arbeiter geschossen hatten. Daher trat die Staatsanwaltschaft bereits im Juli 1956 den Rückzug an. Bei wahrscheinlich knapp 1000 Verhafteten erhob sie nur gegen 123 Anklage. Als sich im Verlauf der nächsten Wochen herausstellte, dass der Protest gegen massive Prügel in den Arresten nicht unterdrückt werden konnte, wurden sogar einzelne Ermittlungsverfahren gegen Milizionäre eingeleitet. Die Zahl der angeklagten Demonstrationsteilnehmer schrumpfte schließlich auf zwölf Personen zusammen, die zu 1,5 bis sechs Jahren Gefängnis wegen Körperverletzung verurteilt wurden.[51]

Die Stimmung im Lande war explosiv. In Parteiversammlungen, in Betrieben, in Privatgesprächen wurden die Schuldigen gesucht – für die Opfer von Posen, aber auch für die Entbehrungen des Sechsjahresplans. Immer lauter wurde die Rückkehr Gomułkas gefordert, ebenso wie die Entlassung Wyszyńskis aus der Internierung, die Einstellung der Exporte in die Sowjetunion, die allgemein für den Grund des niedrigen Lebensniveaus und der Fleischknappheit gehalten wurden, die Abschaffung der Privilegien der Funktionäre, schließlich der Abschied der sowjetischen Offiziere aus der Armee und der Abzug der sowjetischen Truppen. Die Zeitungen debattierten über Sozialismus und Rechtsstaatlichkeit, über soziale Unterschiede und Demokratisierung, über die AK und jugoslawische Arbeiterräte.

Die Stimmung wurde angeheizt durch den wachsenden Gegensatz innerhalb der Führung der PVAP. Um die Macht kämpften zwei informelle «Fraktionen»: Das moskautreue *Natolin* vermochte sich trotz Unterstützung durch Chruschtschow ebenso wenig durchzusetzen wie die angeblich liberalen *Puławianie*. Beide waren tief verstrickt in die Verantwortung für den Stalinismus, beide versuchten, die Konkurrenten mit der Schuld zu belasten, beide sahen schließlich ein, dass nur die Rückkehr Gomułkas das wankende System stabilisieren konnte. Im August erhielt dieser sein Parteibuch wieder. Die Parteiführung blieb aber durch den Gegensatz zwischen «moskautreuen» und «liberalen» Politikern gelähmt.

Die Spannung stieg noch einmal mit Beginn des akademischen Jahres und den Gerüchten über einen bevorstehenden Staatsstreich der moskautreuen Fraktion. Der nach dem Tod Bieruts zum ersten Sekretär gewählte Edward Ochab sah schließlich keine andere Möglichkeit, als Gomułka zur Sitzung des Politbüros am 12. Oktober einzuladen. Der Rückkehrer machte sogleich deutlich, dass er eine Abrechnung mit den Genossen, die ihn verstoßen hatten und verhaften ließen, nicht vorhabe. Stattdessen sprach er sich für eine energische Vertretung eigener Interessen im Verhältnis mit Moskau aus, für eine Rationalisierung der Wirtschaftspolitik und für den Verzicht auf die Zwangskollektivierung. Das Politbüro konnte sich auf einen Kurswechsel nicht einigen. Das Einzige, was in den folgenden Sitzungen beschlossen wurde, war die Einberufung einer Sitzung des ZK für den 19. Oktober; dieses sollte ein neues Politbüro wählen. Es war klar, dass zwei Abstimmungsergebnisse besonderes Gewicht haben würden: das eine über die Aufnahme Gomułkas in das Politbüro und das zweite über den Verbleib der personifizierten Abhängigkeit von Moskau, nämlich Rokossowskis, im obersten Parteiorgan.

Am 18. Oktober gab der sowjetische Botschafter den Wunsch bekannt, dass eine Delegation der KPdSU dringend Polen besuchen wolle. Die Polen versuchten einen Termin am 20. oder 21., d. h. nach der Wahlsitzung des ZK auszuhandeln, scheiterten jedoch: Der Botschafter informierte die Genossen, dass die Delegation am 19. morgens anreisen werde. Ebenfalls am 18. warnte die KPdSU die «Bruderparteien», dass sie angesichts der «besonderen Bedeutung der Lage in Polen für das sozialistische Lager, besonders für die Sowjetunion», «ernsthaft beunruhigt» sei.

Am Morgen des 19. verließen zwei sowjetische Panzerdivisionen in Polen ihre Garnisonen Richtung Hauptstadt; einige polnische Einheiten bereiteten sich auf die Verteidigung Warschaus vor. Zur selben Zeit empfing der soeben zum Mitglied des Zentralkomitees gewählte Gomułka eine wütende sowjetische Delegation unter Chruschtschow auf dem Warschauer Flughafen. Der erste Sekretär der KPdSU war offenbar mit der Vorstellung angereist, doch noch die Wahl Gomułkas zum Chef der polnischen Partei verhindern zu können; ebenso ging es ihm um den Verbleib Rokossowskis im Politbüro. In den mehrstündigen dramatischen Verhandlungen, die sich bis lange in die Nacht hinzogen, gelang es Gomułka schließlich doch, die sowjetische Delegation mit dem Argument zum Nachgeben zu bewegen, das «Bündnis» mit der Sowjetunion solle lediglich auf neue, nicht stalinistische Grundlagen gestellt werden; und nur die neue Parteiführung könne die Lage unter Kontrolle bekommen.[52] Die Sowjetpanzer hielten erst gegen Mitternacht; von Warschau trennten sie nur noch wenige Stunden. Chruschtschow flog frühmorgens am 20. unverrichteter Dinge nach Moskau zurück. Gomułka hielt am selben Tag eine lange antistalinistische Rede vor dem ZK. Er versprach einen anderen Sozialismus in Polen und wurde am 21. Oktober einstimmig zum Ersten Sekretär der PVAP gewählt; Rokossowski fiel bei der Abstimmung durch und verlor damit seine Mitgliedschaft im Politbüro.

Zwar hatte der Sowjetführer Gomułka nur bedingt Glauben geschenkt. Der Ausbruch der Krise in Ungarn am 23. Oktober aber, die als eine Demonstration der Solidarität mit Polen begann, verschaffte dem neuen Parteichef mehr Zeit und Raum; die Sowjets konnten nicht an zwei Fronten zugleich eingreifen.[53] Das polnische Experiment war zunächst einmal vor einer auswärtigen Intervention gerettet.

Gomułka wollte vor allem eine Beruhigung der Stimmung. Er sah mittlerweile sowohl in dem aufblühenden Nationalgefühl als auch in der offensichtlichen Emanzipation der Gesellschaft von der Obrigkeit eine große Gefahr. Als am 24. Oktober Hunderttausende vor dem Warschauer Kulturpalast für ihn demonstrierten, betonte er den Grundsatz der nationalen Souveränität. Zugleich wiederholte er mehrmals, nun sei es genug der Manifestationen: «Es ist Zeit, an die alltägliche Arbeit zurückzukehren.» Das Vertrauen in den vermeintlichen Nationalkommunisten war so groß, dass die Menge gehorchte. Kaum jemand ahnte wohl an diesem Abend, dass damit der Höhepunkt des «Polnischen Oktober» überschritten worden war.

Vier Tage später kehrte der letzte prominente Häftling der Stalinzeit, Kardinal Wyszyński, in seinen Warschauer Amtssitz zurück und nahm seine Tätigkeit als Primas wieder auf. Die Welt – oder zumindest Polen – schien in die Normalität zurückgekehrt zu sein.

«Normalität» hieß allerdings nach Krieg und Stalinismus etwas gänzlich anderes als vor 1939. Grenzen und Minderheiten, Arbeitslosigkeit und verspätete Modernisierung waren keine Themen mehr. Die Polen hatten bis 1955 eine neue Welt erlebt, die andere Probleme mit sich brachte. Dem faktischen Taufpaten Volkspolens, Stalin, wird das Aperçu zugeschrieben, den Polen könne man den Kommunismus nicht aufdrängen, weil das an das Satteln einer Kuh erinnere. Anders gesagt: Die Sowjetisierung des Landes war ohne Zwang und Gewalt undenkbar. Einem späteren Historiker zufolge sattelte Stalin die Kuh dennoch. «Weil der Sattel nicht passte, passte er die Kuh dem Sattel an, in dem er sie mit der Axt ausmeißelte». So entstand die «primäre» Volksrepublik, ein System von Normen und Mustern, das aus der Heimat des Stalinismus importiert wurde und deren Übertragung in den frühen 1950er Jahren Polen in die Nähe eines totalitären Staatswesens brachte. Nach dem Tod des Systemgründers blieb der Sattel mehr oder minder erhalten, die Gesellschaft jedoch gewann ab Mitte der 1950er Jahre jenes minimale Maß an Freiheit wieder, das es ihr ermöglichte, die steifen Formen auseinanderzudrücken und zu sprengen, Lücken und Freigelände zu suchen, die Wundherde einzukapseln – mit anderen Worten, das System zu domestizieren und damit Schritt für Schritt im Alltag einen parallelen «sekundären Staatssozialismus» zu etablieren.[54] Der 1956 sichtbar gewordene, künftig latente und nur selten öffentlich artikulierte Gegensatz zwischen dem «primären» und dem «sekundären» Volkspolen sollte die Geschichte dieses Staates bis an sein Ende prägen.

12. Der andere Staatssozialismus (1956–1970)

Władysław Gomułka genoss im Herbst 1956 eine Popularität wie kein anderer polnischer Politiker im 20. Jahrhundert. Piłsudski hatte bis zuletzt ebenso unerbittliche wie zahlreiche Gegner, die ihm entweder seine Vergangenheit nicht verzeihen konnten oder das von ihm etablierte System ablehnten. Gomułka stand nach den Jahren des Stalinismus einer weitgehend amorphen Gesellschaft gegenüber, der antikommunistische Widerstand war in den Bereich des Privaten verdrängt worden. Des Weiteren konnte der neue Parteisekretär von Beginn an Erfolge vorweisen – neben Zukunftsvisionen, die ebenfalls kaum infrage gestellt wurden. Er hatte sich gegen die «Russen» durchgesetzt und Polen vor dem Schicksal Ungarns bewahrt, er versprach einen anderen, besseren Sozialismus, in dem Gerechtigkeit herrschen und die Partei im Dialog mit gesellschaftlichen Gruppen regieren würde. Die großen Veränderungen gegenüber den Vorjahren wurden in dem Begriff der Entstalinisierung zusammengefasst.

Mit dem «polnischen Frühling im Oktober» endete vor allem die Allgegenwärtigkeit der Sicherheitspolizei. Der neu geschaffene Sicherheitsdienst (*Służba Bezpieczeństwa*, SB), der Teil des neuen Innenministeriums wurde, beschäftigte nur noch etwa die Hälfte der hauptamtlichen Mitarbeiter der alten Sicherheitspolizei, die Zahl der IM fiel auf ein Achtel – viele hatten die Mitarbeit mit den «Organen» unter dem Eindruck der Ereignisse von 1956 verweigert, auf andere konnte offenbar verzichtet werden. Der Parteiapparat war einerseits entschlossen, der politischen Polizei niemals wieder so viel Macht wie im Stalinismus zuzugestehen. Andererseits kam der Gedanke gar nicht auf, sie auf jenes Maß zu reduzieren, das etwa dem autoritären *Sanacja*-Regime ausgereicht hatte (ca. 2500 Beamte). Im SB dienten 1957 noch immer 17000 hauptamtliche Mitarbeiter.[1] In den folgenden Jahren beschwerte sich die Behörde über die unzureichende Ausstattung: So klagte der Direktor des für Briefzensur zuständigen Büros des Innenministeriums im Jahre 1965, dass seine Beamten die 130000 Briefe täglich nicht mehr bewältigen könnten; auch aus dem kapitalistischen Ausland könne man nur noch 30 Prozent der Briefsendungen kontrollieren.[2]

Der wachsende, wenngleich noch immer streng reglementierte Verkehr mit dem Ausland war bezeichnende Folge des neuen Grenzregimes. Die Entstalinisierung hatte schon vor 1956 eine partielle Öffnung bewirkt: Aus Polen wanderte gut über eine Viertel Million Personen aus, die sich als Deutsche fühlten, eine ähnlich große Gruppe von Polen und Juden reiste aus der Sowjetunion ein («Spätrepatriierung»).[3] In beiden Fällen ging es gewissermaßen um die Vollendung der nationalpolitisch motivierten Massenumsiedlungen nach 1945; nur gingen die Menschen diesmal freiwillig. Ab 1959 wurde die Ausreise für Deutsche in Polen sehr schwierig, für Polen und Juden in der Sowjetunion so gut wie unmöglich.

Eine andere Migrationsbewegung fiel zahlenmäßig kaum ins Gewicht, hatte aber durchaus Bedeutung für das Klima im neuen Volkspolen. Aus dem westlichen Exil wanderte ab Mitte der 1950er Jahre eine kleine Gruppe von ca. 800 Personen nach Polen zurück. Darunter befanden sich jedoch prominente Literaten: Der Starreporter Melchior Wańkowicz, die katholische Schriftstellerin Zofia Kossak-Szczucka, der politische Publizist und ehemalige Ministerpräsident der Exilregierung Stanisław Cat-Mackiewicz. Sie alle kehrten einer zerstrittenen Exilgesellschaft den Rücken, die in politische Bedeutungslosigkeit zurückgefallen war – außer der Pariser Monatszeitschrift *Kultura*, die wiederum, u. a. ob ihrer Unterstützung für Gomułka besonders innerhalb des Londoner Exils mehr als umstritten war.[4] Ungeachtet der individuell bedingten Motive wurde die Entscheidung für die Rückkehr als Zeichen der Zeit verstanden: Symbol für Normalisierung und Abgrenzung gegenüber dem Stalinismus, letztlich eine aktive, wenngleich schweigende Legitimierung des neuen Regimes.

Die neue Legitimation – und das war wohl der entscheidende Punkt – beruhte jedoch vor allem auf der gesellschaftlichen Aktivität, die Gomułka die Rückkehr an die Macht ermöglicht hatte und zugleich Hoffnungen auf mehr als eine friedliche Koexistenz von «demokratischem Sozialismus» und der Gesellschaft weckte. Polen glich in den letzten Monaten des Jahres 1956 einem großen Diskussionsklub, in dem vor allem Studenten und Arbeiter über «Fehler und Verfehlungen» des Stalinismus, aber auch über neue Formen der Wirtschaftslenkung, über Demokratie und Sozialismus, über das Verhältnis zur Sowjetunion, Rechtsstaatlichkeit und Minderheiten debattierten. In den Betrieben wurde die Forderung nach Arbeiterselbstverwaltung nach jugoslawischem Vorbild populär (1957 wurden 80 000 Mitglieder der Arbeiterräte, durchweg in freien Wahlen, ermittelt), «echte» Gewerkschaften sollten die Arbeitnehmer wirklich vertreten. Die Jugend hoffte auf noch mehr, vor allem auf politische Pluralität innerhalb der neu gesteckten Grenzen, auf Freiheit der Meinungsäußerung und der Kunst. Im katholischen Milieu entstanden die Klubs der Katholischen Intelligenz. Die Kirche wurde von den Fesseln des Vertrags vom April 1950 und des Dekrets vom Februar 1953 befreit. Bei spontanen Demonstrationen, die es im Herbst 1956 immer wieder gab, wurden auch weiter gehende Postulate laut: «Russen raus!» war nur eine der skandierten Forderungen.

Gomułka, der seine Rückkehr nicht zuletzt dieser gesellschaftlichen Aktivität verdankte, war alles andere als ein Demokrat. Er fürchtete sich vor den Konsequenzen freier Meinungsäußerung, die eine ständige Infragestellung der Befehls- und Verwaltungsstrukturen bedeutete – und letztlich sowohl das Machtmonopol der Partei als auch die Abhängigkeit von Moskau auf die Tagesordnung bringen konnte. Das arg belastete Verhältnis zur KPdSU regelte er während seines Moskaubesuchs Mitte November 1956, unmittelbar nach der Niederschlagung des Aufstands in Ungarn. Bereinigt wurden die wirtschaftlichen Beziehungen, indem die krassesten Auswüchse der ökonomischen Ausbeutung durch Moskau beseitigt wurden. Zudem erhielt die Stationierung der sowjetischen Truppen in Polen eine rechtliche Grundlage.[5] Die Rückkehr Gomułkas aus Moskau begleiteten spontane Massenkundgebungen. Die Umrisse einer halb souveränen Volksrepublik, die über die politische Verfassung und außenpolitisch an die Sowjetunion gebunden, in inneren Angelegenheiten jedoch sich selbst überlassen bliebe, schienen sich deutlich abzuzeichnen.

Die entscheidende Frage war nun die innenpolitische Legitimierung der Macht des neuen Parteisekretärs, die bisher nur auf dem Votum der ZK-Mitglieder vom 21. Oktober beruhte. Die Wahlen zum Sejm wurden für den 20. Januar 1957 angesetzt. Die meisten exponierten Vertreter des Stalinismus wurden nicht mehr als Kandidaten aufgestellt, auf den Listen fand man hingegen viele neue Namen: Von den über 700 Kandidaten waren nur 83 in der Legislaturperiode von 1952 bis 1956 Abgeordnete gewesen.[6] Ursprünglich dachte man wohl im Politbüro an eine gefilterte Demokratie, d. h. die Wahl zwischen mehreren von der Partei gebilligten Kandidaten zuzulassen. Zwei Wochen vor dem 20. Januar, unter dem Druck alarmierender Berichte über «Diffamierungen», Pfiffe und argumentative Unterlegenheit vieler PVAP-Kandidaten in den Wahlversammlungen, entschied die Führung jedoch anders: Zwar standen weiterhin deutlich mehr Kandidaten als Parlamentssitze zur Verfügung (723 Kandidaten auf 459 Sitze), doch rief der neue Parteichef zu einem Wahlakt «ohne Streichungen» auf: Der Wähler sollte seine Karte so abgeben, wie sie ihm überreicht worden war. Damit verloren automatisch die der Partei weniger genehmen Kandidaten, die auf den unteren Listenplätzen standen und oft keine Mitglieder der PVAP waren, die Aussicht auf Erfolg. Der 20. Januar wurde dadurch zu einem Plebiszit für oder gegen den neuen Parteichef umfunktioniert, der am Vorabend die Entscheidung dramatisch hochstilisierte – nicht nur zu einem persönlichen Vertrauensvotum für seinen Kurs, sondern sogar für oder gegen die Existenz eines unabhängigen Polen. Der Primas der katholischen Kirche, die im Dezember des vorausgegangenen Jahres eine Art «kleinen Burgfrieden» mit der Partei geschlossen hatte, unterstützte zwar den Appell des Parteichefs nicht wörtlich, bezeichnete jedoch die Wahlbeteiligung für die katholischen Wahlberechtigten als ein Gebot des Gewissens.[7] Der Sieg Gomułkas fiel mit 98 Prozent Stimmen für die «Listenplätze» (bei einer Wahlbeteiligung von 94 Prozent) überwältigend hoch aus; der Parteichef selbst erhielt mit 99 Prozent der in seinem Warschauer Wahlbezirk abgegebenen Stimmen das landesweit beste Ergebnis.[8]

Die demokratische Legitimierung der poststalinistischen Herrschaftsform bildete für Gomułka den Ausgangspunkt einer Offensive gegen die «Auswüchse» der Reformen von 1956, die nicht in sein Bild der Volksdemokratie passten. Auf dem IX. ZK-Plenum im Mai 1957 rechnete er mit einigen wenigen Mitverantwortlichen des stalinistischen Terrorregimes ab, kritisierte aber vor allem die sogenannten Revisionisten, die den Unterschied zwischen «sozialistischer» und «bürgerlicher» Demokratie verwischen würden. Zugleich umriss er die Konturen des «polnischen Weges zum Sozialismus», der durch Arbeiterräte, ein stärkeres Maß an lokaler und Bauernselbstverwaltung sowie durch die Koexistenz mit der katholischen Kirche gekennzeichnet sei. An den Grundlagen von Staatssozialismus, demokratischem Zentralismus, Diktatur des Proletariats, Zentralplanung in der Wirtschaft usw. wollte die Partei selbstverständlich festhalten.[9]

Die Absage an die tragenden gesellschaftlichen Kräfte des «Polnischen Oktobers», die sich 1956 innerhalb und um die Partei herum versammelt hatten, hätte kaum deutlicher ausfallen können. Die Thesen des führenden Kopfes dieses Milieus (von «Bewegung» oder «Gruppierung» konnte kaum die Rede sein), des Philosophen Leszek Kołakowski, über den «demokratischen Sozialismus» wurden von Gomułka ebenso vom Tisch gewischt wie die Vorstellungen von einer Fortsetzung der Reformen («2. Etappe des Oktober»). Im Oktober 1957 beschloss das Sekretariat des ZK die Auflösung des wichtigsten Organs des polnischen «Frühlings im Herbst» des Vorjahres, der ehemaligen Studenten- und Jugendzeitschrift *Po Prostu*. Die Wochenzeitschrift war mittlerweile für ihren investigativen Journalismus berühmt, der immer wieder mit den Interessen der politischen Klasse kollidierte, ebenso dafür, dass sie sich zum wichtigsten Forum der Verfechter des «Sozialismus mit menschlichem Antlitz» hochgearbeitet hatte.[10] Gegen die Versenkung des Flaggschiffs des «Oktober» regte sich erstmals Widerstand: Die Studentenunruhen in Warschau bekam die Polizei erst nach vier Tagen in den Griff. Es gab bei diesen heute fast vollständig vergessenen Auseinandersetzungen zwei Tote, mehr als 180 Verletzte (die Mehrheit davon Polizisten), über 500 Festnahmen.[11]

Inzwischen ruderte Gomułka zurück: Die Entmachtung der Arbeiterräte verlief parallel zur Straffung der Zensur. Der im Januar 1957 einberufene Ökonomische Rat, an dem mehrere Ökonomen aus der alten PPS teilnahmen, wurde sehr schnell bedeutungslos, neue Reformansätze galten bald als staatsfeindliche Aktivitäten. Außenpolitisch markierte das Regime seine relative Selbständigkeit mit der Verkündung des sogenannten Rapacki-Plans im Oktober, in dem der neue Außenminister Adam Rapacki ein Mitteleuropa ohne Atomwaffen entwarf: Das Auseinanderrücken der atomaren Großmächte in Polen, der ČSR, der DDR und der Bundesrepublik, sollte die Spannung im Zentrum des Kontinents lindern.[12] Der Ansatz ging bald in fruchtlosen Debatten zwischen Ost und West unter, galt jedoch über Jahre hinweg als Symbol der neuen Selbständigkeit der Volksrepublik.

Gestützt wurde die Stabilisierung des neuen Systems durch die wirtschaftspolitische Entwicklung. Die während des Sechsjahresplans nahezu vollständig verdrängten privaten Dienstleistungen wurden wieder toleriert: Die Zahl der privaten Läden verdoppelte, die der Cafés, Bars und Restaurants verfünffachte sich bis 1957.[13] Der Ausbau der Schwerindustrie wurde stark reduziert, die von rüstungswirtschaftlichen Zwängen befreite Wirtschaft produzierte mehr für den Markt. 1956/57 stiegen die Reallöhne um zehn Prozent,[14] insgesamt belief sich das reale Wachstum der Einkommen bis 1958 auf mehr als beachtliche 25 Prozent.[15] Die offensichtliche Hebung des Lebensstandards betraf auch die Lebensmittelversorgung, was nicht zuletzt aus der massenhaften Selbstauflösung der landwirtschaftlichen Produktionsgenossenschaften resultierte, deren Zahl 1956 binnen Monaten auf 15 Prozent ihrer bisherigen Menge schrumpfte.

Der Verzicht auf die Zwangskollektivierung gehörte ebenso zu den dauerhaften Errungenschaften des «Oktober» wie die Absage an den «sozialistischen Realismus» im Bereich der Kultur. Darüber hinaus gab es Versprechungen eines raschen Ausbaus der Autoindustrie, einen sprunghaften Anstieg der Zahl der Fernsehempfänger,[16] sichtbare und qualitative Veränderungen in allen Konsumbereichen, mit einem Wort – Verbesserungen überall. 1958 wurde nicht einmal die Versorgung mit Fleisch und Wurstwaren beklagt! Andrzej Paczkowski, einer der ersten Historiker dieser Jahre, schrieb in den Schlussworten seines Kapitels über «Stabilisierung und Konsolidierung» in diesem ersten Jahr Gomułkas, das System habe nun brutalen Druck und Unterdrückung nicht mehr benötigt: So «selbstverständlich und gewöhnlich, wie die Weichsel von Süden nach Norden fließt und nach dem Winter das Frühjahr kommt, war Polen sozialistisch» – und das gerade *ohne* politischen Terror.[17] Aus der Sicht einer Polin, die 1955 nach elf Jahren Haft und Lager aus der Sowjetunion zurückgekehrt war, sah das Land ähnlich aus. Sie hatte 1944 ein kämpfendes Polen hinter sich lassen müssen. Nun wunderte sie sich in der ersten Kreisstadt auf ihrem Rückweg über einen Lebensmittelkiosk, in dem es tatsächlich Butter, Brötchen und Obst frei zu kaufen gab. Zugleich hatte sie das Gefühl, in ein gebrochenes Land zurückgekehrt zu sein, das sich mit dem System nahezu freudig abgefunden hatte. Das Polen Gomułkas, meinte sie im Rückblick, sei gut gewesen «für Menschen, die keinen Bedarf hatten nach Freiheit von Denken und Tun. Ein armes, aber einfaches Leben. Zwar ist man an der Kette, dafür ist die Schüssel eigentlich voll. Dass die Kette kurz ist, schadet nicht.»[18]

Der stillschweigende Gesellschaftsvertrag, den der Nutznießer des «Oktober» mit seinen Untertanen geschlossen hatte, sollte sich als der stabilste in der gesamten Geschichte Volkspolens erweisen. Abgesichert wurde diese Stabilität nicht zuletzt durch die Berechenbarkeit der Obrigkeit, die zwar weiterhin von den Staatsbürgern eine demonstrative Loyalität an Feiertagen und in Parteiversammlungen erwartete, die Mobilisierungskampagnen gegen innere Feinde aber weitgehend unterließ (außer 1966 und 1968) und auch gegenüber der kapitalistischen Außenwelt Demonstrationen der Feindlichkeit nicht mehr in den Vordergrund stellte (mit Ausnahme der Bundesrepublik Deutschland).

Ein weiterer Grund war die Verlagerung des ideologischen Schwerpunktes vom international-marxistischen auf den nationalen. Den Begriff «Nationalkommunismus» gab es zwar weiterhin im Polnischen nicht, aber die seit 1944 stets präsenten nationalen Emotionen und Argumentationsstrategien kamen nach 1956 voll zur Geltung.[19]

Dies betraf die Außenpolitik nicht. Die nur zögernde Billigung der sowjetischen Intervention in Ungarn 1956 und der Rapacki-Plan – der, wie wir heute wissen, mit den Sowjets abgestimmt worden war[20] – blieben Ausnahmen. Schon die öffentliche Reaktion auf die Hinrichtung von Imre Nagy 1958 unterschied sich nicht von derjenigen anderer Ostblockstaaten. Im aufkommenden Streit zwischen China und der Sowjetunion stellte sich Volkspolen sofort auf die Seite Moskaus (obwohl Gomułka Peking sein Überleben im Oktober 1956 mitzuverdanken hatte[21]), ebenso wie in all den bekannten Konflikten der 1960er Jahre – Berlin, Kuba, Sechstagekrieg, Vietnam – stand Polen voll und ganz hinter dem «Großen Bruder». Gomułka behielt sich seinen «Nationalkommunismus» ausschließlich für Begebenheiten vor, von denen die Öffentlichkeit ausgeschlossen war. Hinter verschlossenen Türen verhandelte er mit der Kremlführung hart.[22] Es ging ihm in der Frühphase um eine Gleichberechtigung polnischer und sowjetischer Wirtschaftsinteressen inklusive der finanziellen Abrechnung für die Jahre des Stalinismus, wo er sich zumindest teilweise durchsetzen konnte. In der zweiten Hälfte der 1960er Jahre war sein Hauptanliegen die Beschleunigung und Vertiefung der Integration innerhalb des COMECON, der sich die DDR und die ČSSR immer wieder erfolgreich entzogen.[23] Parallel dazu versuchte er, eine Anerkennung der Westgrenze durch die Bundesrepublik zu erreichen. Moskau, ganz besonders Chruschtschow, traute er nicht. Einen sowjetisch-westdeutschen «Handel» bezüglich der Oder-Neiße-Linie, in dessen Folge die polnische Westgrenze einem neuen Rapallo geopfert werden würde, hielt er für durchaus wahrscheinlich.[24]

In der Öffentlichkeit war von diesen Kontroversen freilich nichts zu hören. Gomułka nutzte auch die Sondierungen von Charles de Gaulle nicht zu einer Stärkung der polnischen Position im Ostblock; das einzige Treffen zwischen beiden beim Besuch des französischen Staatschefs 1967 endete ergebnislos.[25] Während der tschechoslowakischen Krise 1968 war es Gomułka, gemeinsam mit Walter Ulbricht, mit dem ihn ansonsten eine tiefe beiderseitige Abneigung verband, der den Kreml zur Intervention drängte.[26] Und auch in der Deutschlandpolitik riskierte Warschau Ende der 1960er Jahre keine Sonderwege, höchstens eine Verärgerung des Kreml und Ostberlins. Nach außen blieb der «Nationalkommunist» loyal und bei aller Betonung der Legitimität seines Standpunktes berechenbar.

Im Inneren zeichnete sich die Herrschaft Gomułkas vor allem durch eine bemerkenswerte Stabilität aus. Die Zahl der Parteimitglieder verdoppelte sich von 1,15 Millionen (1960) auf 2,3 Millionen (1970).[27] Der Parteiapparat war 1956 deutlich reduziert worden, von 19 000 auf 13 000 Mitarbeiter (wobei die Zahl der «politischen» Funktionäre um die Hälfte fiel).[28] In den 1960er Jahren stieg die Anzahl der hauptamtlichen Mitarbeiter, ohne jedoch diejenige der Planstellen aus den frühen 1950er Jahren auch nur annährend zu erreichen. Hingegen wurde der Apparat deutlich professioneller.[29]

Die Zahl der Nomenklatura-Stellen pendelte sich bei etwa 100 000 ein. In führenden Positionen, in der Wirtschaft, in den Ministerien, in Staatsanwaltschaft und Gerichten, bei der Armee und Polizei lag der Anteil der Parteimitglieder zwischen 80 Prozent (Polizei) und 58 Prozent (Richter), bei den Lehrern und Ingenieuren war er deutlich niedriger (40 Prozent) und nur ein Sechstel der Hochschullehrer und Ärzte gehörte der PVAP an.[30]

Die 1956 allgemein eingeforderte Rückkehr zu den Prinzipien der «Kollegialität» – die Organe der PVAP von Politbüro bis zur Parteiexekutive auf Gemeinde- oder Betriebsebene waren alle mehrköpfig und hatten theoretisch dem Grundsatz von Mehrheitsentscheidungen zu folgen – geriet bald zur Farce, da der Erste Parteisekretär, starrköpfig überzeugt von seiner Unfehlbarkeit, seine Genossen im Politbüro klar dominierte und selbst die höchsten Funktionäre aus dem Entscheidungsbildungsprozess ausschloss. Das Politbüro wurde entmachtet, indem der Parteichef es immer seltener einberufen ließ: Während es 1957 36-mal zusammentrat, fanden in den 1960er Jahren durchschnittlich nur noch 15 Sitzungen jährlich statt.[31] Der engste Führungskreis zählte etwa ein halbes Dutzend Personen, die außerhalb der regulären Gremiensitzungen mit dem «Chef» zusammentrafen. Sowohl das höchste Parteiorgan als auch der Ministerrat, weiterhin vertreten durch das Regierungspräsidium, das erst 1969 eine gesetzliche Grundlage erhielt, waren nur ausführende Instanzen. Gomułka entschied über Personalpolitik, ideologische Fragen und über Wirtschaft allein; in der Außenpolitik war auch der im Ausland geschätzte Rapacki nicht viel mehr als sein Vollstrecker.

Der faktische Staatschef benutzte seine unangefochtene Stellung, um zuerst mit den «Liberalen» *(Puławianie)* von 1956 abzurechnen. Sie verloren bis Mitte der 1960er Jahre fast alle wichtigen Posten in Politik, Verwaltung, Armee und Kultur.[32] Die moskautreuen Funktionäre von 1956 (*Natolin)* blieben hingegen weitgehend unbehelligt, ohne dass sie als geschlossene Gruppe eine Rolle spielten.

Eine neue Fraktion bildeten die «Partisanen», die das 1956 begonnene Bemühen um eine nationale Verankerung des Staatssozialismus in den 1960er Jahren erfolgreich fortsetzten. Ihr Führer war Mieczysław Moczar, 1941 als Agent der sowjetischen Militäraufklärung nach Polen eingeschleust, Partisan im kommunistischen Untergrund, nach dem Krieg hoher Offizier der Staatssicherheit, seit 1956 stellvertretender Innenminister, seit 1964 Innenminister und Vorsitzender des Kombattantenverbandes. Der Verband nahm nun nicht nur Kommunisten auf, sondern – demonstrativ – auch ehemalige Offiziere der AK, die er bei Feierstunden in der ersten Reihe aufmarschieren bzw. sitzen ließ. Die Kombattanten der «bürgerlichen» Résistance dienten jedoch lediglich als Feigenblatt. Moczar scharte andere, wirklich einflussreiche Gruppen um sich: kommunistische Kombattanten, einige der «Moskautreuen» von 1956, ferner junge und ehrgeizige Funktionäre, denen die allmählich alternden Weggefährten Gomułkas den Aufstieg versperrten, darüber hinaus Schriftsteller und Journalisten, die die moralische Überlegenheit der «landestreuen» Partisanen gegenüber den «Juden» aus dem Moskauer Exil («die 1944 in der Sowjetuniform zurückgekommen sind») predigten. Hier wurde die seit 1956 erkennbare Spaltung der PVAP-Funktionäre in «Polen» und «Juden» wieder belebt: Heldenhafte Partisanen, die die Zeit des deutschen Terrors mit ihrem Volk durchlitten hatten, standen gegen die Drückeberger in Sowjetrussland, die 1944/45, ausgestattet mit der Autorität der Sowjetmacht, die tatsächliche

Macht an sich rissen. Die Bewegung Moczars blieb ideologisch amorph, antiliberal und antiintellektuell, nationalistisch, antisemitisch und antideutsch, letzteres freilich nicht mehr als die offizielle Propaganda.[33] Der ungeklärte Punkt, der schriftlich nicht einmal berührt werden durfte, war das Verhältnis zur Sowjetunion; ohne die Einwilligung Moskaus war aber an eine Machtübernahme der «Partisanen» nicht zu denken.

Gomułka wusste von dem schleichenden Aufstieg der «Partisanen», blieb jedoch seltsam passiv – möglicherweise, weil sich seine Aufmerksamkeit Mitte der 1960er Jahre auf die Kirche konzentrierte. Sie war nach der Übergangsperiode 1956/57 abermals als Feind eingestuft worden. Gomułka konnte die kalte, herablassende Art von Wyszyński nicht leiden (der Primas sprach ihn als «Herr Sekretär» an und gab ihm zu verstehen, wo die eigentlich legitime Macht ihren Sitz habe). Seit 1958 kämpfte die Partei wieder gegen den «Klerikalismus», diesmal ohne auf Verhaftungen und Verurteilungen zurückzugreifen. Andererseits wurde jetzt die Religion aus den Schulen entfernt, was nicht einmal im Stalinismus vollständig durchgesetzt worden war. Die Kinder besuchten von nun an den Religionsunterricht direkt in der Kirche. Zusätzlich wurde der materielle Besitzstand der Kirche eingegrenzt. In den neuen Wohnbezirken und Siedlungen durften weiterhin keine Kirchen entstehen. Daraus entwickelten sich lokale Konflikte, die zu gewaltsamen Unruhen führten, wo die Staatsmacht den Bau von Kirchen oder andere glaubensgebundene Aktivitäten um jeden Preis verhindern wollte und es mit ebenso entschlossenen Arbeitern (seltener Bauern) zu tun hatte. Das Vorgehen der «Organe» war in der Regel brutal, andere als gewaltsame Lösungen konnten nur dann erreicht werden, wenn Kirchenhierarchie und Gläubige über einen längeren Zeitraum auf ihrem Ziel beharrten.[34] Im April 1960 gab es in Nowa Huta bei einem solchen Großeinsatz 181 verwundete Polizisten und 493 Festnahmen, in Zielona Góra (Grünberg) einen Monat später 160 verwundete Polizisten und 222 Festnahmen.[35]

Die Zusammenstöße in der Provinz waren aber nur ein Nebenschauplatz des neuen «Kulturkampfes», in dem es dem Staat ganz grundsätzlich darum ging, die katholische Kirche als gesellschaftliche Institution zu entmachten. Einen willkommenen Anlass bot der Brief der polnischen Bischöfe an ihre deutschen Amtsbrüder vom 18. November 1965. Zwanzig Jahre nach Kriegsende prägten die Erinnerung an den Krieg bzw. an die Kriegsfolgen noch immer das gegenseitige Verhältnis zwischen den katholischen Kirchen beider Länder. Bis zum Beginn des Zweiten Vatikanischen Konzils gab es kaum Begegnungen und Gespräche.

Der gleichzeitige Aufenthalt deutscher und polnischer Bischöfe in Rom schuf eine völlig neue Lage: Man begegnete einander sozusagen im Alltag, der persönlich unbekannte Andere erhielt menschliche Züge. In dieser Atmosphäre entstand die Idee eines Briefes des polnischen Episkopats an den deutschen. Die polnischen Kirchenfürsten betonten in ihrer Botschaft die abendländischen Wurzeln von Staat und Gesellschaft. Sie gingen in diesem Zusammenhang ausführlich auf die Geschichte der deutsch-polnischen Nachbarschaft ein und berührten auch das Thema Vertreibung der Deutschen nach 1945. All dies hätte schon genügt, um den Zorn Gomułkas auf die Bischöfe zu ziehen. Sie waren aber noch weiter gegangen und wandten sich an die Deutschen mit den Worten «Wir gewähren Vergebung und bitten um Vergebung». Mit der Bitte war offensichtlich die Vergebung der polnischen Mitschuld an den Vertreibungen gemeint. Das Risiko dieser Geste wurde offensichtlich, als die deutsche katholische Bischofskonferenz mit einem nichtssagenden Brief antwortete und eine eindeutige Stellungnahme zur Oder-Neiße-Grenze vermied, während die polnischen Gläubigen sich verstört zeigten über die Vorstellung, sie hätten die Deutschen um Vergebung zu bitten.

Der Staat reagierte mit der größten Propagandakampagne gegen die Kirche nach 1956; die Bischöfe wurden in Zehntausenden von Veranstaltungen und Presseartikeln verdächtigt, mit der ausgestreckten Hand Richtung Deutschland die polnische Staatsraison verraten zu haben. Von kirchlicher Anmaßung war wohl am häufigsten die Rede, ebenso vom Ausverkauf polnischer Interessen an den westdeutschen Revanchismus. Gelegentlich näherten sich die «spontanen Reaktionen» in Gestalt offener Briefe von empörten Arbeitern oder besorgten Intellektuellen dem Vorwurf des Landesverrats. Gomułka selbst griff die Bischöfe mit anderen Argumenten an: Die Kirche solle endlich aufhören zu glauben, «dass sie im Volk die Herrschaft über die Seele ausübt». Die Bischöfe hätten nicht aufgehört, Polen als *antemurale*, ein Bollwerk des Westens gegen Atheismus und Kommunismus, d. h. im Grunde gegen die Sowjetunion zu betrachten, aber die Nation habe längst aus der Geschichte gelernt: «Man kann sie nicht mehr zum Westen hin umorientieren.»[36]

Nicht zufällig fiel der massive Angriff der Staatsmacht zusammen mit den 1000-Jahr-Feiern der Taufe Polens (966), die wiederum die Kirche als Erinnerung an ihre Schlüsselrolle für die polnische Geschichte inszenierte. Die Auseinandersetzung um Polens Okzidentalität bzw. um seine Zugehörigkeit zur sozialistischen Staatengemeinschaft war damit zum Zeitpunkt der Veröffentlichung des Briefes des Episkopats voll im Gange. Jahrelang betrieb die Kirche mit einem landesweiten Programm der «Neunjährigen Novene zur Vorbereitung der Tausendjahrfeier der Christianisierung

Polens» die geistige Erneuerung der Gläubigen. Es war als eine bewusste Konkurrenz zum offiziellen Programm des 1000. Jahrestags der Staatlichkeit Polens angelegt.[37] Auf dem Höhepunkt im April 1966 ließ die Kirche das Bild der Schwarzen Madonna von Tschenstochau durch Polen wandern und dehnte damit die zentralen kirchlichen Feiern des Milleniums über das Land hinweg aus. Mehrfach kam es zu Zusammenstößen zwischen Gläubigen und Polizei, welche die kirchlichen Versammlungen zu behindern versuchte. Die Teilnahme Hunderttausender an den religiösen Feiern irritierte die Parteiführung derart, dass sie das Bild nach Tschenstochau zurückbringen und dort von der Polizei bewachen ließ («Verhaftung der Madonna»). Die Selbstdarstellung der Kirche wurde durch die offensichtliche Nervosität der Staatsmacht aber eher gestärkt als geschwächt: Gegen die Macht der kirchlichen Symbolik kamen die Symbole der mächtigen Partei nicht an.

Auch die Propaganda gegen den Brief von 1965 lief allmählich ins Leere. Obwohl die Mehrheit der Polen mit der Bitte um Vergebung nicht übereinstimmte, zog die Massivität und Aufdringlichkeit der antikirchlichen Propaganda mit ihren Höhepunkten im Frühjahr und Sommer 1966 die Gläubigen auf die Seite der Bischöfe. Ende des Jahres beendete Gomułka die Kampagne, die trotz anfänglicher Erfolge letztlich keine Diskreditierung der Kirche bewirkt hatte.

Es sollte dies der letzte groß angelegte Versuch des sozialistischen Staates gewesen sein, die Kirche als Konkurrenten um die «Vorherrschaft im Geist» frontal anzugreifen. In dem folgenden Jahrzehnt beschränkte sich die Partei auf die sicherheitspolizeiliche Überwachung und Erpressungsversuche in Einzelfragen wie Kirchenbau, «entdeckte» jedoch nach und nach übergeordnete, gemeinsame Interessen wie Stabilität, Sitte und Sicherheit. Die Wahl des Krakauer Erzbischofs zum Papst 1978 eröffnete dann ein ganz neues Kapitel dieser Geschichte.

Indessen trat der Kampf um das nationalkommunistische Antlitz Volkspolens in die entscheidende Phase. Den Hintergrund bildete der Aufstieg der «Partisanen» im Staats- und Parteiapparat und die Ungeduld der jüngeren Mitglieder der informellen Bewegung, denen die alten Spitzenfunktionäre der Komintern-Generation mit jedem Jahr mehr im Wege standen. Da schon die Existenz von Fraktionen im Staatssozialismus verboten war, musste der Kampf um die Macht auf eine Ebene transponiert werden, wo er sich als Durchsetzung legitimer Interessen des Systems verkaufen ließ. Einen solchen Bereich bot die Kultur, darunter mehr und mehr der Spielfilm[38] ebenso wie die Literatur.

Romane, Gedichte und Erzählungen gehörten zu den wichtigsten Zeugnissen des «Oktober». Der ehemalige Vorzeigeschriftsteller des sozialistischen Realismus, Kazimierz Brandys (geb. 1916) legte 1957 die vermutlich beste der in Volkspolen publizierten Abrechnungen mit dem Stalinismus vor.[39] Jerzy Andrzejewski (geb. 1901), ebenfalls Propagandist des alten Regimes, kleidete seine Auseinandersetzung mit dem System in die Kostüme der Inquisition.[40] Der mit Abstand Jüngste (Jahrgang 1934), Marek Hłasko, missfiel der Partei aus anderen Gründen: Er erzählte Geschichten über die Jugend, die es im Sozialismus gar nicht geben durfte – über Repression, Liebe, Langeweile und soziale Verwahrlosung. Der «polnische James Dean» (diese Anspielung wurde noch öfter auf Zbigniew Cybulski bezogen, den Lieblingsschauspieler von Andrzej Wajda und Andrzej Munk) hätte auch im Westen der 1960er Jahre viele Leser gefunden.[41] Diese Namen seien nur als Beispiele genannt für eine ganze Generation von Schriftstellern und Wissenschaftlern (die natürlich weit weniger Menschen anzogen, aber die Hörsäle durchaus zu füllen vermochten), die seit Mitte der 1950er den kulturellen *mainstream* bildeten. Die einstigen Herolde des sozialistischen Realismus und Marxismus-Leninismus-Stalinismus hatten im Oktober 1956 Gomułka unterstützt, weil sie von ihm tief greifende Reformen erwarteten, die mit der Demontage der stalinistischen «Auswüchse» nur beginnen und nicht enden sollten.

Sie wurden im Verlauf der Jahre enttäuscht. Der Parteichef betrachtete die Intellektuellen mit tiefem Misstrauen: Die relative Liberalität seiner Kulturpolitik brachte ihm immer wieder Ärger mit Moskau ein, die Fortschreibung der Ideen des «Oktober» musste zwangsläufig mit dem mittlerweile erstarrten und zunehmend selbstzufriedenen System kollidieren. Vereinzelte Zusammenstöße gab es schon früh: 1957 scheiterte das Projekt der Monatszeitschrift *Europa*, an dem sich auch parteilose Literaten beteiligen wollten, am Einspruch der Partei. 1964 unterzeichneten 34 prominente Intellektuelle einen öffentlichen Protestbrief gegen die Kulturpolitik.[42] Bald darauf wurden die beiden prominenten Rückkehrer aus dem Exil, Wańkowicz und Cat-Mackiewicz, von der Sicherheitspolizei der Zusammenarbeit mit Exilzeitschriften überführt. Wańkowicz wurde als Einziger verurteilt (musste jedoch die rechtskräftig ausgesprochene Haftstrafe nicht antreten). In allen anderen Fällen begnügte sich die Partei mit «aufklärenden Gesprächen», Entzug von Druckerlaubnis, Ausschluss aus der PVAP (einige Intellektuelle traten aus eigener Initiative aus), Drohungen und öffentlicher Beschimpfung.

Die direkte Konfrontation begann nicht zufälligerweise im Herbst 1966, als der geistige Führer der «Revisionisten» Kołakowski in einer öffentlichen Veranstaltung am Historischen Institut der Universität Warschau eine vernichtende Bilanz der zehn Jahre nach dem «Oktober» zog: Praktisch auf jedem Gebiet seien die Hoffnungen der Reformer enttäuscht und die Versprechen der neuen Staatsmacht nicht eingehalten worden. Polen sei ein unfreies, armes und trauriges Land.[43]

Kołakowski wurde aus der Partei ausgeschlossen. Andere Verfahren gegen Studenten und Mitarbeiter, die an der Versammlung teilgenommen hatten, verliefen im Sand. Selbst prominente Mitglieder der PVAP an der Universität Warschau wollten sich an dem vom ZK geforderten harten Vorgehen gegen die «Rädelsführer» nicht beteiligen – ähnlich wie im Vorjahr, als die Parteiorganisation am Historischen Institut der Universität die beiden jungen «Revisionisten» Jacek Kuroń und Karol Modzelewski zu schützen versucht hatte, indem sie deren Jugend und guten Willen als Erklärung für den Angriff auf die Parteibürokratie bemühte. Der schwelende Konflikt zwischen dem Parteiapparat und den Intellektuellen bzw. deren Hochburg, der Universität Warschau, war damit noch lange nicht entschieden.

Der Sechstagekrieg 1967, in dessen Folge die VRP die Beziehungen zu Israel abbrach, aktivierte ein anderes latentes Problem: den Antisemitismus. Im Hintergrund lauerte die tabuisierte Erinnerung an die Begleitumstände der Ermordung polnischer Juden, die jede Berührung dieses Themas zu einem Wagnis machte. 1967 erschien zwar – in kleiner Auflage – eine wichtige Quellensammlung zur polnischen Hilfe für Juden im Schatten des Holocaust,[44] das Thema blieb jedoch mehr als heikel: Von vier geplanten Spielfilmen (einen, über Warschau in der Zeit des Gettoaufstands, wollte Wajda drehen) entstand schließlich nur einer und auch dieser verschwand nach aufgeregten internen Diskussionen der Entscheidungsträger im Filmarchiv.[45]

Während aber die polnisch-jüdischen Beziehungen im Schatten des Holocaust «nur» eine zentrale Frage der gesellschaftlichen Erinnerung darstellten, gewann das Thema Polen und Juden nach dem Sechstagekrieg andere, durchaus aktuelle Bezüge. Die polnische kommunistische Bewegung war seit ihrem Beginn von Funktionären jüdischer Abstammung dominiert. Als 1944 in Moskau die ersten Listen künftiger polnischer Amtsträger zusammengestellt wurden, bereitete es den Sowjets erhebliche Schwierigkeiten, aus den überlebenden Mitgliedern der alten KP (keiner zählte zur Führungsspitze der alten Partei) ein Leitungsorgan zusammenzustellen, in dem mehr «Polen» als «Juden» tätig wären.[46] Wie erwähnt, spielte in der Propaganda des antikommunistischen Untergrunds 1944–1947 die «Überfremdung», der anationale Charakter der Machtergreifung durch die Arbeiterpartei, eine unübersehbare Rolle. 1956 galten mehrere prominente Politiker jüdischer Abstammung als «Liberale». Obwohl in den Folgejahren die große Mehrheit von ihnen stillschweigend aus den Ämtern entfernt wurde und «Juden» (die «Partisanen» hatten die Nürnberger Rassengesetze stillschweigend übernommen und definierten ihre Gegner über das Abstammungskriterium) nur etwa 0,1 Prozent der Bevölkerung ausmachten, wurde der Kampf gegen den «Zionismus» 1967/68 zum festen Bestandteil der Propaganda. Der Parteichef sprach bereits im Juni 1967, unmittelbar nach dem Abbruch der diplomatischen Beziehungen zu Israel, in einer im Hörfunk übertragenen Rede von einer «Fünften Kolonne». Er empfahl jenen, «die sich angesprochen fühlen, für sich selbst Schlüsse zu ziehen», denn «ein jeder polnischer Staatsbürger sollte nur eine Heimat haben – Volkspolen». Die Zuhörer verstanden mühelos, dass Gomułka «den Juden» die baldige Emigration empfahl. Die Rede war derart peinlich, dass der Parteichef sie vor dem Druck im Parteiorgan zensieren ließ, die vom Saal mit Beifall bedachte «Fünfte Kolonne» entfiel.[47] Trotzdem hatte er mit seinem Auftritt ein zentrales Anliegen der «Partisanen» zu einem öffentlichen und legitimen Thema erhoben, über das nun offen gesprochen und fast offen geschrieben werden konnte.

Nachdem Ende Januar 1968 ein klassisches Theaterstück aus dem 19. Jahrhundert abgesetzt wurde, dessen Text dem Publikum Anlass zu «antirussischen» Beifallskundgebungen gab,[48] und Studenten dagegen protestiert hatten, wurden Anfang März zwei von ihnen, Adam Michnik und Henryk Szlajfer (beide waren Söhne von Kommunisten jüdischer Abstammung), von der Universität Warschau relegiert. Ende Februar kritisierte der Schriftstellerverband die staatliche Kulturpolitik; in einer programmatischen Entschließung forderte er mehr Freiheit für die Kunst. Am 8. März versammelten sich die Studenten der Universität Warschau zu einer Protestversammlung. Sie wurden von der Polizei und «Parteiaktivisten» in Zivil niedergeknüppelt. Am 11. März versuchten es die Warschauer Studenten nochmals; diesmal entwickelte sich die Demonstration zu einer Straßenschlacht im Stadtzentrum, in der Hunderte von Polizisten eingesetzt wurden. Die Unruhen weiteten sich auf andere Universitäten und Großstädte aus, wo es ebenfalls zu massiven Polizeieinsätzen kam. Die Solidaritätsstreiks an den Hochschulen dauerten einige Tage bis wenige Wochen. Ende März lösten sich die letzten ergebnislos auf; nirgendwo wurde mit den Studenten über die Forderungen nach mehr sozialistischer Demokratie verhandelt, überall setzte sich die Staatsmacht mit bloßer Gewalt durch. Unter den 2700 Festgenommenen waren knapp ein Viertel Studenten, wissenschaftliche Mitarbeiter zählten zehn Prozent, Schüler ein Sechstel und Arbeiter ein Drittel. Eine Propagandakampagne «entlarvte» die Teilnehmer der Proteste als Vollstrecker einer «zionistischen», von –

nicht nur ehemaligen – Spitzenfunktionären der PVAP geleiteten Verschwörung; die entsprechenden Unterlagen über die «eigentlichen», d. h. jüdischen Familiennamen, die Hinweise auf die Querverbindungen der Beteiligten – und vor allem ihrer Väter – lieferte das Innenministerium an die mit Moczar sympathisierenden Journalisten in Zeitungen, Hörfunk und Fernsehen. In Zehntausenden von Parteiversammlungen forderten nun die «Aktivisten» die Entfernung der «Unruhestifter» aus ihren Stellen und die «Auswanderung» der «Zionisten». Gomułka selbst wurde in seiner Rede vor Warschauer Funktionären der PVAP im März 1968 mehrmals durch Beifall wie durch Zwischenrufe unterbrochen. Der Beifall war dort am stärksten, wo er den angeblichen Israel-Sympathisanten abermals die baldige Emigration empfahl. Aus dem Publikum kam ihm an dieser Stelle neben dem frenetischen Jubel der Ruf entgegen «Noch heute!»[49]

Bis Herbst 1968 wurden fast 800 Personen aus zentralen Nomenklatura-Stellen entlassen (darunter fünf Minister und 22 stellvertretende Minister), in den Streitkräften waren es 2000 Offiziere (darunter 17 Generäle). 13 000 Personen jüdischer Herkunft verließen Polen, darunter Hunderte von Wissenschaftlern, Journalisten und Künstlern.[50] Besonders auffällig waren die Verluste an den Universitäten, und hier vor allem in Warschau, wo die große Mehrheit der 70 entlassenen Professoren und Dozenten bislang gelehrt hatte. An der hauptstädtischen Universität wurden überdies sechs Studiengänge aufgelöst; landesweit wurden 600 junge Männer zum Militärdienst eingezogen.[51]

Zur Aufgabe ihrer Lehrstühle und damit zur Emigration gezwungen wurden u. a. Kołakowski und Bauman. «Oxford's gain is Warsaw's loss», lautete der knappe und zutreffende Kommentar von Norman Davies ein Vierteljahrhundert später.[52] Die Bilanz des März 1968 wies aber mehr Posten auf. Die Universität Warschau und die polnischen Geisteswissenschaften hatten gewiss am meisten verloren. Der Staat, der die Konfrontation mit der Jugend und Intellektuellen gewonnen zu haben glaubte, zählte jedoch ebenfalls zu den großen Verlierern: Der empörte Westen nahm einen verbreiteten Odeur des Antisemitismus wahr, der das Bild Volkspolens bis ans Ende seiner Tage prägen sollte. Das internationale Ansehen des «Nationalkommunisten» Gomułka war endgültig zerstört, noch bevor wenige Monate später die Intervention der Warschauer-Pakt-Staaten in der Tschechoslowakei begann. Im Land selbst bedingte der «März» den Aufstieg einer breiten Gruppe von jüngeren, etwa 40-jährigen PVAP-Funktionären, die im Wesentlichen bis 1989 an der Macht blieb.[53] Sie haben sich nie als «Generation 68» bezeichnet – im Unterschied zu ihren Opfern, einer Gruppe von damals etwa 20-jährigen Studenten, die dieses formative Erlebnis nie vergessen haben und wenige Jahre später, bei der Entstehung einer neuen Oppositionsbewegung, die Schlüsselrolle spielen sollten. Und schließlich blieb im Gedächtnis – keineswegs nur des Auslands – jenes hässliche Antlitz des Staatssozialismus, der sich mit antisemitischen Losungen seiner einst treuesten Diener entledigte – samt deren Kindern, die als Vorwand für den Rückgriff in die stalinistische Mottenkiste dienten.

Der Sturz des Parteichefs stand jedoch nicht im Zusammenhang mit dem März 1968. Gomułka gelang es zunächst einmal, die Spitzen der Macht gegen den bisher erfolgreichen Vormarsch der «Partisanen» abzuschirmen, wobei ihm das Misstrauen Moskaus gegen den «Nationalisten» Moczar geholfen haben mag. Sowohl die erfolgreiche Eindämmung der «Partisanen» als auch die Unterdrückung der Reformbewegung in der benachbarten Tschechoslowakei mochten dem Parteichef als Erfolge gelten, die ihm eine nochmalige Stärkung seiner ohnehin dominanten Position einbrachten.

Gomułka wandte sich nun der Westpolitik zu und schlug im Mai 1969 der Bundesrepublik Verhandlungen über eine Normalisierung des Verhältnisses vor. Die beiden Staaten unterhielten weiterhin keine diplomatischen Beziehungen, ebenso wie Bonn die Oder-Neiße-Grenze in keiner Form anerkannte. Die Gespräche begannen erst nach der Bildung der sozialliberalen Koalition in der Bundesrepublik (Oktober 1969) im Februar 1970. Sie verliefen zunächst langsam. Die Formel der «Anerkennung» der Grenze durch die Bundesrepublik entstand zwar bereits im April, Bonn verhandelte jedoch gleichzeitig mit Moskau und entschied sich bald, das Abkommen mit der Sowjetunion als Erstes auszuhandeln und zu unterschreiben. In dem Moskauer Vertrag vom 12. August 1970 bekannten sich die Bundesrepublik und die Sowjetunion zum Grundsatz der Unverletzlichkeit der Grenzen in Europa. Genannt wurde in diesem Punkt ausdrücklich die polnische Westgrenze, d. h. die Grenze zwischen der Volksrepublik Polen und der DDR: ein kurioser Vorgang, in dem sich zwei Staaten über ihr Verhältnis zu einer Grenze zwischen zwei anderen Staaten verständigten, ohne dass eine der vertragsschließenden Seiten bislang dem dritten und vierten Völkerrechtssubjekt dieselbe Zusicherung gegeben hätte. Gomułka empfand den Moskauer Vertrag nicht ohne Grund als bewusste Herabstufung der Position Warschaus und Bekräftigung der Abhängigkeit von Moskau; eigentlich gebe es nichts mehr zu verhandeln, meinte sarkastisch ein polnischer Unterhändler im Sommer zu einem westdeutschen Diplomaten.[54] Dennoch brauchte es noch vier Monate, bis am 7. Dezember in Warschau der «Normalisierungsvertrag» zwischen der Volksrepublik Polen und der Bundesrepublik Deutschland von Cyrankiewicz und Willy Brandt unterzeichnet werden konnte. Die Bundesrepublik legte von Beginn an Wert auf die Feststellung, dass sie nur im eigenen Namen und nicht in dem eines künftigen vereinigten Deutschlands agierte. Aus der Sicht Gomułkas handelte es sich dabei eher um einen Schönheitsfehler, er erlebte an diesem 7. Dezember 1970 vermutlich seinen größten Triumph seit Oktober 1956: Polens Westgrenze wurde ein Vierteljahrhundert nach Ende des Zweiten Weltkriegs von der bisher «revanchistischen» «Deutschen Bundesrepublik» anerkannt.

Der Staatschef war einmal mehr von seiner politischen Größe überzeugt und wagte im Schatten dieses Erfolgs nun den großen Vorstoß in der Wirtschaft. Auch auf diesem Feld hielt er sich seit Jahren für einen Experten. Das Problem waren aus seiner Sicht die Preise: Hoch subventionierte Lebensmittel blieben relativ günstig, Industriewaren vergleichsweise teuer. Am 11. Dezember 1970 beschloss das Politbüro die Erhöhung von mehreren Konsumpreisen, darunter für Fleisch- und Wurstwaren in zweistelliger Höhe (zwischen 12 und 30 Prozent) zum Sonntag den 13. Dezember, also unmittelbar vor Weihnachten. Als Vorbereitung wurden am 12. Dezember Hunderte von Parteifunktionären in die Betriebe geschickt, um den Arbeitern in den Parteizellen die ökonomische Begründung für die unerwartete Maßnahme in Gestalt eines Briefs des Politbüros vorzulesen; sie stießen selbst unter den Parteimitgliedern auf Ablehnung, Resignation und Protest. Aus Danzig berichtete das Wojewodschaftskomitee zusammenfassend nüchtern: «Im allgemeinen lehnen die Basisorganisationen der Partei den Brief des Politbüros ab.»[55]

In einem weitgehend inflationsfreien Land, in dem die stalinistischen Mittel der Abschöpfung der Kaufkraft nur noch böse Erinnerungen an schlimme Zeiten schienen, trieb die demonstrative Missachtung der Bedürfnisse der breitesten Schichten der Bevölkerung vor allem die Arbeiter in den Küstenstädten auf die Straße. Am Montag den 14. streikten mehrere Betriebe in Danzig, am Nachmittag kam es in der Stadt zu den ersten Straßenkämpfen zwischen Demonstranten und Polizei, die bis in die Nacht hinein dauerten. Bereits an diesem ersten Tag gab es Dutzende von Verletzten und über 300 Festnahmen. Die Staatsmacht versuchte den Aufruhr mit massivem Polizei- und Militäraufgebot zu unterdrücken. In Danzig entstanden mehrere lokale Stäbe, in denen Vertreter des Politbüros, des Innen- und Verteidigungsministeriums den Einsatz koordinieren sollten, in Wirklichkeit jedoch nur das Chaos vergrößerten. Die Entscheidung, die lokale Krise zu einer gesamtstaatlichen auszuweiten, traf jedoch Gomułka persönlich: Am 15. morgens ließ er den Einsatzkräften in Danzig den Schießbefehl erteilen. Ein anderes Krisenmanagement, etwa Gespräche mit den Arbeitern, hatte er offenbar nicht einmal in Erwägung gezogen.

Am selben Tag weiteten sich die Streiks und die Unruhen auf Gdingen aus, wenig später auf Stettin und andere Küstenstädte. Die Arbeiter forderten die Rücknahme der Preiserhöhungen, aber auch Gleichheit, Abschaffung der Privilegien der Funktionäre, freie Berichterstattung in den Massenmedien und «echte» Gewerkschaften. Überall griff die Menge die Sitze der lokalen Komitees der PVAP an, überall gab es Straßenschlachten, Soldaten und Panzer auf den Straßen; überfüllte Arreste, in denen Polizisten massenhaft prügelten; überall ließ die Staatsmacht auf Arbeiter schießen. Vor diesem Hintergrund ist es kaum verständlich, wie die einwöchigen Zusammenstöße «nur» 45 Tote (allerdings fast 1200 Verletzte) gekostet haben sollen.[56]

Die Sowjets zeigten sich bald beunruhigt und verlangten den Rücktritt Gomułkas. Auch an der Parteispitze regte sich der Unmut und bald drängten die meisten hohen Funktionäre auf einen Wechsel an der Spitze. Der Staatschef willigte am 19. Dezember vom Krankenhaus aus in den Rücktritt ein, ohne sich auch nur zu einer Spur der Verantwortung, ganz zu schweigen von Schuld, zu bekennen. Es ist nicht überliefert, ob er je darüber nachgedacht hat, wie tief er in den 14 Jahren seiner Alleinregierung gefallen war – er, der Held des polnischen Oktober, den die Arbeiterunruhen und Todesopfer in Posen 1956 an die Macht gebracht hatten.[57]

Am 20. Dezember wählte das ZK Edward Gierek (seit 1956 Parteichef in Oberschlesien) einstimmig zum neuen Ersten Parteisekretär der PVAP. In seiner abendlichen Fernsehansprache stellte er Gerechtigkeit, gesellschaftlichen Dialog und eine Verbesserung der materiellen Lage in Aussicht; den Protest in den Küstenstädten führte er auf falsche ökonomische Entscheidungen seines Vorgängers zurück und erklärte damit die Haltung der Arbeiter für zumindest partiell gerechtfertigt. Am 22. endeten die meisten Streiks.

Die Bilanz der 14 Jahre Gomułkas fiel nicht nur zu diesem Zeitpunkt katastrophal aus. Das außenpolitische Prestige im Westen, 1956/57 in zähem Ringen mit der Sowjetführung erworben, hatte er spätestens 1968 verspielt: Besonders die westeuropäische Linke konnte ihm weder die antisemitische Kampagne noch die Antreiberrolle bei der Niederschlagung der tschechoslowakischen Reformbewegung verzeihen. Über den Antisemitismus gelang ihm zwar eine «Nationalisierung» der PVAP, der Rückgriff auf rechte und rechtsextreme Losungen der Zwischenkriegszeit beraubte aber die Partei jeglicher Glaubwürdigkeit als Erbe der polnischen Linken. Dies war die PVAP ohnehin nie gewesen. Sie war hingegen Staatspartei, Verwalter von Nomenklatura-Stellen und Mangelware, Symbol von unangreifbarer Obrigkeit («die da oben») und Bevormundung. Daran hatte Gomułka trotz seiner Versprechen von 1956 nichts geändert. Die Bilanz seines Wirkens wird an einem anderen Beispiel noch besser messbar: Er war zur selben Zeit wie János Kádár in Ungarn an die Macht gekommen. Gomułka hatte viel riskiert und sich den Sowjets widersetzt, Kádár fungierte ursprünglich als deren Werkzeug und ließ sogar seinen Vorgänger hinrichten. 14 Jahre später hatte sich der ungarische Parteichef behauptet, wurde bald sogar zum Symbol des populären «Gulaschkommunismus», Gomułka hingegen zum Rücktritt gezwungen, weil er keinen Sinn darin sah, mit seinen Untertanen zu verhandeln. An den alten Gesellschaftsvertrag von 1956 konnte er sich vermutlich kaum noch erinnern.

13. Polen um 1965

Ein offensichtlich überraschter französischer Diplomat ordnete seine Eindrücke aus dem kommunistischen Polen gut zwei Jahrzehnte nach dem Krieg in folgender Beschreibung: «Die Hotels und Restaurants sind voll, ein Sitz im Flugzeug schwer zu bekommen, Kinos und Theater spielen oft vor ausverkauften Rängen. Der Pkw-Verkehr nimmt zu, und Warschau, das nun mal keine *ville lumière* ist, wird immerhin auf eine Weise beleuchtet, um die sie viele Städte des Ostens beneiden könnten. Die Menschen auf der Straße machen einen wohlgenährten und warm gekleideten (wenn das Wetter es erfordert) Eindruck. Die sehr zahlreichen Kinder zeigen eine Heiterkeit, die für ihr Alter charakteristisch ist und die vom regulären Schulbesuch nicht getrübt wird. Vor vielen Geschäften bilden sich Schlangen, aber es ist schwer zu sagen, ob sie auf Versorgungsschwierigkeiten zurückgehen oder ob sie für die Mehrheit der Polen zur zweiten Natur geworden sind [...] Zweifellos sind alle sozialen Gruppen von Wohlstand weit entfernt, es gibt eine große Armut insbesondere unter den Älteren, die nicht mehr arbeiten können. Vergleicht man dies mit den Schwierigkeiten, die dieses Land erlebt hat, scheint es dennoch, dass die überwiegende Mehrheit der Polen leben kann, ohne übermäßig zu klagen.»[1]

Die Bilder von Jacques Fouchet scheinen den großstädtischen Alltag Volkspolens zwei Dekaden nach Kriegsende gut erfasst zu haben: Weit davon entfernt, Wohlstand auf westeuropäischem Niveau persönlich zu erfahren, hatten die Polen keine Sorgen mehr, die mit den Erlebnissen der älteren Generationen während der Großen Depression vor nur 30 Jahren vergleichbar gewesen wären. Die Grundversorgung war weitgehend gesichert; die raren Luxusgüter, aber auch die «hohe» Kultur erfreuten sich einer riesigen Nachfrage.

Ohne dass dies im öffentlichen Diskurs thematisiert worden wäre, hatte Polen Mitte der 1960er Jahre die Phase des Wiederaufbaus abgeschlossen. Sie war begleitet worden von einer Industrialisierung und Urbanisierung, die das Land entscheidend veränderten. Bereits in den unmittelbaren Nachkriegsjahren war der Anteil der Stadtbevölkerung – vor allem dank der Westverschiebung – von 32 Prozent auf 39 Prozent gestiegen. Nun, 1966, war dieser Anteil auf 50 Prozent gewachsen. Polen verlor endgültig seinen Charakter als vorwiegend landwirtschaftlich geprägtes Land.

In absoluten Zahlen fiel das Wachstum der Städte noch eindrucksvoller aus, denn die demographische Entwicklung in Polen war bis 1960 die schnellste in Europa. Der enorme Geburtenüberschuss der 1950er Jahre (im Durchschnitt knapp unter 0,5 Millionen Menschen jährlich) wurde weitgehend von den Städten aufgesogen. Noch 1966 bewegte sich das Wachstum der Stadtbevölkerung (122 000 neue Einwohner) auf der Höhe der 1950er (1952: 133 000, 1959: 119 000).[2] Indes ging in den 1960er Jahren die Geburtenrate langsam, aber deutlich zurück: Während eine Polin 1950 durchschnittlich 3,7 Kinder gebar, waren es 15 Jahre später nur noch 2,3. Der Geburtenüberschuss lag damit in den 1960er Jahren etwas niedriger als in mehreren südeuropäischen Ländern, blieb aber im europäischen Vergleich einer der höchsten. Polen gehörte weiterhin, wie 1918 bis 1939, zu den europäischen Ländern mit den höchsten Wachstumsraten der Bevölkerung.[3] Die Folge war der von Fouchet angesprochene auffällig hohe Anteil von Kindern, Jugendlichen und jungen Menschen an der Gesamtbevölkerung: Ende der 1960er Jahre standen 12,5 Millionen Minderjährige sowie 4,6 Millionen Menschen im Alter von 20 bis 29 Jahren nur vier Millionen Älteren (d. h. über 60-Jährigen) gegenüber.[4]

Die demographische Explosion nach 1945 steckte 20 Jahre später den Rahmen der Planwirtschaft ab. Der Ausbau der Industrie wurde noch stärker forciert als in der Periode des berüchtigten Sechsjahresplans. Dies hing einerseits mit der weiterhin dominierenden Vorstellung zusammen, dass das bloße Wachstum der Industrieproduktion der Schlüssel zu Modernität, Fortschritt und Macht des Staates sei. Andererseits stand aber das Regime vor der Aufgabe, allein in den 1960er Jahren 2,5 Millionen neuer Arbeitsplätze für junge Menschen zu schaffen – eine Herausforderung, die gemeistert wurde; Arbeitslosigkeit schien nur noch ein Begriff aus dem historischen Lexikon des Kapitalismus.

Auch in anderen Schlüsselbereichen gab es sichtbare Fortschritte. In der medizinischen Grundversorgung (Anzahl der Ärzte und Zahnärzte pro 1000 Einwohner) lag Polen in den 1960er Jahren im europäischen Spitzenfeld, vor den meisten sozialistischen und etwa der Hälfte der kapitalistischen Staaten; die Zahl der Krankenhausbetten wies auf einen Platz im Mittelfeld hin; die Säuglingssterblichkeit war zwischen 1950 und 1970 um rund zwei Drittel gefallen.[5] Das Analphabetentum lag unter fünf Prozent und damit deutlich niedriger als in Südeuropa, die allgemeine Schulpflicht war voll durchgesetzt. Die Zahl der Studenten hatte sich 1960 gegenüber der Vorkriegszeit verfünffacht und stieg im folgenden Jahrzehnt noch einmal um fast 90 Prozent (von 68 auf 126 pro 10 000 Einwohner). Dies waren europäische Spitzenwerte, wie überhaupt die Verbreitung der Bildung im Zeitalter vor der Massenuniversität mit eindrucksvollen Daten belegt werden konnte: Es gab jetzt sechsmal so viele Ärzte wie 1946, mehr als dreimal so viele Lehrer, die Zahl der Ingenieure stieg bis Ende der 1960er Jahre sogar auf das 15-Fache des Standes der unmittelbaren Nachkriegszeit.[6] Diese Angaben verweisen sowohl auf die katastrophale, durch die extremen Verluste der gebildeten Schichten geprägte Ausgangslage von 1945 als auch auf das Ziel staatlicher Hochschulpolitik, nach sowjetischem Vorbild den Anteil der «technischen Intelligenz» an den Akademikern zu vergrößern. Der Bildungsgrad veränderte sich auch in den 1960er Jahren: Die Gesamtzahl der Menschen mit Hochschulbildung wuchs zwischen 1960 und 1968 um mehr als ein Drittel, derjeningen mit Abitur um fast 50 Prozent. Während diese Dynamik des Wachstums sich im internationalen Vergleich relativiert (in mehreren europäischen Industrienationen stieg die Zahl der Studenten gerade in dieser Dekade deutlich schneller), wies die soziale Herkunft der Studenten auf ein Ende des massenhaften sozialen Aufstiegs über Bildung hin: Kinder der «geistigen Arbeiter» bildeten mehr als die Hälfte der Immatrikulierten, ein Viertel stammte aus Arbeiterfamilien, nur 16 Prozent kamen vom Land. An den Universitäten lag der Anteil der Erstgenannten noch deutlich höher.[7]

In zwei Bereichen verzeichnete die Statistik keinen Modernisierungsschub: Die Dichte des Telefonnetzes blieb ebenso wie die Verbreitung von Pkw selbst hinter der spanischen und griechischen zurück (von westeuropäischen Vergleichswerten gar nicht zu reden). Bei den modernen Massenmedien sah die Lage wieder günstiger aus: Die relativen Zahlen der Radio- und Fernsehbesitzer lagen weit über den südeuropäischen, der Abstand verringerte sich jedoch in den 1960er Jahren kontinuierlich.[8] Die technische Ausstattung der Haushalte verbesserte sich in dieser Dekade ungleichmäßig: über halbautomatische Waschmaschinen verfügte 1960 etwa ein Fünftel der Haushalte, 1965 fast die Hälfte und 1970 genau zwei Drittel, über Kühlschränke knapp 20 Prozent zu Beginn der Dekade und knapp 30 Prozent 1970.[9]

Deutlich zu sehen waren nun auch die strukturellen Veränderungen in den Großstädten. In die neuen Siedlungen zogen Migranten vom Land ein, wobei die in den 1950er Jahren untrennbar mit der Ankunft der «Bauern» verbundene Ruralisierung langsam einem etwas vertrauteren Umgang mit der urbanen Zivilisation wich: Haustiere ersetzten die sprichwörtlichen Hühner auf dem Balkon, Gemüse und Obst wurden in den Hunderttausenden von Schrebergärten angebaut, die in Städten und Vorstädten expandierten und die Versorgung der Besitzer unabhängig von den Schwankungen der staatlichen Landwirtschaftspolitik machten. Als ein bisher unbekanntes Problem rückte indes die Einsamkeit am Wohnort in den Vordergrund: Die nachbarschaftlichen Geflechte, von denen die alten Häuser und Viertel in der Stadt geprägt waren, kamen in den neuen kaum zustande, zumal sich der Zusammenhang zwischen Wohnort und Arbeitsplatz infolge der Entstehung neuer Industrieviertel ebenso aufgelöst hatte wie die traditionelle Großfamilie infolge der Binnenmigrationen. In den alten Stadtteilen, wo nach 20 Jahren ohne Sanierung der Verfall der Altbausubstanz auffällige Formen angenommen hatte, waren traditionelle Elemente der Sozialdisziplinierung wie der Hausmeister längst weggefallen. Die Verwahrlosung griff um sich und trieb die Besserverdienenden in die neuen Viertel mit Zentralheizung, fließendem Wasser und sonstigen modernen Einrichtungen. Von der Außenwelt wurden daher die alten Straßenzüge zunehmend als Hort der Rückständigkeit, des Schmutzes und der Kriminalität empfunden.[10]

Letztere blieb freilich – zumindest nach offiziellen Angaben – eine Randerscheinung: Landesweit betrug die Zahl der angezeigten Gewaltverbrechen 1962 knapp 2500, 1966 4400, 1970 weniger als 6000.[11] Aufmerksame Soziologen wiesen Anfang der 1960er Jahre auf ein anders gelagertes Problem hin, das mit Kriminalität zwar zu tun hatte, im Grunde jedoch auf die Folgen der faktischen Verstaatlichung des Besitzes vor 15 Jahren zurückzuführen war: Während das Privateigentum weiterhin hohe Achtung genoss, wurde das «gesellschaftliche Eigentum» als anonymes Gut, das gewissermaßen niemandem und jedem gehörte, für wesentlich weniger schutzwürdig gehalten. Man konnte sich an ihm bedienen, Mangelwaren und -dienstleistungen «organisieren» bzw. «erledigen», im – gar nicht so seltenen – Notfall auch auf illegalem Weg. Der Diebstahl von gesellschaftlichem Eigentum, warnten die Soziologen die Partei, werde «in der Vorstellungswelt eines großen Teils der Gesellschaft mit keinem konkreten Schaden verbunden». Zur selben Zeit stellten erste vergleichende Untersuchungen mit der Vorkriegszeit einen drastischen Anstieg von Diebstahl in Betrieben fest, der anders als mit der Verstaatlichung der Produktionsmittel und mit dem gleichzeitigen Wegfall der Arbeitslosigkeit kaum erklärt werden konnte.[12]

In diese Welt zogen die Millionen meist jüngerer Landbewohner, die seit zwei Jahrzehnten in der Industrie Arbeit fanden. Sie waren mittlerweile sowohl in der Stadt als auch in der Fabrik «angekommen».[13] Die Soziologen bemerkten zu dieser Zeit die Angleichung der Lebensverhältnisse zwischen der Mehrheit der «neuen» und den «alten» Arbeitern, was sowohl mit den allmählich wachsenden, relativ gleichmäßig verteilten Einkommen als auch mit der deutlich besseren Ausbildung der ersteren zu tun hatte.[14] Andererseits gab es weiterhin zahlreiche Unterschiede und Konflikte im Verhältnis zwischen Arbeitern und Angestellten in der Industrie; nicht zufällig scheinen sie in Oberschlesien mit dessen alter Bergbaukultur am wenigsten ausgeprägt gewesen zu sein, während die Differenzen in den nach 1945 entstandenen sozialistischen Musterbetrieben stark auffielen.[15] Die alte Trennung von Angestellten und Arbeitern hatte sich auch in anderen Lebensbereichen erhalten: Die «geistigen» Arbeiter trafen sich mit Industriearbeitern nur in familiärer Runde, beide Gruppen orientierten sich vornehmlich am Bildungsgrad des potentiellen Bekanntenkreises. Im Freizeitverhalten war die materielle Lage nicht das wichtigste Merkmal der Differenzierung,[16] was nicht zuletzt mit den geringen Unterschieden in den Einkommensverhältnissen zusammenhing: Der «geistige Arbeiter» verdiente im Durchschnitt nur 120 Prozent eines Arbeiterlohns. Andererseits erhielten Arbeiter in den privilegierten Zweigen der Schwerindustrie in der Regel einen höheren Lohn als etwa Lehrer. Insgesamt blieben die Einkommensunterschiede (von wenigen Ausnahmen abgesehen) denkbar gering, beide Familientypen wandten über 40 Prozent ihrer Einkünfte für Lebensmittel auf. Letztlich wurde das Freizeitverhalten also nicht durch sozialen Status oder Verdienst definiert, sondern schlicht durch den Mangel an freier Zeit, unter dem vor allem die doppelt belasteten Frauen litten. Die Arbeitswoche dauerte weiterhin sechs Tage. Nur etwa ein Drittel der Stadtbewohner glaubte 1964, genügend Freizeit zu haben, mehr als die Hälfte klagte, sie hätten «in der Regel wenig Freizeit». Fast 80 Prozent hörten nach eigenen Angaben täglich Radio,[17] fast zwei Drittel lasen Zeitungen, immerhin mehr als ein Drittel ging einmal monatlich oder öfter ins Kino.[18] Fast die Hälfte besuchte dafür nicht die – eher spärlich gesäten – Kaffeehäuser, erst recht nicht die wenigen privaten Restaurants, deren Zahl zwar nach 1956 landesweit auf 2500 gestiegen, in der Folgezeit jedoch aufgrund der latenten Feindlichkeit des Staates gegenüber den «Privaten» auf etwa ein Drittel (knapp 800) geschrumpft war.[19] Der Tag der Geselligkeit blieb weiterhin der Sonntag, mit Kirchenbesuch, Familienspaziergang und Besuch bei (oder von) Bekannten; die Frau und Mutter holte am siebten Tag oft die wöchentliche Hausarbeit auf.[20]

Große Veränderungen fanden im Urlaubsverhalten statt. 1970 lag die durchschnittliche Urlaubslänge eines Industriearbeiters um ein Viertel höher als 1960. Viele verbrachten diesen Teil des Jahres traditionell bei der Familie auf dem Land. In derselben Zeit stieg aber die Zahl der Menschen, die ihren Urlaub in den staatlichen, betrieblichen und gewerkschaftlichen Ferienheimen verbrachten, um das Dreifache (von 700 000 auf 2,1 Millionen).[21] Zumindest ebenso stark nahmen individuelle Urlaubsreisen zu; jüngere und kinderlose Paare fuhren mit dem Motorrad, populär wurden die Reisen per Anhalter und das Campen, auf jeden Fall waren der traditionelle Familienbesuch auf dem Land oder der «moderne» organisierte Urlaub aus Sicht der städtischen Jugend nicht unbedingt verlockend. Die Wohlhabenden nutzten die nach 1956 entstandenen Chancen für eine Auslandsreise: In den 1960er Jahren vervierfachte sich deren Zahl, wobei etwa 90 Prozent von ihnen in die sozialistischen Bruderländer führten.[22]

Auch die Dörfer hatten sich inzwischen enorm verändert. Vor dem Krieg ernährte die Landwirtschaft 60 Prozent der Bevölkerung, 1950 knapp mehr als die Hälfte, Ende der 1960er Jahre lebten ausschließlich von der Landwirtschaft nur noch sechs Millionen Menschen. Weit mehr, nämlich neun Millionen, wohnten auf dem Land, betrieben oft noch eine kleine Wirtschaft, verdienten aber ihren Lebensunterhalt in der Stadt. Umgekehrt lebten etwa 800 000 der 14 Millionen Stadtbewohner von kleinen Landwirtschaften. In den Wojewodschaften Warschau, Lublin, Krakau und Białystok lag der Anteil der landwirtschaftlichen Bevölkerung in den Städten mit mehr als zehn Prozent am höchsten, in den Wojewodschaften Kattowitz und Danzig mit zwei Prozent am niedrigsten.[23] Die Lebensmittel-, und vor allem die Fleischversorgung war von der aus Vorkriegszeiten geerbten, infolge der Bodenreform und durch die ideologische Abneigung des Staates gegenüber der Privatwirtschaft («Großbauern», bis 1956 «Kulaken») verfestigten Besitzstruktur beeinflusst: Wie schon 1921 verfügten zwei Drittel der Bauern über Zwerg- und Kleinsthöfe unter fünf Hektar. In Jahren wie 1964, in denen die chronisch ineffektive Besitzstruktur durch schlechte Wetterbedingungen zusätzlich belastet wurde, fiel die landwirtschaftliche Produktion auf den Vorkriegsstand zurück.[24] Der Staat verzichtete zwar auf gewaltsame Eingriffe, die in den frühen 1950er Jahren zu einer katastrophalen Verschlechterung der Lebensmittelversorgung geführt hatten; er tolerierte die «Privaten» als unerlässliches Übel, bot ihnen jedoch keine Entwicklungschancen. Indirekt förderte er sogar die strukturelle Ineffizienz der Landwirtschaft, indem er den Bauern Mittel für die Modernisierung verweigerte: Während die Privatproduzenten, die rund 80 Prozent der landwirtschaftlichen Produkte lieferten, im besten Jahr (1959) fast die Hälfte der staatlichen Investitionen in diesem Sektor aufnahmen, fielen ihnen fünf Jahre später nur noch knapp mehr als 30 Prozent zu.[25] Die Landwirtschaft blieb im Wesentlichen auch unter Gomułka, was sie im Stalinismus gewesen war: eine Finanzierungsquelle für die forcierte Industrialisierung.[26] Zugleich lieferte die Landflucht massenhaft Arbeitskräfte: Trotz hoher Geburtenüberschüsse fiel die Zahl der in der Landwirtschaft Beschäftigten zwischen 1960 und 1970 von über elf auf weniger als zehn Millionen.

Die Bauern wurden immer älter. Die geburtenstarken Jahrgänge nach 1945 wanderten oft schon vor der Volljährigkeit in die Stadt ab, auf dem Land blieben die Eltern. Auch sie erlebten einen zivilisatorischen Fortschritt, die Zahl der gemauerten Häuser stieg sichtbar, die Elektrifizierung erfasste fast das ganze Land. Noch 1955 war nur ein Drittel der Höfe mit Strom versorgt, 1970 90 Prozent. Dennoch blieb das Dorf in mehrfacher Hinsicht benachteiligt: Die Landbevölkerung war schlechter gebildet, Ende des Jahrzehnts hatte noch immer mehr als die Hälfte der Bauern keinen Grundschulabschluss. Die Verbreitung von Fernsehen und Hörfunk lag ebenso deutlich unter den Durchschnittswerten der Stadt, was nicht zuletzt die dominierende Rolle des Pfarrers in der Dorfgemeinschaft konservierte.

Die modernen Medien, die nun definitiv die Vorherrschaft der Zeitungen durchbrachen, expandierten rasch; das Radio hatte bereits in den 1930er Jahren den Aufstieg zu einem Massenmedium der Kommunikation geschafft. Über Hörfunkempfänger verfügten 1960 43 Prozent und 1965 über 50 Prozent der Haushalte, über Fernseher entsprechend sechs Prozent und 24 Prozent, 1970 fast jeder zweite Haushalt. Im Februar 1963, d. h. etwa sieben Jahre nach Beginn der ersten regelmäßigen Sendungen, erreichte die Zahl der Fernsehempfänger eine Million, bereits 1965 überschritt sie zwei Millionen.[27] Das Radio sendete zwei landesweite mehrstündige Programme, während der einzige Fernsehkanal seit 1961 täglich etwa fünf Stunden Abendprogramm ausstrahlte. Die Hauptausgabe der Nachrichten um 19.30 Uhr begann den Alltag der Bevölkerung in die Zeit «vor der Tagesschau» und «den Abend» zu strukturieren, Fernsehen mit Bekannten (die noch keinen Empfänger hatten) gehörte vorübergehend zu den verbreitetsten Formen der Geselligkeit. Für die Intelligenz wurde das «Fernsehtheater» am Montagabend zur Pflicht, in dem die besten, ansonsten nur im Film zu sehenden Schauspieler die Weltklassik und polnische Literatur darstellten. Bereits 1960 sendete das Fernsehen 200 Spielfilme, 1962 dominierten in dieser Programmsparte zahlenmäßig überraschenderweise amerikanische Streifen. Die Verbreitung des neuen Mediums krankte anfangs daran, dass das Programm nur in größeren Ballungsräumen zu empfangen war; mehrere Gebiete ohne großstädtisches Zentrum wurden von den Sendern nicht erreicht. Das Verlangen nach den beweglichen Bildern war so groß, dass Ende der 1960er Jahre alle urbanisierten Teile Polens mit über 80 Prozent der Bevölkerung vom Fernsehnetz erfasst waren.

Die Invasion des Fernsehens hatte schon früh ebenso unerwartete wie anfangs kaum beachtete Nebenfolgen: Seit 1962 führte das am Staatlichen Komitee für Fernsehen und Hörfunk entstandene Zentrum für Erforschung der öffentlichen Meinung (*Ośrodek Badania Opinii Publicznej*, OBOP) regelmäßige Umfragen über die Programme durch, womit das erste Meinungsforschungsinstitut seine Tätigkeit aufnahm.[28] Die systematischen Untersuchungen der Soziologen griffen bald weit über die Rezeption des Fernsehens hinaus und stellen heute eine der wichtigsten Quellen für die Rekonstruktion gesellschaftlicher Haltungen und Lebensbedingungen im zweiten Abschnitt der Geschichte Volkspolens dar.[29]

Die rapide Entwicklung des Fernsehens schlug sich wie überall in einem deutlichen Rückgang des Kinobesuchs nieder, von über 200 Millionen 1960 auf 137 Millionen zehn Jahre später.[30] Allerdings verzögerte sich diese Entwicklung auf dem Land, wo das Fernsehen erst mit der oben erwähnten Verspätung seinen triumphalen Einzug feierte. Obwohl sich damit das Schwergewicht der modernen Propaganda von der «Wochenschau» (die im Kino vor jedem Spielfilm lief und einmal wöchentlich vom Fernsehen ausgestrahlt wurde) auf die Fernsehnachrichten verlagerte – wie überhaupt das Fernsehen die Möglichkeiten der systematischen Propagandaarbeit vermehrte –, blieb das Kino alles andere als ein unpolitisches Theater. Der Spielfilm prägte wohl noch stärker als die «schöne» Literatur den quasipolitischen Diskurs, der vor allem in den Wochenzeitungen ausgetragen wurde. Zur aufgeklärten und tendenziell undogmatischen *Polityka* (seit 1957) bildete die 1963 gegründete *Kultura* das Gegengewicht. Im Mittelpunkt dieser Diskussionen stand weder der amerikanische noch der französische Film,[31] sondern die Produkte der Mitte der 1950er Jahre entstandenen «polnischen Schule». 1957 erhielt Andrzej Wajdas Film «Der Kanal», der erste ehrliche (wenngleich kritische) Film über den Warschauer Aufstand 1944, die Silberne Palme in Cannes, ein deutliches Zeichen für das Interesse des Westens an der neuen, auffallend kreativen polnischen Kunst.[32] Neben Wajda (Jahrgang 1926), der in den kommenden Jahren mehrere zumindest interessante Streifen vorlegte,[33] begeisterte der um fünf Jahre ältere Andrzej Munk das Publikum.[34] Die Partei konnte wirklich von Pech sprechen: Das Verhältnis zwischen ihr und den Künstlern hatte sich gerade zu einer Zeit verschlechtert, als die Kunst für die Massen, d. h. der Film, einen Höhenflug erlebte. Versuche, die Drehbuchautoren und Regisseure auf die seit 1960 verbindliche, restriktive Linie zu bringen, waren nicht unbedingt erfolgreich, trugen dafür viel zur wachsenden Spannung bei.[35]

Die Premieren der neuen Titel der Kultregisseure verursachten regelmäßig Schlangen vor den Kinokassen; 1965 sorgte Wajdas Verfilmung des Romans *Popioły* (Stefan Żeromski, 1904[36]) für heftige Diskussionen, an denen sich geistige Koryphäen weit über das Milieu der Filmkritiker hinaus beteiligten; den langen und nicht gerade unterhaltsamen Streifen schauten sich fast sieben Millionen Menschen an, womit er den dritten Platz unter den polnischen Spielfilmen dieser Jahre belegte. Żeromski hatte zu Beginn des Jahrhunderts den in Polen äußerst populären Mythos der Napoleonischen Kriege angegriffen: Die jungen Polen, die sich zwischen 1798 und 1812 Napoleon, in dem sie den «Befreier Europas» und ihres eigenen Landes sahen, angeschlossen hatten, kämpften zwar auch für die Befreiung ihres Vaterlandes, mussten sich jedoch gleichermaßen an der Unterdrückung anderer Nationen – wie etwa der Spanier – beteiligen. Die langen Szenen der Belagerung und Eroberung von Saragossa ließen keine Zweifel daran, dass sie schuldig geworden waren. Überdies wurden die polnischen Freiwilligen von den Franzosen ausgenutzt und verraten. In der Schlussszene reitet einer von ihnen hinter dem kaiserlichen Schlitten durch das winterliche Russland 1812 zurück nach Westen und bemerkt seinen Freund nicht, der wie viele andere Soldaten der *Grande Armée* irgendwo am Wegrand erfriert. Mit der Verfilmung dieser Vorlage – der Regisseur hatte sie insofern verändert, als er die (selbst-)kritischen Akzente des Romans in den Mittelpunkt stellte – griff Wajda den Mythos vom Kampf «Für Eure und unsere Freiheit» gleichermaßen wie das Monument der «bewaffneten Tat» an.

Der Film wurde damit zu einem wichtigen Bestandteil der seit Anfang der 1960er Jahre lodernden Auseinandersetzung um eine «nationale» versus kritische Sicht der Nationalgeschichte. Die informellen Wortführer der «Partisanen» warfen Mitte der 1960er Jahre Literaten und Regisseuren vor, insbesondere die Geschichte des Zweiten Weltkriegs durch Spott über das Heldentum der Polen revidieren zu wollen. Nun zeigte sich, dass auch Kostüme aus der napoleonischen Zeit für durchaus aktuelle Kontroversen taugten: Die Kritiker griffen Wajda wegen der Herabsetzung der «bewaffneten Tat» und seines vermeintlichen Defätismus an, machten sich Sorgen um den Einfluss der «revisionistischen» Kunst auf die Jugend und sahen ihre Zweifel am Patriotismus der führenden polnischen Künstler bestätigt. Die Polemiken griffen nicht zuletzt deswegen nach grundsätzlichen Argumenten, weil die «Partisanen» gerade Mitte der 1960er Jahre den polnischen Beitrag zum Sieg über das nationalsozialistische Deutschland zu einem zentralen Bezugspunkt der Geschichtspolitik aufzuwerten versuchten; der Zweite Weltkrieg und mit ihm der Krieg überhaupt wurden zu Kultobjekten. Diese neue Variante des Nationalkommunismus krankte indessen daran, dass sie zwar etliche Journalisten und mittelmäßige Autoren, kaum aber namhafte Künstler anzog und über Jahre hinweg keinen einzigen publikumswirksamen Roman oder Film zu ihrer eigenen Ikone machen konnte. Bezeichnenderweise war es dann eine Politreportage über die faschistoide Bundesrepublik, («Bericht aus München», *Raport z Monachium* 1967), mit der Andrzej Brycht nationale Ressentiments gegen den angeblich aufblühenden «westdeutschen Revanchismus» mobilisierte und eines der wenigen Kultbücher der «Partisanen» schuf, die auch außerhalb dieses Milieus gelesen wurden.[37]

Die Auseinandersetzungen über Helden und Opfer, über das Verhältnis zum Westen oder über den Sinn des bewaffneten Kampfes stellten einerseits nur ein neues Kapitel in einem Diskurs dar, der die polnische Kultur seit der Romantik bestimmte. Andererseits waren sie der vielleicht wichtigste und gewiss der einzige von außen sichtbare Nebenschauplatz des Kampfes der «Partisanen» um die politische Macht. Schließlich sollte aber nicht übersehen werden, dass der Konflikt zugleich ein Zeichen der Vitalität der Kultur setzte und eine gewisse Liberalität der 1960er Jahre symbolisierte, die auswärtigen Beobachtern als eines der wichtigsten Merkmale dieser Zeit erschien und die Volksrepublik über Jahre hinweg – bis 1968 – von ihren Nachbarn unterschied.

Die Diskussionen zwischen «Revisionisten» und «Nationalkommunisten» spielten sich vor allem vor historischen Kulissen ab. Sie überschritten auf beiden Seiten die Grenzen nicht, hinter denen die Gegenwart thematisiert werden müsste: In den 1960er Jahren erforderte es einigen Mut, um aktuelle Fragen in einem auch nur dezenten Unterton der Kritik anzusprechen. Entsprechend spärlich waren die oppositionellen Ansätze. Schriftsteller und Wissenschaftler mochten gelegentlich gegen die verschiedenartigen Formen von Zensur und Gängelung protestieren, was die Parteispitzen wochenlang beschäftigte. Konkrete Vorteile für Kunst oder Wissenschaft entstanden dadurch nicht – eher im Gegenteil; sie bestätigten jedoch die Eigenart der Volksrepublik, in der die Diktatur besser beraten war, wenn sie auf die Eigeninteressen ihrer jenseits der Politik prominentesten Staatsbürger ab und zu Rücksicht nahm.

Andere Regeln galten dort, wo die Grenze zwischen systemkonformen Verbesserungsvorschlägen und offenem Widerspruch überschritten wurde. Diese programmatischen Alternativen kamen in den 1960ern entweder von unverbesserlichen Stalinisten, die China als Vorbild priesen,[38] oder von wenigen Außenseitern, die nicht zum intellektuellen Establishment gehörten. Der 31-jährige Jacek Kuroń und der 28-jährige Karol Modzelewski griffen 1965 in dem «Offenen Brief an die Partei» die PVAP als Organisationsrahmen und Legitimationsbasis für die Staatsbürokratie an, die den Arbeitern das ihnen eigentlich zustehende Recht auf Herrschaft geraubt habe. Die Verfasser kamen für diesen frontalen Angriff auf das System, das unverkennbar vom Konzept der «Neuen Klasse» des einstigen Tito-Vertrauten Milovan Djilas beeinflusst war, im Juli 1965 für drei Jahre ins Gefängnis. Die Schrift spielte in der aufkommenden «68-er Bewegung» in mehreren Ländern eine gewisse Rolle, in Polen selbst waren eher die Verfasser als die Schrift bekannt, und dies vor allem im akademischen Milieu Warschaus. Mitte der 1960er Jahre mochte es durchaus scheinen, als ob Auflehnung und alternatives Denken – außerhalb der Kirche – Randerscheinungen in der Gesellschaft seien.

In der Tat dürften weder Diskussionen um die nationale Vergangenheit noch die Forderung nach der Hegemonie der Arbeiterklasse die Mehrheit der Polen sonderlich interessiert haben. Die Konflikte der Intellektuellen und Parteifunktionäre spielten sich auf den wenigen Quadratkilometern der Warschauer Innenstadt ab. Den Alltag zwischen Stettin und Przemyśl bestimmten die Arbeits- und Lebensverhältnisse, die aus Sicht der meisten kaum etwas zu tun hatten mit der entfernten Hauptstadt. Es ist in den 1960er Jahren außerhalb der Fachkreise der Ökonomen kaum reflektiert worden – die Partei überging diese Folge des Oktober 1956 schweigend –, dass die Arbeitsverhältnisse grundsätzlich mit politischen Entscheidungen des Umbruchs zu tun hatten. Die Erwerbstätigkeit der Polen unterschied sich nämlich in einem Punkt wesentlich von derjenigen der Arbeitnehmer in anderen realsozialistischen Ländern: Die Landwirtschaft blieb nach der Rücknahme der Zwangskollektivierung weitgehend privat. Während in den übrigen Ländern von DDR bis Bulgarien die staatliche Wirtschaft 90 Prozent und mehr der Arbeitnehmer beschäftigte, lag dieser Anteil in Polen bei knapp zwei Dritteln. Neben dem einen Drittel Bauern waren die Arbeitnehmer geteilt in Arbeiter (41 Prozent der Beschäftigten) und «geistige Arbeiter» (23 Prozent). Die Zahl der Arbeiter war in den 1960er Jahren von 2,3 auf über vier Millionen gestiegen (40 Prozent stammten aus Bauernfamilien), die Zahl der «geistigen Arbeiter» von zwei auf drei Millionen (1968, hier stammten 30 Prozent aus Bauernfamilien).[39]

Während auf dem Land die privaten oder quasiprivaten – weil durch die staatlichen Zuteilungen und Kredite ebenso wie durch Zwangsabgaben fremdbestimmten – Bauern vorherrschten, spielten private Betriebe in der Stadt, mit wenigen Ausnahmen wie Handwerk und einigen Dienstleistungen, so gut wie keine Rolle. Der nach dem Oktober 1956 keineswegs imponierende Anteil des privaten Handels am Gesamtumsatz (3,5 Prozent) fiel in den 1960er Jahren auf ein Prozent. Die staatliche, bürokratisch regulierte Produktion dominierte klar. Die Planwirtschaft funktionierte nach bekannten Regeln: Im permanenten Austausch von Betrieb, Dachverband des Wirtschaftszweigs («Vereinigung»), dem Ministerium und der Planungsbehörde wurden die Vorgaben schon während der Entstehungsphase und erst recht im Verlauf des Abrechnungszeitraums je nach Stärke der Verhandlungspartner modifiziert, hinuntergefahren oder hochgeschraubt, damit der Auftraggeber bzw. der Produzent «nach oben» einen Erfolg melden wie «nach unten» an die Belegschaft zufriedenstellende Prämien verteilen konnte. Die systemimmanente Auflösung der horizontalen Verbindungen zwischen den Produktionseinheiten, die voll durch die vertikale Kommandostruktur ersetzt werden sollten, schuf ein System, «das theoretisch überhaupt nicht funktionieren konnte», wie eine Soziologin im Rückblick feststellte. Die gewichtigste Folge war die Verschmelzung der politischen mit der Wirtschaftsverwaltung, die wiederum zumindest ansatzweise ökonomische Rationalität rekonstruierte, indem «die lokalen politischen Instanzen die horizontalen Verbindungen zu koordinieren begannen».[40] Direktion, hauptamtliche Partei- und Gewerkschaftsfunktionäre im Betrieb und in den entsprechenden lokalen Organen knüpften informelle Netzwerke, die über die Zuteilung von Rohstoffen und Ersatzteilen verhandelten, Produktionskapazitäten «ausliehen» und Planvorgaben durch Interventionen in den jeweils übergeordneten Behörden beeinflussten. Das System funktionierte in den 1960er Jahren einigermaßen: Bruttosozialprodukt, Industrieproduktion und Außenhandelsumsatz stiegen jährlich und kontinuierlich um mehrere Prozent.[41] Zugleich wurde immer deutlicher, wie schwer sich die Planwirtschaft mit der Einführung moderner Technologien tat. So konnte die italienische Lizenz für den Mittelklassewagen Fiat 125 (unter volksdemokratischen Bedingungen ein technologisch kompliziertes Luxusprodukt) erst mit auffälliger Verzögerung in die Produktion des polnischen Fiat 125p umgesetzt werden. Der einstige Starökonom der Sozialisten Oskar Lange sah in privatem Kreis bereits 1964 in der mangelnden Innovationsfähigkeit der Wirtschaft eine grundsätzliche Bedrohung, und zwar nicht für die von Chruschtschow vor kurzem lautstark verkündete «Überholung» der kapitalistischen Staaten, die wohl kein Ökonom ernst nahm. Lange, ähnlich wie der im Westen hoch geschätzte Michał Kalecki, fürchtete eher, dass der Sozialismus den Höhepunkt des Wachstums bereits überschritten habe und nun hinter dem Westen zurückbleiben werde.[42] Ungeachtet der noch immer beachtlichen Zuwachsraten in der Produktion gab es für diese

Befürchtungen auch statistisch messbare Hinweise. Während sich Ende der 1960er Jahre der Anteil Volkspolens an der globalen Industrieproduktion auf stattliche zwei Prozent summierte, lag er bei dem Zukunftsprodukt Großrechner bei nur 0,1 Prozent.[43]

Das andere, in der öffentlichen Diskussion ebenfalls kaum präsente Problem hatte direkt mit den Lebensverhältnissen zu tun und ergab sich aus der strukturellen Kluft zwischen den noch immer ansehnlichen Makrodaten und der Lohnentwicklung: Das Wachstum der realen Einkommen blieb mit etwa ein bis zwei Prozent jährlich im Durchschnitt der Dekade deutlich hinter den statistischen Bilanzen zurück. Im Nachhinein erschien gerade der bescheidene, individuell kaum bemerkte Anstieg der Einkommen[44] eines der Hauptmerkmale der «kleinen Stabilisierung» der 1960er Jahre, die in der Erinnerung oft zu einer Phase der Stagnation mutierten. Der ursprünglich spöttisch gemeinte Begriff war zunächst aber keineswegs negativ konnotiert. Erst aus der Perspektive der nächsten Dekade, die durch den Ausbruch der Arbeiterunruhen 1970 und das rapide Wachstum der frühen 1970er Jahre geprägt wurde, erschien Stabilität als Stagnation, was jedoch nicht unbedingt Aufschlüsse über die ein Jahrzehnt früher vorherrschende Wahrnehmung erlaubt. Denn diese wurde weder durch abstrakte wirtschaftliche Datenreihen noch ausschließlich durch den Blick in das eigene Portemonnaie geprägt.

Zumindest ebenso wichtig war die Gewöhnung an den nun 20 Jahre alten polnischen Sozialismus. Gomułka hob in seinen öffentlichen Auftritten immer wieder auf den Vergleich mit den 1930er Jahren ab und stieß damit, zumal bei den Jüngeren, zunehmend auf Unverständnis: Vollbeschäftigung, die bereits in den späten 1940er Jahren vollzogene Ausweitung der Alters-, Unfall-, und Gesundheitsversicherung auf alle staatlich Beschäftigten und deren Familien waren längst zu Selbstverständlichkeiten geworden, ebenso wie die direkte Finanzierung des sozialen Netzes durch den Staat.[45] Zum Alltag gehörten ebenso die stundenlangen Parteiversammlungen, der – nur ab und zu – oktroyierte *subbotnik* (d. h. die vermeintlich freiwillige, unbezahlte kollektive Arbeit für ein gemeinnütziges Ziel),[46] der landesweite «Monat des Sowjetfilms» im Oktober, die Vereinnahmung der Gewerkschaften durch Partei und Wirtschaftsverwaltung oder die weitgehend vollständige Kontrolle der PVAP über gesellschaftliche Organisationen von den Satellitenparteien bis zu Jugendverbänden. Ausgenommen von dieser lückenlosen Aufsicht der Partei blieben lediglich die elitären und zahlenmäßig kleinen Vereinigungen wie der Schriftstellerverband oder die Historische bzw. Soziologische Gesellschaft,[47] eine gewisse Autonomie konnten auch andere professionelle Korporationen wie die

Rechtsanwälte bewahren. Außerhalb der direkten staatlichen Lenkung – wenngleich nicht unkontrolliert – agierten auch die großstädtischen «Klubs der Katholischen Intelligenz» (*Kluby Inteligencji Katolickiej*, KIK), die etwa 35 000 Mitglieder zählten und zusammen mit den wenigen elitären Wochenzeitungen, etwa dem *Tygodnik Powszechny* mit einer Auflage von 50 000 Exemplaren und Monatsblättern eine punktuell unübersehbare Teilöffentlichkeit kreierten. Von außen, für Menschen, die dem jeweiligen beruflichen oder weltanschaulichen Milieu nicht angehörten, waren jedoch diese Nischen kaum wahrnehmbar.

Die Polen lebten 20 Jahre nach dem Krieg in einem System, das viele von ihnen zwar nicht mochten, das aber nicht allzu viel aktive Zustimmung erwartete; einem System, mit dem man sich durch Anpassung arrangieren oder dem man durch punktuelles, auf Sachfragen bezogenes Aufbegehren weitere Vorteile abringen konnte. Britische Diplomaten meinten, die Polen seien zwar latent antikommunistisch und prowestlich, sähen jedoch keine Möglichkeit, dies offen zu zeigen. Folglich gingen sie alle vier Jahre zur Wahl (die Beteiligung lag 1961 bei fast 95 Prozent, vier Jahre später bei über 97 Prozent), wo sie brav für die Einheitslisten stimmten, zeigten sich aber zugleich demonstrativ desinteressiert an der von der PVAP konstruierten und kontrollierten politischen Wirklichkeit. Während die Arbeiter sich immer wieder gegen einzelne ökonomische Missstände zur Wehr setzten, gehe es den Bauern – trotz der missmutigen Haltung der Partei gegenüber den privaten Lebensmittelproduzenten als Klasse – immer besser, so dass sie kaum als potentieller Unruhefaktor betrachtet werden könnten.[48] Der von den Briten bemerkte hohe Grad der Anpassung äußerte sich bisweilen in Verhaltensweisen, die weder im Stalinismus noch in den letzten beiden Dekaden Volkspolens eine vergleichbare Rolle spielten. So stiegen die Sparguthaben zwischen dem volkswirtschaftlich ohnehin «guten» Jahr 1958 und 1965 gleich 6,5-fach, während die Bargeldguthaben sich nur verdreifachten.[49] Die nahezu inflationslosen 1960er Jahre stärkten das Vertrauen in das Sparbuch zusätzlich, die Guthaben waren Ende der Dekade sechsfach höher als zu Beginn, während der Geldumlauf in derselben Zeit nur um 122 Prozent gestiegen war.[50] Als neues Zahlungsmittel etablierte sich langsam der so genannte Dollarbon, die volkspolnische Entsprechung des US-Dollars, mit dem man in besonderen Läden, die pikanterweise von einer Bank geführt wurden, westliche Waren kaufen konnte.

Es waren vor allem zwei Probleme, mit denen die Planwirtschaft in den 1960er Jahren nicht zurechtkam. Das erste betraf den Wohnungsbau. Alte Bausubstanz wurde nur ausnahmsweise saniert, ebenso wie der Wiederaufbau historischer Stadtkerne (Warschau, partiell Breslau und Danzig) die

Ausnahme blieb. Die Menschen sollten mit neuen Wohnsiedlungen versorgt werden, die seit dem Sechsjahresplan oft die Gestalt großer Trabantenstädte annahmen. Die Zahlen waren wieder einmal beeindruckend: Während 1956 bis 1960 «nur» 1,2 Millionen neuer Wohnräume gebaut wurden, waren es in der folgenden Dekade 3,5 Millionen. Da aber innerhalb dieser 14 Jahre die Zahl der Staatsbürger von 28 auf fast 33 Millionen gestiegen war, blieb die durchschnittliche Belegung im großen und ganzen unverändert: In den 1950ern stieg sie von 1,6 auf 1,7 Personen pro Zimmer, in den 1960ern fiel sie dann auf 1,5 Personen und lag damit hinsichtlich der Dichte der Wohnungsbelegung in der Nähe der südeuropäischen Durchschnittswerte. In den Städten bezeichnete mehr als ein Viertel der Befragten ihre Wohnsituation als schlecht und sehr schlecht, über 40 Prozent als mittelmäßig; zufrieden und sehr zufrieden zeigten sich mehr als 30 Prozent.[51] Schwerer als statistische Vergleiche wog, dass die Zahl der auf eine Wohnung wartenden Menschen Ende der 1960er Jahre abermals auf eine Millionen gestiegen war; die jungen Stadtbewohner beiderlei Geschlechts trafen sich in dieser Riesenschlange unabhängig von Bildung und Einkommen. Der Staat, der ja den Wohnungsmarkt fast vollständig eliminiert und sich selbst in die Position eines Adressaten aller Wünsche und Bedürfnisse hineinmanövriert hatte, verlor gerade in dem für die Jungen essentiellen Bereich das Wettrennen gegen die demographische Entwicklung. Einen anderen, ebenso wichtigen Aspekt verbirgt die Statistik über neu gebaute Wohnungen, indem sie die Umstände der in diesem Jahrzehnt erzielten quantitativen Erfolge ausblendet. Sie wurden erreicht einerseits durch die stärkere Einbeziehung der Eigenmittel der künftigen Bewohner (den genossenschaftlichen Wohnungssparbüchern fiel ein beachtlicher Anteil an dem oben erwähnten Boom der Sparguthaben zu), andererseits durch eine drastische Reduzierung der Durchschnittsgröße der in Auftrag gegebenen Wohnungen. Zwar ging Polen nicht den von der Sowjetunion eingeschlagenen Weg des Baus von *chruščoby*,[52] der berüchtigten Wohnblocks ohne Unterkellerung, dafür von sprichwörtlicher Hässlichkeit und sparsamster Ausführung. Als eine Parteidelegation aus Warschau 1960 diese neueste Errungenschaft der Sowjetunion in Moskau und Leningrad besichtigte, fand sie diese nicht nachahmenswert. Dennoch, gespart wurde auch in Polen: 1962/63 wurden die Architektenbüros den Bauunternehmen unterstellt. Diese erfüllten ihr Plansoll nur, wenn sie viele Wohnungen bauten; das Bemühen der Architekten um eine menschenfreundliche Gestaltung der neuen Siedlungen war unter diesen Bedingungen alles andere als eine Priorität.[53] Und auch der Wohnraum selbst wurde erheblich verringert: Gemäß den 1962 verabschiedeten Richtlinien sollte eine Einzimmerwohnung nur noch 24 bis 30 m^2 groß sein, eine Zweizimmerwohnung 33 bis 38 m^2, drei Zimmer wollte man auf 42 bis 48 m^2 unterbringen und vier auf 51 bis 57 m^2.[54] In den 1950er Jahren hatte eine Einzimmerwohnung 35 bis 40 m^2 gehabt, eine Zweizimmerwohnung etwa 55 m^2; der Unterschied bedeutete eine drastische Verminderung der Lebensqualität. Das Ergebnis der neuen Richtlinien waren die seit Mitte der Dekade massenhaft entstehenden, bald berüchtigten «Gomułka-Wohnblocks», in denen Kleinstwohneinheiten mit Küche ohne Tageslicht entstanden und deren Enge im Rückblick zu einem der charakteristischen Merkmale der Ära Gomułka wurde.[55]

Ähnliche Probleme bereitete den staatlichen Planern die Versorgung. Es gab viele Anzeichen für die chronische Ineffizienz des Staates. Eine eindeutig politische Dimension erreichte dabei die Versorgung mit Fleisch- und Wurstwaren.[56] Statistisch gesehen fand sich Fleisch, vor dem Krieg noch Luxusartikel (damals verzehrten die Polen 20–22 Kilo pro Kopf und Jahr), nun auf fast jedem Teller. Der Pro-Kopf-Verbrauch betrug in den 1960er Jahren mit etwa 50 Kilo deutlich weniger als in den klassischen Industriestaaten (70 bis 90 Kilo), blieb aber höher als in den südeuropäischen Ländern oder Finnland. Mit einem Anteil von über 40 Prozent an den Ausgaben eines städtischen Haushalts wogen Lebensmittel im Familienbudget ähnlich schwer wie in südeuropäischen Ländern, aber auch in der ČSSR und Ungarn.[57] Zugleich lagen die Lieferungen pro Stadtbewohner in den ersten Jahren dieser Dekade deutlich (sechs bis acht Kilo) unter denen des «fetten» Jahres 1958.[58] Die von Fouchet beobachteten, zeitweilig langen Warteschlangen in und vor den Fleischläden wurden somit zu einer ständigen Erscheinung des städtischen Alltags. Das Dorf wurde ohnehin kaum beliefert. Mitte der 1960er Jahre waren die Pathologie des Marktes und die daraus resultierende gesellschaftliche Frustration längst allgemein bekannt. Die Zensur tat ihr Bestes, um das Thema wenigstens aus den Zeitungen herauszuhalten.[59]

Entgegen der landläufigen Überzeugung lag die Ursache nicht in dem Export von tierischen Produkten, der nur etwa zwölf Prozent des Binnenverbrauchs ausmachte. Dem Devisenhunger des Staates war freilich zuzuschreiben, dass höherwertige Wurstsorten, die tatsächlich in den Westen gingen, auf dem polnischen Markt zeitweilig nur über Beziehungen und stundenlanges Schlangestehen zu bekommen waren. Dies hing nicht zuletzt mit den relativ niedrigen Preisen zusammen. Fleisch und Wurstwaren wurden in einem noch größeren Maß als andere Lebensmittel subventioniert. Die Preiserhöhungen von 1959 und 1967 fielen aus Rücksichtnahme bzw. Angst vor dem Unmut der Werktätigen relativ gering aus und reduzierten die Schlangen nur kurzfristig, ebenso die in anderen krisenhaften Augenblicken vorgenommene Rücknahme einiger Exportverpflichtungen. Wenig brachte auch die Einführung neuer Wurstsorten, in denen das defizitäre Schweinefleisch durch andere Produkte ersetzt wurde oder der «fleischlose Montag», an dem seit 1959 weder in Läden noch in den Gaststätten Fleisch verkauft bzw. serviert wurde.[60] Das strukturelle Problem blieb unverändert: Die Planwirtschaft mit ihrer ständigen Benachteiligung der Bauern war nicht imstande, eine halbwegs flächendeckende Versorgung zu gewährleisten, Engpässe waren ein fester Bestandteil des Systems. Neben Fleisch gehörten u. a. Lederschuhe und halbwegs modische Textilien[61] zu jenen Produkten, die nur durch raffiniert organisierte Einkaufsjagden in besser versorgten Geschäften zu erstehen waren. Die Schlangen vor und in den Läden prägten den Alltag in mehrfacher Hinsicht. So nahmen z. B. in Breslau die täglichen Einkäufe je nach Stadtteil zwischen 40 Minuten und über zwei Stunden in Anspruch,[62] in Warschau verbrachten wochentags über 70 Prozent der Frauen zwischen einer und mehr als zwei Stunden in der Schlange.[63] Ganze Viertel, Städte und Regionen galten als «besser» oder «schlechter» versorgt und wurden entsprechend von individuellen Einkäufern aus der näheren und ferneren Umgebung überflutet. Eine andere Folge der Engpässe bestand in der stellenweise auffälligen Diskrepanz zwischen einzelnen Berufsgruppen bzw. zwischen Kleinstadt und Industriezentrum: Da Industriearbeiter gegenüber anderen sozialen Schichten bevorzugt zu versorgen waren, erhielten die Geschäfte um die Großbetriebe wesentlich (bis 100 Prozent) größere Warenmengen als andere Läden.

Innerhalb eines so funktionierenden Systems wurde die Verkäuferin, deren offizieller Lohn eher unter dem Durchschnitt lag, zu einer begehrten Bekanntschaft, die über die Privatisierung ihres Kompetenzbereiches, völlig unabhängig vom Prinzip der Nomenklatura, Macht ausübte und Privilegien verteilte. Wie weit die unter solchen Verhältnissen aufblühende Korruption reichte, zeigte 1964 eine Affäre, die sich nicht zufälligerweise um das strategische Produkt Fleisch entwickelt hatte. Der Direktor einer Handelszentrale hatte mit Hilfe Hunderter von Angestellten ein weit verzweigtes Netzwerk für den illegalen Absatz von Fleisch und Wurst aufgebaut. Die unter dem Tisch auch an Funktionäre und Beamte verkaufte Ware hatte jahrelang zahlreiche feste Abnehmer gefunden. Die so entstandenen Verluste des staatlichen Handelsunternehmens bewegten sich nach Schätzungen der Staatsanwaltschaft in Millionenhöhe (das monatliche Durchschnittsgehalt lag unter 2000 Złoty). Der von der Presse ausführlich geschilderte Fall ließ die Dimensionen der Schattenwirtschaft mitten im scheinbar wohlgeordneten Staat Gomułkas erahnen: Im September 1964 zählte die Polizei über 900, im Dezember mehr als 1400 Verdächtige. Über

300 Personen waren inzwischen verhaftet worden; darunter stellten die Leiter der Einzelgeschäfte etwa die Hälfte, höhere Angestellte ein Fünftel.[64] Der Parteichef erblickte in der «Fleischaffäre» vermutlich die Möglichkeit, ein Exempel zu statuieren und damit sowohl den Unmut über die Versorgungslage abzubauen als auch ein Warnzeichen zu setzen: Aller Wahrscheinlichkeit nach war es Gomułka selbst, der auf die Todesstrafe für den Hauptangeklagten drängte. Der Beschuldigte legte ein volles Geständnis ab und hoffte auf eine Verwandlung der von dem Gericht tatsächlich ausgesprochenen Todesstrafe in ein Hafturteil. Der Erste Parteisekretär der PVAP wollte offenbar neue Maßstäbe setzen, indem er die Begnadigung ablehnen ließ. Seine Konsequenz mag auch andere Gründe gehabt haben als die Brandmarkung der Korruption: 1960 hatte sich der Vorsitzende des Warschauer Gerichts geweigert, in einem ähnlich gelagerten Fall – trotz Drängens der zuständigen Abteilung des ZK – die Höchststrafe auszusprechen. Nur wenige Monate später war es gar der Generalstaatsanwalt, der die Begnadigung eines anderen, in der Erstinstanz zum Tode Verurteilten in derselben Angelegenheit durchsetzte – und ebenso zum Rücktritt gezwungen wurde.[65] In der Fleischaffäre funktionierte die Maschinerie perfekt, der Mann wurde hingerichtet. Die Vollstreckung des Justizmordes wegen Schwarzhandel rief 1965 nicht nur unter Juristen Ablehnung, Angst und Verunsicherung hervor. Die Staatsmacht hatte brutal demonstriert, dass sie, wo und wann sie es für notwendig erachtete, auf stalinistische Methoden der Sozialdisziplinierung nicht verzichten wollte.[66]

Die spektakuläre «Fleischaffäre», die wahrscheinlich nur die Spitze eines Eisbergs bloßgelegt hatte, wirft die Frage auf, wie weit die Gesellschaft von den großen Veränderungen der 1950er und 1960er Jahre durchdrungen und durch den Staat als Schrittmacher und Kontrollinstanz beeinflusst war. Die Modernisierung in Gestalt der realsozialistischen Gleichschaltung hatte keineswegs alle Lebensbereiche und Regionen gleichmäßig erfasst. Die katholische Kirche blieb trotz permanenter Schikanen und Benachteiligung eine systemfremde Institution von unverkennbarem Einfluss. Fast alle Kinder wurden weiterhin getauft, obwohl dies der gesamten Funktionärsschicht bis hin zu Berufssoldaten untersagt war.[67] Über 90 Prozent der Staatsbürger bekannten sich zum Glauben, geschätzt mehr als die Hälfte der Polen ging wöchentlich zur Messe, ein weiteres Drittel besuchte sie weniger regelmäßig; der Atheismus blieb außerhalb des höheren Staats- und Parteiapparats eine Randerscheinung. Die Verbundenheit mit der Kirche war unterschiedlich stark ausgeprägt, am deutlichsten auf dem Land, aber auch anderswo forderten die Gläubigen ihre Rechte ein: Die einzigen Zusammenstöße mit der Polizei vor 1968 fanden in Städten statt, wo die

Staatsmacht den Bau einer Kirche zu verhindern oder geistliche Institutionen aufzulösen versuchte.[68] Die Kampagne gegen den Brief an die deutschen Bischöfe und die Milleniumsfeiern verschärften den Konflikt – und stärkten die Position der katholischen Kirche abermals.

So wie die Kirche als Institution zwanzig Jahre real existierenden Sozialismus in autonomer Verfassung erstaunlich gut überlebt hatte, zeigte sich auch die Infrastruktur des Landes trotz der Urbanisierung und Industrialisierung partiell resistent gegen den Großen Wandel. Die regionalen Unterschiede zwischen Ost (zu dem nun ebenfalls die ins Landeszentrum verschobenen Gebiete des alten Kongresspolens gehörten) und West blieben sicht- und nachfühlbar. In den Wojewodschaften Warschau (die Hauptstadt bildete eine eigene Verwaltungseinheit), Lodz und Białystok entfiel eine Bahnstation auf mehr als 30 Ortschaften, eine Bushaltestelle gab es in jeder dritten. In den ehemals deutschen Gebieten hatte hingegen etwa jede sechste Ortschaft eine «eigene» Bahnstation, zwei Drittel bis vier Fünftel waren an den Busverkehr angeschlossen.[69] In den ländlichen Regionen östlich von Warschau blieben sogar «Tagespresse und Post ein Problem», Besucher aus dem traditionell hochentwickelten Teschener Schlesien wunderten sich wie eh und je über die offensichtliche Armut Masowiens.[70] Der Kontrast zwischen Stadt und Umgebung war gerade in Zentralpolen um Warschau und Lodz am stärksten: Während in den Metropolen das Fernsehen ebenso zum Alltag gehörte wie der Traum von einem eigenen Auto, mussten sich die Dorfbewohner mit dem Kino begnügen. Ihr Traumobjekt war das Motorrad, und Pkws wurden auf dem Land bezeichnenderweise noch immer «Taxis» genannt. Während die staatliche Industrie Motorräder in immer größeren Mengen zu liefern imstande war, blieb das Auto in den gesamten 1960er Jahren ein Luxusgut: Auf 100 Haushalte entfiel 1960 ein Pkw, 1965 zwei, 1970 fünf.[71] In relativen Zahlen ausgedrückt handelte es sich also um beachtliches Wachstum, von Massenmotorisierung konnte aber weiterhin keine Rede sein. Autofahren war übrigens gerade deswegen gefährlich: Die Berichte aus den 1960er Jahren sind voll von Horrorgeschichten über Fußgänger, die sich auf dem Land für die einzigen Straßenbenutzer hielten, selbstmörderische Motorradfahrer, die Abneigung der Bevölkerung gegenüber Autofahrern und schließlich über Pferde, die auf Autos mit Panik reagierten. Ein Ausländer fasste diese Eindrücke in folgenden Bildern zusammen: «Hunderte von Dörfern, das sind Tausende von Kindern, die mitten auf der Straße spielen, Pferde, Schweine, Geflügel, die über die Straße unmittelbar vor dem Auto huschen, Betrunkene, die Fahrradfahren lernen. Am Samstag, dem Zahltag, gehen ganze Dörfer und Kleinstädte, die in der Nähe von Industriebetrieben liegen, auf die Straße [...] am Sonntag wandern die Massen auf der Straßenmitte in die Kirche und zurück.»[72]

Der Zwiespalt zwischen vormodernem Alltagsverhalten und Einbrüchen der Modernität zeigte sich nicht nur auf dem Land, sondern auch in der Kleinstadt. Ein Reporter berichtete 1966, die wichtigste Eigenschaft dieser verschlafenen Ansammlung von Gebäuden sei die «Nivellierung der sozialen Struktur der Stadt. Niemand, der Interesse erweckt [...] Seit Jahren – keine Karriere. Beamtenkarrieren interessieren niemanden außer der kleinen Gruppe der unmittelbar Beteiligten. Der Typus einer persönlichen Karriere, des individuellen Aufstiegs – den gibt es nicht mehr. Das Höchste aller Träume ist ein eigenes Haus, in Kreisen der Intelligenz – das Auto [...] keine Spitzen, auch die Niederungen freilich nicht sehr tief.»[73] Ein anderer Beobachter wunderte sich ebenfalls darüber, wie wenig sich «in der Provinz» geändert hatte: «In den Kleinstädten, wo das örtliche Highlife aus dem Apotheker, dem Pfarrer, dem Lehrer, dem Notar, dem Arzt bestanden hat – haben die neuen Verhältnisse wenig verändert, haben vielleicht nur die Bridge-Veranstaltungen in zwei Tische gespalten, indem sie die Parteisekretäre, die Vorsitzenden der Nationalräte oktroyiert und die Gutsbesitzer subtrahiert haben. Vielleicht haben sie auch ungleichmäßig verteilt – in jene, die Karriere machen wollen, und andere –, dies ist aber auch alles. Der Parteisekretär, der Lehrer gehen auch in die Kirche, wenn sie Autorität besitzen wollen [...] Der Probst in der Kleinstadt, der Dekan ist die erste Person nach Gott, weit vor den städtischen Behörden – und mit ihm muss der Parteisekretär rechnen, nicht umgekehrt.»[74]

Das Problem der verschlafenen Provinz, in der sich die neue Macht nur oberflächlich etablieren konnte, war natürlich älter und ging auf eine strukturelle Immobilität zurück, an der der Staatssozialismus nichts geändert hatte. Sowohl vor dem Ersten als auch vor dem Zweiten Weltkrieg nahmen die Kleinstädte auch bei günstiger Lage kaum an der Modernisierung teil. Hatten sie in den 1950er Jahren nicht das Glück, durch Investitionen zu neuen Industriestandorten aufgewertet zu werden, litten sie trotz der allgemeinen Urbanisierungstendenz weiterhin an Stagnation. Hatten sie gar das Pech, im Grenzgebiet mit seinen Sonderbeschränkungen für Bevölkerungszugang zu liegen, verloren sie selbst in dieser Zeit an menschlichem Kapital. Das Schicksal der entwicklungsunfähigen Kleinstädte unterschied sich damit nicht wesentlich von dem der sowjetischen, wurde allerdings durch die weiterhin private Landwirtschaft gemildert, die Verteilungs- und Gewinnmechanismen außerhalb der staatlich festgelegten Regeln etablierte und die lokalen grauen Märkte am Leben erhielt; jüngere Menschen wurden trotzdem von aussichtreicheren Gebieten und Städten angezogen.

Im Westen und Nordosten des Landes wurde die Stagnation außerhalb der Großstädte verstärkt durch die Unsicherheit über die künftige Zugehörigkeit der ehemals deutschen Gebiete – eine gleichermaßen ungewollte wie logische Folge der staatlichen Angstmacherei vor der revanchistischen Bundesrepublik –, die die Bewohner zu einem auffallend sorglosen Umgang mit den Ressourcen ihrer neuen Heimat verleitete.[75] Ein Auslandspole bemerkte im Westen Spuren der «definitiven Verwüstung», allgemeine Verwahrlosung und zivilisatorischen Abstieg. Sein Fazit ging jedoch in eine etwas andere Richtung: «Die Menschen machen einen gleich ordentlichen wie ärmlichen Eindruck, die Mädchen bunt gekleidet, die Männer in der Regel in Schwarz [...] Dieser Westen Polens erinnert von seinen Menschentypen her auf nachdenkliche Weise an Polesien und Wolhynien.»[76] Die Assoziation mit den rückständigsten Gebieten der Vorkriegsrepublik war weder zufällig noch untypisch. Die Veröstlichung des geographischen Westens sollte die Volksrepublik bis ans Ende ihrer Existenz begleiten.

Eine Sonderstellung nahm die Hauptstadt ein. Warschau hatte 1965 mit 1,25 Millionen Einwohnern fast den Vorkriegsstand (1,3) erreicht. Landesweit galt es als besonders gut versorgt und beleuchtet, freizügig und großstädtisch, zugleich unhöflich und hektisch. Ob Studenten oder zugezogene Krankenschwester, alle fanden die Hauptstadt exzeptionell.[77] Die Warschauer selbst kritisierten die schlechte Organisation des Alltags, u. a. die überfüllten Massenverkehrsmittel, zeigten sich hingegen stolz auf Wiederaufbau und Ausbau der Hauptstadt.[78] Eine auffallende Besuchergruppe waren neben Schulklassen die Betriebsversorger, die in den Warschauer Dachverbänden und Ministerien um Ersatzteile, Rohstoffe und sonstige Produktionskomponenten antichambrierten. Dienstreisende wie sie belegten Ende der 1960er Jahre gleich 75 Prozent der hauptstädtischen Hotelbetten; sie klagten über den Moloch der Warschauer Bürokratie ebenso wie über die Unterentwicklung der städtischen Verkehrsmittel, Taxis und Hotels.[79] Die Konkurrenz war trotzdem klein: Krakau, Danzig und Breslau schnitten in Umfragen deutlich schlechter ab, lediglich das Zentrum des aufstrebenden Oberschlesien, Kattowitz, zeichnete sich unter dem – bald landesweit als «guter Landesvater» – bekannten Parteisekretär Edward Gierek durch auffällige Investitionen aus. Bezeichnenderweise dachte man in der Hauptstadt des Industriereviers als erster polnischer Stadt Ende der 1960er Jahre über Begrenzungen der Parkzeit für Pkws nach.[80]

Es gab sehr unterschiedliche Wahrnehmungen dieser widersprüchlichen lokalen Wirklichkeiten der Ära Gomułka. Eine Besucherin aus dem Ausland beschwerte sich über die materialisierte «Hässlichkeit: nicht zum

Leben geeignet, ermüdend, irritierend, beschämend durch die Bevorzugung ausländischer Dollarbringer». Ein anderer westlicher Tourist klagte hingegen, gerade seinesgleichen werde von den Behörden regelrecht ausgeraubt, die Hotels seien schrecklich, das Essen unmöglich: «Freunde können nicht helfen, leben selbst in unbeschreiblicher Enge und Armut.» Verglichen mit der Vorkriegszeit habe sich beides zum Negativen verändert, Städte wie Menschen. Völlig anders empfand ein Amerikaner zumindest den Grenzübertritt – was vermutlich kein Zufall war – von der DDR nach Polen: «Das Betreten des polnischen Grenzpostens, wo eine Gruppe gesprächiger, gutgelaunter junger Frauen in Uniformen arbeitete, während das kleine Radio Popmusik spielte, war wie der Eintritt in das Land der Freiheit.»[81]

Das Land der materialisierten Hässlichkeit, der gleich verteilten Einkommen und der relativen Freiheit wirkte auch auf den zweiten Blick alles andere als einheitlich. Die Partei war omnipräsent und vermeintlich omnipotent, konnte jedoch unter selbst so günstigen Umständen wie im Falle des Briefes der polnischen an die deutschen Bischöfe 1965 die geistige Sonderstellung der katholischen Kirche nicht ernsthaft gefährden. Der Minirock wurde bereits hier und da getragen, blieb aber ebenso wie lange Haare verpönt; die Jugendlichen in der Großstadt stürmten Jazzkonzerte und Studentenkabaretts, die aus der Sicht der Provinz bestenfalls zu einer anderen fremden Wirklichkeit gehörten; der staatliche Hörfunk ließ ab und zu nicht nur westliche, sondern auch die entstehende polnische Popmusik erklingen. Die Zensur schien das kulturelle Leben fest im Griff zu haben, konnte jedoch die Intelligenz nicht daran hindern, über den Sinn der Nationalgeschichte zu diskutieren. Die Wirtschaft machte einen grundsoliden Eindruck, bereitete jedoch selbst dem Parteichef zunehmend Sorgen. Die «kleine Stabilisierung» war eben viel facettenreicher, als dies der – letztlich aber doch nicht irreführende – Name suggeriert.

14. Der Bigoskommunismus[1] (1971–1980)

Die «Belle Époque», 1971–1975

Die neue Parteiführung übernahm ein erschüttertes, aufgebrachtes Land. Die Wut über die Toten in den Küstenstädten und die Enttäuschung über den Stillstand des vergangenen Jahrzehnts konzentrierten sich vornehmlich auf die Person des alten Staatschefs. Insofern unterschied sich die Trauer und die Aufgewühltheit 1970 von den großen Diskussionen 1956: Der negative Bezugspunkt war personifiziert, die Verantwortung eindeutig zuweisbar. Die Stimmung war auch insofern anders, als sie hauptsächlich von einer nur lokal vernehmbaren Arbeiterschaft geprägt wurde und, im Unterschied zu 1956, sich nicht zu einem landesweiten politischen Programm formte. Außer in den Küstenstädten, wo sich die offiziell «Dezemberereignisse» genannten Kämpfe abgespielt hatten, gab es viele Gerüchte und kaum Informationen, die über die offiziell verlautbarten Grunddaten hinausgingen. Gemeinsam war den Arbeitern landesweit eines: die Forderung nach Rücknahme der Preiserhöhungen, ebenso nach der Übernahme persönlicher Verantwortung für das Massaker im Dezember. Die Frage nach den systemimmanenten Gründen für die «Ereignisse» spielte hingegen keine prominente Rolle. Die Intellektuellen hatten diesmal kein Sprachrohr in Gestalt von kämpferischen Meinungsblättern, keine neuen Diskussionsforen und die Lösungsansätze, die sie jetzt vorschlugen, blieben nach dem Aderlass von 1968 weit hinter den Horizonten von 1956 zurück. Es ging vor allem um die Rationalisierung von Wirtschaft und Verwaltung, um weniger Zensur, um mehr Offenheit gegenüber Reformdenken – nicht aber um eine grundsätzliche Neugestaltung des Systems. Der dritte Unterschied bestand in dem Grad an Popularität von Gomułka 1956 und Gierek 1971. Der langjährige Provinzfürst von Oberschlesien galt als guter Administrator, unter dessen Herrschaft die von der Schwerindustrie geprägte und damit als besonders modern geltende Wojewodschaft Kattowitz mit einer Vielzahl von Investitionen ausgestattet wurde, die – neben den relativ hohen Löhnen im Bergbau – das Lebensniveau deutlich über den Landesdurchschnitt gehoben hatten. Außer dieser Erfolgsbilanz, die im Allgemeinen auf seinen gesunden Pragmatismus zurückgeführt wurde, hatte Gierek aber kaum etwas zu bieten. Das 1956 so bedeutsame Verhältnis zu Moskau wurde 1970/71 folglich ebenso wenig thematisiert wie ein «polnischer Weg zum Sozialismus». Hinter dem Machtwechsel stand diesmal keine gesellschaftliche Bewegung, sondern die lang unterdrückte Frustration über die «kleine Stabilisierung», der Hass auf Gomułka sowie der Glaube, ohne ihn könnte es nun endlich aufwärts gehen.

Für Gierek, Jahrgang 1913, sprach sein Lebenslauf: Bevor er hauptamtlicher Funktionär geworden war, arbeitete er in den 1930er und 1940er Jahren tatsächlich im Bergbau. Als Arbeitsemigrant hatte er seine Kindheit und Jugend in Frankreich und Belgien verbracht – kein Funktionär der Komintern also und ebenso wenig einer «aus dem Osten».[2] Er sprach Französisch, trug modische Krawatten und gefiel im Fernsehen sehr viel besser als der greisenhaft wirkende, kreischende, im schlecht sitzenden Anzug auftretende Gomułka, dessen Ähnlichkeit zu Ulbricht hinsichtlich der medialen Ausstrahlung unübersehbar war.

Die Telegenität erwies sich als ein Vorteil nicht nur in den ersten Wochen seiner Amtszeit, als Gierek die akute Krise, die ihn an die Macht gebracht hatte, meistern musste, sondern war in den gesamten 1970er Jahren von Bedeutung. Das Fernsehen (seit Ende der 1960er Jahre mit zwei landesweiten Kanälen, seit Beginn der 1970er teils in Farbe) sollte in der «Dekade Giereks» zu dem zentralen Massenmedium werden, dessen Wirkung der neue Staatschef – wieder im Unterschied zu seinem Vorgänger – durchaus richtig einzuschätzen wusste. Weder vorher noch nachher lockte das staatliche Fernsehen in Polen derartige Massen vor die Empfänger wie zwischen 1971 und 1980: Das neue Medium prägte Massenkultur und Konsumverhalten, es gestaltete persönliche Aspirationen wie Vorstellungen von der Welt «da draußen».

Hingegen erlebte die Kinowochenschau nur eine kurze Zeit des Aufschwungs. Zwar wurde sie vom Ministerpräsidenten persönlich mitredigiert[3] und trug in den ersten Jahren der 1970er einiges zum Bild neuer Zeiten bei, in denen vergleichsweise junge, auf jeden Fall dynamische Manager erfolgreich ein Problem nach dem anderen lösten. 1971 prägte ihre Ausgabe zum Staatsfeiertag am 22. Juli das Bild von Kattowitz als «Hauptstadt der Jugend». Zum 30. Jubiläum Volkspolens 1974 erreichte sie einen eigenartigen Höhepunkt, als sie mit beeindruckenden Aufnahmen und einem dynamischen Schnitt die Qualität der «besten deutschen Propaganda in diesem Bereich» erreichte. Bereits 1972 wurde jedoch konstatiert, dass die Wochenschau im Vergleich mit dem expandierenden Fernsehen eigentlich ein Auslaufmodell sei.[4] Die Diagnose war berechtigt, in der zweiten Hälfte der 1970er Jahre spielte die traditionsreiche Zusammenfassung der Woche keine Rolle mehr.

Anfang des Jahres 1971 begleitete die Wochenschau den neuen Chef der PVAP treu und verbreitete die Bilder seiner großen Erfolge, die er in wochenlangen, harten Auseinandersetzungen mit streikenden Arbeitern errang. Die Preiserhöhungen vom Dezember waren nicht zurückgenommen worden, trotz des offensichtlichen, schwelenden Missmuts der großindustriellen Arbeiterschaft. Am 22. Januar brach abermals ein Streik in der Stettiner Werft aus. Hier waren Wochen zuvor 16 Todesopfer zu verzeichnen gewesen und es hatte ein Städtisches Streikkomitee verhandelt, das die Forderung nach einem «Rücktritt» der staatlichen lizenzierten Gewerkschaften durchsetzen wollte. Gierek wählte einen im real existierenden Sozialismus höchst unkonventionellen Lösungsansatz. Gemeinsam mit dem neuen, farblosen Ministerpräsidenten Piotr Jaroszewicz flog er nach Stettin und stellte sich den Arbeitern. Er diskutierte mit dem Streikkomitee neun Stunden lang, hörte sich die Klagen der Arbeiter an, wälzte immer wieder die Schuld auf Gomułka ab, verwies auf seine Vergangenheit als Kumpel, bat um Verständnis und bedauerte die vom Vorgänger geerbte, angeblich verheerende ökonomische Gesamtlage. Darüber hinaus versprach er Sicherheitsgarantien für die Streikführer und Neuwahlen in der Gewerkschaftsorganisation der Werft.

Die Szenen, in denen der Staatschef die Beschwerden der Arbeiter aufnahm und argumentativ auf sie einging, waren derart schockierend, dass das Fernsehen nur sorgfältig montierte Ausschnitte sendete – eigentlich zum Nachteil Giereks, denn das Streikkomitee ließ sich von dem Oberschlesier einnehmen und verabschiedete ihn mit Beifall; der Streik in Stettin war damit beendet. Bei dem nächsten Treffen mit Werftarbeitern in Danzig war der neue Parteichef ähnlich erfolgreich. Diesmal machte es sich die Propaganda zunutze, dass Fernsehen und Hörfunk nicht live, sondern erst Stunden später Ausschnitte sendeten. Das Material wurde geschickt montiert. So ist wohl die bald berühmt gewordene Szene entstanden, in der Gierek nach einer Schilderung der Notlage des Landes und offener Diskussion die Arbeiter fragte: «Werdet ihr helfen?» In den Medienausschnitten kam nun die Antwort des Saals: «Wir werden helfen.» Der Wortwechsel entwickelte sich sogleich zu einem Symbol des Aufbruchs: Der Staatschef führte die Arbeiter auf ihren eigenen Wunsch und mit der Rückversicherung ihrer Loyalität in die lichte Zukunft.

Mitte Februar nahm Warschau die Preiserhöhungen vom Dezember dann doch zurück – unter dem Druck der streikenden Arbeiterinnen in Lodz. Die Frauen in der alten Textilmetropole waren, im Unterschied zu den hauptsächlich männlichen Werftarbeitern, nicht anders zu beschwichtigen. Hier wurden all die totgeschwiegenen Versäumnisse des Staatssozialismus evident: In der Textilbranche arbeiteten durchgehend jahrzehntealte Maschinen in mindestens ebenso alten Fabriken; oft stammten beide aus der Glanzzeit des Lodzer Kapitalismus vor 1914. Etwa zwei Drittel der Beschäftigten waren Frauen, die zwar von der Gesundheits-, Unfall und Pensionsversicherung genauso erfasst waren wie alle anderen Arbeitnehmer, jedoch kaum Hoffnung hegen durften, das Rentenalter halbwegs gesund zu erreichen. Zudem lagen die Löhne ein Fünftel unter dem Landesdurchschnitt. Der Streik brach am 10. Februar aus, am 13. erfasste er 12 000 Arbeiter, 80 Prozent von ihnen Frauen. Für den angereisten Ministerpräsidenten wurde zunächst einmal ein Treffen mit den Parteiaktivisten vor Ort arrangiert – im Stadttheater. Als er aber am nächsten Tag versuchte, mit den streikenden Arbeiterinnen und Arbeitern in den Betrieben zu verhandeln, wurde er mit einer Fülle von Vorwürfen konfrontiert, auf die es keine guten Antworten gab. So geriet der Auftritt der Regierungsmannschaft zu einer spektakulären, wenngleich nur lokal bekannten Niederlage. Am 15. Februar befanden sich 32 Lodzer Großbetriebe der Textilindustrie mit 55 000 Beschäftigten im Ausstand. Am Abend verkündete die Regierung die Rücknahme der Preiserhöhungen vom Dezember.[5] Nach zwei Monaten war die Krise damit wirklich beendet.

Das neue Politbüro verabschiedete in diesen Wochen ein riesiges sozioökonomisches Programm zur Hebung des Lebensniveaus. Es handelte sich um das größte Vorhaben seit 1956: Der Wohlstand, bislang von der Partei stets für die Zukunft versprochen, sollte nun sofort kommen. Insgesamt ging es um Lohn- und Rentenerhöhungen für 5,2 Millionen Menschen. Zusammen mit diesen angekündigten bzw. bereits vollzogenen Entscheidungen und anderen, schrittweise eingeführten sozialpolitischen Maßnahmen zeigte sich die Rücknahme der Preiserhöhungen in einem sofort sichtbaren Anstieg der Kaufkraft der Bevölkerung. Der Import von Konsumartikeln, unter Gomułka nur in Ausnahmefällen praktiziert, stellte zunächst einmal die Warenmenge sicher.

Die erste Hälfte der 1970er Jahre ging in die Geschichte Volkspolens als seine Belle Époque (Andrzej Paczkowski) ein.[6] Der neue, wie 1956 ungeschriebene Gesellschaftsvertrag versprach eine baldige Hebung des Lebensstandards. Ferner gab es neue Freiheiten im Bereich von Lebensstil und Alltagskultur. Den Mädchen in der Schule wurde bereits 1971 gestattet, Hosen zu tragen. Die einheitliche Grundschulkleidung für beide Geschlechter wurde nach und nach aufgegeben, ebenso wie das Verbot, sich lange Haare wachsen zu lassen. Minirock und Jeans wurden nicht mehr bekämpft, das staatliche Dritte Hörfunkprogramm gewann bei der Jugend enorme Popularität, weil es westliche und polnische Rockmusik sendete. Überall wich der Staat dem übermächtigen Druck der Vorbilder des westlichen Lifestyle. Hier und da versuchte er, an ihm zu verdienen, aber polnische Jeans waren den Käufern stets nur einen Bruchteil dessen wert, was sie für «echte» Lee oder Levis auszugeben bereit waren. Die bald darauf ebenfalls aus dem Westen importierte Mode, Maxi zu tragen, bereitete den Planern wiederum Sorgen, weil für die Herstellung eines Maxirocks ein Vielfaches des knappen Stoffes notwendig war; trotzdem setzte sich der neue Trend durch. Außerhalb der Großstädte dauerte der Widerstand, u. a. der Schuldirektoren und Lehrer gegen die Liberalisierung, noch jahrelang, insgesamt befand sich aber die staatlicherseits umworbene Jugend stets im Vorteil.[7]

Spürbare und erkennbare Verbesserungen gab es überall.[8] Bereits im Januar 1971 wurde der Entschluss verkündet, das von Deutschen im Herbst 1944 zerstörte Warschauer Königsschloss wiederaufzubauen. Das kostspielige Unternehmen sollte vor allem aus Spenden, nicht zuletzt der Auslandspolen, finanziert werden – auch dies ein Zeichen der Öffnung Richtung Westen und eine enorm populäre Entscheidung, die das auffällige Loch südlich der wiederaufgebauten Altstadt durch die symbolträchtige Silhouette der königlichen Residenz ersetzen sollte. Die prestigeträchtigen Investitionen in der Hauptstadt, neben dem Schloss u. a. ein neuer Zentralbahnhof und eine Stadtautobahn, waren keineswegs die einzigen: Überall entstanden neue Straßen, in Danzig ein neuer Großhafen und eine Raffinerie, in Oberschlesien u. a. das Hüttenwerk Huta Katowice, das eine ähnlich symbolhafte Rolle wie Nowa Huta 20 Jahre zuvor spielte.

Die Werktätigen durften sich nun auch erholen. Die Zahl ihrer Urlaubstage erhöhte sich auf umgerechnet fast vier Wochen, seit 1975 gab es überdies zwölf arbeitsfreie Samstage. Zum selben Zeitpunkt nahm fast die Hälfte der Facharbeiter die Möglichkeit wahr, den Urlaub im staats- oder betriebseigenen Ferienheim, anstatt, wie bislang üblich, bei der Familie auf dem Land zu verbringen. Der Mutterschaftsurlaub wurde um ein Drittel verlängert. Nie früher und nie später in der Geschichte Volkspolens waren die Sozialleistungen derart gut ausgebaut, was sich bis in die grundlegenden Daten über Gesundheitszustand und Lebenserwartung niederschlug: Mitte der 1970er Mitte lag Letztere für Frauen wie für Männer um zehn Jahre höher als ein Vierteljahrhundert zuvor.[9]

Zeichen von wachsendem Wohlstand, Modernisierung und demonstrativer Abkehr von der schäbigen Sparsamkeit der 1960er Jahre gab es auch außerhalb der großstädtischen Milieus. Eine besonders umworbene Gruppe bildeten die bislang in jeder Hinsicht benachteiligten Bauern, die noch immer mehr als ein Drittel der Bevölkerung stellten: Zum 1. Januar 1972, 27 Jahre nach dem Krieg (!), wurden die Zwangslieferungen eingestellt, die Aufkaufpreise für landwirtschaftliche Produkte waren schon früher erhöht worden. In einem nächsten Schritt wurden die Bauern von der kostenlosen Gesundheitsversicherung erfasst. Überließ ein Bauer im Rentenalter seinen Boden dem Staat, erhielt er auch eine Rente, obwohl er nie in die Altersversorgung eingezahlt hatte.

Insgesamt stiegen die Einkommen 1971 um elf Prozent, bei den Bauern noch mehr. In den folgenden Jahren verringerte sich das Wachstum auf einstellige Zahlen, blieb jedoch klar erkennbar und für fast jeden spürbar; innerhalb der ersten fünf Jahre Giereks sollte es sich auf über 40 Prozent summieren. In derselben Zeit wurde eine Million Wohnungen fertig gestellt, die darüber hinaus bedeutend größer waren (pro Einheit ca. 20 Prozent mehr Wohnfläche als Ende der 1960er Jahre). Da aufgrund der demographischen Entwicklung die Warteschlange trotzdem noch länger geworden war (sie verdoppelte sich von ein auf zwei Millionen Wartende), wurden die neuen Siedlungen in den 1970er Jahren im Plattenbauverfahren hochgezogen, was anfangs zu einem Wachstum in der Bauwirtschaft führte. Der hohe Energieverbrauch der Plattenbaufabriken wurde dabei ebenso wenig in Betracht gezogen wie die bald berüchtigten Qualitätsmängel der neuen Wohnungen.

Die Phantasie wurde jedoch wohl am stärksten beflügelt von der 1973 begonnenen Massenfertigung des Fiat 126, der aufgrund des vergleichsweise niedrigen Preises (anfangs etwa 20 Monatsgehälter[10]) und der Kapazitäten der neu gebauten Autobetriebe in Oberschlesien das erste Massenauto in der Geschichte Polens wurde; bis 1981 wurde eine Million vom «fiat 126p» produziert, der umgangssprachlich *maluch*, d. h. «der Kleine» genannt wurde. Die Gesamtzahl der Pkws stieg von weniger als einer halben Million 1970 auf über zwei Millionen Ende des Jahrzehnts. Das Land, in dem nun auch Coca- und Pepsi-Cola abgefüllt wurden, schien sich wirklich westlichen Standards zu nähern; das «neue Polen», das Gierek immer wieder zu bauen versprach, war persönlich und konkret erlebbar.[11]

Die erhöhte Mobilität schlug sich auch im Luftverkehr nieder. Bis Mitte der 1970er Jahre vergrößerte sich die Zahl der Passagiere der LOT um zwei Drittel. 1974 beförderte die Luftlinie erstmals mehr Passagiere bei Auslands- als bei Inlandsflügen.[12] Dies war eines der vielen Zeichen für die schrittweise Öffnung der Grenzen, ebenfalls zum Westen hin. Bereits innerhalb der ersten drei Jahre verdoppelte sich die Zahl der Reisen in das sogenannte nichtsozialistische Ausland, d. h. vor allem nach Westeuropa; gegen Ende der Dekade sollte sie auf das Sechsfache des Standes von 1970 steigen.[13] Die Zahlen der Besucher aus den nichtsozialistischen Ländern entwickelten sich bis 1977 ähnlich.[14] Hier waren neben Auslandspolen westdeutsche, hauptsächlich «Heimweh»-Touristen durchgehend die größte Gruppe. Eine regelrechte Explosion erlebte der Austausch mit dem sozialistischen Ausland: Innerhalb von zwei Jahren fuhren fast 14-mal so viele Polen in die «Bruderländer» (1970: 757 000, 1972: 10,4 Millionen), die Zahl der Besucher verfünffachte sich (1970: 1,6 Millionen, 1972: fast acht Millionen).

Ausschlaggebend für diesen explosionsartigen Anstieg war der Neubeginn im Verhältnis der Volksrepublik Polen und der DDR, den Gierek und Erich Honecker nach all den Spannungen der Ära Gomułka-Ulbricht 1971 beschlossen hatten. Seit dem 1. Januar 1972 stand die Grenze zwischen Polen und DDR offen; «wie im Westen» genügte der Personalausweis, um ins Ausland zu fahren. Dieses Freiheitserlebnis durften die Polen bald auch an anderen Grenzen auskosten: Seit 1973 brauchte man bei Reisen in die meisten sozialistischen Länder ebenfalls keinen Pass, es genügte ein Stempel im Personalausweis. Der Besuch im Westen blieb hingegen mit erheblichem Aufwand verbunden: Der Preis für eine solche Reise betrug in der Regel das Mehrfache eines Monatsgehalts (wurde aber oft genug durch Schwarzarbeit im Zielland mehr als wettgemacht), den Pass musste man jedes Mal neu beantragen, das Visum in einem westlichen Konsulat mit langem Schlangestehen erkaufen. Im Prinzip durfte man aber erstmals auch individuell (d. h. nicht nur mit den staatlichen Reisebüros) reisen, was ebenfalls zum Gefühl der Offenheit und der Aufbruchstimmung beitrug.

Die neue Prosperität ging einher mit gänzlich unpolitischen Massenerlebnissen, die den Eindruck von der Dynamik der erneuerten Volksrepublik verstärkten. 1972 gewann die polnische Fußballnationalmannschaft die Goldmedaille bei den Olympischen Spielen in München (die Polen schnitten in mehreren Disziplinen hervorragend ab), 1973 schlug sie erstmals in ihrer Geschichte England, 1974 wurde sie sensationeller Dritter bei der Weltmeisterschaft in der Bundesrepublik. Die Erfolge auf dem grünen Rasen, in der mit Abstand beliebtesten Sportart hatten eine Bedeutung, die weit über die Kreise der Fußballfans hinausreichte; im Juni und Juli 1974 feierten die Polen die Erfolge ihres Teams auf den Straßen, was weder damals noch in den Jahrzehnten danach üblich war.

Auch in die klassischen zwischenstaatlichen Beziehungen war nun Normalität eingekehrt. Die Bundesrepublik erkannte nach einem dramatischen Ratifizierungsverfahren im Mai 1972 die polnische Westgrenze an. Im Juni zog der Vatikan die Grenzen der polnischen Kirchenprovinz neu und passte sie im Norden und Westen den seit 1945 bestehenden Staatsgrenzen an. Das Nachkriegsprovisorium war damit auch auf dieser Ebene beendet. Ausdruck der wachsenden Bedeutung der Volksrepublik im Zeichen der Entspannungspolitik waren drei Besuche der US-amerikanischen Staatspräsidenten innerhalb von fünf Jahren (Richard Nixon 1972, Gerald Ford 1975, Jimmy Carter 1977). Gierek wurde 1974 als erster Vertreter eines staatssozialistischen Landes im Weißen Haus empfangen, 1977 im Vatikan. Noch im Frühjahr 1980 spielte er, inzwischen innenpolitisch schwer angeschlagen, die Rolle des Gastgebers bei einem Krisentreffens von Breschnew und dem französischen Staatspräsidenten Valéry Giscard d'Estaing.

Bei der schrittweisen, selektiven und vermeintlich stets vorsichtig dosierten Öffnung zum Westen spielte neben Frankreich und den USA der bisherige Erzfeind der Volksrepublik, die Bundesrepublik Deutschland, eine Schlüsselrolle. Das neue, 1972 eingeleitete Kapitel war einerseits durch den wachsenden gegenseitigen Besuchsverkehr geprägt, andererseits durch die Emigration von polnischen Staatsbürgern, hauptsächlich aus dem alten Ostpreußen und Schlesien in die Bundesrepublik,[15] vor allem aber durch den Aufschwung der Wirtschaftsbeziehungen. Am Rande der Unterzeichnung der Schlussakte von Helsinki, die in Warschau als multilaterale Garantie der bestehenden Grenzen, darunter der Oder-Neiße-Linie gefeiert wurde, einigten sich Gierek und Bundeskanzler Helmut Schmidt auf ein «Paket», in dessen Rahmen eine Pauschale von 1,3 Milliarden DM für Rentenansprüche ehemaliger polnischer Zwangsarbeiter und ein Kredit von einer Milliarde DM zu günstigen Bedingungen gegen die Ausreisebewilligung für 125 000 polnische Staatsbürger in den Westen verrechnet wurden.[16] Dies war nur einer unter mehreren großen Krediten, die Volkspolen in dieser Zeit aufnahm: Die Staatsverschuldung stieg von über eine Milliarde US-Dollar 1970 auf knapp vier 1974 und über acht Milliarden im nächsten Jahr; der Schuldendienst verschlang bereits damals ein Viertel des ohnehin viel langsamer wachsenden Exports. Die Kredite wurden für Investitionen in moderne Industriezweige verwendet wie für die Auffüllung des Marktes mit importierten Produkten. Eine direkte Folge für die Außenhandelsbilanz war die auseinanderfallende Schere zwischen Export und Import, zugleich aber ein deutliches Wachstum der Importe aus dem Westen (von 26 Prozent der Gesamteinfuhr gegen Ende der 1960er Jahre auf knapp die Hälfte Mitte der 1970er; aus den USA belief sich der Anstieg auf das Achtfache, aus Frankreich und Deutschland wurde sechsmal mehr eingeführt) und ein Rückgang der Einfuhren aus den COMECON-Ländern (von zwei Drittel auf 44 Prozent im selben Zeitraum).

Das Wissen um die schleichende Verwestlichung der Wirtschaftsbeziehungen blieb ebenso den Fachleuten vorbehalten wie jenes um das Risiko, das sich aus der rapide wachsenden Verschuldung ergab. Mindestens bis Mitte des Jahrzehnts herrschte sowohl unter den Entscheidungsträgern als auch in weiten Teilen der Gesellschaft Zuversicht, dass Polen sich auf der Überholspur befinde und bald mehr als «nur» zehnte Industrienation sein werde. Der realitätsblinde Optimismus von Gierek kam noch im Januar 1979 zum Vorschein, als er in einem internen Kreis ausführte, dass die «Schwächeren» wegfallen: Italien, möglicherweise Frankreich. An der Spitze im Westen befänden sich nur noch die USA, Japan und die Bundesrepublik, «in der sozialistischen Welt zählt die UdSSR und wir. Wir sollten das Gewicht unseres Landes festigen», meinte der Parteichef.[17] Die Staats- und Parteispitze hielt an der Vorstellung fest, dass die Kredite mit den in Lizenz hergestellten und in den Westen exportierten Waren abgezahlt werden würden.

Die Verwestlichung der Wirtschaftsbeziehungen fand im Landesinneren ihre Entsprechung in der Expansion des binnenpolnischen Verkaufs gegen «harte Währung». Anfang der Dekade übernahm das soeben gegründete

Unternehmen PEWEX die bisher von der Staatsbank geführten Devisenläden, in denen es für US-Dollars westliche Konsumartikel zu kaufen gab. Die Zahl der Läden vervielfachte sich, sie wurden bald zu einem essentiellen Teil des Konsumangebots, da hier Alkohol, Zigaretten, Lebensmittel, Autos und bald noch vieles mehr ohne Schlangestehen gekauft werden konnte. De facto zog der Boom der PEWEX-Kette eine stillschweigende Legalisierung des individuellen Devisenhandels nach sich. [18]

Die schleichende Aushöhlung der poststalinistischen Wirtschaftsgrundsätze und das mehr oder minder offen zum Vorbild erhobene *enrichez vous* wirkte sich auch auf das Verhältnis zur Ideologie aus, die spätestens seit dem Rückgriff auf nationalistische Parolen 1968 lediglich als Feiertagskostüm der offiziellen Veranstaltungen fortlebte. Auf ZK-Plenartagungen, auf den ersten Seiten der Zeitungen, bei Partei- und Festtagen wurden weiterhin der Marxismus-Leninismus gepredigt und die Verbrechen des US-Imperialismus in Vietnam bzw. der Revanchismus der Bundesrepublik gegeißelt – mehr jedoch nicht. Aufgegriffen wurde hingegen das integrative kádársche Rezept «Wer nicht gegen uns ist, ist für uns». In Polen wurde beides angereichert mit dem Vorrang der Professionalität, der «parteilose Fachmann» wurde zu einem der positiven Begriffe der Propaganda. Wichtig war auch die nationale Einheit über konfessionelle Grenzen hinweg; die Gemeinschaft bestand nun auch offiziell aus «Gläubigen und Nichtgläubigen»; Voraussetzung für die Zugehörigkeit war der Patriotismus und nicht das Verhältnis zur Religion. Die einst essentielle Formel von der «Diktatur des Proletariats» verschwand selbst aus den Feiertagsreden in dem Maße, in dem das «Wohlergehen der Nation» Einzug hielt.[19] Als innerer Feind galten weder die Kirche noch die Bauern, beide als Überbleibsel der alten Verhältnisse betrachtet, gelegentlich schikaniert, insgesamt jedoch toleriert und gelegentlich sogar umworben. Stattdessen entwickelte die Partei das Konzept der «moralisch-politischen Einheit der Nation», das nur noch den erklärten Gegnern des Sozialismus den Kampf androhte. Politisch passive Mitbürger, die ihre Arbeit entlang der von der Partei vorgegebenen Leitlinien verrichteten, wurden in Ruhe gelassen. Und geradezu auffällig prämiert wurden gelegentlich suspekte Künstler, solange sie im Ausland Erfolg hatten und damit zum Prestige der Volksrepublik beitrugen: Wajda, Stanisław Lem, der nun zum Klassiker aufsteigende Reporter Ryszard Kapuściński, und eine lange Reihe von prominenten Theaterregisseuren gehörten zu den staatlich Ausgezeichneten der 1970er Jahre. Schon 1971 erschienen die Gesammelten Gedichte von Zbigniew Herbert und ein ideologisch zutiefst verdächtiger Roman von Andrzej Szczypiorski.[20] Selbst die Stücke von Sławomir Mrożek, ein in den letzten Jahren totgeschwiegener Exilschriftsteller, durften ab 1973 wieder in seiner Heimat aufgeführt werden.

Nur wer dezidiert, mit Protestbriefen oder direkt staatsfeindlichen künstlerischen Äußerungen gegen die Grundsätze der «moralisch-politischen Einheit» verstieß, blieb außen vor.[21] Wo diese Grenze verlief, wurde stets neu verhandelt: Einerseits waren die internen Richtlinien der Zensur in der zweiten Hälfte der Dekade voll von prominenten Namen wie von Themen, die öffentlich nicht behandelt werden durften. Andererseits bewahrte vor allem der Film eine auffallende Autonomie: 1976 griff Wajda in dem «Mann aus Marmor» frontal den Stalinismus an. Junge Regisseure wie Krzysztof Kieślowski oder Krzysztof Zanussi thematisierten die Verlogenheit der Dekade Gierek, und auch diese Filme («der moralischen Unruhe») waren trotz vieler Widerstände und Eingriffe der Zensur im Kino zu sehen; alle wurden aus dem staatlichen Kulturhaushalt finanziert.

Eine neue, propagandistisch bis zum Verdruss ausgeschlachtete Form der Interaktion zwischen Parteiführung und Gesellschaft stellten die persönlichen Begegnungen dar. Die Variante des bürgernahen Parteichefs, der überall im Lande mit und zu Werktätigen spricht, hatte Nicolae Ceauşescu Ende der 1960er Jahre in Rumänien vorexerziert. In den knapp zehn Jahren Amtszeit stattete Gierek 377 Besuche in Großbetrieben, Landwirtschaftlichen Produktionsgenossenschaften, auf Baustellen und bei Versammlungen ab. Jedes Jahr empfing er darüber hinaus in Warschau «Vertreter» von Großbetrieben, Berufszweigen und gesellschaftlichen Gruppen (1971: 31 Treffen), bei denen das Huldigungsritual, ebenso wie bei den Besuchen in der Provinz, reziproken Charakter hatte: Der Erste Sekretär würdigte die besonderen Verdienste der Gäste für den Aufbau des sozialistischen Vaterlandes, die Ausgezeichneten versicherten ihn ihrer besonderen Treue und Hingabe.[22]

Unter dem Deckmantel der «moralisch-politischen Einheit» der Nation vollzog sich in den 1970er Jahren das quantitative Wachstum der Partei, die sich als eine Art politisch bewusster Vordenker der Gesellschaft gebärdete und insbesondere um die geburtenstarken Jahrgänge der in den 1950er Jahren geborenen Jugendlichen warb. Die Zahl der Mitglieder stieg von 2,3 auf über drei Millionen, so dass fast zehn Prozent der gesamten Bevölkerung – und ein entsprechend höherer Anteil der Beschäftigten – in der PVAP «vereinigt» waren. Anders als in den 1960er Jahren schlug sich die Vermehrung der Mitglieder in einer Verdoppelung des Parteiapparats nieder, von weniger als 9000 hauptamtlichen Funktionären zu Beginn auf 17 000 Ende des Jahrzehnts. Gleichzeitig schnellte das Verzeichnis der Nomenklatura auf zunächst 140 000 Stellen hoch, seit 1977 – gar auf

180 000.[23] Dies erklärte sich nicht nur aus dem ständig wachsenden Anspruch der Partei, die staatliche Verwaltung zu kontrollieren und das Land mehr oder minder selbst zu verwalten, sondern auch aus der Verwaltungsreform von 1975, die eine Vermehrung der Bürokratie zur Folge hatte: Gierek und seine Gefolgsleute versuchten ihre Machtbasis durch die Auflösung der 17 alten und die Schaffung von 49 neuen Wojewodschaften auszuweiten. Die Entmachtung der alten «Landesfürsten» zog einen gigantischen Aufwand nach sich – je 32 neue Amtssitze für Staat und Partei, dieselbe Zahl von Polizeipräsidien etc. mussten gebaut und besetzt werden. Die Verwaltungsreform steigerte keineswegs die Effizienz, ebenso wenig wie die Gründung von zehn neuen Ministerien, deren Gesamtzahl (1980: 34) den Ministerrat handlungsunfähig machte.[24] Eine ähnlich starke Zunahme der hauptamtlichen Mitarbeiterstellen gab es im Bereich der nach und nach zusammengelegten «gesellschaftlichen Organisationen», vor allem bei den Jugendverbänden. Zentralisiert wurden ebenfalls die Massenmedien: Neben dem Fernsehen spielte die parteieigene «Publikationsgenossenschaft der Arbeiter» (*Robotnicza Spółdzielnia Wydawnicza Prasa-Książka-Ruch*, RSW Prasa) eine Schlüsselrolle. Nach der Zusammenlegung mit dem staatlichen Kiosknetz *Ruch* und einigen Verlagen gab die «Genossenschaft» 90 Prozent der Tagesblätter heraus, verfügte über drei eigene Verlage und das gesamte Netz der Zeitungskioske; darüber hinaus kontrollierte der Staatskonzern den Auslandshandel mit Druckerzeugnissen. Der Moloch diente nicht zuletzt der Sicherung der wachsenden finanziellen Bedürfnisse der PVAP.

Krise, Papstwahl und Untergang des Systems Gierek, 1976–1980

Überraschend schnell, in der Mitte der Dekade, machten sich die ersten Krisenanzeichen bemerkbar. Dass das Konzept der angeblich regulierten und sich selbst finanzierenden Öffnung Richtung Westen den Schuldenberg schnell wachsen ließ, mochte nur die Fachleute beunruhigen, doch 1976 machten die polnischen Verpflichtungen gegenüber dem westlichen Ausland bereits ein Viertel der sprunghaft gestiegenen Gesamtverschuldung der COMECON-Länder aus. Die Antwort auf die stets hinter dem Plan zurückbleibende Produktivität beruhte, ähnlich wie in anderen Bereichen, auf dem Vertrauen auf Größe und Konzentration: 1975 war fast genau die Hälfte der Industriearbeitnehmer in großen Kombinaten mit über 1000 Mitarbeitern beschäftigt, zwei Drittel der Industrieproduktion entstanden innerhalb des Organisationsrahmens von 110 «Vereinigungen». Die Konzentration der Produktion auf strukturell inflexible, kaum noch auf äußere Einflüsse reagierende Großbetriebe war ebenso bedenklich wie die um diese Zeit nicht mehr überschaubare Breite der «Investitionsfront» in den modernen Industriezweigen wie Chemie, Elektromaschinen- und Autobau, Elektronik – aber auch im Wohnungsbau, im Hüttenwesen und Bergbau. Vergleiche mit dem Sechsjahresplan drängten sich nicht nur den Ökonomen auf. Die Steigerung der Kohleproduktion um fast 50 Prozent diente sowohl der Befriedigung des sprunghaft gestiegenen Bedarfs der Industrie wie dem Export, mit dem die Kredite abgezahlt werden sollten. Es war nicht zuletzt dieses Vertrauen in den Reichtum der eigenen Vorkommen, das die Bedeutung der 1973 im Westen begonnenen Rationalisierung des Energieverbrauchs ebenso wie die durch den zweiten Bericht des *Club of Rome* 1972 ausgelöste Ökologiedebatte irrelevant erscheinen ließ; beides ging an Polen zunächst einmal spurlos vorbei und das sollte sich schon innerhalb der nächsten Jahre bitter rächen.

1975 führte eine Missernte zu ernsthaften Schwierigkeiten bei der Lebensmittelversorgung, zugleich konnten fast zwei Drittel der angefangenen Investitionen nicht termingerecht zum Abschluss gebracht werden. Zu diesem Zeitpunkt fanden geschätzt 15 Prozent der seit Beginn der Dekade erheblich gestiegenen Löhne keine Deckung im Warenangebot; die Kosten der zahlreichen Sozialprogramme reduzierten den ökonomischen Fortschritt der letzten fünf Jahre beachtlich.[25] Vor den Geschäften bildeten sich wieder Schlangen, die Regierung reagierte mit Sofort- und Sondermaßnahmen, die kurzfristig hier und da eine Entspannung erreichten, insgesamt jedoch die Wirtschaft immer weniger steuerbar machten.[26]

Die Versorgungskrise fiel zufällig mit der Verkündung zusammen, die Verfassung von 1952 um zwei Punkte zu erweitern. Die «führende Rolle» der PVAP sollte ebenso eingefügt werden wie das «Bündnis» Volkspolens mit der Sowjetunion Verfassungsrang erhalten. Es gab einigen Widerstand gegen die Zementierung der bestehenden Verhältnisse – nachdrücklichen Einspruch der Kirche, einige Protestbriefe und entsprechende Aufregung an der Parteispitze. Insgesamt zog jedoch die Resistenz gegen die Verfassungsänderung keine weiteren Kreise; die Novellierung dürfte anfangs ebenso hingenommen worden sein wie die spektakulär unterwürfig Verleihung des höchsten polnischen Kriegsordens Virtuti Militari an Leonid Breschnew 1974. Immerhin ersetzte die Partei das ursprünglich geplante «Bündnis» durch «Freundschaft und Zusammenarbeit» mit Moskau und verzichtete auf die ebenfalls geplante weitergehende Novellierung des Grundgesetzes, der zufolge die staatsbürgerlichen Rechte des Einzelnen von der Erfüllung seiner Pflichten abhängen würden. Die revidierten Ergänzungen passierten im Februar 1976 bei einer Stimmenthaltung (des katholischen Abgeordneten Stanisław Stomma) den Sejm.

Am 24. Juni 1976, unmittelbar zu Beginn der Schulferien, legte der Ministerpräsident Jaroszewicz dem neu gewählten Sejm (Stomma durfte nicht mehr kandidieren) den Plan einer drastischen Erhöhung der seit 1971 eingefrorenen Lebensmittelpreise vor,[27] darunter Zucker (100 Prozent), Fleisch (ca. zwei Drittel), Butter und Käse (50 Prozent). Die Parteiführung fürchtete sich vor den Auswirkungen der neuen Maßnahme und versuchte diese durch die Autorität des Parlaments zu stützen. Zusätzlich versuchte sie die Kirche einzubinden.[28]

Die Zustimmung des Sejm nutzte wenig. Am 25. Juni traten in mehreren Betrieben 50 000 bis 70 000 Arbeiter in Streik, bei den größten Unruhen im zentralpolnischen Radom kamen zwei Menschen ums Leben. Die Polizei machte von der Schusswaffe nicht Gebrauch, ging aber unverhohlen brutal vor; Hunderte wurden verletzt. Jaroszewicz reagierte sofort und nahm noch am selben Abend die Preiserhöhungen zurück. Zugleich wollte die Parteiführung aber Exempel statuieren: Gegen die festgenommenen «Rädelsführer» und «Hooligans», die staatliches Eigentum beschädigt hatten (900 in nur drei Städten), wurden in den nächsten Tagen über 400 Verfahren eingeleitet, allein in Radom etwa 1000 Arbeiter fristlos entlassen, das Land mit «spontanen Kundgebungen» der Unterstützung für die Staatsmacht überzogen. Auf den Polizeipräsidien gab es, wie im Dezember 1970, regelrechte Prügelorgien. Beides, die Mobilisierung der breiten Massen gegen die «Unruhestifter», vor allem aber die Misshandlung der Festgenommenen und die Strafverfahren, bedeutete die Rückkehr zu alten, in den 1970er Jahren nicht mehr praktizierten Disziplinierungsmaßnahmen und einen eklatanten Bruch des ungeschriebenen Gesellschaftsvertrags – wie ja schon die Umstände der versuchten Preiserhöhung an längst vergessen geglaubte Zeiten erinnert hatten.

Die Reaktionen auf die Arbeiterrevolte und die gewaltsame «Wiederherstellung der öffentlichen Ordnung» – zum dritten Mal in der Geschichte Volkspolens griff die Staatsmacht zu Gewalt, zum dritten Mal zeigte sie ihre Unfähigkeit, eine selbst produzierte Krise mit politischen Mitteln zu lösen – erfassten anfangs einen Personenkreis von Dutzenden, dann nur wenigen hundert Personen, vor allem in Warschau, ansatzweise in Krakau und einigen anderen Städten. Im September 1976 schlossen sich 14 Intellektuelle zu einem Komitee der Verteidigung der Arbeiter (*Komitet Obrony Robotników,* KOR) zusammen. Unter den Gründern waren sowohl Angehörige der Kriegsgeneration als auch junge Menschen, die von 1968 geprägt waren bzw. im Konsumsozialismus der vergangenen Jahre keinen Platz gefunden hatten. Unter den Ersteren befand sich u. a. ein prominenter Schriftsteller (Jerzy Andrzejewski), ein Priester, ein ehemaliger hoher Offizier der AK, eine Rechtsanwältin, ein namhafter Ökonom, mehrere Sozialisten aus der alten PPS. Der bekannteste unter den Jüngeren war Jacek Kuroń, der bereits in der Warschauer Reformbewegung 1956 eine Rolle gespielt hatte und in den 1960er Jahren, u. a. als Mitverfasser des offenen Briefes an die Partei, zweimal verurteilt worden war.

KOR, dem bald andere bekannte Persönlichkeiten beitraten, sammelte Geld für die Häftlinge in Radom, organisierte für sie rechtlichen Beistand, schickte sogenannte Prozessbeobachter zu den Verhandlungen und verkündete dies öffentlich im unzensierten und damit aus staatlicher Sicht illegalen «Informationsbulletin». So entstand der «Untergrund», d. h. das außerhalb des Zugriffs der Zensur veröffentlichte Schrifttum, im Deutschen unter dem russischen Namen «Samisdat» bekannt.

Obwohl sich KOR als ein legaler Zusammenschluss mündiger Staatsbürger verstand, der nur von den in der Verfassung festgelegten Freiheiten Gebrauch machte, griff ihn die Staatsmacht bald als illegale Gruppierung «Ewiggestriger» und «Verirrter» an, die in verantwortungsloser Zusammenarbeit mit «dem Westen» «ihr politisches Süppchen» zu kochen versuche, wie die Zeitungen immer wieder schrieben. Gegen die neue Form der Opposition ging die Sicherheitspolizei in der Regel mit altbekannten Methoden vor: Verweigerung des Passes, Druckverbot für Journalisten, Schriftsteller und Wissenschaftler, Entlassung vom Arbeitsplatz, Verhöre und Festnahmen, Beschattung, anonyme Anrufe und Drohbriefe, in mehreren Fällen Prügel auf dem Kommissariat oder im Hinterhof durch «unbekannte Täter», was zumindest in einem Fall mit dem Tod des Betroffenen endete (des Krakauer Studenten Stanisław Pyjas im Mai 1977).

Die Mitarbeiter und Sympathisanten der Opposition wurden in der Regel jedoch nicht vor Gericht gestellt, denn Gierek glaubte mit dem neuartigen Problem einer sich als legal bezeichnenden, unter eigenem Namen auftretenden Opposition ohne größere Verstöße gegen die Verfassung und die Schlussakte von Helsinki fertig werden zu können. Die Amnestie vom Juli 1977 erfasste die letzten noch einsitzenden «Rädelsführer» vom Juni des Vorjahres. Im Grunde erfolglos gestört wurden die «Samisdat»-Veröffentlichungen der entstehenden Opposition:[29] eine bald breite Palette von Zeitschriften (darunter der auf die Selbstorganisation der Arbeiter ausgerichtete *Robotnik*, der Ende der 1970er mit 20 000 Exemplaren die größten Auflagen erreichte) und Dutzende von Buchtiteln, die von George Orwell über Alexander Solschenizyn bis Günter Grass reichten. So erschien die Übersetzung der *Blechtrommel*, von der Zensur wegen der Szenen mit der Roten Armee zurückgehalten, 1979 als illegales Buch. Daneben veröffentlichten die «Untergrundverlage» mehrere Titel zeitgenössischer polnischer Autoren, die von der Zensur abgelehnt worden waren. Mit Schlägertrupps, den «Studentenaktivisten», ging der Sicherheitsdienst gegen die seit 1977 in Warschau aktive «Fliegende Universität» vor, in der u. a. Władysław Bartoszewski, Bronisław Geremek und Tadeusz Mazowiecki vortrugen. Die Vorlesungen in Privatwohnungen setzten die Tradition der privaten Bildung aus der Zeit der Jahrhundertwende fort; zeithistorische und aktuelle Themen, denen stets das besondere Augenmerk der Zensur galt, standen im Vordergrund.

In Oberschlesien wie in Danzig gab es Keimzellen der sogenannten Freien Gewerkschaften. In Danzig tauchte Lech Wałęsa, ein Elektriker von der örtlichen Lenin-Werft auf. In Breslau und Krakau organisierten sich Studenten um «staatsfeindliche Aktivitäten» wie Untergrundveröffentlichungen und Protestaktionen. Alles in allem, schätzt der Historiker der Opposition Andrzej Friszke,[30] wird die Zahl der systematisch «subversiv Tätigen» so wie deren Sympathisanten die Obergrenze von 2000 kaum überschritten haben. Andererseits waren die Veröffentlichungen an wenigen Hochschulen und Großbetrieben relativ problemlos zu kaufen bzw. zu erhalten, so dass die Opposition schon 1978 in einigen Großstädten eine beachtliche Breitenwirkung entfaltete.

Solange der gemeinsame Gegner, d. h. die Staatsmacht, zwischen den bald unterschiedlichen Richtungen der Oppositionellen nicht unterschied und alle bekämpfte, gehörten die aufkommenden Differenzen nicht zu den Wesensmerkmalen.[31] Als Adam Michnik, mittlerweile einer der einflussreichsten Wortführer der Opposition, 1977 sein Buch über die Linke, die Kirche und den Dialog veröffentlichte, blieb das Echo zunächst einmal gering.[32] Nur einige der wenigen tausend Leser, die es damals haben mochte, verstanden, welche Perspektiven Michnik aufzeigte: Der traditionelle Gegensatz zwischen der Linken und der «rechten» Kirche sei in Volkspolen aufgehoben durch die menschenrechtsfeindliche Diktatur, die sowohl gegen einen sozialistisch geprägten Humanismus als auch gegen die Grundsätze des Christentums und der katholischen Soziallehre gerichtet sei. Michnik diagnostizierte eine weitgehende Übereinstimmung der Ziele zwischen altlinken Totalitarismuskritikern und der katholischen Kirche im real existierenden Sozialismus: Menschenrechte und Respekt für die Menschenwürde sollten dem System gemeinsam abgerungen werden. Die Betonung der Universalität der Menschenrechte, die nun nicht mehr aus der Tradition der Linken abgeleitet wurden, stellte ein Novum in der Geschichte der 68er Generation dar und korrespondierte viel versprechend mit den außenpolitischen Zielen der soeben angetretenen US-Administration unter Carter, dessen Sicherheitsberater Zbigniew Brzeziński hieß.

Der Adressat der Schrift hatte aber seinen Sitz in Warschau, nicht in Washington: Der Episkopat, der 1965/66 auch von parteilosen Intellektuellen angegriffen worden war und 1968 der Niederknüppelung des «Revisionismus» distanziert zugeschaut hatte, engagierte sich 1976 für die bestraften Arbeiter und 1978 für die «Fliegende Universität», einige Kirchen standen für spektakuläre Protestaktionen offen; die Kirchenführung äußerte sich aber zu dem neuen Gedanken nicht.[33]

Die Kirche hatte im Polen Giereks einige Sicherheit und Bewegungsfreiheit gewonnen; aufgrund des Gesetzes von 1971 wurde ihr der kirchliche Grundbesitz in den ehemals deutschen Gebieten zugesprochen. Trotzdem ging der Kleinkrieg um kirchliche Neubauten und Renovierungen, um den Militärdienst der Kleriker oder um den außerschulischen Religionsunterricht weiter. Wichtiger war, dass die Kirche sich trotz unübersehbarer Modernisierung ihrer Umgebung einer ungeschmälerten Autorität erfreute, charakteristischerweise selbst unter den Parteimitgliedern: Nur 27 Prozent von ihnen bezeichneten sich als nichtgläubig, ein anderes Viertel besuchte dafür regelmäßig die Sonntagsmesse, ein weiteres Fünftel betete zu Hause.[34] Die Kirche baute ihre Autorität konsequent aus. Auch für sie begann aber mit der Wahl des Krakauer Kardinals Karol Wojtyła zum Papst am 16. Oktober 1978 eine neue Zeitrechnung.

«Ein Pole ist Papst geworden», sagte der Erste Sekretär der PVAP während der Abendnachrichten am 16. Oktober 1978 zu seiner Frau. «Das ist ein großes Ereignis für die polnische Nation und bedeutet erhebliche Schwierigkeiten für uns.»[35] In dem Gegensatz von «Nation» und «uns» reflektierte Gierek im gänzlich privaten Rahmen, zwischen Fernseher und Küche, unbewusst die von Seiten der Partei stets verleugnete Kluft von Gesellschaft und System, die durch die völlig überraschende Wahl eine neue Dimension erhielt. Der bisherige Erzbischof von Krakau hatte eine aufsehenerregende Karriere hinter sich: 1946 zum Priester geweiht, 1956 Lehrstuhlinhaber für Ethik an der Katholischen Universität Lublin, 1958 – mit nur 38 Jahren – Bischof, 1963 als Erzbischof von Krakau Nachfolger des legendären Adam Sapieha, 1967 Kardinal. Er war überaus populär als scharfsinniger und durchsetzungsfähiger Gegner der Staatsmacht.[36] In einem Dauerkonflikt mit den Behörden setzte er den Bau der Kirche in der stalinistischen Vorzeigestadt Nowa Huta durch. Sein Charisma, seine organisatorischen Fähigkeiten, sein sprichwörtlich guter Kontakt sowohl mit den einfachen Gläubigen als auch mit Intellektuellen und Studenten machten das Erzbistum bald über die Grenzen Polens hinweg bekannt.

Die Moskauer Experten aus dem Institut für das Sozialistische Weltsystem warnten vor dem neuen Papst ebenso wie ihre Genossen aus dem polnischen Innenministerium: Er werde die Glaubensfreiheit mit der US-amerikanischen Menschenrechtskampagne zu verbinden versuchen, sei «außerordentlich listig» und verstehe es, «Menschen für sich einzunehmen». Ein DDR-Staatssekretär warnte zehn Tage nach der Papstwahl, alle sozialistischen Kirchenämter seien gut beraten, der weiteren Entwicklung «völlig illusionslos» entgegenzusehen.[37] Ein polnischer Papst war in Jalta nicht vorgesehen gewesen.

Nun war bereits im Oktober 1978 klar, dass eine seiner ersten Auslandsreisen den neuen Papst in die Heimat führen würde. Auf den Mai 1979 fiel der 900. Jahrestag des Martyriums des Heiligen Stanislaus, eines Krakauer Bischofs, der von seinem königlichen Gegenspieler getötet worden war. Die Deutlichkeit dieser Symbolik in Volkspolen ließ die Warschauer Parteiführung versuchen, den Besuch so lange wie möglich hinauszuschieben.[38] Andererseits hatte Wojtyła den Kult des Heiligen Stanislaus in seiner Krakauer Zeit gepflegt und das Programm der Feierlichkeiten war noch unter seiner Federführung entstanden. Der Parteiapparat war verängstigt, die Vergleiche mit einem kommenden Erdbeben nicht aus der Luft gegriffen.[39] Zähe Verhandlungen folgten, der Parteichef rang Wyszyński schließlich die Verlegung des Papstbesuchs auf den Juni ab.

Ebenso genehmigte die Partei nur wenige Direktübertragungen in Hörfunk und Fernsehen; die Mehrheit der Messen sollte nur in Zusammenfassungen bzw. in Regionalprogrammen gezeigt werden.

Der Papst kam am 2. und verließ Polen am 10. Juni 1979. Er predigte vor Millionen von Menschen, wie es seine Gegner befürchtet hatten: liebevoll, deutlich und überzeugend. Sein Polnisch klang – verglichen mit dem parteilichen *newspeak* – wie aus einer anderen Welt: Polen als «Land des besonders verantwortlichen Zeugnisses»; das scheinbar vergebliche menschliche Opfer und seine späteren Früchte; die Würde des Menschen als unantastbares Gut; die Souveränität der Nation als Existenzberechtigung des Staates; und der überall wiederholte Gedanke, sich dem Nächsten zu öffnen: «Ihr habt Kirchen gebaut – füllt nun Euer Leben mit dem Evangelium.»

Noch schlimmer waren aus der Sicht der Behörden jene Ansprachen, die direkt die Politik betrafen: die Idee der Einheit Europas, die Ausführungen über die Zugehörigkeit von Slawen und Balten zur christlichen Gemeinschaft, die Erinnerung an den Warschauer Aufstand 1944, an all die namenlosen Opfer der Teilung des Alten Kontinents. Die grenzübergreifende Botschaft war ebenso klar wie die nationale: «Ohne Christus kann man Polen und seine Geschichte nicht verstehen», notierte der ehemalige Kulturminister geistesgegenwärtig den Sinn der päpstlichen Ausführungen.[40]

Die staatlichen Medien versuchten bei den Direktübertragungen, die

Wirkung der Predigten zu begrenzen, indem sie die Millionen vor den Altären und ihre minutenlangen Ovationen möglichst ausblendeten. Hätte es damals nur den Hörfunk gegeben, wäre dieser Versuch vielleicht geglückt; so blamierte sich das ohnehin wenig glaubwürdige Staatsfernsehen restlos.

Johannes Paul II. verließ nach neun Tagen ein verwandeltes Polen. Beobachter sprachen von einem Erdbeben, von einer schier unglaublichen, schwer fassbaren und doch überall spürbaren Veränderung menschlicher Verhaltensweisen. Verschwunden sei auf einmal die für permanent Schlange stehenden Menschen charakteristische Aggressivität, man grüßte und lächelte einander zu – als ob sich aus denselben, im Alltag voneinander abgewendeten Menschen eine neue Gemeinschaft geformt hätte. Die Polen fühlten sich angesprochen als Einzelpersonen und herausgefordert als Nation, mehr aus ihrem Leben zu machen. Der Gegensatz zwischen «denen da oben» und «uns», zwischen System und Gesellschaft gewann neue Konturen: Gegen das Organisations- und Medienmonopol der Partei stand nun eine Autorität, die scheinbar mühelos alle offiziellen Deutungsversuche der vergangenen Jahrzehnte verdrängt hatte. Jan Szczepański, ein der Partei nahestehender namhafter Soziologe, bemerkte in einer internen Denkschrift treffend, die Polen hätten während des Papstbesuchs ein Glaubensbekenntnis im weitesten Sinne des Wortes abgelegt: «Wenn wir aber annehmen, dass der Besuch eine Demonstration des ideologischen Pluralismus war und dass die Teilnehmer an den Gottesdiensten ebenso wie die Teilnehmer an den Begegnungen mit dem Papst demonstriert haben, dass sie außerhalb ihrer beruflichen Tätigkeit die Partei und die marxistische Ideologie weder akzeptieren noch an sie glauben, so muss man sich fragen, ob die Partei weiter der Meinung sein kann, dass sie nicht weiß, was geschehen ist. Denn im Extremfall könnte man behaupten, die aktuellen Vorgänge beruhen darauf, dass die Partei aufhört, für die Polen außerhalb der Kirche eine Alternative zu sein, und dass sie jetzt nur die Wahl hat, ihnen entweder eine solche Alternative anzubieten oder alle gesellschaftliche Unterstützung an die Kirche zu verlieren. Weiter, der Marxismus hört auf, eine Alternative zur Religion zu sein, und so haben die Propagandastrategen und Seeleningenieure etwas, worüber sie nachdenken können.»[41] Mit der ironischen Empfehlung des Soziologen konnten die Adressaten der Denkschrift offenbar ebenso wenig anfangen wie mit der Diagnose.

Anders erging es den Teilnehmern der Messen und Predigten. Nicht nur, dass die «Macht der Symbole» über die «Symbole der Macht» gesiegt hatte. Die Polen erkannten durch das Massenerlebnis, dass ihre persönliche Enttäuschung keine singuläre Haltung war, sondern von der Mehrheit ihrer Landsleute geteilt wurde. Die Ruhe und die Disziplin, mit der im

Sommer 1980 die Arbeiter den Funktionären entgegentraten, sind ohne das im Juni des vergangenen Jahres plötzlich gewachsene Selbstbewusstsein ebenfalls schwer vorstellbar. Dass Johannes Paul II. mit dem ersten Besuch in seiner Heimat dazu beitragen würde, ein ganzes Weltsystem ins Wanken zu bringen, hatten allerdings auch die größten Optimisten nicht vorhersagen können.

Die Geschichte wäre vielleicht anders verlaufen, hätten Wahl und Besuch des Papstes nicht in einer Zeit stattgefunden, in der die Krise des Systems Gierek offen zum Ausbruch kam. Die Auslandsverschuldung verschlang 1979 75 Prozent der Exporterlöse, im nächsten Jahr 82 Prozent.[42] Die Verschuldung selbst stieg von 18,5 Milliarden US-Dollar 1978 auf 25 zwei Jahre später. Die Kohlegruben und Elektrizitätswerke konnten die großen Energiefresser der Schwerindustrie nicht mehr bedienen. In den letzten Jahren der Dekade wurde die stundenlange Abschaltung des Stroms zur alltäglichen Erscheinung erst auf dem Land, dann auch in den Städten. Im Bergbau halfen weder Investitionen in neue Standorte noch die Einführung des Vierschichtensystems 1978. Wohl alle Zielvorgaben des Plans für das zweite Jahrfünft wurden verfehlt. Am bedrohlichsten gestaltete sich einmal mehr die Lage in der Landwirtschaft, der – wie schon in den 1950er und 1960er Jahren – nur ein Bruchteil der staatlichen Investitionen zugute kam. Engpässe in der Versorgung wurden damit ebenso zur Normalität wie die Schlangen vor den Geschäften; seit 1976 wurde Zucker rationiert. Die Inflation erreichte spätestens 1978 eine zweistellige Höhe und 1979 fiel das BSP erstmals in der Nachkriegsgeschichte gegenüber dem Vorjahr zurück.

All die krisenhaften ökonomischen Entwicklungen, bis 1976 nur Fachleuten bekannt, traten nun an die Oberfläche. Offenbar hatten die gewaltigen Investitionen der ersten Regierungsjahre Giereks das System nicht effizienter gemacht. Rauchende Schornsteine waren keine Garantie mehr für Wachstum und Wohlstand. Polen fiel von dem stets mitgedachten westlichen Maßstab ab, obwohl der Westen unter der Stagflation litt und alles andere als beschleunigte im imaginären Wettrennen, zu dem der europäische Staatssozialismus seinerzeit angetreten war.

Zu Neujahr 1979 legte ein Wintereinbruch das Land lahm und ließ die letzten Illusionen über das Wirtschaftswunder der 1970er Jahre verfliegen. Gierek unternahm noch einen letzten Rettungsversuch, indem er den langjährigen Ministerpräsidenten Jaroszewicz im Februar 1980 entließ. Im Juli versuchte die neue Regierung, die Preise für einige Fleisch- und Wurstsorten zu erhöhen; nahezu sofort brachen Streiks in verschiedenen Landesteilen aus, die den ganzen Monat andauerten. Immer wieder gelang es den

Behörden, die einzelnen Belegschaften mit Lohnerhöhungen zur Rückkehr an die Arbeit zu bewegen, die Protestwelle riss jedoch nicht ab. Mitte Juli streikten etwa 20 000 Arbeitnehmer in Lublin. Nach einigen Wochen schwelender Unruhe trat Mitte August 1980 die Danziger Lenin-Werft in den Ausstand.

Weder in Washington noch in Moskau, weder in Danzig noch in Warschau konnte jemand zu diesem Zeitpunkt voraussagen, welche Folgen die Streiks in den polnischen Industriezentren nach sich ziehen würden. Die mutigste Prophezeiung bezog sich vermutlich auf eine Ablösung Giereks und auf ein erneuertes staatssozialistisches Regime an der Weichsel, mit ebenso möglichen wie unabschätzbaren Folgen für die Nachbarländer. Die streikenden Arbeiter werden nicht einmal diesen Horizont vor Augen gehabt haben.

Was niemand auch nur ahnen konnte: Hier trat die Arbeiterklasse in Ausstand, um eine effizientere und gerechtere Moderne in ihrer staatssozialistischen Variante zu erzwingen. Die «Werktätigen», im real existierenden Sozialismus der konstitutionelle Souverän, setzten ihre in all den Fünfjahresplänen der vergangenen Jahrzehnte vom Staat gezüchtete Kraft und Masse ein. Im Unterschied zu den britischen Bergleuten wenige Jahre später revoltierten die polnischen Arbeiter gegen eine Diktatur und mussten folglich mehr Mut beweisen. Anders als die Briten waren sie bald erfolgreich.

Was britische Kumpels und polnische Werftarbeiter systemübergreifend verband, war der damals unvorstellbare, fundamentale Irrtum: Sie begriffen sich als einen gleichermaßen zeitlosen wie unentbehrlichen Bestandteil von Wirtschaft und Gesellschaft. Weder die einen noch die anderen, und auch nicht deren jeweilige intellektuelle Umgebung, konnten wissen, dass die Moderne um 1980 bereits zu Ende ging. Das Aufbegehren der Arbeiter trug dazu bei, das bisherige System derart zu erschüttern, dass für sie selbst wenige Jahre später kein Platz mehr blieb.

15. Das Jahrzehnt der Solidarność (1980–1989)

Der «Karneval der Freiheit», August 1980 bis 13. Dezember 1981

Der Streik in Danzig verlief von Beginn an etwas anders als die vorhergehenden, weil die Forderung nach einer «Teuerungszulage» begleitet wurde von dem Postulat der Wiedereinstellung der aus politischen Gründen entlassenen Mitarbeiter (Anna Walentynowicz, Lech Wałęsa) und der Errichtung eines Denkmals für die Opfer von 1970. Nur in Danzig gab es eine Gruppe von etwa 50 Mitgliedern der «Freien Gewerkschaften»,[1] die nahezu sofort die Streikleitung übernahm. Ferner drängte die lebendige Erinnerung an das Massaker vor zehn Jahren die Streikenden in Richtung Politik, legte jedoch gleichzeitig eine Selbstbeschränkung hinsichtlich der Aktionsformen nahe. Sie blieben auf dem Betriebsgelände, das sie nun in Eigenregie überwachten. Bereits am 14. August verhandelte Wałęsa mit der Werksleitung über eine Teuerungszulage, am nächsten Tag verlängerte sich die Liste der Forderungen u. a. um Freiheit für die Gewerkschaften im Betrieb. Am 16. August ging die Direktion auf fast alle Forderungen der Streikenden ein, der Ausstand schien mit einem vollen Erfolg für die Belegschaft der Lenin-Werft zu Ende gegangen zu sein; andere Betriebe hingegen, die bereits ihre Vertreter in die Werft geschickt hatten, gingen leer aus. In einer Reihe dramatischer Gespräche zog Wałęsa seine Zusage der Rückkehr an die Arbeit zurück. In der Nacht entstand ein «Überbetriebliches Streikkomitee» (*Międzyzakładowy Komitet Strajkowy*, MKS), dem sich innerhalb von Tagen fast 500 Betriebe aus Danzig, Gdingen und Umgebung anschlossen; in dem fast gleichzeitig entstandenen Stettiner MKS waren knapp 100 Unternehmen vertreten.

In den Komitees dominierten junge Facharbeiter, Techniker und Ingenieure; im Danziger spielten die Keimzellen der Freien Gewerkschaften eine unübersehbare Rolle, ebenso wie die aus Warschau angereisten oppositionellen Intellektuellen, die als Berater des MKS agierten. Alle folgten der seit Jahren von Kuroń propagierten Strategie des gewaltfreien Protests («Brennt nicht die [Partei]komitees nieder, sondern errichtet eigene»). Die «21 Forderungen» des Danziger MKS begannen mit dem Postulat der freien, d. h. von der Partei und dem staatlichen Arbeitgeber unabhängigen Gewerkschaften. In den nächsten Punkten wurde das Recht auf Streik eingefordert, ferner die Meinungsfreiheit in Veröffentlichungen und die Entlassung der politischen Häftlinge. Die «Forderungen» umfassten ebenfalls zahlreiche ökonomische Postulate, die von Gehaltserhöhungen über die Gleichstellung der Familienzulagen mit Angehörigen der Nomenklatura bis zur Verkürzung der Wartezeiten auf Wohnungen reichten.[2] Der Staat, der sich so gerne auf sein Grundgesetz berief und alles gerecht zu verteilen behauptete, wurde nun von dem verfassungsmäßigen «Souverän» in die Pflicht genommen; so gründlich und ernst wie nie zuvor. Die Streiks breiteten sich neben Stettin in weiteren Industriezentren aus, so u. a. in Breslau, Lodz und Oberschlesien. Ende des Monats befanden sich ca. 700 000 Arbeitnehmer aus 700 Betrieben im Ausstand.

Die Parteiführung verfolgte die zunehmende Streikwelle, ohne ein Eindämmungskonzept zu entwickeln. Auf Arbeiter werde er nie schießen lassen, soll Gierek zu Beginn seiner Amtszeit gesagt haben. Er blieb im Sommer 1980 konsequent. Somit entfiel die Gewalt als bislang mit Abstand am häufigsten erprobtes Mittel gegen den Widerstand der Arbeiterschaft. Der im Juli kurzfristig erfolgreiche Ansatz, mit einzelnen Betrieben zu verhandeln und den Belegschaften erst einmal erhebliche Lohnerhöhungen zu versprechen, ließ sich in Danzig und Stettin nicht mehr anwenden, da die Forderungen nur zum Teil die materielle Lage betrafen. Ein stellvertretender Ministerpräsident, der in Danzig am MKS vorbei zu verhandeln versuchte, wurde bald abgelöst. Seit dem 23. August führte eine Regierungskommission unter dem Vorsitz des stellvertretenden Ministerpräsidenten Mieczysław Jagielski die Verhandlungen. Sie erfüllte nach und nach die Vorbedingungen des MKS: Die Gespräche fanden auf der Werft statt, der Mitschnitt wurde im lokalen Hörfunk gesendet, die seit Tagen unterbrochenen Telefonverbindungen mit anderen Landesteilen wiederhergestellt; am 27. druckte eine landesweite Tageszeitung den Wortlaut der «21 Forderungen».

Alles war jetzt neu: Der regional öffentliche Charakter der Verhandlungen stellte sogar ein Novum in der Geschichte des gesamten realsozialistischen Systems dar. Der Verzicht auf Gewalt reduzierte die Mittel der Regierungsdelegation auf ihr Verhandlungsgeschick und den amtlichen Informationsvorsprung. In dieser letzten Woche des August 1980 zeigte sich aber mit aller Deutlichkeit, dass die Funktionäre in einem öffentlichen Austausch von Argumenten so gut wie chancenlos waren: Ihre Unerfahrenheit mit den Kommunikationsformen demokratischer Politik, die sie letztlich mit den Mitgliedern des MKS teilten, wog wohl ähnlich schwer wie die ökonomisch verheerende Bilanz der 1970er Jahre, die sie nun in einer offenen Auseinandersetzung zu verteidigen hatten.

Eine Fernsehansprache Giereks blieb ebenso folgenlos wie ein Appell des Primas Wyszyński zu Ruhe und Besonnenheit. In den Streikzentren fühlte man sich weder bedroht noch glaubte man, die Grenzen des Zumutbaren zu überschreiten. Jagielski gab schließlich in fast allen 21 Punkten nach, wobei die Frage der unabhängigen Gewerkschaften (das Adjektiv «frei» wurde auf Druck der Regierungsseite gestrichen), die Freilassung der politischen Häftlinge sowie die Klagemöglichkeit gegen Zensurmaßnahmen vor dem Obersten Verwaltungsgericht bis in die letzten Stunden hinein diskutiert wurden. Am 30. August wurde die Vereinbarung in Danzig paraphiert, am selben Tag unterschrieb die Regierungsdelegation in Stettin ein ähnliches Abkommen. Angesichts der eigenen Machtlosigkeit billigte das ZK der PVAP beide Abmachungen noch am selben Tag. Am 31. August unterzeichneten Wałęsa und Jagielski die «Danziger Vereinbarung». Obwohl die staatliche Propaganda nun seit Wochen den Begriff «Streik» gemieden hatte – statt dessen wurden «Unterbrechungen in der Arbeit» beklagt –

und den Streikkomitees die Verantwortung für den drohenden Ruin des Landes, aber auch für die «Beunruhigung» der «Nachbarn» zuschob, übertrug das Fernsehen die Unterzeichnung live. So erfuhr das ganze Land, dass nicht nur die Gründung unabhängiger Gewerkschaften zugesichert worden war, sondern auch die Verabschiedung eines Gesetzes über die Zensurbehörde,[3] eines weiteren über die Gewerkschaften (das u. a. die Frage der Legalität der Streiks aufgreifen würde), die Wiederbeschäftigung der aus politischen Gründen Entlassenen, die Direktübertragung der Sonntagsmesse im staatlichen Hörfunk und Ähnliches mehr. Am 3. September wurde eine entsprechende Abmachung mit dem oberschlesischen Streikkomitee unterzeichnet. Am 5. trat Gierek aus «Gesundheitsgründen» zurück, sein Nachfolger wurde der Parteisekretär für Sicherheitsfragen Stanisław Kania.

Die Grundstruktur der Ereignisse im Sommer sollte sich in den nächsten 15 Monaten mehrmals wiederholen: Aufgebrachte Arbeiter erzwangen durch Arbeitsniederlegung Gespräche mit der staatlichen Führung. Diese wich unter dem Streikdruck von ihrer bisherigen Verweigerungspolitik ab, beschwichtigte, versprach Verbesserungen, kam aber vor allem mit dem Druck der Öffentlichkeit nicht zurecht, die durchweg auf Seiten der Streikenden stand. Deren Artikulationsfähigkeit wurde wiederum enorm gesteigert durch die Teilnahme von Intellektuellen, die bereits in Danzig das MKS «beraten» hatten.[4] Die staatliche Propaganda – die Kontrolle über das Fernsehen behielt die Partei in den folgenden Monaten ebenso wie über einen Teil der Tagespresse[5] – konzentrierte sich in dieser Konstellation auf Angriffe gegen die «Berater» und radikalen Arbeiterführer, kritisierte, besonders in der zweiten Jahreshälfte 1981 mit einigem Erfolg, den selbstmörderischen Charakter der «Streikwaffe». Die Zerrüttung der wirtschaftlichen Bindungen zwischen den Betrieben und ganzen Industriezweigen sowie die rasche Verschlechterung der Versorgungslage gehörten zu den wirkungsvollsten Argumenten gegen die *Solidarność.*

Die so benannte Gewerkschaft, die von Anfang an mehr als eine Arbeitnehmervertretung war, entstand in teils dramatischen Auseinandersetzungen um die Interpretation der Abmachungen vom August und September. Streiks zwangen die Parteiführung zum Zugeständnis, dass die Vereinbarungen landesweit und nicht in den einzelnen Regionen galten. Erst Ende Oktober registrierte ein Warschauer Gericht die Gewerkschaft, fügte aber in deren Statut eine Loyalitätserklärung gegenüber der PVAP hinzu. Die Gründer reichten sofort Klage ein. Am 10. November erkannte das Oberste Gericht angesichts der Androhung eines Generalstreiks die Klage an und verwies die Loyalitätserklärung in den Anhang der Gründungsurkunde.[6]

Im Spätherbst kam es zu neuen Streiks wegen der Verhaftung eines *Solidarność*-Sympathisanten, der eine rechtswidrige Anweisung des Obersten Staatsanwalts über die Bekämpfung der Opposition in Umlauf gebracht hatte. Im Dezember und Januar brachen Streiks aus, die u. a. die Einführung der im oberschlesischen Abkommen vom September in Aussicht gestellten arbeitsfreien Samstage erzwingen wollten. Daneben gab es eine schier endlose Kette von lokalen und regionalen Ausständen, in denen die Entfernung kompromittierter Funktionäre und die Beseitigung besonders auffälliger Missstände gefordert und in der Regel durchgesetzt wurden. Die Staatsmacht wich fast überall zurück, die Führung der *Solidarność* musste aber einen erheblichen Teil ihrer Energie und Zeit auf Vermittlung und Beschwichtigung der lokalen Konflikte verwenden. Beide Seiten reagierten tagtäglich auf die gesellschaftliche Dynamik, ohne sie wirklich steuern zu können.

Ein aus der Sicht Moskaus höchst beunruhigendes Zeichen dieser unkontrollierbaren Entwicklung waren die personellen Verluste der Staatspartei und ihrer bislang treuen Gewerkschaften. Bis Sommer 1981 verlor die PVAP über zehn Prozent ihrer drei Millionen Mitglieder, vor allem in den Betrieben. Geschätzt eine Million Menschen waren Mitglieder zugleich in Partei und *Solidarność*, selbst innerhalb des ZK traten etwa zwanzig Prozent der Mitglieder der neuen Gewerkschaft bei. In der Partei entstanden «horizontale Strukturen» – lose Diskussionsgruppen, die vor allem die Allmacht des Apparats infrage stellten. Der IX. Parteitag der PVAP im Juli 1981 endete mit einem Patt: Die hauptamtlichen Funktionäre drängten die Reformer zurück; offiziell bekannte sich die Partei weiterhin zum Dialog als Handlungsprinzip in einer völlig veränderten Umwelt, den Anspruch auf ihr Machtmonopol ließ sie jedoch nicht fallen. Die «alten» Gewerkschaften verloren zur selben Zeit etwa 8,5 Millionen Mitglieder, von denen die meisten in die *Solidarność* wechselten. Von den übrig gebliebenen 3,4 Millionen Mitgliedern waren 40 Prozent Rentner.

Das Bild einer zerfallenden Herrschaft der PVAP und ihre offensichtliche Unfähigkeit, die Lage wieder unter Kontrolle zu bringen, rief nicht nur im Kreml höchste Beunruhigung hervor; ebenso alarmiert waren Prag und Ostberlin. Anfang Dezember 1980 standen die sowjetischen und verbündeten Truppen zum Einmarsch in Polen bereit. Moskau, das bereits in Afghanistan intervenierte, zog sich jedoch im letzten Augenblick, möglicherweise unter dem Druck der USA, zurück. In mehreren Gesprächsrunden, Briefen und Treffen übten die Sowjets aber weiterhin Druck auf die PVAP-Führung aus, endlich zu handeln. Andernfalls drohten sie mit Intervention.[7] Ihre Präferenz für eine «innerpolnische» Lösung, in deren Zuge die Partei so oder so die *Solidarność* eliminieren würde, wurde aber im Verlauf der Zeit ebenso deutlich. Der offenkundige Druck Moskaus auf das offizielle Warschau, im Westen als ernste Warnung wahrgenommen, machte auf die *Solidarność* kaum Eindruck.

Ihre Mitgliederzahl stieg bis Juni 1981, d. h. nach sieben Monaten legaler Existenz, auf 9,5 Millionen Mitglieder. Es gab seit Anfang 1981 einen Studentenbund und seit Frühjahr eine eigene Gewerkschaft der Bauern. Die *Solidarność* blieb heterogen und mehrgesichtig, je nach Betrieb, Milieu oder Region. Sie war zugleich sozialistisch, sozialdemokratisch und katholisch, fundamentalistisch und reformorientiert, Gewerkschaft und nationale Partei, antikommunistische Protestbewegung, Debattierklub und institutionalisierte Bürgergesellschaft in einem. Tradition spielte eine ebenso große Rolle wie die Herausforderungen der klassischen Industriegesellschaft; unübersehbar blieb ihre Gewaltlosigkeit und die immanente moralische Fundierung der Argumente, die eher in Richtung Postmoderne wiesen;[8] letztlich entzieht sie sich selbst aus der zeitlichen Perspektive von fast 30 Jahren einer eindeutigen Zuordnung.[9] Die Führung dieser im Maßstab der «Zweiten Welt» einmaligen Oppositionsbewegung lag in den Händen von Wałęsa, seiner Berater und der regionalen «Barone». Entscheidend waren die regionalen Zusammenschlüsse, nicht die Industriegewerkschaften. Einen mäßigenden Einfluss übte die kirchliche Hierarchie aus, aber auch sie war gegenüber der dynamischen Bewegung weitgehend machtlos. Die Führung der *Solidarność* erkannte die aus der ständigen Beschleunigung resultierenden Gefahren recht bald; die Vorstellung von einer «sich selbst beschränkenden Revolution»[10] machte ebenso schnell die Runde. Im Kern ließ sie sich auf die Möglichkeit einer Koexistenz mit der erschlafften Partei reduzieren: Die mächtige Volksbewegung würde der bisherigen Führung Außenpolitik, Sicherheitskräfte und Armee überlassen, im Grunde die Funktion einer Hülse. Vielleicht, so das Kalkül, würde dies dem Kreml genügen? Alles andere fiel nicht unter die Klausel der Selbstbeschränkung und stand somit zur Disposition.

Der permanente Konflikt, die wirtschaftliche Katastrophe, der fortschreitende Zerfall der PVAP und der Druck Moskaus setzten der Parteiführung auch zeitlich enge Grenzen. Die «Falken» («Betonköpfe») in der Partei- und Staatsführung, die offenbar nicht nur im Notfall auf die «brüderliche Hilfe» der sowjetischen Streitkräfte hofften, setzten sich zunächst einmal nicht durch, blieben jedoch eine starke Fraktion. Die Schaltstellen der Macht übernahmen nach und nach die Militärs, nachdem der langjährige Verteidigungsminister General Wojciech Jaruzelski im Februar 1981 Ministerpräsident geworden war und im Oktober den erfolglosen Kania als

Parteichef ersetzt hatte. Ende März drohte die *Solidarność* als Antwort auf die Übergriffe der Polizei auf einige ihrer Funktionäre in Bromberg abermals mit dem Generalstreik; die «Bromberger Krise» endete mit einem neuerlichen Kompromiss. Einen weiteren Höhepunkt erreichte die Spannung dann im Juni mit einem öffentlichen Drohbrief der KPdSU an das ZK der PVAP. Die Sowjets warnten ihre polnischen Genossen eindringlich: «Es muss uns beunruhigen, dass über den revolutionären Errungenschaften der polnischen Nation eine tödliche Bedrohung hängt»; bedroht sei damit sogar die «Unabhängigkeit Polens», denn im Fall eines «Sieges der Feinde des Sozialismus» könnte niemand die «Souveränität, die Staatsgrenzen Polens garantieren». Der polnischen Partei und deren Führung warf Moskau Passivität vor, ganz besonders im Vorfeld des Parteitags, da «sozialismusfeindliche Kräfte» in der Partei selbst den Ton angäben. Bei der Spitze der PVAP liege nun die «geschichtliche Verantwortung» sowohl für das Schicksal des Sozialismus im Lande als auch für die gesamte «sozialistische Gemeinschaft».[11] Dies entsprach ziemlich genau dem Tonfall der Moskauer Briefe, welche die Prager Führung im Frühjahr 1968 als vorletzte und letzte Warnung erhalten hatte. Diesmal verlief die Geschichte anders: Obwohl der IX. Parteitag der PVAP im Juli aus der Sicht Moskaus keine «Wende» brachte, blieben die Panzer des Warschauer Pakts in den Kasernen. Die Spannung wuchs in diesen Wochen eher, weil die Frauen in den Großstädten zur selben Zeit «Hungermärsche» veranstalteten, um gegen die katastrophale Versorgungslage zu demonstrieren.

Die buchstäblich leeren Läden lieferten ein wahrheitsgetreues Bild des wirtschaftlichen Desasters. Die Industrie nutzte geschätzt zwei Drittel ihrer Kapazitäten aus, Hamsterkäufe und das «leere», als Substitut für politische Zugeständnisse an die Arbeitnehmer geflossene Geld hatten den Markt von nahezu allen Produkten gesäubert. Zu dem seit 1976 rationierten Zucker kamen nun Lebensmittelkarten u. a. auf Fleisch, Wurst, Butter, Mehl, Reis und Trockenmilch hinzu, rasch wurden auch Benzin, später Alkohol, Zigaretten und Schuhe rationiert; der Schwarzmarkt blühte auf. Die «zehnte Industrienation der Welt» verkam zu einem Armenhaus, in dem die Versorgungsschwierigkeiten der 1960er oder 1970er Jahre als paradiesische Zustände erscheinen mochten.

Der rapide Verfall der alltäglichen Gewissheiten und des Lebensniveaus wurde begleitet von einem explosionsartigen Zuwachs persönlicher Freiheit: Diskutiert werden durfte im privaten und im halböffentlichen Raum nahezu alles. Die Zeitungen druckten Texte, in denen die realsozialistische Tristesse so schonungslos beschrieben wurde wie nie zuvor in Volkspolen und im gesamten «Ostblock»; endlich durfte die Zeitgeschichte offen dargestellt werden. Im Alltag arbeiteten sich die *Solidarność*-Organisationen in den Betrieben an eine vielerorts praktizierte Mitbestimmung heran, in den alten wie in neuen gesellschaftlichen Organisationen und Berufsverbänden wurden in demokratischen Wahlen neue Vorstände ermittelt, die in der Regel ihr kritisches oder zumindest distanziertes Verhältnis zu den bisherigen Herrschaftsstrukturen betonten. Der «Karneval der Freiheit» veränderte den real existierenden Sozialismus bis zur Unkenntlichkeit und stellte jeden Tag seine Grundfesten infrage: Das Informations- und Organisationsmonopol der Partei gehörten bereits seit Herbst 1980 definitiv nicht mehr dazu.

Die Gespräche zwischen *Solidarność* und Staatsmacht brachten keine Ergebnisse. Der erste Landeskongress der Gewerkschaft im September und Oktober 1981 führte zu einer Verschärfung der Lage. Die mehrtägigen Beratungen vermittelten den Eindruck, als ob die Delegierten – die Wałęsa im Amt bestätigten und spontan einen Appell an die «Werktätigen in Osteuropa» verabschiedeten, der in den Nachbarländern als pure Provokation empfunden wurde[12] – über die Zeit nach Volkspolen nachdenken würden. Das hieß keineswegs, dass sie den Konflikt bewusst hätten verschärfen wollen: Das Anfang Oktober 1981 vom Landeskongress verabschiedete Programm blieb auf das Ziel der «Finnlandisierung» konzentriert. An den wenigen Stellen, wo von Außenpolitik die Rede war, waren Begriffe wie Verantwortung und eine dezidierte Absage an jegliche Gewalt zu finden. Die «internationalen Bündnisse» sollten geachtet werden, sie könnten gar «redlichere Garantien als bislang» erhalten, offenbar in Gestalt der *Solidarność* als einer mitregierenden Kraft.

Als zentrale Aufgabe stellte sich der angestrebte «große Wandel» Polens, d. h. der Umbau der Volksrepublik in ein menschenfreundliches, rechtsstaatliches und effizientes Staatswesen. Die «moralische Erneuerung der Nation», als deren Verkörperung und Träger sich die *Solidarność* präsentierte, sollte vor allem durch eine echte Selbstverwaltung und eine ebenso authentische «Vergesellschaftung von Verwaltung und Wirtschaft» erfolgen, ferner durch die gesetzliche Verankerung von Pluralismus und Menschenrechten.[13] Das Programm folgte mehreren Gedanken Kurońs, die dieser während der späten 1970er Jahre in den Schriften der entstehenden Opposition skizziert hatte. Wo die Grenzen lagen, vor denen eine mächtige Volksbewegung halt machen würde, war damals eine rein theoretische Frage gewesen. Nun gewann sie brennende Aktualität, denn die Idee einer «sich selbst verwaltenden Republik» (*samorządna Rzeczpospolita*) lief auf eine partielle und graduelle Entmachtung der Staatspartei durch Arbeitervertretungen und zivilgesellschaftliche Institutionen hinaus; eine unabhängige Justiz war ebenso vorgesehen wie ein neues Staatsorgan («Selbstverwaltungs-» bzw. «Gesellschaftlich-Wirtschaftliche Kammer»), das offenbar als zweite Kammer des Parlaments angedacht war.

Die populäre Losung von Selbstverwaltung und gesellschaftlicher Kontrolle über die Exekutive hätte sich mit viel Mühe in Verhandlungen einbringen lassen, sofern die Partei es mit ihren Reformplänen wirklich ernst gemeint hätte. Gerade dies aber war im Herbst 1981 nicht mehr der Fall.[14] Jaruzelski sprach zwar noch immer von Kompromissbereitschaft, ließ jedoch zugleich im Innen- und Verteidigungsministerium an den Plänen für die gewaltsame Niederschlagung der Opposition arbeiten. Sicherheitsdienst und Armee waren 1980/81 die Einzigen, die nicht streikten; beide hierarchisch geordneten Strukturen funktionierten wie üblich, ohne nennenswerte Störungen von außen. So bauten sie im Stillen ihren Vorteil aus, den sie als Waffenträger gegenüber einer zivilgesellschaftlichen Bewegung ohnehin hatten.

Die Spannung spitzte sich einmal mehr zu, als der staatliche Hörfunk sorgsam ausgewählte Tonbandmitschnitte von der Sitzung der *Solidarność*-Führung am 3. Dezember 1981 sendete, in denen die «Landesfürsten» und die Berater über den Ausweg aus der Krise stritten und ihren Willen zu grundsätzlichen Einschnitten klar benannten. Am 11. und 12. Dezember tagte die Führung abermals, diesmal in Danzig. Die heftigen Auseinandersetzungen kreisten um die friedliche Ablösung der PVAP, etwa über eine Volksbefragung, in der Partei und Verwaltung beurteilt werden sollten, vorgezogene Wahlen und Ähnliches. Bereits vor Mitternacht stellte sich heraus, dass die Telefon- und Telexverbindungen mit anderen Städten nicht mehr bestanden. Der Staatstreich, der in den polnischen erinnerungsgeschichtlichen Kalender als der «13. Dezember» eingehen sollte, hatte begonnen.

Kriegsrecht und Widerstand, 1981–1984

Am Morgen des 13. kontrollierten 70 000 Soldaten und 30 000 Polizisten unter dem Schutz von 1750 Panzern und 1400 Panzerkampfwagen die Verkehrsknotenpunkte. Im Fernsehen erklärte Jaruzelski, das Land stehe unter Kriegsrecht.[15] Aufgrund der daraus abgeleiteten Vorschriften wurde die *Solidarność* suspendiert und ca. 3 000 ihrer Funktionäre wurden festgenommen, verhaftet und interniert, die Streik-, Versammlungs- und Bewegungsfreiheit aufgehoben, die Polizeistunde eingeführt, das Telefonnetz ausgeschaltet, Schnellverfahren vor Gericht eingeführt, das Fernsehen militarisiert, Tankstellen geschlossen, fast alle Zeitungen, das gesamte Schul- und Hochschulwesen suspendiert. In den Betrieben übernahmen Tausende von Offizieren als Bevollmächtigte des «Militärischen Rates der Nationalen Rettung» (*Wojskowa Rada Ocalenia Narodowego*, WRON) die Leitung. Jaruzelski vereinigte den Vorsitz der WRON mit der Führung der PVAP und dem Posten des Ministerpräsidenten; seine Untergebenen wandten das Kriegsrecht mit eiserner Hand an. Die Streiks in insgesamt wenigen hundert Betrieben wurden einer nach dem anderen unterdrückt; auf mehrere Werksgelände rückten Polizei und Militär ein. Die heftigsten Kämpfe entbrannten am 16. Dezember um die Grube *Wujek* in Kattowitz, wo die Polizei neun Bergleute erschoss; anderswo gaben die Streikenden in der Regel ohne Auseinandersetzungen auf, so dass bereits vor Weihnachten die WRON die Lage fest im Griff hatte. Allein in den ersten Wochen des Kriegsrechts wurden mehr als 1200 Menschen wegen Streiks und Verbreitung illegaler Veröffentlichungen zu oft mehrjährigen Gefängnisstrafen verurteilt und über 13 000 verwarnt. Insgesamt sollten bis Ende 1982 knapp 10 000 Personen interniert, bis zur Suspendierung des Kriegsrechts im Juli 1983 fast 12 000 Personen verurteilt werden, darunter über 80 Prozent von Militärgerichten. Die größten Ausmaße nahmen die Säuberungen am Arbeitsplatz an. Tausende von *Solidarność*-Funktionären und Sympathisanten wurden entlassen. Die Zahl der als unverlässlich eingestuften und abberufenen Parteifunktionäre und Angestellten in leitenden Positionen erreichte ebenfalls den vierstelligen Bereich, fünf Prozent der PVAP-Mitglieder (ca. 130 000 Personen) traten aus der Partei demonstrativ aus.

Der Widerstand gegen die «Junta» regte sich nach der Zerschlagung der *Solidarność* von unten, spontan und dezentral.[16] Es gab in den ersten Monaten Kurzstreiks (viele jeweils am 13. der folgenden Monate), demonstrative Spaziergänge um 19.30 Uhr (um diese Zeit begann die Nachrichtensendung im Fernsehen), ebenso demonstrativ wurde das *Solidarność*-Abzeichen oder einfach schwarze Kleidung getragen; fast alle namhaften Schauspieler boykottierten das Fernsehen. Einige wenige Funktionäre der Landeskommission, die sich der Verhaftung entzogen hatten – u. a. Zbigniew Bujak in Warschau, Zbigniew Lis in Danzig, Władysław Frasyniuk in Breslau – versuchten, den gesellschaftlichen Widerstand landesweit zu koordinieren. Nach langen Diskussionen setzte sich ein Konzept durch, das im Wesentlichen an die Taktik der späten 1970er Jahre anknüpfte: Hilfe für die Opfer von Repressalien und deren Familien, Wiederaufbau des Untergrundverlagswesens und des Informationsflusses, Förderung der nun wieder illegalen «echten» Gewerkschaftsorganisationen an der Basis. Das Konzept des «zivilen Kampfes» griff bewusst auf weiter zurückliegende geschichtliche Verhaltensmuster, u. a. auf den «Untergrundstaat» im Zweiten Weltkrieg zurück. Andererseits fehlte ihm die militärische Komponente: Gerade die direkte Konfrontation mit der Staatsmacht in einem spektakulären Akt des Aufbegehrens gehörte nach dem 13. Dezember zu den Alpträumen der illegalen Führung. Auch ein Generalstreik, der eine «Revolution» oder einen «Aufstand» hätte einleiten können, galt unter diesen Umständen als potentiell gefährliche bis selbstmörderische Waffe.

Als wichtigste Formen des Widerstands entwickelten sich damit das Untergrundverlagswesen und die Straßendemonstrationen. Die meisten Druck- und Vervielfältigungsgeräte hatten Armee und Polizei zwar in den Büros der *Solidarność* beschlagnahmt, die Herstellung von illegalen Flugblättern konnten sie jedoch nicht verhindern. Bald kamen Zeitungen dazu und bereits in der ersten Hälfte 1982 Broschüren und Bücher. Schon wenige Monate nach dem 13. Dezember 1981 dürften die Untergrundpublikationen in Großstädten, an Hochschulen und in den Betrieben leichter zu bekommen gewesen sein als vor dem August 1980.[17] Ähnlich eindrucksvoll waren die illegalen Massenaufmärsche. Am 1. Mai 1982 demonstrierten die *Solidarność*-Anhänger neben den offiziellen Umzügen; zwei Tage später, am Jahrestag der Maiverfassung von 1791, gehörten die Straßen in mehreren Großstädten wieder den Illegalen. Diesmal griff die Polizei massiv ein. Den Höhepunkt erreichte der offene Protest am 31. August 1982, dem zweiten Jahrestag des Danziger Abkommens, als die größten illegalen Demonstrationen in der Geschichte Volkspolens fast 120 000 Menschen auf die Straßen lockten. Die Polizei nahm etwa 5000 Personen fest; fünf Teilnehmer kamen ums Leben.[18] Bald stellte sich jedoch heraus, dass Massenaktionen, die enorme Repressalien nach sich zogen, nicht mehr funktionieren. Am 10. November 1982 befolgten nur wenige Arbeiter den Streikaufruf der Untergrundführung. Am 1. Mai 1983 gingen zwar noch immer 85 000 Menschen auf die Straßen, am 31. August aber lediglich die Hälfte (geschätzt 40 000). 1984 war es nur noch das Begräbnis des Priesters Jerzy Popiełuszko, das über hunderttausend Menschen auf die Straßen Warschaus lockte. Der Papstbesuch im Juni 1983, dem wieder Millionen beiwohnten, stärkte zwar der *Solidarność* wieder den Rücken, bot aber keine Ermunterung für die Fortsetzung der offenen Proteste.

Die Opposition lebte im Untergrund weiter. Die illegale *Solidarność* blieb in Industriebetrieben und an Hochschulen ein unsichtbarer Bezugspunkt individueller Haltungen, Handlungen und Unterlassungen. Erprobt wurden Wege des passiven Widerstands: Die Opposition rief zum Boykott von Wahlen auf. Bei den Gemeinderatswahlen im Juni 1984 beteiligten sich nach offiziellen Angaben 75 Prozent, nach Schätzungen des Untergrunds 57 Prozent der Wahlberechtigten. Bei den Sejmwahlen im Oktober des nächsten Jahres verzeichneten beide Seiten ähnliche Zahlen (80 respektive 60 Prozent).[19] Weder aus der Sicht der Behörden noch aus der des Untergrunds war damit die Wahlbeteiligung bzw. der Boykott befriedigend. Das Patt war offensichtlich. Im Untergrund kreisten die Debatten weiterhin um die grundlegende Frage, auf welchem Weg das Regime zur Vernunft gebracht, zur Relegalisierung der *Solidarność* bewegt und letztlich zur Aufgabe des poststalinistischen Herrschaftsanspruchs gezwungen werden könnte.

Die Staatspartei dachte bis 1986 gar nicht daran. Ungeachtet des kontinuierlichen Widerstands war es Jaruzelski mit dem Staatsstreich vom 13. Dezember gelungen, die *Solidarność* als millionenstarke antikommunistische Massenbewegung zu brechen und die Macht des alten Systems wiederherzustellen. Anfangs wurde dieses faktisch von Offizieren mit Parteibuch vertreten, in einem zweiten Schritt wurde langsam die Stellung der Partei als Institution rekonstruiert. Die WRON wurde mit der förmlichen Aufhebung des Kriegsrechts im Juli 1983 aufgelöst, die Militarisierung von Verwaltung und Wirtschaft schon vorher schrittweise rückgängig gemacht. Das eigentliche Machtzentrum blieb das um einige Militärs ergänzte Politbüro, in dem Jaruzelski Schritt für Schritt seine Position als unangefochtener Staats- und Parteiführer ausbaute, indem er «Liberale» und «Betonköpfe» gleichermaßen kaltstellte. Die Regierung (mit 40 Mitgliedern und acht stellvertretenden Ministerpräsidenten) blieb, wie in den Jahrzehnten zuvor, ein untergeordnetes Gremium. Gegenüber der Opposition betrieb der General eine stellenweise harte und unnachgiebige Politik, symbolisiert von den mehrjährigen Hafturteilen, mit denen die führenden Vertreter der *Solidarność* in den 1980er Jahren bestraft wurden; der letzte spektakuläre Prozess (gegen Lis, Frasyniuk und Michnik) fand 1985 statt. Bujak, nach über vier Jahren im Untergrund eine Legende, wurde Ende Mai 1986 verhaftet.

Andererseits kam der über ein Jahr lang internierte Wałęsa nie vor Gericht und auch in manchen anderen Fällen zeigte sich das Regime zu versöhnlichen Gesten bereit – in der Regel unter der Voraussetzung, dass die Gegner ihre «antistaatlichen» Aktivitäten aufgaben; nach den Amnestien von 1983 und 1984 wurde jeweils die Mehrheit der Verurteilten und Untersuchungshäftlinge entlassen. Jaruzelski betonte immer wieder, als polnischer Patriot das Land vor dem Schlimmsten bewahrt zu haben, wobei offiziell von der durch die *Solidarność* in Gang gesetzten Anarchie die Rede war, inoffiziell von der 1980/81 permanenten Bedrohung durch den Einmarsch der Truppen des Warschauer Paktes. Aber selbst die nationale Rhetorik half dem Kriegsrechtregime nicht, seine Basis zu verbreitern, ähnlich wie das demonstrative Werben um die Kirche und vor allem um den Papst, dessen moralische Autorität das Regime zähneknirschend akzeptierte; seine Besuche 1983 und 1987 stellten für die Staatsmacht erhebliche Herausforderungen dar. Die angestrebte «Normalisierung» der Beziehungen zur Kirche setzte auf die relativ passive Haltung des Primas (seit 1981) Józef Glemp, die sich deutlich vom offenen Widerstand vieler einfacher Priester unterschied. Das Verhältnis erlitt wiederum mit dem Mord an dem Warschauer Pfarrer Jerzy Popiełuszko einen schweren Rückschlag. Der für seine Unterstützung der *Solidarność* bekannte charismatische Geistliche wurde im Oktober 1984 von Offizieren des Sicherheitsdienstes ermordet, die im Alltag kirchliche Gegner mit ungesetzlichen Mitteln bekämpften. Die Mörder wurden von ihren Kollegen gefasst und in einem Prozess, über den die Massenmedien ausführlich berichteten – auch dies eine Ausnahme in der Geschichte des gesamten Ostblocks –, zu langjährigen Haftstrafen verurteilt.[20]

Das im Dezember 1981 errichtete Regime vertraute jahrelang auf seine sicherheitspolizeilichen Maßnahmen. 1982 kontrollierte die Zensur fünfmal mehr Briefe als in der Blütezeit des Stalinismus,[21] die Zahl der Informellen Mitarbeiter erreichte 1984 mit 70 000 den zweithöchsten Stand in der Geschichte Volkspolens.[22] Dennoch konnte dies keine Garantie für eine Pazifizierung der Gesellschaft sein: Die Zahl der Briefe war seit den 1950er Jahren ebenfalls auf das Fünffache gestiegen, die IMs vermochten den harten Kern des Untergrunds nicht zu infiltrieren; die sicherheitspolizeiliche Überwachung konnte die Akzeptanz des müden, frustrierten und stets auf die Staatsmacht schimpfenden Durchschnittspolen nicht ersetzen.

Die grauen 1980er Jahre

Wie in der Politik scheiterte Jaruzelski auch in allen essentiellen wirtschaftlichen Fragen. Am 1. Februar 1982 gelang ihm zwar im Schutz des Kriegsrechts eine drastische Preiserhöhung (die mit einem Anstieg um 240 Prozent der Preise für Lebensmittel und 170 Prozent für Energie über jene von 1970 und 1976 weit hinausging). Das BSP fiel jedoch weiter, ebenso die Reallöhne (Rückgang um 25 Prozent). Vor dem Hintergrund der katastrophalen ökonomischen Ausgangslage bedeutete keiner der in den 1980er Jahren erreichten Teilerfolge viel, das Lebensniveau des letzten Vorkrisenjahres (1978) blieb unerreichbar. Eine schleichende Privatisierung der kleinsten Dienstleistungsbetriebe konnte daran ebenso wenig ändern wie das demonstrativ verkündete «grüne Licht» für sogenannte Polonia-Unternehmen.[23] Die Massengründungen letzterer ließen bis 1985 eine Million Arbeitnehmer in die Privatwirtschaft wechseln, sie verbreiteten die ohnehin beachtliche Präsenz des Dollar im Alltag, verbesserten die Versorgungslage in manchen Bereichen, brachten aber ebenfalls keine Wende. Wenig änderte auch die kurzfristige Bevorzugung der Privatbauern, die Mitte der 1980er Jahre bereits wieder der Vergangenheit angehörte. Zu diesem Zeitpunkt schätzten die Behörden, dass 50 bis 70 Prozent aller Zuchttiere von den Bauern illegal geschlachtet und auf dem schwarzen bzw. grauen Lebensmittelmarkt verkauft würden.[24] Der Staat erkannte zwar die wirklichen Zustände – immerhin, denn in den Jahrzehnten des real existierenden Sozialismus war dies keineswegs die Regel –, er blieb aber machtlos.

Die jahrelang desolate ökonomische Lage war einer der Hauptgründe für die anhaltende Emigration vor allem junger Polen. Hunderttausende verließen in den 1980er Jahren das Land, vor allem Richtung Bundesrepublik,[25] aber auch andere westeuropäische Länder und die USA. Die Auslandsverschuldung stieg von 26 Milliarden US-Dollar 1981 auf 31 Mitte der Dekade und 40 Milliarden US-Dollar 1989. Sie betrug 60 Prozent des BSP und das Fünffache des jährlichen Exports. Damit war Warschau faktisch zahlungsunfähig und kreditunwürdig. Die Staatswirtschaft brauchte aber laufend Devisen, um die in der Dekade zuvor erworbenen Produktionslinien zu erhalten, die ohne westliche Ersatzteile und Komponenten zum Stillstand gekommen wären. Daher bestimmte das Bemühen um harte Währungen die Wirtschaftspolitik in den 1980er Jahren noch mehr als in den Jahrzehnten zuvor: Der Staat verkaufte einen wachsenden Teil der Konsumgüterproduktion gegen harte Währungen in den PEWEX-Läden, und die Devisenbank verzinste private Spareinlagen hoch, ohne nach deren Herkunft zu fragen. Alles, was im Westen verkäuflich war, wurde zu niedrigen Preisen exportiert. Damit hielt die Finanzpolitik den illegalen Wechselkurs der westlichen Währungen konstant hoch. Die Überbewertung des Dollar auf dem schwarzen Markt machte ihn – vor dem Hintergrund einer hohen, stets zweistelligen Inflation – zur heimlichen Währung Volkspolens; bis 1990 sollen geschätzt 70 bis 80 Prozent der Ersparnisse in harte Währungen umgetauscht worden sein.[26] Das Misstrauen, das die Polen gegenüber dem staatlichen Zahlungsmittel demonstrierten, indem sie alle größeren Privatgeschäfte wie Wohnungs- oder Grundstückskauf in Dollar abrechneten, gehörte ebenso zu den gesellschaftlichen Grundbefindlichkeiten wie zu den symbolträchtigen Niederlagen des Regimes. Zusammen mit den Karten für Lebensmittel und Benzin verlieh es Volkspolen in seinen letzten Jahren die Züge einer Bananenrepublik, in der nichts, was irgendwie mit dem Staat zu tun hatte, funktionierte. Die Betroffenen litten nicht nur psychisch: Erstmals in der Geschichte des 20. Jahrhunderts (von Kriegen abgesehen) ging die durchschnittliche Lebenserwartung zurück,[27] wozu die besonders in Ober- und Niederschlesien verheerende ökologische Lage beigetragen haben dürfte.

Ähnlich alarmierende Befunde präsentierten die Soziologen. Sie hatten bereits in den 1970er Jahren auf eine Atomisierung der Gesellschaft hingewiesen, in der sich Einzelpersonen nahezu ausschließlich zur Familie und zur Nationalgemeinschaft bekennen würden. Alles, was dazwischen lag, Gruppen-, Berufs-, Schichten- oder lokale Identitäten, spielte offenbar keine Rolle mehr, so dass man von der Gesellschaft als einem «statistischen Aggregat» bzw. einem «soziologischen Vakuum» sprechen könnte – einer Ansammlung von Individuen, in der Meinungen und Haltungen nicht über soziale oder sonstige gemeinschaftliche Merkmale definiert werden.[28] Nach den 16 Monaten der legalen *Solidarność*, in der die gemeinsame Bedrohung die nationale Solidarität zementiert und eine immense soziale Energie freigesetzt hatte, zogen sich nun große Teile der Gesellschaft in das Familiäre zurück. Wer immer konnte, «privatisierte» seine staatliche Planstelle zum eigenen, individuellen bzw. familiären Vorteil. Das private Wohlergehen als Maßstab für soziale Haltungen, warnten die Soziologen, erinnere an den «amoralischen Familiarismus» im italienischen Mezzogiorno, wo Gesellschaft ein Fremdbegriff sei, und dies in einem Land, das bislang ganz anderen Traditionen gefolgt sei.[29]

All diese Themen wurden von der Opposition nach und nach in ihren Katalog der Missstände aufgenommen, während sich die Staatsmacht im selbstverantworteten Dickicht von halbherzigen Wirtschaftsreformen, nationaler Rhetorik, symbolträchtigen Großprojekten (der Bau der ersten Metrolinie in Warschau, des Großkrankenhauses der «Mutter Polin» in Lodz u. Ä.), Siegesgewissheit und gleichzeitig wachsendem Bewusstsein der eigenen Handlungsunfähigkeit verstrickte.

Gorbatschow und die Wende von 1986

Es waren wohl außenpolitische Faktoren, die letztlich die unerwartete Wende eingeleitet haben. Der Westen besaß schon seit Jahren das Druckmittel der Verschuldung, das er nach dem 13. Dezember um Sanktionen gegen Volkspolen ergänzte: Über Umschuldung und wirtschaftliche Hilfe ließe sich nur dann reden, wenn Jaruzelski die Menschenrechte achte, d. h. in irgendeiner Form die Opposition legalisiere. Vor allem die USA unterstützten den polnischen Untergrund und das mit ihm verbundene Exil finanziell.[30] Die konstante Haltung der NATO-Staaten setzte das verzweifelt Devisen benötigende Warschau unter Druck, ohne es zur Formulierung einer neuen Innenpolitik veranlassen zu können.

Die Wende kam aus dem Osten mit dem Machtantritt von Michail Gorbatschow am 11. März 1985. Ein Berater von Jaruzelski fuhr eine Woche nach der Wahl nach Moskau. Er kam mit ermutigenden Nachrichten zurück. Der neue Generalsekretär der KPdSU habe vor, den Beziehungen zu den sozialistischen Bruderländern eine «höhere Priorität einzuräumen als die letzten drei Generalsekretäre», außerdem sei ein Neubeginn im sowjetisch-amerikanischen Dialog wahrscheinlich.[31] Einen Monat später wurde Warschau freilich Schauplatz der feierlichen Verlängerung des nun 30 Jahre alten nach ihm benannten Paktes. Bei diesem ersten Besuch von Gorbatschow an der Weichsel deutete nichts auf Veränderungen hin: Die Themen, Rituale und Menschen waren dieselben wie in den Jahrzehnten zuvor.[32]

Auch nach Verkündung von Perestroika und Glasnost 1985/86 war keineswegs absehbar, welche Folgen das sowjetische Reformprogramm für die polnisch-sowjetischen Beziehungen bzw. für die polnische Innenpolitik haben würde. In der Pariser Exilzeitschrift *Kultura* spekulierte jedoch der ehemalige Leiter der polnischen Sektion von *Radio Free Europe* Jan Nowak-Jeziorański schon im Sommer 1986 darüber, ob nicht der Reformkurs Gorbatschows den Spielraum Jaruzelskis vergrößere. Im Verlauf der nächsten beiden Jahre wurde zunehmend klar, dass die Prognose zutraf: Gorbatschow lockerte offensichtlich die Kontrolle des Kreml über Polen und entzog Jaruzelski allmählich dem Druck der Hardliner im Moskauer Politbüro, die 1981–1985 stets eine härtere Gangart gegenüber der Opposition gefordert hatten. Im April 1987 unterzeichneten die beiden Parteichefs eine «politische Deklaration», die u. a. die Einberufung einer gemeinsamen Kommission zur Erforschung der «weißen Flecken» in der Beziehungsgeschichte beider Länder ankündigte. Die Arbeiten des Ausschusses verliefen bald im Sande, weil die Sowjets sich zu keinem Zugeständnis bezüglich Katyn durchringen konnten.

Dennoch blieben die Zeichen des Aufbruchs der Hegemonialmacht zu neuen, unbekannten Ufern unübersehbar. Die Führung der polnischen Opposition rätselte, wo der Fluchtpunkt dieser Entwicklung liegen und was dies für die krisengebeutelte Volksrepublik bedeuten könnte. Die Grundstimmung traf der im Exil lebende Aleksander Smolar mit der Einschätzung, dass sowohl die Dimension der offenbar angestrebten innersowjetischen Reformen als auch die Konzentration Moskaus auf dieselben den Spielraum Polens zwangsläufig vergrößern müsse. Auf der anderen Seite versuchten einige Berater Jaruzelskis dieser Tatsache Rechnung zu tragen, indem sie Anfang 1988 in internen Denkschriften über eine Lösung nachdachten, in der die grundlegenden Moskauer Interessen – damit war wohl der Warschauer Pakt gemeint – gewahrt bleiben, eine amerikanisch-sowjetische Verständigung jedoch Polen zu einer Art gemeinsamem Versuchsraum machen würde, was einer aus der Sicht der

Amerikaner attraktiven «halben Entlassung» aus der «kommunistischen Haft» gleichkäme.

Jaruzelski und Gorbatschow verstanden sich offenbar so gut wie keines ihrer Vorgängerpaare. Selbstverständlich empfanden sie den Westen weiterhin als Feind, und eine Abschaffung des Sozialismus werden sie sich kaum vorgestellt, geschweige denn gewollt haben. Beide hatten aber keine Wahl, als ihr Land durch tief greifende innere Reformen wieder funktionsfähig zu machen, und beide hatten inzwischen die Nomenklatura bzw. den Parteiapparat als Haupthindernis auf diesem Weg identifiziert. Diese Gedankengänge entfremdeten Gorbatschow nahezu allen anderen Ostblockführern – außer Jaruzelski. So stieg Polen abermals in den Rang des wichtigsten Vasallen im europäischen *Outer Empire* auf, was wiederum die Position der Volksrepublik gegenüber ČSSR und DDR aufwertete.

Die Freiräume waren nun deutlich größer: Im Februar 1987 war erstmals in der Geschichte ein Interview des polnischen Primas in der Sowjetpresse erschienen, im Mai 1988 wurde in dem «Polnischen Institut für Internationale Angelegenheiten» offen, wenngleich unter Ausschluss der Öffentlichkeit, über die bislang tabuisierte Lage der Polen in der Sowjetunion debattiert. Zwei Monate später kam Gorbatschow zu einem mehrtägigen Besuch nach Polen. Er wurde mit viel Sympathie empfangen – ein Eindruck, der weder mit den offenkundigen Bemühungen der offiziellen Gastgeber noch mit deren ebenso klaren Anweisungen für das staatliche Fernsehen hinreichend erklärt ist. «Gorbi» galt in Polen nicht unbedingt als Hoffnungsträger wie in der DDR, besser als jeder seine Vorgänger war er aber allemal, und dies ließen ihn die Menschen deutlich spüren.

Der verhandelte Wandel, 1986–1989

Die allmähliche Erweiterung des Spielraums der Warschauer Führung war im Sommer 1988 offensichtlich unumkehrbar, hatte aber bereits zwei Jahre früher Früchte getragen.[33] Den Beginn der immer wieder von Rückschlägen geprägten und anfangs streng limitierten Wende gab die Amnestie für politische Häftlinge, die im Juli 1986 verkündet und bis Mitte September durchgeführt wurde. Tatsächlich kamen nun erstmals seit 1981 alle verurteilten und inhaftierten Oppositionellen frei. Die Staatsmacht glaubte wohl anfangs, mit dieser Geste nur eine langjährige Forderung des Westens erfüllt zu haben (im Februar 1987 wurden tatsächlich die nach dem 13. Dezember 1981 auferlegten Sanktionen aufgehoben), ohne in einen Dialog mit der illegalen *Solidarność*-Führung eintreten zu müssen. Den harten Kern der Opposition schätzte das Innenministerium im Sommer 1986 auf etwa 3000 Personen, das Umfeld auf über 20 000.[34] Aus Meinungsumfragen ging hervor, dass höchstens 20 Prozent der Befragten den Illegalen Vertrauen schenkten, gut doppelt so viele sprachen ihr Misstrauen aus.[35] Diese offenkundige Schwäche der *Solidarność* schien den Machthabern wohl eine hinreichende Basis für die Tolerierung der vermeintlich wenigen Systemgegner zu bieten und zugleich zaghafte Reformen «von oben» zu ermöglichen. Im Dezember entstand ein Konsultationsrat des Staatsratsvorsitzenden (das Amt hatte inzwischen Jaruzelski inne), in dem auch Ansichten frei diskutiert wurden, die noch vor Jahren als staatsfeindlich eingestuft worden wären. Die Protokolle des Rates, in dem freilich kein einziger Vertreter der *Solidarność* saß, wurden in Massenauflagen gedruckt; viel änderte das lizenzierte Diskussionsforum nicht.

Im Frühjahr 1987 sank der Index der gesellschaftlichen Zuversicht in den Umfragen auf den niedrigsten Stand seit Beginn dieser Erhebungen, d. h. seit dem Ende der 1950er Jahre.[36] Die Ökonomen um Jaruzelski bereiteten die Grundzüge einer Wirtschaftsreform vor. Sie tendierten zur Einführung von marktwirtschaftlichen Elementen in die staatlich dominierte Wirtschaft. Zur Absicherung der vorhersehbaren Unruhe wurde eine Volksbefragung anberaumt, in der die Bürger antworten sollten, ob sie grundsätzlich für eine Wirtschaftsreform seien. An den Urnen erschienen Ende November 1987 zwei Drittel der Wahlberechtigten. Es war ein beredtes Zeugnis der Politikunfähigkeit der Mannschaft um Jaruzelski, dass zwar zwei Drittel der Antworten positiv ausfiel, das Referendum trotzdem ungültig blieb: Gemäß den eigens für diese seit 1946 erste Volksbefragung aufgestellten Regeln hätten die Ergebnisse nur dann Gültigkeit gehabt, wenn über 50 Prozent aller Wahlberechtigten mit einem Ja gestimmt hätten. Dümmer konnte die Staatsmacht die Konsultationen mit dem Staatsvolk nicht konstruieren.

Das Ergebnis war ein Schock sowohl für die Machthaber als auch für die «schweigende Mehrheit», zumal 1988 einige Elemente der Reform eingeführt wurden, bezeichnenderweise in Gestalt von Preiserhöhungen. Im April und Mai kam es, als Protest gegen diese Preiserhöhungen, erstmals wieder zu größeren Streiks, die freilich mit einer Niederlage der *Solidarność* endeten. Im Juni blieb die Hälfte der Wahlberechtigten den Wahlen zu den regionalen Verwaltungsorganen fern.

Die Opposition hatte bereits seit Herbst 1986 Gespräche gefordert und mehrfach zu erkennen gegeben, dass sie grundsätzliche Reformen wolle, aber längst nicht mehr glaube, sie im Alleingang durchsetzen zu können. Die Position der *Solidarność* war eigentlich schwach. Sie wusste, dass außer dem harten Kern, der nun jahrelang im Untergrund wirkte, kaum etwas von ihr übrig geblieben war. Der Vergleich mit einer Armee, in der nur noch die Generäle übrig geblieben waren, schien nicht an der Realität vorbeizugehen. Andererseits rückten an der Basis, in den Betrieben, Jüngere in die ersten Reihen auf, die der alten Führung unter Wałęsa eher skeptisch gegenüberstanden und auf radikale Lösungen drängten.[37] Einige regionale Führer der Opposition fühlten sich wiederum von Wałęsa und seinen Warschauer Beratern in den Schatten gestellt, in der Danziger Umgebung des Chefs gärte es ebenfalls. Dennoch blieb der alte *Solidarność*-Führer, seit 1983 Friedensnobelpreisträger, unbestritten die Nummer eins und behielt die Rivalitäten im Griff.

Jaruzelski ließ die ausgestreckten Fühler der Opposition nur langsam und zögerlich aufgreifen. Es gab 1987 und vor dem Sommer 1988 eine Reihe von Sondierungsgesprächen, an denen oft die Kirche als Vermittler beteiligt war.[38] Im August brachen größere Streiks in mehreren Städten, darunter in Danzig und Stalowa Wola aus. Die Partei und besonders deren Funktionäre beunruhigten sie erheblich. Dies blieb auch der Opposition nicht erspart, da die Streikwaffe sich abermals als stumpf erwies. Eine neue, landesweite Bewegung wie vor acht Jahren ließ sich auf diesem Weg nicht mehr mobilisieren, das Patt vertiefte sich. Am 26. August 1988 schlug einer der engsten Mitarbeiter Jaruzelskis, Innenminister Czesław Kiszczak, im Fernsehen ein Treffen «mit Vertretern verschiedener sozialer und beruflicher Milieus» vor, das «die Form eines ‹Runden Tisches› haben» könnte. Auf dem anschließenden ZK-Plenum trugen andere Vertreter des Staatschefs den staunenden und verunsicherten Vertretern des Apparats die Idee vor, der Opposition Mandate im Sejm zu gewähren, eine zweite Kammer des Parlaments und das Amt des Staatspräsidenten wieder einzuführen; all diese Ideen waren bereits in Gesprächen mit Vertretern der Kirche ventiliert worden. Am 31. August traf Kiszczak überraschend zu einem Gespräch mit Wałęsa zusammen. Der Innenminister forderte ein Ende der Streiks und wiederholte, von einer abermaligen Legalisierung der *Solidarność* könne keine Rede sein. Wałęsa wollte die Streiks zum Abschluss bringen, was er auch tatsächlich in den nächsten Tagen tat. Er bestand jedoch auf der Wiederzulassung der Gewerkschaft. Auf beiden Seiten löste die Nachricht von diesem Gespräch extreme Reaktionen aus: Der Parteiapparat wollte sich auf keine Experimente einlassen, schon gar nicht mit der *Solidarność*. Im Untergrund war von einem Täuschungsmanöver der Machthaber die Rede, von einem durchsichtigen Spiel genau jener Menschen, die vor sieben Jahren die Gewerkschaft mit Gewalt zerschlagen und in diesen sieben Jahren ihre Unfähigkeit nachhaltig bewiesen hatten.

Jaruzelski machte nun einen Schritt zurück und versuchte es mit noch einer oktroyierten Reform. Zum Ministerpräsidenten wurde Mieczysław F.

Rakowski ernannt, der in den 1960er und 1970er Jahren als Chefredakteur das Wochenblatt *Polityka* zu dem wohl interessantesten Pressetitel zwischen Wladiwostok und der Elbe gemacht hatte. Seit 1981 Mitarbeiter von Jaruzelski, zwischenzeitlich auf einen Nebenposten abgeschoben, gehörte er sicherlich zu den intelligentesten Köpfen in der Parteispitze. Rakowski war dem Apparat und Moskau (vor Gorbatschow) seit langem suspekt, doch zugleich bekannt als erklärter Gegner der *Solidarność*. Der neue Ministerpräsident versuchte, Reformen von oben zu diktieren, und setzte einige tatsächlich durch. Die wohl wichtigsten waren die Gesetze über die Wirtschaftstätigkeit vom Dezember 1988, die fast alle Beschränkungen für nichtstaatliche Subjekte annullierten, sowie die Aufhebung der Preisbindung für landwirtschaftliche Produkte zum 1. August 1989. Letztere Maßnahme, eingeführt per Regierungsbeschluss, hatte nicht nur strategische Bedeutung, wie die rechtliche Gleichsetzung der staatlichen und nichtstaatlichen Wirtschaftsakteure im ersten Fall, sondern auch revolutionäre tagespolitische Folgen: Zwar verschwanden auf einmal die Schlangen vor den Lebensmittelläden, die Aufhebung der Lebensmittelbewirtschaftung führte jedoch gleichzeitig zu einer Explosion der Preise. Darauf reagierten die staatlichen Angestellten und Arbeiter mit sofortigen Forderungen nach mehr Lohn. Da es keine Staatsmacht gab, die sich gerade im Sommer 1989 den angesichts der plötzlichen wie radikalen Verteuerung der Lebensmittel durchaus plausiblen Forderungen der städtischen Bevölkerung entgegenzusetzen gewagt hätte, setzte im August eine Inflationsspirale ein, welche die wirtschaftliche Entwicklung wie das individuelle Marktverhalten monatelang bestimmen sollte. Die Ersparnisse in Złoty – falls überhaupt noch vorhanden – wurden zu reinen Verlustposten, der US-Dollar, teils ebenso die DM, setzten sich vollständig als Ersatzwährung durch. Die Bekämpfung der galoppierenden Inflation musste für jede neue Regierung zu einer schweren Hypothek werden; andererseits hatte das Kabinett Rakowski die Grundlagen für die Marktwirtschaft geschaffen und die Beseitigung der staatlich geregelten und somit sozial verträglichen Preise auf sich genommen.

Als Taufpatin der radikalen Reform, die alle Grundsätze der sozialistischen Planwirtschaft aus den Angeln hob und die Grundlagen einer postsozialistischen Ökonomie schuf, diente der letzten Regierung Volkspolens ganz offenbar Margaret Thatcher, die «Eiserne Lady» aus London, die Großbritannien gegen den vehementen Widerstand der Gewerkschaften zu verändern vermocht hatte. Das paradoxe Beispiel einer extrem liberalen Politik als Leitlinie für kommunistische Reformen zeigte nur, wie tief verstrickt in eigenverschuldete und selbstproduzierte Widersprüche der aufgeklärteste Teil der PVAP inzwischen war. Die Regierung Rakowski wählte zudem den kontraproduktivsten aller möglichen Ansätze, indem sie als einen der ersten Großbetriebe, der «aus ökonomischen Gründen» geschlossen werden sollte, ausgerechnet die Geburtsstätte der *Solidarność* wählte, die Danziger Lenin-Werft. Die Opposition konnte gar nicht anders als in diesem Regierungsbeschluss eine Torpedierung der geplanten Verhandlungen zu sehen, so dass die Gespräche zwischen *Solidarność* und dem Innenminister Kiszczak im Herbst 1988 ausgesetzt wurden.

Für den 30. November lud der selbstbewusste Chef der regimetreuen Gewerkschaften die bisherige «Privatperson Wałęsa» zu einer öffentlichen Diskussion im Fernsehstudio ein. Die Debatte wurde auf Wunsch des Gastgebers live gesendet. Der *Solidarność*-Führer hatte wieder einmal eine Sternstunde – logisch argumentierend, besonnen und überlegen, boxte er seinen Widersacher nicht nur nach Punkten nieder; für die Partei war es eine mediale Katastrophe ersten Ranges. Die Verhandlungen wurden wieder aufgenommen. Nun wagte Jaruzelski einen Schritt nach vorn. Wohl um den hinhaltenden Widerstand des Parteiapparats wissend, stellte er auf dem ZK-Plenum Mitte Januar 1989 die Vertrauensfrage, die sowohl den ungewöhnlichen Reformen Rakowskis wie vor allem den Gesprächen mit der Opposition galt. Seine Vertrauten, darunter Rakowski und Kiszczak, drohten ebenfalls mit Rücktritt. Die ZK-Mitglieder, soeben noch zum Aufstand bereit, kapitulierten und bestätigten den Parteichef wie seine engsten Mitarbeiter beinahe einstimmig in ihren Ämtern. Der Weg zum «Runden Tisch» stand nun offen.

Die Gespräche zwischen Staatsmacht und Opposition begannen am 6. Februar 1989.[39] Sie wurden geteilt in mehr als ein Dutzend Sektionen («Tische»), in denen fundamentale wie spezielle Fragen thematisiert wurden: von den Grundsätzen der Verfassungsnovellierung und Wiederzulassung der *Solidarność* über einzelne Wirtschaftszweige und -reformen bis hin zu Ökologie und Jugendorganisationen. Das nach zwei Monaten intensiver, oft dramatischer Beratungen präsentierte Ergebnis füllte erwartungsgemäß über hundert Seiten, auf denen teils Übereinkünfte, teils unüberbrückbare Differenzen festgehalten wurden; das meiste davon wurde allerdings durch den Gang der Ereignisse in den kommenden Monaten rasch überholt. Beinahe noch wichtiger als das Schlussprotokoll – zum ersten Mal in der Geschichte Volkspolens ist ein Gesellschaftsvertrag von zwei konkreten Subjekten ausgehandelt und schriftlich festgehalten worden – war jedoch der halböffentliche Charakter des «Runden Tisches»: Gleichberechtigte Sprecher beider Seiten traten täglich im Fernsehen auf, die Presse referierte ausführlich auch über die Argumente der Opposition – all dies deutliche Signale u. a. für die lokalen Gewerkschaftsfunktionäre, die im Schatten des wochenlangen Großereignisses in Warschau in ihren Betrieben die faktische Legalität der *Solidarność* durchsetzten. Am 17. April war es dann auch rechtlich soweit.

Politisch bedeuteten die Ergebnisse des Runden Tisches vor allem die Festlegung der vorgezogenen Neuwahlen auf den 4. Juni 1989. Die Staatsmacht hoffte, dass die *Solidarność* in den wenigen Wochen keine Wahlkampagne zustande bringen würde. Die Partei und ihre Verbündeten durften 65 Prozent der Sitze im Sejm besetzen, darunter jene zehn Prozent der Mandate, die einer Landesliste vorbehalten waren. Die Kandidaten der Opposition kämpften um die übrigen 35 Prozent und konkurrierten hier gegen in der Regel parteilose Kandidaten der Staatsmacht. Die Wahlen zum wiedergegründeten Senat (100 Mandate) waren frei. Der Senat konnte die vom Sejm verabschiedeten Gesetze ablehnen, der Sejm brauchte eine Mehrheit von zwei Dritteln, um das Veto des Senats aufzuheben. Der erste Staatspräsident sollte von beiden Kammern des Parlaments gewählt werden; Jaruzelski galt allgemein als einziger Kandidat für dieses wiedergeschaffene Amt. Die Vorstellungen beider Seiten beinhalteten ein in den Volksdemokratien unbekanntes Element von Pluralität und Demokratie, obwohl von Chancengleichheit kaum gesprochen werden kann. Die Opposition sollte im Fall eines größeren Wahlerfolgs tatsächlich Instrumente zur Kontrolle über die Exekutive in die Hand bekommen.

Es kam anders. Die *Solidarność* führte unter dem Namen «Bürgerkomitee» einen hervorragenden Wahlkampf. Für jeden Sitz, um den sie sich bewerben durfte, stellte sie einen Kandidaten auf; alle 261 Anwärter ließen ein Photo mit Wałęsa machen, so dass für die Wähler klar war, wen sie repräsentierten. Das Bürgerkomitee nutzte vor allem die Energie der Jugend; Studenten und Schüler konnten sich zum ersten Mal seit acht Jahren legal für die *Solidarność* betätigen. Die meisten Kandidaten des Bürgerkomitees genossen die Unterstützung der Kirche,[40] viele Journalisten wechselten während des Wahlkampfs auf die Seite der Opposition, so dass die Verfügungsgewalt der Partei über die Medien oft nur theoretischer Natur war. Seit dem 8. Mai verfügte das Bürgerkomitee zudem über ein eigenes legales Tagesblatt (*Gazeta Wyborcza* mit anfangs 150 000 Exemplaren), seit dem 9. Mai durfte ein «Wahlstudio der *Solidarność*» im Fernsehen senden. Die PVAP vertraute dennoch auf ihre organisatorische bzw. finanzielle Überlegenheit und glaubte es sich in echt demokratischer Manier leisten zu können, mehrere Kandidaten pro Mandat aufzustellen. Auch die Unterschiede in der Wahlpropaganda waren auffällig: Während die Opposition die Wahlen zu einer Abstimmung über 44 Jahre Volkspolen umfunktionierte und auch visuell mit wenigen, umso einprägsameren Bildern operierte, hatte die Regierungsseite nach der Dauerkrise der letzten Dekade weder überzeugende Argumente noch optisch ansprechende Motive zu bieten. Dennoch war der US-Botschafter in Warschau wohl der Einzige, der bereits Mitte April einen vollständigen Sieg der Opposition prognostizierte.[41]

Alle anderen waren vom Wahlergebnis des 4. Juni völlig überrascht. Die Opposition gewann im ersten Durchgang 160 von 161 möglichen Sitzen im Sejm und 92 von 100 Mandaten im Senat. Die Regierungsseite brachte lediglich drei Kandidaten durch; alle anderen verfehlten die absolute Mehrheit. Deutlicher hätte das Ergebnis nicht ausfallen können, das Volk hatte entschieden.

Das Erdbeben vom 4. Juni zeitigte schon kurzfristig unerwartete Folgen. 33 von 35 Spitzenkandidaten, die die «Regierungsseite» auf der sogenannten Landesliste aufgestellt hatte, waren durchgefallen. Über diese Landesliste durfte aber nur im ersten Durchgang abgestimmt werden. Im Unterschied zu jenen über 260 Kandidaten der Machthaber, die im ersten Durchgang in den Wahlkreisen nicht die notwendige Stimmenzahl bekommen hatten, bestand daher im Fall dieser 33 Plätze im künftigen Sejm keine Möglichkeit, sie bei der Stichwahl am 18. Juni zu besetzen. Damit rückte die Gefahr nahe, dass das neue Parlament nicht vollzählig zusammentreten und nicht vereidigt werden könnte. Dieser unvorhergesehene Nebeneffekt der vernichtenden Niederlage der Partei entwickelte sich in den folgenden Tagen zum ersten Prüfstein der Vereinbarungen des Runden Tisches. Die Opposition willigte nach einigem Zögern in eine kurzfristige Novellierung des Wahlgesetzes ein, die ein Nachrücken anderer, ebenfalls von der PVAP nominierter Kandidaten auf die vakanten 33 Plätze ermöglichte. Am 18. Juni gewann das «Bürgerkomitee» sieben der acht noch nicht besetzten Mandate im Senat und den letzten Sitz im Sejm. Die Regierungsseite konnte ihre 65 Prozent der Sitze im Sejm nur deshalb besetzen, weil im zweiten Durchgang die relative Mehrheit genügte. Beteiligung und Wahlergebnisse ihrer Abgeordneten glichen freilich einer Katastrophe,[42] mehrere Kandidaten kamen nur dank der Unterstützung der lokalen «Bürgerkomitees» durch. Polen war in der Zukunft angekommen. Wie diese aussehen würde, wusste niemand.

16. Das neue Polen: Demokratie, Unabhängigkeit und Transformation (1989–2004)

Der Durchbruch. Polen und seine Nachbarn

Die offensichtliche Delegitimierung des Systems eröffnete einen turbulenten Sommer. Die bis vor kurzem illegale *Solidarność* hatte sich auf Lehrjahre als parlamentarische Opposition eingestellt, gewissermaßen auf einen langen Marsch durch die Institutionen. Auf eine sofortige Machtübernahme war sie hingegen weder personell noch programmatisch vorbereitet. Die PVAP kontrollierte zu diesem Zeitpunkt die Streitkräfte, Polizei und Sicherheitsapparat sowie die meisten Medien. Am 3. Juli forderte Adam Michnik als logische Konsequenz der Wahlen die Bildung eines Kabinetts, in dem die bisherige Opposition den Ministerpräsidenten stellen sollte.[1] Die ersten Reaktionen auf den überraschenden, gleichwohl im Lichte des Wahlergebnisses völlig plausiblen Vorstoß waren von Skepsis und Ratlosigkeit geprägt – würde die PVAP eine solche Entmachtung hinnehmen? Zur Stabilisierung des über Nacht verrutschten Kräfteverhältnisses schlug Michnik zugleich die Wahl eines von der PVAP nominierten Präsidentschaftskandidaten vor. Dieser Punkt war mittlerweile nicht weniger heikel als die Frage des künftigen Regierungschefs: Am Runden Tisch war man sich weitgehend einig gewesen, dass Jaruzelski im Rahmen des neu austarierten Systems der *checks and balances* Staatspräsident werden würde. Nun schwanden die Chancen für eine solche Lösung täglich, da die Regierungsseite sich nicht mehr auf die Fraktionsdisziplin verlassen konnte und mehrere ihrer Abgeordneten kaum noch bereit waren, für die Symbolfigur des Kriegsrechts zu stimmen.

Eine Woche später lobte der US-Präsident George Bush in seiner Ansprache vor Sejm und Senat demonstrativ Jaruzelski.[2] Am 19. Juli wählte die Nationalversammlung den General mit einer hauchdünnen Mehrheit zum Staatspräsidenten. Da die Stimmen des Regierungsblocks nicht mehr ausgereicht hätten, drückten einige Mandatsträger des Bürgerkomitees das Quorum durch Fernbleiben, während andere ungültige Stimmzettel abgaben, um die Mehrheit für den neuen Staatspräsidenten zustande zu bringen.

Es war schon ein merkwürdiges Parlament, das als «Zehnter Sejm der Volksrepublik Polen» vereidigt wurde: Die eine Seite mit überwältigender Mehrheit gewählt, die andere durch die Hintertür hineingekommen; die Fraktion des Bürgerkomitees überfüllt mit prominenten Dissidenten, Künstlern, Professoren und Rechtsanwälten; die parlamentarischen Klubs der Regierungsseite ebenfalls reich an professoralen Titeln, die besonders in die Wirtschaftsgesetzgebung Sachlichkeit und Nüchternheit einbrachten; beide Vertretungen überzeugt vom Ausnahme- und Vorbildcharakter Polens inmitten der realsozialistischen Umgebung, die besondere Umsicht und Fingerspitzengefühl verlangten, während der dramatische Verfall der Wirtschaft den sofortigen Eingriff in bestehende Verhältnisse, Gewohnheiten und letztlich auch Rechte der Arbeitnehmer erforderte. Erst im Nachhinein weiß man, dass es sich bei diesem halbfrei gewählten Sejm, der die ersten zwei Jahre der neuen Republik prägen sollte, um das mit Abstand fähigste Parlament des Landes in der letzten Dekade des 20. Jahrhunderts handelte. Im August 1989 schienen solche Gedanken abwegig, man fürchtete sich vor der Unprofessionalität der einen wie vor der zynischen Professionalität der anderen; beides erwies sich als Fehlannahme.

Der Versuch einer Regierungsbildung durch den Innenminister Kiszczak nach der Wahl Jaruzelskis scheiterte. Das Bürgerkomitee konnte und wollte die zweite Symbolfigur des Kriegsrechts trotz seiner Verdienste in den letzten Monaten nicht akzeptieren. Nach wochenlangem Tauziehen fielen die Blockparteien um und ließen sich auf Koalitionsverhandlungen mit dem Bürgerkomitee ein; Wałęsa erkannte die Chance und schlug mehrere Kandidaten für das Amt des Regierungschefs vor. Am 24. August berief der Sejm Tadeusz Mazowiecki in das Amt des Ministerpräsidenten, am 12. September stellte dieser sein Kabinett vor. Es war die erste nicht von Kommunisten dominierte Regierung im gesamten Ostblock seit 1945 – und im Frühherbst 1989 die einzige. Polen hatte seinen Nachbarn die friedliche Demontage des real exisitierenden Sozialismus vorgeführt. Zunächst einmal stand aber das Vorbild ziemlich allein; nur Ungarn bewegte sich in eine ähnliche Richtung.

In den folgenden Jahren ist Mazowiecki oft der Vorwurf gemacht worden, er habe immer wieder zu spät und stets zu langsam gehandelt. Die Kritik trifft sicher den Charakter des ersten Ministerpräsidenten im neuen Polen: In Politshows wurde er später von einer Schildkröte verkörpert, bedächtig, langsam selbst im Sprechen, scheinbar unbeweglich. Er war ein Mann des Dialogs und gerade in der kritischen Auseinandersetzung mit den Kommunisten seit Jahrzehnten geübt: als Mitglied des kleinen katholischen Abgeordnetenkreises im Sejm 1961 bis 1972, als jahrelanger Chefredakteur einer elitären katholischen Zeitschrift, seit 1980 als einer der wichtigsten Berater von Wałęsa. Auf die Idee Michniks Anfang Juli 1989, die ihn schließlich zum Ministerpräsidenten werden ließ, hatte er ebenso skeptisch reagiert wie die meisten anderen Oppositionspolitiker. Nun fiel ausgerechnet ihm die Aufgabe zu, den gleitenden Übergang von der Volksrepublik in die Demokratie zu gestalten. Die Aufgabe vermochte er zu lösen, weil seine Bedächtigkeit von seiner Konsequenz noch übertroffen wurde. In das Kabinett nahm er notgedrungen den Innenminister Kiszczak auf sowie den bisherigen Verteidigungsminister, ebenfalls einen engen Vertrauten des Staatspräsidenten; unter anderer Führung konnte man sich beide Ressorts im September 1989 nicht vorstellen. Mitglieder der Regierung wurden Vertreter des Bürgerkomitees und der bisherigen Blockparteien. Das Außenministerium ging trotz heftigen Widerstands der PVAP an den Völkerrechtler Krzysztof Skubiszewski, der keinem der großen Lager zuzurechnen war. Die Wirtschaftspolitik übernahm als Finanzminister der unbekannte 42-jährige Ökonom Leszek Balcerowicz. Die parlamentarische Fraktion des Bürgerkomitees leitete der Historiker Bronisław Geremek, bislang neben Mazowiecki der engste Berater Wałęsas, der in den kommenden hektischen Monaten mehr Einfluss auf den legislativen Prozess ausüben sollte als die Präsidenten der beiden Kammern.

Während der Verlesung seiner Regierungserklärung am 12. September erlitt Mazowiecki einen Schwächeanfall. Als er erneut das Rednerpult im Sejm betrat, erlaubte er sich eines seiner seltenen Bonmots: Um seine Gesundheit sei es ähnlich bestellt wie um die Wirtschaft. Diese schien buchstäblich zu zerfallen; die Inflation hatte nach Freigabe der Lebensmittelpreise durch die letzte kommunistische Regierung sowie infolge der auf Arbeitnehmerschutz ausgerichteten Bestimmungen des Runden Tisches (feste Anbindung der Löhne an die Preisentwicklung) monatlich zweistellige Zahlen erreicht (im August lag sie bei 40 Prozent, im September bei 34, im Oktober bei 55 Prozent[3]); gegen Jahresende summierte sie sich auf 640 Prozent, die Notenpresse rotierte. Von Beginn an war die Regierung zudem mit der sowjetischen Militärpräsenz und überhaupt mit der Notwendigkeit der Neugestaltung der polnisch-sowjetischen Beziehungen konfrontiert, seit November dann mit dem Fall der Berliner Mauer. Die außenpolitische Lage wurde jedoch von Monat zu Monat günstiger, da die sozialistischen Regime von Berlin bis Sofia zusammenbrachen, während die Sowjetunion nicht mehr imstande war, diesen Auflösungsprozess zu bremsen. Die Breschnew-Doktrin hatte sie bereits fallen gelassen. Die u. a. daraus resultierende Preisgabe ihres Vetorechts in Bezug auf Deutschland als Ganzes, zu der sich Gorbatschow im Juli 1990 durchrang, bzw. die Entlassung der DDR in die Unabhängigkeit beendeten die bisherige Kontrolle über Polen endgültig. Die Auflösung des Warschauer Pakts im Frühjahr und Sommer 1991 stellte dann nur eine Formalität dar, zumal die UdSSR selbst die inneren und äußeren Herausforderungen nicht meisterte und im Dezember 1991 zerfiel. Immerhin verlief ihr Ableben weitgehend friedlich, was auch die ärgsten

Kritiker des real existierenden Sozialismus noch vor kurzem nicht für möglich gehalten hätten.

Die Sowjetunion war seit Jahrzehnten der kranke Mann Europas gewesen. In ihrem Fall eskalierte die außenpolitische Machtlosigkeit und die innenpolitische Unfähigkeit zum Krisenmanagment zu einem spiralförmigen Schrumpfungsprozess. Hingegen hatte es Polen im Westen mit einem kerngesunden Nachbarn zu tun, dessen innerdeutscher Spielraum durch die «friedliche Revolution» in der DDR gestärkt und dessen internationale Handlungsfähigkeit durch die Schwäche aller – außer den USA – ehemaligen Alliierten von Monat zu Monat erweitert wurde, erst recht nach dem sogenannten Fall der Mauer am 9. November 1989 und der Verkündung des Zehn-Punkte-Plans von Bundeskanzler Helmut Kohl am 28. dieses Monats.

Die Bundesrepublik hatte 1970 und 1975 die polnische Westgrenze anerkannt, stets in eigenem – und nicht in des handlungsunfähigen Deutschlands – Namen. Nun verweigerte Kohl den Demokraten in Warschau, was seine Vorgänger den polnischen Kommunisten vorenthalten hatten: die bedingungslose und endgültige Anerkennung der Oder-Neiße-Linie. Diesmal, so die Befürchtung des Ministerpräsidenten Mazowiecki und des Außenministers Skubiszewski, war die Verweigerung umso bedrohlicher, weil ein vereinigtes Deutschland die Grenzfrage neu aufrollen könnte. Theoretisch waren weder die von der DDR noch die von der Bundesrepublik geschlossenen Verträge für das neue, 1989/90 entstehende und absehbare Deutschland verbindlich.[4]

Kohl warb um Geduld und Vertrauen, berief sich dabei taktisch auf die Rücksichtnahme auf Vertriebenenstimmen und grundsätzlich auf die Rechtskonstruktion, der zufolge erst ein handlungsfähiger deutscher Souverän die politisch längst obsolete Anerkennung vollziehen konnte. Seine polnischen Gesprächspartner konnten hingegen nicht verstehen, warum sie die soeben mühsam erkämpfte Souveränität in die Hände eines fremden Regierungschefs legen sollten. Im Februar 1990 verlangte Polen eine Beteiligung an den Zwei-plus-Vier-Gesprächen, was Kohl um jeden Preis vermeiden wollte. Fieberhafte Beratungen und Krisen folgten. Der Streit um die Formalitäten endete mit dem vorhersehbaren Ergebnis: Im Juli/ September 1990 wurden im Zwei-plus-Vier-Vertrag die Grenzen Deutschlands bestätigt, was einer vorbehaltlosen internationalen Anerkennung der polnischen Westgrenze gleichkam. Damit endeten nach 45 Jahren die Auseinandersetzungen um die Verbindlichkeit der alliierten Beschlüsse vom Sommer 1945. Das vereinigte Deutschland und das souveräne Polen unterzeichneten im November 1990 ihrerseits einen Vertrag über die Bestätigung der seit fast einem halben Jahrhundert existierenden Grenze an Oder und Neiße.

Im Inneren waren indessen die grundlegenden Wirtschaftsreformen angelaufen: Ein Paket von zehn Gesetzen, das am 1. Januar 1990 in Kraft trat, etablierte endgültig die Marktwirtschaft. Es war innerhalb von elf Tagen, die Weihnachtszeit mitgerechnet, von einem Sonderausschuss des Sejm erarbeitet worden. Die bald «Balcerowicz-Plan» genannten Gesetze erweiterten einerseits die seit den Reformen Rakowskis ein Jahr zuvor expandierende Freiheit des wirtschaftlichen Handelns. Andererseits sprengten sie die Fundamente der staatseigenen Betriebe. Die Subventionen aus dem Haushalt wurden rigoros zusammengestrichen und eine rigide Kontrolle der Löhne eingeführt. Zusammen mit der Öffnung des Marktes für Importe bot das Gesetzespaket den staatlichen Produzenten nur noch eine Alternative: Überleben unter marktwirtschaftlichen Bedingungen oder Bankrott.

Am 29. Dezember novellierte der Sejm die Verfassung. Die «führende Rolle» der PVAP wurde ebenso gestrichen wie der Hinweis auf das Bündnis mit der Sowjetunion und die Artikel über die politische Verfassung des Landes. Mit Wirkung ab dem 1. Januar 1990 kehrte der Staat zu seinem alten Namen *Rzeczpospolita Polska* (Republik Polen) zurück und auch der Adler im Staatswappen bekam seine Krone wieder. Damit symbolisierte ein weiteres Datum das Ende der Volksrepublik, die ohnehin seit dem letzten Sommer kaum noch an die vorangegangenen Jahrzehnte des kommunistischen Machtmonopols erinnerte.

Die Geburtsumstände der neuen Republik unterschieden sich von den Staatsgründungen 1918 und 1944/45 in einem entscheidenden Punkt: 1989/90 spielten die Grenzen keine Rolle. Dies ist bemerkenswert nicht nur vor dem Hintergrund der beiden Präzedenzfälle nach den Weltkriegen, sondern auch im Hinblick auf die Tatsache, dass die «Dritte Republik» (wie sie nun umgangssprachlich hieß) völkerrechtlich gesehen ausschließlich neue Nachbarn hatte. Mit der Vereinigung Deutschlands, dem Zerfall der Sowjetunion und der «samtenen Scheidung» in der Tschechoslowakei wurden die alten Grenzen zur DDR, ČSSR und UdSSR zu Grenzen mit der Bundesrepublik, Tschechien, der Slowakei, der Ukraine, Belarus, Litauen und der Russischen Föderation; die Volksrepublik hatte diese Nachbarn nicht gekannt. Es gelang der Republik bald, mit allen angrenzenden Ländern Verträge über gute Nachbarschaft und Zusammenarbeit abzuschließen, den letzten mit Litauen im April 1994, womit die Befürchtungen des Auslands wegen eines angeblichen polnischen Revisionismus wohl definitiv aus der Welt geräumt waren.[5] Im November 1991 wurde Polen Mitglied des Europarats, einen

Monat später bereits assoziiertes Mitglied der EWG. Im September 1993 verließen die letzten Sowjet- bzw. russischen Soldaten die Republik.

Der Beitritt zur NATO (1999) und der Europäischen Union (2004) stabilisierte mehr als die außenpolitischen Beziehungen. Eine Rückkehr zu den zwischenstaatlichen und ethnischen Konflikten der Zwischenkriegszeit war damit ausgeschlossen, ebenso wie die Rückkehr Polens in seine alte Rolle als «borderland of Western civilization» durch die institutionelle Einbindung eine bislang unbekannte Dimension erhalten hatte. Zum einen wurde die polnische Ostpolitik, die aufgrund der historischen Belastungen von den Nachbarn oft misstrauisch beobachtet wurde, durch die Zugehörigkeit zu NATO und EU zumindest partiell zum Bestandteil der Ostpolitik «des Westens» – was sie zuvor noch nie gewesen war. Zum anderen hatten die polnischen Politiker von links bis rechts die in den 1960er Jahren im Exil entwickelte Idee der Interdependenz zwischen der Sicherheit Polens und dem Wohlergehen seiner Nachbarn Ukraine, Litauen und Belarus verinnerlicht.[6] Der sich daraus ergebende Dauerkonflikt mit Moskau war wohl unvermeidlich, er wurde aber nicht auf dem Rücken anderer Nationen zwischen Polen und Russland ausgetragen. Erstmals in ihrer Geschichte brauchten sich die nationalen und demokratischen Bewegungen von Wilna bis Kiew vor polnischen Erfolgen nicht zu fürchten, mehr noch: Die ukrainische «Orangene Revolution» im Herbst 2004 zeigte deutlich den positiven Zusammenhang zwischen aktiver Warschauer Ostpolitik und der Emanzipation der Nachbarn.

Es waren aber weder die außenpolitische Stabilität noch die «Rückkehr nach Europa», die den ersten 15 Jahren nach dem Fall des real existierenden Sozialismus ihr Gesicht gaben. Die entscheidenden Veränderungen, die die weitaus meisten Kontroversen und Emotionen hervorriefen, vollzogen sich im Landesinneren.

1990 bis 1993: Macht und Ohmacht der Neuen

Die politische Geschichte der Transformation gestaltete sich ähnlich abwechslungsreich wie in anderen postkommunistischen Ländern: Das Pendel schlug mehrmals (1993, 1997, 2001, 2005) in die entgegengesetzte Richtung aus, keines der beiden großen Lager behauptete sich an der Macht länger als für die Amtsperiode eines Sejm.

Die Parteien, die aus der *Solidarność* hervorgegangen waren, regierten vier Jahre lang. Insgesamt waren es vier Kabinette,[7] wobei am längsten die Regierung Mazowiecki im Amt blieb (September 1989 bis Dezember 1990), am kürzesten die rechte Regierung unter Jan Olszewski (Januar bis Juni 1992). Die ehemalige Opposition führte in diesen vier Jahren grundlegende Reformen durch. Bereits im März 1990 war mit der Wiedereinführung der kommunalen Selbstverwaltung ein Pfeiler der staatlichen Bevormundung des Bürgers weggebrochen. Das im Januar 1991 angetretene Kabinett des bislang unbekannten Liberalen Jan Krzysztof Bielecki (abermals mit Balcerowicz als Finanzminister) folgte besonders im ökonomischen Bereich dem konsequenten und geradlinigen Weg der ersten Regierung. Bereits im April eröffnete die Warschauer Börse, im September wurden die staatlichen Banken in Aktiengesellschaften verwandelt. Am 1. Januar 1992 wurde die allgemeine, progressive Einkommenssteuer eingeführt; die Rückkehr des Finanzamtes in den Alltag des Bürgers zählte gewiss zu den Meilensteinen auf dem Weg in die marktwirtschaftliche Normalität. Diese zeigte zunächst ihr hässliches Gesicht: Die alten Produzenten konnten sich auf dem plötzlich offenen Markt in der Regel nicht behaupten – genau zu der Zeit, als der Export in die «sozialistischen Bruderländer» und überhaupt die Mehrheit der wirtschaftlichen Verbindungen innerhalb des zerfallenen «Ostblocks» abrupt zusammenbrachen. Die grundsätzliche Einstellung der Subventionen für die staatlichen Betriebe bewirkte eine in tendenzielle Deindustrialisierung umschlagende Folge von Massenschließungen und -entlassungen. Die erste Welle der Arbeitslosigkeit erreichte Ende 1991 mit zwei Millionen Menschen einen bis dahin unvorstellbaren Höhepunkt, wodurch die *Solidarność*, deren großindustrielle Mitgliederschaft mit am härtesten betroffen war, zwangsläufig in die Rolle einer oppositionellen Gewerkschaft gedrängt wurde. In zahlreichen Streiks und Protestaktionen erkämpften sich einige Berufsgruppen wie die Bergarbeiter oder Angestellten der Bahn entweder eine Verlangsamung, in mehreren Fällen auch einen Abbruch der Privatisierung oder besonders günstige Abfindungen für die Entlassenen. Trotzdem stieg die Arbeitslosigkeit bis Ende 1993 auf fast drei Millionen Menschen (16 Prozent). Die Bedrohung in dieser ersten Phase der Transformation wurde zusätzlich verschärft durch den hyperinflationär anmutenden Anstieg der Preise: Nach den erwähnten 640 Prozent 1989 blieb die Inflation im nächsten Jahr mit fast 250 Prozent ähnlich destruktiv, fiel 1991 auf 60 Prozent und bis Ende der Post-*Solidarność*-Kabinette 1993 schrittweise auf knapp 38 Prozent. Die Schätzungen über das Sinken des Lebensstandards (am deutlichsten 1990/1991) schwanken stark; den Verlust der Kaufkraft des verfügbaren Einkommens dürfte aber so gut wie jede Familie gespürt haben.

Das vermeintliche wirtschaftliche Desaster und die rapide wachsenden sozialen Spannungen waren der eine Grund für die Spaltung des *Solidarność*-Lagers. Der andere ergab sich aus den Kontroversen über das Tempo der politischen Veränderungen. Polen war bis tief in den Herbst

1989 hinein Vorreiter der «Refolution» (Timothy Garton Ash), in der sich verhandelte Reformen zu systemvernichtenden, revolutionären Folgen verdichteten. Das Vorbild wurde in den Nachbarländern intelligent adaptiert. Dennoch wurde das Land an der Weichsel im Frühjahr 1990 allmählich zu einem Nachzügler: Nur hier gab es noch ehemals höchste Parteifunktionäre in der Regierung, einen kommunistischen Staatspräsidenten und so gut wie keine Kontrolle der «Neuen» über Militär, Polizei und Geheimdienste. In den Nachbarländern fanden normale, demokratische Wahlen statt. Die Tschechoslowakei und Ungarn unterzeichneten mit der Sowjetunion bereits im Februar und März 1990 Verträge über den Abzug der sowjetischen Truppen. Die wachsende Frustration über diese «Verspätung» münzte Wałęsa, der 1989 keine staatliche Funktion übernommen hatte, in die Forderung nach einer «Beschleunigung» um, die als Kritik an dem «langsamen» Premier Mazowiecki die öffentliche Debatte zu bestimmen begann. Der Ministerpräsident hatte in seinem Exposé vom September 1989 das Bild eines «dicken Strichs» gebraucht, der die neue Regierung von der durch die Kommunisten angerichteten Katastrophe trennen sollte: Sie könne nicht für die Hypothek der Vergangenheit verantwortlich gemacht, sondern nur für ihre eigenen Handlungen und Entscheidungen zur Rechenschaft gezogen werden. Nur wenige Monate später wurde Mazowiecki der «dicke Strich» zum Verhängnis: Die Anhänger der «Beschleunigung» machten ihm zum Symbol für die öffentliche und amtliche Präsenz der ehemaligen Funktionäre der PVAP sowie insgesamt für die Verspätung der politischen Transformation. Die Regierungsumbildung im Juli 1990 (u. a. Ausscheiden der bisherigen Innen- und Verteidigungsminister, beide Generäle und ehemalige Politbüromitglieder) war diesen Vorwürfen geschuldet, konnte sie aber nicht entkräften. Der Zerfall des Bürgerkomitees bzw. dessen Auflösung in politische Parteien war nicht mehr aufzuhalten. Es handelte sich dabei um einen weitgehend natürlichen Vorgang, hatte doch die *Solidarność* als antikommunistische Sammelbewegung alle Regimegegner von den national-katholischen Rechten bis hin zu Sozialdemokraten und Linksalternativen vereinigt. Nun löste sich der Gegner buchstäblich auf, die weltanschaulichen Kontraste durften sich frei entfalten.

Der Spaltungs- und Differenzierungprozess im Verlauf des Jahres 1990 wurde geprägt von unansehlichen Schlammschlachten innerhalb der alten *Solidarność*-Elite. Er dramatisierte sich damit auf eine Weise, die ein gewissermaßen vorprogrammierter Prozess kaum verdient hatte und die in der Rückschau noch weniger gerechtfertigt erscheint. Der Wahlkampf um das Amt des Staatspräsidenten im Spätherbst 1990[8] wurde mit der offenen Auseinandersetzung zwischen dem angeblich bedächtigen Mazowiecki und dem verbal radikalen Wałęsa zum Meilenstein der entstehenden Demokratie. Einerseits lernten die an den Schlammschlachten Beteiligten ebenso wie die Öffentlichkeit praktische Demokratie mit all ihren unappetitlichen Nebenerscheinungen. Andererseits sollten die wochenlangen Streitereien für die meisten Teilnehmer fatale Folgen haben: Die Helden, die am 4. Juni 1989 vermeintlich im Namen der gesamten Gesellschaft gesprochen hatten, schrumpften auf das Maß normaler Politiker.

Schließlich wurde Wałęsa im Dezember 1990 im zweiten Wahlgang zum Staatspräsidenten gewählt. Mazowiecki kam nicht einmal in die Stichwahl; der exotische Exilpole Stan Tymiński, dessen Name seither als Symbol für die Unberechenbarkeit des polnischen Populismus (bzw. dessen Wählerreservoir) steht, sprach mehr Menschen an. Mazowiecki trat als Ministerpräsident zurück.

Am 22. Dezember 1990 wurde Wałęsa als Präsident vereidigt. Er erklärte diesen Augenblick zur Geburtsstunde der Dritten Republik. Von dem im Londoner Exil amtierenden Präsidenten der Zweiten Republik ließ er sich auf dem Warschauer Königsschloss die präsidialen Insignien aushändigen – Siegel, Fahne und Original der Verfassung von 1935. Jaruzelski war weder zur Vereidigung noch zur Feier im Schloss eingeladen worden. Die Symbolik des Neubeginns korrespondierte mit dem Versprechen der Abrechnung mit dem alten Regime und den neuen Privatisierungsgewinnlern. Im Wahlkampf hatte Wałęsa eine verbale «Axt» geschwungen. Ein großer Teil seiner Wähler glaubte nun, dass er entsprechend hart gegen Postkommunisten und gegen die von Balcerowicz verkörperten Liberalen vorgehen werde. Manche der Anhänger Wałęsas waren 1989 Kritiker des Runden Tisches gewesen, viele waren zugleich Gegner von Marktwirtschaft und Privatisierung. Die Vorstellung, dass die Republik von ausländischem Kapital, Postkommunisten und Liberalen in stillem Einvernehmen ausgeraubt werde, verband sich oft mit nationalen und katholischen Losungen.

Die Hoffnungen der entstehenden polnischen Rechten auf die vom neuen Präsidenten versprochene Beschleunigung erfüllten sich indessen nicht. Trotz gelegentlich vernichtender Kritik an den Regierungen blieb Wałęsa konsequent in seiner grundsätzlichen Unterstützung der Marktwirtschaft und die Axt blieb ebenfalls an der Wand hängen. Ein neuer Piłsudski war er ebenso wenig: Obwohl er die provisorischen Verfassungsvorschriften («Kleine Verfassung» von 1992) zugunsten seines Amtes bis zum äußersten ausnutzte, griff er die Idee einer Demontage der parlamentarischen Demokratie nicht auf – auch nicht im Juni 1992, als ein rechter Innenminister den Präsidenten und Dutzende von Ministern und Abgeordneten als ehemalige informelle Mitarbeiter des kommunistischen Sicherheitsdienstes angriff. Die Regierung Olszewski stürzte über diese Krise. Die Auseinandersetzung spielte sich aber im Sejm und nicht auf der Straße ab.

Die Regierung von Hanna Suchocka (Juli 1992–Mai 1993), der ersten polnischen Ministerpräsidentin, brauchte Wałęsa nicht mehr anzugreifen. Suchocka versuchte die mittlerweile konkurrierenden bis verfeindeten Parteien, die aus der *Solidarność* hervorgegangen waren, noch einmal in eine gemeinsame Verantwortung einzubinden. In Wirklichkeit verwaltete die Regierung die inzwischen dominierende Unsicherheit der Polen, deren Mehrheit den Sinn der Reformen nicht mehr verstand. Letztlich stürzte das Kabinett über einen Misstrauensantrag, den ein Abgeordneter der *Solidarność*-Fraktion begründet hatte.

Jede Wahl ein Machtwechsel: 1993–2001

Polen war «das erste Land, das die demokratischen Reformen einleitete, und das letzte, das sie zu Ende brachte. Diese schrittweise Übergabe der Macht ermöglichte den Kommunisten, sich neu zu formieren, politisch, wirtschaftlich und auch gesellschaftlich [...] Das friedfertige Einwilligen vieler kommunistischer Funktionäre in den Systemwechsel lag nicht an den Möglichkeiten, die die Demokratie bot, sondern an den schier unerschöpflichen Möglichkeiten eines jungen, wilden, kaum gezügelten Kapitalismus», lautete 2005 das Urteil zweier junger Politikwissenschaftler.[9] Die postkommunistische Linke regenerierte sich aber nicht so sehr im Zuge der «Refolution», sondern im Schatten der zweistelligen Inflation, der hohen Arbeitslosenzahlen und der inneren Konflikte zwischen einzelnen Gruppierungen der alten Opposition. Die PVAP hatte sich im Januar 1990 aufgelöst. Angeführt von hauptsächlich jungen Funktionären, die 1988 noch eher in den Vorzimmern als an den Schalthebeln der Macht gesessen hatten, organisierten sich die Nachkommen der Staatspartei unter dem Namen «Sozialdemokratie der Republik Polen» (*Socjaldemokracja Rzeczypospolitej Polskiej*), die zum Kern des «Bündnisses der Demokratischen Linken» (*Sojusz Lewicy Demokratycznej*, SLD) wurde. Das Bündnis integrierte sowohl die ehemaligen Trägerschichten Volkspolens als auch Teile der Arbeiterschaft, darunter die postkommunistischen Gewerkschaften, des entstehenden Unternehmertums und der Pensionäre. Das SLD nutzte die infolge der radikalen Reformen weitverbreitete Unsicherheit und Frustration geschickt aus, wobei ihr die jahrelangen Auseinandersetzungen um die Abtreibung zugute kamen,[10] vor allem aber der in den ersten Jahren massive Machtanspruch der Kirche. Nach gut hundert Jahren als geistige Führungsmacht, die über jeder weltlichen Autorität stand, freundete sie sich mit der Demokratie, vor allem aber mit der Modernisierung nur mühsam an. Im Wahlkampf 1991 meinte einer der Erzbischöfe, es sei schlecht für eine christliche Nation, wenn sie «wieder von einem nichtchristlichen Parlament regiert würde», und fügte hinzu: «Ein Katholik hat die Pflicht, einen Katholiken zu wählen, ein Christ einen Christen, ein Muslim einen Muslim, ein Jude einen Juden, ein Freimaurer einen Freimaurer, ein Kommunist einen Kommunisten, jeder sollte den wählen, der seinem Gewissen entspricht.»[11] In einer Gesellschaft von 38 Millionen Menschen, die zu 94 Prozent aus Katholiken bestand, während andere christliche Bekenntnisse fünfstellige Zahlen erreichten und Juden wie Muslime bestenfalls in Tausenden zählbar waren, war es nicht nur die Gleichsetzung der Religionsgemeinschaften mit Freimaurertum und Kommunismus, welche die Wahlempfehlung zu einer aufsehenerregenden Kuriosität werden ließ. Der Erzbischof wählte die Sprache der Kirche der Zwischenkriegszeit, die damals eindeutig gegen die vermeintliche Vormachtstellung der Juden gerichtet war («Jeder zu dem Seinen»). 1991 waren Juden eine statistisch vernachlässigbare Größe, so dass nun die Frage im Raum stand, welche Teile der Gesellschaft zu den «Anderen» gezählt und ausgeschlossen werden würden. Effektiver hätte der Kirchenfürst die Angst vor der Allmacht der Kirche kaum schüren können, zumal sich unter den 35 Millionen Katholiken vermutlich Millionen ehemaliger PVAP-Mitglieder befanden. Die Postkommunisten profitierten davon wie keine andere Partei.

1993 gewann das SLD die Wahlen als mit Abstand größte Partei (20 Prozent der Stimmen) und bildete eine Koalition mit der Bauernpartei (15 Prozent). Die Regierungen der Linken (1993 bis 1997: drei Kabinette) bestätigten den von den *Solidarność*-Regierungen eingeschlagenen Weg, gingen aber die weiterhin anstehenden Reformen (u. a. der zusammenbrechenden Sozial- und Gesundheitsversicherung) nicht an, ebenso verlangsamten sie die Privatisierung der großen Unternehmen. Zugleich profitierten sie von der um 1993 einsetzenden Hochkonjunktur, die durch die radikalen Reformen ihrer Gegner und Vorgänger ausgelöst worden war: Zwischen 1994 und 1997 stieg das BIP jährlich um bis zu sieben Prozent, die Arbeitslosigkeit fiel um ein Drittel, die ausländischen Investitionen nahmen von Jahr zu Jahr zu. 1995 gewann dann überraschend der bisherige Führer des SLD, der 41-jährige Aleksander Kwaśniewski die Präsidentschaftswahl gegen den amtierenden Präsidenten Wałęsa. Kwaśniewski hatte in den 1980er Jahren als junger Apparatschik eine der erstaunlichsten Karrieren Volkspolens gemacht und sich am Runden Tisch als einfallsreicher und einfühlsamer Unterhändler bewährt. Sein knapper Sieg gegen den legendären Führer der *Solidarność* hatte eine nicht zu unterschätzende Symbolwirkung: Die zu Sozialisten mutierten Postkommunisten waren definitiv angekommen in der neuen Wirklichkeit.

Aleksander Smolar, dem die polnische Transformation viele scharfsinnige Kommentare verdankt, stellte schon 1993 die These auf, im Vollzug der «Refolution», die ohne Kooperation mit den alten Eliten unmöglich gewesen wäre, hätten die Erben der *Solidarność* die Auseinandersetzung um die kollektive Erinnerung vernachlässigt und verloren. Eine Verurteilung des Staatssozialismus sei keineswegs so selbstverständlich wie noch 1989 angenommen, denn im öffentlichen Bewusstsein stünden gleichberechtigt die «goldene» und die «schwarze» Legende Volkspolens einander gegenüber. Ob es vor allem ein Land der Vollbeschäftigung und sozialen Sicherheit oder ein menschenfeindlicher Unrechtstaat gewesen sei, schien nach den Erfahrungen von vier Jahren Transformation tatsächlich weit weniger klar als im Juni 1989. Mit der Konzentration auf Modernisierung und Zukunft hätten die Erben der *Solidarność* letztlich ihr eigenes Projekt beschädigt, führte Smolar aus, denn dadurch sei für viele Menschen das «Tal der Tränen», das sie seit vier Jahren durchquerten, zu einem ziellosen Hindernislauf geworden: «Wir haben es nicht fertiggebracht, dem Leiden einen Sinn zu verleihen, den Menschen zu erklären, warum es sich lohnt, einen hohen Preis zu bezahlen, warum Verzichte notwendig sind. Dies kann man nicht erklären, wenn man Schuld und Verantwortung vergisst.»[12] Tatsächlich zeigten die Umfragen über die Einschätzung des Kriegsrechts von 1981 in den 1990er Jahren, dass rund die Hälfte der Polen die damalige Entscheidung Jaruzelskis billigte, die 16 Monate Freiheit mit Gewalt zu beenden. Und noch 2004 siegte der Parteichef der 1970er Jahre, Edward Gierek bei der Frage nach dem verdienstreichsten polnischen Politiker der Nachkriegszeit deutlich vor dem Nobelpreisträger und ersten Präsidenten der Republik Lech Wałęsa.[13]

Die Beobachtung Smolars traf zweifellos einen wichtigen Grund für die unerwartet rasche Rückkehr der ehemaligen PVAP-Funktionäre an die Macht. Sie überraschten immer wieder durch Pragmatismus und Anpassungsfähigkeit, sie konnten auf Teile des alten Apparats zurückgreifen, der dem SLD zu einer beachtlichen Effektivität im Wahlkampf wie in der Praxis der Selbstverwaltung verhalf. Gleichwohl sollte man nicht übersehen, dass die postkommunistische Linke einen erheblichen Wandel durchgemacht hatte: Innerhalb weniger Jahre war sie voll auf den Kurs von Demokratie, Marktwirtschaft und Westbindung eingeschwenkt. Ihre Führungsschicht reüssierte nicht nur im parlamentarischen System, wie die zu Beginn dieses Abschnitts zitierten Beobachter bemerkt haben. Viele der jüngeren Funktionäre hatten sich bereits in den letzten Monaten Volkspolens an der schleichenden Privatisierung der Staatsunternehmen beteiligt und bildeten wenige Jahre später in Vorständen und Aufsichtsräten von außen gesehen amorphe, jedoch in Umrissen erkennbare Netzwerke der «Ehemaligen», die ihre in der Politik gebliebenen Kollegen unterstützten – und im Gegenzug auf Vorzugsbehandlung hoffen konnten. Verglichen mit Russland oder der Ukraine zeigte diese polnische Variante des «politischen Kapitalismus» Besonderheiten auf: Die Bindung der Großunternehmer an politische Parteien (bzw. umgekehrt) war schon relativ früh nicht eindeutig, umsichtige Manager streuten offenbar Geld und Posten in beiden Lagern. Auch scheint die Bereicherung auf Kosten der Staatsunternehmen, deren Privatisierung am Recht vorbei sowie deren Funktion als Selbstbedienungsladen der Parteien geringere Ausmaße erreicht zu haben. Andererseits wiesen zahlreiche Skandale ebenso deutlich auf undurchsichtige bzw. illegale Verbindungen zwischen Wirtschaft und Politik hin – ein Phänomen, das aber schon in den 1990er Jahren keineswegs nur dem linken Teil der politischen Szene zuzuschreiben und auch keine polnische Besonderheit war.

1997 gelang dem SLD die Verabschiedung der neuen Verfassung, die von dem rechten Teil der Opposition grundsätzlich abgelehnt, von den liberalen Gruppierungen jedoch im Großen und Ganzen unterstützt wurde. Einmal mehr hatte sich das Geschick Kwaśniewskis, der bis zur Präsidentschaftswahl Vorsitzender des Verfassungsausschusses gewesen war, bewährt. Die Verfassung schrieb die Grundsätze der republikanischen Ordnung, die modernen Menschen- und Bürgerrechte fest. Der direkt gewählte Präsident hat innerhalb dieses Systems mehr als repräsentative Funktionen; seine Kompetenzen sind deutlich größer als die des deutschen, aber ebenso deutlich geringer als die des amerikanischen oder französischen Präsidenten. Die Verfassung sollte sich in den kommenden Jahren als eine belastbare Grundlage der polnischen Demokratie erweisen; die frontale Ablehnung durch die Rechte geriet bald in Vergessenheit.

Die abermalige Wende kam mit dem Sieg einer «Wahlaktion» der aus der *Solidarność* stammenden Parteien (*Akcja Wyborcza Solidarność*, AWS) 1997. Zwar verbesserte das SLD sein Ergebnis von 1993 erheblich (von 20 Prozent auf 27 Prozent), die Linke hatte es jedoch erstmals seit 1989 mit einer weitgehend geschlossenen Front der alten Opposition zu tun. Das von der AWS (34 Prozent der Stimmen) und der liberalen *Unia Wolności* (13 Prozent) gebildete Kabinett Jerzy Buzek (mit Balcerowicz als Vizepremier) war dann das erste in der Geschichte der Dritten Republik, das die volle Amtsperiode von vier Jahren regierte (1997–2001).[14] Es widmete sich all den zuvor vernachlässigten Reformen: Sozialversicherung (Einführung eines Drei-Säulen-Modells aus umlagefinanzierter Rentenversicherung, kapitalgedeckten Pensionsfonds und privater Altersvorsorge), Schulwesen (Einteilung in sechsjährige Grundschule, dreijähriges Gymnasium und dreijähriges Lyzeum), Verwaltung (Reduzierung der Wojewodschaften von 49 auf 16, Dezentralisierung eines Teils der öffentlichen Finanzen), schließlich die Gesundheitsversicherung (Einführung von 16 regionalen Krankenkassen) waren die wichtigsten. Während die ersten drei Reformen mehr oder weniger griffen, erwies sich die vierte bald als Misserfolg – die Wahl von Elementen des deutschen Modells (Krankenkassen) ohne Konkurrenz unter ihnen und ohne rechtliche Gleichsetzung der privaten Versicherer vertiefte nur die Dauerkrise des Gesundheitswesens. Noch schwerer wog, dass die Beschleunigung der Reformen, die zum zweiten Mal nach 1989 massiv Besitzstände infrage stellten, im Schatten einer abflauenden Konjunktur und rapide wachsender Arbeitslosigkeit durchgesetzt wurde. In dieser Lage konnte der Regierung auch die mittlerweile von links bis rechts durchgehend unterstützte Aufnahme in die NATO 1999 nicht helfen. Die Sammelbewegung AWS zerfiel innerhalb der Wahlperiode in einzelne Gruppierungen und Zirkel. Der nicht zuletzt infolge der Fragmentierung seines parlamentarischen Rückhalts schwache Ministerpräsident konnte den Ausbruch von Korruptionsaffären und die massenhafte Illoyalität der Abgeordneten nicht unterbinden.

Die Quittung brachten die Wahlen 2001, als das SLD sein bisher bestes Ergebnis (41 Prozent) einfuhr und zum Kern einer neuen linken Regierung wurde. Die AWS schaffte nicht einmal die Fünf-Prozent-Sperrklausel, ähnlich erging es der liberalen *Unia Wolności*. Beide lösten sich in den folgenden Jahren auf. Im Fall des AWS gab es erfolgreiche Nachfolgeparteien, die Auflösung der *Unia* beendete faktisch die in den 1990er Jahren prägende Anwesenheit eines weltanschaulich gemäßigten, proeuropäischen, eher linken Liberalismus auf der parteipolitischen Szene.

Das Kabinett von Leszek Miller (2001–2004) profitierte von der aufkommenden Hochkonjunktur; auch führte es Polen 2004 in die Europäische Union. Dennoch war seine Schlussbilanz noch verheerender als die des Vorgängers. Trotz mehrerer Anläufe bekam die Regierung weder die Arbeitslosigkeit noch die Staatsfinanzen in den Griff, vor größeren Reformen schreckte sie zurück bzw. scheiterte an den Nachbesserungen im Gesundheitswesen. Die Korruptionsaffären erreichten bald einen neuen Höhepunkt, diesmal waren hauptsächlich Politiker des SLD betroffen. Nahezu proportional zum dramatischen Vertrauensverlust in die staatlichen Organe und in die Politik überhaupt[15] verzeichneten die Umfragen 2004 einen drastischen Schwund der Zustimmung für die Regierungspartei (die, ähnlich wie ihre Vorgänger vor der Wahl 2001, zeitweilig sogar unter fünf Prozent fiel) und eine wachsende Akzeptanz der Nationalliberalen (*Platforma Obywatelska,* PO) und Nationalkonservativen (*Prawo i Sprawiedliwość,* PiS) – beide Nachfolger entsprechender Strömungen innerhalb der *Solidarność*-Bewegung im weiteren Sinne. Vor dem Hintergrund der Auflösung des postkommunistischen Lagers profilierten sich PO und PiS als Law-and-Order-Parteien; der Liberalismus der ersten beschränkte sich auf die Wirtschaft, der Konservatismus der letzteren kristallisierte sich als Ruf nach Stärkung der nationalen Identität und Abgrenzung, in dem eine deutliche Distanz zum europäischen Westen und damit zu den Grundsätzen und Zielen der polnischen Transformation mitschwang. PO und PiS verkörperten 2004 eine neue, schließlich gut organisierte Rechte, die in den Umfragen auf mehr und mehr Zustimmung traf.

In den Auseindersetzungen dieser 15 Jahre spielten Themen der klassischen Außenpolitik kaum eine Rolle. Gute Beziehungen zu den Nachbarn (außer Belarus und – dies ein Sonderthema – Russland) blieben ebenso konsensfähig wie der Eintritt in die NATO oder die Unterstützung für die Demokratie in der Ukraine und Belarus. Einzig die Europäische Union spaltete – verstärkt seit 2000 – die Parteienlandschaft. Während die Linke und der liberale Teil der Öffentlichkeit auf einen möglichst baldigen Beitritt drängten, griffen große Teile der Rechten und die Bauernparteien die Selbsteinschränkung der Souveränität zugunsten der übernationalen Institutionen mit Losungen wie «Brüssel = Moskau» an, warnten vor einer Überflutung des Marktes durch subventionierte ausländische Waren sowie vor dem Ausverkauf polnischen Bodens an Ausländer. Die anfangs europaskeptische Haltung des Episkopats schürte diese Ängste zusätzlich, erfuhr jedoch, wohl nicht zuletzt unter dem Druck des Papstes, einen allmählichen Wandel. Wie so oft in Polen, setzte sich die Vernunft letztlich durch: In der Volksbefragung am 7./8. Juni 2003 votierten über drei Viertel der Wähler für den Beitritt. Freilich lag die Beteiligung an diesem Tag bei nur 59 Prozent,[16] womit ein grundsätzliches Problem der Dritten Republik und ihrer Gesellschaft angesprochen ist.

Es hatte zu den größten Schocks des historischen Urnengangs am 4. Juni 1989 gehört, dass 38 Prozent der Wahlberechtigten der erstmals möglichen Abstimmung über die Volksrepublik ferngeblieben waren. Es gab für diese Selbstentmündigung von zwei Fünfteln der Staatsbürger schon damals keine einleuchtende Erklärung. Auch in den folgenden Parlamentswahlen verzichteten durchgehend 40 und mehr Prozent der Berechtigten auf ihr Stimmrecht. Lediglich bei den Präsidentschaftswahlen 1995, als mit Wałęsa und Kwaśniewski zwei polarisierende Kandidaten mit annähernd gleichen Chancen antraten, lag die Beteiligung bei 65 Prozent im ersten und 68 Prozent im zweiten Durchgang. Die Tatsache, dass zwei von fünf Bürgern ihre demokratischen Grundrechte regelmäßig nicht wahrnahmen, gehörte zu den schwersten Defiziten der polnischen Demokratie. Sie zeugte von einer teils strukturellen, auf jeden Fall selbstbestimmten Exklusion, die weit mehr als Randgruppen der Gesellschaft erfasste – und von ihnen selbst aufrechterhalten wurde.

Eines der Erklärungsmuster dieses Defizits wies auf die – vor dem Hintergrund der meisten postsozialistischen Länder allerdings keineswegs originellen – spezifischen Züge der polnischen Demokratie hin. Stärker noch als in der Zwischenkriegszeit wurde die Parteienlandschaft durch Spaltungen und Zusammenschlüsse geprägt. Zwischen 1990 und 2005 waren lediglich das SLD und die Bauernpartei zu allen Sejmperioden im Parlament vertreten. Neu waren darüber hinaus rapide Auf- und Abstiege von Personen, die von einem Tag auf den anderen populär wurden und in der Regel – wenn auch nicht immer – bis zu den nächsten Wahlen wieder vergessen waren. Der Name des dubiosen Helden des Präsidentschaftswahlkampfes 1990 Stan Tymiński stand bald für eine ganze Legion solcher Gestalten, deren Karrieren ohne tatkräftige Mitwirkung von Fernsehen und Boulevardblättern kaum denkbar gewesen wären.

Im normativen Bereich lernte die junge Demokratie schnell.[17] Nachdem in den ersten freien Wahlen im Oktober 1991 die stärkste Partei ganze zwölf Prozent der Stimmen erhalten hatte und in den Sejm 29 Gruppierungen eingezogen waren (darunter elf mit nur einem Mandat), wurde das Wahlgesetz um eine Fünf-Prozent-Sperrklausel bereichert.[18] In den 1993 gewählten Sejm zogen nur noch sechs Fraktionen ein, 1997 waren es fünf, 2001 wieder sechs. Das anfangs überschaubare Parlament veränderte jedoch im Verlauf der Sejmperiode seine Zusammensetzung: Häufiger noch als in den 1920er Jahren wanderten Politiker von einer Fraktion zur anderen, Neugründungen erfolgten, so dass sich sowohl die Zahl der Gruppierungen als auch der unabhängigen Abgeordneten innerhalb von vier Jahren in einem kaum überschaubaren Maß vergrößerte.[19] In dem Sejm 2001 bis 2005 manövrierte sich zusätzlich das bisher stabile SLD in die Bedeutungslosigkeit, was die Unübersichtlichkeit der Parteienlandschaft verstärkte. Der Trost, dass dafür das alte *Solidarność*-Lager in einer nationalliberalen und in einer nationalkonservativen Partei vergleichsweise übersichtlich sortiert schien, wog insofern gering, als seit 2001 zwei extreme Gruppierungen (mit zusammen ca. 18 Prozent der Abgeordneten) im Sejm vertreten waren: die nationalistisch-katholische, antieuropäische und antiliberale «Liga der Polnischen Familien» (*Liga Polskich Rodzin*, LPR) und die rein populistische «Selbstverteidigung» (*Samoobrona*). Weder PO noch PiS oder LPR und *Samoobrona* hatten programmatisch, zumindest im wörtlichen Sinne, etwas mit der Linken zu tun, die ersten drei gaben sich betont rechts. Damit hatten die aufsteigenden Parteien in der Periode unmittelbar vor dem EU-Beitritt unter jeweils unterschiedlichen Voraussetzungen den bis vor kurzem konstitutiven Gegensatz zwischen Erben der PVAP und Erben der *Solidarność* hinter sich gelassen, der die Innenpolitik in den 1990er Jahren bestimmt hatte.

Dennoch blieb das Verhältnis der Gesellschaft zur Politik grundsätzlich belastet. Die Polen zeigten sich in Umfragen wiederholt von der allgegenwärtigen Inkompetenz der alten wie der neuen Parteien überzeugt; diese Einschätzung verbanden sie oft mit dem Verdacht der allgegenwärtigen Korruption.[20] Die endemische Instabilität der parlamentarischen Verhältnisse und Verhaltensweisen erklärte diese Haltungen nur teilweise, sie dürften wesentlich ältere Wurzeln gehabt haben.

Die Teilung in «uns» (d. h. die entmündigte Gesellschaft) und «die da oben» lebte wieder auf. Der Gegensatz schien seinerzeit untrennbar verbunden mit der realsozialistischen Erfahrung und der doppelten Sonderstellung der PVAP als privilegierte Funktionärskaste und von außen bestimmter Fremdkörper, der gewissermaßen neben und über der Gesellschaft agierte. Die politische Klasse der *Solidarność* zeigte sich völlig überrascht, als dieser Gegensatz bereits 1990 in bekannter Eindeutigkeit wieder auftauchte. Die Protestzüge der großindustriellen Arbeiterschaft, der Krankenschwestern oder Bauern bauten ihre Forderungen nach Sicherheit des Arbeitsplatzes oder gerechten Löhnen und Preisen auf der allgemeinen Überzeugung auf, dass «die da oben», ungeachtet ihrer weltanschaulichen und politischen Wurzeln, den gesamtnationalen Besitz unter sich aufteilen würden. Aus ihrer privilegierten Stellung heraus würden «die Politiker» die Interessen des kleinen Mannes bzw. des Großteils der Gesellschaft nahezu demonstrativ missachten. Schillernde Karrieren von oft sehr jungen Politikern und Neureichen trugen zu diesem Bild ebenso bei wie die gleichzeitigen Massenentlassungen, die ganze Städte und Regionen mit struktureller Arbeitslosigkeit konfrontierten.

In der Sache betrafen die Vorwürfe vor allem die Privatisierung und verschiedene Formen des oben erwähnten «politischen Kapitalismus», dessen vergleichsweise milde Variante Polen seit 1989 durchexerzierte. Konkrete Anhaltspunkte lieferten die üblichen Skandale im Prozess der Überführung von staatseigenen Betrieben und Grundstücken in Privatbesitz, Börsengänge und Konzessionsvergaben sowie die anfangs gesetzlich verankerte Bevorzugung politischer Gruppierungen etwa bei der Neuordnung der Eigentumsverhältnisse im medialen Bereich.[21] Der größte Skandal dieser

Art erschütterte das Land Ende 2002: Das bisher einfussreichste Meinungsblatt *Gazeta Wyborcza* veröffentlichte einen Beitrag über ein millionenschweres Korruptionsangebot, das der Filmproduzent Lew Rywin dem Chefredakteur Michnik im Sommer unterbreitet hatte: Als angeblicher Bevollmächtigter von namentlich nicht genannten «Machthabern» versprach Rywin eine entsprechende Formulierung des entstehenden Mediengesetzes, das dem Herausgeber der *Gazeta* neue Expansionsmöglichkeiten eröffnen würde. Michnik benachrichtigte sofort den Ministerpräsidenten und ließ eine Untersuchung der Affäre durch die Journalisten der *Gazeta* einleiten, die bis Dezember offenbar keine Ergebnisse brachte. Der Bericht über das Korruptionsangebot – fünf Monate später veröffentlicht – löste eine Lawine aus: Ein 2003 einberufener, im Rampenlicht der Medien tagender parlamentarischer Untersuchungsausschuss beförderte viele Indizien über den Hintergrund der «Rywin-Affäre» ans Tageslicht, kompromittierte mehrere Politiker des regierenden SLD, nebenbei die *Gazeta* (warum hatte sie nicht sofort eine Anzeige bei der Staatsanwaltschaft eingereicht?), verstärkte die ohnehin ausgeprägte Überzeugung der Öffentlichkeit von der Allgegenwart der Korruption, vermochte jedoch die «Machthaber» persönlich nicht eindeutig zu identifizieren.[22]

Die «Rywingate» erschütterte nicht nur die politische Landschaft. Sie war ein entscheidender Schritt auf dem Weg zur Selbstentmachtung des SLD, sie stärkte die Opposition – allen voran die PiS –, vor allem jedoch verschaffte sie dem allgemeinen Frust über die Warschauer Politik einen konkreten Anhaltspunkt: Das Versagen der Dritten Republik schien nun eklatant. Dies materialisierte sich in der Forderung nach einer neuen «Wende», einem starken Staat und nationaler Solidarität. In dieser anvisierten «Vierten Republik» (so die gemeinsame Losung von PiS und PO) sollten die zahlreichen, vermeintlich schreienden Ungerechtigkeiten der bisherigen Transformation aufgedeckt und bestraft werden; nachgeholt werden sollte ebenso die ausgebliebene Entkommunisierung, die gänzliche Offenlegung der Akten der volkspolnischen Staatssicherheit, die Durchleuchtung (*lustracja*) der gesamten Beamtenschaft und der Akteure des öffentlichen Lebens etc.[23] Offen gestaltete sich nach dieser Auffassung nicht zuletzt die Rolle Polens als Mitglied der EU, womit wir bei den weit über die Innenpolitik hinausreichenden Folgen der 15 Jahre Transformation angekommen sind.

Das neue Mitglied der Europäischen Union – Konturen eines geteilten Landes[24]

Polen war der mit Abstand größte (der zweitgrößte, Ungarn, hat eine Fläche von ca. 30 Prozent der polnischen) und bevölkerungsreichste (die übrigen neun hatten zusammen weniger Staatsbürger) Staat unter den zehn Ländern, die am 1. Mai 2004 in die Europäische Union eintraten. Es stellte 42 Prozent der Fläche aller zehn Neumitglieder, über 51 Prozent der Bevölkerung und 45 Prozent des BIP. Mit über 10 000 Euro Einkommen pro Kopf (kaufkraftbereinigt) gehörte es zu den ärmsten der zehn. Nur Lettland lag deutlich darunter, die Angaben für Estland und Litauen bewegten sich auf derselben Höhe. Das Wachstum des BIP lag deutlich über dem Durchschnitt, bei der Arbeitslosigkeit (2004: etwa 19 Prozent) nahm Polen den unrühmlichen ersten Rang ein. Das Haushaltsdefizit, in den letzten Jahren vor dem Beitritt um die vier Prozent, verwies auf einen mittleren Platz; in Tschechien und Ungarn war es wesentlich höher, in den baltischen Ländern und Slowenien wesentlich niedriger; Ähnliches ergab sich im Vergleich der öffentlichen Verschuldung (2003: 45 Prozent). Die Inflation bewegte sich in den Jahren vor dem Beitritt zwischen ein und zwei Prozent und gehörte damit zu den niedrigsten in den neuen Mitgliedstaaten.

Die wohl wichtigste Folge der Transformation bestand in dem Auseinanderbrechen der weitgehend egalisierten Gesellschaft Volkspolens. Der soziale Wandel zwischen 1944 und 1989 hatte die Gesellschaft homogenisiert,[25] so dass nur noch relativ geringe Unterschiede zwischen einer *upper middle* (bis zehn Prozent der Bevölkerung), *lower middle class* (ca. 45 Prozent) und dem «Proletariat» (ca. 45 Prozent) bestanden. Etwa die Hälfte der «Mittelschicht» stellten Facharbeiter, die zweite große Gruppe die «geistigen Arbeiter».[26] Nach 1989 löste sich diese Schichtung größtenteils auf, die Unterschiede in den Einkommen multiplizierten sich ebenso wie in Lebensstilen, Wohnungsgrößen und Beschäftigungsverhältnissen.

Die Auflösung der alten Gesellschaftsstruktur fiel zeitlich zusammen mit dem Ende des demographischen Wachstums, wobei der Geburtenrückgang nur teilweise durch die Transformation bedingt war. Während die polnische Frau Anfang der 1980er Jahre im Durchschnitt noch immer 2,2 Kinder gebar, waren es bereits vor dem Ende Volkspolens zwei, im Jahre 2004 nur noch 1,2 Kinder. «Die Polin» und ihr Partner fühlten sich offenbar verunsichert und von möglicher (oft genug persönlich erfahrener) Arbeitslosigkeit derart bedroht, dass sie sich nur noch ein Kind leisten wollten – oder gar keines mehr. Dank des letzten Babybooms der 1970er und 1980er Jahre waren die Polen um 2004 noch immer eine vergleichsweise junge Gesellschaft (das Durchschnittsalter betrug 37 Jahre), die 38 Millionen wurden nun aber nicht mehr, wie es zwischen Kriegsende und 1989 jährlich die Regel war, sondern weniger. Ohne nennenswerte Einwanderung würde sich auch in der Dritten Republik das Problem des Alterns zu einem zentralen Thema entwickeln; seit 1950 hatte sich die Zahl der Rentner von einer auf neun Millionen Menschen erhöht, in Polen war der Anteil der Beschäftigung in der Gruppe der älteren Menschen mit am geringsten.[27]

Eine andere demographische Grundtatsache war mit dem Ende der Migration aus dem Dorf in die Stadt gegeben, die zumindest statistisch keine Rolle mehr spielte,[28] was nicht bedeutete, dass der jüngste und dynamischste Teil der Landbevölkerung nicht weiterhin in die urbanen Zentren abwanderte. Charakteristisch für diesen zweiten Trend war, wie so oft, die Hauptstadt: Auch Warschau erlebte in den 1990er Jahren einen tiefen Einbruch der Geburtenraten. Zwischen 2000 und 2004 wuchs die Zahl aber um fast ein Drittel. Die Einwanderung von jungen und relativ gut gebildeten Menschen,[29] unter denen Frauen überdurchschnittlich hoch repräsentiert waren, führte ebenfalls dazu, dass auf 1000 Einwohner im Produktionsalter nur etwa 550 Rentner entfielen, während es in den Städten östlich der Hauptstadt gut über 700 Ältere waren.[30] Die Anziehungskraft Warschaus saugte, wie schon so oft in der Geschichte des zentralistischen Landes, die besten Kräfte auf – zum Nachteil ganzer Provinzen und einiger anderer urbaner Zentren.[31] In welchem Maß die Großstadt zum keineswegs nur symbolischen Ort des Aufstiegs geworden war, während auf dem Land die Hilflosigkeit angesichts der Transformation weit verbreitet blieb, zeigte auch die Statistik der seit 1990 steigenden Zahl der Selbstmorde: In den vorangegangenen Jahrzehnten wurde diese dramatische Entscheidung viel öfter von Stadtbewohnern getroffen. Seither öffnete sich eine gewissermaßen umgekehrt gelagerte Schere zwischen Land und Stadt. Selbstmord begingen vor allem Männer in den trostlosen Siedlungen des Westens und Nordostens, in denen nach dem Bankrott der örtlichen Landwirtschaftlichen Produktionsgenossenschaften – in den ehemals deutschen Gebieten waren sie viel zahlreicher als in Zentral- oder Ostpolen – weder Arbeit noch sozialer Rückhalt zu finden waren.[32]

All diese und ähnliche Angaben weisen auf ein zunächst einmal zweigeteiltes Polen hin: Etwa ein Viertel der Bevölkerung, relativ gut ausgebildet, eher jünger und gewiss Stadtbewohner, profitierte von dem Wandel seit 1989 und sah in der EU eine Chance. Etwa die Hälfte, schlechter ausgebildet, wohnhaft sowohl auf dem Land als auch in Kleinstädten (und zu einem nicht unerheblichen Teil in den großstädtischen Plattenbauten der 1970er und 1980er Jahre), gehörte eher zu den Verlierern der letzten Jahre und rechnete sich kaum neue Chancen aus. Die Diskrepanz war 2004 riesig. In der Hauptstadt, die ja auch ihre Armen kannte, betrug das BIP pro Kopf 20 000 Euro, in den ärmsten Teilen des Landes ein Fünftel dieses Betrags.

Die Transformation traf, wie bereits erwähnt, am härtesten die ehemals deutschen Gebiete mit ihrem extrem hohen Anteil an staatlichen und pseudogenossenschaftlichen landwirtschaftlichen Produktionsbetrieben: Die etwa 400 000 landwirtschaftlichen Arbeiter, mit Familien 1,5 bis zwei Millionen Menschen, hatten – im Gegensatz zu Berg- oder Werftarbeitern – keine politische Lobby und wurden im Zug des Massenbankrotts der LPGs als erste Großgruppe unter völlig unsozialen Bedingungen entlassen. Da der Mangel an Bildung und Flexibilität gerade dieser Schicht – die nicht ohne Grund als polnische Variante des *homo sovieticus* bezeichnet wurde – oft einherging mit dem Zusammenbruch des lokalen Arbeitsmarktes, entstand entlang der nördlichen und westlichen Grenze eine neue *underclass*, die auf Sozialhilfe, Schwarzarbeit und Schmuggel angewiesen war. Oft vererbte sie ihre Hilflosigkeit als Lebensauffassung an die Kinder – zweifellos der größte Schandfleck der Dritten Republik.

Indessen waren die ehemaligen Landarbeiter nur ein krasses Beispiel für mehrere sichtbar benachteiligte Gruppen: Frauen, in den ersten Jahren des 21. Jahrhunderts erstmals auch Jugendliche, gehörten auf dem Arbeitsmarkt ebenfalls zu den Verlierern.[33] Der Einbruch des Marktes, in einigen Bereichen auch die schnelle Öffnung der Grenzen, erschütterte die gesamte Gesellschaft. Die alte soziale Leiter zerfiel und mit ihr nahezu alle bisherigen Gewissheiten.

Die aktivsten Menschen wagten die Flucht nach vorne, in einen wilden, staatlich nur mit Mühe und Not kontrollierten Kapitalismus. Über drei Millionen von größtenteils familiären Kleinst- und Kleinbetrieben, vor allem in den Dienstleistungen, entstanden und prägten den Anblick der Städte. Bereits fünf Jahre nach 1989 hatte die Privatwirtschaft die staatliche hinsichtlich ihres Anteils am BIP überholt. Ein anderer Teil der Arbeitnehmer, vor allem kommunale und staatliche Angestellte, musste das Risiko einer selbständigen wirtschaftlichen Tätigkeit nicht eingehen. Großgruppen wie die Lehrerschaft, das Personal im Gesundheitswesen, die Mitarbeiter von Bahn und Post, die Verwaltung oder die Polizei behaupteten ihren sozialen Status und galten als relativ gut abgesichert, obwohl in einzelnen Bereichen Massenkündigungen durchaus stattgefunden hatten. Die dritte gesellschaftliche Großgruppe hatte weder die Energie der ersten noch das Glück der zweiten: Angefangen bei den Alten bis hin zu Langzeitarbeitslosen schlugen sie sich mit Rente bzw. Sozialhilfe durch und empfanden sich oft genug als Parias des neuen Systems. Es handelte sich somit um eine dreigeteilte Gesellschaft, in der die einen mit dem ganzen damit verbundenen

Risiko vom selbst erwirtschafteten Gewinn lebten, die anderen von einer staatlichen bzw. kommunalen Stelle, der größte Teil hingegen von Sozialleistungen.[34] Diese Dreiteilung in Selbständige, Arbeitnehmer und Sozialleistungsempfänger sagte wiederum nur wenig aus über die wirklichen Lebensverhältnisse, zumal es nicht nur innerhalb der ersten Gruppe enorme Differenzen gab. Das Bewusstsein aber, in einer gespaltenen Gesellschaft zu leben, dürfte mehr als die realen Unterschiede in den konkreten Lebensumständen die Wahrnehmung der persönlichen Lage wie des öffentlichen Geschehens prägen.

Überlagert wurde die Dreiteilung der Gesellschaft von der Enttäuschung, die in der bereits erwähnten Abwendung von der «großen», d. h. vor allem in Warschau betriebenen Politik ihren Ausdruck fand. «Die da oben» schienen derart weit weg, hässlich und selbstbezogen, dass man von einer «Entsozialisierung des Politischen» sprechen konnte, dessen Verwurzelung in der Gesellschaft immer fragwürdiger werde. Bei den Parlamentswahlen 2005 gingen nur noch 40,5 Prozent der Wahlberechtigten zur Urne; über ein Viertel der bisherigen Wähler der Linken stimmte diesmal für die Rechte.[35] Da zugleich die lokale Selbstverwaltung, die oft mit dem landesweiten Parteiensystem nichts zu tun hatte und so wenig wie möglich zu tun haben wollte,[36] vielerorts durchaus erfolgreich agierte, war spiegelbildlich eine «Entpolitisierung des Sozialen» zu beobachten, die insofern letztlich den neuen Mechanismen einen Erfolg bescheinigte.

Unter einem etwas anderen Blickwinkel betrachet, drifteten «Warschau» und die lokalen Gemeinschaft wiederum auseinander. Die Karriere des national-katholischen *Radio Maryja*, das hauptsächlich von ärmeren, schlechter gebildeten, älteren Menschen gehört wurde, wies auf eine der Folgen bzw. Strategien des Umgangs mit diesem Problem hin. Die Fixierung auf das Sprachrohr der Transformationsverlierer, das nicht zuletzt wegen seiner antisemitischen Untertöne bekannt wurde, verdeckte aber ein wesentlich verbreiteteres Phänomen. Ein konservativer Publizist bemertke zutreffend, eigentlich habe die seit Beginn des Jahrtausends aufstrebende polnische Rechte bald «alles erobert, was man erobern konnte [...] Leben wir doch in einer Gesellschaft, in der eine konservative soziale Praxis stärker verwurzelt ist als in der großen Mehrheit der anderen europäischen Staaten. Die Gesellschaft ist religiös, zurückhaltend im sittlichen Bereich, sie schätzt Familie und Tradition. Das sind Hinweise auf einen erfüllten konservativen Traum. Wenn es überhaupt in Europa ein konservatives Paradies gibt, dann liegt dieses an der Weichsel.»[37]

In Warschau und anderen Großstädten nahm man von diesem konservativen Paradies nicht viel wahr, dennoch handelte es sich um mehr als eine

Wunschvorstellung. *Radio Maryja* wurde nicht nur auf dem Land gehört, die als liberal geltende Hauptstadt wählte 2002 einen Politiker der PiS zum Stadtpräsidenten, und einen Konflikt mit der Kirche – etwa um das Abtreibungsgesetz, das Kreuz in der Schule oder um die Gleichstellung der Homosexuellen – riskierten nur Aktivisten der alternativen Szenen, die wiederum ausschließlich in den Zentren zu finden waren. Letztlich reproduzierte Robert Krasowski das aus dem 20. Jahrhundert durchaus bekannte bipolare Bild: Die Teilung des Landes in dynamische und aufstrebende, tendenziell liberale, emotional abstoßende, faktisch enorm attraktive Metropolen und in den «Rest» des Landes, der seine eigenen Wege geht – und diese Bipolarität schien sich zu Beginn des neuen Jahrhunderts eher vertieft als aufgelöst zu haben. Ebenso fand das Urteil der Soziologen aus den 1980er Jahren über die atomisierte Gesellschaft, die sich auf dem Rückzug ins Private befinde, noch im 15. Jahr der Transformation seine Bestätigung.[38]

Die Demokratie bot aber auch gänzlich neue Möglichkeiten der öffentlichen Debatte, die in der Dritten Republik intensiv genutzt wurden. Die Auseinandersetzung mit der Vergangenheit des Landes beschäftigte die Meinungsblätter und offenbar ebenso ihre Leser. Diskutiert wurde an erster Stelle die Volksrepublik Polen als ein Regime des Unrechts. Ferner ging es um die «Vertreibung» der Deutschen nach 1945 sowie um das polnisch-ukrainische Verhältnis zwischen 1939 und 1947. Schließlich erreichte die seit den späten 1980er Jahren andauernde Diskussion über Polen und Juden ihren Höhepunkt, als der in den USA lehrende Soziologe Jan Tomasz Gross sein Buch über den 10. Juli 1941 in Jedwabne vorlegte. *Gazeta Wyborcza* und *Rzeczpospolita* machten die Frage nach der Schuld der polnischen «Nachbarn» zu einem nationalen Anliegen. In das «konservative Paradies» (besser gesagt: in das Autostereotyp der Rechten) passte sie nicht. Viele Publizisten und Historiker versuchten, den Massenmord als ein rein deutsches Verbrechen zu deuten, in dem die «Nachbarn» schlimmstenfalls Helfershelfer waren. Die Urteile über die polnische Schuld blieben geteilt, das Endergebnis jedoch brachte in die Debatte um nationale Identität einen neuen Aspekt ein: Die Polen waren im Zweiten Weltkrieg vor allem, aber eben nicht ausschließlich Opfer.[39] Für viele Menschen, die es in der Schule anders gelernt und seither nie abweichend gehört hatten, stellte «Jedwabne» eine Art Trauma dar.

Jedwabne liegt nordöstlich von Warschau, in einer Gegend, in der vor 1939 die Nationaldemokratie klar dominiert hatte. Diese Tatsache scheint auf den ersten Blick wenig zu tun zu haben mit der Abneigung der örtlichen öffentlichen Meinung gegen die geschichtspolitische Aufwertung ihres Wohnortes. Im Juli 2001 gab es hier zum 60. Jahrestag des Mordes eine bemerkenswerte Gedenkveranstaltung, in deren Rahmen der Staatspräsident sich im Namen seiner Landsleute bei den Opfern entschuldigte; die Kinder und Enkel der «Nachbarn» blieben der Veranstaltung fern, die Mehrheit wollte weder die Feier sehen noch die Entschuldigung hören.

Es war aber bei weitem nicht nur und nicht einmal vor allem Jedwabne, wo man die aus der Vergangenheit stammenden, scheinbar längst obsoleten, dennoch bis Anfang des 21. Jahrhunderts erkennbaren Trennlinien spüren konnte. Deren Verlauf war bereits an den Wahlergebnissen des 4. Juni 1989 abzulesen. Das Bürgerkomittee erzielte damals die besten Ergebnisse in Zentral- und Südostpolen, d. h. im ehemaligen Kongresspolen und im historischen Galizien, während die PVAP in den ehemals deutschen Gebieten deutlich besser als in den anderen Landesteilen abschnitt. Diese Konstellation hielt sich auch in den kommenden Jahren.[40] Vor allem der Osten und Südosten mit seinem hohen Anteil weiterhin selbständiger Bauern blieben deutlich konservativer, nicht nur in ihren politischen Präferenzen. In einem Land, in dem 94 Prozent der Bürger der römisch-katholischen Kirche angehörten, besuchten die Einwohner der Gebiete östlich und südöstlich von Krakau den Gottesdienst doppelt so oft wie ihre Landsleute aus der Gegend um Stettin.[41] Die Grenzen von 1914 und 1939 blieben zu Beginn des neuen Jahrhunderts nicht nur in der Architektur erkennbar.

Die gemeinsame Erfahrung von real existierendem Sozialismus und Transformation hatte also weder die sozialen Unterschiede noch die divergierenden mentalen Dispositionen verwischt. Eines aber dürfte für das gesamte Land gegolten haben: Die Losung der 1980er Jahre – «Keine Freiheit ohne Solidarität» (*Nie ma wolności bez Solidarności*) – hatte sich umgekehrt. «In der Freiheit keine Solidarität» (*Nie ma solidarności w wolności*), skandierten Demonstranten 2000 vor dem Sitz einer Regierung, deren parlamentarische Fraktion das Wort «Solidarität» im Namen trug. Der Protest verband oft die schon mehrmals angesprochene milieu- und schichtenübergreifende Überzeugung von einem Versagen der gesamten politischen Klasse mit einer eigentümlichen, mehrschichtigen Nostalgie gegenüber dem real existierenden Sozialismus. Diese Sehnsucht nach Volkspolen kam einerseits in selten ernst gemeinten, meistens persiflagehaften Spots[42] immer wieder zum Ausdruck, stellte aber offensichtlich keine Bedrohung für die parlamentarische Demokratie dar. Vielmehr zeugten diese Sprechblasen – oft Ausdrucksform alternativer Jugendkulturen – eher von Witz und Verweigerung gegenüber Tradition und Obrigkeit.[43]

Anderswo dokumentierten sie aber Verunsicherung und Frustration in einer zunehmend gespaltenen Gesellschaft, die naturgemäß in einem ungleichen Maß vom neuen System profitierte und diese Ungleichheit – ungeachtet ihrer wirklichen Ausmaße – nicht akzeptierte.

Zugleich sprachen die ökonomischen Daten eine ganz andere Sprache. Nach dem katastrophalen Zusammenbruch 1989 bis 1992 (dem eine gut zehn Jahre lange Krise vorangegangen war), gehörte Polen in der Mitte der 1990er Jahre und Anfang des Jahrtausends zu den sich am schnellsten entwickelnden Ländern des Kontinents. Das Bruttoinlandsprodukt stieg in den ersten fünf Jahren nach 1990 auf nur 110 Prozent des Ausgangspunkts, lag dafür schon 2001 bei 142 Prozent desjenigen der Stunde Null der Dritten Republik und wuchs bis 2004 um vier bis fünf Prozent jährlich. Wesentlich höher noch stiegen die Produktion und der Verbrauch der privaten Haushalte,[44] während die Einkommen der Berufstätigen außerhalb der Landwirtschaft deutlich unter dieser Grenze blieben (2001: 130 Prozent im Vergleich mit 1992). Andererseits lagen die Renten der älteren Bauern (die sich selbst als besonders benachteiligt empfanden bzw. darstellten) mit 150 Prozent ebenso deutlich über dem Wachstum des BIP. Die Inflation bewegte sich Mitte der 1990er noch immer auf der Höhe von 20 Prozent und fiel bis Anfang der nächsten Dekade auf Null. Nachdem bereits 1995 der Złoty auf 1 zu 10 000 denominiert worden war, genossen nun die Polen erstmals seit den 1960er Jahren die Vorzüge einer wirklich stabilen, und vor allem erstmals seit den 1930er Jahren konvertierbaren Währung.

Auch in anderen Bereichen verwiesen Statistiken auf Tatsachen, die konstant quer standen zum allgemeinen Empfinden. Die große Angst vor dem Ausverkauf polnischen Bodens war charakteristischerweise im Landesdurchschnitt höher (81 Prozent der Befragten) als in den theoretisch hauptsächlich betroffenen Westgebieten (67 Prozent). In Wirklichkeit kauften Ausländer (etwa zwei Drittel von ihnen mit deutschem Pass) jährlich einige hundert Wohnungen, sonstige Immobilien und landwirtschaftliche Güter; innerhalb von 13 Jahren waren es insgesamt 0,1 Prozent der nutzbaren Fläche Polens, die so den Besitzer gewechselt hatten.[45] Eine ähnliche Diskrepanz zeigten Statistik und Wahrnehmung der Bedrohung durch Kriminalität: Obwohl bei allen Verbrechen, die mit Körperverletzung verbunden sind, seit Beginn des Jahrtausends ein Rückgang zu verzeichnen war,[46] blieb die Vorstellung von einer allgegenwärtigen Bedrohung konstant – und damit ein politisches Problem. Dass hingegen Autodiebstahl, 15 Jahre zuvor tatsächlich eine Plage, mittlerweile auf etwa ein Drittel des Standes von Mitte der 1990er Jahre zurückgegangen war, fiel niemandem auf, weder im In- noch im Ausland.

Ein anderes, im Nostalgiediskurs oft gebrauchtes Argument waren die angeblich hohen Preise der nun überall käuflichen Waren. Die Zusammenstellung bewies hingegen, dass 2004 fast alle Produkte – von Lebensmitteln über Baumaterial bis hin zu Elektrogeräten und Autos – um ein Mehrfaches billiger waren als 1989; entsprechend war auch der Einzug der Technik, allen voran der einst luxuriösen elektrischen und elektronischen Haushaltsgeräte in den durchschnittlichen Haushalt mit eindrucksvollen Zahlen belegbar.[47] Die Preise der wenigen Ausnahmen – d. h. von Produkten und Dienstleistungen, die nun teurer waren als 1989 (wie Gas, Strom oder Eisenbahn) wurden charakteristischerweise fast durchweg von staatlichen Monopolen und Quasimonopolen diktiert.[48] Ein anderes Beispiel für das modernisierungsfeindliche Beharren der postsozialistischen Riesenunternehmen, die ihre vermeintlich sozialpolitisch bzw. national begründeten Privilegien auch als Teileigentum westlichen Kapitals schamlos ausnutzten, war die polnische Telekom.[49] Der fatale Einfluss des teilprivatisierten Fast-Monopolisten im Festnetzbereich wirkte sich ebenso deutlich auf die Verbreitung des Internets aus: Bis 2001 lagen die Kosten des Zugangs zum Netz in Polen höher als im EU-Durchschnitt, bei Einkommen, die etwa ein Viertel des Durchschnitts in der alten EU ausmachten. Erst in den nächsten Jahren verbreitete sich das neue, noch immer überdurchschnittlich teure Medium rasant.[50]

Die Aussagekraft der ökonomischen Daten wird immer umstritten bleiben: Schließlich berücksichtigten die Angaben über den Konsum kaum die Lebensbedingungen der Familien der ausgegrenzten ehemaligen Landarbeiter; die Rentner mochten das neue Gesundheitssystem aus durchaus plausiblen Gründen schlechter finden als das alte; trotz der überhöhten Preise verbreiteten sich Mobiltelefone und Internet schneller als irgendeine andere Dienstleistung. Es sind dann wohl die grundlegenden Zivilisationsdaten, die ein einigermaßen sicheres Urteil erlauben – und diese waren ebenfalls deutlich: Der Mann lebte Anfang des Jahrtausends um fast vier Jahre länger als gegen Ende der Volksrepublik (1990: 66,5 Jahre; 2001: 70,2), die Frau um fast drei (1990: 75,5; 2001: 78,2). Die Säuglingssterblichkeit wurde um fast zwei Drittel reduziert (1990: 19,3; 2001: 7,7 pro 1000 Lebendgeburten),[51] während die Zahl der Studenten sich mehr als vervierfacht hat (1990: über 400 000; 2004: über 1,8 Millionen).

Der Zivilisationssprung, den die Polen im Zeichen der Transformation geschafft haben, ist eine Tatsache, die das Land in einem ähnlich gravierenden Maß – wenngleich unter gewissermaßen umgekehrtem Vorzeichen – verändert hat wie der sozialistische Wiederaufbau nach dem Krieg. Während jedoch 1960 die Lebensumstände, inklusive des Bewusstseins der strukturellen Defizite des Systems, am Ausgangspunkt des Elends von 1945 gemessen wurden, wurde nun die Lage verglichen mit dem damals kaum wahrnehmbaren und damit aus Vergleichen nahezu ausgeschlossenen Vorbild «des Westens»; ein anderer Bezugspunkt führt zu anderen Bewertungen.

Polen hatte sich weit entfernt von seiner volksrepublikanischen Vergangenheit. Dennoch wuchs um 2004 das Bewusstsein, dass seine Staatsbürger einen besseren, d. h. effizienteren und bürgerfreundlichen Staat verdient hätten. Bei der Aufholjagd Richtung Westen hatte das Land bisher eklatante Misserfolge wie kaum beachtete Erfolge vorzuweisen: So versagte der Staat völlig bei dem Ausbau der Kommunikationsinfrastruktur.[52] Ein entgegengesetztes Beispiel bot die Schul- und Hochschulpolitik, die abgesehen von dem unterdurchschnittlichen Standard der Erwachsenenbildung und trotz der permanenten Unterfinanzierung der Hochschulen und der Wissenschaft auf durchaus ansehnliche Resultate verweisen konnte: Die PISA-Studie 2003 zeigte eine deutliche Verbesserung der Ergebnisse gegenüber 2000, im Gesamtergebnis lag Polen nur noch ein Prozent unter dem OECD-Durchschnitt.[53]

Das Land an der Weichsel hatte 2004 sichere Grenzen, eine relativ junge und zunehmend besser gebildete Gesellschaft, es verfügte über eine beachtliche Dynamik und produktive Erfahrungen im Umgang mit der neuen Wirklichkeit. Institutionell war es im Westen des Kontinents angekommen. Gemessen an seiner Geschichte im vorangegangenen Jahrhundert konnte man diese Bilanz, zugleich Ausgangspunkt für die nächsten Jahrzehnte, kaum anders als vielversprechend einstufen. Was die Polen daraus machen würden, hing von ihnen ab; abgesehen von den kurzen zwanzig Jahren der Zwischenkriegszeit, auch dies eine neue Konstellation.

Schluss

Im 20. Jahrhundert hat Polen dreimal europäische Geschichte geschrieben: 1920, als es die Rote Armee schlug. 1939, als es sich Deutschland widersetzte und damit den Gründungsprozess der Anti-Hitler-Koalition einleitete. 1980, als es die erste Bewegung hervorbrachte, die den Staatssozialismus ebenso friedlich wie erfolgreich herausforderte.

Mit einer Roten Armee, die im September 1920 vor den Toren Berlins gestanden hätte, wäre die Geschichte unseres Kontinents anders verlaufen. Dasselbe wäre der Fall, wenn sich die *Sanacja* – wie die meisten europäischen Diktaturen – 1939 dem Dritten Reich angeschlossen hätte und polnische Truppen an der Seite der deutschen gemeinsam gegen Moskau marschiert wären. Schließlich ist der «Völkerfrühling im Herbst» von 1989 ohne das Vorbild und die Vorreiterrolle der *Solidarność* schwer vorstellbar: Woher sonst hätten die Europäer zwischen Ostsee und Schwarzem Meer das Wissen schöpfen können, dass die Breschnew-Doktrin außer Kraft gesetzt war und der Staatssozialismus plötzlich durch zivilen Widerstand, Verhandlungen und Wahlzettel ablösbar wurde?

1920 reagierte Polen auf eine Zwangslage und bewies im entscheidenden Augenblick die Vitalität seiner gerade zwanzig Monate alten Staatlichkeit. 1939 hatte die Warschauer Führung durchaus die Wahl: Sie entschied souverän und im Namen dieser Souveränität, damals Ehre genannt, widersetzte sie sich dem Werben der NS-Führung. In beiden Fällen entschied Gewalt, in beiden Fällen profitierte Europa von Polen, im zweiten führte allerdings die Entscheidung in eine Katastrophe. Polen glitt aus dem Westen, zu dem es sowohl 1920 als auch 1939 gehört hatte, in den Osten ab, in dem es nun über vier Jahrzehnte lang bleiben sollte. 1980/89 zeigten die Bewohner des Landes an der Weichsel, dass sie aus der Kriegskatastrophe wie aus den blutigen Zusammenstößen mit dem staatssozialistischen Regime nach 1945 gelernt hatten. Gewalt war programmatisch ausgeschlossen und diese Grundsatzentscheidung wurde mit bewundernswerter Disziplin durchgesetzt. Mit viel Intelligenz und einigem Glück brachten die Polen in zehn Jahren einen verrosteten Pfeiler der europäischen Zweiten Welt zum Sturz; diesen Einbruch überlebte die ganze Konstruktion nicht.

In den folgenden 15 Jahren bis zum Eintritt in die Europäische Union

2004 wuchs das Land überraschend schnell in die postmoderne Wirklichkeit hinein. Rechtsstaat, parlamentarische Demokratie und Marktwirtschaft funktionierten zwar genauso wenig perfekt wie anderswo, sie erschlossen jedoch ganz neue Horizonte und verbannten innerhalb eines kurzen Zeitraums den Staatssozialismus in den Käfig einer verblassenden Erinnerung. Zeitlich parallel dazu lösten sich allmählich die Strukturen einer von diesem System entwickelten, extrem nivellierten Industriegesellschaft auf. Der Wohlstand stieg ebenso wie die sozialen Spannungen. Freiheit wurde zum gelebten Alltag, mit ihr Ökologie, neue Medien, alternative Lebensentwürfe und Politikverdrossenheit.

In all den Umbrüchen und Turbulenzen seit 1989 ist Polen kein neues Land geworden, es gibt genug an Traditionen und Gewohnheiten, welche auch die Transformation erfolgreich überstanden haben, zumindest aus der kurzen Distanz des Betrachters im Frühjahr 2010 gesehen. Dennoch: Vor 100 Jahren zweifelte man, wo Polen überhaupt liegt, ebenso – wo es hingehöre, falls es mal wieder entstünde, was alles andere als gewiss war. Es gibt Fragen an die Geschichte, die sich im Lauf der Zeit erübrigen.

ANHANG

Abkürzungsverzeichnis

AK	Armia Krajowa, Heimatarmee
AL	Armia Ludowa, Volksarmee
AWS	Akcja Wyborcza Solidarność, Wahlaktion Solidarität
BBWR	Bezpartyjny Blok Współpracy z Rządem Marszałka Józefa Piłsudskiego, Parteiloser Block zur Zusammenarbeit mit der Regierung von Marschall Józef Piłsudski
BIP	Bruttoinlandsprodukt
BWRH	Białoruska Włościańsko-Robotnicza Hromada, Belarussische Bauern- und Arbeitergemeinde
COMECON	Council for Mutual Economic Assistance; Rat für gegenseitige Wirtschaftshilfe (RGW)
COP	Centralny Okręg Przemysłowy, Zentraler Industriebezirk
ČSR	Tschechoslowakische Republik
ČSSR	Tschechoslowakische Sozialistische Republik
DDR	Deutsche Demokratische Republik
DM	Deutsche Mark
DN	Dzieje Najnowsze
DVL	Deutsche Volksliste
ERP	European Recovery Program
EU	Europäische Union
EWG	Europäische Wirtschaftsgemeinschaft
GG	Generalgouvernement
IKC	Ilustrowany Kuryer Codzienny, Illustrierter Tageskurier
IM	Inoffizieller Mitarbeiter
KBW	Korpus Bezpieczeństwa Wewnętrznego, Korps der Inneren Sicherheit
KIK	Kluby Inteligencji Katolickiej, Klubs der Katholischen Intelligenz
KOP	Korpus Ochrony Pogranicza, Korps zum Schutz des Grenzgebiets
KOR	Komitet Obrony Robotników, Komitee zur Verteidigung der Arbeiter
KP	Kommunistische Partei
KPdSU	Kommunistische Partei der Sowjetunion
KPP	Komunistyczna Partia Polska, Kommunistische Partei Polens
KRN	Krajowa Rada Narodowa, Landesnationalrat
KSSN, siehe KTSSN	
KTSSN	Komisja Tymczasowa Skonfederowanych Stronnictw Niepodległościowych, Provisorische Kommission der konföderierten Unabhängigkeitsparteien
KZ	Konzentrationslager
LPG	Landwirtschaftliche Produktionsgenossenschaft
LPR	Liga Polskich Rodzin, Liga der Polnischen Familien

MKS	Międzyzakładowy Komitet Strajkowy, Überbetriebliches Streikkomitee
MO	Milicja Obywatelska, Bürgermiliz
NATO	North Atlantic Treaty Organization
ND	Narodowa Demokracja, Nationaldemokratie
NKWD	Narodnyj Komissariat Wnutrennich Del, Volkskommissariat des Inneren
NRL	Naczelna Rada Ludowa, Oberster Volksrat
NSDAP	Nationalsozialistische Deutsche Arbeiterpartei
NSZ	Narodowe Siły Zbrojne, Nationale Streitkräfte
NZR	Narodowy Związek Robotniczy, Nationaler Arbeiterbund
NZW	Narodowe Zjednoczenie Wojskowe, Nationale Militärvereinigung
OBOP	Ośrodek Badania Opinii Publicznej, Zentrum zur Untersuchung der Öffentlichen Meinung
OECD	Organisation for Economic Co-operation and Development
ONR	Obóz Narodowo-Radykalny, Nationalradikales Lager
ORMO	Ochotnicza Rezerwa Milicji Obywatelskiej, Freiwilligenreserve der Miliz
OUN	Orhanizacija Ukraïns'kych Nacionalistiv, Organisation Ukrainischer Nationalisten
OWP	Obóz Wielkiej Polski, Großpolnisches Lager
OZN	Obóz Zjednoczenia Narodowego, Lager der nationalen Einigung
PDD	Polskie Dokumenty Dyplomatyczne, Akten zur polnischen Außenpolitik
PEWEX	Przedsiębiorstwo Eksportu Wewnętrznego, Unternehmen für Binnenexport
PiS	Prawo i Sprawiedliwość, Recht und Gerechtigkeit
PISA	Programme for International Student Assessment
PKL	Polska Komisja Likwidacyjna, Ponische Liquidierungskommission
PKWN	Polski Komitet Wyzwolenia Narodowego, Polnisches Komitee der Nationalen Befreiung
PO	Platforma Obywatelska, Bürgerplattform
POW	Polska Organizacja Wojskowa, Polnische Militärorganisation
PPR	Polska Partia Robotnicza, Polnische Arbeiterpartei
PPS	Polska Partia Socjalistyczna, Polnische Sozialistische Partei
PPSD	Polska Partia Socjaldemokratyczna Galicji i Śląska, Polnische Sozialdemokratische Partei Galiziens und Schlesiens
PPSzp	Polska Partia Socjalistyczna zaboru pruskiego, Polnische Sozialistische Partei im preußischen Teilungsgebiet
PRL	Polska Rzeczpospolita Ludowa, Volksrepublik Polen
PSL	Polskie Stronnictwo Ludowe, Polnische Volkspartei
PVAP	Polska Zjednoczona Partia Robotnicza, Polnische Vereinigte Arbeiterpartei
RJN	Rada Jedności Narodowej, Rat der Nationalen Einheit
RSHA	Reichssicherheitshauptamt
RSW	Robotnicza Spółdzielnia Wydawnicza Prasa–Książka–Ruch, Arbeiterverlagsgenossenschaft
RTJN	Rząd Tymczasowy Jedności Narodowej, Provisorische Regierung der Nationalen Einheit

SA	Saalschutz
SB	Służba Bezpieczeństwa, Sicherheitsdienst
SD	Stronnictwo Demokratyczne, Demokratische Partei
SD	Sicherheitsdienst
SDKP	Socjaldemokracja Królestwa Polskiego, Sozialdemokratie des Königreichs Polen
SDKPiL	Socjaldemokracja Królestwa Polskiego i Litwy, Sozialdemokratie des Königreichs Polen und Litauens
SL	Stronnictwo Ludowe, Volkspartei
SLD	Sojusz Lewicy Demokratycznej, Bündnis der Demokratischen Linken
SN	Stronnictwo Narodowe, Nationale Partei
SOE	Special Operations Executive
SP	Stronnictwo Pracy, Arbeitspartei
SPD	Sozialdemokratische Partei Deutschlands
SS	Schutzstaffel
TASS	Telegrafnoe agentstvo Sovetskogo Sojuza, Telegrafenagentur der Sowjetunion
UdSSR	Union der Sozialistischen Sowjetrepubliken
ULB	Ukraina, Litwa, Białoruś (Ukraine, Litauen, Belarus)
UPA	Ukrajinśka Povstanśka Armija, Ukrainische Aufständische Armee
USA	Vereinigte Staaten von Amerika
VfZ	Vierteljahrshefte für Zeitgeschichte
VRP	Volksrepublik Polen
WiN	Wolność i Niezawisłość, Freiheit und Unabhängigkeit
WRON	Wojskowa Rada Ocalenia Narodowego, Militärischer Rat der Nationalen Rettung
ZK	Zentralkomitee
ZMP	Związek Młodzieży Polskiej, Verband der Polnischen Jugend
ZPP	Związek Patriotów Polskich, Verband Polnischer Patrioten
ZSL	Zjednoczone Stronnictwo Ludowe, Vereinigte Volkspartei
ZWZ	Związek Walki Zbrojnej, Verband für den bewaffneten Kampf
ZŻ	Zagłada Żydów

Anmerkungen

Einleitung

1 Bingen, Dieter/Ruchniewicz, Kizysztof (Hrsg.), Länderbericht Polen. Geschichte Politik Wirtschaft Gesellschaft Kultur, Schriftenreihe der Bundeszentrale für Politische Bildung, Band 735, Bonn 2009.

ERSTER TEIL

1890–1918

1. Polen um 1900

1 Dąbrowska, O zjednoczonej Polsce, S. 10 f.
2 Eines der neun Gouvernements war größer als die Schweiz; ein Landkreis konnte durchaus die Größe eines Drittels von Belgien erreichen; Weeks, Nation, S. 77, 74.
3 Diese und die folgenden Angaben in diesem Kapitel stammen – sofern nicht anders angegeben – aus dem Handbuch von Chwalba, Historia sowie aus Historia Polski w liczbach. Konziser Überblick im regionalen Vergleich: Wandycz, Price of Freedom, S. 176–193.
4 Zu der entscheidenden Phase dieses Wandels vgl. Müller, Der polnische Adel. Zum Nationsbildungsprozess: Kizwalter, O nowoczesności.
5 Cywiński, Rodowody, S. 38 ff.
6 S. dazu Stegmann, Töchter, S. 89 f.
7 Neben Lodz gehört die galizische Hauptstadt zu den jüngst bevorzugten Themen der Forschung. Vgl. Mick, Nationalismus.
8 So die Erinnerung des Lodzer Deutschen Georg W. Strobel, Industriemetropole, S. 44.
9 Bei den einzelnen Getreidesorten betrugen die Unterschiede zwischen den «Weggenommenen Gebieten» und Posen in der Regel mehr als eins zu zwei, die Erträge in Kongresspolen und Galizien lagen etwas höher als im Osten und blieben weit hinter den preußischen zurück.
10 Der Begriff, geprägt vom in Ostgalizien geborenen Karl Emil Franzos und popularisiert u. a. durch seine Veröffentlichungen in der *Neuen Freien Presse* in den 1870er Jahren, diente in der liberalen Öffentlichkeit Wiens als Standardumschreibung für den Nordosten der Monarchie.
11 Siehe dazu mehrere Beiträge von Maria Kłańska sowie Wolff, Inventing Galicia.
12 Dass dies bereits vor 1905 der Fall war, zeigt u. a. Weeks, Nation, S. 58 f.
13 Micińska, Córka, S. 80–88, zeigt, dass der Topos des verräterischen Loyalisten (*zdrajca – ugodowiec*) oft mit der Überzeugung von der nationalen Unzuverlässigkeit der Träger der großen Namen (*zdrajca – karmazyn*) harmonierte.
14 Dazu ausführlich Wapiński, Polska.
15 Zu dieser in den letzten Jahren viel diskutierten Frage vgl. Kolbuszewski, Kresy.
16 Dazu ausführlich Beauvois, Trójkąt; Zahlenangaben zum Thema: S. 520, 527, 663, 679, 684, 693, 718. Beauvois stellt besonders heraus, dass die polnischen Gutsbesitzer im Südosten trotz – inkonsequenter – administrativer Verdrängungspolitik ihre wirtschaftliche Stellung im späten 19. Jahrhundert erfolgreich behaupten konnten.

17 Deutsche Ausgabe: Ruhm und Ehre, Roman. Übersetzt von Klaus Staemmler, Christa Schubert und Johannes Jankowiak, Bde. 1–3, Berlin (Ost) 1961–1965.
18 Zit. nach Wapiński, Pokolenia, S. 146.
19 Gebhard, Lublin.
20 Dieses zählte gerade im grenznahen Warschauer Militärbezirk mit über 150 000 Soldaten mehr Mannschaften als in irgendeiner anderen Region des Zarenreiches. Vgl. Benecke, Revolution, S. 9–21, hier: S. 13.
21 Zitat aus einer polnischen zeitgenössischen Broschüre nach Weeks, Nation, S. 128.
22 Dazu ausführlich Chwalba, Polacy, hier: S. 236.
23 Diese Thesen vertritt u. a. Weeks, Nation, hier: S. 5–15; in eine ähnliche Richtung verweisen die Arbeiten von Chwalba, Polacy und ders. Historia.
24 Der Roman des späteren Nobelpreisträgers Władysław Reymont (Ziemia obiecana, Warszawa 1899; dt. Übersetzung: Lodz. Das gelobte Land, 1915) ist heute vor allem wegen der gleichnamigen, stark von der Vorlage abweichenden Verfilmung von Andrzej Wajda (1974) bekannt.
25 Angaben nach Łódź, S. 43, 52. Bis 1914 lösten die jüdischen die deutschen Unternehmer an der Spitze dieser Statistik ab.
26 Dabrowski, Commemoration, S. 148–152; die Behörden planten, während der Enthüllung des Denkmals die kaiserliche russische Hymne zu spielen.
27 Ausführliche Schilderung: Szwarc, Od Wielopolskiego, S. 211–230, 241 f.
28 Unter den etwa 260 Verhafteten waren über 160 Studenten und 32 Frauen. Mehr als 90 Prozent von ihnen wurden zu Freiheitsentzug verurteilt, der zwischen zwei Monaten Haft und fünf Jahren Verbannung lag; vgl. Micińska, Gołąb, S. 49.
29 Vgl. u. a. Wapiński, Dmowski, S. 65–68. Eine repräsentative Auswahl der Streitschriften Dmowskis gegen die konservative Passivität und für eine Mobilisierung der Gesellschaft bringt die Dokumentation von Toruńczyk (Hrsg.), Narodowa Demokracja, S. 1–78.
30 Dazu u. a. Wróbel, Jewish Warsaw, S. 251–254.
31 Guesnet, Juden, S. 61–80. Guesnet verweist auch auf die auffallend rasche Integration der «Litwaken» in die jüdischen Gemeinden Kongresspolens.
32 Zit. nach Gebhard, Lublin, S. 253. Diese und ähnliche Argumente waren in der kongresspolnischen Öffentlichkeit oft zu hören und lesen.
33 Guesnet, Juden, S. 88, Anm. 4.
34 Mędrzecki, Młodzież, S. 96–98.
35 Auf die weiterhin umstrittene Frage nach der Akzeptanz der Zugehörigkeit zu Russland beziehen sich die pointierten Fragen von Chwalba, Polacy, S. 241–244.
36 Siehe dazu Struve, Bauern.
37 Eine genaue Auswertung der galizischen Statistiken hat Rudolf A. Mark vorgenommenen: ders., Galizien. Viel Material zur Rolle des Kronlandes in Cisleithanien enthält die monumentale Serie Die Habsburgermonarchie 1848–1918, Wien 1973 ff.
38 Homola, Kwiat, S. 201, 275.
39 Andlauer, Bevölkerung, S. 124–131, 140.
40 Vgl. die Zusammenfassung der Forschungen u. a. von John Paul Himka und Slawomir Tokarski bei Struve, Bauern, S. 385–391.
41 Fleig Frank, Oil, macht plausibel, dass der rapide Rückgang bereits vor 1914 auf den Raubbau der Vorkommen in den ersten Jahrzehnten nach Entdeckung der Quellen zurückzuführen ist, der wiederum aus der Unerfahrenheit der Besitzer und Ingenieure resultierte.
42 Die Dynamik dieser Entwicklung übersichtlich zusammengefasst bei Mick, Nationalismus, S. 30–35.
43 Vgl. Prymak, Hrushevsky; zur Bedeutung als Historiker: Plokhy, Imperial Russia.
44 Siehe Janowski, Galizien.
45 Kieniewicz, Sapieha, S. 295.
46 Vgl. Łazuga, Rządy.
47 Unter den Sozialisten u.a. Ignacy Daszyński und ein Ukrainer. Zum Polenklub vgl.

Buszko, Polacy, hier: S. 192–195; zu seinem Wandel in den letzten Jahrzehnten der Habsburgermonarchie Binder, Galizien.
48 Golczewski, Beziehungen, S. 60–84.
49 Najdus, Daszyński, S. 134 ff.
50 Die Rolle der Juden als eines Teils der Posener Gesellschaft thematisiert u. a. Serrier, Provinz, S. 62–76, 180–198.
51 Jaworski, Handel und Gewerbe, S. 85, 112 f.
52 Vgl. Serrier, Provinz Posen, S. 258–261, der hier u. a. die Forschungen von Rudolf Jaworski und Witold Molik zusammenfasst.
53 Eindrückliche zeitgenössische Beschreibung aus deutscher Sicht: Bernhard, Gemeinwesen.
54 Die ukrainische Nationalbewegung in Galizien betrachtete das polnische Organisationsnetz in Posen stets als Vorbild. Ziel ihrer eigenen Aktivitäten war die Schaffung ähnlicher Strukturen in Galizien.
55 Aussagekräftige Hinweise auf das Ausmaß der gegenseitigen Abneigung: Wapiński, Pokolenia (wie Anm. 18), S. 230 f.
56 S. dazu jüngst Kotowski, Staatsräson, hier: S. 110–121.
57 Zu Prus: Lawaty, Das «deutsche Dilemma», Zitat: S. 207. Zitate von Świętochowski und Tarnowski nach Wrzesiński, Sąsiad, S. 156, 159.
58 Da die zum Teil ebenfalls polnisch- und zweisprachigen Masuren in der offiziellen Statistik nur unzulänglich berücksichtigt wurden, schwanken die Zahlenangaben stark. Nach Kossert, Preußen, S. 94 f., 103, lebten vor dem Ersten Weltkrieg etwa 180 000 Masuren in Westfalen (mehr als ein Drittel ihrer Gesamtzahl überhaupt), von denen etwa zwei Drittel, d. h. sechsmal mehr als in der Statistik ausgewiesen, polnischsprachig gewesen sein dürften.
59 Vgl. dazu die klassische Untersuchung von Kleßmann, Bergarbeiter, genaue Angaben zu den einzelnen Kreisen: S. 267.
60 Andlauer, Bevölkerung, S. 289 f.
61 Vgl. für Kongresspolen Mędrzecki, Młodzież, S. 120–123.
62 In Riga machten die Polen knapp fünf Prozent der Bevölkerung aus, stellten hingegen mehr als ein Fünftel der dortigen Polizisten, Beamten und Richter. Im Petersburger öffentlichen Dienst arbeiteten um die Jahrhundertwende nicht wesentlich weniger Polen, als russische Beamte in Warschau tätig waren; Chwalba, Polacy, S. 232.
63 Dies betont u. a. Wapiński, Polska (wie Anm. 14), S. 97–100.
64 Zur Sonderrolle des provinziellen Zentrums von Westgalizien, dessen Anspruch als historische Hauptstadt der Polen krass mit dem Bedeutungsverlust vor 1914 kollidierte, siehe Kozińska-Witt, Krakau.
65 Der Bruder des ebenso langjährigen Wiener Finanzministers Julian (1880–1891) wurde 1844 als polnischer Verschwörer zum Tode verurteilt (und bald darauf begnadigt).
66 Feliński, Pamiętniki, Zitate: S. 401–404.
67 Siehe dazu die ausführliche Darstellung von Cywiński, Rodowody, S. 137–143, der die Grundsätzlichkeit und Unausweichlichkeit dieses Konflikts herausgearbeitet hat.
68 Deutsche Ausgabe: Die Puppe. Roman, übersetzt von Kurt Harrer, Berlin (Ost) 1954.
69 Deutsche Ausgabe: Die Hochzeit. Drama in drei Akten. Aus dem Polnischen übertragen und herausgegeben von Karl Dedecius, Frankfurt/M. 1992.
70 Deutsche Ausgabe: Kreuzritter. Historischer Roman. Übersetzt von Emma und Rudolfine Ettlinger, Bde. 1–2. Einsiedeln, Waldshut, Köln 1901.
71 In dem Sammelband Polaków dzieje malowane, der eine repräsentative Auswahl von einflussreichen Bildern der historischen Malerei des 18.–20. Jahrhunderts dokumentiert und kommentiert, stammen 14 der 48 Beispiele von Matejko.
72 Vgl. Siadkowski, Konstruowanie (Typoskript), S. 132–140, Zitat: S. 136.
73 Ausführliche Darstellung: Kieniewicz, Sapieha, S. 437–444.
74 Zur herausragenden Rolle von «1794» als historischem Bezugspunkt der Bauernbewegung siehe Molenda, Chłopi. Vgl. auch Micińska, Gołąb, hier: S. 41, die die landesweite

und schichtenübergreifende Bedeutung des Gedenkens an den Aufstand von 1794 am deutlichsten herausgearbeitet hat.

75 Selbst während des Lembergbesuchs 1894 vergaß Franz Joseph – trotz der ausgezeichneten Stimmung und aller Ergebenheitsgesten seiner galizischen Untertanen – seine Rolle als Habsburger nicht. Sehr zum Verdruss der Gastgeber erhob er am letzten Tag des Besuchs einen Trinkspruch auf seinen «werten Freund», den russischen Kaiser Alexander, «den Gott stützen möge»; Kieniewicz, Sapieha, S. 443.

2. Von der Revolution über den Weltkrieg zur Staatsgründung (1900–1918)

1 Zur PPS siehe Tomicki, Polska. Neuere Gesamtdarstellungen zur Geschichte der sozialistischen Partei fehlen.

2 Zit. nach Cywiński, Rodowody, S. 113.

3 Siehe dazu Jobst, Nationalismus.

4 Neben der grundlegenden Biographie von Garlicki, Piłsudski vgl. auch Suleja, Piłsudski.

5 Die besten Biographien: Wapiński, Dmowski; Kawalec, Dmowski.

6 Myśli nowoczesnego Polaka, 1902 in Folgen publiziert im *Przegląd Wszechpolski*, 1903 erstmals als Buch erschienen.

7 Ausführliche Darstellung des Konflikts: Zieliński, Stosunki, S. 65–99.

8 Zur Ideenwelt von Dmowski vgl. Anm. 5; wichtig auch die zahlreichen Aufsätze von Andrzej Walicki, u. a. Troubling Legacy.

9 Die Rolle der Studenten stand in keinem Verhältnis zu ihrer geringen Zahl. 1905 waren im Königreich (außer den Warschauer Hochschulen gab es noch das Landwirtschaftliche Institut in Puławy) knapp 3300 Studenten immatrikuliert. Blobaum, Rewolucja, S. 63 f.

10 Die Darstellung der Revolution folgt im Wesentlichen dem Klassiker von Kalabiński/ Tych unter dem charakteristischen Titel Czwarte powstanie czy pierwsza rewolucja (Vierter Aufstand oder erste Revolution). Kurze deutsche Zusammenfassung der Ereignisse: Benecke, Revolution, S. 9–21.

11 Paweł Samuś, Łódź an der Jahrhundertwende S. 173, schätzt, dass unter den mehreren hundert Gefallenen und Verwundeten während der Barrikadenkämpfe «die Hälfte mosaisch» gewesen sei, Katholiken und Evangelische «eine etwas kleinere Gruppe» gebildet hätten.

12 Zur Haltung der Nationaldemokratie gegenüber der Revolution vgl. Kawalec, Dmowski, Kap. IV; Wapiński, Narodowa Demokracja, S. 90–108.

13 Zu den Auseinandersetzungen vgl. Najdus, Daszyński, S. 227 f.

14 Angaben nach Łódź. Dzieje miasta, S. 435 f.

15 Die Angaben über die polnischen Abgeordneten in der Duma schwanken u. a. weil der Polenklub formell nur die Abgeordneten aus dem Königreich zusammenschloss; gewöhnlich wird das Gewicht der Polen in der I. und II. Duma mit der Zahl der im ganzen Imperium gewählten Polen gemessen. Die gründliche Untersuchung von Brzoza/ Stepan, Posłowie, S. 14 gibt die Zahl der polnischen Abgeordneten in der I. Duma mit 34 aus dem Königreich und 21 aus anderen Gebieten an, in der II. 34 und 12, in der III. 11 und 6, in der IV. 9 und 6 Abgeordnete. S. auch Trees, Wahlen.

16 Diesen Gegensatz als Erbe der Revolution genau herausgearbeitet hat Nałecz, Sen, hier: S. 26.

17 Edelman, Peasants zeigt, dass gerade in den drei südwestlichen Provinzen der rechtsufrigen Ukraine, wo der polnische Großgrundbesitz am stärksten und reichsten war, die Analyse der bäuerlichen Erhebung ohne Berücksichtigung des nationalen, polnisch-ukrainischen Gegensatzes auskommen kann; die Landarbeiter revoltierten offenbar gegen den jeweiligen Gutsbesitzer, nicht gegen den polnischen Adel.

18 Niemcy, Rosja i kwestia polska, Kraków 1908; vgl. dazu u. a. Bułhak, Dmowski.

19 Vgl. S.40 f.

20 Eine ähnliche Rolle spielten die entsprechenden Feiertage für die galizischen Ukrainer.

21 Das 1910 eingeweihte Denkmal wurde von 1940 von den deutschen Besatzern zerstört

und 1976 neu gegossen. Zum Grunwaldmythos siehe u. a. Tomasz Torbus, Deutschordens-Ideologie in der polnischen und deutschen Kunst, in: Weber (Hrsg.), Preussen, S. 210–257.

22 Vergleiche polnischer und ukrainischer Festkultur unternehmen Struve, Bauern, Kap. 7; Christoph Mick, Nationale Festkultur in Lemberg vor dem Ersten Weltkrieg, in: Schattkowsky/ Müller (Hrsg.), Identitätswandel, S. 113–132; ders., Kriegserfahrung und die Konstruktion von Kontinuität. Schlachten und Kriege im ukrainischen und polnischen kollektiven Gedächtnis 1910 – 1930, in: Melville/ Rehberg (Hrsg.), Gründungsmythen, S. 109–132.

23 «Naród ma jedynie prawo być jako państwo»; Wyspiański, Wyzwolenie, S. 109.

24 Die Darstellung der KTSSN folgt weitgehend Nałęcz, Irredenta.

25 Nałęcz, Irredenta, hier: S. 295 f.

26 Nałęcz, Irredenta, S. 304–311, demontiert mit glaubwürdigen Argumenten die Legende, der zufolge Piłsudski bereits 1914 die Niederlage aller drei Teilungsmächte vorausgesehen habe, und reduziert seine Pläne auf ein nachvollziehbares Kalkül, das im Kontext des Erwartungshorizonts der Zeit plausibel erscheint.

27 Als die Zahl der Legionäre im Herbst 1914 auf stattliche 11 500 gestiegen war, stellten Angehörige der Intelligenzschicht noch immer 53 Prozent der Offiziere und Mannschaften dar. Nałęcz, Sen, S. 42 f.

28 Deutsche Übersetzung zit. nach Bachmann, Herd, S. 270.

29 Kochanowski, «Selbst mit dem Teufel», S. 289 f.

30 Siehe dazu u. a. Kochanowski, Horthy und Piłsudski, S. 32 f.

31 Dazu vor allem Bachmann, Herd.

32 Eindrucksvoll die Szene von 1886, als der ultraloyale Vorsitzende des Polenklubs im Reichsrat den Kaiser fragte, was Polen im Fall eines Sieges der Habsburgermonarchie über Russland zu erwarten habe: «Franz Joseph drehte sich zum Fenster um und begann mit den Fingern auf dem Glas zu trommeln»; Kieniewicz, Sapieha, S. 329.

33 Reichstag, Stenographische Berichte, Bd. 295, Sitzung am 14. Mai 1914, S. 8853.

34 Deutsche Übersetzung des Aufrufs zit. nach Broszat, Jahre, S. 176.

35 Przeniosło, Stosunek chłopów, S. 44.

36 Pajewski, Odbudowa , S. 58.

37 Gatrell, Emipre, S. 214, zitiert recht unsichere russische Statistiken aus späteren Jahren, denen zufolge polnische (13 Prozent) und jüdische (6 Prozent) Deportierte und Flüchtlinge zusammen etwa ein Fünftel der Displaced Persons im Zarenreich stellten.

38 Zieliński, Stosunki, S. 113–136, betont vor allem die «antijüdische Psychose» des ersten Kriegsjahres. Rechnet man die Aussiedlungen östlich von Kongresspolen hinzu, wurden weit mehr als eine Millionen Menschen zur Aufgabe ihres bisherigen Wohnorts gezwungen. Wróbel, Seeds of Violence, S. 130, schätzt allein die Zahl der deportierten Juden auf 500 000 bis 600 000.

39 Zieliński, Stosunki, S. 188.

40 Lewandowski, Okupacja austriacka, S. 33 f.

41 Lewandowski, Okupacja, S. 35. Benecke, Ostgebiete, S. 36–40, zeigt, dass die Maßnahmen der Besatzungsmacht auch vor strukturellen Fragen nicht halt machten und so Reformen in Gang setzten, die nach 1920 fortgeführt worden sind.

42 Anfang 1915 fiel die Zahl der Mitglieder auf ganze 12 000 (Angaben aus fünf Gouvernements), Ende 1917 stieg die Zahl auf knapp 20 000 (in acht Gouvernements); erst 1918/19 konnte die Vorkriegszahl der in der Gesellschaft erfassten Bauern erreicht, bald darauf deutlich überboten werden; Przeniosło, Chłopi i ziemianie.

43 Przeniosło, Chłopi i ziemianie.

44 Dazu Herbert, Geschichte der Ausländerpolitik, S. 93–98.

45 Eine anschauliche Darstellung dieser weiterhin wenig bekannten Prozesse und Haltungen bietet am Beispiel von Lodz Andreas R. Hofmann, Die vergessene Okkupation. Lodz im Ersten Weltkrieg, in: Löw/ Robusch/ Walter (Hrsg.), Deutsche, S. 59–74.

46 Przeniosło, Stosunek.
47 Mędrzecki, Młodzież, S. 150.
48 Für dieses Thema noch immer lesenswert Conze, Nation.
49 Anderthalb Jahre später griffen die Besatzer erneut auf Geschichtspolitik als Mittel zur Stärkung der antirussischen Haltung zurück. Den 15. Oktober 1917 erklärten die Besatzungsbehörden gar zu einem Staatsfeiertag, an dem des 100. Todestags von Tadeusz Kościuszko gedacht wurde. Dazu vor allem Micińska, Gołąb, die auch die Feiern in den anderen Teilungsgebieten darstellt; Zieliński, Stosunki, S. 293–300, betont, dass die Beteiligung der Juden an den Feiern eine temporäre Entspannung der polnisch-jüdischen Beziehungen in Kongresspolen bewirkte.
50 Die deutsche Diskussion von 1915/16 zusammengefasst u. a. von Broszat, Jahre, S. 182–190, Zitate: S. 184 f.
51 Die polnische Diskussion ausführlich referiert von Pajewski, Odbudowa, S. 100 ff., 108–112, 181–193.
52 Zit. nach Broszat, Jahre, S. 182.
53 Zit. nach Broszat, Jahre, S. 189.
54 Pajewski, Odbudowa, S. 126 f.
55 Broszat, Jahre, S. 190.
56 Zit. nach Pajewski, Odbudowa, S. 167 f., Anm. 7.
57 Das Dokument wurde vorbereitet von zwei polnisch-jüdischen Sozialisten, Wiktor Alter und Henryk Ehrlich (Chwalba, Historia, S. 580). Beide wurden im Dezember 1941 vom NKWD erschossen.
58 Vgl. dazu ausführlich Weeks, Nation, Kapitel 9.
59 Siehe dazu u. a. Najdus, Daszyński, S. 356 ff.
60 So waren etwa in Warschau zwischen Kriegsbeginn und Februar 1918 die Löhne um 161 Prozent gestiegen, die Lebenshaltungskosten – um fast 1500 Prozent; Kaliński/ Landau, Gospodarka, S. 43. In Lodz stiegen bis Mai 1918 die Preise für Grundnahrungsmittel zwischen 13- und 25-fach. Łódź, Bd. 1, S. 352.
61 Kieniewicz, Nad Prypecią, S. 462. Der Sohn des Verfassers Stefan wurde in Volkspolen zu einer Koryphäe der Geschichtswissenschaft. Seinen nachdenklichen Kommentar zu den väterlichen Einschätzungen von 1905 und 1917 siehe ibid., S. 8 ff.
62 Dazu u. a. Śliwa, Pierwsze ośrodki, S. 65 ff.
63 Das überzeugende Urteil von Mieczysław Niedziałkowski zit. nach Ajnenkiel, Od rządów, S. 19.
64 Gute Chronik der folgenden Ereignisse: Wróbel, Listopadowe dni.
65 Vgl. Łossowski, Zerwane pęta, S. 101.; Wróbel, Listopadowe dni.
66 Łossowski, Zerwane pęta, S. 120, 128; Wróbel, Listopadowe dni, S. 83 ff., 91.
67 Das Zitat in deutscher Übersetzung ausführlicher bei Kochanowski, Horthy, S. 33, Anm. 31.
68 Davies, Playground, vol. 2, S. 392.

ZWEITER TEIL

(1918–1939)

3. Staatsgründung und Grenzen (1918–1923)

1 Zit. nach Zamoyski, Warsaw, S. 7 f.
2 Schätzungen zufolge gingen mehr als 50 Prozent der wirtschaftlichen Schäden auf die deutsche Besatzungsherrschaft zurück, über ein Fünftel auf die österreichische, weniger als ein Fünftel auf die russische Politik; nur vier Prozent waren direkte Folgen der Kriegshandlungen; Kaliński/ Landau, Gospodarka, S. 42.
3 Eindrucksvolle Darstellung bei Benecke, Ostgebiete, S. 27–33.

4 Überblick: Ajnenkiel, Od rządów, S. 88 ff.
5 Die diesbezüglichen Angaben u. a. bei Chwalba, Historia, S. 593, gehen auf ältere Schätzungen zurück, denen zufolge im russischen Teilungsgebiet fast ebenso viele Soldaten eingezogen worden sind wie im österreichischen (1,2 Millionen bzw. 1,4), die polnischen Verluste unter russischer Fahne mit 60 000 Toten und Vermissten jedoch weniger als 30 Prozent der Polen in österreichischer Uniform betrugen.
6 Die Zahl von 1,3 Millionen beruht auf offiziellen, sicherlich unvollständigen Angaben. Geschätzt die Hälfte der Rückwanderer waren Polen und Juden, die vor 1914 ihren festen Wohnsitz in Russland gehabt hatten.
7 So der Sozialist, künftige Außenminister und Koarchitekt der föderativen Idee (s. S. 110 f.) Leon Wasilewski 1917; zit. nach Wapiński, Pokolenia, S. 215.
8 Hauser, Niemcy, Kapitel I.
9 Łossowski, Zerwane pęta, S. 202–218.
10 Deutsche Truppen standen noch im Nordosten der entstehenden Republik – in Grodno bis April und in Suwałki bis August 1919.
11 Gulczyński, Ministerstwo.
12 Zu den knapp 300 im Januar 1919 gewählten Abgeordneten kamen bis 1922 über 100 hinzu, die zu späteren Zeitpunkten in ergänzenden Direktwahlen in anderen Landesteilen gewählt wurden, 20 Mandatsträger des Wilnaer Sejm sowie andere Kooptierte. Ursprünglich waren 44 Abgeordnete zum Reichstag und zum Reichsrat (aus Ostgalizien) zu Mitgliedern der Verfassunggebenden Versammlung erklärt worden.
13 Den Titel *naczelnik* hatte bereits Tadeusz Kościuszko, der Führer des Aufstands von 1794 getragen. Mit dem *duce* und dem *Führer* verband den *naczelnik* hingegen eine nur zufällige Verwandtschaft.
14 Als «I. Republik» wird in Publizistik und Historiographie die «Adelsrepublik» (bis 1795) bezeichnet.
15 Dazu noch immer grundlegend Lundgreen-Nielsen, Problem, zuletzt Fink, Defending.
16 Lundgreen-Nielsen, Problem; Fink, Defending, passim; Namier hatte seine Jugend in Ostgalizien verbracht und verfügte über eine Intimkenntnis der polnischen Verhältnisse, die kein anderer westlicher Experte hatte. Einige kräftige, allerdings aus dem Kontext gerissene Zitate zu diesem Thema: Davies, Playground, vol. 2, S. 393.
17 Vgl. u. a. Garlicki, List, S. 137.
18 Zieliński, Stosunki, hier besonders S. 167, 206–215, 221–238, 246–249.
19 Zieliński, Stosunki polsko-żydowskie, S. 405–413.
20 Siehe dazu Wróbel, Polacy, S. 197 f.; ders., Seeds of Violence. S. 136. Vgl. auch Baberowski/ Doering-Manteuffel, Ordnung, S. 30.
21 Żyndul, Państwo, S. 65–69.
22 Die Protestschreiben Paderewskis zit. nach Bierzanek/ Kukułka (Hrsg.), Sprawy, Bd. II, S. 47–48 und Bd. III, S. 292–298; Żyndul, Państwo, S. 69 f.
23 Zur Entstehungsgeschichte ausführlich Fink, Defending.
24 Sprawozdania, Reden u. a. von Herman Lieberman und Maciej Rataj.
25 Benecke, Ostgebiete, S. 9.
26 Beste Darstellung: Nowak, Piłsudski.
27 Łossowski, Konflikt. Dass die Linke hier und in Ostgalizien nicht anders dachte, zeigt Koko, W nadziei.
28 Bis heute lesenswert die Darstellung des Krieges von Davies, Eagle; siehe auch die knappe und einprägsame Deutung von Diner, Jahrhundert, S. 105–118. Farbige Schilderung der militärischen Abläufe: Zamoyski, Warsaw.
29 Zit. nach Szczepański, Społeczeństwo, S. 89.
30 Vgl. Pisuliński, Petlura, S. 228–232.
31 Jędrzejewicz, Kronika, S. 491.
32 Davies, Eagle, S. 266. Die materialreiche Untersuchung von Szczepański, Społeczeństwo, bes. Kapitel V und VII, bestätigt diese Einschätzung.

33 Siehe u. a. Garlicki, U źródeł, S. 344 f.

34 Der Anteil der Funkaufklärung an den polnischen Erfolgen in diesem Krieg wurde unlängst herausgearbeitet von Nowik, Enigmę.

35 Das Tagebuch des 30-jährigen Charles de Gaulle zit. nach Zamoyski, Warsaw, S. 101.

36 Neben den oben zitierten Darstellungen vgl. auch Ajnenkiel (red.), Rok.

37 Das «Wunder an der Weichsel» stammte aus der Feder des Publizisten Stanisław Stroński, der zwei Jahre später auch die berühmtesten Titel im Zusammenhang mit der Ermordung des Staatspräsidenten Narutowicz prägen sollte.

38 Dazu u. a. Cesarz, Polska, Kap. V.

39 Zum polnisch-litauischen Konflikt 1919–1939 siehe ausführlich Historia Dyplomacji, Bd. IV.

40 Der Hinweis stammt von Ther, Säuberungen, Typoskript.

41 Siehe dazu Davies, Playground, S. 502–505; Roos, Geschichte, S. 84 f.

42 Moskau lehnte die alliierte Vermittlung überhaupt ab und schlug Warschau Direktverhandlungen vor, in denen es den Rückzug auf ethnisch polnische Gebiete, die Reduzierung der Armee auf 50 000 Mann und die Auslieferung der militärischen Ausrüstung, die Liquidierung der Rüstungswirtschaft und die Aufgabe einer «antisowjetischen» Außenpolitik forderte.

43 Polen bekam etwa 1000 km² mit 140 000 Einwohnern (davon 61 Prozent polnisch-, 31 Prozent deutsch- und ein Prozent tschechischsprachig), die Tschechoslowakei 1280 km² mit 295 000 Einwohnern, darunter 49 Prozent polnisch-, 40 Prozent tschechisch- und elf Prozent deutschsprachig.

44 Zu den Verhandlungen in Spa vgl. u. a. Historia Dyplomacji, S. 147 ff.

45 Dazu u. a. Wrzesiński, Plebiscyty; Kossert, Preußen, S. 145–159.

46 Vgl. Bjork, German. Für die folgende Zeit: Michalczyk, Kirchlichkeit, Phil. Diss. Erfurt 2006.

47 Zur Rolle Korfantys bis 1918 vgl. Kotowski, Staatsräson. Zu Oberschlesien 1919 siehe u. a. Conrads, Schlesien, S. 617–621.

48 Eine Teilung des Abstimmungsgebiets war im Versailler Vertrag vorgesehen. Präzise Angaben u. a. zu den rechtlichen Aspekten der oberschlesischen Fragen bei Krasuski, Polska, S. 371–375.

49 Der andere Verlust im Osten – Memel – war letztlich peripher und weder Südtirol noch Böhmen und Mähren hatten vor 1918 zum Deutschen Reich gehört.

50 Dieser Aspekt wurde vor allem in den 1960er Jahren ausführlich beleuchtet: Grabowski, Rola; ders., Inwestycje.

4. Die parlamentarische Demokratie (1921–1926)

1 Diese Zahlen setzte die Wahlordnung von 1922, nicht die Verfassung fest.

2 Dzieje Sejmu, S. 162.

3 Der Senat wurde am 12. November gewählt.

4 Die beste Übersicht zu diesem Thema: Radomski, Demokracja.

5 Zitate nach Ajnenkiel, Od rządów, S. 291 f.

6 Vgl. dazu Zamoyski, Warsaw, S. 89–96.

7 Teile des Exposés werden zitiert u. a. von Korpalska, Sikorski, S. 126; Wapiński, Sikorski, S. 127.

8 Von 14 000 Lehrern Ende 1918 auf 24 000 im Schuljahr 1922/23, entsprechend von 722 000 Schülern auf 1,24 Millionen. Mędrzecki, Młodzież, S. 155.

9 Aus der reichen Literatur zu den einzelnen Minderheiten siehe die noch immer brauchbare Gesamtdarstellung von Tomaszewski, Rzeczpospolita. Aus der jüngeren Literatur zu dem Gesamtkomplex sei vermerkt Ogonowski, Uprawnienia.

10 Zur Lage der Deutschen vgl. Rogall (Hrsg.), Land.

11 Vgl. Sierpowski, Mniejszość, S. 84 f.

12 Kęsik, Naród, S. 168–185.

13 Vgl. Stobniak-Smogorzewska, Kresowe osadnictwo. Die Zahl der neuen Höfe blieb im vierstelligen Bereich. Die knapp 10 000 Militärsiedler machten mit ihren Familien gewiss weniger als 50 000 Menschen aus.
14 Zum Korpus Ochrony Pogranicza fehlt weiterhin eine Monographie.
15 Marian M. Drozdowski, Gospodarka Drugiej Rzeczypospolitej, in: Tomicki (Hrsg.), Polska, S. 408–462, hier: S. 423 f.
16 Angaben nach Gruszecki, Pieniądz, S. 36 f.
17 Ajnenkiel, Od rządów, S. 259.
18 Die Rede vom Juli 1923 sowie spätere Äußerungen des ehemaligen und künftigen Staatschefs ausführlich zitiert u. a. von Jędrzejewicz, Kronika, hier: S. 104 ff.
19 Der Zusammenhang zwischen den beinahe zeitgleichen Hyperinflationen in Deutschland, Österreich, Polen und Ungarn ist bislang nicht thematisiert worden, ebenso wie die Frage, ob die Regierungen dieser Länder das tschechoslowakische Gegenbeispiel wahrgenommen haben; die ČSR blieb als einziges Land der Region von der Hyperinflation verschont.
20 Marszałkowski, Zamieszki, S. 112–146, betont, dass während der mehrstündigen Kämpfe so gut wie keine Plünderungen zu verzeichnen waren.
21 Einen guten Überblick über die politische Geschichte der II. Republik bietet Nałęcz, Odzyskana niepodległość, hier: S. 508 f.
22 Formell gingen diese Kompetenzen auf den Staatspräsidenten über, der aufgrund des Gesetzes vom 11. Januar 1924 auf Antrag des Ministerpräsidenten Verordnungen erlassen konnte, die über Steuern, Zölle, Anleihen, Verkauf von staatlichen Liegenschaften, eine neue Währung und die Zentralbank entscheiden würden.
23 Zur Währungsreform siehe u. a. Landau/ Tomaszewski, Zarys, S. 103–109, sowie Brzoza/ Sowa, Historia, S. 181 ff.
24 Nach einem Veto des Senats endgültig verabschiedet im Dezember, d. h. nach dem Abgang Grabskis.
25 Kaliński/ Landau, Gospodarka, S. 71.
26 Wandycz, Skrzyński, zeigt, dass der Ministerpräsident durchaus über ein außenpolitisches Profil verfügte; in der Innenpolitik blieb er eine Verlegenheitslösung.
27 Zur Stimmung der Liberalen in dem halben Jahr zwischen dem Rücktritt Grabskis und dem Mai 1926 siehe u. a. Nałęcz, Sen, S. 243–252.
28 Zit. nach Wapiński, Pokolenia, S. 258.

5. Polen um 1925

1 Der ehemalige Ministerpräsident und andere hohe Militärs wurden von Piłsudski und seinen Anhängern schon seit Jahren mit Verdächtigungen und Unterstellungen bedacht. Vgl. Garlicki, Przewrót, S. 118–123, 128–147, 151–156; Korpalska, Sikorski, S. 145–149, 159–163.
2 Landau/ Tomaszewski, Zarys, S. 116–124, 138–142, hier: S. 139.
3 *Robotnik*, Oktober und November 1925.
4 *Ilustrowany Kuryer Codzienny*, (IKC) 8 XI 1925, S. 2. Andere Zeitungen berichteten über den Sejm kaum vorteilhafter.
5 IKC, 11 XI 1925, «Sejm który sam się przekreśla i pogłoski o dyktaturze».
6 Die Textilwerke waren nach dem Krieg mit öffentlichen Mitteln wieder aufgebaut und von den alten französischen Besitzern im Januar 1924 mit den entwerteten polnischen Marken für einen Bruchteil des tatsächlichen Wertes übernommen worden.
7 IKC, 15 XI 1925, S. 9: «Sejm odrzucił wniosek o swe rozwiązanie»; «Sejm dąży do rządu koalicyjnego».
8 Deutsche Ausgabe: Vorfrühling Roman, Frankfurt am Main 1983.
9 Die Biographien dieses Milieus werden sensibel rekonstruiert von Shore, Caviar.
10 Adamczyk, «Przedwiośnie», hier: S. 122, 186–190, 197–200.
11 Tadeusz Sinko, Poeta ludzi bezdomnych, in: IKC 23. XI. 1925, S. 4/5.
12 Nach Sienkiewicz (1905) war er der zweite polnische Schriftsteller, der diese Auszeich-

nung erhielt. Nimmt man Marie Skłodowska-Curie (1903, 1911) hinzu, war er der dritte polnische Nobelpreisträger innerhalb dieses Vierteljahrhunderts. Reymont starb nur zwei Wochen nach Żeromski am 5. Dezember 1925.

13 Während der zentralen Trauerfeier der Linken am 26. November war es wohl nur Daszyński, der auf den «Vorfrühling» als Auseinandersetzung mit dem Kommunismus ausführlicher einging.

14 In der Generalität lag dieser Anteil deutlich niedriger. 1921 stammten 59 Generäle aus der österreichischen Armee, 65 aus der russischen, drei aus der deutschen, vier aus den polnischen Einheiten im Westen und zwölf aus den Legionen. Piotr Stawecki, Wojsko Drugiej Rzeczypospolitej, in: Tomicki (Hrsg.), Polska, S. 200–243, hier: S. 215.

15 Nałkowska, Romans, hier zitiert nach der Ausgabe Warszawa 1954, S. 121. Dazu ausführlich Nałęcz, Sen, S. 144–150 und Kap. VII.

16 Garlicki, Przewrót, S. 160–172.

17 Zit. nach Krzysztof Kawalec, Państwo a naród w dwudziestoleciu międzywojennym, in: Wrzesiński (Hrsg.), Do niepodległości, S. 183–200, hier: S. 191.

18 Dmowski, Sny i rzeczywistość, in: *Gazeta Poranna Warszawska*, Teil I–IV, 23.–28. Dezember 1925, Zitat aus Teil IV, wo ebenfalls vor der «endgültigen Niederlage» der Republik gewarnt wurde.

19 Vgl. Garlicki, Przewrót, S. 158.

20 Daszyński, Wielki człowiek.

21 Zit. nach Kutta, «My», S. 59.

22 Zeitgenössisch sprach man von fünf Rechtssystemen (hinzu kam das ungarische in den kleinen Teilen der Zips und des Komitats Arwa, die an Polen gekommen waren).

23 In Lemberg amtierte der Stadtrat bis 1927, als er von der Regierungsbehörde aufgelöst wurde. Neuwahlen in den Städten des ehemaligen Galizien fanden erst 1934 statt. Mick, Kriegserfahrungen, S. 270 f.

24 Steinhaus, Wspomnienia, S. 124. Ähnliche Stimmen kamen aus Krakau; Kozińska-Witt, Krakau, S. 161–164.

25 Mędrzecki, Społeczeństwo, S. 79 f.

26 Vgl. dazu u. a. Troebst, «Intermarium» S. 54 ff., 63.

27 Dazu ausführlich Kutta, «My», S. 61–65, 65 f., 75 ff.

28 Vgl. Brzoza/ Sowa, Historia, S. 419–424.

29 1925 stieg das Automobil langsam von dem Rang eines nahezu abstrakten Luxusgutes in den Rang eines selbstverständlichen Attributs der gehobenen Klassen herab. Die bürgerliche *Rzeczpospolita* verlangte, die Autosteuer auf ein vernünftiges Maß zu senken (14 VIII, S. 8: «Czas zerwać z poglądem, że samochód jest luksusem»).

30 IKC, 17. Februar 1925, S. 1.

31 Die Wahl auf Lemberg fiel per Los, das im Mai 1925 vom jüngsten Träger des Militärordens *Virtuti Militari* gezogen wurde. In der Urne befanden sich Zettel mit den Namen von 14 weiteren Schlachten der Unabhängigkeitskriege zwischen 1918 und 1920.

32 Ausführlich Mick, Kriegserfahrungen, S. 352–359.

33 Die sogenannte Kohlemagistrale Oberschlesien-Gdingen wurde 1933 fertig gestellt, die Direktverbindung Warschau-Krakau im folgenden Jahr.

34 Im August 1925 wurde die Hälfte der Fahrbahn für den Verkehr freigegeben. Das Ende des vollständigen Wiederaufbaus der Poniatowskibrücke fiel erst auf das Jahr 1927.

35 Wapiński (Hrsg.), Dzieje; Ostrowska, Gdynia.

36 Zeitgenössischen Schätzungen zufolge entfielen auf einen statistischen Staatsbürger 20 Złoty-Banknoten im Umlauf. In der Tschechoslowakei und in Österreich waren es umgerechnet 100, in Frankreich 300. IKC, Beiträge über Währungslage vom Oktober 1925.

37 Angaben gesammelt u. a. von Brzoza/ Sowa, Historia, S. 190–198.

38 Chałasiński, Młode pokolenie.

39 Mały Rocznik Statystyczny 1939, S. 28 f.

40 Bis 1939 sollte geschätzt eine halbe Million Analphabeten mindestens die erste Schul-

klasse während ihrer Wehrdienstzeit abgeschlossen haben; Angaben nach Brzoza/ Sowa, Historia, S. 95, 373 ff.

41 In Wolhynien etwa ging noch Ende der 1920er Jahre nur die Hälfte in die Schule. Bereits im Schuljahr 1925/26 waren dies aber 115 000 Kinder – verglichen mit 72 000 vor dem Krieg; vgl. Schenke, Nationalstaat, S. 182 f.

42 Diese Frage wurde sowohl zeitgenössisch als auch in der Fachliteratur ausgiebig diskutiert. Angaben und Zitat nach Tomaszewski, Rzeczpospolita, S. 93 ff.

43 So das Fazit von Chojnowski, Koncepcje, S. 38–45, hier: S. 45.

44 Die stellenweise schwer interpretierbaren Daten gesammelt in: Historia Polski w liczbach, Bd. I, S. 357.

45 In den Jahren 1933–1936, als die britischen Behörden wieder größere Einwanderungskontingente zuerkannten, stellten Juden mit polnischem Pass zwischen 20 und knapp 50 Prozent der Immigranten; ein Teil von ihnen hatte zuvor in Deutschland seinen Wohnsitz gehabt. Angaben nach Tomaszewski/ Żbikowski (Hrsg.), Żydzi, S. 345–348.

46 Die Auswertung der 1928 gesammelten Aussagen wurde 1931 veröffentlicht: Znaniecki, Miasto. Zit. nach: Znaniecki/ Ziółkowski, Czym jest, S. 165.

47 Diesen Hinweis verdanke ich Jerzy Kochanowski.

48 Angaben nach Żarnowska/ Szwarc (Hrsg.), Równe prawa, vor allem die Beiträge von Michał Pietrzak, Janusz Żarnowski und Włodzimierz Mędrzecki. Der schöne Obertitel («Gleiches Recht und ungleiche Chancen») symbolisiert die Lage der Frauen in der Zwischenkriegszeit und ließe sich auch für die folgende Hälfte des Jahrhunderts gut verwenden.

49 Dazu noch immer grundlegend die Arbeiten von Żarnowski; siehe u. a. ders., Społeczeństwo, in: Tomicki (Hrsg.), Polska , S. 265 f.

50 Angaben nach Słabek, Inaczej o historii, S. 19.

51 Berechnungen von Wapiński zit. nach Roszkowski, Gospodarcza rola, S. 323.

52 Schätzungen nach Żarnowski, Społeczeństwo, S. 269.

6. Die Diktatur (1926–1939)

1 Zit. nach Chojnowski, Piłsudczycy, S.11.

2 Synthetische Angaben zur – ebenso unübersehbaren wie oft überschätzten – Rolle der Gutsbesitzer in der Politik vgl. u. a. Rudnicki, Ziemiaństwo, Kap V.

3 Dzieje Sejmu, S. 179.

4 Zu den Diskussionen im Sommer 1926 vgl. Chojnowski, Koncepcje, S. 71–78. Zitat nach Matelski, Mniejszość, S. 48.

5 Rudnicki, Żydzi, S. 240, vermutet, dass diese Zahl überhöht war.

6 Siehe Einleitung in: Rudnicki/ Kochanowski (Hrsg.), Wojewódzki, hier: S. 5–10.

7 Darunter des parlamentarischen Ehrengerichts gegen Wojewódzki, der in einer Auflösung seiner Partei mündete. Der Beschuldigte floh 1928 nach Moskau, wo er 1934 von der sowjetischen Politischen Polizei als «Agent Piłsudskis» hingerichtet wurde.

8 Siehe dazu Benecke, Ostgebiete; entsprechende Zahlen auf S. 135, 264, 145, 116.

9 Diese Entwicklung hielt bis zum Ende der deutschen Besatzung im Zweiten Weltkrieg an, als die Zahlen (bis Anfang 1944) auf entsprechend 1,3 Millionen Mitglieder und 24 000 Angestellte stiegen. Sycz, Spółdzielczość.

10 1922 wurden 31 ukrainische Abgeordnete und Senatoren gewählt. Nach den Wahlen 1928 stieg die Zahl der Mandatsträger auf 57, um 1930 auf 35 zu fallen.

11 Siehe dazu u. a. Szumiło, Ukraińska elita.

12 «Die Kämpfe zwischen den belarussischen Organisationen dürften Ausnahmecharakter haben», vermerkte 1928 ein Bericht des Innenministeriums. «Ein solches Chaos, eine solche Inkonsequenz, vor allem aber solchen Neid finden wir in keiner anderen Nationalitätengruppierung»; zit. nach Tomaszewski, Rzeczpospolita, S. 124.

13 Die Forschungen von Włodzimierz Mędrzecki zu Wolhynien wurden u. a. von Benecke und Schenke weitergeführt.

14 Dazu vor allem Snyder, Sketches, S. 145.

15 Werschler, Z dziejów obozu.

16 Bei seinem Amtsantritt befanden sich über 60 Prozent der Schwerindustrie in deutscher Hand, zehn Jahre später etwa 40 Prozent, wozu nicht zuletzt die Weltwirtschaftskrise beigetragen hatte. Chojnowski, Koncepcje, S.167.

17 Chojnowski, Koncepcje, S. 113.

18 Vgl. die skeptische Gesamtbilanz von Kopeć, My.

19 Brzoza/ Sowa, Historia, S. 199–203.

20 Eine Schätzung der Politischen Abteilung des Innenministeriums vom Oktober 1926 ergab, dass die regierungsnahen Gruppierungen bei vorgezogenen Neuwahlen nur auf weniger als 20 Prozent der Mandate rechnen konnten. Chojnowski, Piłsudczycy, S. 19. Vgl. Kochanowski, Horthy, S. 46.

21 Dmowski, Kościół. Zur OWP und den harten Auseinandersetzungen zwischen «alten» und «jungen» Nationaldemokraten nach 1926 vgl. u. a. Kawalec, Dmowski, S. 282–309; Rudnicki, Obóz, S. 24–34, 48–57.

22 Siehe dazu grundlegend Chojnowski, Piłsudczycy (Zitat: S. 40). Die verkürzte Bezeichnung BBWR ist öffentlich erst in der hier zitierten Grundsatzdeklaration vom Januar 1929 gebraucht worden.

23 Nähere Angaben siehe u. a. Garlicki, Piękne lata, S. 125–138.

24 Kochanowski, Horthy, S. 67, 71. Zum Außenministerium siehe Skóra, Służba. Die Aufklärung war in Polen ähnlich wie in Frankreich in der II. Abteilung des Generalstabs angesiedelt (*Deuxième Bureau*, umgangssprachlich *Dwójka*, d. h. Nr. 2).

25 Vgl. Kochanowski, Horthy, S. 71. Während die Regierung Anfang der 1920er Jahre etwa zweimal wöchentlich zusammentrat, kam sie 1928 nur 28-mal zusammen und 1929 nur noch 19-mal (ibid., S. 47).

26 Nałęcz, Odzyskana niepodległość, S. 546.

27 Siehe dazu u. a. Garlicki, Piękne lata, S. 139–148.

28 Vgl. Wapiński, Pokoleniowe wizje, S. 73 f., der diese Radikalisierung in den Kontext der Absage an Kapitalismus und Moderne sowie des von der Rechten propagierten «Dritten Weges» stellt.

29 Über die schrittweise Durchsetzung von Wahnvorstellungen in der Ideenwelt des einst originellen Vordenkers der modernen Rechten in den 1930er Jahren siehe Wapiński, Dmowski, S. 362–373.

30 Dudek/ Pytel, Piasecki, Teil I; Rudnicki, Obóz.

31 Dazu u. a. Śliwa, Narodoworadykalny model, sowie unten, S. 179 f., 183.

32 Siehe u. a. Gruszecki, Pieniądz, S. 62.

33 Kaliński/ Landau, Gospodarka. 114 f.

34 Die klassische Reportage zu diesem Thema: Wrzos, Oko.

35 Weitere anschauliche Daten bei Kaliński/ Landau, Gospodarka, S. 104–108.

36 Kaliński/ Landau, Gospodarka, S. 128, legen sogar nahe, dass die Budgets der beiden erstgenannten Ministerien in Wirklichkeit – angesichts der Deflation – gewachsen sind.

37 Kaliński/ Landau, Gospodarka, S. 139–141.

38 Ausführliche Diskussion bei Landau/ Tomaszewski, Polska; ähnlich auch das spätere Urteil von Landau/ Roszkowski, Polityka, obwohl Roszkowski noch am ehesten zu einer vergleichsweise milden Beurteilung neigt.

39 Kaliński/ Landau, Gospodarka, S. 55.

40 Die relativ schnell vollzogene Integration betont u. a. Wolf, Border Effects.

41 Dass diese Frage auch weit außerhalb des Landes als ein europäisches Schlüsselproblem («Poland: Key to Europe») erkannt worden ist, zeigen Aly/ Heim, Vordenker, S. 72 ff.

42 Żyndul, Zajścia.

43 Die beste Darstellung der Diskussion: Landau-Czajka, W jednym stali domu. Zum Sejm vgl. dies., Zbigniew Landau, Posłowie polscy. Hilfreich auch der Überblick von Mich, Obcy.

44 Jansen, Madagaskar-Plan.
45 Vgl. PDD 1938, Dok. 173.
46 Der als Antisemit geltende Direktor der Konsularabteilung des Außenministeriums rühmte sich in seinen Erinnerungen, den künftigen Kämpfern von Irgun (aber auch der Hagana) die Ausbildung in polnischen Kasernen ermöglicht zu haben, und verwies 1968 auf ein nicht zurückgezahltes Darlehen, welches das Außenministerium den Neuzionisten im Mai 1939 gewährt habe. Drymmer, Zagadnienie żydowskie, S. 70 ff.
47 Der Ereignisstrang, der aus deutscher Sicht in der «Reichskristallnacht» mündete, aus polnischer Sicht dargestellt von Tomaszewski, Auftakt.
48 PDD 1938, Dok. 438.
49 «Was sollte ich in diesem Land machen. Das mir vollkommen fremd war, dessen Sprache ich zwar verstand, doch nur mühselig und kümmerlich sprechen konnte?», In sein Geburtsland, «das nun mein Exil wurde», habe er als größten Schatz die deutsche Sprache und Literatur mitgenommen. Reich-Ranicki, Leben, S. 160, 163.
50 Literatur, Beispiele und nähere Angaben bei Mich, Obcy, bes. S. 42 f., 61.
51 Im Lager saßen 1934 bis 1939 zwischen weniger als 100 (Frühjahr 1935) und ca. 500 Personen (Jahresdurchschnitt bis 1. September 1939) ein. Die größte Zahl der Häftlinge wurde im Frühjahr 1938 verzeichnet (800 Personen). Vgl. Śleszyński, Analiza.
52 Hein, Pilsudski-Kult.
53 Vgl. S. 52.
54 Brzoza/ Sowa, Historia, S. 356 ff.
55 Das Urteil Stanisław Grabskis von 1938 zit. nach Wapiński, Pokoleniowe wizje, S. 74.
56 Angaben nach Nazarewicz, Sprawy polskie, S. 42, Anm. 42.
57 Vgl. Bruski (Hrsg.), Hołodomor, hier: S. LV f.
58 Siehe dazu ausführlich Martin, Empire, S. 327–332, 336–340; Snyder, Sketches, Teil I und II; Baberowski/ Doering-Manteuffel, Ordnung, S. 53–58, Zitat: S. 56.
59 Vgl. dazu u. a. Schattkowsky, Deutschland, S. 304–311, der den «Wirtschaftskrieg» vor allem als bilaterales, auf die Lösung akuter Fragen zielendes Druckmittel interpretiert.
60 Die Niederschrift abgedruckt in: Świtalski, Diariusz, S. 659–662, hier: S. 660 f.
61 Die oft unterschätzte Intensität dieser Kontakte 1934–1938 unlängst prägnant herausgearbeitet von Król, Polska, Kapitel IV und V.
62 Vgl. Graml, Weg, S.131 f. Beste polnische Darstellung: Żerko, Stosunki. Siehe auch PDD 1938.
63 PDD 1939, Dok. 27, Zitat: S. 51.

DRITTER TEIL

1939–1945

7. Besatzungsherrschaft, Holocaust und Widerstand (1939–1944)

1 Jochheck, Propaganda, S. 57–68, Zitate: S. 61, 63. Ausführlich Król, Polska, S. 219–232.
2 Die deutsche Übersetzung zitiert nach Graml, Weg, S. 212.
3 Kornat, Polska.
4 Halder, Kriegstagebuch, S. 25.
5 Böhler, Auftakt.
6 Mallmann u. a. (Hrsg.), Einsatzgruppen.
7 Hartmann/ Slutsch, Franz Halder, Zitat: S. 482 f.
8 Die wichtigsten älteren Gesamtdarstellungen: Broszat, Polenpolitik; Madajczyk, Okkupationspolitik.
9 Mallmann u. a. (Hrsg.), Einsatzgruppen, S. 87 f.
10 Nach Rutowska, Wysiedlenia, wurden bis März 1941 365 000 Polen und Juden (davon 280 000 aus dem «Warthegau») in das Generalgouvernement ausgesiedelt und 475 000

innerhalb der eingegliederten Gebiete (davon 345 000 innerhalb des «Warthegaus») entwurzelt («verdrängt»).

11 Raszewski, Pamiętnik, S. 89, ordnet diese Definition bezeichnenderweise dem Unterkapitel «Psychischer Terror» zu.

12 Strobel, Industriemetropole, S. 51.

13 Eine anschauliche Darstellung bietet Gross, Und wehe, du hoffst. Siehe auch Europa, hrsg. von Jasiewicz und Roman, Die sowjetische Okkupation.

14 Die Schätzungen über die nationale Zugehörigkeit der Gesamtzahl der Deportierten gehen von etwa 2/3 Polen aus, 1/5 Juden, mehreren Prozent Ukrainer sowie kleinen Gruppen von Belarussen und Litauern aus.

15 Wierzbicki, Polacy. Bis April 1941 zerschlug der NKWD fast 500 polnische Widerstandsorganisationen und verhaftete über 13 000 Mitglieder. Vgl. Wnuk, «Za Sowieta».

16 Diese Fragen wurden in den letzten Jahren im Rahmen der von Jan Tomasz Gross initiierten Auseinandersetzung besonders intensiv diskutiert. Vgl. z. B. die Polemik zwischen Wierzbicki, Polacy sowie Żbikowski, U genezy.

17 Ein anschauliches Beispiel bietet in literarischer Form der ursprünglich im Untergrundverlag publizierte Roman des polnisch-jüdischen Schriftstellers Stryjkowski, Wielki strach. In einer fiktiven Diskussion der jüdischen Elite in einer ostpolnischen Kreisstadt nach dem 17. September 1939 lässt der Verfasser all die – auf beiden Seiten zahlreichen – Argumente für und gegen eine Loyalität gegenüber der auseinanderbrechenden Republik zu Wort kommen.

18 Vgl. dazu grundlegend die Angaben bei Jasiewicz, Pierwsi.

19 Schätzungen von Jasiewicz (für den Nordosten) und Żbikowski (für das sog. Westbelarussland) zusammengefasst vom Letzteren, U genezy, S. 238.

20 Diesen Hinweis brachte in die Diskussion Dariusz Stola ein.

21 Siehe u. a. den Vergleich von Mick, Ethnische Gewalt, sowie Szarota, U progu, der das besetzte Ostmittel- mit Westeuropa vergleicht.

22 Die wichtigsten Unterlagen in Originalfassung und englischer Übersetzung zugänglich in: Katyn. Die Dokumente vom März 1940, ebenda, S. 10–25. Siehe auch: Katyn. A Crime.

23 Der Todesort von weiteren Tausenden von Menschen, die vermutlich in Belarussland ermordet worden sind, ist bis heute unbekannt.

24 Zit. nach Diensttagebuch, S. 53.

25 Die meisten kamen 1940 frei, weil sich Rom und auch einzelne deutsche Professoren für sie eingesetzt hatten.

26 Diensttagebuch, S. 104.

27 Die vorangehenden Geiselerschießungen an verschiedenen Orten blieben weitgehend unbemerkt, weil sie nicht im großstädtischen Bereich stattgefunden hatten.

28 Angaben nach Chwalba, Kraków, S. 29.

29 Von den 301 Gemeindevorstehern und Bürgermeistern in diesem Distrikt Anfang 1944 waren 237 Polen, 59 Deutsche, 2 Ukrainer und 3 unbekannter Nationalität. Im gesamten Generalgouvernement waren weniger als zehn Prozent der Gemeindevorsteher und Bürgermeister Deutsche, knapp die Hälfte Polen, fast ein Drittel – vor allem im Distrikt Galizien, wo sie rund 90 Prozent dieser Posten besetzten – Ukrainer. Angaben nach Madajczyk, Polityka, S. 222.

30 Eine Zusammenfassung der intensiven Diskussionen bietet der Sammelband Herbert (Hrsg.), Vernichtungspolitik. Knappe Übersicht: Pohl, Völkermord.

31 Der Schnellbrief des Chefs der Sicherheitspolizei vom 21. September 1939 abgedruckt u. a. in: Mallmann u. a. (Hrsg.), Einsatzgruppen, S. 143 f.

32 Hier folge ich Aly, «Endlösung».

33 Zit. nach Aly, «Judenumsiedlung», S. 79 f.; die Chronologie der Ereignisse 1939/1940: ders., «Endlösung», S. 59–92. Lodz/Litzmannstadt aus der Sicht der Täter steht auch im Mittelpunkt der Untersuchung von Alberti, Verfolgung.

34 Das erste Getto entstand bereits im Oktober 1939 im benachbarten Piotrków Trybunalski. Es war, wie die meisten kleineren Gettos, weder umzäunt noch abgeriegelt.

35 Löw, Juden. Im Litzmannstädter Getto gab es ca. 32 000 Wohnungen, wovon zwei Drittel Einzimmerwohnungen waren, ein weiteres Fünftel hatte zwei Zimmer. 95 Prozent verfügten über keine Toiletten, Wasserleitungen oder Kanalisation; ibid., S. 155.

36 Angaben nach Tomaszewski/ Żbikowski (Hrsg.), Żydzi, S. 535.

37 Diesen Eindruck vermittelt das Jahrbuch *Zagłada Żydów* (künftig zit. ZŻ), das in der polnischen Holocaustforschung innerhalb von vier Jahren neue Standards gesetzt hat.

38 Die wichtigste Literatur zu Litzmannstadt ausgewertet von Löw (wie Anm. 35). Grundlegend zu Warschau noch immer Engelking/ Leociak, Getto.

39 So die nicht untypische Beobachtung einer jungen Warschauer Jüdin über Hrubieszów, einem von der Einwohnerzahl mit Kozienice vergleichbaren Ort südöstlich von Lublin. Życie, S. 230 f.

40 So die Beobachtung von Klukowski, Zamojszczyzna, S. 175, 197.

41 Dazu u. a. Klukowski, Zamojszczyzna, S. 281, 312. Neben dem Drang, Arbeit vor Ort zu finden, notierte er 1942 die «immer häufiger werdenden Fälle, dass Juden sich melden mit der Bitte, sie zu töten.»

42 Klukowski, Zamojszczyzna, S. 261.

43 Die Geschichte der Juden von Kozienice rekonstruiert von Skibińska, Życie codzienne, S. 64.

44 Die wichtigste Form des Widerstands, deren Bedeutung weit über das Warschauer Getto hinausreichte, war «Oneg Szabat». Eine Gruppe von Menschen um den Historiker Emanuel Ringelblum sammelte bis Sommer 1942 Berichte, Erinnerungen, Dokumente und sonstiges Material, das die Geschichte der Juden unter deutscher Besatzung dokumentierte. Die Sammlungen wurden während der Liquidierung des Gettos versteckt. Ein großer Teil des «Ringelblum-Archivs» konnte nach dem Krieg geborgen worden. Für die Rekonstruktion der Lebensumstände, aber auch der Stimmungen und Reaktionen der polnischen Judenheit in den letzten Jahren ihrer Existenz stellen sie eine Quelle von unüberschätzbarem Wert dar.

45 Bauer, Nowogródek, S. 112 f.

46 Die »trudność właściwego wyposrodkowania» wurde dem Literaturkritiker Roman Zimand 1979 während der Lektüre des Tagebuchs des Vorsitzenden des Warschauer jüdischen Ältestenrates bewusst. Weiterentwickelt wird dieser Begriff von Kurz, «Ten obraz», S. 476. Siehe auch Friedrich. Judenmord.

47 Ausgeklammert wird an dieser Stelle die Flucht zu Partisaneneinheiten. Hier hing zunächst einmal alles davon ab, ob es in der Gegend solche Einheiten überhaupt gab, in einem nächsten Schritt – ob sie Juden aufnahmen. Falls beides zutraf, wurde das Schicksal des Flüchtlings von dem des Kollektivs abhängig.

48 Aus der Fülle der Literatur zu diesem Thema siehe die aus unterschiedlichen Quellen erarbeiteten und unterschiedliche Orte betreffenden Untersuchungen von Nalewajko-Kulikov, Strategie; Młynarczyk, Judenmord, S. 232–243, 293–318.

49 Hier folge ich mehreren Beiträgen in ZŻ IV, u. a. Grabowski, Ratowanie Żydów; Berendt, Cena życia.

50 159 Polen, 45 Reichs- und Volksdeutsche, über 30 Juden und andere. Siehe Grabowski, «Ja», S. 45 ff.

51 Dean, Gospodarka wyzysku, bestätigt mit seinen Untersuchungen Zustände, die hellsichtige Zeitgenossen wie der mehrfach zitierte Arzt Klukowski deutlich erkannt haben.

52 Aly, Erwiderung, S. 623. Die Geschichte des Zuges rekonstruiert in dem früheren Buch von Aly/ Heim, Vordenker, S. 435 ff.

53 Der aus dem besetzten Land eingeschleuste Kurier Jan Karski stieß in den USA mit seinem Zeugenbericht über die Judenvernichtung auf Skepsis und Unglauben. Dass diese Reaktion auch im polnischen Exil keine Ausnahme war, zeigt u. a. Stola, Nadzieja, Kapitel IV.

54 Zit. nach Oberländer (Hrsg.), Hitler-Stalin-Pakt, S. 135.

55 Die deutsche Übersetzung des Tagebuchs von Ludwik Landau zit. nach Szarota, Warschau, S. 261.

56 Jacobmeyer, Widerstandsbewegung, S. 667.
57 Dazu ausführlich Gross, Society, S. 280 f.
58 Siehe dazu die Aufzeichnungen in Bohaterowie.
59 Zu den innenpolitischen Aspekten der ersten Untergrundorganisationen siehe vor allem Terej, Na rozstajach dróg; Jacobmeyer, Heimat. Die beste Dokumentation der Anfangsphase des Untergrunds: Kunert, Ilustrowany przewodnik. Deutschsprachiger Überblick über die Forschungslage: Chiari (Hrsg.), Die polnische Heimatarmee.
60 Siehe dazu die unter Anm. 58 genannte Veröffentlichung, in der die Rolle dieser Faktoren für die Entstehung einer konspirativen Pfadfindergruppe dokumentiert wird.
61 Strzembosz, Rzeczpospolita, S. 29–37; Gross, Society, S. 215–226; Jacobmeyer, Heimat, S. 23 ff.
62 Einige Berichte abgedruckt in: Armia Krajowa, Bd. I.
63 Człowiek to nie jest piękne zwierzę. Interview mit Barbara Skarga, in: Gazeta Wyborcza 17 IV 2004.
64 Entgegen dem Anschein, den die jüngste Konjunktur des Themas hervorrufen mag. Vgl. dazu mehrere Aufsätze in: Tauber (Hrsg.), «Kollaboration».
65 Zit. nach Friszke, Rząd, S. 563.
66 Vgl. Gondek, Polska, S. 113–116.
67 Im Unterschied zu den erschossenen polnischen Kollaborateuren bedurften die Anschläge auf Deutsche keiner gerichtlichen Legitimierung: Sie erfolgten aufgrund von Befehlen der militärischen Führung und wurden als Vergeltung für Besatzungsverbrechen bezeichnet.
68 Vgl. Borodziej, Terror, S. 125–132.
69 Vgl. Archiwum, Bd. IX, S. 5–24.

8. Polen um 1944

1 Ukrainer, Polen und Belarussen wurden pauschal als «Ostarbeiter» geführt, so dass die nationale Zugehörigkeit bzw. die Zahl der verschleppten Polen nicht ermittelt werden kann.
2 Długoborski, Besatzungspolitik, S. 313, berechnet die Gesamtzahl der im Reichsgebiet beschäftigten polnischen Arbeitskräfte 1944 auf 2,8 Millionen, d. h. 15 Prozent des erwachsenen produktiven Anteils der polnischen Bevölkerung – «ein Prozentsatz, der in keinem anderen Land überschritten wurde».
3 Weitere 30 000 bis 35 000 Soldaten dienten in den Reserveeinheiten der Polnischen Streitkräte im Westen.
4 Vgl. dazu Borodziej/ Chmielarz/ Friszke/ Kunert, Polska, Kapitel III (verfasst von Friszke).
5 Die Zahl der Handwerksbetriebe im Generalgouvernement betrug im Herbst 1943 weniger als ein Drittel des Standes von 1939, die der Handelsunternehmen fiel gar auf 25 bis 20 Prozent; Długoborski, Besatzungspolitik, S. 356, Tab. 6.
6 Chwalba, Dzieje, S. 376 f.
7 Vergleichszahlen für die Hauptstadt: Szarota, Warschau, S. 113–117.
8 Hryciuk, Polacy, S. 275.
9 Vgl. Szarota, Warschau, S. 80 f., 125.
10 Hryciuk, Polacy, S. 276–279, 281 f.; Tabellen S. 315–318. Ein Sinken der Preise verzeichnete man im ersten Halbjahr 1944 auch auf dem Krakauer Schwarzmarkt; Chwalba, Dzieje, S. 405.
11 Długoborski, Besatzungspolitik, S. 344, der allerdings den Anstieg der Unterhaltskosten auf «nur» 1400 Prozent schätzt; andere Schätzungen sind sowohl hinsichtlich der Unterhaltskosten als auch der offiziellen Löhne höher. In Warschau stieg der Stundenlohn bereits innerhalb von zwei Jahren Besatzung auf über 150 Prozent; Szarota, Warschau, S. 80.
12 Raszewski, Pamiętnik, S. 72–77, 118 ff., beschreibt ausführlich das *deutschowanie* bzw. *byrgowanie* (von «einbürgern») mit dem Hinweis, dass die ab Februar 1942 in die dritte Abteilung Aufgenommenen «nie als Volksdeutsche bezeichnet worden sind», weder von Deutschen noch von Polen.

13 Vgl. u. a. Długoborski, Besatzungspolitik, S. 334.
14 Dziurok, Śląskie rozrachunki, bes. Kap. I/ 3.
15 Plastische Schilderung der Verhaltensweisen von Kellner und Stammtischgästen im Bahnhofsrestaurant Kattowitz vor und nach dem 1. September 1939: Hartglass, Na pograniczu, S. 326.
16 Siehe etwa die einfühlsamen Erinnerungen von Raszewski, Pamiętnik, S. 182, der das Leben im eingegliederten Bromberg aus der – für dieses Gebiet untypischen – Perspektive des Sohnes eines polnischen (und ehemals preußischen) Berufsoffiziers beschreibt. Zu Lodz, wo die Gestapo in den ersten Monaten der Besatzung ca. 40 Anzeigen täglich erhielt, Borodziej, Terror, S. 87: Die Staatspolizeileitstelle Litzmannstadt klagte, dass sie bis Januar 1940 wegen der Bearbeitung der – vor allem von Volksdeutschen stammenden – Anzeigen nicht dazu gekommen sei, «sich auf die eigentliche Aufgabe, d. h. auf die Bekämpfung der polnischen Widerstandsbewegung, zu konzentrieren».
17 Beide Detailuntersuchungen zum Thema betreffen Warschau und Umgebung und beziehen das letzte Jahr der Besatzung nicht mehr ein. Siehe Grabowski, «Ja»; Engelking-Boni, «szanowny panie».
18 Siehe z. B. die Erinnerungen des Mitbegründers der Lemberger mathematischen Schule Steinhaus, Wspomnienia, S. 226.
19 Hryciuk, Polacy, S. 420.
20 Zusammenfassung des Forschungsstands: Topp, «... die Litauer», die für die Besatzungszeit zutreffend eine «bis zu diesem Zeitpunkt nicht vorstellbare Entgrenzung der Gewalt» (S. 386) diagnostiziert.
21 Zu den Verhältnissen in Ostpolen siehe vor allem Chiari (Hrsg.), Heimatarmee, Abschnitt III. Ders., Alltag, S. 280–300.
22 Die Ergebnisse früherer Arbeiten von Kaźmierska skizzenhaft zusammengefasst von ders., Gedächtnis.
23 Długoborski, Besatzungspolitik, S. 315.
24 Seidel, Besatzungspolitik, S. 366–371; Młynarczyk, Judenmord, S. 354ff.
25 Paulsson, Secret. Im Vorwort zur polnischen Ausgabe geht der Verfasser auf die Kontroversen um seine Schätzungen ein: Ders., Utajone miasto.
26 Zu den Zahlen vgl. vor allem Libionka, Polskie pismiennictwo.
27 Rogall (Hrsg.), Land, S. 440. Zu den Verlusten der Geistlichkeit im «Wartheland» siehe auch Fijałkowski, Kościół, S. 237–242.
28 So wurde die Kirche im Sitz des Erzbistums Wilna bereits zwischen Herbst 1941 und März 1942 durch Verhaftungen handlungsunfähig. An Stelle der polnischen Priester und Würdenträger rückten litauische nach, ebenso wurde das Polnische aus der Liturgie verdrängt; Lewandowska, Życie. S. 65–68.
29 Kardinal August Hlond, seit Beginn des Krieges im Exil, wurde 1944 von den Deutschen in Frankreich interniert.
30 Ohne Galizien. Die Einbeziehung des fünften, erst 1941 angeschlossenen Distrikts würde diesen Trend wegen der hohen Zahl der ermordeten ostgalizischen Juden bestätigen.
31 Die oft gleitenden Übergänge zwischen Gegenterror als Antwort auf Besatzungsherrschaft, nationalpolitischen Auseinandersetzungen und Kriminalität sind bisher nicht systematisch untersucht worden. Als Beispiel siehe die Zustände in Lemberg 1943/44, wo die Täter, Räuber und Mörder «polnisch, russisch, deutsch und ukrainisch sprachen» und die Nationalität der Opfer nur hier und da eine Rolle spielte. Hryciuk, Polacy, S. 255–258.
32 Wyka, Życie, S. 174–223, hier: S. 176.
33 Dass es sich dabei nicht um eine spezifisch Warschauer Notlösung handelte, zeigt das Schicksal der polnischen Intellektuellen in Wilna, wo z. B. der ehemalige Rektor der Universität ebenfalls als Nachtwächter angestellt war; Lewandowska, Życie, S. 101.
34 Miłosz, Denken, S. 117 f.
35 Steinhaus, Wspomnienia, S. 275.
36 Chwalba, Dzieje, S. 29.

37 Szczepańczyk, Polityka, S. 217.
38 Mędrzecki, Społeczeństwo, S. 87.
39 So benutzte der langjährige Kommandeur des ZWZ-AK, Stefan «Grot» Rowecki die Papiere eines Angestellten der Warschauer Gaswerke; der mehrmalige Kurier von Exilregierung und Untergrundstaat Jan Nowak wies sich offiziell als Treuhänder einer «arisierten» Immobilie aus etc.
40 Deutsche Übersetzung des Zitats nach Szarota, Warschau, S. 53 f.
41 Institut für Zeitgeschichte, Mikrofilm MA 300, Denkschrift von Martin Bormann vom 24. August 1944, «Etappe GG».
42 Zahlreiche Bespiele für die unterschiedlichen Haltungen finden wir in den Städtemonographien von Szarota, Warschau und Chwalba, Dzieje sowie in den Erinnerungen.
43 Eine eindrückliche Schilderung der unterschiedlichen Haltungen «der Deutschen» – am Beispiel eines treuhänderisch verwalteten landwirtschaftlichen Gutes – verdanken wir den Kriegserinerunngen von Franciszek Ryszka, Pamiętnik. Ähnliche Beobachtungen formulierte am Beispiel Brombergs Raszewski, Pamiętnik, passim, bes. S. 223.
44 Wyka, Życie, S. 177–181.
45 Dieser Anstieg wog zumindest lokal den Rückgang der Beschäftigten in dem Dienstleistungssektor auf; vgl. Szarota, Warschau, S. 78; Długoborski, Besatzungspolitik, S. 347–350.
46 Długoborski, Besatzungspolitik, S. 352.
47 Angaben nach Długoborski, Besatzungspolitik, S. 342.
48 Der entsprechende Verweis von Lewandowska, Życie, S. 102, ausführlich ausgebreitet in den Erinnerungen von Ryszka, Pamiętnik (Kapitel Okupacji ciąg dalszy. Życie na niby?).
49 Vgl. die Angaben bei Szczepańczyk, Polityka, S. 50 f.: bei Industriewaren stiegen die Preise bis etwa 2000 Prozent, bei landwirtschaftlichen Produkten – zwischen 4300 und 14 000 Prozent. Der Bauer bekam nur einen Teil der Gewinnspanne, die Vermittler verdienten bis 100 Prozent der (illegalen) Einkaufspreise.
50 Entsprechende Schätzungen zusammengestellt von Szczepańczyk, Polityka, S. 250.
51 Szczepańczyk, Polityka, passim.
52 Die Angaben betreffen die tatsächlich aus dem Generalgouvernement ausgeführten Mengen, nicht die Planvorgaben: Szczepańczyk, Polityka, S. 245.
53 Nach Długoborski, Besatzungspolitik, S. 320, betrug die Zahl der zum Teil oder ganz verbrannten Dörfer 1941 bis 1944 etwa 120, die der Todesopfer der Pazifizierungen weniger als 4000. In der Literatur verbreitet ist hingegen die Zahl von 780 verbrannten Dörfern und 20 000 Todesopfern.
54 Die farbige Beschreibung der letzten Phase des Besatzungsregimes datiert Steinhaus, Wspomnienia, S. 278 f. auf das zweite Halbjahr 1944, in dem sowohl die Disziplin als auch die Siegesgewissheit der Deutschen deutlich zurückgegangen waren. In diese Erinnerung gehört auch die Existenz von verschiedenartigen «Banden»: («quasikommunistisch oder quasinational, Splitter der AK, deutsche Deserteure, Flüchtlinge aus Lagern und gewöhnliche Diebe») wie die Beobachtung, Zusammenstöße zwischen Deutschen und Partisanen seien immer seltener geworden, «weil die einen wie die anderen nur Essen, Schnaps und Raub suchten».
55 Angaben nach Krasuski, Tajne szkolnictwo, S. 241 ff. Raszewski, Pamiętnik, S. 112–118, zeigt hingegen, dass im großstädtischen Intelligenzmilieu auch in den eingegliederten Gebieten (sofern es dort überlebt hatte) die Teilnahme am Geheimunterricht eine Selbstverständlichkeit darstellte.
56 Diese Unterschiede noch einmal pointiert herausgestellt in der «Debatte um Kollaboration in Polen im Zweiten Weltkrieg», abgedruckt in: Inter Finitimos. Jahrbuch zur deutsch-polnischen Beziehungsgeschichte 2/2004, S. 51–74.
57 Wyka, Życie, S. 133 ff., hier: S. 134. Voll bestätigt wird dieser Eindruck von Klukowski, Zamojszczyzna, Bd. I, S. 247–250.
58 Worauf der Widerstand mit dem Anbringen von zwölf Schildern mit der Aufschrift «Ach-

tung! Eintritt verboten! Tolle Hunde» reagierte. Szarota, Warschau, S. 253. Die Unterschiede betont auch Chwalba, Dzieje, S. 73, 84 f., 449, 451.

59 Ohne Polizei und Militär. Die widersprüchlichen Angaben zur Bevölkerungszahl in Krakau 1943/44: Chwalba, Dzieje, S. 36 f.

60 Salmonowicz/ Serczyk, Z problemów kolaboracji, S. 48 f.

61 «Die Juden wissen dies», heißt es ferner: «Sie sind jedoch ehrlich überzeugt, dass niemand außer ihnen sich in einer solchen Situation befunden hat.» Raszewski, Pamiętnik, S. 223.

62 Deutsche Übersetzung dieses Zitats von Klukowski zit. nach Gross, «Jeder lauscht», S. 219.

63 Zu den Zahlen siehe Długoborski, Besatzungspolitik, S. 319.

64 Nicht enthalten sind in dieser Zusammenstellung mehrere Gruppen, z. B. die Empfänger der Hilfspakete aus dem neutralen Ausland (die ebenfalls von der Exilregierung mitfinanziert wurden). Die Listen der Empfänger stellte der Widerstand zusammen.

65 Zusätzlich kleinere Beträge in Gold, vier Millionen Reichsmark und 90 Millionen GG-Złoty. Angaben nach Friszke, Rząd, S. 571 f.

66 Ausführlich Krasuski, Tajne szkolnictwo. Ältere deutschsprachige Darstellung: Kleßmann, Selbstbehauptung. In Krakau betrug die geschätzte Zahl der Schüler im Geheimunterricht knapp 3500, die der Studenten ca. 1000. Chwalba, Dzieje, S. 319, 323.

67 Vgl. Szarota, Warschau, S. 302 ff.

9. Die «polnische Frage» im Zweiten Weltkrieg

1 Der dritte, Adam Koc, amtierte nur bis Dezember 1939. Für eine Gesamtdarstellung des Kabinetts Sikorski siehe Hułas, Goście.

2 Dazu ausführlich Hułas, Goście, S. 86–91.

3 Jüngste ausführliche Darstellung der polnisch-sowjetischen Beziehungen: Materski, Na widecie.

4 Der Außenpolitische Ausschuss des Kabinetts Chamberlain hatte diese Präzisierung des Protokolls zwei Tage nach dem Abschluss des Hitler-Stalin-Pakts vorgenommen, «da wir andernfalls Polen eine Garantie gegen eine Aggression von Seiten Russlands erteilen müssten». Das Protokoll der Beratungen vom 25. August., die Vertragsentwürfe und den am selben Tag unterzeichneten Text siehe Błażyński (Hrsg.), Władze, S. 120–141, Zitat: S. 133.

5 Im Sommer 1940 annektierte die Sowjetunion weitere 8000 km² ehemals polnischer Gebiete um Wilna, die es im September 1939 besetzt und Litauen «übergeben» hatte.

6 Die Darstellung der polnisch-britischen und polnisch-sowjetischen Beziehungen folgt vor allem den Beiträgen von Magdalena Hułas und Marek K. Kamiński, in Błażyński (Hrsg.), Władze, S. 163–264, 636–688; Brandes, Großbritannien; Tebinka, Polityka; Historia Dyplomacji, Bd. V, 1939–1945, hier vor allem Kapitel IV und V von Wojciech Materski.

7 Eine neuere Darstellung zum Thema SOE und Polen fehlt. In dem voluminösen Sammelband Polsko-brytyjska współpraca nimmt der Beitrag über die SOE ganze sieben Seiten ein.

8 Als Antwort auf eine parlamentarische Anfrage machte Eden aber sofort öffentlich klar, dass diese Formel keine Grenzgarantie darstelle; vgl. Tebinka, Polityka, S. 156.

9 Englische Übersetzung u. a. in Documents, S. 141–142; The Great Powers, S. 82–83.

10 Einige Dokumente zu diesen Fragen in: Armia Polska w ZSRR; Konflikty polsko-sowieckie 1942–1944. In englischer Übersetzung: Kremlin.

11 Außer den oben genannten vgl. dazu Historia Dyplomacji , Bd. V, hier: S. 257.

12 Den logisch unüberbietbaren Höhepunkt erreichte diese Argumentation in der Note vom 5. Januar 1942, in der Moskau argumentierte, die Besetzung der «West-Ukraine» und «West-Belarusslands» sei keine Okkupation gewesen, denn sie habe dem Anschluss dieser Gebiete an die Sowjetunion gedient – «im Ergebnis des frei ausgedrückten Willens der Bevölkerung dieser Gebiete».

13 Dazu ausführlich Meikeljohn Terry, Poland's Place, S. 127 ff., 247 ff.,

14 Vgl. etwa die Ausführungen Churchills gegenüber Sikorski am 26. April 1942: Der jetzige

Krieg sei die Fortsetzung des Ersten, Russland verlange doch nur die Rückgabe eines Teils jenes Territoriums, mit dem es 1914 in den Krieg gezogen war; Pobóg-Malinowski, Najnowsza historia, S. 220 f.

15 Dazu ausführlich Brandes, Großbritannien, Kap. 3.7., 4.5.1.

16 Auch diese Befürchtungen erhielten ex post eine Bestätigung in Gestalt des ersten Fronteinsatzes der polnischen kommunistischen Ersten Division, die nach dem Abbruch der diplomatischen Beziehungen zwischen Moskau und der Exilregierung gebildet worden war und im Oktober 1943 an die Front kam. Nach der Schlacht rief die Kommunistin Wanda Wasilewska Molotov an und fragte, wie hoch die Verluste seien. «Normal – antwortete er – 30 Prozent». Wasilewska setzte sich mit Stalin in Verbindung und sagte, «dass es in Bezug auf die mehrere Millionen starke Sowjetarmee eine andere Sache sei, aber hinsichtlich der kleinen Gruppe der polnischen Armee heißt das, dass wir in drei Tagen keine Division mehr haben werden». Die Erste Division wurde daraufhin für mehrere Monate von der Front zurückgezogen. Archiwum, Bd. VII, S. 391.

17 Der Begriff bezieht sich auf den polnischen Titel der Erinnerungen von Józef Czapski, der die Sowjetunion 1939–1941 als kriegsgefangener Offizier erlebte. Der Klassiker zu diesem Thema stammt von Gustaw Herling-Grudziński (deutsche Ausgabe: Herling, Welt), der bis heute als eine der besten Beschreibungen der Welt des Gulag gilt.

18 Ausführlich u. a. Tebinka, Polityka, S. 230–238; Historia Dyplomacji, Bd. V, S. 338, 360–369.

19 Tebinka, Polityka, S. 249–256; Historia Dyplomacji, Bd. V, S. 374–379.

20 Dazu noch immer grundlegend: Kersten, Establishment.

21 Wenige Tage vorher, am 30. Juni 1943, war der Befehlshaber der AK General Rowecki in Warschau von der Gestapo verhaftet worden.

22 Die ersten Hinweise auf die britische Zurückhaltung gegenüber dem polnischen Widerstand bereits 1941 lieferte vor Jahren Stafford, Britain, S. 63 f. Der SOE-NKWD-Vertrag vom 30.9.1941 entdeckt und kommentiert von Hułas, Wojenna współpraca.

23 Brandes, Großbritannien, S. 482–487; Kamiński, Zarys, S. 730 f.

24 Hinsichtlich Genauigkeit und Ausführlichkeit bis heute unübertroffen die Darstellung der Konferenzen in Moskau und Teheran von Brandes, Großbritannien, Kap. V.

25 Die Rede abgedruckt u. a. in Jędrzejewicz (ed.), Poland, S. 339–342. Vgl. auch ausführlich Tebinka, Polityka, Kap. IV.

26 Hier folge ich weitgehend meinem Buch Der Warschauer Aufstand 1944, Frankfurt/M. 2001. Siehe auch Strzembosz, Rzeczpospolita, Kap. VII.

27 Das Manifest in nicht ganz korrekter deutscher Übersetzung abgedruckt in: Dokumentation, S. 1–7.

28 Die Schwäche des Moskauer Exils wie auch der PPR und die Rolle der sowjetischen Organe ausführlich dokumentiert u. a. in den Quellenbänden Moskauer Dokumente von Bordiugow et. al. (Hrsg.), Polska; Cariewskaja et al. (Hrsg.), Teczka.

29 Die jahrzehntelange Diskussion, ob die sowjetischen Truppen vor Warschau von Moskau gebremst worden waren oder ob sie tatsächlich ihre Offensive nicht mehr fortsetzen konnten, wurde von Karl Heinz Frieser zugunsten der zweiten These entschieden: ders., «Tannenberg».

30 Zum Kampfverlauf: ausführliche Schilderung neueren Datums Davies, Aufstand.

31 Zit. nach Kunert, Rzeczpospolita, S. 20, 27.

32 Um die Jahreswende 1939/40 spielte man sogar mit Gedanken, das im September 1939 beschädigte Königsschloss gleich in die Luft zu sprengen. Ausführliche Darstellung: Esch, «Ohne Rücksicht».

33 Zit. nach Władysław Bartoszewski, Mit polnischen Augen gesehen, in: Heydecker, Stille, S. 8–9, hier: S. 8.

34 Beide Zitate nach Borodziej, Aufstand, S. 121 f.

35 Kennan, Memoiren, S. 218; zum Kontext: Borodziej, Aufstand, S. 136 ff.

VIERTER TEIL

1945–2004

10. Die Übergangsperiode (1945–1948)

1 Der Befehl vom 19. Januar 1945 in: Armia Krajowa, Bd. V, S. 239 f.; siehe auch Komorowski (Hrsg.), Armia; zu Okulicki: Przemyski, Ostatni komendant.

2 Aus der umfangreichen Literatur zu Jalta siehe u. a. Kersten, Jałta; Nicieja (Hrsg.), Jałta; Dülffer, Jalta.

3 Stellungnahmen der Exilregierung ausführlich zitiert von Kersten, Jalta, S. 103 f., offizieller Protest: S. 254 f.

4 Siehe dazu u. a. Proces moskiewski; Proces szesnastu; Kochanowski, Proces.

5 Teczka, mehrere Berichte vom Frühjahr 1945.

6 Dazu noch immer grundlegend: Dmitrów, Niemcy. Siehe auch Wóycicka, U kresu.

7 Die zwei ranghöchsten Angeklagten, Okulicki und Jankowski, starben in sowjetischer Haft. Die übrigen wurden in den folgenden Monaten und Jahren entlassen.

8 Das Protokoll, die Schlussbestimmungen der Moskauer Verhandlungen sowie einige andere Quellen zu dem Thema in: Archiwum, Bd. IX, S. 95–155, Zitat: S. 110.

9 Die Argumente für den definitiven Charakter der Potsdamer Entscheidung zusammengefasst von Skubiszewski, Zachodnia granica.

10 Diese Schätzung der Warschauer Verluste im Wesentlichen bestätigt durch die Nachrechnungen von 2004: Fałkowski (Hrsg.), Straty.

11 Eine spätere Schätzung des Finanzministeriums (1951) kam auf etwa 5,1 Millionen Todesopfer. S. nächste Anm. Wie die Zahl von sechs Millionen im Bericht von 1947 zustande gekommen ist, zeigt Gniazdowski, Zu den Menschenverlusten, S. 74 f.

12 Die Todesfälle wurden nur nach Ursache aufgeschlüsselt, ohne ausdrückliche Benennung der Opfer der Vernichtungslager. Ausführliche Darstellung der unterschiedlichen Schätzungen in: Problem, hier bes. Bd. I, S. 11–54. Der Bericht von Januar 1947 abgedruckt in ibid., Bd. II, S. 147–190.

13 Dies betraf besonders die Städte in diesen Provinzen. Vgl. die Angaben von Jędruszczak, Miasta, S. 279 ff., 286.

14 Wobei der Mehrwert von einem Sechstel gegenüber dem Zustand von 1939 aufgerechnet wird. Kaliński/ Landau, Gospodarka, S. 192 f.; vgl. auch Tokarski, Wahl, S. 73 f.

15 Nach sowjetischen Berechnungen waren die neuen Gebiete knapp dreimal mehr wert als die ehemals polnischen. Die daraus abgeleiteten Konditionen des Kohlevertrags galten Eingeweihten bald als ein Symbol der Ausbeutung durch Moskau. Die 1953 eingestellten Reparationszahlungen aus der SBZ/DDR wurden erst 1957 abgerechnet. Siehe dazu Problem reparacji, Bd. I, S. 157–163.

16 Aufgrund der sog. Evakuierungsverträge, die die Lubliner Regierung mit der Ukrainischen und Belarussischen SSR am 9. September 1944 und der Litauischen SSR am 22. dieses Monats geschlossen hatte. Weiterführende Literatur zu diesem Thema siehe Ciesielski (Hrsg.), Umsiedlung; Wysiedlenia.

17 Weiterführende Literatur zu diesem Themenkomplex siehe Borodziej/ Lemberg (Hrsg.), Heimat.

18 Aus der umfangreichen Literatur zu dem Thema Juden und die Anfänge Volkspolens siehe u. a. Kersten, Polacy; speziell zur Auswanderung die Beiträge von Maciej Pisarski und Albert Stankowski in: Tomaszewski (Hrsg.), Studia; Grabski, Działalność.

19 Dazu noch immer grundlegend: Kersten, Repatriacja sowie jüngst, mit erweitertem Blickwinkel auf die nichtpolnischen Beteiligten und Opfer: Wysiedlenia (wie Anm. 16).

20 Die größte Gruppe (Oberschlesier, die schon vor 1939 polnische Staatsbürger waren) scheint eventuelle Doppel- bzw. schwankenden Identitäten gerade in der unmittelbaren

Nachkriegszeit kaum zur Schau gestellt zu haben und wird in dieser Gesamtzahl der Minoritäten nicht berücksichtigt. Die Statistik wies 20,5 Millionen Polen, 2,3 Millionen Deutsche, über 400 000 aktuell Verifizierte und knapp 400 000 «andere» aus.

21 Die Schätzungen von 1947 sollten auch in diesem Punkt nicht als exakte Angaben, sondern als Hinweise auf die Größenordnung gelesen werden.

22 Von den 126 Generälen der Streitkräfte im Exil traten nur 20 den Weg nach Polen an. Im Falle des Zweiten polnischen Korps in Italien, dessen großer Teil 1939–1941 die Sowjetunion kennen gelernt hatte, entschlossen sich 90 Prozent für das Exil. Schätzungen zufolge zog etwa eine halbe Million Polen im Westen die Emigration der Rückkehr vor. In der Sowjetunion blieben (nach amtlichen Statistiken von 1950) etwa 1,5 Millionen Menschen.

23 Zit. nach dem Protokoll vom 9. Oktober 1944; Kochański (Hrsg.), Protokoły, (zeszyt 2), S. 22 f.

24 Ende 1945 zählte der Landesnationalrat knapp 300 Abgeordnete, vor den Wahlen 1947–447.

25 Siehe dazu Turkowski (Hrsg.), Opozycja.

26 Der antikommunistische Widerstand dokumentiert in Atlas, hier: S. LI.

27 Die besten Darstellungen zum Zeitraum 1945–1989, denen die folgenden Kapitel viel verdanken, stammen von Paczkowski, Pół wieku und Friszke, Polska. Wichtigstes Nachschlagewerk: Kochański, Polska.

28 Moskau erhielt im geheimen Zusatzprotokoll zu diesem Vertrag die bereits erwähnten polnischen Kohlelieferungen zu einem Bruchteil des Marktpreises. Vgl. Problem, Bd. II, S. 41–44.

29 Siehe Kamiński, Polsko-czechosłowackie stosunki.

30 Vgl. Borodziej, Od Poczdamu, S. 291–314; Ruchniewicz, Warszawa, Kapitel 2.1.1.

31 Borodziej, Od Poczdamu, S. 61–77.

32 Geyer, Deutschland, S. 58, 61.

33 Damit fand auch der Ausbau der Wirtschaftsbeziehungen zu den westeuropäischen Ländern seinen Abschluss; Polens Beteiligung am internationalen Handel blieb in der Folgezeit derart spärlich, dass man von einer «geschlossenen Wirtschaft» sprechen kann; Kaliński/ Landau, Gospodarka, S. 232–234.

34 Zubok/ Plesakov, Cold War, Kapitel über Ždanov und die Entstehung des Ostblocks.

35 Noch immer brauchbare Darstellung: Werblan, Gomułka.

36 Turkowski, Polskie Stronnictwo, S. 111–118.

37 Kaliński/ Landau, Gospodarka, S. 206 ff. Die Ansprüche ausländischer Besitzer sind in 16 Verträgen abgegolten worden; der letzte wurde 1971 abgeschlossen.

38 Positiv antworteten hier auf die erste Frage 16 Prozent der Teilnehmer der Volksbefragung, 33 Prozent auf die zweite und 69 Prozent auf die dritte Frage.

39 Dazu grundlegend die Untersuchung von Paczkowski, Referendum z 30 czerwca 1946. Próba wstępnego bilansu, in: ders., Od sfałszowanego zwycięstwa, S. 11–32.

40 Klukowski, Zamojszczyzna, Bd. II, S. 213, 142.

41 Dazu Szaynok, Pogrom.

42 Vgl. Gross, Fear und die an die polnische Übersetzung dieses Buches (2008) anschließende Diskussion.

43 Steinlauf, Bondage.

44 Grundlegend zu diesen Fragen weiterhin die älteren Arbeiten von Krystyna Kersten, gesammelt in: dies., Polacy (wie Anm. 18). Siehe auch die vorherigen und die folgende Anmerkung.

45 Vgl. die Untersuchung von Paczkowski, Żydzi w UB, der den hohen Anteil von Funktionären jüdischer Herkunft in der Warschauer Zentrale und einen verschwindend geringen in den Außendienststellen des Ministeriums herausarbeitet.

46 Allein die Zahl der Opfer der Volks- und Reichsdeutschen geht in die Zehntausende. Die Zahl der Opfer des Bürgerkriegs wird auf etwa 30 000 geschätzt (vgl. S. 271), hinzukommen wesentlich geringere Zahlen der getöteten Ukrainer und Juden.

47 Ossowski, Na tle.
48 Zaremba, Mit; ders., Trauma.
49 Telatycki, Ocena, S. 8.
50 Zu den auch regional stark unterschiedlichen Haltungen der Arbeiterschaft vgl. Kenney, Poland.
51 Der letzte große Prozess gegen die WiN fand 1950 statt, zwei Jahre nach Verhaftung der führenden Funktionäre. Am 1. März 1951 wurde fast die gesamte letzte Führung der Organisation (sieben Personen) hingerichtet. Die 1948–1952 unter demselben Namen tätige Konspiration wurde von Beginn durch die Sicherheitspolizei gesteuert.
52 Die diesbezüglichen Rechtsnormen aufgelistet in: Borodziej/ Lemberg (wie Anm. 17), Einleitung, S. 80.
53 Grundlegend dazu die Aufsätze von Landau, Przeobrażenia aparatu bankowego; Reformy walutowe w latach 1944–1950, in: ders./ Kaliński (Hrsg.), Gospodarka, S. 89–114 und 115–143.
54 Dazu ausführlich Tokarski, Wahl, S. 93–98.
55 Keiner hat dieses Thema gründlicher erforscht als Henryk Słabek. Aus den zahlreichen Büchern und Aufsätzen sei verwiesen auf ders., Wieś i rolnictwo, in: Ryszka (Hrsg.), Polska, S. 177–278.
56 Die teils unvergleichbaren Daten rekonstruiert von Jędruszczak, Miasta (wie Anm. 13), S. 357–367.
57 Die Industrieproduktion übertraf 1949 den Stand von 1938 innerhalb der alten Staatsgrenzen nach offiziellen Angaben deutlich, erreichte aber den Vorkriegsstand innerhalb der neuen Grenzen erst im folgenden Jahr; Landau/ Kaliński (Hrsg.), Gospodarka, S. 225, 234 f.
58 Jędruszczak, Miasta, S. 346–350.
59 Landau/ Kaliński (Hrsg.), Gospodarka, S. 206 ff.
60 Jędruszczak, Miasta, S. 388.
61 Szarota, Upowszechnienie kultury, in: Ryszka (Hrsg.), Polska, S. 436 f.
62 Sie begann mit einem Angriff des Znaniecki-Schülers Józef Chałasinski 1946 (deutsche Übersetzung in: ders., Vergangenheit, S. 52–147) gegen die Vorkriegsintelligenz.
63 Jarosz/ Wolsza, (Hrsg.), Komisja. Im Kontext anderer Lager und Häftlinge werden die ca. 20 000 Opfer der Kommission dargestellt von Kopka, Obozy.
64 Landau/ Kaliński (Hrsg.), Gospodarka, S. 231. Tokarski, Wahl, S. 108–113. Genauere, wenngleich zensierte Angaben zur «Schlacht um den Handel»: Kaliński, «Bitwa o handel» (1947–1949»), in: Landau/ Kaliński (Hrsg.), Gospodarka, S. 168–191.
65 Das Protokoll veröffentlicht von Kochański (Hrsg.), Protokoły (zeszyt 15), Warszawa 2001.

11. Stalinismus und Entstalinisierung (1949–1956)

1 Auf diese Korrekturen ging die namentliche Erwähnung der Teilungsmächte zurück (in der Präambel wurden nun preußische, österreichische und russische «Eroberer-Kolonisatoren» genannt). Die Warschauer Verfassungsväter hatten, offensichtlich aus Furcht vor der Reaktion Moskaus, diesen Hinweis ursprünglich gescheut; vgl. Persak, Stalin As Editor.
2 Der polnische Name *stronnictwo* lässt sich in diesem Zusammenhang nur als «Partei» übersetzen. Es war jedoch kein Zufall, dass beide Blockparteien nicht den Namen «partia» führen durften. Somit gab es bis 1989 nur eine *partia* – die PVAP –, die in der Umgangssprache mit dieser Kurzformel apostrophiert wurde.
3 Die verworrene Struktur der obersten Instanzen sorgfältig rekonstruiert von Persak, Struktura, S. 29–32.
4 Mędrzecki, Społeczeństwo, S. 100.
5 Genaue Angaben: Stola, Finanse PZPR, S. 108 ff.
6 Die Angaben von Friszke, Polska, S. 173, werden weitgehend bestätigt von der Untersu-

chung über den Parteiapparat in Krakau: Dudek, Komitet, S. 155. Auffallend schrumpfte gerade in Krakau der Anteil der Mitarbeiter, die aus der Schicht der Intelligenz stammten, von ohnehin mageren 3,5 Prozent (1950) auf ein Prozent drei Jahre später.

7 Schätzung von Paczkowski, System nomenklatury, in: ders., Centrum, S. 115–139, hier: S. 135.

8 1950 waren 95 Prozent der Betriebsdirektoren Mitglieder der PVAP. Der Anteil von Hochschulabsolventen in dieser Gruppe fiel von 84 Prozent 1945 auf 32 Prozent fünf Jahre später. Kaliński/ Landau, Gospodarka, S. 215.

9 Die im Vergleich mit DDR und Tschechoslowakei relativ erfolgreichen Abwehr- und Anpassungsstrategien der «alten Intelligenz» am Beispiel der Hochschulen sensibel nachgezeichnet von Connelly, University.

10 Diese und folgende Angaben nach Kierownictwo, S. 30, 33, 217. 1956 dienten noch ganze 240 Berufsoffiziere der Vorkriegszeit.

11 Vgl. Kaliński, System, S. 86 f.

12 Genaue Angaben zu den stets steigenden Planvorgaben und deren Schwerpunkten Tokarski, Wahl, S. 148–154, 158.

13 Zu diesen Maßnahmen ist ebenfalls die Zwangsanleihe zu zählen, die gleichzeitig etwa vier Prozent der Einkommen aus dem Verkehr zog. Gruszecki, Pieniądz, S. 84 f.

14 Borodziej, Gewalt S. 1369. Weitere Literatur zu dem Thema enthalten die zahlreichen Veröffentlichungen des Instytut Pamięci Narodowej aus den letzten Jahren.

15 Zum Vergleich: 1957 genügten 11 500 Informelle Mitarbeiter, um den Machthabern das Gefühl der Sicherheit zu verleihen, 1960 wurde gar ein Mindeststand von weniger als 9000 IM verzeichnet. Später stiegen die entsprechenden Zahlen (1970: 15 000, 1978: 26 000) und erreichten nach dem Kriegsrecht von 1981–1983 nochmals Rekordhöhe (vgl. S. 372), wobei aber die Gesamtzahl der Bevölkerung um rund ein Drittel höher war als 30 Jahre zuvor. Die entsprechenden Angaben für die letzten Jahre der VRP sind unbekannt. Vgl. dazu detailliert Machcewicz, Zmiana, S. 119–158, hier: S. 130.

16 Paczkowski, Terror, S. 33–75, hier: S. 61 f.

17 Ca. 70 000 Deutsche durften nach 1948 im Rahmen der Familienzusammenführung (meistens in die DDR) ausreisen, etwa 30 000 Juden wurde 1949/50 die Emigration erlaubt. Stola, Zamknięcie, S. 165.

18 Stola, Zamknięcie, S. 164–167, 175–179.

19 Die Ausnahme war Oberschlesien, wo der Kattowitzer Bischof das Bekenntnis zur deutschen Nationalität empfohlen hatte, um eventuellen Repressalien vorzubeugen. Dieses durch die örtlichen Verhältnisse und Traditionen legitimierte Verhalten wurde von der Exilregierung gebilligt.

20 Ein eindruckvolles Portrait des ehemaligen Faschisten in Kriegs- und unmittelbarer Nachkriegszeit enthält der zu Unrecht vergessene politische Roman des späteren Nobelpreisträgers Miłosz, Gesicht; die wissenschaftliche Biographie stammt von Dudek/ Pytel, Piasecki.

21 Zu dem Verhältnis Volksrepublik Polen-Kirche-Heiliger Stuhl, besonders im Kontext der Neuen Gebiete, noch immer lesenswert Stehle, Ostpolitik, Zitat S. 307.

22 Dazu ausführlich Dudek/ Gryz, Komuniści.

23 Übersetzung nach Stehle, Ostpolitik, S. 306.

24 Dies hinderte jedoch den Staat nicht, schon 1951 die Apostolischen Administratoren in den Nord- und Westgebieten aus ihren Ämtern zu entfernen sowie den Religionsunterricht aus den Schulen zu verdrängen.

25 Siehe dazu u. a. Dudek/ Gryz, Komuniści, hier: S. 84 f.

26 Vgl. dazu Stehle, Ostpolitik; Grajewski, Kompleks.

27 Im September 1955 gab es Religionsunterricht nur noch in jeder fünften Grundschule. Machcewicz, Zmiana (wie Anm. 15), S. 136.

28 Zahlenangaben nach Dobieszewski, Kolektywizacja, S. 53 f., 75–90. Grundlegend zu diesem Abschnitt: Jarosz, Polityka, hier: S. 107 ff., 227–231.

29 Zahlen u. a. bei Tokarski, Wahl, S. 201 f.; Angaben zur Produktivität bei Dobieszewski,

Kolektwizacja, S. 99 ff. Der bis 1989 beständig hohe Anteil der genossenschaftlichen und staatlichen Betriebe in den «Wiedergewonnenen Gebieten» war nur partiell Folge der Zwangskollektivierung; er ging vor allem auf die Nichtverteilung eines großen Teils des Bodens bereits 1945–1947 zurück.

30 Kaliński/ Landau, Gospodarka, S. 248–251.

31 Jarosz/ Pasztor, Afera, S. 115.

32 Brzostek, Robotnicy, Zahlenangaben: S. 134 f.

33 Moczarski, Zapiski, S. 296–306. Moczarski teilte 1949 die Zelle mit einem deutschen Kriegsverbrecher (dem ehemaligen SS und Polizeiführer Warschau Jürgen Stroop), was AK-Angehörigen im volkspolnischen Gefängnis des Öfteren passierte. Moczarski, Gespräche.

34 Paczkowski, Terror, S. 33–75, hier: S. 55 f.

35 Vgl. Heumos, Stalinismus, S. 82–109, hier: S. 86 f.

36 Die nahezu messianischen Züge des Stalinismus reflektiert Kula, Religiopodobny komunizm.

37 Paczkowski, Pół wieku, S. 280 f.; weitere Angaben zu diesem Thema Friszke, Polska, S. 188.

38 Im Extremfall standen dem Lehrer (so z. B. im Geschichtsunterricht in der Mittelschule im Schuljahr 1950–51) nur Übersetzungen zur Verfügung; die alten polnischen Schulbücher waren eingezogen worden, die neuen wurden erst geschrieben.

39 Kaliński/ Landau, Gospodarka, S. 197.

40 Dazu vor allem Brzostek, Robotnicy; auf ähnliche Haltungen weiter südlich verweist Heumos, Stalinismus, S. 91.

41 In Nowa Huta erteilten die Behörden die Baugenehmigung für eine Kirche erst 1967 und sabotierten das Unternehmen derart effektiv, dass sie erst zehn Jahre später eingeweiht wurde; in anderen neuen Städten dauerte es bisweilen noch länger.

42 Das Urteil von Hanna Adamczewska in der Fachzeitschrift *Architektura;* zit. nach Jahrbuch Polen 2007, S. 63.

43 Der Fall Field und dessen «Polish connection» ausführlich dokumentiert in: Barth/ Schweizer (Hrsg.), Fall.

44 Gesammelt und neu herausgegeben von Błażyński, Mówi.

45 Sicherheitspolizeilicher Schlussbericht über das Festival veröffentlicht von Kopka, Aparat.

46 Farbenfrohe Darstellung des Festivals unter dem treffenden Titel «Ein Fest wie kein anderes»: Osęka, Rytuały, S. 221–238 (Zitate S. 237 f.).

47 Noch immer wichtigste Gesamtdarstellung: Machcewicz, Polski rok; knappe Darstellungen des internen Machtkampfes: Paczkowski (Hrsg.), Centrum, S. 147–213.

48 Neben der Arbeit von Jarosz, die u. a. die Verfolgung widerspenstiger Bauern dokumentiert (wie Anm. 28), siehe z. B. Tomkiewicz, Delegatura, über die Repressionen gegen Kleinhändler und sonstige private Unternehmer sowie die Erinnerungen derselben, Prywaciarze w Peereleu, in: Karta 26 (1998), S. 81–104 und Inicjatywa prywatna, in: Karta 29 (1999), S. 84–127.

49 Machcewicz, Polski rok, S. 98 ff.; zu den Posener Ereignissen siehe auch Jankowiak/ Makowski (Hrsg.), Poznański czerwiec.

50 Eine vergleichende Einordnung des «Posener Juni» 1956 siehe Jankowiak/ Makowski (Hrsg.), Przełomowy rok.

51 Ein dritter Prozess gegen weitere zehn Teilnehmer wurde ohne Gerichtsurteil eingestellt; vgl. Jankowiak/ Makowski (Hrsg.), Poznański czerwiec, S. 7, 145–162.

52 Die bislang einzige bekannte Aufzeichnung über die Gespräche erst unlängst veröffentlicht von Aleksandr M. Oriechow; poln. Übersetzung: Andrzej Werblan, Sprzeciw Gomułki wobec dyktatu Kremla. Rozmowy w Belwederze w październiku '56, in: Dziś 2008, Nr. 9, S. 162–189, Nr. 10, S. 5–25.

53 Zum internationalen Kontext vgl. Rowiński (ed.), October.

54 Dariusz Stola, Pożytki z siodłania krowy, In: Rzeczpospolita Plus Minus, 9.–10. Februar 2008.

12. Der andere Staatssozialismus (1956–1970)

1 Bis 1969 sollte diese Zahl geringfügig fallen. Angaben nach Machcewicz, Zmiana, S. 119–158, hier: S. 128 f.

2 Dominiczak, Organy, S. 159.

3 Dazu u. a. Jankowiak, Wysiedlenie, Kap. IV; Ruchniewicz, Repatriacja.

4 Zum Exil in den 1950ern vgl. u. a. Turkowski, Parlamentaryzm; Friszke u. a. (Hrsg.), Druga Wielka Emigracja; speziell zum Verhältnis gegenüber dem «Oktober»: Ziętara, Postawa.

5 Die Gründung des Warschauer Pakts im Mai 1955 wurde bezeichnenderweise nicht zum Anlass für den Abschluss eines bilateralen Vertrags, über die Anwesenheit der Heeresgruppe Nord in Polen. 1957 und 1958 wurden die Moskauer Bestimmungen vom November 1956 nach zähen Verhandlungen dahingehend ausgebaut, dass die Zahl der Soldaten auf etwa 66 000 Mann in 70 Garnisonen hauptsächlich im Westen Polens festgelegt wurde.

6 Machcewicz, Kampania, S. 14. Zu der Stimmung in den Wochen vor der Wahl siehe auch ders., Polski rok, S. 197–216.

7 Der Episkopat informierte am 16. Januar die Gläubigen, dass die Stimmabgabe eine «Pflicht des Gewissens» sei und die Messen am 20. Januar derart zu organisieren seien, dass «alle Gläubigen ohne Hindernisse ihren religiösen Pflichten und der Pflicht der Teilnahme an der Wahl nachgehen können»; Machcewicz, Kampania, S. 18.

8 Bislang ist kein Hinweis aufgetaucht, dass diese – eigentlich unwahrscheinlichen – 99 Prozent ein Ergebnis von Fälschung gewesen sind.

9 Friszke, Opozycja, S. 102, 114.

10 Dazu noch immer lesenswert die historische Reportage von Łopieńska/ Szymańska, Stare numery.

11 Zur Auflösung von *Po Prostu* und deren Folgen im Kontext der nahezu sofort (Ende Oktober 1956) eingeschlagenen regressiven Kulturpolitik des neuen Parteichefs vgl. Persak, Sprawa, S. 30–56.

12 Ausführliche Dokumentation: PDD 1957.

13 Kaliński/ Landau, Gospodarka, S. 271, weisen allerdings darauf hin, dass die Umkehr dieses Prozesses bereits 1957 einsetzte.

14 Im Vergleich mit dem ersten Halbjahr 1956 stiegen sie im ersten Halbjahr 1957 sogar um 21 Prozent (darunter in der Industrie um 26 Prozent); Angaben nach Rykowski/ Władyka, Kalendarium, S. 50.

15 Kaliński/ Landau, Gospodarka, S. 272.

16 Von rund 5000 Anfang des Jahres auf 22 000 im Dezember. 1959 waren es bereits 238 000 (Kronika Polskiej Telewizji in www.tvp.com.pl/historia).

17 Paczkowski, Pół wieku, S. 318.

18 Człowiek to nie jest piękne zwierzę. Interview mit Barbara Skarga, in: *Gazeta Wyborcza* 17. April 2004.

19 Zur Kontinuität des Nationalismus in Volkspolen vgl. Zaremba, Komunizm.

20 Siehe dazu PDD 1957, passim.

21 Die Rolle Chinas in der Krise von 1956 näher beleuchtet in: Rowiński (ed.), October. Sie dürfte eher kleiner gewesen sein, als in den Folgejahren vermutet wurde; dass aber Peking im Herbst 1956 keine sowjetische Intervention in Polen unterstützt hätte, bleibt gewiss.

22 Dazu PDD 1957, sowie nächste Anmerkung.

23 Vgl. Tajne dokumenty Biura Politycznego.

24 «Genosse Chruščevs Politik gegenüber der BRD lag das Rapallo-Konzept zugrunde. Er ging davon aus, dass sich die BRD der Sowjetunion zuwenden müsse […]», urteilte er nach dem Sturz Chruščëvs im Kreis der Politbüromitglieder; zit. nach Tomala, Deutschland, S. 225. Zur Frühphase der Beziehungen vgl. Ruchniewicz, Warszawa.

25 De Gaulle hatte bereits 1959 die positive französische Position gegenüber der Oder-Neiße-Grenze bekräftigt, indem er von einer erstrebenswerten Vereinigung Deutschlands innerhalb der aktuellen Grenzen sprach; 1967 ärgerte der General Bonn nochmals, als er während des Besuchs in Oberschlesien Zabrze (Hindenburg) als «die schlesischste aller schlesischen, die polnischste aller polnischen Städte» bezeichnete. Vgl. Pasztor, Między Paryżem.

26 Polnische Aufzeichnungen der Gipfeltreffen der Warschauer-Pakt-Staaten gesammelt in: Garlicki/ Paczkowski (Hrsg.), Zaciskanie pętli.

27 Hingegen stieg die Mitgliederzahl des ZSL nur von 260 000 auf 413 000 und die der Mitglieder des SD von 34 000 (1956) auf 88 000.

28 Mitte der 1960er Jahre hatten nur noch zwölf Prozent eine Grundschulausbildung, über die Hälfte – das Abitur, mehr als ein Fünftel waren Hochschulabsolventen.

29 Vgl. Brzostek, Działacze i urzędnicy. Genauer untersucht ist die Reduzierung des Parteiapparats und seiner finanziellen Mittel. Vgl. die Beiträge von Borodziej, Dudek, Paczkowski und Stola in: Paczkowski (Hrsg.), Centrum.

30 Angaben nach Friszke, Polska, S. 253 f.

31 Berechnungen nach Dudek/ Kochański/ Persak (Hrsg.), Centrum, S. 10. Im letzten krisenlosen Jahr der Ära Gomułka (1969) trat das Politbüro neunmal zusammen.

32 Dieser Prozess am besten beleuchtet von Persak, Sprawa.

33 Vgl. dazu Lesiakowski, Die Veteranen.

34 In Kraśnik Fabryczny kam es im Juni 1959 zu Zusammenstößen, bei denen 61 Personen festgenommen wurden. Die Genehmigung für den Bau der Kirche wurde 1977 erteilt, das Gebäude 1982 eingeweiht. Dudek/ Marszałkowski, Walki, S. 92–95.

35 Einige dieser Zusammenstöße dokumentiert in Dudek/ Marszałkowski, Walki, S. 92–136, hier: S. 106, 111. Ähnliche Vorfälle auf dem Land und in Kleinstädten, die in der Regel in Warschau unbekannt geblieben sind, wurden in der Vierteljahrsschrift *Karta* und in den von *Karta* organisierten landesweiten Schülerwettbewerben der 1990er Jahre erstmals dargestellt.

36 Vgl. dazu Boll (Hrsg.), Wir, Zitat: S. 30.

37 Beide Seiten griffen damit konstitutive Elemente des Geschichtsbildes auf: 966 hatte der Fürst Mieszko I. mit der Taufe den Einzug des künftigen Polen in die europäische Staatengemeinschaft eingeleitet und die Grundlage für den Übergang zu moderner Staatlichkeit geschaffen.

38 Zur Rolle des Spielfilms in den 1960ern vgl. S. 326 f.

39 *Matka Królów*. Der Roman durfte bis 1989 keine zweite Auflage erleben. Die Verfilmung von 1981/82 (deutscher Titel «Mutter Król und ihre Söhne») musste auf ihre offizielle Premiere bis 1987 warten.

40 *Ciemności kryją ziemię*, 1956. Er hatte als einziger unter den hier genannten Schriftstellern bereits im literarischen Milieu vor 1939 eine Rolle gespielt und war einer der vier Helden des «Verführten Denkens» von Miłosz (1953).

41 Hłasko ist – wie viele Künstler dieser Generation, u. a. der Regisseur Roman Polański – emigriert (1958). Polański war einer der wenigen, die «im Westen» eine veritable Karriere gemacht haben.

42 Wortlaut und Diskussion siehe Fik, Kultura, S. 358–366.

43 Siehe dazu Świadkowie i historycy, in: Przegląd Polityczny 2007/84, S. 98–109.

44 Bartoszewski/ Lewin (Hrsg.), Ten. Vgl. dazu Libionka, Polskie piśmiennictwo, S. 31–44.

45 Iwona Kurz, «Ten obraz», S. 469.

46 Die «gewissenhafte Kontrolle der Kader polnischer Abstammung» habe ergeben, «dass es von ihnen nur sehr wenige gibt»; vgl. Dok. 3–5, in: Polska–ZSRR, Zitat: S. 27.

47 Stola, Kampania, S. 40 ff., 274.

48 *Dziady* («Die Totenfeier»), 3. Teil, 1832 vom Nationaldichter Adam Mickiewicz geschrieben, thematisierte u. a. das Aufbegehren der jungen Romantiker gegen die Abhängigkeit von Russland in den 1820er Jahren.

49 Vgl. die übersichtliche Zusammenfassung von Dahlmann, Die antisemitische Kampagne.
50 Detaillierte Angaben zum beruflichen und sozialen Profil vgl. Stola, Kampania, S. 213–216, sowie die in der nächsten Anmerkung genannten Arbeiten.
51 Die umfangreiche Literatur zusammengefasst in den jüngsten Gesamtdarstellungen: Eisler, Polski rok; Osęka, Marzec.
52 Davies, Playground, vol. II, S. 552.
53 Die neuen Aufstiegschancen illustriert u. a. die Entwicklung im Bereich der Wissenschaft, wo es bislang etwa 4500 Professoren und Dozenten gab. 1968 rückten knapp 600 Promovierte ohne Habilitation in die begehrten Stellen auf. Bereits im Juni 1968 wurde die Universität in Kattowitz gegründet, 1970 folgte eine neue Universität in Danzig.
54 Vgl. Bingen, Polenpolitik, S. 131 ff.
55 Zit, nach Eisler, Rok 1970, S. 254.
56 Allein das Militär setzte in den Küstenstädten insgesamt 25 000 Soldaten und 550 Panzer ein. Die Zahl der Festnahmen belief sich auf knapp 3000.
57 Monate später, im März 1971 bekannte sich Gomułka voll zu seiner Haltung im Dezember und wies jede Schuld von sich. Der Jugend, auch den Funktionären der Jugendverbände empfahl er die Lektüre der Geschichte Polens des konservativen Historikers Józef Szujski (erste Auflage 1862–1866), in der Szujski dem Adel die Schuld für den Untergang der I. Polnischen Republik zuschrieb. Gomułka prangerte die polnischen «Traditionen der Nichtbeachtung des Rechtes, die Traditionen der Gewalt, des Eigenwillens und des Anarchismus» an und schloss diesen Abschnitt seiner Ausführungen mit dem Satz: «Hätte man der Arbeiterjugend der Küste die Geschichte des Falls und der Teilungen Polens beigebracht, hätte sie in den Dezembertagen nicht den Weg der Anarchie beschritten, sie hätte gewusst, wohin dieser Weg führt.» Zit nach Tajne Dokumenty. Grudzień, S. 219–283, hier: S. 269.

13. Polen um 1965

1 Die Kenntnis der Aufzeichnung des Chargé d'affaires Jacques Fouchet, Les trois formes du malaise polonais, 10 X 1967, (Zitat : S. 2) verdanke ich Błażej Brzostek.
2 Statystyczny opis, S. 71.
3 In der Gesamtbilanz 1950–1970 belegte Polen mit einem Zuwachs von 131 Prozent im europäischen Vergleich weiterhin den ersten Rang.
4 Friszke, Polska, S. 267.
5 Allerdings hatte sich die Distanz gegenüber den am höchsten entwickelten europäischen Ländern kaum verändert; Historia Polski w liczbach, S. 183 f.
6 Mędrzecki, Społeczeństwo, S. 102.
7 Friszke, Polska, S. 269.
8 Angaben nach Słabek, Powojenna infrastruktura.
9 Statystyczny opis, S. 167.
10 Dies Motiv wird am Beispiel von Warschau ausführlich behandelt von Brzostek, Za progiem.
11 Hołyst, Przestępczość, S. 112–119. Inwieweit man gerade in diesem Punkt der amtlichen Statistik trauen kann, ist ungewiss; sie dürfte jedoch eine Annäherung an die tatsächlichen Verhältnisse widerspiegeln.
12 Jarosz/ Pasztor, Afera, S. 341–344.
13 Für die Einordnung dieser Sozialisierung aufschlussreich der Vergleich zwischen VRP und DDR: Mazurek, Socjalistyczny zakład.
14 Angaben zur Bildung der Arbeiter u. a. Friszke, Polska, S. 267.
15 Słabek, Załoga, S. 131, 121.
16 Nowakowa, Wzory.
17 Statystyczny opis, S. 24.
18 Siciński, Czas, S. 30–34.
19 Janusz Rolicki, Te prywatne kotlety, in: *Polityka*, 16. April 1966.

20 Siciński, Czas, S. 51–54.
21 Dazu ausführlich Sowiński, Wakacje, hier: S. 99, 92.
22 1960: 216 000 Auslandsreisen, davon 44 000 in das nicht-sozialistische Ausland; 1970 entsprechend 871 000 und 114 000.
23 Iwanicki, Ludność, S. 41–43.
24 Die landwirtschaftliche Produktion fiel infolge der oben genannten Bedingungen mehrmals – 1959, 1962 und 1969 – hinter den Vorjahresstand zurück; Landau, Gospodarka, S. 285–287, 291.
25 In dem Fünfjahresplan 1961–1966 32 Prozent, im nächsten nur noch 30 Prozent; Angaben nach Kochanowski, Wir.
26 Ausführlich referiert diese These Tokarski, Wahl, S. 288–292.
27 Die Invasion des Fernsehens in den Alltag rekonstruiert von Pleskot, Wielki mały ekran, hier bes. S. 23–38.
28 Sicherlich das erste Meinungsforschungsinstitut in Polen, möglicherweise aber auch in anderen realsozialistischen Ländern.
29 Siehe u. a. Anm. 16, 18.
30 Statystyczny opis, S. 244.
31 Während unmittelbar nach dem Oktober der Anteil westlicher Filme deutlich über 50 Prozent der Titel ausmachte, fiel er in den 1960ern auf unter ein Drittel, wofür sowohl Sparsamkeit als auch ideologische Wachsamkeit der staatlichen Kinematographieleitung ausschlaggebend gewesen sein dürften. Kinematografia, S. 143–150.
32 Interessanterweise erhielt der Film auch die Goldmedaille der Weltfestspiele der Jugend und Studenten in Moskau 1957.
33 Vor allem die Verfilmung des 1948 preisgekrönten Romans von Andrzejewski «Asche und Diamant» (1958).
34 Munk starb 1961. Seine heiter-bitteren Abrechnungen mit dem Heldenmythos wurden später nur ungern gezeigt.
35 Vgl. Misiak, Kinematograf, hier: S. 184–201.
36 Deutsche Ausgabe: In Schutt und Asche. Roman. Übersetzung aus dem Polnischen und Nachwort von Ellen-Alexa Schwarz, Zürich 1988.
37 Ein Jahr zuvor wurde Brychts Roman *Dancing w kwaterze Hitlera* («Dancing in Hitlers Quartier», 1966) zu einem Publikumserfolg. Zu nennen wären in diesem Zusammenhang auch die Pseudomemoiren des Führers der «Partisanen», Mieczysław Moczar (*Barwy walki*; 11 Auflagen mit insgesamt knapp einer halben Million Exemplaren bis 1970 und Verfilmung 1965; Persak, Sprawa, S. 66); *Kolumbowie* von Roman Bratny, einst der Kultroman des polnischen Oktober, wurde nun für das Fernsehen verfilmt und im Theater aufgeführt.
38 Eine «Polnische Kommunistische Partei» versuchte nach der Flucht des ehemals prominenten PVAP-Funktionärs Kazimierz Mijal nach Albanien 1966, aus dem Exil auf die Volksrepublik einzuwirken. Mijal setzte seine Agitation gegen die Staatspartei in den siebziger Jahren von China aus fort.
39 Friszke, Polska, S. 267. Abweichende Angaben bei Mędrzecki, Społeczeństwo, S. 102 f.
40 Das Urteil von Jadwiga Staniszkis aus dem Jahre 1980, die zum Zeitpunkt der Veröffentlichung des extrem systemkritischen Aufsatzes den Begriff der «sich selbst beschränkenden Revolution» prägen sollte, zit. nach Tymiński, Funkcjonowanie przedsiębiorstwa, S. 109.
41 Siehe die Zusammenstellung von Landau, Gospodarka, S. 285. Rückgänge wurden lediglich in der Landwirtschaft verzeichnet (siehe Anm. 24).
42 Rakowski, Dzienniki 1963–1966, S. 178.
43 Landau, Gospodarka, S. 295.
44 In der Erinnerung scheint z. B. der oben erwähnte Einzug der Technik in die individuellen Haushalte völlig verdrängt worden zu sein, obwohl der Kauf eines Fernsehers oder eines Kühlschranks eine beachtliche Investition darstellte und den Alltag nachhaltig veränderte.

45 Eine eingehende Untersuchung des sozialen Sicherungsnetzes in der VRP fehlt; siehe die knappen Angaben bei Landau, Gospodarka, S. 217 f. Die Finanzierung der Versicherungssysteme wurde durch den niedrigen Altersdurchschnitt der Gesellschaft und den hohen Anteil der Erwerbstätigen wesentlich erleichtert.

46 Charakteristischerweise wurde in der VRP – im Gegensatz zur DDR – nicht der russische Begriff gebraucht, sondern polnische Übersetzungen (*praca społeczna, czyn społeczny*), die man in etwa als ehrenamtliche Arbeit oder als Aktivität für die Gesellschaft übersetzen kann.

47 Siehe dazu den Überblick von Friszke, Polska, S. 254–257.

48 Der Grundtenor der Berichte der britischen Botschaft in Warschau skizziert von Jarosz, Brytyjskie dokumenty, hier: S. 119–121.

49 Gruszecki, Pieniądz, S. 90. Es scheint keineswegs ausgeschlossen, dass die drakonischen Bestimmungen der Währungsreform von 1950, als Sparguthaben zu einem dreimal höheren Kurs als Bargeldguthaben gewechselt wurden, zu diesem Anstieg des Vertrauens in die Sparbücher mit beigetragen haben.

50 Kaliński/ Landau, Gospodarka, S. 292 ff.

51 Siciński, Czas, S. 69–71. Ähnlich die eigene Einschätzung der materiellen Lage: schlecht und sehr schlecht knapp 30 Prozent, mittelmäßig 55 Prozent, gut 14 Prozent, sehr gut ein Prozent.

52 Die offiziell nicht vorhandene Wortbildung verband das russische *truščoba* (heruntergekommener Bau, Armenviertel) mit dem Namen des Parteichefs der KPdSU.

53 Dazu das Typoskript von Brzostek, Historia społeczna.

54 Angaben nach Madej, Spółdzielczość, S. 28, 81 f.

55 Mit dem Antritt von Gierek 1971 wurden die Flächennormen angehoben, so dass die Wohnungen aus den späten 1960ern bald als die schlechtesten in der gesamten Geschichte Volkspolens galten.

56 Ich folge hier in mehreren Punkten der Darstellung von Kochanowski, Wir.

57 Jarosz/ Pasztor, Afera mięsna, S. 155 ff.

58 Divergierende Angaben bei Jarosz/ Pasztor, Afera, S. 238.

59 Jarosz/ Pasztor, Afera, S. 328–332.

60 Ausführlich Jarosz/ Pasztor, Afera, S. 238–243.

61 Andererseits zeigt Pelka, Teksas-land, dass in diesem Bereich – neben Paketen aus dem Westen und den anfangs wenigen Devisenläden – immer wieder Freiräume genutzt wurden, die der polnischen Jugend zumindest eine äußere Imitation «des Westens» ermöglichten.

62 *Polityka*, 26. September 1964, S. 12.

63 Angaben aus dem Jahr 1959; Jarosz/ Pasztor, Afera, S. 219. Ibid., S. 216–224 plastische Schilderungen der Schlangen in den 1960ern.

64 Jarosz/ Pasztor, Afera, S. 37 f.

65 Jarosz/ Pasztor, Afera, S. 270–274.

66 Neben dem Todesurteil sind in dem Prozess vier lebenslängliche und fünf mehrjährige Haftstrafen verhängt worden sowie die vollständige Beschlagnahmung des Vermögens der Verurteilten.

67 Das Verbot wurde in der Regel umgangen, indem die Taufe an einem anderen Ort, etwa am Wohnsitz der Großeltern stattfand.

68 1970 schätzten die Behörden intern die Zahl der Siedlungen, in denen größeren Ansammlungen von Gläubigen keine Kirche zur Verfügung stand, auf knapp 200; auf über 400 diesbezügliche Anträge der Kirche (1967–1970) erteilten die Behörden 31 Baugenehmigungen. Friszke, Polska, S. 352. Vgl. S. 309.

69 Statystyczny opis, S. 71.

70 Kisielewski, Dzienniki, S. 246 f. (Eintragung vom 25. Juni 1969).

71 Statystyczny opis, S. 167.

72 Flemming, Czym to się je, S. 51 f.

73 Kwiatkowski, Z zaułków, S. 19.
74 Flemming, Czym to się je, S. 58.
75 «Naplevatel'naja točka zrenija», kommentierte der Neuzeithistoriker Janusz Tazbir, als wir an einem frühen Juniabend 1984 vergeblich versuchten, in Lwówek Śląski, dem ehemaligen Löwenberg, ein Essen zu bekommen. Die Stadt trug auch fast vierzig Jahre nach Kriegsende und Zerstörung die unübersehbaren Spuren jener mentalen Haltung, die hier als Erklärung für den bereits 20 Jahre früher sichtbaren Verfall angeführt wird.
76 Mieczysław Lurczyński, Notatnik z podróży po Polsce, in: «Kultura», 1–2 (1969), S. 130 f.
77 Walis, Atrakcyjność; Przecławski, Miasta, S. 180–185.
78 Jerzy Mikke, Miasto bez makijażu, in: *Polityka*, 22. Januar 1966; ders., Stołeczne paradoksy, in: *Polityka*, 29. Januar 1966.
79 Dariusz Fikus, Warszawa nie da się lubić?, in: *Polityka*, 19.–26. Dezember 1964; Interview mit Jerzy Majewski, dem Vorsitzenden des Hauptstädtischen Nationalrates, *Polityka*, 13. Juli 1968.
80 *Motor*, 31. August 1970.
81 Die zitierten Aussagen stammen aus den Jahren 1961, 1965 und 1960: Merrill, Podróż, S. 113; Giedroyc/ Stempowski, Listy, S. 312; Hertz, Listy, 1992, S. 76.

14. Der Bigoskommunismus (1971–1980)

1 Bigos ist ein traditionelles polnisches Gericht aus Kraut, Fleisch und Wurst. Als Chiffre für die 1970er Jahre und in Anspielung an den zeitgleichen ungarischen «Gulaschkommunismus» wurde der Begriff von Marcin Zaremba geprägt: ders., «Bigosowy socjalizm».
2 Eine wissenschaftliche Biographie Giereks steht bislang aus. Als Einführung vgl. Friszke, Polska Gierka.
3 Zajicek, Poza ekranem, S. 248 f.
4 Cieśliński, Piękniej niż w życiu, S. 115–127, Zitat: S. 127.
5 Vgl. Mianowska/ Tylski (Hrsg.), Strajki, hier: S. 9–16.
6 Dies fand auch in Meinungsumfragen nach 1989 mehrfach deutlichen Ausdruck.
7 Pelka, Teksas-land, S. 143–164.
8 Zum Folgenden vgl. u. a. Zaremba, «Bigosowy socjalizm».
9 Sowiński, Wakacje, S. 190–202.
10 Der seit 1967 ebenfalls in Lizenz gefertigte Nachbau des Fiat 125 kostete 1970 etwa 70 Monatsgehälter. Die Jahresproduktion stieg ab 1974 auf über 100 000, wovon jedoch rund drei Viertel exportiert wurden.
11 Die Losung *Budujemy nową Polskę* (Wir bauen ein neues Polen) wurde derart oft wiederholt, dass sie Ende der Dekade im privaten Bereich wohl nur noch ironisch zitiert wurde.
12 Landau, Gospodarka, S. 314.
13 1970 wurden 114 000 Ausreisen gezählt, 1972 – 209 000, 1980 – fast 700 000. Diese und folgende Angaben nach Sowiński, Wakacje, S. 285–288.
14 1970: 280 000 Einreisen, 1973: 562 000, 1977: 934 000. In den folgenden Jahren stiegen die Zahlen nur noch geringfügig (1979: 1 016 000), ab 1980 sanken sie, zuletzt auf 388000 Besucher im Jahr des Kriegsrechts (1982).
15 Die Schätzungen gehen von etwa einer Viertelmillion in den gesamten 1970er Jahren aus; neu war nicht der massenhafte Wille, in die Bundesrepublik auszureisen, sondern der massenhafte Charakter der Ausreisegenehmigungen, die einerseits gegen die These von dem seit 1945 mononationalen Charakter der polnischen Gesellschaft verstießen, andererseits Tausende von attraktiven Grundstücken im Nordosten «befreiten», die von der Staatsmacht an künftige Datschenbesitzer aus den lokalen Eliten und aus Warschau vergeben wurden.
16 Die Melange von Entschädigung (die an den Staat, nicht an die Betroffenen gezahlt wurde), wirtschaftlichem Kredit und Menschenverkauf war so peinlich, dass sie in der volkspolnischen Presse mit einem Zensurverbot belegt wurde. Vgl. dazu Ruchniewicz, Deutschland, S. 728 ff.

17 Friszke, Polska, S. 319.

18 In PEWEX-Läden konnte ebenfalls mit sog. Dollarbons gekauft werden, die vom Staat als Gegenwert des US-Dollars eingeführt worden waren. Die Bons durften von Privatpersonen frei gekauft und verkauft werden; dies diente als Deckmantel für den – theoretisch weiterhin verbotenen – Privathandel mit «echten» harten Währungen.

19 Zaremba, «Bigosowy socjalizm», S. 183 ff., 191 f.

20 Herbert, Wiersze zebrane, Warszawa 1971; Übersetzung des Romans von Szczypiorski, Eine Messe für die Stadt Arras. Aus dem Polnischen von Karin Wolff, Berlin 1979.

21 Paczkowski, Pół wieku, S. 450 f.

22 Zaremba, «Bigosowy socjalizm», S. 189 f.

23 Friszke, Polska, S. 333.

24 Der Ministerrat zählte Ende der 1970er Jahre 42 Personen und kam nur zweimal im Jahr zu «Vollsitzungen» zusammen. De facto nahm die Funktion der Regierung weiterhin das «Regierungspräsidium» unter Vorsitz des Premiers wahr. Auch dieses wuchs; die Zahl der stellvertretenden Ministerpräsidenten stieg von sechs (1972) auf zehn (Ende 1976).

25 Neben der bereits erwähnten kostenlosen Einbeziehung der Bauern in die Gesundheits- und Altersversorgungssysteme – die Einführung der 12 freien Samstage, die Verlängerung der Mutterschaftsurlaube von 12 auf 18 Monate und die Senkung des Emeritierungsalters für Frauen auf 60 Jahre.

26 Der beste, in der Regel wohl informierte Kommentar über den Zerfall der Kommandostrukturen nachzulesen in den Tagebüchern des damaligen Chefredakteurs der Wochenzeitschrift *Polityka* Rakowski, Dzienniki, hier die Bände: 1972–1975 und 1976–1978.

27 In Wirklichkeit wurden mehrere Preise stillschweigend durch Namenswechsel und Einführung neuer Sortimente im sogenannten Luxusbereich laufend erhöht.

28 Am 22. Juni vertraute der Kulturminister mit spöttischem Unterton seinem Tagebuch an, der Ministerpräsident unterzeichne in den letzten Tagen »fleißig» die seit langem vorliegenden Anträge auf den Bau neuer Kirchen. Zitat und weitere Angaben zu dem Thema: Pawlicka, Polityka, S. 92. Vgl. auch Eisler (Hrsg.), Czerwiec, hier: S. 32 f.

29 Nach eigenen Angaben konfiszierte der Sicherheitsdienst 1976–1979 etwa 440 000 Exemplare Druckerzeignisse (inklusive Flugblätter), 121 Vervielfältiger, 106 Schreibmaschinen, 1770 Bögen (1 Bogen gleich 500 Seiten) Papier und 113 Kilo Druckfarbe; Paczkowski, Pół wieku, S. 435.

30 Friszke, Opozycja; ders., Oaza.

31 Im März 1977 entstand der von Leszek Moczulski geführte *Ruch Obrony Praw Człowieka i Obywatela*, der sich als rechte, auf die bald erreichbare Unabhängigkeit setzende Bewegung verstand – und als bewusster Gegenpol zum linksliberalen KOR. Ende der 1970er gab es mehrere Untergrundgruppierungen, Zeitschriften und konkurrierende Milieus.

32 Polnische Erstausgabe Paris 1977, Nachdrucke im Untergrund; deutsche Übersetzung: Die Kirche.

33 Michnik sprach im Rückblick von eigener «reichlicher» Naivität, als er sich in den späten 1970ern vorstellte, er könnte den Primas mit neuen Ideen beeindrucken – und dieser würde seinen Gedankengängen sogar folgen. Michnik/ Tischner/ Żakowski, Między Panem, S. 224–237, hier: S. 225.

34 Im Landesdurchschnitt gehörten konstant über 90 Prozent der Bevölkerung der römisch-katholischen Kirche an, Friszke, Polska, S. 315 ff.

35 So die Erinnerung von Edward Gierek, in: Rolicki, Gierek, S. 135.

36 Die Staatsmacht hatte ihn anfangs unterschätzt. Noch zum Zeitpunkt der Bestellung zum Krakauer Erzbischof hielt die örtliche Behörde für Kirchenfragen den Weihbischof Wojtyła für das bei weitem geringere Übel. Vgl. Dudek/ Gryz, Komuniści, hier: S. 185 f. Die Partei hoffte offenbar, dass ein junger Erzbischof zwangsläufig in einen Konflikt mit dem «alten» Primas geraten würde: Auf der einen Seite der konservative, starre und autoritäre Wyszyński, auf der anderen der Anhänger des *Vaticanum Secundum*, weltoffene

Philosoph und Reformer Wojtyła – eine Spaltung des polnischen Episkopats war noch immer das Beste, was sich die Staatsführung von der Kirche erhoffen konnte.

37 Vgl. dazu Borodziej/ Kochanowski/ Schäfer, Grenzen, S. 59 ff.

38 Zum Folgenden vgl. Friszke/ Zaremba, Wizyta.

39 Friszke/ Zaremba, Wizyta, S. 52 f.

40 Zitat: Friszke/ Zaremba, Wizyta, S. 62.

41 Zit. nach Holzer, Solidarität, S. 81. Wortlaut der Denkschrift in: Friszke/ Zaremba, Wizyta, S. 322–325. Das Gefühl der Machtlosigkeit der Partei blieb auch in den nächsten Jahren erhalten. Während des Papstbesuchs 1983 klagte der Justizminister in einem Privatgespräch, das sei «für ihn eine persönliche Niederlage. Er hat über 40 Jahre in der linken Bewegung verbracht und kommt nun zu dem Schluss, dies seien verlorene Jahre»; zit. nach Rakowski, Dzienniki 1981–1983, S. 563.

42 Nach anderen Angaben auf über 100 Prozent 1980. Landau, Gospodarka, S. 332.

15. Das Jahrzehnt der Solidarność (1980–1989)

1 In Oberschlesien war eine solche Keimzelle gleich nach der Gründung 1978 vom Sicherheitsdienst zerschlagen worden, die 1979 entstandene Stettiner Gruppe der «Freien Gewerkschaften» spielte hingegen beim Streik 1980 keine Rolle.

2 Deutsche Übersetzung der «21 Forderungen» in: Kühn, Jahrzehnt, S. 29 ff.

3 Das für Zensur zuständige Amt wirkte seit 1946 aufgrund eines Dekrets.

4 Die bekanntesten «Experten» an der Seite des MKS waren der Historiker Geremek und der ehemalige Sejmabgeordnete der unabhängigen katholischen Gruppierungen Mazowiecki, der in den 1970ern Chefredakteur einer katholischen Monatszeitschrift gewesen war.

5 Einzelne auflagenstarke Blätter versuchten vor allem 1981, ihre Unabhängigkeit von der PVAP zu demonstrieren, ähnliche Entwicklungen gab es auch in den Hörfunkredaktionen. Die Partei behielt die volle Kontrolle über ihr landesweites Organ *Trybuna Ludu* und die Armeezeitung *Żołnierz Wolności.*

6 Neben der Konvention der Internationalen Arbeitsorganisation wurden im Anhang nun die ersten Punkte des Danziger Abkommens aufgeführt, in dem das MKS sich verpflichtet hatte, die Verfassung der VRP und das darin enthaltene Prinzip der «führenden Rolle» der PVAP zu achten.

7 Der Druck vor allem der DDR dokumentiert in Kubina/ Wilke (Hrsg.), «Hart und kompromißlos durchgreifen»; der gesamten «Bruderländer»: Kamiński (Hrsg.), Przed i po 13 grudnia.

8 So das Fazit der Untersuchung von Leszczyński, Anatomia, hier: S. 189–201.

9 Einer der besten Kenner Sergiusz Kowalski schließt seine erbarmungslose Kritik der wichtigsten «linken», «rechten», polnischen und westlichen Deutungsversuche mit dem Satz: «Wie denn die *Solidarność* wirklich war, weiß man mit letzter Gewissheit nicht. Wir wissen nur: Gut, dass es sie überhaupt gegeben hat»; ders., Po Solidarności, S. 25.

10 Diesen Begriff prägte die Beraterin der *Solidarność* Jadwiga Staniszkis. Vgl. dies., Revolution.

11 Der Brief der KPdSU abgedruckt u. a. in Kamiński (Hrsg.), Przed i po 13 grudnia, Bd. 2, S. 66 ff.

12 In dem Appell wandte sich der Landeskongress an die Arbeiter aller namentlich aufgeführten Ostblockstaaten (darunter an jene aus «allen Nationen der Sowjetunion») mit einem Grußwort, stellte seine Ziele als Vertretung der Arbeitnehmer dar und deklarierte seine Unterstützung für jene Empfänger, die «den schwierigen Weg des Kampfes um eine freie Gewerkschaft betreten haben». Die *Pravda* nannte den Landeskongress am 11. September (der Appell wurde am 8. verabschiedet) eine «antisozialistische und antisowjetische Orgie».

13 Program NSZZ «Solidarność», uchwalony przez I Krajowy Zjazd Delegatów, in: *Tygodnik Solidarność*», 16. Oktober 1981.

14 Bis heute ist umstritten, ob sich die Parteiführng in der Frühphase dieser Entwicklung, etwa ein Jahr früher, eine politische Lösung vorstellen konnte.
15 Die Verfassung von 1952 kannte keinen Ausnahmezustand, so dass sich die PVAP/ WRON auf die Artikel über das Kriegsrecht berufen musste – mit propagandistisch fatalen Folgen.
16 Jaruzelski trat in der Öffentlichkeit aus gesundheitlichen Gründen oft mit dunklen Brillen auf. Der Vergleich mit Pinochet drängte sich förmlich auf und wurde vom Untergrund entsprechend häufig verwendet.
17 Paczkowski, Pół wieku, S. 531, zählt für die Jahre 1982–1985 etwa 1700 Presse- und mindestens 1800 Büchertitel und Broschüren (mit Auflagen bis 5000–6000 Exemplaren).
18 Die Darstellung des Untergrunds folgt vor allem Friszke, Komisja, S. 17–182; Zahlenangaben: S. 37, 75, 77. Die Zahlen der Demonstranten 1982–1983 gehen auf interne Schätzungen des Innenministeriums zurück.
19 Friszke, Komisja, S. 86, 118.
20 Die tatsächlichen Drahtzieher des Mordes sind bis heute unbekannt.
21 Majchrzak, «Wojenna» cenzura, S. 52.
22 Vgl. S. 284, 438 (Anm. 15)
23 Die Zahl der privaten Geschäfte stieg zwischen 1980 und 1989 siebenfach (von etwa 10 000 auf über 70 000). «Polonia»-Unternehmen waren (in der Regel kleine) Privatfirmen, die zumindest nominell Auslandspolen gehörten.
24 Vgl. Jerzy Kochanowski, Das «Problem Nr. 1», S. 461.
25 Gerade diese Emigration, die im Fall der Bewohner der ehemals deutschen Gebiete bzw. der Nachkommen der DVL-Angehörigen in der Regel mit der Erwerbung/Bestätigung der deutschen Staatsbürgerschaft verbunden war, beeinträchtigt den Wert der Schätzungen (die im Höchfall von 1 Million Auswanderern ausgehen), da die faktischen Emigranten ihre polnische Staatsbürgerschaft nicht aufgeben mussten und in der Statistik nicht auftauchen.
26 Gruszecki, Pieniądz, S. 106.
27 Bei Männern von 68,2 Jahren (1975/1976) auf 66,7 (1990), bei Frauen stagnierte sie. Die durchschnittliche Lebenserwartung eines Moskauers ging zwischen 1970 und 1990 um 10 Jahre zurück; Komlos, Biological Standard, S. 77.
28 Nowak (Hrsg.), Ciągłość.
29 Der Begriff «amoralischer Familiarismus» wurde auf Polen übertragen von Tarkowscy: «Amoralny familizm». Aus der Fülle der soziologischen Untersuchungen siehe u. a. Marody (Hrsg.), Co. Ähnliche Gedankengänge entwickelte in dieser Zeit auch die ungarische Soziologie mit dem Begriff der *second society* von Elemér Hankiss.
30 Es handelte sich dabei jährlich um sechsstellige Beträge in US-Dollar, deren größter Teil über die amerikanischen Gewerkschaften floss; detaillierte Angaben bei Friszke, Komisja, S. 133–138.
31 Aufzeichnung von Wiesław Górnicki vom 23. März 1985. Diese und die folgenden Angaben nach Kowal, Polityka, Typoskript.
32 Als Gast der Feier war u. a. Cyrankiewicz eingeladen, der 1955 als Ministerpräsident den Warschauer Pakt mit unterzeichnet hatte.
33 Zum Einfluss der außenpolitischen Faktoren auf die polnische Innenpolitik in den 1980ern siehe auch Paczkowski, Boisko.
34 Friszke, Komisja, S. 159. Nach anderen Schätzungen bestand der «harte Kern» aus etwa 2000 und das Umfeld aus etwa 40 000 Personen.
35 Analyse der Meinungsumfragen, zusammengestellt von den Analytikern des ZK vom 2. März 1988, in: Machcewicz/ Paczkowski/ Friszke/ Dudek (Hrsg.) Polska 1986–1987, Bd. III, S. 65–81, hier: S. 77.
36 Analyse (wie Anm. 35), S. 67.
37 Den Druck der jungen Generation auf die alten Eliten als ein länderübergreifendes Phänomen porträtiert Kenney, Carnival.

38 Aus der umfangreichen Literatur siehe Garlicki, Karuzela; Dudek, Reglamentowana rewolucja.

39 Ausführliche Dokumentation in Borodziej/ Garlicki (Hrsg.), Stół.

40 Obwohl die Partei bis zuletzt versuchte, die Kirche durch neue Zugeständnisse zumindest zu neutralisieren. Das Gesetz vom 17. Mai 1989 über die Grundlagen der Beziehungen zwischen Staat und Kirche gestand der Kirche den Status einer Rechtsperson ein, der Autonomie in inneren Belangen garantiert wurde; es ermöglichte die baldige Aufnahme diplomatischer Beziehungen mit dem Heiligen Stuhl.

41 John R. Davis Jr., ein langjähriger Kenner des Landes, sprach dem Wahlmodus, den die Parteiunterhändler blauäugig am *Runden Tisch* akzeptiert hatten, die voraussichtlich entscheidende Rolle für die kommende Niederlage zu. Ku zwycięstwu «Solidarności», S. 179–187.

42 Während die Kandidaten des Bürgerkomitees für den Senat etwa 64 Prozent und für den Sejm etwa 70 Prozent der Stimmen auf sich ziehen konnten, erhielten die Kandidaten der PVAP am 18. Juni entsprechend 25 Prozent und 20 Prozent. Die Wahlbeteiligung am 4. Juni lag bei 63 Prozent, am 18. bei 25 Prozent. Raciborski, Polskie wybory, S. 33 f.

16. Das neue Polen: Demokratie, Unabhängigkeit und Transformation (1989–2004)

1 *Gazeta Wyborcza*, 3. Juli 1989, «Wasz prezydent, nasz premier».

2 Bush wich damit von dem ursprünglich vorbereiteten Text ab, worauf er seine polnischen Gesprächspartner ausdrücklich hinwies. Szlafjer (Hrsg.) Ku wielkiej zmianie, Dok. 72, bes. S. 188, 192 f.

3 Angaben nach Dudek, Historia, S. 67.

4 Siehe hierzu u. a. Weidenfeld, Außenpolitik. Aus polnischer Sicht: Borodziej (Hrsg.), Polska. Ebenda umfangreiche weiterführende Literatur.

5 Die staatlichen Gläubiger im Westen trugen zu dieser Stabilität u. a. mit der Halbierung der polnischen Schulden im März/ April 1991 bei.

6 Die sog. ULB-Doktrin von Juliusz Mieroszewski, die im Umkreis der Pariser *Kultura* entwickelt wurde, ging von der Unantastbarkeit der Grenzen Polens mit seinen östlichen Nachbarn aus. Die Interdependenz zwischen Souveränität, Demokratie, Prosperität und Sicherheit der ostmitteleuropäischen Staaten galt seit den frühen 1990ern als Richtschnur polnischer Ostpolitik.

7 Hinzu kommt ein Übergangskabinett unter dem 33-jährigen Politiker der Bauernpartei Waldemar Pawlak im Juni und Juli 1992.

8 Angesichts der grundlegenden Veränderungen gegenüber dem Sommer 1989 hatte Jaruzelski bereits früher seine Bereitschaft zum vorzeitigen Rücktritt als Staatspräsident erklärt.

9 Buras/ Tewes, Polens Weg, Zitat: S. 172.

10 Die Wiedereinführung des Religionsunterrichts an den Schulen im September 1990 (96 Prozent der Schüler äußerten den Willen, am römisch-katholischen Religionsunterricht teilzunehmen), lieferte hingegen relativ wenig politischen Sprengstoff. Vgl. dazu Dudek, Historia, S. 156–161.

11 Das komplizierte Verhältnis zwischen Staat, Gesellschaft und Kirche in den 1990er Jahren bis zum EU-Referendum 2003 schildern ausführlich Buras/ Tewes, Polens Weg, S. 195–199, 203–218, Zitat: S. 205.

12 Aleksander Smolar, Co będzie, jeżeli wygra SLD?, in: *Gazeta Wyborcza*, 4./5. September 1993. Deutsche Übersetzung zitiert nach Kobylińska, Polens Gedächtnis, S. 132.

13 «Komuno wróć», in: *Gazeta Wyborcza*, 26. Mai 2004. Gierek wurde von 46 Prozent der Befragten als jener Staatsmann nach 1945 genannt, der das meiste für Polen getan habe, und verwies damit Lech Wałęsa (39 Prozent) auf den zweiten Platz.

14 Die Liberalen verließen das Kabinett 2000.

15 2004 beurteilten erstmals in der Geschichte der Republik mehr als 70 Prozent der Polen

die politische Lage als schlecht; das Urteil «gut» fiel ähnlich wie schon mehrmals auf die 5-Prozent-Marke, die Bewertung «weder gut noch schlecht» sank 2003 auf den Tiefstand von unter 20 Prozent. Im März 2005 bewerteten 84 Prozent der Befragten das Funktionieren des politischen Systems negativ. Dies stand in einem deutlichen Kontrast zu dem ambivalenten Urteil über die wirtschaftliche Lage, wo die Vektoren seit 2003 insgesamt eine positive Grundtendenz aufwiese,n sowie mit anderen Umfragen, z. B. über persönliche Genugtuung und Glück, wo der Anteil der Zufriedenen sich seit 1988 fast verdoppelt hatte bzw. der Anteil der Unzufriedenen um die Hälfte geschrumpft war. Zu den viel kommentierten Umfragen siehe u. a. Mariusz Janicki, Dobrze, choć nie beznadziejnie, in: *Polityka*, 26. März 2005.

16 Die Teilnahme von mindestens 50 Prozent der Wahlberechtigten war Voraussetzung für die Verbindlichkeit des Ergebnisses der Volksbefragung.

17 Die relativ rasche Festigung des parlamentarischen Systems betont im Rückblick auch die Politikwissenschaft: Merkel, Gegen alle Theorie?

18 Sie galt nicht für die Listen der nationalen Minderheiten, was der deutschen Minderheit (in den Wahlen zwischen 1993 und 2001 erhielten ihre Listen 0,8 Prozent bis 0,4 Prozent der Stimmen) eine parlamentarische Vertretung sicherte.

19 In der vierten Sejmperiode (2001–2005) hatten bis Ende 2004 mehr als 70 Abgeordnete (von 460) ihre Fraktionszugehörigkeit gewechselt.

20 So zeigte eine der international vergleichenden Umfragen vom Herbst 2004, dass die Polen ein (noch) kritischeres Verhältnis gegenüber politischen Parteien, dem Parlament und der Justiz haben als die meisten Nachbarn im Süden und Südosten; vgl. Dudek, Historia, S. 482.

21 Der faktisch PVAP-eigene Medienkonzern *Robotnicza Spółdzielnia Wydawnicza Prasa-Książka-Ruch* (s. S. 351) wurde im März 1990 per Gesetz aufgelöst. Teile seines Vermögens, darunter Immobilien und Pressetitel, wurden politischen Parteien zugewiesen.

22 Entsprechende Angaben vgl. Dudek, Historia, 471 f.

23 2004 erfasste die *lustracja*, die etwa der Regelüberprüfung im deutschen öffentlichen Dienst entsprach, ca. 23 000 Personen – von Abgeordneten, Senatoren, politischen Beamten, Verantwortlichen in den öffentlich-rechtlichen Medien über lokale Amtsträger bis hin zu Richtern und Staatsanwälten. Die Akten der volkspolnischen Sicherheitsbehörden waren seit wenigen Jahren einzusehen in dem Institut für Nationales Gedenken. Der alte Sicherheitsdienst wurde 1990 aufgelöst, wobei ca. 40 Prozent seiner Mitarbeiter (rund 10 000) in das damals entstandene Amt für Staatsschutz übernommen wurden.

24 Die meisten Angaben beziehen sich auf die Jahre 2003 und 2004, um eine Art statistisches Photo im Augenblick des Beitritts zu rekonstruieren. Die dynamische Entwicklung 2005–2008 (Wachstum des BIP um sechs Prozent jährlich, Halbierung der Arbeitslosigkeit, Massenarbeitsemigration in das Vereinigte Königreich und Irland, weitere Verbesserung der PISA-Ergebnisse usw.) wurden nicht berücksichtigt, ebenso wie die politische Entwicklung.

25 Freilich behaupteten Anthropologen, die seit Mitte der 1960er u. a. die körperliche Größe der Jugendlichen messen, dass es zwar in allen sozialen Schichten ein unübersehbares physisches Wachstum gegeben hat, die Unterschiede zwischen Stadt und Land, besser Verdienenden/besser Gebildeten und schlechter Verdienenden/gebildeten bis 1989 dennoch deutlich geblieben sind. Adam Leszczyński, Dzieci patrzą z góry, *Polityka*, 26. Juli 2003.

26 Die entsprechenden Angaben für 1938 würden dann über elf Prozent, 33 Prozent und 55 Prozent betragen; verschwunden aus der Statistik war in Volkspolen naturgemäß die Schicht der Wohlhabenden und Reichen (1938: ein Prozent). Jezierski/ Leszczyńska, Historia, S. 477 f.

27 Mędrzecki, Społeczeństwo, S. 68.

28 Mędrzecki, Społeczeństwo, S. 166.

29 In Warschau hatte fast jeder vierte Einwohner eine Hochschulbildung (im Landesdurchnitt über 10 Prozent) und 40 Prozent das Abitur (im Landesdurchschnitt – etwa einer von fünf Menschen); *Gazeta Wyborcza*, Stołeczna, 9. März 2004, S. 5, «Młode miasto kobiet».

30 Ibid.

31 Einen besonders krassen Fall stellt die drittgrößte Stadt Polens dar – Lodz –, wo der Sog der Hauptstadt zum Umzug eines großen Teils der politischen, wissenschaftlichen und künstlerischen Elite geführt hat.

32 Jarosz, Samobójstwa. Auffallend an den polnischen Statistiken war das europäisch ungewöhnliche Geschlechterverhältnis (26 von 100 000 Männern und 4,5 von 100 000 Frauen), die Dominanz der westlichen und nordöstlichen Wojewodschaften sowie der stetige Anstieg seit 1990 (im Ausgangspunkt bewegte sich die Zahl der Selbstmorde pro 100 000 Einwohner auf der Höhe der Angaben von 1980 und 1985). *Gazeta Wyborcza*, 13. Juli 2004.

33 Einen guten Überblick bietet das Jahrbuch Polen 2006, Frauen.

34 Diese Perspektive wurde in die Diskussion eingebracht von Mirosława Marody; aus den zahlreichen Schriften siehe dies., Hausner (ed.), Three Polands.

35 Soziologen schätzten, dass Wechselwähler in Polen etwa viermal öfter vorkommen als im europäischen Durchschnitt. Vgl. Radosław Markowski, Polak zdradza za kotarą, *Polityka* 35, 1. September 2007. Andere Beispiele ibid.

36 Bezeichnenderweise schrumpften die oben erwähnten radikalen Parteien LPR und *Samoobrona* bei personenbezogenen, direkten Kommunalwahlen, wo es um Schultheisse und Stadtpräsidenten ging, auf vernachlässigbare Größen. Bei Kommunalwahlen in die lokalen Parlamente (wo Parteilisten gewählt wurden) schnitten sie hingegen oft ähnlich gut wie bei Parlamentswahlen ab.

37 Robert Krasowski, Jakiej prawicy Polacy potrzebują, in: *Dziennik* 22.–24. März 2008.

38 «Polen – ein Staat ohne Gesellschaft», lautet der Titel der Zusammenfassung der großen, seit Jahren wiederholten Untersuchung über die Gesellschaft von 2005. Vgl. Czapiński, Polska.

39 Die Dokumentation der Debatte nachzulesen u. a. in: Thou shalt not kill. Die bemerkenswert nüchternen und umgehend publizierten Untersuchungsergebnisse des staatlichen Instituts für Nationales Gedenken sind in Auszügen auf Deutsch zugänglich in: Dmitrów/ Machcewicz/ Szarota, Beginn.

40 Sie wirkte sich auch auf die Ergebnisse der Volksbefragung über den EU-Beitritt 2003 aus, als in den – nicht mehr so «neuen» – West- und Nordprovinzen die Zustimmung deutlich höher lag als in den Wojewodschaften entlang der Ostgrenze und im Südosten.

41 Nur knapp drei Prozent bekannten sich zu anderen christlichen Religionen. Etwa zwei Drittel besuchten wöchentlich den Gottedienst.

42 Wie etwa das populäre, schwer übersetzbare *Komuno wróć* («Kommunismus – kehre zurück»). Der Begriff *komuna* gehörte nicht zum offiziellen Vokabular Volkspolens, war vor 1989 eher ein antikommunistisches Schimpfwort und stellt insofern eine ironische Anspielung auf die Irrationalität jener Sehnsucht dar, die er vordergründig auszudrücken vorgibt.

43 Einen unterhaltsamen Einblick in u. a. diese subkulturellen Ausdrucksweisen bietet der Band von Peter (Hrsg.), Alphabet.

44 Bei der Industrieproduktion auf 171 Prozent des Standes von 1990, bei dem Vebrauch auf 165 Prozent; *Gazeta Wyborcza*, 28. Juli 2003, «Biedni, ale równi».

45 Angaben für den Zeitraum 1990–2002: *Gazeta Wyborcza*, 5. Juni 2003, «O ziemię naszą, nie waszą». Bei Wohnungen, wo es jährlich um einige hundert Immobilien ging, wäre die Gesamtzahl des ausländischen Besitzes selbst in Promille nicht auszudrücken (Angaben von 2002).

46 So bei Totschlag, Vergewaltigung, Körperverletzung, Teilnahme an Schlägereien. Auch bei anderen Arten der Kriminalität gab es eine rückläufige Tendenz, allerdings lagen die Angaben für 2005 etwa bei Diebstahl um 100 Prozent höher als für 1990; *Polityka*, 29. April–6. Mai 2006, «Przestępczość w Polsce».

47 So verdoppelte sich zwischen 1989 und 2004 die Zahl der Tiefkühltruhen von 31 Prozent auf 61 Prozent, die Zahl der Farbfernseher stieg von 65 Prozent auf 95 Prozent, der Videogeräte von 30 Prozent auf 55 Prozent. Die Zahl der PCs versechsfachte sich (6 Pro-

zent – 37 Prozent) ebenso wie die der HiFi-Anlagen (11 Prozent – 65 Prozent), die der Festnetztelefone stieg mehr als dreifach (23 Prozent – 77 Prozent). Für das Mobiltelefon (2004 in 57 Prozent der Haushalte vorhanden) wie für andere erst in den 1990ern zugänglichen Produkte fehlen Vergleichswerte. Während 1989 etwas mehr als ein Drittel der polnischen Familien ein Auto hatte, lag dieser Anteil 2003 bei über 50 Prozent. *Gazeta Wyborcza*, 31. Dezember 2004–2. Januar 2005, S. 2, «Kapitalizm nas zmienił».

48 *Gazeta Wyborcza*, 3. Januar 2005, «Nasz drogi PRL», S. 21. In diesen Zusammenhang gehörten ebenfalls das teure – und weiterhin unterdurchschnittlich verbreitete – Festnetztelefon (s. auch nächste Anmerkung), das trotz des rapiden Wachstums der – ebenfalls relativ teueren – Mobiltelefone erst in den letzten Jahren zahlenmäßig von den Handys überholt wurde.

49 Zusammenfassung des vergleichenden Berichts der EU-Kommission vom 1. Oktober 2004 siehe u. a. *Gazeta Wyborcza*, 2.–3. Oktober 2004, S. 29.

50 *Gazeta Wyborcza*, 9. März 2004, «Wszystkie szkoły za rok w sieci?». Zwischen 2001 und 2004 dürfte sich die Zahl der Internetbenutzer von ursprünglich 14 Prozent verdoppelt haben.

51 *Gazeta Wyborcza*, 28. Juli 2003, S. 15, «Biedni, ale równi».

52 *Gazeta Wyborcza*, 2.–3. Oktober 2004, S. 29 Die Dichte des polnischen Autobahnnetzes lag damals bei zehn Prozent des EU-Durchschnitts und hatte sich in den vergangenen Jahren gegenüber diesem Durchschnitt eher verschlechtert denn verbessert.

53 Im Lesen verbesserte sich Polen von Rang 23 auf 13, in den Naturwissenschaften von Rang 21 auf 16, in der Mathematik von Rang 22 auf 21. In der neuen Sparte Problemlösen belegten polnische Schüler den Rang 22. Das Ranking erfasste 29 nationale Bildungssysteme; siehe u. a. *Die Presse*, 6. Dezember 2004, S. 1.

Zitierte Literatur und Quellen

Adamczyk, Zdzisław Jerzy: «Przedwiośnie» Stefana Żeromskiego w świetle dyskusji i polemik z 1925 roku, Warszawa 1989.

Ajnenkiel, Andrzej (Hrsg.): Rok 1920 z perspektywy osiemdziesięciolecia, Warszawa 2001.

Ajnenkiel, Andrzej: Od rządów ludowych do przewrotu majowego. Zarys dziejów politycznych Polski 1918–1926, Warszawa 1977.

Alberti, Michael: Die Verfolgung und Vernichtung der Juden im Reichsgau Wartheland 1939–1945, Wiesbaden 2006.

Aly, Götz/ Heim, Susanne: Vordenker der Vernichtung. Auschwitz und die deutschen Pläne für eine neue europäische Ordnung, Frankfurt/ M. 1994.

Aly, Götz: Erwiderung auf Dan Diner, in: VfZ 41 (1993), S. 621–635.

Aly, Götz: «Endlösung». Völkerverschiebung und der Mord an den europäischen Juden, Frankfurt/ M. 1995.

Aly, Götz: «Judenumsiedlung». Überlegungen zur politischen Vorgeschichte des Holocaust, in: Herbert (Hrsg.), Vernichtungspolitik, S. 67–97.

Andlauer, Teresa: Die jüdische Bevölkerung im Modernisierungsprozess Galiziens (1867–1914), Frankfurt/ M. 2001.

Archiwum Ruchu Robotniczego, Bd. VII, Warszawa 1982; Bd. IX, Warszawa 1984.

Armia Krajowa w dokumentach 1939–1945, Bd. I, Londyn 1970; Bd. V, Londyn 1981.

Atlas polskiego podziemia niepodległościowego. The Atlas of the Independence Underground in Poland 1944–1956, Warszawa 2007.

Baberowski, Jörg/ Doering-Manteuffel, Anselm: Ordnung durch Terror. Gewaltexzesse und Vernichtung im nationalsozialistischen und im stalinistischen Imperium, Bonn 2006.

Bachmann, Klaus: «Ein Herd der Feindschaft gegen Russland». Galizien als Krisenherd in den Beziehungen der Donaumonarchie mit Russland (1907–1914), Wien/ München 2001.

Barth, Bernd-Rainer/ Schweizer, Werner (Hrsg.): Der Fall Noel Field. Schlüsselfigur der Schauprozesse in Osteuropa, Berlin 2005.

Bartoszewski, Władysław/ Lewin, Zofia (Hrsg.): Ten jest z ojczyzny mojej. Polacy z pomocą Żydom 1939–1945, Kraków 1966.

Bauer, Yehuda: Nowogródek – historia Szettla, in: ZŻ III, S. 87–113.

Beauvois, Daniel: Trójkąt ukraiński. Szlachta, carat i lud na Wołyniu, Podolu i Kijowszczyźnie 1793–1914, Lublin 2005.

Benecke, Werner: Die Ostgebiete der Zweiten Polnischen Republik. Staatsmacht und öffentliche Ordnung in einer Minderheitenregion 1918–1939, Köln u. a. 1999.

Benecke, Werner: Die Revolution des Jahres 1905 in der Geschichte Polens, in: Russland 1905. Perspektiven auf die erste Russische Revolution, hrsg. von Martin Aust/ Ludwig Steindorff, Frankfurt/ M. 2007, S. 9–21.

Berendt, Jan: Cena życia – ekonomiczne uwarunkowania egzystencji Żydów po «aryjskiej stronie», in: ZŻ IV, S. 110–143.

Bernhard, Ludwig: Das polnische Gemeinwesen im preußischen Staat. Die Polenfrage, Berlin 1910.

Bierzanek, Remigiusz/ Kukułka, Józef (Hrsg.): Sprawy polskie na konferencji pokojowej w Paryżu w 1919 r. Dokumenty i materiały, Bd. II, Warszawa 1967; Bd. III, Warszawa 1968.

Binder, Harald: Galizien in Wien. Parteien, Wahlen, Fraktionen und Abgeordnete im Übergang zur Massenpolitik, Wien 2005.

Bingen, Dieter: Die Polenpolitik der Bonner Republik von Adenauer bis Kohl 1949–1991, Baden-Baden 1998.

Bjork, James E.: Neither German nor Pole: Catholicism and National Ambivalence in Upper Silesia, 1890–1914, Typoskript.

Blobaum, Robert E.: Rewolucja. Russian Poland, 1904–1907, Ithaca and London, 1995.

Błażyński, Zbigniew (Hrsg.): Władze RP na obczyźnie podczas II wojny światowej, London 1994.

Błażyński, Zbigniew: Mówi Józef Światło. Za kulisami bezpieki i partii 1940–1955. Londyn 1986.

Bohaterowie «Kamieni na szaniec» w świetle dokumentów. Wstęp, opracowanie i wybór tekstów Tomasz Strzembosz, Warszawa 1994.

Böhler, Jochen: Auftakt zum Vernichtungskrieg. Die Wehrmacht in Polen 1939, Frankfurt/ M. 2006.

Boll, Friedhelm (Hrsg.): «Wir gewähren Vergebung und bitten um Vergebung». 40 Jahre deutsch-polnische Verständigung, Bonn 2006.

Bordiugow, Gienadij A. u.a. (Hrsg.): Polska–ZSRR. Struktury podległości. Dokumenty WKP(B), Warszawa 1995.

Borodziej, Włodzimierz/ Chmielarz, Andrzej/ Friszke, Andrzej/ Kunert, Andrzej K.: Polska Podziemna, Warszawa 1991.

Borodziej, Włodzimierz/ Garlicki, Andrzej (Hrsg.): Okrągły Stół. Dokumenty i materiały, 4 Bd., Warszawa 2004.

Borodziej, Włodzimierz/ Kochanowski, Jerzy/ Schäfer, Bernd: Grenzen der Freundschaft. Zur Kooperation der Sicherheitsorgane der DDR und der Volksrepublik Polen zwischen 1956 und 1989, Dresden 2000.

Borodziej, Włodzimierz/ Lemberg, Hans (Hrsg.): «Unsere Heimat ist uns ein fremdes Land geworden ...» Die Deutschen östlich von Oder und Neiße 1945–1950. Dokumente aus polnischen Archiven, 4 Bde., Marburg 2000–2004.

Borodziej, Włodzimierz: Od Poczdamu do Szklarskiej Poręby. Polska w stosunkach międzynarodowych 1945–1947, Londyn 1990.

Borodziej, Włodzimierz: Terror und Politik. Die deutsche Polizei und die polnische Widerstandsbewegung im Generalgouvernement 1939–1944, Mainz 1999.

Borodziej, Włodzimierz: Gewalt in Volkspolen (1944–1989), in: Osteuropa 2000 (50), S. 1364–1384.

Borodziej, Włodzimierz: Der Warschauer Aufstand 1944, Frankfurt/ M. 2001.

Borodziej, Włodzimierz (Hrsg.): Polska wobec zjednoczenia Niemiec 1989–1991. Dokumenty dyplomatyczne, Warszawa 2006.

Brandes, Detlev: Großbritannien und seine osteuropäischen Alliierten 1939–1943, München 1988.

Broszat, Martin: Nationalsozialistische Polenpolitik 1939–1945, Stuttgart 1961.

Broszat, Martin: Zweihundert Jahre deutsche Polenpolitik, Frankfurt/ M. 1972.

Bruski, Jan Jacek (Hrsg.): Hołodomor 1932–1933. Wielki głód na Ukrainie w dokumentach polskiej dyplomacji i wywiadu, Warszawa 2008.

Brzostek, Błażej: Robotnicy Warszawy. Konflikty codzienne (1950–1954), Warszawa 2002.

Brzostek, Błażej: Za progiem. Codzienność w przestrzeni publicznej Warszawy lat 1955–1970, Warszawa 2007.

Brzostek, Błażej: Historia społeczna PRL, Typoskript.

Brzostek, Błażej: Działacze i urzędnicy. Jak pracowały regionalne władze PZPR za Bieruta i Gomułki, in: Kultura i Społeczeństwo XLIII (1999), H. 4, S. 175–190.

Brzoza, Czesław/ Stepan, Kamil: Posłowie polscy w parlamencie rosyjskim 1906–1917. Słownik biograficzny, Warszawa 2001.

Brzoza, Czesław/ Sowa, Andrzej Leon: Historia Polski 1918–1945, Kraków 2006.

Bułhak, Władysław: Dmowski – Rosja a kwestia polska. U źródeł orientacji rosyjskiej obozu narodowego 1886–1908, Warszawa 2000.

Buras, Piotr/ Tewes, Henning: Polens Weg von der Wende bis zum EU-Beitritt, Stuttgart/ Leipzig 2005.

Buszko, Józef: Polacy w parlamencie wiedeńskim 1848–1918, Warszawa 1996.

Cariewskaja, Tatiana u. a. (Hrsg.): Teczka specjalna J. W. Stalina. Raporty NKWD z Polski, Warszawa 1998.

Cesarz, Zbigniew K.: Polska a Liga Narodów. Kwestie terytorialne w latach 1920–1925. Studium prawno-polityczne, Wrocław 1993.

Chałasiński, Józef: Młode pokolenie chłopów. Procesy i zagadnienia kształtowania się warstwy chłopskiej w Polsce, 4 Bde., Warszawa 1938.

Chałasiński, Józef: Vergangenheit und Zukunft der polnischen Intelligenz, Marburg 1965.

Chiari, Bernhard (Hrsg.): Die polnische Heimatarmee. Geschichte und Mythos der Armia Krajowa seit dem Zweiten Weltkrieg, München 2003.

Chiari, Bernhard: Alltag hinter der Front. Besatzung, Kollaboration und Widerstand in Weißrußland 1941–1944, Düsseldorf 1998.

Chojnowski, Andrzej: Koncepcje polityki narodowościowej rządów polskich w latach 1921–1939, Wrocław u. a. 1979.

Chojnowski, Andrzej: Piłsudczycy u władzy. Dzieje Bezpartyjnego Bloku Współpracy z Rządem, Wrocław u. a. 1986.

Chwalba, Andrzej: Historia Polski 1795–1918, Kraków 2000.

Chwalba, Andrzej: Kraków w latach 1939–1945 (Dzieje Krakowa, Bd. V), Kraków 2002.

Chwalba, Andrzej: Polacy w służbie Moskali, Kraków 1999.

Ciesielski, Stanisław (Hrsg): Umsiedlung der Polen aus den ehemaligen polnischen Ostgebieten nach Polen in den Jahren 1944–1947, Marburg/ Wrocław 2006.

Cieśliński, Marek: Piękniej niż w życiu. Polska Kronika Filmowa 1944–1994, Warszawa 2006.

Connelly, John: Captive University. The Sovietization of East German, Czech and Polish Higher Education, 1945–1956, Chapel Hill/ London 2000.

Conrads, Norbert: Schlesien (= Deutsche Geschichte im Osten Europas), Berlin 1994.

Conze, Werner: Polnische Nation und deutsche Politik im Ersten Weltkrieg, Köln 1958.

Cywiński, Bohdan: Rodowody niepokornych, Warszawa 1984.

Czapiński, Janusz: Polska – państwo bez społeczeństwa, in: Nauka 1 (2006), S. 7–25.

Dabrowski, Patrice M.: Commemoration and the Shaping of modern Poland, Bloomington/ Indianapolis 2004.

Dahlmann, Hans-Christian: Die antisemitische Kampagne in Polen 1968, in: Jahrbücher für Geschichte Osteuropas 56 (2008), S. 554–570.

Das Diensttagebuch des deutschen Generalgouverneurs in Polen 1939–1945, hrsg. von Präg, Werner und Jacobmeyer, Wolfgang, Stuttgart 1975.

Daszyński, Ignacy: Wielki człowiek w Polsce, Warszawa 1925.

Davies, Norman: White Eagle – Red Star. The Polish-Soviet War 1919–1920, London 1972.

Davies, Norman: God's Playground. A History of Poland in Two Volumes, Oxford 1981.

Davies, Norman: Der Aufstand der Verlorenen. Der Kampf um Warschau 1944, München 2004.

Dąbrowska, Maria: O zjednoczonej Polsce, Jej mieszkańcach i gospodarstwie, Warszawa/ Kraków 1919.

Dean, Martin: Gospodarka wyzysku: «warunki życia» w gettach na Kresach Wschodnich, in: ZŻ III, S. 114–130.

Diner, Dan: Das Jahrhundert verstehen. Eine universalhistorische Deutung, München 1999.

Długoborski, Wacław: Die deutsche Besatzungspolitik und die Veränderungen der sozialen Struktur Polens 1939–1945, in: ders. (Hrsg.): Zweiter Weltkrieg und sozialer Wandel, Göttingen 1981, S. 303–363.

Dmitrów, Edmund/ Machcewicz, Paweł/ Szarota, Tomasz: Der Beginn der Vernichtung. Zum Mord an den Juden in Jedwabne und Umgebung im Sommer 1941. Neue Forschungsergebnisse polnischer Historiker, Osnabrück 2004.

Dmitrów, Edmund: Niemcy i okupacja niemiecka w oczach Polaków. Poglądy i opinie z lat 1945–1948, Warszawa 1987.

Dmowski, Roman: Kościół, naród i państwo, Wrocław 1993.

Dmowski, Roman: Myśli nowoczesnego Polaka, Warszawa 1903.

Dmowski, Roman: Niemcy, Rosja i kwestia polska, Kraków1908.

Dobieszewski, Adolf: Kolektywizacja wsi polskiej 1948–1956, Warszawa 1993.

Documents on Polish-Soviet Relations 1939–1945, vol. I London 1961.

Dokumentation der Vertreibung der Deutschen aus Ost-Mitteleuropa. Die Vertreibung der deutschen Bevölkerung aus den Gebieten östlich von Oder und Neiße, Bd. I/3, Polnische Gesetze und Verordnungen 1944–1955, Berlin 1960.

Dominiczak, Henryk: Organy bezpieczeństwa PRL 1944–1990, Warszawa 1997.

Drymmer, Wiktor T. : Zagadnienie żydowskie w Polsce 1935–1939, in: Zeszyty Historyczne 13 (1968), S. 55–77.

Dudek, Antoni/ Gryz, Ryszard: Komuniści i kościół w Polsce 1945–1989, Kraków 2003.

Dudek, Antoni/ Kochański, Aleksander/ Persak, Krzysztof (Hrsg.): Centrum władzy. Protokoły posiedzeń kierownictwa PZPR. Wybór z lat 1949–1970, Warszawa 2000.

Dudek, Antoni: Komitet wojewódzki PZPR jako lokalny ośrodek władzy – na przykładzie Krakowa, in: Paczkowski (Hrsg.), Centrum, S. 141–164.

Dudek, Antoni/ Marszałkowski, Tomasz: Walki uliczne w PRL, Kraków 1999.

Dudek, Antoni/ Pytel, Grzegorz: Bolesław Piasecki. Próba biografii politycznej, Londyn 1990.

Dudek, Antoni: Historia polityczna Polski 1989–2005, Kraków 2007.

Dudek, Antoni: Reglamentowana rewolucja. Rozkład dyktatury komunistycznej w Polsce 1988–1990, Kraków 2004.

Dülffer, Jost: Jalta, 4. Februar 1945. Der Zweite Weltkrieg und die Entstehung der bipolaren Welt, München 1998.

Dzieje Sejmu Polskiego, Warszawa 1997.

Dziurok, Adam: Śląskie rozrachunki. Władze komunistyczne a byli członkowie organizacji nazistowskich na Górnym Śląsku w latach 1945–1956, Warszawa 2000.

Edelman, Robert: Proletarian Peasants. The Revolution of 1905 in Russia's Southwest, Ithaca London 1987.

Eisler, Jerzy: Rok 1970, in: Paczkowski (Hrsg.), Centrum, S. 247–294.

Eisler, Jerzy (Hrsg.): Czerwiec 1976 w materiałach archiwalnych, Warszawa 2001.

Eisler, Jerzy: Polski rok 1968, Warszawa 2006.

Engelking, Barbara/ Leociak, Jacek: Getto warszawskie. Przewodnik po nieistniejącym mieście, Warszawa 2001.

Engelking-Boni, Barbara: «szanowny panie gistapo». Donosy do władz niemieckich w Warszawie i okolicach w latach 1940–1941, Warszawa 2003.

Esch, Michael G.: «Ohne Rücksicht auf historisch Gewordenes». Raumplanung und Raumordnung im besetzten Polen, in: Modelle für ein deutsches Europa. Ökonomie und Herrschaft im Großwirtschaftsraum, Berlin 1992, S. 77–123.

Fałkowski, Wojciech (Hrsg.): Straty Warszawy 1939–1945. Raport, Warszawa 2005.

Feliński, Zygmunt Szczęsny: Pamiętniki, Warszawa 1984.

Fijałkowski, Zenon: Kościół katolicki na ziemiach polskich w latach okupacji hitlerowskiej, Warszawa 1983.

Fik, Martka: Kultura polska po Jałcie. Kronika lat 1944–1981, London 1989.

Fink, Carola: Defending the Rights of Others. The Great Powers, the Jews and International Minority Protection, 1878–1938, New York u.a. 2004.

Fleig Frank, Alison: Oil Empire. Visions of Prosperity in Austrian Galicia, Cambridge (Massachusetts), London 2005.

Flemming, George J.: Czym to się je? Czyli dobre rady dla reemigrantów i turystów, Paryż 1966.

Friedrich, Klaus-Peter: Der nationalsozialistische Judenmord in polnischen Augen: Einstellungen der polnischen Presse 1942–1946/47, Phil. Dies. Köln 2002.

Frieser, Karl Heinz: Das mechanisierte «Tannenberg». Die Panzerschlacht vor Warschau (1.–4. August 1944) und ihre strategischen Folgen; Vortrag, gehalten auf der Tagung der Polnischen Akademie der Wissenschaften in Berlin am 5. Oktober 2004.

Friszke, Andrzej/ Zaremba, Marcin (Hrsg.): Wizyta Jana Pawła II w Polsce 1979. Dokumenty KC PZPR i MSW, Warszawa 2005.

Friszke, Andrzej/ Habielski, Rafał/ Machcewicz, Paweł: Druga Wielka Emigracja 1945–1990, 3 Bde., Warszawa 1999.

Friszke, Andrzej: Rząd na obczyźnie wobec państwa podziemnego w Kraju, in: Błażynski (Hrsg.), Władze, S. 562–623.

Friszke, Andrzej (Hrsg.): Solidarność podziemna 1981–1989, Warszawa 2006.

Friszke, Andrzej: Oaza na Kopernika. Klub Inteligencji Katolickiej 1956–1989, Warszawa 1997.

Friszke, Andrzej: Opozycja polityczna w PRL 1945–1980, Londyn 1994.

Friszke, Andrzej: Polska Gierka, Warszawa 1995.

Friszke, Andrzej: Polska. Losy państwa i narodu, 1939–1989, Warszawa 2003.

Friszke, Andrzej: Tymczasowa Komisja Koordynacyjna NSZZ «Solidarność» (1982–1987), in: ders. (Hrsg.): Solidarność, S. 17–182.

Garlicki, Andrzej/ Paczkowski, Andrzej (Hrsg.): Zaciskanie pętli. Tajne dokumenty dotyczące Czechosłowacji 1968 r., Warszawa 1995.

Garlicki, Andrzej: List Romana Dmowskiego do Aleksandra Skarbka z 1919 roku, in: Przegląd Historyczny LXIV (1973), S. 133–142.

Garlicki, Andrzej: Karuzela. Rzecz o Okrągłym Stole, Warszawa 2004.

Garlicki, Andrzej: Piękne lata trzydzieste, Warszawa 2008.

Garlicki, Andrzej: Przewrót majowy, Warszawa 1978.

Garlicki, Andrzej: U źródeł obozu belwederskiego, Warszawa 1918.

Gatrell, Peter: A Whole Emipre Walking. Refugees in Russia During World War I, Bloomington/ Indianapolis 1999.

Gebhard, Jörg: Lublin – eine polnische Stadt im Hinterhof der Moderne (1815–1914), Köln/ Weimar/ Wien 2006.

Generaloberst Halder: Kriegstagebuch, bearbeitet von Hans-Adolf Jacobsen, Bd. I Stuttgart 1962.

Geyer, Dietrich: Deutschland als Problem der sowjetischen Europapolitik am Ende des Zweiten Weltkriegs, in: Foschepoth, Joseph (Hrsg.): Kalter Krieg und Deutsche Frage. Deutschland im Widerstreit der Mächte 1945–1952, Göttingen/ Zürich 1985, S. 50–65.

Giedroyc, Jerzy/ Stempowski, Jerzy: Listy 1946–1969, hrsg. von Andrzej S. Kowalczyk, Teil II, Warszawa 1998.

Gniazdowski, Mateusz: Zu den Menschenverlusten, die Polen während des Zweiten Weltkriegs von den Deutschen zugefügt wurden. Eine Geschichte von Forschungen und Schätzungen, in: Historie. Jahrbuch des Zentrums für Historische Forschung Berlin der Polnischen Akademie der Wissenschaften Folge 1 (2007/2008), S. 65–92.

Golczewski, Frank: Polnisch-jüdische Beziehungen 1881–1922. Eine Studie zur Geschichte des Antisemitismus in Osteuropa, Wiesbaden 1981.

Gondek, Leszek: Polska karząca 1939–1945, Warszawa 1988.

Grabowski, Jan: «Ja tego Żyda znam». Szantażowanie Żydów w Warszawie 1939–1943, Warszawa 2004.

Grabowski, Jan: Ratowanie Żydów za pieniądze: przemysł pomocy, in: ZŻ IV, S. 81–109.

Grabowski, Tadeusz: Inwestycje zbrojeniowe w gospodarce Polski międzywojennej, Warszawa 1963.

Grabowski, Tadeusz: Rola państwa w gospodarce Polski (1918–1928), Warszawa 1967.

Grabski, Andrzej: Działalność komunistów wśród Żydów w Polsce (1944–1949), Warszawa 2004.

Grajewski, Andrzej: Kompleks Judasza. Kościół zraniony. Chrześcijanie w Europie Środkowo-Wschodniej między oporem a kolaboracją, Poznań 1999.

Graml, Hermann: Europas Weg in den Krieg. Hitler und die Mächte 1939, München 1990.

Gross, Jan T.: Polish Society under German Occupation. The Generalgouvernement 1939–1944, Princeton 1979.

Gross, Jan T.: «Jeder lauscht ständig, ob die Deutschen nicht schon kommen». Die zentralpolnische Gesellschaft und der Völkermord, in: Borodziej, Włodzimierz/ Ziemer, Klaus (Hrsg.): Deutsch-polnische Beziehungen 1939–1945–1949. Eine Einführung, Osnabrück 2000, S. 215–233.

Gross, Jan T.: Und wehe, du hoffst ... Die Sowjetisierung Ostpolens nach dem Hitler-Stalin-Pakt 1939–1941, Freiburg i. B. 1988.

Gross, Jan T.: Nachbarn. Der Mord an den Juden von Jedwabne, München 2001.

Gross, Jan T.: Fear. Anti-Semitism in Poland after Auschwitz. An Essay in Historical Interpretation, Princeton 2007.

Gruszecki, Tomasz: Pieniądz w dziejach gospodarczych Polski, Lublin 2003.

Guesnet, François: Polnische Juden im 19. Jahrhundert. Lebensbedingungen, Rechtsnormen und Organisation im Wandel, Köln/ Weimar/ Wien 1998.

Gulczyński, Andrzej: Ministerstwo byłej Dzielnicy Pruskiej (1919–1922), Poznań 1995.

Hartglass, Apolinary: Na pograniczu dwóch światów, Warszawa 1996.

Hartmann, Christian/ Slutsch, Sergej: Franz Halder und die Kriegsvorbereitungen im Frühjahr 1939. Eine Ansprache des Generalstabschefs des Heeres, in: VfZ 45 (1997), S. 467–495.

Hauser, Przemysław: Niemcy wobec sprawy polskiej X 1918–VI 1919, Poznań 1984.

Hein, Heidi: Der Pixsudski-Kult und seine Bedeutung für den polnischen Staat: 1926–1939, Marburg 2002.

Herbert, Ulrich: Geschichte der Ausländerpolitik in Deutschland, Bonn 2003.

Herbert, Ulrich (Hrsg.): Nationalsozialistische Vernichtungspolitik 1939–1945. Neue Forschungen und Kontroversen, Frankfurt/ M. 1998.

Herling, Gustav: Welt ohne Erbarmen. Aus dem Englischen von Hansjürgen Wille und nach der polnischen Originalausgabe vollständig revidiert von Nina Kozlowski, München 2000.

Hertz, Zymunt: Listy do Czesława Miłosza 1952–1979, hrsg. von Renata Gorczyńska, Paryż 1992.

Heumos, Peter: Stalinismus in der Tschechoslowakei. Forschungslage und sozialgeschichtliche Anmerkungen am Beispiel der Industriearbeiterschaft, in: Journal of Modern European History 2 (2004), H. 1, S. 82–109.

Heydecker, Joe J.: Die Stille der Steine. Warschau im November 1944, Berlin 1994.

Historia Dyplomacji Polskiej, Bd. IV, hrsg. von Piotr Łossowski, Warszawa 1995; Bd. V, hrsg. von Waldemar Michowicz, Warszawa 1999.

Historia Polski w liczbach, Bd. I Państwo Społeczeństwo, Bd. II Gospodarka, Warszawa 2003/ 2006.

Holzer, Jerzy: «Solidarität». Die Geschichte einer freien Gewerkschaft in Polen, München 1985.

Hołyst, Brunon: Przestępczość w Polsce. Studium kryminologiczne, Warszawa 1977.

Homola, Irena: «Kwiat społeczeństwa ...» Struktura społeczna i zarys położenia inteligencji krakowskiej w latach 1860–1914, Kraków/ Wrocław 1984.

Hryciuk, Grzegorz: Polacy we Lwowie 1939–1944. Życie codzienne, Warszawa 2000.

Hułas, Magdalena: Goście czy intruzi? Rząd polski na wychodźstwie wrzesień 1939–lipiec 1943, Warszawa 1996.

Hułas, Magdalena: Wojenna współpraca SOE i NKWD oraz miejsce w niej Polski w świetle dokumentów SOE, in: Borodziej, Włodzimierz/ Wieczorkiewicz, Paweł (Hrsg.): Polska między Niemcami a Rosją. Studia ofiarowane Marianowi Wojciechowskiemu w 70 rocznicę urodzin, Warszawa 1997, S. 60–72.

Iwanicki, Zdzisław: Ludność rolnicza w miastach. Problematyka i próba typologii, in: Przegląd Socjologiczny XXII. 1 (1968), S. 33–60.

Jacobmeyer, Wolfgang: Heimat und Exil. Die Anfänge der polnischen Untergrundbewegung im Zweiten Weltkrieg, Hamburg 1973.

Jacobmeyer, Wolfgang: Die polnische Widerstandsbewegung im Generalgouvernement und ihre Beurteilung durch deutsche Dienststellen, in: VfZ 25 (1977), S. 658–681.

Jahrbuch Polen 2006. Bd. 17, Frauen, hrsg. vom Deutschen-Polen-Institut, Wiesbaden 2006.

Jankowiak, Stanisław/ Makowski, Edmund (Hrsg.): Poznański czerwiec 1956 w dokumentach, Poznań 1995.
Jankowiak, Stanisław/ Makowski, Edmund (Hrsg.): Przełomowy rok 1956. Poznański Czerwiec, Polski Październik, Budapeszt/ Poznań 1998.
Jankowiak, Stanisław: Wysiedlenie i emigracja ludności niemieckiej w polityce władz polskich w latach 1945–1970, Warszawa 2005.
Janowski, Maciej: Galizien auf dem Weg zur Zivilgesellschaft, in: Die Habsburgermonarchie 1848–1918, Bd. VIII/1, Wien 2006, S. 805–858.
Jansen, Hans: Der Madagaskar-Plan. Die beabsichtigte Deportation der europäischen Juden nach Madagaskar, München 1997.
Jarosz, Dariusz/ Pasztor, Maria: Afera mięsna: fakty i konteksty, Toruń 2004.
Jarosz, Dariusz/ Wolsza, Tadeusz (Hrsg.): Komisja Specjalna do Walki z Nadużyciami i Szkodnictwem Gospodarczym 1945–1954. Wybór dokumentów, Warszawa 1995.
Jarosz, Dariusz: Polityka władz komunistycznych w Polsce w latach 1948–1956 a chłopi, Warszawa 1998.
Jarosz, Dariusz: Brytyjskie dokumenty dyplomatyczne o Polsce i Polakach w latach 1957–1971, in: DN 2003, H. 2, S. 113–131.
Jarosz, Maria: Samobójstwa. Ucieczka przegranych, Warszawa 2004.
Jasiewicz, Krzysztof (Hrsg.): Europa nie prowincjonalna, Warszawa 2000.
Jasiewicz, Krzysztof: Pierwsi po diable. Elity sowieckie w okupowanej Polsce 1939–1941 (Białostocczyzna, Nowogródczyzna, Polesie, Wileńszczyzna), Warszawa 2001.
Jaworski, Rudolf: Handel und Gewerbe im Nationalitätenkampf. Studien zur Wirtschaftsgesinnung der Polen in der Provinz Posen (1871–1914), Göttingen 1986.
Jezierski, Andrzej/ Leszczyńska, Cecylia: Historia gospodarcza Polski, Warszawa 1998.
Jędruszczak, Hanna: Miasta i przemysł, in: Ryszka (Hrsg.), Polska, S. 357–367.
Jędrzejewicz, Wacław: Kronika życia Józefa Piłsudskiego 1867–1935, Bd. I Londyn 1977; Bd. II Londyn 1981.
Jędrzejewicz, Wacław (ed.): Poland in the British Parliament 1939–45, vol. II New York 1959.
Jobst, Kerstin S.: Zwischen Nationalismus und Internationalismus. Die polnische und die ukrainische Sozialdemokratie in Galizien von 1890 bis 1914. Ein Beitrag zur Nationalitätenfrage im Habsburgerreich, Hamburg 1996.
Jochheck, Lars: Propaganda im Generalgouvernement. Die NS-Besatzungspresse für Deutsche und Polen 1939–1945, Osnabrück 2006.
Kalabiński, Stanisław/ Tych, Feliks: Czwarte powstanie czy pierwsza rewolucja. Lata 1905–1907 na ziemiach polskich, Warszawa 1976.
Kaliński, Janusz/ Landau, Zbigniew: Gospodarka Polski w XX wieku, Warszawa 2003.
Kaliński, Janusz: System decyzyjny w sferze gospodarczej, in: Paczkowski (Hrsg.), Centrum, S. 81–94.
Kamiński, Łukasz (Hrsg.): Przed i po 13 grudnia. Państwa bloku wschodniego wobec kryzysu w PRL 1980–1982, 2 Bde., Warszawa 2006/ 2007.
Kamiński, Marek K.: Polsko-czechosłowackie stosunki polityczne 1945–1948, Warszawa 1990.
Katyn. A Crime Without Punishment, ed. by Cienciała, Anna M./ Lebedeva, Natalie S./ Materski, Wojciech, New Haven/ Conn.-London 2007
Katyn. Documents of Genocide. Documents and materials from the Soviet archives turned over to Poland on October 14, 1992. Selected and edited by Wojciech Materski, Warsaw 1993.
Kawalec, Krzysztof: Roman Dmowski, Warszawa 1996.
Kaźmierska, Kaja: Soziales und biographisches Gedächtnis: Das Bild des Zweiten Weltkriegs in den Erzählungen polnischer Zeitzeugen, in: Ruchniewicz, Krzysztof/ Troebst, Stefan (Hrsg.): Diktaturbewältigung und Selbstvergewisserung. Geschichtskulturen in Polen und Spanien im Vergleich, Wrocław 2004, S. 131–138.
Kennan, George F.: Memoiren eines Diplomaten, München 1983.
Kenney, Padraic: Carnival of Revolution. Central Europe 1989, Princeton/ Oxford 2002.
Kenney, Padraic: Rebuilding Poland: Workers and Communists, 1945–1950, Ithaca 1997.

Kersten, Krystyna: Jałta w polskiej perspektywie, Londyn/ Warszawa 1989.
Kersten, Krystyna: Polacy, Żydzi, komunizm: anatomia półprawd, Warszawa 1992.
Kersten, Krystyna: Repatriacja ludności polskiej po II wojnie światowej (studium historyczne), Wrocław u. a. 1974.
Kersten, Krystyna: The Establishment of Communist Rule in Poland, 1943–1948, Berkeley 1991.
Kęsik, Jan: Naród pod bronią. Społeczeństwo w programie polskiej myśli wojskowej 1918–1939, Wrocław 1998.
Kieniewicz, Antoni: Nad Prypecią, dawno temu ... Wspomnienia zamierzchłej przeszłości, Warszawa u. a. 1989.
Kieniewicz, Stefan: Adam Sapieha 1828–1903, Warszawa 1993.
Kierownictwo PPR i PZPR wobec wojska 1944–1956, Warszawa 2003.
Kinematografia polska w 25-leciu PRL, Warszawa 1969.
Kisielewski, Stefan: Dzienniki, Warszawa 1997.
Kizwalter,Tomasz: O nowoczesności narodu. Przypadek Polski, Warszawa 1999.
Kleßmann, Christoph: Die Selbstbehauptung einer Nation. NS-Kulturpolitik und polnische Widerstandsbewegung im Generalgouvernement 1939–1945, Düsseldorf 1971.
Kleßmann, Christoph: Polnische Bergarbeiter im Ruhrgebiet 1870–1945, Göttingen 1978.
Klukowski, Zygmunt: Zamojszczyzna, 2 Bde., Warszawa 2008.
Kobylińska, Ewa: Polens Gedächtnis und seine Symbole, in: dies., Lawaty, Andreas (Hrsg.): Erinnern, Vergessen, Verdrängen. Polnische und deutsche Erfahrungen, Wiesbaden 1998, S. 120–132.
Kochanowski, Jerzy: «Wir sind es schon gewöhnt». Einführung in die gesellschaftlich-modernisierenden Hintergründe des «Fleischproblems» in der Volksrepublik Polen, in: Jahrbuch für Historische Kommunismusforschung 2007, S. 337–356.
Kochanowski, Jerzy: Das «Problem Nr. 1» und seine Protagonisten. Fleisch und Fleischspekulanten in Polen 1944 bis 1989, in: Satjukow, Silke/ Gries, Rainer (Hrsg.): Unsere Feinde. Konstruktionen des Anderen im Sozialismus, Leipzig 2004, S. 455–464.
Kochanowski, Jerzy/ Rudnicki, Szymon (Hrsg.): Sylwester Wojewódzki przed Sądem Marszałkowskim, Warszawa 1997.
Kochanowski, Jerzy: Proces szesnastu, Warszawa 1993.
Kochanowski, Jerzy: Horthy und Piłsudski – Vergleich der autoritären Regime in Ungarn und Polen, in: Oberländer, Erwin (Hrsg.): Autoritäre Regime in Ostmittel- und Südosteuropa 1919–1944, München/ Wien/ Zürich 2001, S. 19–94.
Kochanowski, Jerzy: «Selbst mit dem Teufel. Hauptsache in ein freies Polen», in: Tauber (Hrsg.), Kollaboration, S. 289–304.
Kochański, Aleksander (Hrsg.): Protokoły posiedzeń Biura Politycznego KC PPR 1944–1945, (Dokumenty do dziejów PRL, zeszyt 2), Warszawa 1992.
Kochański, Aleksander (Hrsg.): Protokoły posiedzeń Biura Politycznego KC PPR 1947–1948 (Dokumenty do dziejów PRL, zeszyt 15), Warszawa 2001.
Kochański, Aleksander: Polska 1944–1991. Informator historyczny, 3 Bde., Warszawa 1996–2005.
Koko, Eugeniusz: W nadziei na zgodę. Polski ruch socjalistyczny wobec kwestii narodowościowej (1918–1939), Gdańsk 1995.
Kolbuszewski, Jacek: Kresy, Wrocław 1996.
Komlos, John: On the Biological Standard of Living in Russia and the Soviet Union in: Slavic Review 58 (1999), No. 1, S. 71–79.
Komorowski, Krzysztof (Hrsg.): Armia Krajowa. Dramatyczny epilog, Warszawa 1994.
Kopeć, Eugeniusz: «My i oni» na polskim Śląsku (1918–1939), Katowice 1986.
Kopka, Bogusław: Obozy pracy w Polsce 1944–1950. Przewodnik encyklopedyczny, Warszawa 2002.
Kopka, Bogusław: Aparat bezpieczeństwa wobec V Światowego Festiwalu Młodzieży i Studentów w Warszawie (31 lipca–14 sierpnia 1955 r.), in: Przegląd Archiwalny Instytutu Pamięci Narodowej 1 (2008), S. 209–248.

Kornat, Marek: Polska 1939 roku wobec Paktu Ribbentrop-Mołotow, Warszawa 2002.

Korpalska, Walentyna: Władysław Eugeniusz Sikorski. Biografia polityczna, Wrocław u. a. 1981.

Kossert, Andreas: Preußen, Deutsche oder Polen? Die Masuren in Spannungsfeld des ethnischen Nationalismus, Wiesbaden 2001.

Kotowski, Albert S.: Zwischen Staatsräson und Vaterlandsliebe. Die polnische Fraktion im Deutschen Reichstag 1871–1918, Düsseldorf 2007.

Kowal, Paweł: Polityka ekipy Wojciecha Jaruzelskiego 1986–1989, Typoskript.

Kowalski, Sergiusz: Po Solidarności, in: Przegląd Polityczny 83 (2007), S. 20–25.

Kozińska-Witt, Hanna: Krakau in Warschaus langem Schatten. Konkurrenzkämpfe in der polnischen Städtelandschaft 1900–1939, Stuttgart 2008.

Krasuski, Jerzy: Polska i Niemcy. Dzieje wzajemnych stosunków politycznych (do 1932 roku), Warszawa 1989.

Krasuski, Jerzy: Tajne szkolnictwo polskie w okresie okupacji hitlerowskiej 1939–1945, Warszawa 1977.

Kremlin versus Poland. Documents from the Soviet Archives, selected and edited by Wojciech Materski, Warsaw 1996.

Król, Cezary: Polska i Polacy w propagandzie narodowego socjalizmu 1919–1945, Warszawa o. D.

Kubina, Michael/ Wilke, Manfred (Hrsg.): «Hart und kompromißlos durchgreifen». Die SED contra Polen 1980/81. Geheimakten der SED-Führung über die Unterdrückung der polnischen Demokratiebewegung, Berlin 1995.

Kühn, Hartmut: Das Jahrzehnt der Solidarność. Die politische Geschichte Polens 1980–1990, Berlin 1999.

Kula, Marcin: Religiopodobny komunizm, Kraków 2003.

Kunert, Andrzej K., Rzeczpospolita walcząca. Powstanie Warszawskie 1944, Warszawa 1994.

Kunert, Andrzej K.: Ilustrowany przewodnik po Polsce Podziemnej 1939–1945, Warszawa 1996.

Kurz, Iwona: «Ten obraz jest trochę straszliwy». Historia pewnego filmu, czyli naród polski twarzą w twarz z Żydem, in: ZŻ IV, S. 466–483.

Kutta, Janusz: «My» i «Oni» na Pomorzu w latach 1920–1939. Przyczynek do dziejów integracji społeczeństwa polskiego, in: Zapiski Historyczne LVI (1991), H. 2–3, S. 59–83.

Ku zwycięstwu «Solidarności». Korespondencja Ambasady USA w Warszawie z Departamentem Stanu, styczeń–wrzesień 1989, Warszawa 2008.

Kwiatkowski, Zbigniew: Z zaułków i gościńców. Publicystyka i reportaże, Kraków 1972.

Landau, Zbigniew/ Kaliński, Janusz (Hrsg.): Gospodarka Polski Ludowej 1944–1955, Warszawa 1986.

Landau, Zbigniew/ Roszkowski, Wojciech: Polityka gospodarcza II RP i PRL, Warszawa 1995.

Landau, Zbigniew/ Tomaszewski, Jerzy: Polska w Europie i świecie 1918–1939, Warszawa 1980.

Landau, Zbigniew/ Tomaszewski, Jerzy: Zarys historii gospodarczej Polski 1918–1939, Warszawa 1981.

Landau-Czajka, Anna: W jednym stali domu ... Koncepcje rozwiązania kwestii żydowskiej w publicystyce polskiej lat 1933–1939, Warszawa 1998.

Landau-Czajka, Anna/ Landau Zbigniew: Posłowie polscy w sejmie 1935–1939 o kwestii żydowskiej, in: Rozdział, S. 211–224.

Lawaty, Andreas: Das «deutsche Dilemma» von Bolesław Prus. Bemerkungen zu seinen «Chroniken», in: Suche die Meinung. Karl Dedecius dem Übersetzer und Vermittler zum 65. Geburtstag, hrsg. von Elvira Grözinger und Andreas Lawaty, Wiesbaden 1986, S. 195–216.

Lesiakowski, Krzysztof: Die Veteranen der Armia Krajowa und die «Partisanen» von Mieczysław Moczar in den sechziger Jahren, in: Chiari (Hrsg.), Heimatarmee, S. 721–738.

Leszczyński, Adam: Anatomia protestu. Strajki robotnicze w Olsztynie, Sosnowcu i Żyrardowie, sierpień–listopad 1981, Warszawa 2006.

Lewandowska, Stanisława: Życie codzienne Wilna w latach II wojny światowej, Warszawa 1997.
Lewandowski, Jan: Okupacja austriacka w Królestwie Polskim (1914–1918), in: DN 1998, H. 4, S. 29–41.
Libionka, Dariusz: Polskie piśmiennictwo na temat zorganizowanej i indywidualnej pomocy Żydom (1945–2008), in: ZŻ IV, S. 17–79.
Łódź. Dzieje miasta, Bd. I (do 1918 r.) Warszawa/ Łódź 1988.
Löw, Andrea/ Robusch, Kerstin/ Walter, Stefanie (Hrsg.): Deutsche – Juden – Polen. Geschichte einer wechselvollen Beziehung im 20. Jahrhundert, Frankfurt/ M./ New York 2004.
Löw, Andrea: Juden im Getto Litzmannstadt. Lebensbedingungen, Selbstwahrnehmung, Verhalten, Göttingen 2006.
Lundgreen-Nielsen, Kay: The Polish Problem at the Paris Peace Conference. A study of the policies of the Great Powers and the Poles, Odense 1979.
Łazuga, Waldemar: «Rządy polskie» w Austrii. Gabinet Kazimierza hr. Badeniego 1895–1987, Poznań 1991.
Łopieńska, Barbara N./ Szymańska, Ewa: Stare numery, Londyn 1986.
Łossowski, Piotr: Konflikt polsko-litewski 1918–1920, Warszawa 1996.
Łossowski, Piotr: Zerwane pęta. Usunięcie okupantów z ziem polskich w listopadzie 1918 roku, Warszawa 1986.
Machcewicz, Paweł: Kampania wyborcza i wybory do Sejmu 20 stycznia 1957, Warszawa 2000.
Machcewicz, Paweł: Polski rok 1956, Warszawa 1993.
Machcewicz, Paweł: Zmiana czy kontynuacja? Polska przed i po październiku '56, in: Stola/ Zaremba (Hrsg.): PRL, S. 119–158.
Machcewicz, Paweł/ Paczkowski, Andrzej/ Friszke, Andrzej/ Dudek, Antoni: Polska 1986–1987: koniec systemu, 3 Bde., Warszawa 2002.
Madajczyk, Czesław: Die Okkupationspolitik Nazideutschlands in Polen 1939–1945, Berlin 1987.
Madajczyk, Czesław: Polityka III Rzeszy w okupowanej Polsce, Bd. I Warszawa 1970.
Madej, Krzysztof: Spółdzielczość mieszkaniowa. Władze PRL wobec niezależnej inicjatywy społecznej (1961–1965), Warszawa 2003.
Majchrzak, Grzegorz: «Wojenna» cenzura, in: Biuletyn Instytutu Pamięci Narodowej 37 (2004), H. 2, S. 50–53.
Mallmann, Klaus M. / Böhler, Jochen/ Matthäus, Jürgen (Hrsg.): Einsatzgruppen in Polen. Darstellung und Dokumentation, Darmstadt 2008.
Mark, Rudolf A.: Galizien unter österreichischer Herrschaft. Verwaltung – Kirche – Bevölkerung, Marburg 1994.
Marody, Mirosława (Hrsg.): Co nam zostało z tamtych lat.. Społeczeństwo polskie na progu zmiany systemowej, Londyn 1991.
Marody, Mirosława/ Hausner, Jerzy (ed.): Three Polands: the potential for and the barriers to integration with the European Union: EU-monitoring III, Warszawa 1999.
Marszałkowski, Tomasz: Zamieszki, ekscesy i demonstracje w Krakowie 1918–1939, Kraków 2006.
Martin, Terry: The Affirmative Action Empire. Nations and Nationalism in the Soviet Union, 1923–1939, Ithaca and London 2001.
Matelski, Dariusz: Mniejszość niemiecka w Wielkopolsce 1919–1939, Poznań 1997.
Materski, Wojciech: Na widecie. II Rzeczpospolita wobec Sowietów 1918–1943, Warszawa 2005.
Materski, Wojciech (Hrsg.): Armia Polska w ZSRR, Warszawa 1992.
Mazurek, Małgorzata: Socjalistyczny zakład pracy. Porównanie fabrycznej codzienności w PRL i NRD u progu lat sześćdziesiątych, Warszawa 2005.
Meikeljohn Terry, Sarah: Poland's Place in Europe. General Sikorski and the Origins of the Oder-Neisse Line, 1939–1943, Princeton 1983.

Merkel, Wolfgang: Gegen alle Theorie? Die Konsolidierung der Demokratie in Osmitteleuropa, in: Politische Vierteljahrsschrift 48 (2007), H. 3, S 413–433.
Merrill, Charles: Podróż albo Rzeź niewiniątek, übersetzt von Andrzej Pawelec, Kraków 1996.
Mędrzecki, Włodzimierz: Młodzież wiejska na ziemiach Polski centralnej 1864–1939. Procesy socjalizacji, Warszawa 2002.
Mędrzecki, Włodzimierz/ Rudnicki, Szymon/ Żarnowski, Janusz: Społeczeństwo polskie w XX wieku, Warszawa 2003.
Mianowska, Ewa/ Tylski, Krzyszof (Hrsg.): Strajki łódzkie w lutym 1971. Geneza, przebieg i reakcje władz, Warszawa/ Łódź 2008.
Mich, Włodzimierz: Obcy w polskim domu. Nacjonalistyczne koncepcje rozwiązania problemu mniejszości narodowych 1918–1939, Lublin 1994.
Michalczyk, Andrzej: Kirchlichkeit und Nationalität: Ein Spannungsfeld. Identitätsangebote und Identitätspraktiken in Oberschlesien 1922–1939, Phil. Diss. Erfurt 2006.
Michnik, Adam/ Tischner, Józef/ Żakowski, Jacek: Między Panem a Plebanem, Kraków 1995.
Michnik, Adam: Die Kirche und die polnische Linke: von der Konfrontation zum Dialog, München 1980.
Micińska, Magdalena: Córka zdrada nocy. Pojęcie zdrady narodowej w świadomości Polaków w latach 1861–1914, Warszawa 1998.
Micińska, Magdalena: Gołąb i Orzeł. Obchody rocznic kościuszkowskich w latach 1894 i 1917, Warszawa 1997.
Mick, Christoph: Ethnische Gewalt und Pogrome in Lemberg 1914 und 1941, in: Osteuropa 53 (2003), S. 1810–1829.
Mick, Christoph: Kriegserfahrung und die Konstruktion von Kontinuität. Schlachten und Kriege im ukrainischen und polnischen kollektiven Gedächtnis 1910–1930, in: Melville, Gert/ Rehberg, Karl-Siegbert (Hrsg.): Gründungsmythen – Genealogien – Memorialzeichen. Beiträge zur institutionellen Konstruktion von Kontinuität, Köln/ Weimar/ Wien 2004, S. 109–132.
Mick, Christoph: Nationale Festkultur in Lemberg vor dem Ersten Weltkrieg, in: Schattkowsky, Ralph/ Müller, Michael G. (Hrsg.): Identitätswandel und nationale Mobilisierung in Regionen ethnischer Diversität. Ein regionaler Vergleich zwischen Westpreußen und Galizien am Ende des 19. und Anfang des 20. Jahrhunderts, Marburg 2004, S. 113–132.
Mick, Christoph: Nationalismus und Modernisierung in Lemberg 1867–1914, in: Goehrke, Carsten/ Pietrow-Ennker, Bianka (Hrsg.): Städte im östlichen Europas. Zur Problematik von Modernisierung und Raum vom Spätmittelalter bis zum 20. Jahrhundert, Zürich 2006, S. 171–213.
Miernik, Grzegorz (Hrsg): Polacy wobec PRL. Strategie przystosowawcze, Kielce 2003.
Miłosz, Czesław: Das Gesicht der Zeit, Stuttgart 1953.
Miłosz, Czesław: Verführtes Denken. Mit einem Vorwort von Karl Jaspers. Deutsch von Alfred Loepfe, Frankfurt/ M. 1974.
Misiak, Anna: Kinematograf kontrolowany. Cenzura filmowa w kraju socjalistycznym i demokratycznym (PRL i USA) analiza socjologiczna, Kraków 2006.
Młynarczyk, Jacek Andrzej: Judenmord in Zentralpolen. Der Distrikt Radom im Generalgouvernement 1939–1945, Darmstadt 2007.
Moczarski, Kazimierz: Gespräche mit dem Henker – Das Leben des SS-Generals Jürgen Stroop. Aufgezeichnet im Mokotów-Gefängnis zu Warschau, Berlin 2008.
Moczarski, Kazimierz: Zapiski, hrsg. von Andrzej K. Kunert, Warszawa 1990.
Molenda, Jan: Chłopi Naród Niepodległość. Kształtowanie się postaw narodowych i politycznych w Galicji i Królestwie Polskim w przededniu odrodzenia Polski, Warszawa 1999.
Müller, Michael G.: Der polnische Adel von 1750 bis 1863, in: Wehler, Hans-Ulrich (Hrsg.): Europäischer Adel 1750–1950, Göttingen 1990, S. 217–242.
Najdus, Walentyna: Ignacy Daszyński 1866–1936, Warszawa 1988.
Nalewajko-Kulikov, Joanna: Strategie przetrwania. Żydzi po aryjskiej stronie Warszawy, Warszawa 2004.

Nałęcz, Daria: Sen o władzy. Inteligencja wobec niepodległości, Warszawa 1994.
Nałęcz, Tomasz: Polska Organizacja Wojskowa 1914–1918, Wrocław etc. 1984.
Nałęcz, Tomasz: Odzyskana niepodległość, in: Polska. Losy państwa i narodu, hrsg. von Samsonowicz, Henryk/ Tazbir, Janusz/ Łepkowski, Tadeusz und dems., Warszawa 1992, S. 476–565.
Nałęcz, Tomasz: Irredenta polska, Warszawa 1992.
Nałkowska, Zofia: Romans Teresy Hennert, Warszawa 1924.
Nazarewicz, Ryszard: Sprawy polskie w schyłkowym okresie działalności Kominternu, in: DN 2003, H. 4, S. 39–56.
Nicieja, Stanisław (Hrsg.): Jałta z perspektywy półwiecza, Opole 1995.
Nowak, Andrzej: Piłsudski i «trzy Rosje». Studium polityki Józefa Piłsudskiego, Kraków 2001.
Nowak, Stefan (Hrsg.): Ciągłość i zmiana tradycji kulturowej, vervielfältigtes Typoskript Warszawa 1976.
Nowakowa, Irena: Wzory i normy życia towarzyskiego ludności Warszawy, Untersuchung von OBOP, vervielfältigtes Typoskript 1968.
Nowik, Grzegorz: Zanim złamano Enigmę: Polski radiowywiad podczas wojny z bolszewicką Rosją 1918–1920, Warszawa 2004.
Oberländer, Erwin (Hrsg.): Hitler-Stalin-Pakt 1939. Das Ende Ostmitteleuropas? Frankfurt/ M. 1989.
Ogonowski, Jerzy: Uprawnienia językowe mniejszości narodowych w Rzeczypospolitej Polskiej 1918–1939, Warszawa 2000.
Osęka, Piotr: Marzec '68, Kraków 2008.
Osęka, Piotr: Rytuały stalinizmu. Oficjalne święta i uroczystości rocznicowe w Polsce 1944–1956, Warszawa 2007.
Ossowski, Stanisław: Na tle wydarzeń kieleckich, in: Kuźnica 38 vom 30. September 1946.
Ostrowska, Ewa: Gdynia: miasto i ludzie, Gdynia 2006.
Paczkowski, Andrzej: Pół wieku dziejów Polski 1939–1989, Warszawa 1995.
Paczkowski, Andrzej: Od sfałszowanego zwycięstwa do prawdziwej klęski. Szkice do portretu PRL, Kraków 1999.
Paczkowski, Andrzej: Żydzi w UB. Próba weryfikacji stereotypu, in: Szarota (Hrsg.), Komunizm, S. 192–204.
Paczkowski, Andrzej (Hrsg.): Centrum władzy w Polsce 1948–1970, Warszawa 2003.
Paczkowski, Andrzej: Boisko wielkich mocarstw: Polska 1980–1989. Widok od wewnątrz, in: Polski Przegląd Dyplomatyczny Bd. 2, 7 (2002), Nr. 3, S. 165–210.
Pajewski, Janusz: Odbudowa państwa polskiego, Warszawa 1978.
Pasztor, Maria: Między Paryżem, Warszawą i Moskwą: stosunki polsko-francuskie 1954–1969, Toruń 2003.
Paulsson, Gunnar S.: Secret city. The hidden Jews of Warsaw, New Haven/ London 2003.
Pawlicka, Katarzyna: Polityka władz wobec Kościoła katolickiego (grudzień 1970–październik 1978), Warszawa 2004.
Pelka, Anna: Teksas-land. Moda młodzieżowa w PRL, Warszawa 2007.
Persak, Krzysztof: Stalin As Editor: The Soviet Dictator's Secret Changes in the Polish Constitution of 1952, in: Cold War International History Project Bulletin 1998 (11), S. 149–154.
Persak, Krzysztof: Struktura i skład centralnych instancji decyzyjnych PZPR, in: Paczkowski (Hrsg.), Centrum, S. 19–50.
Persak, Krysztof: Sprawa Henryka Hollanda, Warszawa 2006.
Peter, Stefanie (Hrsg.): Alphabet der polnischen Wunder, Frankfurt/ M. 2007.
Pisuliński, Jan: Nie tylko Petlura. Kwestia ukraińska w polskiej polityce zagranicznej w latach 1918–1923, Wrocław 2004.
Pleskot, Patryk: Wielki mały ekran. Telewizja a codzienność Polaków w latach sześćdziesiątych, Warszawa 2007.
Plokhy, Serhii: Unmaking Imperial Russia. Mykhailo Hrushevsky and the Writing of Ukrainian History, Toronto 2005.

Pobóg-Malinowski, Władysław: Najnowsza historia polityczna Polski, Bd. II/2 London 1960.
Pohl, Dieter: Der Völkermord an den Juden, in: Borodziej, Włodzimierz/ Ziemer, Klaus (Hrsg.): Deutsch-polnische Beziehungen 1939–1945–1949. Eine Einführung, Osnabrück 2000, S. 113–134.
Polaków dzieje malowane, Warszawa 2007.
Polskie Dokumenty Dyplomatyczne (PDD) 1938 , hrsg. von Kornat, Marek, Warszawa 2007; PDD 1939 (styczeń–sierpień), hrsg. von Żerko, Stanisław, Warszawa 2005; PDD 1957, hrsg. von Ruchniewicz, Krzysztof/ Szumowski, Tadeusz, Warszawa 2006.
Polonsky, Anthony (ed.): The Great Powers and the Polish Question 1941–1945. A Documentary Study in Cold War Origins, London 1976.
Polsko-brytyjska współpraca wywiadowcza podczas II wojny światowej, Bd I, hrsg. von Tadeusz Dubicki, Daria Nałęcz, Tessa Stirling, Warszawa 2004.
Problem reparacji, odszkodowań i świadczeń w stosunkach polsko-niemieckich 1944–2004, 2 Bde., hrsg. von Witold M. Góralski und Sławomir Dębski, Warszawa 2004.
Proces moskiewski przywódców Polskiego Państwa Podziemnego. The Moscow Trial of the Leaders of the Polish Underground State, hrsg. von Chmielarz, Andrzej/ Kunert, Andrzej K./ Piontek, Eugeniusz, Warszawa 2000.
Proces szesnastu, hrsg. von Strzałkowski, Waldemar/ Chmielarz, Andrzej/ Kunert, Andrzej K., Warszawa 1995.
Prymak, Thomas M.: Mykhailo Hrushevsky. The Politics of National Culture, Toronto 1987.
Przecławski, Krzysztof: Miasta i człowiek, Warszawa 1966.
Przemyski, Andrzej: Ostatni komendant – Generał Leopold Okulicki, Lublin 1990.
Przeniosło, Marek: Chłopi i ziemianie Królestwa Polskiego w latach I wojny światowej – stosunki wzajemne, in: DN 2001, H. 4, S. 3–20.
Przeniosło, Marek: Stosunek chłopów Królestwa Polskiego do wojsk i władz rosyjskich, niemieckich i austriackich w latach 1914–1918, in: DN 1998, H. 4, S. 43–61.
Raciborski, Jacek: Polskie wybory. Zachowania wyborcze społeczeństwa polskiego 1989–1995, Warszawa 1997.
Radomski, Grzegorz: Narodowa Demokracja wobec problematyki mniejszości narodowych w Drugiej Rzeczypospolitej w latach 1918–1926, Toruń 2000.
Rakowski, Mieczysław F.: Dzienniki polityczne 1963–1966, 1972–1975, 1976–1978, 1981–1983, Warszawa 1999, 2002, 2004.
Raszewski, Zbigniew: Pamiętnik gapia. Bydgoszcz, jaką pamiętam z lat 1930–1945, Bydgoszcz 1994.
Reich-Ranicki, Marcel: Mein Leben, Stuttgart 1999.
Rogall, Joachim (Hrsg.): Land der großen Ströme. Von Polen nach Litauen (= Deutsche Geschichte im Osten Europas), Berlin 1996.
Rolicki, Janusz: Edward Gierek: Przerwana dekada, Warszawa 1990.
Roman, Wanda Krystyna: Die sowjetische Okkupation der polnischen Ostgebiete 1939 bis 1941, in: Chiari (Hrsg.), Heimatarmee, S. 87–109.
Roos, Hans: Geschichte der Polnischen Nation 1918–1978, Stuttgart 1979.
Roszkowski, Wojciech: Gospodarcza rola większej prywatnej własności ziemskiej w Polsce 1918–1939, Warszawa 1986.
Roszkowski, Wojciech (Hrsg.): Konflikty polsko-sowieckie 1942–1944, Warszawa 1993.
Rowiński, Jan (ed.): The Polish October 1956 in World Politics, Warsaw 2007.
Rozdział wspólnej historii. Studia z dziejów Żydów w Polsce, ofiarowane profesorowi Jerzemu Tomaszewskiemu w siedemdziesiątą rocznicę urodzin, Warszawa 2001.
Ruchniewicz, Krzysztof: Deutschland und das Problem der Nachkriegsentschädigungen für Polen, in: Grenzen der Wiedergutmachung. Die Entschädigung für NS-Verfolgte in West- und Osteuropa 1945–2000, hrsg. von Hockerts, Hans Günter/ Moisel, Claudia/ Winstel, Tobias, Göttingen 2006, S. 667–739.
Ruchniewicz, Krzysztof: Warszawa–Berlin–Bonn. Stosunki polityczne w latach 1949–1958, Wrocław 2003.

Ruchniewicz, Małgorzata: Repatriacja ludności polskiej z ZSRR w latach 1955–1959, Warszawa 2000.
Rudnicki, Szymon: Obóz Narodowo-Radykalny. Geneza i działalność, Warszawa 1985.
Rudnicki, Szymon: Ziemiaństwo polskie w XX wieku, Warszawa 1996.
Rudnicki, Szymon: Żydzi w parlamencie II Rzeczypospolitej, Warszawa 2004.
Rutowska, Ewa: Wysiedlenia ludności polskiej z Kraju Warty do Generalnego Gubernatorstwa 1939–1941, Poznań 2003.
Rykowski, Zbysław/ Władyka, Wiesław: Kalendarium polskie 1944–1984, Warszawa 1987.
Ryszka, Franciszek (Hrsg.): Polska Ludowa 1944–1950, Wrocław u. a. 1974.
Ryszka, Franciszek: Pamiętnik inteligenta. Dojrzewanie, Warszawa 1994.
Salmonowicz, Stanisław/ Serczyk, Jerzy: Z problemów kolaboracji w Polsce w latach 1939–1941, in: Czasy Nowożytne XIV (2003), S. 43–65.
Samuś, Paweł: Łódź an der Jahrhundertwende – Stadt der Polen, Deutschen und Juden, in: Maier, Robert/ Stöber, Georg (Hrsg.): Zwischen Abgrenzung und Assimilation – Deutsche, Polen und Juden. Schauplätze ihres Zusammenlebens von der Zeit der Aufklärung bis zum Beginn des Zweiten Weltkriegs, Hannover 1996, S. 159–174.
Schattkowsky, Ralph: Deutschland und Polen von 1918/19 bis 1925. Deutsch-polnische Beziehungen zwischen Versailles und Locarno, Frankfurt/ M. 1994.
Schenke, Cornelia: Nationalstaat und nationale Frage: Polen und die Ukrainer 1921–1939, Hamburg 2004.
Seidel, Robert: Deutsche Besatzungspolitik in Polen. Der Distrikt Radom 1939–1945, Paderborn u. a. 2006.
Serrier, Thomas: Provinz Posen, Ostmark, Wielkopolska. Eine Grenzregion zwischen Deutschen und Polen 1848–1914, Marburg 2005.
Shore, Marci: Caviar and Ashes. A Warsaw Generation's Life and Death in Marxism, 1918–1968, New Haven/ London 2006.
Siadkowski, Marcin: Konstruowanie obrazu «polskiej szlachty» w niemieckim dyskursie politycznym w Wiedniu w latach 1880–1910, Typoskript.
Siciński, Andrzej: Czas wolny i kultura masowa w środowisku ludności miejskiej (wstępna analiza wyników badania ankietowego), Untersuchung von OBOP, Warszawa 1966.
Sierpowski, Stanisław: Mniejszość niemiecka na tle aktywności mniejszościowej Ligi Narodów, in: Wrzesiński (Hrsg.), Polska, S. 77–90.
Skibińska, Alina: Życie codzienne Żydów w Kozienicach pod okupacją niemiecką, in: ZŻ III, S. 64–85.
Skóra,Wojciech: Służba konsularna Drugiej Rzeczypospolitej. Organizacja, kadry i działalność, Toruń 2007.
Skubiszewski, Krzysztof: Zachodnia granica Polski w świetle traktatów, Poznań 1975.
Słabek, Henryk: Inaczej o historii Polski 1944–1989, Warszawa 2000.
Słabek, Henryk: Powojenna infrastruktura bytowania i demograficzny potencjał Polaków (na tle porównawczym), in: DN 1993, H. 3, S. 57–71.
Słabek, Henryk: Załoga fabryczna (jedność i sprzeczność) 1945–989, in: DN 2003, H. 1, S. 113–141.
Snyder, Timothy: Sketches from a Secret War. A Polish Artist's Mission to Liberate Soviet Ukraine, New Haven/ London 2005.
Sowiński, Paweł: Wakacje w Polsce Ludowej. Polityka władz i ruch turystyczny (1945–1989), Warszawa 2005.
Sprawozdania stenograficzne Sejmu Ustawodawczego, 81 posiedzenie z dnia 30 lipca 1919 r.
Stafford, David: Britain and European Resistance. A Survey of the Special Operations Executive, with Documents, Toronto/ Buffalo 1980.
Staniszkis, Jadwiga: Poland's Self Limiting Revolution, Princeton 1984.
Statystyczny opis kultury w PRL w latach 1946–1970, opr. Aleksander Wallis, Warszawa 1974.
Stegmann, Natali: Die Töchter der geschlagenen Helden. «Frauenfrage», Feminismus und Frauenbewegung 1863–1919, Wiesbaden 2000.

Stehle, Hansjakob: Die Ostpolitik des Vatikans 1917–1975, München/ Zürich 1975.
Steinhaus, Hugo: Wspomnienia i zapiski, Londyn 1992.
Steinlauf, Michael C.: Bondage to the Dead. Poland and the Memory of the Holocaust, Syracuse 1997.
Stenographische Berichte über die Verhandlungen des Reichstages, Bd. 295.
Stobniak-Smogorzewska, Janina J.: Kresowe osadnictwo wojskowe 1920–1945, Warszawa 2003.
Stola, Dariusz: Nadzieja i zagłada. Ignacy Schwarzbart – żydowski przedstawiciel w Radzie Narodowej RP (1940–1945), Warszawa 1995.
Stola, Dariusz/ Zaremba; Marcin (Hrsg.): PRL. Trwanie i zmiana, Warszawa 2003.
Stola, Dariusz: Finanse PZPR, in: Paczkowski (Hrsg.), Centrum, S. 95–114.
Stola, Dariusz: Kampania antysyjonistyczna w Polsce 1967–1968, Warszawa 2000.
Stola, Dariusz: Zamknięcie Polski. Zniesienie swobody wyjazdu i uszczelnienie granic Polski w latach 40 i 50, in: ders., Zaremba (Hrsg.), PRL, S. 159–186.
Strobel, Georg W.: Industriemetropole zwischen Orient und Okzident. Eine Hommage an die Vielvölkerstadt Lodz, in: Deutsch-Polnische Ansichten zur Literatur und Kultur, Jahrbuch 1992, Darmstadt 1993, S. 31–59.
Struve, Kai: Bauern und Nation in Galizien. Über Zugehörigkeit und soziale Emanzipation im 19. Jahrhundert, Göttingen 2005.
Stryjkowski, Julian: Wielki strach, Warszawa 1980.
Strzembosz, Tomasz: Rzeczpospolita podziemna. Społeczeństwo polskie a państwo podziemne 1939–1945, Warszawa 2000.
Suleja, Włodzimierz: Józef Piłsudski, Wrocław u. a. 2005.
Sycz, Mirosław: Spółdzielczość ukraińska w Galicji w czasie II wojny światowej, Warszawa 1997.
Szarota, Tomasz (Hrsg.): Komunizm. Ideologia, system, ludzie, Warszawa 2001.
Szarota, Tomasz: U progu Zagłady. Zajścia antyżydowskie i pogromy w okupowanej Europie, Warszawa/ Paryż/ Amsterdam/ Antwerpia/ Kowno, Warszawa 2000.
Szarota, Tomasz: Warschau unter dem Hakenkreuz 1939–1944. Leben und Alltag im besetzten Warschau 1.10.1939 bis 31.7. 1944, Paderborn 1985.
Szaynok, Bożena: Pogrom Żydów w Kielcach 4 lipca 1946 r., Warszawa 1992.
Szczepańczyk, Czesław: Polityka okupanta wobec spółdzielczości wiejskiej w Generalnej Guberni, Warszawa 1978.
Szczepański, Janusz: Społeczeństwo polskie w walce z najazdem bolszewickim 1920 roku, Warszawa/ Pułtusk 2000.
Szlafjer, Henryk (Hrsg.): Ku wielkiej zmianie. Korespondencja między Ambasadą PRL w Waszyngtonie a Ministerstwem Spraw Zagranicznych, styczeń–październik 1989, Warszawa 2008.
Szumiło, Mirosław: Ukraińska elita polityczna w Drugiej Rzeczypospolitej, in: DN 2002, H. 3, S. 21–36.
Szwarc, Andrzej: Od Wielopolskiego do Stronnictwa Polityki Realnej. Zwolennicy ugody z Rosją, ich poglądy i próby działalności politycznej (1864–1905), Warszawa 1996.
Śleszyński, Wojciech: Analiza struktury osadzonych w obozie odosobnienia w Berezie Kartuskiej (1934–1939), in: Zeszyty Historyczne 143 (2003), S. 170–186.
Śliwa, Michał: Pierwsze ośrodki władzy polskiej w Galicji w 1918 r., in: DN 1998, H. 4, S. 63–73.
Śliwa, Michał: Narodoworadykalny model państwa totalitarnego w Polsce, in: DN 1996, H. 1, S. 39–45.
Świtalski, Kazimierz: Diariusz 1919–1935, hrsg. von Andrzej Garlicki/ Ryszard Świętek, Warszawa 1992.
Tajne dokumenty Biura Politycznego. Grudzień 1970, hrsg. von Paweł Domański, Londyn 1991.
Tajne dokumenty Biura Politycznego. PRL–ZSRR 1956–1970, Londyn 1998.

Tarkowscy, Jacek und Elżbieta: «Amoralny familizm», czyli o dezintergacji społecznej w Polsce lat osiemdziesiątych, in: Wnuk-Lipiński, Edward (Hrsg.): Grupy i więzi społeczne w społeczeństwie monocentrycznym, Warszawa 1990, S. 37–69.

Tauber, Joachim (Hrsg.): «Kollaboration» in Nordosteuropa. Erscheinungsformen und Deutungen im 20. Jahrhundert, Wiesbaden 2006.

Tebinka, Jacek: Polityka brytyjska wobec problemu granicy polsko-radzieckiej 1939–1945, Warszawa 1998.

Telatycki, Michał: Ocena stanu zagruźliczenia ludności w Polsce, Warszawa 1947.

Terej, Jerzy Janusz: Na rozstajach drog. Ze studiów nad obliczem i modelem Armii Krajowej, Wrocław u. a. 1978.

Ther, Philipp: Ethnische Säuberungen, Typoskript.

Thou shalt not kill. Poles on Jedwabne, Warsaw 2001.

Tokarski, Peter: Die Wahl wirtschaftspolitischer Strategien in Polen nach dem Zweiten Weltkrieg bis 1959, Marburg 1999.

Tomala, Mieczysław: Deutschland – von Polen gesehen. Zu den deutsch-polnischen Beziehungen 1945–1990, Marburg 2000.

Tomaszewski, Jerzy: Rzeczpospolita wielu narodów, Warszawa 1985.

Tomaszewski, Jerzy (Hrsg.): Studia z dziejów i kultury Żydów w Polsce po 1945 roku, Warszawa 1997.

Tomaszewski, Jerzy/ Żbikowski, Andrzej (Hrsg.): Żydzi w Polsce. Dzieje i kultura. Leksykon, Warszawa 2001.

Tomaszewski, Jerzy: Auftakt zur Vernichtung. Die Vertreibung polnischer Juden aus Deutschland im Jahre 1938, Osnabrück 2002.

Tomicki, Jan (Hrsg.): Polska Odrodzona 1918–1939. Państwo – społeczeństwo – kultura, Warszawa 1982.

Tomicki, Jan: Polska Partia Socjalistyczna 1892–1945, Warszawa 1983.

Tomkiewicz, Ryszard: Olsztyńska Delegatura Komisji Specjalnej do Walki z Nadużyciami i Szkodnictwem Gospodarczym 1945–1954, Olsztyn 1995.

Topp, Christiane: «... die Litauer haben den Polen sehr viel Schlechtes gebracht». Ethnisch-nationale Ordnungskonstruktionen in Vilnius während des Zweiten Weltkriegs, in: Zeitschrift für Ostmitteleuropaforschung 56 (2007), S. 364–387.

Toruńczyk, Barbara (Hrsg.): Narodowa Demokracja. Antologia myśli politycznej «Przeglądu Wszechpolskiego» 1895–1906, Warszawa 1981.

Trees, Pascal: Wahlen im Weichselland. Die Nationaldemokraten in Russisch-Polen und die Dumawahlen 1905–1912, Stuttgart 2007

Troebst, Stefan: «Intermarium» und «Vermählung mit dem Meer»: Kognitive Karten und Geschichtspolitik in Ostmitteleuropa, in: ders., Kulturstudien Ostmitteleuropas, Frankfurt/ M. u. a. 2006, S. 29–63.

Turkowski, Romuald: Polskie Stronnictwo Ludowe w obronie demokracji 1945–1949, Warszawa 1992.

Turkowski, Romuald (Hrsg.): Opozycja parlamentarna w Krajowej Radzie Narodowej i Sejmie Ustawodawczym 1945–1947, Warszawa 1997.

Turkowski, Romuald: Parlamentaryzm polski na uchodźstwie 1945–1972, Warszawa 2001.

Tymiński, Maciej: Funkcjonowanie przedsiębiorstwa przemysłowego w systemie centralnego planowania (1956–1970), in: DN 2003, H. 2, S. 93–112

Walicki, Andrzej, The Troubling Legacy of Roman Dmowski, in: East European Politics and Society 14 (2000), S. 13–46.

Walis, Aleksander: Atrakcyjność miast w opinii studentów, Warszawa 1965.

Wandycz, Piotr S.: The Price of Freedom. A History of East Central Europe from the Middle Ages to the present, London/ New York 1992.

Wandycz, Piotr: Aleksander Skrzyński minister spraw zagranicznych II Rzeczypospolitej, Warszawa 2006.

Wapiński, Roman: Pokoleniowe wizje Rzeczypospolitej, in: Wrzesiński, S. 61–79.

Wapiński, Roman: Władysław Sikorski, Warszawa 1978.
Wapiński, Roman (Hrsg.): Dzieje Gdyni, Wrocław u. a. 1980.
Wapiński, Roman: Narodowa Demokracja 1893–1939, Wrocław u. a. 1980.
Wapiński, Roman: Roman Dmowski, Lublin 1989.
Wapiński, Roman: Pokolenia Drugiej Rzeczypospolitej, Wrocław u. a. 1991.
Wapiński, Roman: Polska i małe ojczyzny Polaków. Z dziejów kształtowania się świadomości narodowej w XIX i XX wieku po wybuch II wojny światowej, Wrocław u. a. 1994.
Weber, Matthias (Hrsg.): Preussen in Ostmitteleuropa. Geschehensgeschichte und Verstehensgeschichte, München 2003.
Weeks, Theodore R.: Nation and State in Late Imperial Russia. Nationalism and Russification on the Western Frontier, 1863–1914, DeKalb (Illinois) 1996.
Weidenfeld, Werner mit Wagner, Peter M./ Bruck, Elke: Außenpolitik für die deutsche Einheit. Die Entscheidungsjahre 1989/90, Stuttgart 1998.
Werblan, Andrzej: Władysław Gomułka sekretarz generalny PPR, Warszawa 1988.
Werschler, Iwo: Z dziejów obozu belwederskiego. Tadeusz Hołówko życie i działalność, Warszawa 1984.
Wierzbicki, Marek: Polacy i Żydzi w zaborze sowieckim. Stosunki polsko-żydowskie na ziemiach północno-wschodnich II RP pod okupacją sowiecką (1939–1941), Warszawa 2001.
Wnuk, Rafał: «Za pierwszego Sowieta». Polska konspiracja na Kresach Wschodnich II Rzeczypospolitej (wrzesień 1939 – czerwiec 1941), Warszawa 2007.
Wolf, Nikolaus: Path Dependent Border Effects: the Case of Poland's Reunification (1918–1939), in: Explorations in Economic History 42 (2005), H. 3, S. 414–438.
Wolff, Larry: Inventing Galicia: Messianic Josephinism and the Recasting of Partitioned Poland, in: Slavic Review 2004 (63), S. 818–840.
Wóycicka, Zofia: U »kresu pewnej moralności«: dyskusje wokół procesów więźniów funkcyjnych w Polsce 1945–1950, in: ZŻ III, S. 355–385.
Wróbel, Piotr: Listopadowe dni – 1918. Kalendarium narodzin II Rzeczypospolitej, Warszawa 1988.
Wróbel, Piotr: Jewish Warsaw before the First World War, in: The Jews in Warsaw, edited by Bartoszewski,Władysław T./ Polonsky, Anthony, Oxford 1991, S. 246–277.
Wróbel, Piotr: Polacy, Żydzi i odbudowa Polski na stronach The New York Timesa w 1918 i 1919 roku, in: Rozdział, S. 181–198.
Wróbel, Piotr: The Seeds of Violence. The Brutalization of an East European Region, 1917–1921, in: Journal of Modern European History 1 (2003), S. 125–148.
Wrzesiński, Wojciech: Plebiscyty na Warmii i Mazurach oraz na Powiślu w roku 1920, Olsztyn 1974.
Wrzesiński, Wojciech (Hrsg.): Polska – Polacy – mniejszości narodowe, Wrocław u. a. 1992.
Wrzesiński, Wojciech: Sąsiad. Czy wróg? Ze studiów nad kształtowaniem obrazu Niemca w Polsce w latach 1795–1939. Wrocław 1992.
Wrzesiński, Wojciech (Hrsg.): Do niepodległości 1918–1944/45–1989, Warszawa 1998.
Wrzos, Konrad: Oko w oko z kryzysem. Reportaż z podróży po Polsce, Warszawa 1933.
Wyka, Kazimierz: Życie na niby, Warszawa 1959.
Wysiedlenia, wypędzenia i ucieczki 1939–1959. Atlas ziem Polski, Warszawa 2008.
Zajicek, Edward: Poza ekranem. Kinematografia polska w latach 1896–2005, Warszawa 2009.
Zamoyski, Adam: Warsaw 1920. Lenin's Failed Conquest of Europe, London 2008.
Zaremba, Marcin: «Bigosowy socjalizm». Dekada Gierka, in: Miernik (Hrsg): Polacy, S. 183–200.
Zaremba, Marcin: Komunizm, legitymizacja, nacjonalizm. Nacjonalistyczna legitymizacja władzy komunistycznej w Polsce, Warszawa 2001.
Zaremba, Marcin: Mit mordu rytualnego w powojennej Polsce. Archeologia i hipotezy, in: Kultura i Społeczeństwo 2007 (LI), H. 2, S. 91–135.
Zaremba, Marcin: Trauma Wielkiej Wojny. Psychospołeczne konsekwencje Drugiej Wojny Światowej, in: Kultura i Społeczeństwo 2008 (LII), H. 2, S. 3–41.

Zieliński, Konrad: Stosunki polsko-żydowskie na ziemiach Królestwa Polskiego w czasie pierwszej wojny światowej, Lublin 2005.
Ziętara, Paweł: Postawa polskich środowisk emigracyjnych wobec liberalizacji w PRL w latach 1955–1957, Warszawa 2001.
Znaniecki, Florian/ Ziółkowski, Janusz: Czym jest dla ciebie miasto Poznań? Dwa konkursy: 1928/1964, Warszawa/ Poznań 1984.
Zubok, Vladislav/ Plešakov, Konstantin: Inside the Kremlin's Cold War. From Stalin to Khrushchev, Cambridge (Massachusetts) 1996.
Żarnowska, Anna/ Szwarc, Andrzej (Hrsg.): Równe prawa i nierówne szanse. Kobiety w Polsce międzywojennej, Warszawa 2002.
Żarnowski, Janusz: Społeczeństwo i klasy, in: Tomicki (Hrsg.): Polska, S. 244–307.
Żbikowski, Andrzej: U genezy Jedwabnego. Żydzi na kresach północno-wschodnich II Rzeczypospolitej, wrzesień 1939–lipiec 1941, Warszawa 2006.
Żerko, Stanisław: Stosunki polsko-niemieckie 1938–1939, Poznań 1998.
Życie i Zagłada w Hrubieszowie w oczach młodej warszawianki, in: ZŻ III, S. 229–240.
Żyndul, Jolanta: Zajścia antyżydowskie w Polsce w latach 1935–1937, Warszawa 1994.
Żyndul, Jolanta: Państwo w państwie? Autonomia narodowo – kulturalna w Europie Środkowo-Wschodniej w XX wieku, Warszawa 2000.

Glossar

Cisleithanien «österreichischer», d. h. nicht ungarischer Teil der Habsburgermonarchie, zu dem Galizien gehörte

Ermland westliche Teile von Ostpreußen, die dem katholischen Bistum unterstanden; vor den Teilungen Bestandteil der Adelsrepublik

Galizien österreichischer Teil Polens, offiziell «Königreich Galizien und Lodomerien»

Kakanien Habsburgermonarchie

Karpatho-Ukraine östlicher Zipfel der ČSR 1918–1939, später Teil Ungarns, seit 1945 der UdSSR/Ukraine

Kościuszko-Aufstand erster antirussischer Aufstand (1794), angeführt von Tadeusz Kościuszko, endete mit der Niederlage und der dritten Teilung Polens im folgenden Jahr

Kresy bis 1918 weitgehend identisch mit *Ziemie zabrane*, nach 1918 die Ostgebiete der Republik, nach 1945 Gebiete östlich der heutigen Staatsgrenze Polens

Królestwo Polskie, Königreich Polen, Kongresspolen, Kongresówka, 1815–1831 autonomer Bestandteil des Zarenreiches; Zentralpolen; westlichster Teil des russischen Imperiums

Kulaken reiche Bauern

Kultura einflussreiche Pariser Monatsschrift des politischen Exils (1947–2000)

Lubliner Polen (singular) im Juli und August 1944 von der Roten Armee befreites Gebiet zwischen Weichsel und Bug, das vom PKWN mitverwaltet wurde

Lubliner Polen (plural), Lubliner Parteien – Kommunisten samt deren Satellitenparteien, die gemeinsam als PKWN auftraten

«Obristen»-Regime inoffizieller Name für die Regierungen nach 1926, besonders in den 1930er Jahren, als mehrere Ministerpräsidenten und Minister aus dem Militär kamen

Parochie griechisch-katholisch Pfarrei

PAX prokommunistische katholische Gruppierung um Boleslaw Piasecki

PEWEX staatliche Lädenkette, die seit 1972 vor allem Konsumartikel gegen «harte Währung» (US-Dollar) verkaufte; auch: Symbol von Luxus

PKWN Polski Komitet Wyzwolenia Narodowego, kommunistische Quasiregierung im Lubliner Polen (Juli–Dezember 1944)

Polesien Teil der *Ziemie zabrane*, 1919–1939 polnische Wojewodschaft

Polonia im Ausland lebende Polen, Menschen polnischer Abstammung

Rzeczpospolita, Republik, Name für polnische Staatlichkeiten von der Neuzeit bis heute

Samisdat illegales Schrifttum; im polnischen *drugi obieg* (zweiter Umlauf)

Sanacja Diktatur der «Genesung» oder «Sanierung» 1926–1939

Schlonsaken, ślązacy Oberschlesier

Sejm Parlament. Bis 1939 war der Sejm die Abgeordnetenkammer (die zweite Kammer war der Senat), in der Volksrepublik Polen war der Senat abgeschafft und der Sejm «das höchste Staatsorgan»

Szabrownictwo halb- und illegaler Diebstahl und Verkauf vor allem des ehemaligen deutschen Eigentums nach 1945

Tygodnik Powszechny katholisches Krakauer Wochenblatt seit 1945

Uniwersytet Latający (Fliegende Universität) illegale hochschulähnliche Bildungseinrichtung für Frauen 1885–1906 in Warschau. 1977–1979 oppositionelle Vorlesungs- und Diskussionsveranstaltungen in Warschau

Uobywatelnienie Idee der Hebung von Wohlstand und Bildung der bislang national indifferenten unteren Schichten (hauptsächlich der Bauern)
Wawel Königsburg in Krakau, Bestattungsort der Könige Polens
Wiedergewonnene Gebiete deutsche Provinzen östlich von Oder und Neiße, seit 1945 in Polen
Wolhynien Teil der *Ziemie zabrane* , 1919–1939 polnische Wojewodschaft
Ziemiaństwo Gutsbesitzer, mehrheitlich Adelige
Ziemie zabrane (Weggenommene Gebiete) im 19. Jh. westrussische Gouvernements, ehemals Teil von Polen/Litauen
Żydokomuna Judäobolschewismus

Personenregister

Die Teilungen Polens im 18. Jahrhundert
Ostsee
Riga
RUSSLAND
Dünaburg
Polock
Kowno
Smolensk
Königsberg
1793
Danzig
Ost-
preußen
Wilna
1772
Elbing
Minsk
PREUSSEN
Allenstein
1772
Grodno
Thorn
Bialystok
1795
1795
1793
Gnesen
Plock
Posen
Brest Litowsk
Pinsk
1793
Warschau
Neu-
Galizien
Kalisch
Oder
Radom
Breslau
1795
Lublin
Tschenstochau
Kielce
Bug
Luzk
Kiew
1795
Zamość
Schitomir
Krakau
Tarnow
Galizien
Brody
Dnjepr
Olmütz
Bielitz
Seybusch
Lemberg
Neumarkt
Przemyśl
1772
Tarnopol
Halicz
Bar
Targowica
Stanislau
Kamieniec
Bug
Kaschau
Czernowitz
HABSBURGISCHE LÄNDER
Bukowina
Suceava
aus dem
Osmanischen Reich
1774/1791
zu Rußland
Ofen
Pest
Jassy
UNGARN
Bistritz
Roman
Tighina
Klausenburg
Moldau
Siebenbürgen
Donau
Hermannstadt
Kronstadt
Kilia
Târgoviște
Walachei
Schwarzes
Meer
Donau
Bosnien
Serbien
OSMANISCHES REICH
Die Teilungen Polens (1772, 1793, 1795)
Rußland zugeschlagene Gebiete Polens
Preußen zugeschlagene Gebiete Polens
Österreich zugeschlagene Gebiete Polens
Tatragebiet und die Zipser Städte 1769/70 zu Österreich
Bukowina, aus dem Osmanischen Reich, 1775 zu Österreich
Grenzen von 1795

Das geteilte Polen im 19. Jahrhundert
Kongresspolen
Westpreußen, Posen, Ermland
Galizien
«Weggenommene Gebiete»
Staatsgrenzen im 19. Jahrhundert
Grenze von 1772
Königsberg
Ostpreußen
Danzig
Memel
Wilna
Suwalki
Bromberg
Bialystok
RUSSLAND
Posen
Weichsel
Warthe
Warschau
Brest
Pripjat
PREUSSEN
Lodz
Random
Lublin
Breslau
Oder
Kielce
Krakau
Lemberg
Galizien
ÖSTERREICH
Brünn
Dnjestr
UNGARN
Wien
Buko-wina
Bessarabien
RUMÄNIEN
0 40 80 120 160 200 km
N
S

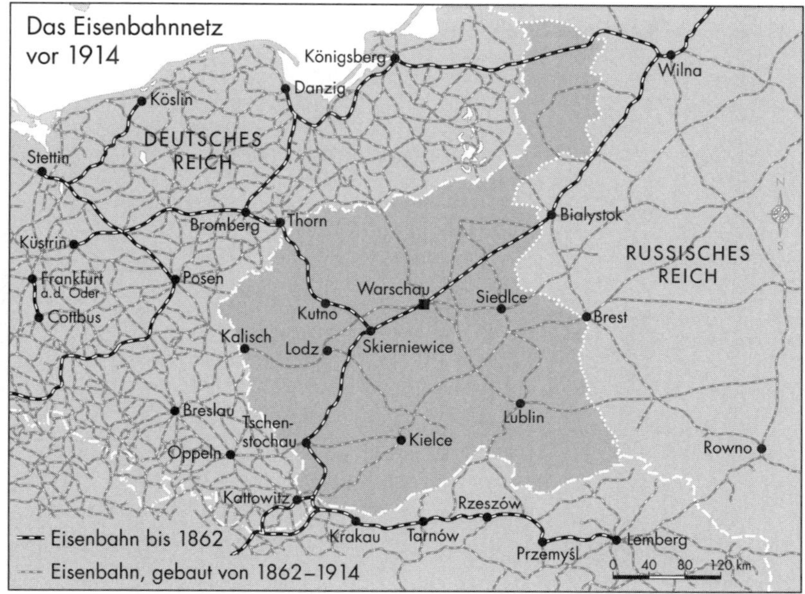

Das Eisenbahnnetz vor 1914
Königsberg
Wilna
Danzig
Köslin
DEUTSCHES REICH
Stettin
Bromberg
Thorn
Bialystok
Küstrin
RUSSISCHES REICH
Frankfurt a.d. Oder
Posen
Cottbus
Warschau
Siedlce
Kutno
Brest
Kalisch
Lodz
Skierniewice
Breslau
Tschen-stochau
Lublin
Oppeln
Kielce
Rowno
Kattowitz
Rzeszów
Krakau
Tarnów
Przemyśl
Lemberg
Eisenbahn bis 1862
Eisenbahn, gebaut von 1862–1914
0 40 80 120 km

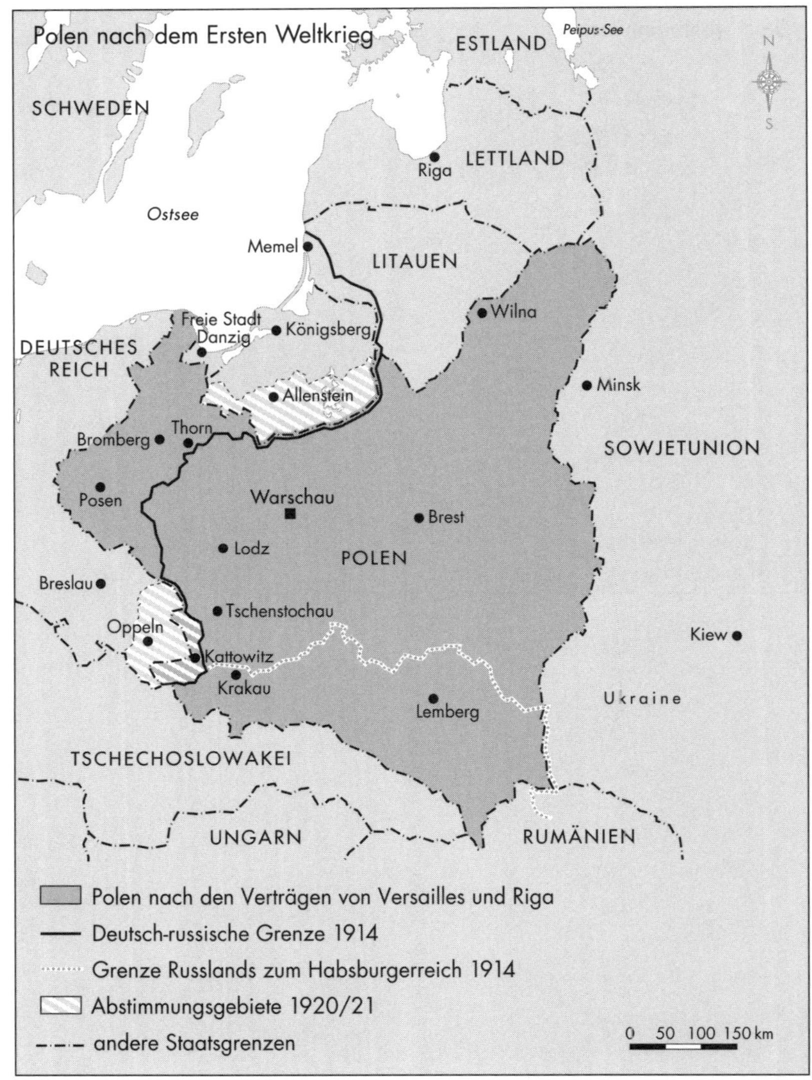
Polen nach dem Ersten Weltkrieg
ESTLAND
Peipus-See
N
S
SCHWEDEN
Riga
LETTLAND
Ostsee
Memel
LITAUEN
Wilna
Freie Stadt Danzig
Königsberg
DEUTSCHES REICH
Allenstein
Minsk
Bromberg
Thorn
SOWJETUNION
Posen
Warschau
Brest
Lodz
POLEN
Breslau
Tschenstochau
Oppeln
Kiew
Kattowitz
Krakau
Ukraine
Lemberg
TSCHECHOSLOWAKEI
UNGARN
RUMÄNIEN
Polen nach den Verträgen von Versailles und Riga
Deutsch-russische Grenze 1914
Grenze Russlands zum Habsburgerreich 1914
Abstimmungsgebiete 1920/21
andere Staatsgrenzen
0 50 100 150 km

Die politische und administrative Gliederung
der Republik Polen um 1935
N
S
Ostsee
LITAUEN
Wilna
Memel
Wilna
Danzig
Ostpreußen
Suwalki
Nowogródek
Nowogródek
West-
preußen
Pommern
Bialystok
Bialystok
Thorn
Warschau
Posen
Posen
Weichsel
Polesien
Warthe
Warschau
Brest
Pripjat
Lodz
Lodz
Lublin
Lublin
Breslau
Kielce
Wolyn
Schlesien
Kielce
Luzk
Oder
Kattowitz
Schlesien
Krakau
Krakau
Lemberg
Lemberg
Tarnopol
Tarnopol
UDSSR
Dnjestr
Stanislau
Stanislau
TSCHECHOSLOWAKEI
UNGARN
RUMÄNIEN
0 40 80 120 160 200 km

Die Teilung Polens 1939
Ostsee
Memel
LITAUEN
Memel
Kaunas
Königsberg
Wilna
Danzig
Ostpreußen
Pommern
Elbing
Suwalki
Sudauen
Minsk
DEUTSCHES REICH
Allenstein
Grodno
Njemen
Danzig-Westpreußen
Białystok
Narew
Netze
Bromberg
Thorn
Südostpreußen
SOWJETUNION
Warthe
Posen
Weichsel
Oder
Warschau
Bug
Brest-Litowsk
Pripjat
Warthegau
Lodz
Glogau
Lublin
Kowel
Breslau
Generalgouvernement
Schlesien
Tschenstochau
Kielce
Oppeln
Zamość
Rowno
Gleiwitz
Kattowitz
Weichsel
Ost-Oberschlesien
Krakau
Auschwitz
Lviv/Lwow (Lemberg)
Ukraine
Protektorat Böhmen und Mähren
Tarnopol
Dnjestr
Kamenez-Podolskij
Donau
Bratislava (Preßburg)
SLOWAKEI
Wien
UNGARN
RUMÄNIEN
Deutsches Reich
Vom Reich kontrollierte polnische Territorien
Von der UdSSR annektierte polnische Territorien
Region Wilna, von der UdSSR am 28. 10. 1939 Litauen zugesprochen
0 40 80 120 160 200 km
N
S

Polen unter deutscher Besetzung 1941 bis 1944
ins Deutsche Reich eingegliederte Gebiete
REICHSKOMMISSARIAT OSTLAND
Ostsee
N
S
Memel
Kaunas
Königsberg
Suwalki
Danzig
Ostpreußen
Bialystok
Bialystok
West-preußen
Weichsel
Warschau
Posen
Warthe
Litzmannstadt
REICHS-KOMMISSARIAT UKRAINE
Kowel
Radom
Lublin
Schlesien
Breslau
Oder
General-gouvernement
Reichenberg
Kattowitz
Krakau
Lemberg
Dnjestr
PROTEKTORAT BÖHMEN UND MÄHREN
SLOWAKEI
UNGARN
Theiß
Pressburg
Donau
Wien
0 40 80 120 160 200 km
RUMÄNIEN

Polen nach 1945
SCHWEDEN
Lettische SSR
Ostsee
Litauische SSR
Polozk (Plisa)
Gdańsk (Danzig)
Kaliningrad (Königsberg)
Koszalin (Köslin)
Vilnius (Wilna)
Ostpreußen
Pommern
Suwałki
Szczecin (Stettin)
Olsztyn (Allenstein)
Grodno
Oder
Toruń (Thorn)
Białystok
Weißrussische SSR
Berlin
Warthe
Płock
SOWJETUNION
Poznań (Posen)
DDR
POLEN
Warszawa (Warschau)
Brest
Pinsk
Lódz (Litzmannstadt)
Pripjet
Weichsel
Wrocław (Breslau)
Lublin
Oder
Opole (Oppeln)
Oberschlesien
Luzk
Rowno
Praha (Prag)
Kraków (Krakau)
Ukrainische SSR
Lwiw (Lemberg)
TSCHECHOSLOWAKEI
Donau
Wien
ÖSTERREICH
Chust
UNGARN
RUMÄNIEN
Die Republik Polen vor dem Zweiten Weltkrieg
Grenzen von 1945
0 100 200 km

Polen 2010
SCHWEDEN
Ostsee
LETTLAND
LITAUEN
RUSSLAND
Koszalin
Świnoujście
Zachodnio-pomorskie
Szczecin
(Westpommern)
Oder
Odra
Pomorskie
(Pommern)
Gdańsk
Elbląg
Malbork
Warminsko-Mazurskie
Olsztyn
(Ermland-Masuren)
Suwałki
Kujawsko-Pomorskie
Bydgoszcz
Toruń
(Kujawien-Pommern)
Wisła
Jedwabne
Łomża
Białystok
Podlaskie
(Podlachien)
Ciechanów
Bug
Warta
Gniezno
Poznań
Słubice
Lubuskie
(Lebus)
Płock
DEUTSCHLAND
Neisse
Zielona Góra
Wielkopolskie
(Großpolen)
POLSKA (POLEN)
Warszawa
Mazowieckie
(Masowien)
Łódzkie
Łódź
(Lodsch)
Piotrków Trybunalski
Radom
Lubelskie
(Lublin)
Lublin
Chełm
Dolnośląskie
(Niederschlesien)
Jelenia Góra
Wrocław
Opolskie
(Oppeln)
Opole
Częstochowa
Kielce
Śląskie
(Schlesien)
Świętokrzyskie
(Heiligkreuz)
San
Zamość
Katowice
Kraków
Tarnów
Podkarpackie
Rzeszów
(Karpatenvorland)
Przemyśl
TSCHECHISCHE REPUBLIK
Bielsko-Biała
Malopolskie
(Kleinpolen)
SLOWAKISCHE REPUBLIK
UKRAINE
0 50 100 km

Aus dem Verlagsprogramm

Die Deutschen und ihre Nachbarn –
Herausgegeben von Helmut Schmidt und
Richard Freiherr von Weizsäcker

Iso Camartin
Schweiz
2008. 195 Seiten mit 12 Abbildungen und 2 Karten. Gebunden

Michael Erbe
Belgien Luxemburg
2009. 176 Seiten mit 10 Abbildungen, 3 Karten im Innenteil und 2 Karten auf dem Vorsatz. Gebunden

Brigitte Hamann
Österreich
2009. 192 Seiten mit 14 Abbildungen, 2 Karten im Innteil und 2 Karten auf dem Vorsatz. Gebunden

Walter Haubrich
Spanien
2009. 176 Seiten mit 11 Abbildungen und 3 Karten. Gebunden

Friederike Hausmann
Italien
2009. 232 Seiten mit 17 Abbildungen und 2 Karten. Gebunden

Bernd Henningsen
Dänemark
2009. 231 Seiten mit 15 Abbildungen, 5 Karten im Innenteil und 2 Karten im Vorsatz. Gebunden